Kurdish -
English - Kurdish
(Kurmancî)

DICTIONARY
FERHENG

Kurdî - Îngîlîzî
Îngîlîzî - Kurdî

Baran Rizgar

45 Wilmot Close, Peckham Hill St., London SE15 6TZ

Illustrated by Nevin YAVUZ

Printed and bound in Great Britain
by Lithosphere Printing Cooperative
82/90 Queensland Road, London N7 7AW

CONTENTS - NAVEROK

Inside Front Cover

Map: Kurdish Inhabited Regions

Inside Back Cover

Roman, Arabic and Cyrillic Scripts/Tîpên Latînî, Erebî û Kîrîlî

THE KURDISH ALPHABET
ELFABEYA KURDÎ

1. **A,a**	nan, dar, baran	**a** in father (always long).
2. **B,b**	bav, bîr, bilind	**b** in bar, bed, (as in English).
3. **C,c**	car, cil, bac	**j** in June, jar.
4. **Ç,ç**	çar, çil	**ch** in **ch**air, **ch**urch, Turkish **ç**.
ç	ço, çerm, keç	unaspirated **ç**, *see* **INTRODUCTION.**
5. **D,d**	dar, dil	**d** in **d**ear, **d**o (as in English).
6. **E,e**	erê, ez, em, emir	**a** in b**a**t, b**a**d (but shorter).
e	seet, ezman, emir	Arabic ع, *see* **INTRODUCTION.**
7. **Ê,ê**	êvar, kêr, şêr	The open sound as in French **é.**
8. **F, f**	ferheng, felat	**f** in so**f**t (as in English).
9. **G,g**	gav, agir	**g** in **g**irl (as in English).
10. **H,h**	hevok, havîn	**h** in **h**oney (as in English).
h	ruh, hal, hulhulî	Arabic ح *see* **INTRODUCTION.**
11. **İ, i**	jin, kin, rind	as in unaccented **the** or **e** in gart**e**r.
12. **Î,î**	dîn, şîn, tî	**ee** in s**ee**n.
13. **J, j**	jor, jêr, jîr	as in French **jour**, Turkish **j, s** in vision.
14. **K,k**	ker, kêr, kwîr	**k** in **k**ick (as in English).
k	kon, çek, kwîr	unaspirated **k**, *see* **INTRODUCTION.**
15. **L, l**	law, lerz, dîl	**l** in **l**uck (as in English).
16. **M,m**	mar, masî, mîr	**m** in **m**ine (as in English).
17. **N,n**	nan, nerm, nû	**n** in **n**o (as in English).
18. **O,o**	dor, sor, kon	**o** in f**o**re (always long).
19. **P,p**	por, pûrt, pûng	**p** in **p**ark (as in English).
p	penîr, pîr	unaspirated **p**, *see* **INTRODUCTION.**
20. **Q,q**	qaz, qenc, beq	guttural **q.**

21. **R,r**	pir, dêr, êrîş	as in English.
r	rê, pir, birîn	rolled **r,** *see* **INTRODUCTION.**
22. **S,s**	sê, sîr, bes	**s** in **s**afe (as in English).
23. **Ş,ş**	şor,şer,şev	**sh** in **sh**ow, Turkish **ş.**
24. **T,t**	têr, ta, tu	**t** in **t**ear (as in English).
t	tîr, ta, tu	unaspirated **t,** *see* **INTRODUCTION.**
25. **U,u**	gund, kur, kurt	as **u** in English but very short and often scarcely audible.
26. **Û,û**	bûn, dûr	long **u**, as French **ou.**
27. **V,v**	vala, vir, kevir	**v** in lo**v**e (as in English).
28. **W,w**	wek, dew, wanî	**w** in **w**ish (as in English).
29. **X,x**	xebat, xanî	as **ch** in Scottish lo**ch** (very deep French **r**).
x	bax, axa, xulam	Arabic غ, *see* **INTRODUCTION.**
30. **Y,y**	yek, heye, qey	**y** in bo**y** (as in English).
31. **Z,z**	zor, zer, pez	**z** in la**z**y (as in English).

ABBREVIATIONS

A	Arabic
adj	adjective
adv	adverb
affirm	affirmative
anat	anatomy
Arm	Armenian
astr	astrology
bot	botanic
comp	comparative
conj	conjunction
demonstr	demonstrative
eg	for example
Eng	English
esp	especially
etc	and the others
excl	exclamation
f	feminine noun
fin	financial
Fr	French
Gk	Greek
geo	geography
imper	imperative
int	interjection
interr	interrogative
Krd	Kurdish
lang	language
Lat	Latin
ling	linguistics
m	masculine noun
med	medical
mil	military
mus	music
n	noun
neg	negative
os	oneself
pers	person(al)
P	Persian
pl	plural
poss	possessive
pref	prefix
prep	preposition(al)
pron	pronoun
sb	somebody
sing	singular
sth	something
suff	suffix
Tr	Turkish
usu	usually
vi	intransitive verb
vt	transitive verb
zool	zoology

KURTEBÊJ

anat	anatomî
bhd	berhevda
BM	Brîtanya Mezin
bjş	bijîşkî
bn	baneşan
bnr	binêre
cn	cînav
d	daçek
DYA	Dewletên Yekbûyî yên Amerîqa
elk	elektrîk
ern	erînî
fn	fermanî
ghn	gîhanek
hwd	her wekî din
işr	işarkî
lal	lêkera alîkar
lg	lêkera gerandî
lng	lêkera negerandî
lş	leşkerî
muz	muzîk
n	nav
nyn	neyînî
pj	pirejimar
prs	pirsiyarî
pxw	zimanê pêxwasan
rgd	rengdêr
rgp	rengpîşe
rz	rêziman
str	stêrezanî
xaş	xurdepaş
xêş	xurdepêş
xwd	xwedîtî
yj	yekejimar

INTRODUCTION

A: COMPILATION

The first section (Kurdish-English) of this dictionary has been prepared by examining more than 300 Kurdish books, magazines and newspapers. This study enabled me to compile about 15,000 Kurdish words. I then added the words which I had gathered from spoken Kurdish, thus the number of the words totalled up to 25,000. Finally compared these words to the ones in several Kurdish dictionaries in various languages, classified them grammatically and then found English equivalents.

The second part (English-Kurdish) has been prepared by examining about 50,000 English words in several dictionaries and choosing about 20,000 words which were considered as the most common ones. I then classified those words and found Kurdish equivalents.

There are also thousands of idioms and phrases in both languages, as well as examples of different uses of the headwords.

Although this dictionary includes words from all Kurdish dialects, it has been based on Kurmancî which is the dialect spoken by most of the Kurds in Turkish Kurdistan, all the Kurds in Syria, the Soviet Union and Lebanon, and some of the Kurds in Iraqi and Iranian Kurdistan.

B: ALPHABET

The dictionary uses the Roman spelling used by Kurmancî and Dimilî speakers. The Kurdish alphabet consists of 31 letters. The table shows the sounds they represent. As Kurdish spelling is phonetic, I have not used a phonetic alphabet. However, some of the letters represent pair sounds; **aspirated** (unaccented) and **unaspirated** (accented). In Kurdish we call them **dengên cêwî** (twin sounds). Among these, the letters "**ç,k,p,r,t**" are important, because they are in common use and the accent of the sound may create a different word. The Soviet Kurds use different letters for each accent of those letters. Due to the lack of a comprehensive research into the Kurdish sounds and the unfamiliarity of the non-native linguists with the accented sounds, one encounters contradictory conclusions about the subject. In order to avoid such contradictions, I analysed 10,930 basic Kurdish words (72,521 letters/sounds), the users can find the results of this study in the graphics and tables included in this dictionary. They reflect the frequency of the Kurdish letters (sounds), the ratios of the **accented** sounds, etc. To provide a good pronunciation and to avoid confusing words with one another, I **underlined** the letters when being **accented** (unaspirated). By doing this I also tried to distinguish between the words such as; "**ta** *f* fever, temperature", "**ta** *m* thread", "**ço** *m* rod, stick" and "**ço** *int used for a donkey to move*", "**ker** *n* donkey" and "**ker** *adj* deaf", **pir** *f* bridge and **pir** *adj* much, many, very. Thus the user should consider that the **underlined** letters (ç,k,p,r,t) indicates the **accented** (unaspirated) pronunciation of the related letters, not different letters. The difference between the pair sounds represented by the letter **r** is that the accented one (r) is a rolled (**r**). This is why in some Kurdish texts it is indicated by double **r** (**rr**). However, since pronouncing one sound twice and rolling one sound is not the same, it would be much better to mark the accented **r** instead of doubling it. The fact that, as the first letter/sound of a word, the (**r**) is always **accented** (rolled) and that there are many words with **two accented** (**r**) or **one unaccented** and **one accented** (**r**) following each other in between other letters/sounds makes this method completely impractical. If we apply that method, we should write the words **rê, rêz, berran, piranî, pirreng, pirrû, rêrast, serrişte, serrû, zêrav, kerelal, qareqar** as **rrê, rrêz, berrran, pirranî, pirrrreng, pirrrrû, rrêrrast, serrrişte, serrrû, zêrrav, kerrelal, qarreqarr.** Any method intended to distinguish between the **accented** and **unaccented** (**r**) has to be consistent. One cannot use different letters for some and neglect the rest or mark them only in certain positions. In some words, **e, h** and **x** are pronounced like Arabic ع, ح and غ. Such pronunciation of those letters have been underlined (e, h, x). Underlining has not been used for the words which I have only seen in texts and therefore not heard them being pronounced. In some Kurdish dictionaries published by the Soviet Kurds, the **unaccented** (aspirated) sounds have been marked, however as the purpose of underlining those letters is to draw the reader's attention to the **accented** (unaspirated) sounds which are different to the sounds they already use, it should be more useful to distinguish between those pair sounds by underlining the **unaspirated** (accented) sounds. The first thing to do is to decide whether we should use different letters for the **accented** pronunciations. Considering the number of basic sounds (31), using different letters for the **accented** sounds will create an impractical and difficult alphabet (39 letters). This still leaves a pronunciation question for lexicographers and non-native speakers. Since the **unaccented** pronunciation of these letters are nearly the same as they are pronounced in other languages (Turkish, English, etc), the best thing to do is marking the letters when being **accented**. The assumption that the **accented** sounds appear more often is wrong. The **unaccented** sounds appear more often than the **accented** ones, with the exception that the **accented (unaspirated) k** and **t** appear more often than the **unaccented (aspirated)** ones**.** This prevents basing the system on the **frequency** of those letters. It also makes the idea of marking the **unaccented** sounds at least impractical. Besides, since the native users are already familiar with those sounds, what they need more is an indication of **accented** pronunciations. The marking system should also not affect the shape of the letters, otherwise it will mean changing the alphabet. As most Kurds are willing to preserve their traditional alphabet (with the exception of the letters **i** and **î**), at this stage one should avoid and leave it to an organisation representing at least most of the Kurmancî speakers. This will also help with preventing an anarchy on the subject. This is why I chose underlining those letters in my dictionary. Underlines are normally used to draw attention or put an emphasis on the related word(s) or letter(s) and have nothing to do with the shape of the letters.

C: USE OF THE DICTIONARY

Kurmancî has genders, it is therefore important to know the gender of each noun, since it affects the case-endings, suffixes, inflections, etc. For example; **Kurê min**: My son (the possessive ending is **ê**), **Keça min**: My daughter (the possessive ending is **a**). To help the users with these differences, *f* (feminine noun) and *m* (masculine noun) have been written next to each noun in italics. *n* (noun) indicates that either the noun is used for both genders (such as friend, worker, student, etc.) or has not a certain gender (the gender may change in different regions). The genders of the Kurdish nouns have been indicated in the English-Kurdish part too, e.g.: **abdomen** *anat* zik *m*. *m* indicates that **zik** is masculine. And for example you say **zikê min**, you should not say **zika min**.

The grammatical use of the words have been written in italics. The obvious loan words from foreign languages have been indicated. Such as: **Ayet** *f A*, *A* indicates that the word is Arabic, though commonly used in Kurdish.

The brackets ( ) are used to show an optional word or phrase. For example, in **(ser) ber jêr bûn** the brackets mean that this can be used in either of the forms **ser ber jêr bûn** or **ber jêr bûn**. Brackets are also used for an explanation. Such as, **demsal** *f* season (of a year). The imperative has been written in brackets following verbs. This will help the user with the present conjugation as well. For example, in **çûn (biçe)**, **biçe** is the imperative of the verb **çûn**.

The slant mark (/) is used to show an alternative word or phrase. For example, in **bi rê ve/va**, the slant mark means that either **bi rê ve** or **bi rê va** can be used.

The tilde (~) is used in place of the letters of the headword to save space. For example in the entry of **hestî** you will find **~yê bazinê dest, ~yê bazinê pê**, etc. Due to the differences in regional pronunciations and the lack of a standard spelling, some words have more than one spelling, such as **şikandin, şikenandin, şkandin**. They all have the same meaning. To save space, one of them has an entry, and the others refer to the one with an entry. For example, **şikandin** *see* **şikenandin**. **şikenandin (bişikîne)** *vt* break.

Yekî and **tiştekî** are the oblique cases of **yek (someone/one)** and **tiştek (something)**. Oblique nouns and pronouns (min, te, wî, wê, me, we, wan) are used in this case. For example; **xew(a yekî) hatin** *vi* be/feel sleepy. **Xewa min/Zelalê tê.** I am/ Zelal is sleepy.

The adverbs/preverbs "**jê, lê, pê, tê**" are the contractions of **ji wî/wê** or **ji yekî/ tiştekî, li wî/wê** or **li yekî/tiştekî, bi wî/wê** or **bi yekî/tiştekî, di wî/wê or di yekî/tiştekî**. These adverbs are very important in Kurdish, because they are so common and they usually change the main meaning of the verb. They are treated with special care in this dictionary. For example: **kirin (bike)** *vt* **1** do. **Te çi kir?** What did you do? **2** put (in/into). **jê ~** *vt* **1** cut. **2** break off, tear off. **3** undress. **Min kinc ji pitikê kir.** I undressed the baby. **lê ~** *vt* **1** write. **2** put up (a wall, etc), build. **3** dress (sb), clothe (sb).

In Kurdish the possessive case is often used instead of an adjective. There are three endings for the definite nouns in the possessive case: **yê** (used for singular masculine nouns), **ya** (used for singular feminine nouns) and **yên** (used for plural nouns). To save space I have only used **yê**. The user should consider that **yê** can be replaced by **ya** (if the related noun is feminine) or **yên** (if the related noun is plural). The letter *y* is ommitted when the noun ends in a consonant. For example: **manual** *rgd* yê dest. **~ labour** karê dest *m.*

The superscripts ($^{1 2 3}$ etc.) number the headwords with the same spelling.

Many entries are divided into sections numbered in bold type, i.e. **1,2,3,** etc. These numbers show the different meanings or usages that the headword has.

D: ACKNOWLEDGEMENT

Many thanks to Songul, Ertugrul, Yildiz, Jonathan, Paul and Umut for their solidarity and help with some technical and practical problems.

PÊŞGOTİN

A: BERHEVKİRİNA PEYVİKAN

Beşê pêşîn (Kurdî-Îngîlîzî) bi lêkolîneke li ser 300 pirtûk, kovar û rojnameyên Kurdî hat pêkanîn. Vê xebatê îmkana berhevkirina li dor 15.000 peyvikên Kurdî da min. Min dûre peyvikên ku min ji axaftinên Kurdî berhevkiribûn bi ser vekir û bi vî awayî hejmaran wan bû li dor 25.000-an. Di gava dudan de min van peyvikan dan ber ên di çend ferhengên Kurdî de, ew bi rêzimanî ji hev anîn û hemberîyên wan ên Îngîlîzî nivîsîn.

Bo amadekirina beşê dudan (Îngîlîzî-Kurdî) min li nêzîkî 50.000 peyvikên Îngîlîzî kola û ji wan nêzîkî 18.000-ên bingehîn hilbijartin. Dûre van peyvikan ji hev hatin anîn û hemberîyên wan ên Kurdî hatin nivîsîn.

Di ferhengê de, ji herdu zimanan bi hezaran biwêj li gel mînakên bikaranînên cûda hene.

Herçiqas di vê ferhengê de ji gişa zaravên Kurdî peyvik hebin jî, bingeha wê li ser Kurmancî ye. Wek ku tê zanîn, ev zarav ji alîyê Piranîya Kurdên Bakur, gişa Kurdên Kurdîstana Sûrîyê, yên li Sowyet û Lubnanê, û beşek ji Kurdên Başûr ve tê bikaranîn.

B: ELFABE

Ferheng tîpên latînî bi kar tîne. Elfabeya Kurdî ji 31 tîpan pêk tê. Tablo deng û tîpan dide ber hev. Ji ber ku elfabeya Kurdî ji xwe fonetîk e, min ji bo bilêvkirinê tîpên fonetîk bi kar neanîne. Lê belê, hin tîp du dengan dinimînin (temsîl dikin); **aspirated/ên bêhndanê** (ên bêaqsan) û **unaspirated/ên bêhngirtinê** (ên biaqsan). Bi Kurdî ji van re **dengên cêwî** tê gotin. Ji van tîpan, "**ç,k,p,r,t**" pir girîng in, ji ber ku ew belav in û biaqsan bilêvkirina deng dikane peyvikeke cihê pêk bîne. Kurdên Sowyetê ji bo her aqsanekî van tîpan tîpeke cihê bi kar tînin. Ji ber tunebûna lêkolîneke kûr û fireh û nenasîya zimanzanên biyanî ya dengên biaqsan, meriv di derheqê vê babetê de li encamên hevnegirtî rast tê. Ji bo ku ji van dûr bisekinim, min 10.930 peyvikên Kurdî yên bingehîn (72.521 tîp/deng) ji hev anîn (analîz kirin), di vê ferhengê de, min encamên vê xebatê jî bi grafîk û tabloyan pêşkêş kirine. Ew pircarîya (freqansa) tîp/dengên Kurdî, qêsa dengên **biaqsan**, hwd. didin. Ji bo ku ez bilêvkirineke baş bidim û peyvikan tevlihev nekim, min ji bo **biaqsan** xwendina dengan tîp **binxet** kirin. Bi vî awayî, min xwest ez cûdatîya peyvikên wek "**ta** *f* temperature, fever" û "**ta** *m* thread", "**ço** *m* rod, stick" û "**ço** *int used for a donkey to move*", "**ker**" *n* donkey û "**ker**" *adj* deaf, "**pir** *f* bridge û "**pir** *adj* much, many, very", hwd. jî bidim xuyakirin. Ji ber vê yekê, divê tîpên **binxetkirî** (ç,k,p,r,t) wek **biaqsan** bilêvkirina wan tîpan bê fahmkirin, ne wek tîpên cûda. Cihêbûna herdu aqsanên tîpa **r** ew e ku **r**-ya **biaqsan** tê ginderkirin. Sedema ku di hin nivîsarên Kurdî de ev deng bi du **r**-yan (**rr**) tê nivîsîn jî ev e. Lê belê, ji ber ku **ducarkirin** û **gindêrkirina** dengekî ne eynî tişt e, nîşankirina vê tîpê yê ji ducarkirina wê çêtir be. Wek ku tê zanîn, **r** gava ku tîpa/dengê peyvikekê yê yekemîn be her tim **biaqsan** (gindêrkirî) ye û di gelek peyvikan de du **r**-yên **biaqsan** an jî yeka **biaqsan** û yeka **bêaqsan** li pey hev tên. Ev rastîya bikaranîna vê metodê pûç dike. Hek em vê metodê bi kar bînin, divê em peyvikên **r̲ê, r̲êz, berr̲an, pir̲anî, pir̲r̲eng, pir̲r̲û, r̲êr̲ast, serr̲işte, serr̲û, zêr̲av, ker̲elal, qar̲eqar̲** wek **rrê, rrêz, berrran, pirranî, pirrrreng, pirrrrû, rrêrrast, serrrişte, serrrû, zêrrav, kerrelal, qarreqarr** binivîsin. Divê metodeke ku cihêtîya **r**-ya **biaqsan** û ya **bêaqsan** armanc bike hevgirtî be. Meriv nikane ji bo hinekan tîpên serbixwe bi kar bîne û guh nede yên din an jî tenê di hinek rewşan de nîşan bike. Di hinek peyvikan de **e**, **h** û **x** wek bi Erebî , û tên bilêvkirin. Ev reng bilêvkirina van tîpan hatiye binxetkirin (e̲, h̲, x̲). Ji bo peyvikên ku min di nivîsaran de dîtine û bilêvkirina wan nebihîstine binxetkirin nehatiye bikaranîn. Di hin ferhengên ji alîyê Kurdên li Sowyetê ve çapkirî de, dengên **bêaqsan (aspirated)** hatine nîşankirin, lê belê, ji ber ku armanca binxetkirinê, balkişandina xwendevan bo dengên **biaqsan (unaspirated)** ên ji normalê cûda ye, ferqxistina navbeyna van dengan bi nîşankirina dengên **biaqsan** be, dê pirtir bikêr bê. Gava pêşîn ew e ku meriv biryar bide ku em ê ji bo dengên **biaqsan** tîpên cûda bi kar bînin an na. Hek meriv hejmara dengên bingehîn bide pêş çav (31), meriv bi hêsanî dibîne ku ji bo dengên **biaqsan** tîpên cûda bi kar anîn dê elfabeyeke nepratîk û dijwar pêk bîne. Lê cardin jî ji bo ferhengzan û kesên biyanî problemeke bilêvkirinê dimîne. Ji ber ku **bêaqsan** bilêvkirina van dengan kêm zêde wek a di zimanên din (Tirkî, Îngîlîzî, hwd.) de ye, ya herî baş ew e ku meriv di ferhengan de bilêvkirina **biaqsan** nîşan bike. Nêrîna ku dengên **biaqsan** pirtir tên bikaranîn çewt e. Dengên **bêaqsan** ji yên **biaqsan** pirtir tên bi kar anîn; di vir de **k** û **t**-ya **biaqsan (unaspirated)** îstîsna ye, ew ji yên **bêaqsan** pirtir tên bikaranîn. Ev yeka pêşîyê li sîstemeke li ser bingeha **pircarî**ya van dengan digire. Di eynî wextê de nêrîna nîşankirina dengên **bêaqsan** jî ji tune de ne pratîk e. Ji xwe, ji ber ku kesên ji zikmakî bi Kurdî dipeyivin van dengan dinasin, ji wan re tenê nîşankirina bilêvkirina **biaqsan** hewce ye. Sîstema nîşankirinê divê tesîrê li teşeyê (şiklê) tîpan neke, an na ew ê bê mana guhertina elfabeyê. Li gora ku piranîya Kurdan parastina elfabeya xwe dixwazin (ji xêndî pirsa **i** û **î**), divê meriv di vê gavê de ji guhertinan dûr bisekine û wan ji rêxistineke ku ji tune de piranîya Kurmancan temsîl bike re bihêle. Ev yeka yê pêşî li anarşîya elfabê jî bigire. Sedema ku min di vê ferhengê de binxetkirin hilbijart ev e. Binxetkirin ji bo balkişandinê ye û tu têkilîyên wê bi teşeyê tîpan re tuneye.

C: BİKARANÎNA FERHENGÊ

Di Kurmancî de zayend hene, ji ber vê yekê zanîna zayendan girîng e; ji ber ku ew tesîrê li tewandinên navan dikin. Wek mînak; **Kurê min**: My son (kur bi **ê** hatiye tewandin), **Keça min**: My daughter (keç bi **a** hatiye tewandin). Ji bo alîkarîya xwendevanan, *f* (navê feminine/mê) û *m* (navê masculine/nêr) li gel her navî bi tîpên îtalîk hatine nivîsîn. *n* (noun/nav) nîşan dike ku nav ji bo herdu zayendan jî tê bikaranîn (wek heval, karker, xwendekar, hwd.) an jî zayendeke wî ye taybetî tuneye (zayend li gor herêman tê guhertin). Zayenda navên Kurdî di beşê Îngîlîzî-Kurdî de jî hatiye dan, wek mînak: **abdomen** *anat* zik̲ *m*. *m* nîşan dike ku **zik̲** nêr e. û meriv dibêje **zik̲ê min**, meriv nabêje **zik̲a min**.

Îzehên peyvikan ên rêzimanî bi tîpên îtalîk hatine nivîsîn. Peyvikên ne Kurdî yên eşkere hatine gotin. Wek: **Ayet̲** *f* A, A nîşan dike ku ew nav ji Erebî hatiye wergirtin.

Kevanek ( ) ji bo peyvên ne mecbûrî hatine bikaranîn. Wek mînak, **(ser) ber jêr bûn**, kevanek didin fahmkirin ku him **ser ber jêr bûn** û him jî **ber jêr bûn** tê bikaranîn. Kevanek ji bo îzehan jî tên bikaranîn. Wek, **demsal** *f* season (of a year). Raweya Fermanî di kevanekên li pey lêkeran de hatiye nivîsîn. Ev dê ji bo kişandina Dema Niha jî alîkarîyê bide xwendevanan. Wek mînak, di **çûn (biçe)** de, **biçe** fermanîya lêkera **çûn** e.

Nîşandeka (/) ji bo peyvên alternatîf hatiye bikaranîn. Wek mînak, **bi rê ve/va**, nîşandek tê maneya ku him **bi rê ve** û him jî **bi rê va** tê gotin.

Nîşandeka (~), ji dêvla peyvika bingehîn tê bikaranîn. Wek mînak, di îzehên **hestî** de, hun ê **~yê bazinê dest**, hwd. bibînin; ew tê maneya **hestîyê bazinê dest**. Ji ber cûdabûnên bilêvkirinên herêmî û nebûneke standarda bilêvkirin an rastnivîsînê, hin peyvik bi gelek awayan tên nivîsîn, wek **şikandin, şikenandin, şkandin.** Ji bo ku kêmtir cih bigire ji wan îzeha yekê tenê hatiye kirin, yên din xwendevan dişînin a bi îzeh. Wek mînak, **şikandin** *see* **şikenandin. şikenandin (bişikîne)** *vt* break.

Yekî û **tiştekî** tewandinên **yek** (kesek) **û tiştek** in. Di vê rewşê de nav û cînavên tewandî (min, te, wî, wê, me, we, wan) li dewsa wan tên bikaranîn. Wek mînak, **xew(a yekî) hatin** *vi* be/feel sleepy. **Xewa min/Zelalê tê.** I am/Zelal is sleepy.

Rengpîşe/pêşlêkerên ''**jê,lê,pê,tê**'' kurteyên **ji wî/wê** an **ji yekî/tiştekî, li wî/wê** an **li yekî/tiştekî, bi wî/wê** an **bi yekî/tiştekî, di wî/wê** an **di yekî/tiştekî** ne. Di zimanê Kurdî de ew pir girîng in, ji ber ku pir belav in û pirê caran maneya lêkerê ya bingehîn diguherînin. Di vê ferhengê de bi girîngî li ser wan hatiye sekinîn. Wek mînak: **kirin (bike)** *vt* **1** do. **Te çi kir?** What did you do? **2** put (in/into). **jê ~** *vt* **1** cut. **2** break off, tear off. **3** undress. **Min kinc ji pitikê kir.** I undressed the baby. **lê ~** *vt* **1** write. **2** put up (a wall, etc), build. **3** dress (sb), clothe (sb).

Di Kurdî de, gelek caran ji dêvla rengdêran raweya xwedîtî tê bikaranîn. Ji bo navên binavkirî di raweya xwedîtî de sê paşpirtik hene: **yê** (ji bo navên nêr û yekejimar), **ya** (ji bo navên **mê** û yekejimar) û **yên** (ji bo navên pirejimar). Min, ji bo ku kêm cih bigire, tenê **yê** bi kar anîye; divê xwendekar bizanibe ku ev her sê paşpirtik gora zayend û pirejimar an yekejimarbûna nav pev tê guhertin. Hek nav bi tîpeke bêdeng biqede tîpa **y** nayê bikaranîn. Wek mînak: **manual** *rgd* yê dest. **~ labour** karê dest.

Sernivîsên wek ([1 2 3],hwd.), peyvikên cûda yên wek hev tên nivîsîn nîşan dikin.

Gelek îzeh bi hejmaran, wek **1,2,3**, hwd. hatine parvekirin. Ew mane an bikarhatinên peyvikan ên cûda nîşan dikin.

D: SİPASDARÎ

Gelek sipas ji Songul, Ertugrul, Yildiz, Jonathan, Paul û Umut re, ji bo piştgirî û alîkarîya wan a hin karên teknîk û pratîk.

BIBLIOGRAPHY - ÇAVKANÎ

A: MAGAZINES-KOVAR

Berbang; all issues (Kovara Federasyona Komelên Kurdistanê Li Swêdê).
Bergeh, issues: 3,4,5,6 (Kovara Siyasî, Çandî, Lêkolînî, Sweden).
Berhem, Kovara Lêkolînên Civakî û Çandî, Stockholm.
Dengê Komkar; all issues (Kovara Federasyona Komelên Karkerên Kurdistan Li Almanya Federal).
Hawar, issues: 1-9, 24-57 (Kovara Kurdî, Damascus).
Hêvî; Institut Kurde de Paris, France.
Hêviya Welêt (Xemreş Reşo, 1963-5).
Kurmancî; all issues (Institut Kurde de Paris).
Rewşen; all issues (Kovara Yekîtîya Rewşenbîrên Welatparêzên Kurdistan, Bonn).
Riya Azadî; all issues (Organa Komîta Merkezî ya Partiya Sosyalîst a Kurdistana Tirkîyê).
Roja Nû; all issues (Rojnameya Siyasî ya Hefteyî (1943-1946), Kamuran Alî Bedirxan; Weşanên Jîna Nû, Uppsala, 1986)
Roja Nû; all issues (Komkar, Swêd).
Tîrêj; all issues (Kovara Çande û Pîşeyî, İzmîr).
Rizgarî; all issues (Weşana Navendî ya Partiya Rizgarîya Kurdistan.

B: NEWSPAPERS-ROJNAME

Armanc; all issues (Monthly Kurdish Magazine, Sweden).
Kurdistan Press; all issues (The Kurdish Newspapers, Sweden).
Rojname; hejmara provayê, Weşanxana Doz, Istanbul, 1991.
Welat; all issues (Kurdish Weekly Newspaper, Istanbul).

C: BOOKS-PİRTÛK

Akin di Hembêza Welatê nû de; Binnie Kristal-Andersson, Weşanxana Çanda Kurdî, Sweden, 1985.
Assyrian, Kurdish and Yizidis; Agha Petros Ellow, Agha Petros Ellow, Baghdad, 1920.
Birîna Reş; Musa Anter, Koral Yayınları, İstanbul, 1991.
Brief Grammar and Vocabulary of the Kurdish Language of the Hakari District; Rev. Samuel A. Rhea, 1869.
Çiraya Azadî; Ferhad Shakely, Immigrant Institutet, Sweden.
Çiya; Xemreş Reşo, 1974.
Çiyayên bi Xwînê Avdayî; Bavê Nazê, Weşanên Komela Jinên Kurdistanê li Swêdê, 1989.
Çîroka Newrozê; Şivan Perwer, Şivan Production, Upsala, 1990.
Dawîya Dehaq; Kemal Burkay, Weşanên Deng, İstanbul, 1991.
Dengê Roja dîl; Derwêş M. Ferho, Tigris, Brussel, 1985.
Destpêka Edebîyata Kurdî; Mehmet Uzun, Beybûn, Ankara, 1992.
Di Çavkanîyên Swêdî de Motîvên Kurdî; Rohat, Weşanxana Vejîn, Stockholm,

1991.
Dîwana Cegerxwîn; Damascus, 1945.
Dîwana Rûhî: Şêx Abdurehmanê Axtepî, Weşanên Jîna Nû, Uppsala, 1988.
Dîwana Melayê Cizîrî; Roja Nû, Stockholm, 1992.
Epîkên Kurdî (Kurdish Folk Epic); Haciyê Cindî, Immigrant Institutet, Sweden,
Folklora Kurdî; Cîgerxwîn, Weşanên Roja Nû, Stockholm, 1988.
Girtî; Firat Ceweri, Sweden, 1986.
Gramera Zmanê Kurdî; Qanatê Kurdo, Weşanên Roja Nû, Stockholm, 1990.
Grammar of the Kurmanji or Kurdish Language, Soane (e.B.); London, 1913.
Gulbijêrek ji Helbestên Şêrko Bêkes; Weşanên Apec Tryck & Förlag, Stockholm, 1991.
Gundikê Dono; Baksi Mahmut, Orfeus, Sweden, 1988.
Hêlîn (Baksi Mahmut, Immigrant-Institute, Sweden, 1984).
Hêsir û Baran; Bavê Nazê, Roja Nû, Stockholm, 1986.
Jana Heft Salan; Şahînê Bekirê Soreklî, Enstituya Kurdî ya Brukselê, Bruxelles, 1990.
Jiyana Rewşenbiri û Siyasî ya Kurdan; Dr. Celilê Celil, Jîna Nû, Uppsala, 1985.
Kerwan, Helbestine Neçapkirî; Weşanên Komela Jinên Kurdistanê Li Swêdê, Stockholm, 1991.
Kitêba Zmanê Kyrmancî Bona Koma Çara; Amînê Avdal, Erîvan, 1933.
Kteba Zmanê Kyrmanci, Hajie Jindy, Erîvan, 1933.
Komara Demokratik a Kurdistan (Mahabad); Kerim Husami, Weşanên Jîna Nû, Uppsala, 1986.
Kurdish Dialect Studies (Mac Kenze (David Neil); Oxford University Press, London).
Kurdish Kurmandji, Modern Texts; Blau Joyce, 1968.
Kurdish Language and the Geographic Distribution of its dialects; Khurshid Fu'ad.
Kurdish Language; Khorshid, Fuad Hama, Baghdad, 1983.
Kurdish Readers; Jamal Jalal
Kurtlerin Menşe i ve Kurtçe İncelemeleri; Mc Carus, İstanbul, 1962.
Kürtçe Grameri (Grammaire Kurde); Emîr Celadet Bedirxan & Rogert Lescot, Doz Yayınları, Istanbul, 1991.
Li Ser Rêya Cegerxûn; Gundî, Weşanên Roja Nû, Stockholm, 1986.
Mehmed Arifê Cizîrî Kewê Ribad e; Segvan Abdulhekim, Weşanên Apec Tryck & Förlag, Stockholm, 1990.
Memê û Eyşê (Şano); Taharê Biro, Enstituya Kurdî ya Brukselê, Bruxelles, 1991.
Mem û Zîn; Ehmedê Xanê, Hasat Yayınları, İstanbul, 1990.
Mirina Kalekî Rind; Mehmed Uzun, Orpheus, Stockholm, 1987.
Mîrsad-ul Etfal (Amadegeha Zarûkan); Şêx Mihemed Kerbela, Weşanên Jîna Nû, Uppsala, 1989).
Rojek Ji Rojên Evdalê Zeynikê; Mehmed Uzun, Weşanên Welat, Stockholm, 1991.
Li Kurdistana Bakur û Li Tirkiyê Rojnamegerîya Kurdî; Malmîsanij & Mahmûd Lewendî, Weşanên Jîna Nû, Uppsala, 1989.
Siya Evînê; Mehmed Uzun, Weşanên Welat, Stockholm, 1989.
Standard Kurdish Grammar; Akrawy, F.R.;
Şêx Sen'an; Feqê Teyran, Weşanên Roja Nû, Stockholm, 1986.
Tarîxa Kurdistan; Cîgerxwîn, Weşanên Roja Nû, Stockholm, 1987.
Tembûr; Feqîyê Teyran, Weşanên Ronahî, Zürich, 1976.

Tu; Mehmet Uzun, Dengê Komal, Stockholm, 1984.
Xelat, Dîwana Yekem; Tîrêj, Weşanên Niştiman, Sweden, 1991.
Zargotina Kurda I, II; Ordîxanê Celîl û Celîlê Celîl, Neşirxana Nauka, Moskova, 1978.
Zargotina Kurdên Sûrîyê; Celîlê Celîl, Weşanên Jîna Nû, Uppsala, 1989.
Zend Avista; Cigerxwîn, Weşanên Roja nû, Stockholm, 1981.
Zevîyên Soro; Nûrî Şemdîn, Weşanxana Kurdistan, Stockholm, 1988.
Zozan; Casimê Celîl, Weşanên Roja Nû, Stockholm, 1982.
Xwençe I,II,II; Zeynelabidîn Zinar, Weşanxana Çanda Kurdî, Stockholm, 1990.

D: DICTIONARIES-FERHENG

Collins Cobuild English Language Dictionary; 1990.
Contemporary Turkish - English Dictionary; Redhouse, İstanbul, 1983.
English Language Dictionary; Collins Cobuild, London, 1990.
English - Turkish Dictionary; Redhouse, Istanbul, 1980.
Ferhenga Kurdî-Rûsî; Kurdoev K. K., Moskova, 1960.
Ferhenga Urisî-Kurmancî; I.O. Farîzov, Mosco, 1957.
Ferheng (Kurdish - Turkish); D. Îzolî, Kurdish Student's Society in Europe, Netherland, 1987.
Kurdish - English Dictionary; Tawfik Wahbi and C. J. Edmonds, Oxford, 1966.
Kurdish - French - English Dictionary; Joyce Blau, Publications du Centre pour l'Etude des Problems du Monde Musulman Ciontemporain, Bruxeles, 1965.
Kurdish - Turkish; Musa Anter, Îstanbul, 1967.
Longman Dictionary of Contemporary English; 1989.
Mini Sözlük; Redhouse, Redhouse Yayınevi, İstanbul, 1985.
Oxford Advanced Learner's Dictionary of Current English; 1985.
Türkçe Sözlük; Türk Dil Kurumu, Ankara, 1988.
Turc-Français, Français-Turc; Dictionary Universal Langenscheidt, İstanbul, 1985.

KURDÎ - ÎNGÎLÎZÎ
KURDISH - ENGLISH

A

a[1] *f* the first letter of the Kurdish alphabet.
a[2] *int* Ah! Oh! So!
a[3] *definite article used in the possessive case for feminine-singular nouns* **keç~ min** my daughter. ~ **min** mine. ~ **te** yours. ~ **wê** hers. ~ **wî** his. ~ **me** ours. ~ **we** yours. ~ **wan** theirs.
a[4] *article acting as a conjunction and used for feminine-singular nouns* the one that. **Keç~ li ber derî kî ye?** Who is the girl in front of the door? **Jin~ dirêj mamoste ye, a kin keç~ wê ye.** The tall woman is a teacher, the short one is her daughter. ~ **din** *f* the other one. ~ **dinî rojê** the following day.
a[5] *see* **an**[1 2].
ab *see* **av**.
ababîl *see* **ebabîlk**.
abadanî *see* **abadîn**.
abadî *see* **abadîn**.
abadîn *adj* eternal, immortal.
abal *f,adj* changing one's beliefs; (person) having changed their beliefs. ~ **bûn** *vi* change one's religion/beliefs.
abanoz *f* ebony, *bot* Diospurus ebenum.
abegîne *f* glass; crystal.
abid *m,adj* devout, pious man; devout, pious.
abidestan *P see* **roj**.
abigîn *see* **şûşe**.
abîdar *see* **avdar**[2].
abîne *f* part of fire-box of hookah inserted into water-bowl.
abnûs *f* ebony, *bot* Diospyros ebenum.
abone *n Fr* **1** subscriber. **2** subscription. ~ **bûn, bûn** ~ *vi* subscribe (to).
abor *f* **1** requirement, necessity. **2** livelihood, living. ~ **bûn/kirin** *vi,vt* live on sth. **Ew bi mehîya jina xwe ~ dike.** He lives on his wife's salary. **3** trace, groove. **4** remnant, remainder.
aborandin[1] **(biaborîne)** *vt* **1** support (a person), help (sb) to make their living. **2** sell off (good, things).
aborandin[2] *f* sale, selling.
aborî *f* economy. **zanistîya ~yê** economics.
aborîn (biabore) *vi* live (on).
abrû *see* **avrû**.
abûr *see* **abor**.
abûrî *see* **aborî**.
ac *m* ivory. **~a diran** *f* dentine.
acente *f It* agency, branch office.
acil[1] *adj, A* **1** urgent. **2** swift, quick.
acil[2] *n* **1** future. **2** present.
aciz *adj A* **1** weak, incapable, powerless. **2** bored, annoyed. ~ **bûn** *vi* get bored, be bored. **jê ~ bûn** *vi* have had enough of, be annoyed with. ~ **kirin** *vt* annoy, bore, disturb.
acizandin (biacizîne) *vt* annoy, bore.
acizî *f* **1** boredom, annoyance. **2** discomfort, uneasiness.
acizîn (biacize) *vi* get bored, be annoyed.
acûr[1] *m* burnt brick.
acûr[2] *see* **ecûr**.
adan[1] *adj* fertile, fecund. **~î** *f* fertility, fecundity.
adan[2] *n* dairy products. **~î** *adj* milky.
adan[3] *n* food, nutriment.
Adar *f* March.
ade *n* kinds of insects (inclined to bite).
Adem *m* **1** Adam **2** man, human being. **~î** *adj* human. **~î za** *n* human being.
adese *f A* lens.
adet *f* custom, habit. ~ **kirin** *vt* become accustomed to. **ji xwe re kirin** ~ *vt* get into the habit (of). **~î** *adj* usual, normal, ordinary, routine. **ji ~ê der** *adj* unusual, abnormal, extraordinary.
adir *see* **agir**.
adiz *see* **aciz 2**.
adî *adj A* simple, ordinary, vulgar. **~ti** *f* commonness, inferior quality.
adres *Fr see* **navnîşan**.
afaq *n A* horizons.
aferim *see* **aferîn**.
aferî *see* **aferîn**.
aferîn *int* Well done! Bravo!
aferînek *f* **1** character. **2** work, work of art, written work.
afir *f* manger.
afirandêr *n* **1** creator, maker, producer. **2** author.
afirandin[1] **(biafirîne)** *vt* create, invent.
afirandin[2] *f* work, work of art, opus.
afirandiyar *adj* creative.
afirîn (biafire) *vi* be created, be invented, be born.

afirvan *see* **afrandêr.**
afîş *f Fr* placard, poster.
afîtab *f P* sun, sunlight.
afrandêr *see* **afirandêr.**
Afrîqa *f* Africa. ~ **Navendî** Middle Africa. ~ **Başûr** South Africa.
Afxanîstan *f* Afghanistan.
afyon *f Gr* opium.
agadar *see* **agahdar**.
agah *adj,f* informed; information. ~ **bûn** *vi* be informed of. ~**(a yekî) hebûn** *vt* be informed of, know about. **A~a min tune**. I haven't heard (about it), I don't know about it. ~ **kirin** *vt* inform, warn.
agahdar *adj* informed. ~ **bûn** *vi* be informed. ~ **kirin** *vt* inform.
agahdarî *f* information. ~ **dan** *vt* give information.
agahî *f* information.
agahker *n* informer, informant.
ageh *see* **agah**.
agehdar *see* **agahdar**.
agir *m* fire. ~ **barandin** *vt* bombard, shoot repeatedly and continuously. ~ **berdan (tiştekî)** set fire to (sth). ~ **dadan** *vt* light (fire). ~ **girtin** *vt* catch fire. ~ **hilgirîn** *vt* light (fire). ~ **kirin** *vt* shoot. ~ **pê ketin** *vi* catch fire. **A~ bi xanîyê me ket**. Our house caught fire. ~ **pê xistin** *vt* set fire to.
agirbaran *f* bombardment. **agir barandin** *vt* bombard.
agirbazî *f* fireworks.
agirbest *f* ceasefire, armistice, truce.
Agirdan *f* November.
agirdank *f* hearth, fire-place, grate.
agire *f* syphilis.
agirgir *adj* inflammable, inflammatory.
agirgirtin *f* inflammation.
agirîn *adj* fiery, volcanic.
agirkuj *n* fireman; fire extinguisher.
agirnak *adj* fiery, burning.
agirperest *n* fire-worshipper.
agirpijên *f,adj* volcano; volcanic.
agirvan *n* stoker.
agirxweş *adj* nice, likeable, pleasant.
aha *int* Look! lo!
ahan *see* **aha**.
ahd *f A* vow, promise. ~ **kirin** *vt* vow (to do sth), promise (os).
ahen[1] *adj* hard.
ahen[2] *m* iron.
aheng *f* **1** harmony. **2** rhythm. ~**dar** *adj* harmonious, rhythmical.
aheste *adj P* slowly, softly.
ahên *f* grief, sorrow.
ahiramen,ahiren,ahirîme,ahirîmin *m* (Zoroastrianism) The Devil, Satan.
ahiste *see* **aheste**.
-ahî *suff forming nouns, eg:* **ronahî, mezinahî**.
ahîze *f A* receiver, receiving set.
ahmaq,ahmax *adj A* stupid, fool.
ahremen,ahrîme *see* **ahiramen**.
ahtapot *n zool* octopus.
ahû *P* **1** *see* **xezal**. **2** *see* **kêmanî**.
Ahûramazda *m* the greatest God in Zoroastrianism.
aidandin (biaidîne) *vt* mix (to), add (to).
aidat *f A* revenue, receipt, dues.
aj *n* young shoot, sprout.
ajal *n* flocks or herds; crowd.
ajawe *f* confusion, disorder; civil turmoil, tumult.
ajik *n* **1** wild almond. **2** shoot.
ajîne *m* hammer (for chipping stone).
ajnaber *n* swimmer. ~**î** *f* swimming. **(bi) ~î lîstin** *vt* swim.
ajnî *see* **ajnaberî**.
-ajo *suff used to form nouns meaning* ***driver***, *eg:* **kerajo** (donkey driver).
ajobena,ajobêna *adj* chronic.
ajotin (bajo) *vt* **1** drive. **2** plow, plough (a field). **3** last, continue. **Sê seetan ajot.** It lasted for three hours. ~ **hundir** *vt* break into, burst into. ~ **ser** *vt* attack.
ajotkar,ajotvan *n* driver.
akademî *see* **aqademî**.
akam *f* **1** end. **2** consequence, result. **3** effect.
al[1] *f* flag. ~ **hildan** *vt* flag, hoist the flag. ~**(a xwe) danîn** *vt* lower/strike (one's) flag. ~**dar/gîr/kêş** *n* standard-bearer.
al[2] *see* **sor**.
ala *see* **al**[1].
alaf[1] *m* feed (for cattle or sheep).
alaf[2] *f* flame.
alaf[3] *see* **elaf**.
alal *f* tulip.

alan *f* echo.
alandin (bialêne) *vt* wrap, pack.
alas<u>t</u>in (bialêse) *vt* lick. **Pisîk temsîkê dialêse.** The cat is licking the plate.
ala<u>t</u> *A pl of* ***ale<u>t</u>***.
alav *n (usu pl)* thing, tool.
alay *f P* **1** *mil* regiment. **2** crowd; all (of a group).
alayî *see* **alay**.
alaz *f* intention, purpose. ~ **<u>k</u>irin** *vt* mean, intend (to say).
Albanya *f* Albania. **~yî** *adj,n* Albanian.
album *f Fr* album.
alçen *f anat* upper jaw, maxilla.
aleçok *f* tent made of felt.
alem *f A* world.
ale<u>t</u> *m A* tool, instrument.
Alewî *n* member of the religious sect that reveres Ali.
alfat *f* disaster.
alês<u>t</u>in *see* **alas<u>t</u>in**.
algon *m,adj* dark pink.
alif *m* fodder. ~ **dan** *vt* feed (animals).
alifandin (bialifîne) *vt* feed (animals).
aliqandin (bialiqîne) *vt* hang, suspend.
aliqîn (bialiqe) *vi* be hung, be suspended.
alî[1] *m* side, direction; area. **~yê çe<u>p</u>ê/<u>r</u>as<u>t</u>ê** left/right side. **vî/wî** ~ this/that side. **ji her ~ ve,ji hemû ~yan ve** from all sides. **li her** ~ all over, all around. **Leşker ber bi vî ~ ve çûn** The soldiers went in this direction/this way. **bi her ~ ve** in all directions. **ji ~.. ve** by. **Ew ji ~ dizekî ve hat kuştin.** He was killed by a thief. **ji ~yê din** besides, on the other hand. ~ **<u>k</u>irin** *vt* help. **Wan ~ min <u>k</u>ir.** They helped me. **Em hatin ~ <u>t</u>e bi<u>k</u>in.** We came to your aide. **xwe dan ~<u>k</u>î** *vt* withdraw, recede, draw away from.
alîkar *n* helper, assistant, aide. **~î** *f* help, assistance, aid. **~î dan (ye<u>k</u>î)** *vt* help, support. **~î(ya ye<u>k</u>î) <u>k</u>irin** help (sb).
alî[2] *A see* **bilind**.
alîmînyûm *f Fr* aluminium.
alîn (biale) *vt* interlace, intertwine.
alînegir *adj,n* neutral, impartial not belonging to either sides.. ~ **<u>k</u>irin** *vt* neutralize. **~î** *f* neutrality, impartiality.
alîsor *f* kind of pear with some red parts.
Alman *n,adj* German, Germanic. **~î** *f* German (language). **~ya** *f* Germany. **~ya Rojava** West Germany. **~ya Rojhela<u>t</u>** East Germany.
alo Hello! (used in telephone conversation).
alos *adj* spoilt, rotten, decayed. **~bar** *adj* perishable, temperamental. ~ **bûn** *vi* decay. **~î** *f* rottenness, decay.
aloz *adj* **1** unnatural. **2** harsh, hard. **~î** *f* violence; harshness; hardness, difficulty.
alqol *f Fr* alcohol.
alternatîf *f Fr* alternative.
alû[1] *f* gland, tonsil.
alû[2] *f* plum.
alûç *n,adj* cylinder; cylindrical.
alûçe *f* plum (green).
alûde *see* **lewitî**.
alûle *f* side-street.
alûs *adj* **1** elegant. **2** affected, showy. **~î** *f* **1** elegance, attractiveness. **2** affectedness, showiness.
alûzî *f* problem, matter.
alvêr *f Tr* trade, shopping.
amac *see* **armanc**.
amade *adj* ready, prepared, present. ~ **bûn** *vi* be ready, be present. ~ **<u>k</u>irin** *vt* prepare, make ready. **xwe ~ <u>k</u>irin** get ready.
amadekar *n* organizer, preparing person. **~î** *f* preparation.
amade<u>t</u>î *f* preparation; being ready.
aman *n* household utensils, pots and pans.
amanc *see* **armanc**.
ambar *see* **<u>e</u>mbar**.
amber *see* **ember**.
amel *A see* **<u>e</u>mel**.
Amerîka *see* **Amerîqa.**
Amerîqa *f* America. **~yî** *adj,n* American. **Dewletên Yekbûyî yên ~.** the United States of America. **~ya Ba<u>k</u>u<u>r</u>** North America. **~ya Başûr** South America.
amêjen *f* alloy.
aminî *f* security. **~(ya xwe <u>p</u>ê) anîn** *vt* trust (in), rely (on).
amîn *int* Amen.
amîr *n A* **1** commander, commanding officer. **2** superior, chief. **~hêz** *n* commander.
amo *m* paternal uncle.
amojgarî *f* advice.
amojin *f* aunt, paternal uncle's wife. **~za**

n paternal uncle's child.
amojkar *n* adviser, counsellor.
amonyaq *f Fr chem* ammonia.
amper *n Fr* ampere.
am<u>p</u>ûl *f Fr* electric bulb.
amûret *m* tool, implement.
-an[1] *suff forming oblique case of plural of nouns* <u>p</u>ênûsên <u>k</u>e<u>ç</u>~ the girls' pens.
-an[2] *suff forming ordinal numbers* **çar~** fourth.
an[3] *conj* or. **ev ~ ew** this or that. **~ jî** or, or else. **~ na** if not, otherwise.
ana *see* **aniha**.
analîz *f Fr* analysis. *see* **jihevanîn, hûrandin, hevderanîn**.
ananas *f* pineapple.
anar *see* **hinar**.
anarşî *f Gk* anarchy.
anatomî *f Fr* anatomy.
andam *see* **endam**.
-ane *suff forming adverbs, eg:* **merd~** bravely, honestly.
ango *adv* therefore, that is to say.
Angola *f* Angola.
angorî *adv* according to, in accordance with.
aniha *adv* now, at the moment; immediately, right away.
ani<u>k</u>a *see* **aniha**.
anî *see* **<u>e</u>nî**[1].
anîn (bîne) *vt* bring. **~ ber** *vt* submit. **~ ber çavan** *vt* consider. **~ ber çavên xwe** *vt* imagine, envisage. **~ cih** *vt* carry out, perform. **~ dinyê** *vt* give birth to. **~ holê** *vt* reveal, bring to light. **~ zimên** *vt* express. **ber bi hev ~** *vt* cause (them) to become closer, bring (them) near one another. **bi xwe re ~** *vt* bring with os. **ji hev ~** *vt* analyse, analyze, classify, separate. **li hev ~** *vt* **1** reconcile. **2** make (one thing) fit (another); make (up), invent.
anî<u>sk</u> *see* **<u>e</u>nî<u>sk</u>**.
an<u>k</u>a *see* **aniha**.
ansîklopedî *f Gk* encyclopedia.
antam *see* **endam**.
antarktîka *see* **antarqtîqa**.
Antarqtîqa *f* Antarctica.
antên *f Fr* antenna, aerial.
a<u>p</u> *m* paternal uncle.
a<u>p</u>a *f see* **me<u>t</u>**.
apandîst *f Fr* appendicitis.

apartman *f Fr* apartment.
apore *m* vagrant, tramp.
apter *adj* mad. **~î** *f* madness.
aqademî *f Gk* academy.
aqar *f* **1** desert. **2** orchard. **3** area, open field.
aqas *see* **ewqas**.
aqasya *f Gk* acasia.
aqeliyet *f A* minority.
aqil *m A* intelligence, wisdom, mind. **ji ~ der** *adj* unreasonable. **~ane** *adv* intelligently, wisely. **~mend** *adj* wise, intelligent. **~sivi<u>k</u>** *adj* unreasonable, foolish. **~sivi<u>k</u>(<u>t</u>)î** *f* foolishness, stupidity. **<u>k</u>êm~** *adj* foolish, stupid. **<u>k</u>êm~î** *f* foolishness, stupidity.
aqit *see* **dims**.
aqîbe<u>t</u> *f A* end, result.
aqord *f Fr* (a musical instrument) tune. **bê ~** out of tune. **bi~** in tune. **~ <u>k</u>irin** *vt* tune.
aqordyon *f Fr* accordion.
aqûbe<u>t</u> *see* **aqîbe<u>t</u>**.
aqwaryûm *f Lat see* **masîdan<u>k</u>**.
ar *f A* shame.
ar[1] *see* **agir**.
ar[2] *see* **ard**.
ar[3] *f* ar, are.
aram *f* patience; rest; ease. **~ <u>k</u>irin** *vt* be patient. **~î** *f* ease, peace of mind, repose.
araq *f A* arrack.
arasîte *see* **arastî**.
arastin (biarêse) *vt* adorn, ornament,decorate.
arastî *adj* adorned, decorated, ornamented.
arav *f* soapy water (used).
arayişt *f* adornment, decoration, ornament. **~ <u>k</u>irin** *vt* adorn, embellish. **xwe ~ <u>k</u>irin** *vt* dress up, decorate os.
arbing *f* shears.
arc *f* bamboo.
ard *m* flour.
ardelûke *f* powdery snow.
ardi<u>k</u> *f* **1** semolina. **2** sawdust.
ardû *m* fuel.
are<u>zar</u> *see* **za<u>rezar</u>**.
arezû *see* **arzû**.
arezûmend *see* **arzûmend**.
arê *see* **erê**.
argon *adj* fire-coloured.
arif *adj A* knowing, wise.
arihan (biarihe) *see* **arîn**.
ari<u>k</u> *f anat* palate.

arimandin (biarimîne) *vt* rest. **xwe ~** *vt* have a rest.
ariyandin (biariyîne) *vt* hurt.
ar(i)yan (biare) *see* **arîn**.
arizî *adj A* temporary.
arî[1] *f* ash.
arî[2] *see* **alî**[1].
Arî[3] *n,adj* Aryan. **~nijad** *n* Aryan
arîk *f* ceiling.
arîkar *see* **alîkar**.
arîkarî *see* **alîkarî**
arîle *adj* effeminate.
arîn (biare) *vi* ache. **pê ~** *vi* ache. **Ser bi min arîya.** I have a headache.
arjing[1] *f* species of cherry tree.
arjing[2] *m* dry branches of trees, dry twigs.
arkîsk *f* cricket.
armanc *f* target, aim, purpose, object, ideal.
armûş *f* residue (left after crushed grapes).
arsim *f* cold, flu.
arşîw *f Fr* archives.
artêş *f* army.
arû *m* cucumber.
arûng *f* apricot.
arvan *see* **ard**.
arzan *see* **erzan**.
arzanî *see* **erzanî**.
arzû *f* desire, wish. **~ kirin** *vt* want, wish, desire. **~dar/mend** *adj* desirous, wanting.
asan *see* **hêsan**.
asansor *f Fr* elevator, lift.
asfalt *f Fr* asphalt; asphalted road.
asê *adj* **1** rebellious, obstinate. **2** steep, precipitous, difficult of access. **~ bûn** *vi* resist. **~ kirin** *vt* fortify, strengthen. **~geh** *f* fortification, stronghold.
asik *m* stomach.
asiman, asîman *see* **ezman**.
asîmîlasyon *f Fr* **assimilation**.
asîmîn *f* jasmine.
asiwa *f* horizon. **~n** *n* horizons.
asît *f Fr* acid.
asîtan *see* **hewş**.
ask *f* gazelle.
asman *see* **ezman**.
asmanî *adj* abstract.
aso *f* horizon. **~yî** *adj* horizontal.
asogeh *f* summit line of mountain range, horizon line.
aspirîn *f Fr* aspirin.
asraq *n* ceiling.
Astan *f* Saturn.
astar *m* **1** lining. **2** priming, undercoat. **~ kirin** *vt* line.
astem *see* **asteng**.
asteng *f* **1** obstacle, difficulty. **2** roughness (of the country or mountain). *adj* **1** difficult. **2** rough, uneven.
astîn *f* cuff (of sleeves).
astronom *Fr see* **stêrezan**.
Asya *f* Asia. **~yî** *n,adj* Asian.
aş[1] *m* mill. **~ê agirî** power mill. **~ê avê** water mill. **~ê bayî** wind mill. **~ê qehwê** coffee mill, coffee grinder. **~gêr** measure of flowing water sufficient to drive a water mill. **~van** *n* miller. **~vanî** *f* miller's trade, being a miller.
aş[2] *n* meal, food. **~baz** *n* cook. **~pêj** *n* cook. **~pêjxane** *f* restaurant; kitchen. **~xane** *f* restaurant.
aş[3] *adj* quiet, still, at piece. **~ bûn** *vi* be reconciled, make peace, be quiet, stop crying (child). **~ kirin** *vt* reconcile, silence.
aşêv *see* **eşêf**.
aşifte *adj* very upset, wretched, miserable.
aşik *m anat* stomach, cardiac orifice, pylorus.
aşiq[1] *n A* lover. **~ û maşûq** lovers, inseparable friends.
aşiq[2] *n* Gypsy.
aşitî *f* peace, quietness, silence. **~dar** *adj* peacable, peaceful. **~parêz** *n* pacifist. **~parêzî** *f* pacifism. **~xwaz** *adj,n* pacific, peaceable; pacifist. **~xwazî** *f* pacifism.
aşîna *n,adj P* acquaintance; familiar.
aşît *f* avalanche.
aşîyan *see* **hêlîn**.
aşkira *see* **eşkere**.
aşn *f* peace, silence, quietness.
aştî *see* **aşitî**.
aşûb *P see* **fitne**.
aşûjin *m* thread used with a sack needle.
aşûmaşk *n* children's expression of declaring friendship broken.
aşût *f* avalanche.
atabîk *see* **wezîr**.
ateş *P see* **agir**.
atmosfer *f Gk* atmosphere.

atom *f Gk* atom. **bombe~** nuclear bomb.

av *f* water. **~ berdan** *vt* irrigate. **~ berdan ser** *vt* water, irrigate. **~ dan** *vt* water, irrigate. **~ bi dev(ê yekî) ketin** *vi* have one's mouth water (for). **~ girtin** *vt* inundate. **~ kişandin** *vt* **1** draw/get water, leak (boots, etc). **2** carry water. **~ lê kirin** *vt* water, wash. **~ li xwe kirin** wash os, have a shower. **~ reşandin** *vt* sprinkle, scatter. **bin ~ bûn** *vi* dive. **bin ~ kirin** *vt* plunge into water, dip. **dan nav ~ê** *vt* enter the water. **~a herikok** *f* stream, river. **~a reş** *f* glaucoma. **~a sipî** *f* leukoma, leukema. **~a vexwarinê** *f* drinking-water.

ava *adj* built, prosperous, (place) developed and provided with public service. **~ bûn** *vi* be developed, be built up, be established. **Mala te ~ be** May you be happy/Thank you. **~ kirin** *vt* develop, build, establish.

avabûn *f* establishment, foundation.

avadan *adj* rich and prosperous, cultivated, developed. **~î** *f* development.

avadarî *f* development, public works.

avahî *f* building, construction, inhabited place.

avakir[1] *n* maker, builder, constructor.

avakir[2] *adj* constructive, creative. **~î** *f* constructiveness, creativeness.

avda *m* a hair.

avdan *n* watering (a plant, etc), irrigation.

avdank *f* pail, bucket.

Avdar[1] *see* **Adar**.

avdar[2] *adj* **1** watery, wet. **2** juicy.

avdest *f* ablution. **~ stendin** *vt* perform an ablution. **~xane** *f* place to perform ablutions; toilet.

avdev *f* saliva.

avdêr *f* sprinkler.

avdonk *f* gravy.

avehtin *see* **avêtin**.

averê *adj* departed, deviated. **~ bûn** *vi* depart from, deviate.

avevek *f* swamp.

avêtin (biavêje,bavêje) *vt* throw; get rid of. **~ girtîgehê** *vt* imprison. **~ ser** *vt* raid on/upon (a place). **Leşkeran ~ ser gundê me.** The soldiers raided upon our village. **~ talûkê** *vt* risk, endanger. **dûrik ~ ser (yekî)** *vt* sing the praises of (sb). **xwe ~** *vt* jump. **xwe ~ bextê yekî** *vt* take refuge behind sb. **xwe ~ derekê** take refuge (in a place).

avgir[1] *adj;f* non-porous, spongy; sponge.

avgir[2] *f* well.

avgîr *adj,f* boggy, marshy, swampy; bog, marsh, swamp.

avgon *m,adj* sky-blue.

avgoşt *f* gravy; stock, broth.

avik *f* sperm, semen.

avis *adj* pregnant. **~ bûn** *vi* be pregnant, become pregnant. **~ hiştin/kirin** *vt* make pregnant.

avisandin (biavisîne) *vt* **1** cause (sth) to swell up. **2** make pregnant.

avisîn (biavise) *vi* swell up, get swollen.

avî[1] *adj* **1** aquatic. **2** watery. **3** marshy.

avî[2] *f* dew.

avîn[1] *f* sperm, semen.

avîn[2] *see* **avî**[1]

avîtin *see* **avêtin**.

avjankî *f* swimming. **(bi) ~ lîstin** *vt* swim.

avjen *n* swimmer. **~î** *f* swimming. **~î kirin/lîstin** *vt* swim. **(bi) ~î zanîn** *vt* be able to swim, swim.

avkêş *f* **1** pump, water-pump. **2** water-seller, water-carrier.

avok *f* canteen, flask.

avpalêv *f* filter.

avpij *f* fountain, water jet.

avpîvaz *f* onion sauce.

avreşandî *adj* sprinkled with water. **~ kirin** *vt* sprinkle (a dusty) path with water.

avrêj *f* toilet, WC.

avrû *f* shame, modesty.

avşile *f* molasses made by boiling down unripe grape juice.

avûhewa *f* climate, weather.

avzê *f* spring-head.

avzêl *f* swamp.

avzêm *f* **1** spring. **2** swamp.

avzêr *f* **1** gilding. **2** aqua regia. **~ kirin** *vt* gild.

avzîv *f* silver ore. **~ kirin** *vt* silver.

avzûne *f* buckle.

avzûng *f* buckle.

awa *f* manner, way, style. **bi çi ~yî be (jî)**

somehow or other. **bi her ~yî** in any case. **bi vî/wî ~yî** thus, so, in this/that manner.

Awanî! There, that's good! This is the way it should be done!

awar *f* a sweet made of grape molasses.

awarte *f,adj* exception; temporary, exceptional. **gerandina ~** martial law. **rewşa ~** state of exception.

awaz *see* **deng**.

awêne *f* mirror.

awiqandin (biawiqîne) *vt* detain, keep (sb) busy, delay.

awiqî *adj* detained, delayed.

awiqîn (biawiqe) *vi* be detained, be delayed, be distracted.

awir *f* **1** look, glance. **2** frown. **~ (lê) dan,~ên xwe tûj kirin, ~ (lê) vedan** *vt* frown.

awqas *see* **ewqas**.

ax[1] *f* earth, soil. **~a bi kils** chalky soil. **~a bi kîlte** clayey soil. **~a bi xîz** sandy soil. **ketin bin ~ê** *vi* be buried. **kirin bin ~ê** *vt* bury.

ax[2] *int* Ah! Alas! Ouf! **A~ li min!** Woe is me! **~ û wax** *f* lamentation.

axa agha, chief of a tribe. **~tî** being an agha, status of agha.

axaftin (biaxife,biaxêve)[1] *vi* speak.

axaftin[2] *f* speech, conversation.

axaft(e)van *n* speaker.

axaz *see* **destpêk**.

axeax *f* lamentation. **~ kirin** *vt* lament.

axereş *f* black soil.

axesor *f* red soil.

axeşîn *f* grey soil.

axgirêdayî *adj* earthly.

axift(e)kar *n* speaker.

axil[1] *see* **axir**.

axil[2] *see* **axur**.

axir[1] *f,adj A* end, result; last, final. **~î** *f,adj* end, result; last, final.

axir[2] *adv* fortunately, by good luck, it's good that.

axivîn *see* **axaftin**.

axîn *f* sigh, whine. **~ kişandin** *vt* sigh, whine. **~ û nalîn** *f* lamentation.

axlêv *f* lawn.

axmax *see* **ahmaq**.

axreş *f* black soil.

axret *f A* the next world, the hereafter.

axsor *f* red soil.

axur *m* stable.

axû *see* **jehr**.

axûş *P see* **hembêz**.

axwaftin *see* **axaftin**.

axwîn *see* **axîn**.

ay! *int* Ouch!

Ayar *f see* **Eyar**[1].

ayar *m see* **eyar**[2].

ayende *adj* current, contemporary. **nifşê ~** the present generation.

ayet *f A* verse of the Koran.

-ayetî *suff forming nouns, eg:* **Kurdayetî**.

-ayî *suff forming nouns, eg:* **dûrayî, nêzîkayî.**

ayîne *P see* **neynik, mirêk**.

az *adj* ambitious; live.

aza *adj* **1** brave; bold. **2** independent, free. **~ kirin** *vt* free, set free. **xwe ~ kirin** free os. **~yî** *f* bravery; freedom, independence.

azad *adj* independent, free. **~ bûn** *vi* be/become free. **~ kirin** *vt* free, set free, liberate. **~î** *f* freedom, independence. **~îxwaz** *n* advocate of freedom. **~îxwazî** *f* advocacy of freedom.

azadanî *f* **1** holiday. **2** amnesty.

azan *f A* call to prayer, the Azan.

azar *f* anguish, sorrow, grief. **~ dan** *vt* rebuke, scold.

azardil *adj* tormented, hurt.

azayane *adv* freely.

Azerbêycan *f* Azerbaijan.

azerde *f* torment, torture; pain, hurt, suffering.

azerdedilî *f* anguish.

azet û îkram *f* entertaining (sb) royally.

azib *adj* single, unmarried.

azinc *f* dwelling.

azirîn (biazire) *vi* get angry, get hot.

azîn[1] *f* method.

azîn[2] *f* religious ceremony, rite.

azmûn *f* examination.

azpêj *see* **aşpêj**.

azpêjxane *see* **aşpêjxane**.

azwer *adj* ambitious, passionate. **~î** *f* ambition.

B

b *f* the 2nd letter of the Kurdish alphabet.

ba[1] *prep* with, at. *n* the place near sb, neighbourhood, vicinity. **li ~** *prep* at, near, with. **Kes li ~ te heye.** Is there anyone with you.

ba[2] *pref indicating a turning or winding action, eg:* **badan, bawerdan.**

ba[3] *m* wind. **~ ji ber çûn** *vi* break wind. **B~ li ~ dibê** The wind is blowing. **~ ketin** *vi* (wind) fall. **~ kirin** *vt* winnow. **~ rabûn** *vi* (wind) come up, rise. **(li) ber bê çûn** *vi* **1** be blown off by wind. **2** be of no use. **Şoqê min ber bê çû** The wind blew my hat off. **dan ber bê** *vt* winnow, throw (sth) into the air (as if winnowing).

ba[4] rheumatic pain, rheumatism.

ba[5] *see* **biha**.

ba[6] *cont of* **bav**.

bab[1] *see* **bav**[1].

bab[2] *A see* **derî**.

babasir *see* **bawesîr**.

babelîçk *f* ring finger.

babelîsk *f* century.

babet *f* **1** sort, type, kind, category. **2** subject, matter. **3** quality.

babidest *adj* **1** idle, unemployed. **2** empty-handed, destitute.

babik *see* **bavik**.

babilîsk *f* century.

babir *f* windbreak, wind-breaker.

babîsok *f* gust of wind, swirl (of dust).

bablîsk *see* **babelîsk**.

bablîsok *see* **babîsok**.

babûne *f* camomile, chamomile.

babûtanî *f* seesaw, teeter-totter.

bac *f* tax; toll; tribute. **~(a xwe) dan** *vt* pay (one's) tax. **~ birîn** *vt* tax. **~ stendin** *vt* collect tax. **~birîn** *f* taxation. **~dar** *adj* taxable. **~geh** *f* custom house, toll-house, toll-bar/gate. **~gir** *n* tax-collector.

bacan *m* aubergine. **~ê reş** aubergine. **~ê sor** tomato.

baçermok *n* bat, *zool* Chiropter.

baçik *f* cigarette.

badan (bade) *vt* turn, wring, wind. **Ew seeta xwe badide** He is winding his watch. **rû(yê xwe) jê ~** *vt* turn away, break off relations with.

badar *adj* windy. **~ kirin** *vt* ventilate, air.

bade *f P* wine; drink. **B~ noş!** To your health! Cheers! (when drinking).

badek *f* **1** auger, gimlet, drill. **2** screw-driver. **3** corkscrew.

badev *f* icy wind, squall.

badilhewa *see* **badîhewa**.

badincan *see* **bacan**.

badir *see* **berf**.

badîhewa *adj,adv* gratis, free; in vain.

badîn *f* cup, wine glass.

badok *f* curl. **~î** *adj* curled.

badrîcan *see* **bacan**.

bafik *m* pretext, excuse.

bafon *f* aluminium.

bager *f* storm, snowstorm.

bagurdan *f* roof-roller made of stone and for smoothing and packing mud roofs, roller.

bahavêj *f* storm.

bahol *m It* suitcase.

bahor *f* grip, grippe.

bahos *see* **bahoz**[1].

bahoz[1] *f* whirlwind, cyclone, tempest.

bahoz[2] *adj* hesitant, undecided.

bahr *f A* sea.

bahrîn *f* bleating, bleat. *vi* bleat.

bahs *see* **behs**.

bajar *m* city, town. **~ ava kirin** *vt* found a new city, urbanize. **~avahî** *f* city-planning, urbanization. **~î** *adj,n* urban; townsman, city-dweller. **~ok** *m* small town. **~van** *n* townsman, city-dweller. **~vanî/vantî** *f* being a townsman.

bajele *f* a skin disease.

bajen *f* fan (held in and moved by hand).

bajêr *oblique case of* **bajar**.

bakêş *f* ventilator. **~î** *f* ventilation.

Bakur *m* North. **~î** *adj* Northern.

bal[1] *f* **1** mind. **2** interest, attention. **~(a xwe) dan** *vt* pay attention (to). **B~a xwe bide wî** Pay attention to him. **~ kişandin** *vt* attract attention. **~dar** *adj* attentive, careful. **~darî** *f* attention. **~dirêj** *adj* patient. **~dirêjî** *f* patience.

bal[2] *see* **bask**.

bal[3] *see* **ba**[1].

bal[4] *f* height. **bejnû~** *f* height, stature, appearance.

bala *adj,n* high; height.
balafir *f* aircraft. **~a bombeavêj** bomber. **~a nêçirvan** fighter plane. **~geh** *f* airport. **~hilgir** *f* aircraft carrier. **~şkên** *f* anti aircraft. **~van** *n* pilot, aviator. **~vanî** *f* aviation.
balanî *f* bobbin (for thread).
balbalok *n* praying mantis, *zool* Mantis religiosa.
balcan *see* **bacan**.
bale *adj* stupid, foolish. **~tî** *f* stupidity.
balgeh,balgih,balgî,balgîv *f* cushion, pillow.

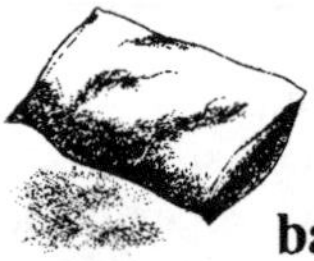

balîf

balinde *n* **1** bird, fowl. **2** eagle.
balî *adj* decayed, rotten.
balîf *f* cushion, pillow.
balîn *see* **balîf**.
balîşne *f* small cushion (embroidered).
balîv *see* **balîf**.
balkêş *adj* interesting; attractive. **~î** *f* attraction.
balo *adv* at least.
balor *f* roll, rolling pin, roller. **~ kirin** *vt* roll. **~kî** *adv* with a rolling motion.
balûk(e) *see* **balûr**.
balûpal *adj* roomy, spacious; open, vast.
balûr *f* **1** wart. **2** corn, callus.
balyoz *n* ambassador. **~xane** *f* embassy.
bambû *n* bamboo.
bamî,bamye *m* okra, gumbo.
bamîdad *see* **berbang**.
ban[1] *m* roof-top, roof, gabble-roof.
ban[2] *m* top, upper place.
ban[3] *see* **bang**.
banandin (bibanîne) *vt* accustom (to).
bander *adj* sovereign. **~î** *f* sovereignty.
bandev *f geog* summit, apex.
bandêr *see* **bankut**.
bandor *see* **bandûr**.
bandûr *f* effect, influence. **~(î yekî/ tiştekî kirin) kirin** *vt* effect, influence. **ketin bin ~a yekî** *vi* be under the influence of. **kirin bin ~a xwe** *vt* exert an influence on, influence.
bane *n* **1** pasture for sheep (during spring). **2** dairy farm, milking barn or shed. **~dar** *n* dairyman.
banek *f* habit, custom.
Banemer *f* April.
baneşan *f gram* interjection, exclamation.
banê *see* **banî**[2].
bang *f* **1** call. **2** voice, sound, noise. **~ dan** *vt* **1** call to prayer. **2** (a cock) crow. **~ kirin** *vt* call.
bangbêj *n* **1** person who calls to prayer (muezzin). **2** town crier, crier.
bangder *see* **bangbêj**.
banger *see* **bankut**.
bangî: ~ (yekî) kirin *vt* call.
banî[1] *m,adj,adv* the upper covering of a roof, roof, roofing; upper, up. **~ ketin** *vi* climb up.
banî[2] *adv* **~ (yekî) kirin** *vt* call.
banîje *f* penthouse.
banîn (bibane) *vi* get used to, be/become accustomed to.
banke *see* **banqe**.
banker *n* town crier, crier.
bankut,bankutan *f* roof-roller made of stone and for smoothing and packing mud roofs, roller..
bano *f* **1** miss (young lady). **2** queen (wife of a king).
banoke *f* terrace, balcony.
banqe *f* bank. **~gêr** *n* banker. **~gêrî** *f* banking.
banseet *f* clock.
banû *f* princess; Lady (before a given name).
banz *see* **baz**[3].
bapêç[1] *f* blizzard, snowstorm.
bapêç[2] *f* packet, parcel.
bapêş *f* cold. **bi ~ê ketin** *vi* have a cold.
bapîr *m* grandfather. **~perestî** *f* atavism, reversion.
bapîrî *f* species of pomegranate.
bapîva(n) *adj* idle, lazy. **~nî** *f* idleness. **~nî kirin** *vt* wander, idle about.
bapûk *f* snowstorm, blizzard.
baq[1] *f* calf.
baq[2] *f* bunch.
baqandin (bibaqîne) *vt* bleat.
baqil[1] *f* species of beans.
baqil[2] *adj* **1** intelligent, clever. **2** well-

behaved, good (child).
baqîyeṭ *f A* remainder, remnant, residue.
bar[1] *m* burden, load, cargo. ~ **danîn** *vt*
unload. ~ **girêdan** *vt* pack load. ~ **kirin**
vt **1** load. **2 (mala xwe)** ~ **kirin** *vt* move
(from a place). ~ **kişandin** *vt* carry,
transport (from one place to another).
bar[2] *m* difficult task, responsibility. ~ **li**
ser mil(ên yekî) bûn *vi* be responsible.
B~ li ser milên min e I am responsible
(for a burdensome task).
-bar[3] *suff forming adjectives with sense* full
of, eg: **gunehbar**.
baran *f* rain. ~ **barîn** *vi* rain. **B~ dibare**.
It is raining. ~ **birîn** stop raining. ~
vekirin *vt* stop raining. **Baranê vekir.** It
stopped raining.
Baranbiran *f* May.
barandin (bibarîne) *vt* rain, shower (sth)
on, drop (sth) on.
baranî[1] *m* raincoat.
baranî[2] *f* a folk-dance.
baranparêz *m* raincoat.
bare *f* subject; occasion. **di vê ~yê de** in
this connection, in this case .
barebar *f.* a big fuss, a lot of noise. ~
kirin/kirin ~ *vt* make a big fuss, make a
lot of noise.
bareg *f* arsenal.
bar(e)geh *f* arsenal; headquarters.
barger *n* porter; carrier; stevedore.
bargir *see* **bargîr**.
bargîl *see* **bargîr**.
bargîr *n* beast of burden.
barid *see* **sar**.
Barî *see* **Xwedê**.
barîgeh *P f* **1** porch. **2** world; fate, destiny.
barîk *adj* thin; narrow; slender.
barîn (bibare) *vi* rain, snow, hail; fall
abundantly on/upon. **Baran dibare** It is
raining. **Berf dibare** It is snowing. **Zîpik
dibare.** It is hailing. **(baran/berf/zîpik)
lê barîn** *vi* be caught in the (rain/snow/
hail).
barkêş *n* porter, carrier.
barkêşî *f* transport, shipping.
barname *f* waybill, shipping papers.
barû *f* tower, turret.
barûd *f A* gun-powder.

barûṭ *see* **barûd**.
barûve *f* strong wind with rain.
barxane *f* warehouse, storehouse.
bas *see* **behs**.
bask *m* wing; arm; forearm. **keṭin bin
~ên yekî** *vi* take refuge under the wings
of (sb). **kirin bin ~ên xwe** *vt* take (sb)
under one's wings.
basko kirin *vt* clip, shear.
basṭêq *see* **basṭîq**.
basṭîq *f* grape pulp dried in thin layers.
bastûr *f* structure, bodily constitution.
basûr *see* **bawesîr**.
baş *adj* **1** good, fine, well. **2** in good
health. ~ **bûn** *vi* **1** get better, be good,
recover. **2** improve. ~ **kirin** *vt* **1** cure. **2**
make (sth) right. **3** improve.
başavend *n* rhyme.
başbûn *f* improvement, recovery.
başî *f* goodness; healthiness.
başok(e) *n zool* falcon, kind of hawk.
baştir *adj* better.
baştirîn *adj* the best.
başûke *n zool* falcon, kind of hawk.
başûr *m* south. **~î** *adj* southern, of the south.
batînok *f* poppy.
bav[1] *m* father. **~ik** *m* generation; father.
~marî *m* step-mother. **~pîr** *see* **bapîr**.
-bav[2] *suff forming adjectives related to fa-
ther, eg:* **segbav**.
baveşînk *see* **baweşînk**.
bawar *see* **bawer**.
bawer *f* belief. ~ **kirin** *vt* believe. **jê ~
kirin** *vt* believe in (sb). **pê ~ bûn** *vi* trust.
baweranî *n* believer.
bawerî *f* faith, trust, belief, confidence. ~
pê anîn *vt* believe, trust. ~ **pê (bi yekî)
hatin** be trusted. **~ya yekî pê (bi yekî)
hatin** trust sb.
bawermend *adj* believing. *n* believer.
bawername *f* letter of credit.
bawesîr *f* piles, hemorrhoids.
baweşîn *f* fan. ~ **kirin** *vt* fan.
baweşînk *f* ventilator, electric fan.
bawêşk,bawişk *f* yawn. ~ **anîn** *vt* yawn.
bawişkî *adj* (a person) yawning.
bawişkîn (bibawişke) *vi* yawn.
bawî *adj* rheumatic (person). ~ **bûn** *vi*
suffer rheumatism.

bax *m* vineyard.
baxçe *m* garden. **~van** *n* gardener. **~vanî** *f* gardening; being a gardener.
baxeber *see* **agahdar**.
baxnot *f* banknote.
ba Xoy! *see* **bi Xwedê.**
-baz[1] *suff forming adj and nouns, eg:* **serbaz, fêlbaz.**
baz[2] *n* sparrow hawk, goshawk.
baz[3] *n* jump, running. **~dan** *vt* **1** run away, flee, run. **2** dance. **3** jump.
baza *adj* fast, quick.
bazar *f* **1** market. **2** bargain. **~ kirin** *vt* bargain, haggle. **~a kar** labour market. **~a reş** black market.
bazend *m anat* forearm.
bazik *see* **bask**.
bazin *m* bracelet. **~ê dest** *m* wrist.
bazirgan *n* merchant, trader. **~î** *f* trade. **~îya derve** *f* foreign trade.
bazîn *vi* **1** run. **2** dance.
bazor *f* blizzard, storm.
be *imp of* ***bûn*** **Baş be! Hêdî be!**.
bed *adj* bad.
bedbext *adj* **1** miserable, unhappy. **2** unfortunate, unlucky. **~î** *f* **1** unhappiness, misery. **2** unluckiness.
bedbêj *adj* evil-tongued.
bedbîn *n,adj* pessimist; pessimistic. **~î** *f* pessimism.
beddil *adj* evil-natured.
beden[1] *m* rampart, wall.
beden[2] *m* body, trunk. **~parêzî** *f* physical training, physical education.
bedew *adj* beautiful, pretty, nice, splendid, handsome. **~ bûn** *vi* be/become beautiful, be beautified. **~ kirin** *vt* beautify, embellish, adorn. **~î/tî** *f* beauty, splendour.
bedêl *see* **berdêl**.
bedgo *adj* scurrilous, abusive, evil-tongued.
bedhal *adj* perturbed, miserable. **~î** *f* misery.
bedilandin (bibedilîne) *vt* transform (sth) into (sth else).
bedir *f A* full moon.
bedî *adj* unique, matchless.
bedîd *A see* **eşkere**.
bedîhî *A see* **eşkere**.
bedkar *n* evil-doer.
bedl[1] *m* suit.
bedl[2] *f* fool moon.
bednam *see* **bednav**.
bednav *adj* (person) having a bad reputation, disreputable. **~ bûn** *vi* get a bad reputation.
bedr *see* **bedl**.
bedraz *adj* malicious, malevolent.
bedrekî *f* wickedness.
bedxû *adj* wicked, evil.
bedxwah *see* **bedxwaz**.
bedxwaz *adj,n* hostile, malicious; evil-wisher. **~î** *f* hostility, malice.
bedxwez *see* **bedxwaz**.
bedziman *adj* evil-tongued.
beecandin (bibeecîne) *vt* **1** anger. **2** arouse (sb's) jealousy.
beecîn (bibeece) *vi* **1** get angry. **2** be jealous, envy, be resentful.
beecok *adj* jealous. **~tî** *f* jealousy.
befr *see* **berf**.
Befranbar *f* December.
befşik *m* incisor.
beg *m* **1** (title, after name) gentleman, mister, sir. **2** ruler, master.
beha *see* **buha**.
behar *see* **bihar**.
beharat *see* **biharat**.
behartin *see* **bihurtin**.
behecandin (bibehecîne) *see* **beecandin**.
behecîn (bibehece) *see* **beecîn**.
behecok *see* **beecok**.
beheşt *f* paradise, heaven.
behir *see* **par**[12].
behir *see* **behr**.
behişt *f* paradise, heaven.
behitandin (bibehitîne) *vt* astonish, astound.
behitîn[1] **(bibehite)** *vi* be surprised, be astonished. *f* astonishment, surprise.
behitîn[2] *see* **helîn**.
behîn[1] *see* **bîhn**.
behîn[2] **(bibehe)** *vi* leap, spring up, jump.
behît *f,adj* miracle; strange.
behîtîn *see* **helîn**.
behîv *f* almond. **~tirşk** *f* green almond, unripe almond.
behîvok *f anat* tonsil.
behlîf,behlîv *f* cushion, pillow.
behr *f A* sea.

behr,behre *see* **par**[1,2].
Behram *f astr* Mars.
behs *f* subject, topic. ~ **bûn** *vi* be mentioned, be talked about. ~ **kirin** *vt* mention, talk about.
behtir *see* **bêtir**.
behvan *see* **bêvan**.
behvil *see* **bêvil**.
behwer *see* **bawer**.
beicandin *see* **beecandin**.
beicîn *see* **beecîn**.
beîd *P see* **dûr**.
bej *m* **1** continent, land. **2** dry land. **~ayî** *adj* continental. **~î** *adj* of dry land, wild.
bejavi *adj,n* amphibious; amphibian.
bejik *m* steppe.
bejin *see* **bejn**.
bejinbost *n* dwarf.
bejmêr *adj* worthy.
bejn[1] *f* stature, height. ~ **avêtin** *vt* grow in height. **~(a yekî) gihîştin** *vi* grow in height. **~bilind/drêj** *adj* tall. **~kin/kurt/nizm** *adj* short. **~zirav/teng** *adj* thin, slender.
bejn[2] *f* waist.
bejnûbal *f* stature, height, appearance. **bi** ~ *adj* slender, slim.
bekre *n* clay.
bel *adj* erect. **çavên xwe ~ kirin** *vt* stare; be wary; be on guard. **guhên xwe ~ kirin** *vt* prick up one's ears.
bela[1] *f A* calamity, misfortune, trouble. ~ **xwe dîtin** *vt* get one's deserts. **li ~yê gerîn** *vi* ask for trouble, look for trouble.
bela[2] *see* **belav**. ~ ~ *adj* scattered, spread.
belager *adj* troublesome, aggressive. **~î** *f* aggressiveness.
belalûk[1] *f* wart (on the skin).
belalûk[2] *f* morello, small bitter cherry.
belam *conj* but.
belasebeb *adj,adv* unreasonable, useless; unreasonably, uselessly.
belaş *adj* free, gratis.
belav[1] *adj* scattered, out of order. ~ **bûn** *vi* scatter, be scattered, be spread, be dissolved. ~ **kirin** *vt* scatter, distribute, spread. **ji hev ~ kirin** *vt* break to pieces, dissolve.
belav[2] *adj* widespread.
belavela *see* **belawela**.
belavker *n* distributor.
belavok *f* **1** brochure, pamphlet, leaflet. **2** announcement. **~a çapgêrî** announcement (to the press), press statement.
belawela *adj* scattered, disorganized, in complete disorder, very messy. ~ **bûn** *vi* be scattered, be dispersed. ~ **kirin** *vt* scatter, disperse, spread, disorganize.
belazîz *see* **belezîzk**.
belbelîtanik *f* butterfly.
belçim *m* leaf (of a tree).
beledîye *f A* town hall, municipality.
belefire *n* diarrhoea (animals).
belek(î) *adj* piebald, speckled, spotted, mottled.
belekbirdin *adj* red-headed.
belem *f* boat.
belengaz *adj* poor, unfortunate, needy, miserable. **~î** *f* poverty, unhappiness. ~ **kirin** *vi* impoverish.
belesan *f* balsam tree.
belezîz(k) *f* bell-flower, *bot* Campanula.
belê *aff particle* yes.
belg[1] *m* sheet (of paper), leaf (of a tree).
belg[2] *m* dress, clothes.
belge *f T* **1** document. **2** proof. **~werî** *adj* documentary.
belgeh *see* **balgeh**.
belgêr *f* table (made of stone).
belgih *m* suit.
belik *see* **bilik**.
beliqandin (bibeliqîne) *vt* make (sth) gush out.
beliqî *adj* protruding (eyes). **çav~** *adj* protruding-eyed.
beliqîn (bibelique) *vi* gush out, spurt out, jet.
beliyandin (bibeliyîne) *vt* approve, confirm, verify.
belîcan *f* ring finger.
belîtang *f* **1** butterfly. **2** bow tie.
belk *see* **belg**[1].
belke,belkim,belkî,belku *adv* perhaps, maybe, probably.
belko *adv,f* probably; probability.
belleban *m* large, spherical stone.
beloke *m* clitoris.
belor *n* crystal.
belqitandin (bibelqitîne) *vt* kill (used

contemptuously).
belqitîn (bibelqite) *vi* die (contemptuously).
belût *f* valonia oak.
belxem *f A* mucus.
ben[1] *m* string.
ben[2] *f* hedge, fence made of brush.
benav *f* ash tree.
benc *see* **beng**.
bend[1] *m* upper arm.
bend[2] *f* **1** article. **2** string. **3** obstacle, (barrier) wall. **4** delay, detention.
bend[3] *f* prohibition, ban.
bend[4] *n* slave, servant.
benda *adv* **(li) ~ (yekî/tiştekî) bûn/man/sekinîn** *vi* wait for (sb/sth), await. **Ez li ~ wî sekinîme.** I am waiting for him. **Ma tu li ~ wî yî?** Are you waiting for him? **Ez seetekê li ~ wî mam.** I waited for him for one hour.
bendav *f* dam.
bende[1] *n* slave, servant. **~gerî** *f* slavery. **~yî** *n* prisoner.
bende[2] *see* **benda**.
bender *f* harbour, port. **sekûya ~ê** quay, embankment.
benderuh *n* creature.
bendewar[1] *adj* sympathetic. **~î** *f* sympathy.
bendewar[2] *adj* related (to), connected (with).
bendê *see* **benda**.
bendgore *m* garter.
bendik *m* **1** *see* **benik**. **2** hyphen.
bendir *m* young ram.
bendî *n* prisoner; slave. **~xane** *f* prison.
bendname *f* treaty, agreement, contract.
benefş *see* **binefş**.
benerx *adj* lilac-coloured.
beng[1] *f* **1** hashish. **2** henbane.
beng[2] *f* impassioned love or admiration; fascination.
benik *m* short string.
benişt *see* **benîşt**.
benî[1] *m* a sweet confection made of nuts or almonds coated with dry grape molasses.
benî[2] *n* servant; slave; man (in related to God).
benîşt *m* gum, chewing gum. **~î** *adj* gummy.
benzîn *f Fr* benzine, (Brit.) petrol.
beok *adj* dirty, ugly.
beq *n* frog.
beqal *n A* grocer. **~î** *f* grocery, business of a grocer.
beqlawe *f* sweet pastry cut into diamond-shaped pieces.
ber[1] *m* stone, rock.
ber[2] *m* **1** product, result. **2** crop, yield. **3** fruit, off spring. **4** income. **~ avêtin** *vt* abort. **~ girtin** *vt* be inseminated, be fertilized. **~dar** *adj* fruitful, profitable. **~dar bûn** *vi* succeed, be fruitful.
ber[3] *f* group of 30.
ber[4] *m* **1** front. **2** direction. **~ê xwe dan (derekê/tiştekî)** *vt* turn towards, direct (os.) towards. **~ bi** *prep* against, towards. **~ bi ve** *prep* towards. **li ~** *prep* in front of. **(li) ~ anîn** *vt* discover. **(li) ~ çavan raxistin** *vi* disclose, make public. **(li) ~ gerîn** *vi* beg, plea. **(li) ~ xistin** *vt* **1** state. **2** make (sb) understand.
ber[5] *m:* **ji ~ kirin** *vt* memorize, learn by heart. **ji ~ zanîn** *vt* know by heart.
bera[1] *adv:* **~ (yekî) dan** *vt* **1** run after, chase. **2** defeat. **~ pê (yekî) dan** *vt* follow, pursuit.
bera[2] *adv:* **~ (tiştekî/derekê) dan** *vt* pour into sth.
beraber *see* **beramber**.
beradayî *adj* **1** abandoned, deserted. **2** forsaken. **3** vagabond, vagrant. **4** mad, insane.
berafî *f* discussion, deliberation.
beraftin (biberêfe) *vt* attenuate.
beramber *adj,n* **1** in equilibrium, equal, equivalent. **2** opposite, face to face, opposing each other. **~î** *f* opposition. **~tî** *f* equality.
beran *m* ram.
beranber *see* **beramber**.
beranek *f* thumb.
beranîn[1] *f* imagination.
beranîn[2] **(berbîne)** *vt* imagine.
beraqil *adj* reasonable.
berarî *f* subsidy.
beraşo *f* washing (clothes, etc).
beraştin *see* **biraştin**.
berate *f* **1** carcass. **2** remnant, remainder.
beravêtin *f* abortion.
beraz *n* pig.

berbad *adj* **1** ruined, spoilt, useless. **2** very bad, dreadful, disgusting. **~(î) çûn** *vi* (an opportunity) be missed.
berbajar̲ *m* outskirts, suburbs.
berbang *f* dawn.
berbanik̲ *m* terrace.
berbar *n* **1** carrier, bearer. **2** responsibility, burden. **xwe dan ber bar(ê yek̲î)** *vt* help, support (sb), take the responsibility.
berbaran *f* umbrella.
berbat̲ *see* **berbad**.
berbaz *n* noncommissioned officer.
berbeden *f* prostitute.
berbejn *f* amulet, written charm.
berbelav *adj* wide, roomy.
berber[1] *n* competitor, rival. **~ek̲anî** *f* antagonism. **~î** *f* enmity, hostility, rivalry.
berber[2] *n It* barber; hairdresser. **~î/t̲î** *f* the profession of a barber, hairdressing.
berberê *see* **berberî**.
berberî *adj* worth, equivalent of.
berber̲o *f* sunflower.
berber̲oşk̲ *f* place exposed to sun, sunny corner.
berbest̲î *f* defence.
berbeyan(î) *f* dawn.
berbiçav *adj* obvious, outstanding, concrete, clear, evident. **~ k̲irin** *vt* show, present, make public, perform.
ber bi hev *prep* towards (one another). **~ anîn** *vt* bring near one another, approximate (sth) to. **~ çûn** *vi* approach, come close to one another. **~ hat̲in** *vi* approach, come close to one another.
berbijêr *see* **berjêr**.
berbijor *see* **berjor**.
berbir̲o *see* **berber̲o**.
berbisk̲ *n* hairpin.
berbû(k̲) *n* women sent to fetch the bride.
berbûk̲î *f* flower-bed.
Bercîs *f* Jupiter.
berçav *see* **berbiçav**.
berçav(i)k̲ *f* spectacles, glasses.
Berçile *f* December.
berçîn *adj* jealous, envious.
berd *m* stone, rock.
ber̲dan (ber̲de)[1] *vt* **1** leave. **2** let go, drop. **3** give up. **4** (let) grow (beard, hair). **5** release. **6** abandon. **7** divorce. **Min cix̲are ber̲da.** I gave up smoking. **Wî jina xwe ber̲da.** He divorced his wife. **Dest/dev ji wî ber̲de.** Leave him alone. **Wî rîya xwe ber̲da.** He let his beard grow. **Kerê ber̲de.** Let the donkey go.
ber̲dan[2] *f* song (sung when threshing wheat).
ber̲dandest̲ *f* truce.
berdarazî *f* prejudice.
berdayîn *f* demonstration.
ber̲deborîn *f* permit, pass, leave of passing.
berdest̲ *adj* ready, prepared, *n* servant, slave. **~ k̲irin** *vt* make ready. **~ik̲** *n* servant. **~î** *n* follower, person in (sb's) order.
berdevk̲ *m* clown, buffoon.
berdewam *adj* continuous, constant. **~ bûn** *vi* last, continue, be continued. **~ k̲irin** *vt* continue, go on doing (sth). **~î** *f* continuation, duration, continuity.
berdewazî *f* waiting.
berdêl *f* value, worth; equivalent, substitute. **ji ~a** *adv* instead (of).
berdêlî *f* exchange of girls between two families in order to marry their sons.
berdêlk̲ *see* **berdêlî**.
berdil *adj* dear, beloved.
berdilk̲ *f* apron, smock, bib.
ber̲dûş *adj,n* vagabond, tramp.
bere[1] *m* part. **~ ~** *adv* gradually, step by step.
bere[2] *m mil* front.
bere[3] *adj* plain, simple.
berendam *n* **1** candidate, nominee, candidate for nomination. **2** reserve member.
berepaş *adv* backwards.
berev *see* **berhev**.
berevker *see* **berhevker**.
berespî *m* grey stone.
berevok̲ *see* **berhevok̲**.
Berewp̲ayîz *f* August.
berê[1] *adv* **1** formerly, in the past. **2** first, in first, at first. **3** before, ago. **Serbest ~ çû** Serbest went in first. **(ji) ~ de.** all along, for a long time.
berê[2]**: ~ yek̲î dan** resist.
berêrîş *f* counter-attack, counter-offensive.
berêz *adj* respectable, honorable.
berf *f* snow. **~ barîn/dahat̲in** *vi* snow. **Berf dibare/dat̲ê.** It is snowing. **~ girt̲in** (for snow) stick. **~avêj** *f* snow-plough.

Berf dibare/datê. It is snowing. **~girtin** (for snow) stick. **~avêj** *f* snow-plough. **~dimsk** *f* snow mixed with molasses. **~ende** *f* avalanche. **~mal** *f* spade-like tool for sweeping snow from roofs. **~merî** *m* snowman.

berfireh *adj* roomy, wide, spacious.

berfî *f* lily, *bot* Lilium.

berfîn(k) *f bot* snowdrop.

berg *f* cover.

berge *see* **bergeh**.

bergeh *f* horizon; view, panorama, scene, scenery.

berger *n* manager, director, **ber gerandin** *vt* manage, direct. **~anî** *f* management.

bergerîn *f* begging, imploring, entreaty, pleading. **li ber gerîn** *vi* beg, entreat, implore.

bergew kirin *vt* plug, stuff up, block.

bergir[1] *adj* fruitful, productive.

bergir[2] *adj* in defensive; defender.

bergirî[1] *f* fruitfulness, productiveness.

bergirî[2] *f* precaution, measure; defence.

bergî *f* the place opposite, view.

berguhk *f* headphone, earphone.

berhem *n* **1** work, work of art, written work, opus. **2** product. **~dar/dêr** *adj* fruitful, productive.

ber hev *adv* face to face, facing one another, together. **avêtin ~** *vt* engage in a contest of poetic repartee. **~ dan** *vt* compete, rival. **~ kirin** *vt* heap; pick up; collect, gather; save (money). **dan ~** *vt* compare. **rabûn ~** *vi* start quarrelling or fighting.

berhevda *gram* comparative.

berhevdan *f* dispute, argument; competition.

berhevkar *n* anthologist; collector; tax collector.

berhevker *f electr* collector, battery.

berhevok *f* **1** anthology. **2** collection.

berhewa *adj* futile.

berhilanîn *f* harvest. **ber hilanîn** *vt* harvest.

berik *f see* **bêrik 2**.

berik *m* bullet.

beriqandin *see* **biriqandin**.

beriqîn *see* **biriqîn**.

beristan *see* **berîstan**.

beriştin *see* **biraştin**.

berizandin (biberizîne) *vt* make wild, cause (sb/sth) to be out of control.

berizî *adj* wild, mad, undisciplined, in heat, in rut.

berizîn[1] **(biberize)** *vi* **1** get wild, get mad. **2** argue, fight.

berizîn[2] *f* disagreement, conflict.

berî[1] *adv* before. **Ew ~ min çû.** He went before me. **~ ku** before. **B~ ku ez herim** Before I go. **B~ Zayînê (BZ)** Before Christ (BC).

berî[2] *adj* simple, plain.

berî[3]: **~ yekî dan** *vt* resist (sb).

berî[4] *adj* deprived (of).

berî[1] *f* desert, dry land.

berî[2] *f* oak.

berî[3] *see* **bera**[2].

berîq *n, adj A* (sth) shining.

berîstan *f* desert.

berjewendî *f* benefit, advantage, interest.

berjêr *prep* down, downwards. **(ser) ~ bûn** *vi* go downwards. **~ çûn** *vi* go downwards. **~ kirin** *vt* lower.

berjor *adv* up, upwards. **~ bûn** *vi* go up. **~ çûn** *vi* go up. **~ kirin** *vt* raise, make higher.

berk[1] *see* **birk**.

berk[2] *n* material.

berk[3] *m* small leaf.

berkanîk *f* sling.

berkar *n* **1** waiter. **2** apprentice.

berkaz *f* loophole (in a fortification), window.

berkel *adj:* **li ~ê** half boiling, about to boil.

berkeşok *f* round metal tray.

berketin *f* sadness, sorrow. **(li) ber ketin** *vi* be or feel sorry about, be or feel sad about.

berketî *adj* estimable, worthy of esteem, important.

berkêr *adj* (animals) fit or ready for slaughter.

berkêşan *f* production.

berkêşer *n* producer.

berkêşk *f* **1** drawer. **2** table.

berkirdar *see* **berkirde**.

berkirde *f gram* object.
berkoş *f* apron.
berlêgirtin *f* prevention. **ber lê girtin** *vt* prevent; stop; block; waylay.
berlêker *f* prefix forming verbs.
berm *see* **berm**.
bermalî *f* girl or woman who controls the housework, housewife, wife.
bermax *f* cigarette paper.
bermaye,bermayî *f* remnant, residue.
bermîl *f* barrel, cask.
bername *f* programme, plan of action.
bernas *adj* proper. **navê** ~ *m* proper noun.
bernav *m* surname; *gram* pronoun.
bernexûn *adj* upside down, head down.
berovaca *adj* inside out. ~ **kirin** *vt* turn (sth) inside out.
beroj *see* **biro**.
beroş *f* pot (cooking).
berpê: ~ **bûn** *vi* be formed, be constituted. **~çûn** *f* approach. **ber pê çûn** *vi* get closer, approach. **~hatin** *f* approach. **ber pê hatin** *vi* get closer, approach. **~yî** *f* reaction.
berpêşkirin *f* presentation, submitting (sth). **ber pêş kirin** *vt* present (sth) to (sb), present (sb) with (sth), submit.
berpirs *f* comment, response. **~iyar** *n,adj* representative; responsible. **~iyarî** *f* responsibility.
berq *f* **1** gleam, flash, sparkle. **2** lightning.
berqe *see* **perde**.
berran *f anat* groin.
berreng *adj* hard, like stone.
berroj *see* **biro**.
berrûk *f* veil.
bersiv *see* **bersîv**.
bersîng kirin *vt* embrace, hug.
bersîv *f* answer, reply. ~ **dan** *vt* answer, reply. ~ **kirin** *vt* answer, reply.
bersîvandin (bibersîvîne) *vt* answer, reply.
bersork *n* bullfinch.
berstu *f* collar.
berta *n pat* symptom.
bertav(ik) *f* parasol.
bertîl *f* bribe. ~ **dan** *vt* give bribes. ~ **kirin** *vt* bribe sb. ~ **stendin** *vt* take bribes. ~ **xwarin** *vt* take bribes.
bertîlxur *n,adj* (person) who takes bribes.
berû *m* mast, acorn. **~yê malan** mast. **~yê pez** acorn.
berûmet *n anat* nasolabial fold.
bervajî *adj,f* contrary; against; reverse; opposite. ~ **bûn** *vi* be distorted, be inverted. ~ **kirin** *vt* distort; invert. **ji ~ ve** *adv* on the contrary.
bervale *adj* wretched, miserable.
ber .. ve *see* **ber bi ... ve**.
berve *adj* humpbacked, hunchbacked.
bervedêr *n* lawyer.
bervekirî *adj* roomy.
berwar[1] *f* date (day, month, year).
berwar[2] *m* slope.
berx *n* lamb.
berxesar *f* indemnity, compensation. ~ **dan** *vt* compensate.
berxu(r)dar *adj* happy, prosperous. **B~ be!** Thanks!
berxwar *n* consumer. **ber xwarin** *vt* consume. **~inî** *f* consumption.
berxwedan *f* resistance, endurance. **(li) ber xwe dan** *vt* resist, endure. **~î** *f* resistance, endurance.
berxwedar *adj* happy, prosperous.
berxweketin *f* embarrassment, feeling ashamed. **(li) ber xwe ketin** *vi* feel ashamed, be embarrassed.
berxwesekinî *adj* polite, serious-minded.
berxwêr *f* large estate, large land.
berz *adj* high. ~ **bûn** *vi* be high, rise. ~ **kirin** *vt* raise. **~î** *f* height.
berzabit *n* noncommissioned officer.
berze *adj* lost, missing. ~ **kirin** *vt* lose.
berzik[1] *m anat* pudenda (vulva).
berzik[2] *f* hair on genital area.
bes[1] *adj* enough. ~ **bûn** *vi* be enough, suffice. ~ **kirin** *vt* **1** stop. **2** be content with, be satisfied with. **dan ~ kirin** *vt* cause (sb) to stop, make (sb) stop. **ne ~** not only; not enough.
bes[2] *adv* but; only; except.
bes[3] *f* news.
besayî *f* sufficiency, adequacy.
besitî *f* contentment.
best[1] *f* enthusiasm. ~ **lê rabûn** *vi* get enthusiastic, become exuberant.
best[2] *f* flat, wide place.
best[3] *f A* comfort.

besterobar *m* river-bed.
bestin *vt* tie.
bestir *m* fabric.
beş^{1} *m* **1** share. **2** part; sector. ~ **kirin** *vt* share, divide up.
beş^{2} *f* meaning.
beşaret *A see* **mizgîn**.
beşavend *f* rhyme. **bê** ~ *adj* unrhymed, not rhyming. **bi** ~ *adj* rhyming, rhymed.
beşdar *n* participant, associate, partner, share-holder. ~ **bûn** *vi* participate. **~î** *f* participation, participate. **~van** *n* invited guest; participant.
beşekirin *f* understanding. **beşe kirin** *vt* understand.
beşik *f anat* frontal eminence.
beşişandin (bibeşişîne) *vt* make sb smile.
beşişîn (bibeşişe) *vt* smile.
beşt *m* beam.
beşûşandin (bibeşûşîne) *vt* satisfy.
beşûşî *adj* satisfied.
bet *n* bustard, *zoo* Otis.
betal *adj A* **1** unemployed, jobless. **2** invalid, null. ~ **bûn** *vi* be/become unemployed; be/become invalid, be/become null. ~ **kirin** *vt* cancel, make invalid. ~ **man** *vi* be redundant. ~ **etal** *adj* idle, having nothing to do. **~î** *f* unemployment, joblessness.
betan *m* lining (of garment). ~ **kirin** *vt* line (a garment).
betanî(ye) *f A* blanket.
bet(i)l *f* tiredness.
betilandin (bibetilîne) *vt* tire, weary.
betilî *adj* tired. ~ **bûn** *vi* be tired.
betilîn (bibetile) *vi* get tired, become tired.
betîn *adj* strong, solid. ~ **kirin** *vt* reinforce, support, strengthen.
betlane *f* **1** holiday, vacation. **2** rest, pause, break.
betle *see* **bet(i)l**.
beton *m Fr* concrete.
bexçe *m* garden. **~van** *n* gardener. **~vanî** *f* gardening; being a gardener.
bexdenûs *f* parsley.
bexşende *adj* merciful.
bexşîn (bibexşe) *vt* forgive, excuse, pardon.
bexşîş *f* reward, tip, gratuity.
bext *m* **1** honour. **2** conscience. **3** luck. **ketin ~ê yekî/xwe avêtin ~ê yekî** take refuge behind (sb).
Bextebaran *f* month: from May 21st to June 21st.
bextewar *adj* happy. **~î** *f* happiness.
bextewer *see* **bextewar**.
bextiyar *adj* happy. **~î** *f* happiness.
bextreş *adj* unhappy, unfortunate, unlucky. **~î** *f* unhappiness, misfortune, unluckiness.
bextwer *see* **bextewer**.
bextxerab,bextxirab *see* **bextreş**.
bextxwaz *n* refugee.
bextyar *see* **bextiyar**.
beyaban *f* desert. *adj* desolate.
beyan(î) *f* morning.
beyar^{1} *adj* waste, barren (land).
beyar^{2} *m* heath, moor.
beyaz *P see* **sipî**.
beybûn *f* camomile, *bot* Anthemis nobilis.
beyda *see* **deşt**.
beyhûde *see* **bêhûde**.
beytik *f* sparrow.
beyvok *f anat* tonsil.
bez^{1} *f* race.
bez^{2} *m* tallow, suet, fat. **~î** *adj* of tallow, suety.
beza *adj* quick, fast.
bezandin (bibezîne) *vt* **1** make or let (sb/sth) run. **2** race (a horse). **3** make (sth) faster.
bezdonek *see* **bizonek**.
bezim *see* **bezm**.
bezir *see* **bizir**.
bezîn^{1} (bibeze) *vi* run.
bezîn^{2} (bibeze) *vi* argue, fight.
bezîyan *see* **bezîn**.
bezl *see* **camêrî 1**.
bezlego *see* **qeşmer**.
bezm *f* party; meeting, gathering. **~a rojbûnê** birthday party.
bezok *adj,n* fast (running); defeatist.
bezvan *n* runner.
bê^{1} next; coming. **Yekşema** ~ next Sunday. **hefta** ~ next week.
bê^{2} *prep* without; not having; not with; lacking. **Ew ~ pere çû bajêr** He went to the city without money.
bê-^{3} *pref* -less, without. **~dawî** endless.

bê⁴ *oblique case of* **ba³**.

bêaqil *adj* unreasonable, foolish.

bêaqord *adj* out of tune.

bêar *adj* **1** shameless. **2** troublesome, spoiled (child). **~î** *f* shamelessness; spoiled behaviour.

bêaram *adj* impatient, restless. **~î** *f* impatience, restlessness.

bê awarteyî *adv* without exception.

bêaxir *adj* endless, eternal. **~î** *f* endlessness, eternity.

bêav *adj* dry, waterless. **~î** *f* drought, waterlessness.

bêba *adj* windless.

bêbar *adj* unburdened, unloaded

bêbaran *adj* rainless.

bêbav *adj* **1** orphan, fatherless (child). **2** bastard. **3** treacherous, untrustworthy, cruel. **~î** *f* **1** orphanhood, fatherlessness. **2** bastardness. **3** deceit, dishonesty, cruelty.

bêbawer *adj* unbelieving. **~î** *f* unbelief.

bêber *adj* unproductive, unfruitful.

bêberpirsiyar *adj* irresponsible. **~î** *f* irresponsibility.

bêbext *adj* disloyal, unfaithful, dishonest. **~î** *f* disloyalty, unfaithfulness, betrayal, dishonesty.

bêbingeh *adj* baseless, groundless.

bêbinî *adj* bottomless.

bêbiryar *adj* hesitant, undecided. **~ bûn/ man** *vi* be undecided; waver. **~î** *f* hesitation, undecidedness.

bêbizmit *adj* undisciplined.

bêbîhn *adj* **1** scentless, odourless. **2** breathless.

bêbûn *see* **beybûn**.

bêcan *adj* lifeless; weak.

bêçare *adj* **1** inevitably, of necessity. **2** irreparable, incurable. **~tî** *f* **1** helplessness. **2** lack of means; poverty.

bêçek *adj* unarmed. **~ bûn** *vi* disarm, become disarmed. **~ kirin** *vt* disarm.

bêçêj *adj* **1** tasteless, insipid, vapid (food, drink). **2** unsweet. **~î** *f* tastelessness, insipidity.

bêçî *see* **pêçî**.

bêdad *adj* **1** unjust. **2** cruel. **~î** *f* **1** injustice. **2** cruelty.

bêdarûber *adj* (land) arid, barren.

bêdawî *adj* endless, eternal.

bêdeng *adj* quiet, silent, quiet and shy. **~ man/sekinîn** *vi* become/remain silent. **tîpên ~** *ling* consonants. **~î** *f* quietness, silence.

bêder *see* **bênder**.

bêderew *adj* true.

bêderman *adj* irremediable, incurable.

bêdev *adj* silent, quiet. **~î** *f* quietness, silence.

bêdeyax *adj* weak, not enduring, not resistant; impatient.

bêdêûbav *adj* orphan.

bêdifa *adj* defenceless.

bêdil *adj* unwilling, disinclined. **bê dil(ê xwe)** *adv* unwillingly. **~tî** *f* unwillingness.

bêeman *adj* merciless, cruel.

bêekil *adj* flavourless, tasteless.

bê etlahî *adv* continually, continuously.

bêfedî *adj* shameless, insolent. **~tî** *f* shamelessness.

bêfêde *adj* useless. **~tî** *f* uselessness. **bê fêde** *adv* in vain.

bêfirşk *adj* changeable, inconstant.

bêgan *adj* strange, foreign.

bêgane *see* **bêgan**.

bêgav *adj* **1** impossible. **2** obliged, helpless. **3** untimely. **~ man** *vi* be obliged to, become helpless. **~î** *f* **1** impossibility. **2** helplessness.

bêgef *adj* bold, fearless. **~î** *f* courage, boldness.

bêguman *adj* sure, doubtless. **bê guman** *adv* surely, certainly.

bêguneh *adj* sinless, innocent.

bêhal *adj* destitute, exhausted, weak. **~î** *f* exhaustion, weakness.

bêhavil *adj* helpless, hopeless, incurable.

bêhay *adj* unconscious, unaware, ignorant. **~ bûn** *vi* be ignorant of, be unaware, be unconscious. **~ hiştin** *vt* make (sb) unconscious, cause (sb) to be unaware.

bêẖed *adj* infinite, unlimited, excessive. **~î** *f* excessiveness.

bêẖedan *adj* impatient.

bê ẖemd *adv* **1** forcibly, unwillingly, reluctantly. **2** accidentally.

bê ẖemdê xwe *see* **bê ẖemd**.

bê ẖemdî *see* **bê ẖemd**.

bêhempa *adj* unique, incomparable.
bêhengam *adj* importunate (person).
bêheş *adj* **1** fool, stupid. **2** unconscious, faint. **~î** *f* **1** stupidity. **2** faintness. **~ kirin** *vt* make (sb) faint, anaesthetize.
bêheta *adj* endless. **~yî** *f* endlessness.
bêhevrî *adj* unique, incomparable. **~tî** *f* uniqueness.
bêhêvî *adj* hopeless, desperate. **rewşeke ~** a hopeless case. **~tî** *adj* hopelessness, despair, desperation.
bêhêz *adj* weak. **~î** *f* weakness.
bêhiş *see* **bêheş**.
bêhişî *see* **bêheşî**.
bêhişt *see* **bihişt**.
bêhn *see* **bîhn**.
bêhnijandin (bibêhnijîne) *vt* **1** make (sb) yawn. **2** make (sb) sneeze.
bêhnijîn (bibêhnije) *vi* **1** drop off, doze. **2** yawn. **3** sneeze.
bêhnteng *see* **bîhnteng**.
bêhntengî *see* **bîhntengî**.
bêhurmet *adj* disrespectful.
bêhûde *adv* in vain.
-bêj *suff forming nouns, eg:* **dengbêj, sitranbêj**.
bêje[1] *f* word. **~ ~** word by word. **~darî** *f* contact. **~darî kirin** *vt* make contact with. **~ ne~** perforce, like it or not.
bêje[2] *f* literature. **~yî** *adj* literary. **~van/zan** *n* person engaged in literature.
bêjekar *n* speaker.
bêjen *see* **bêjing**.
bêjer *see* **bêjekar**.
bêjik *f* mane (of an animal).
bêjimar *adj* countless, innumerable, numberless.
bêjin *adj* single, unmarried, divorced (man).
bêjing *f* screen, sieve. **li ~ê xistin** *vt* screen, sieve. **~ kirin** *vt* sieve, screen.
bêjî *n* bastard; brat. **~tî** *f* bastardy.
bêjn *see* **pêjn**.
bêjok *n* chatterbox.
bêkar[1] *adj* unemployed, idle. **~î** *f* unemployment, idleness.
bêkar[2] *n, adj* bachelor; unmarried.
bêkes *adj* **1** lonely. **2** orphan. **~î** *f* **1** loneliness. **2** orphanhood.
bêkêf *adj* in bad humour, unhappy, joyless.
bêkêmasî *adj* complete, perfect. **~tî** *f* completeness, perfection.
bêkêr *adj* **1** useless, vain. **2** unfaithful. **3** ungrateful. **~î** *f* uselessness; unfaithfulness.
bê ku *prep* without.
bêl *see* **mer**.
bêla *f* double-storeyed house.
bêlan *f* stage, phase.
bêlête *f* a Krd folk dance.
bêmad *adj* **1** having no appetite. **2** pale. **3** sullen, sour-faced.
bêmal *adj* homeless. **~tî** *f* homelessness.
bêmane *adj* meaningless. **~tî** *f* meaninglessness.
bêmar *see* **nexweş**.
bêmejî *adj* brainless, stupid. **~tî** *f* stupidity.
bêmicêzî *f* anorexia.
bêmirês *see* **bêmirûz**.
bêmirûz *adj* ugly, sour-faced, angry looking.
bên *see* **bîhn**.
bêna *adj* everlasting, endless.
bênamûs *adj* dishonourable, immoral, unvirtuous. **~î** *f* dishonourableness; unchasteness.
bê nan û xwê *adj* ungrateful.
bênat *f* species of fig.
bênav *adj* nameless, unknown.
bênavxwedî *adj* anonymous. **~tî** *f* anonymity.
bênder *f* **1** threshing, stack of grain ready for threshing. **2** harvest.
bênîn (bibêne) *vt* smell (sth).
bênûk *adj* vastly wide, boundless.
bêoxir *see* **bêyom**.
bêpar *adj* deprived (of). **~ bûn** *vi* be deprived (of). **~ hiştin** *vt* deprive. **~ kirin** *vt* deprive. **~ man** *vi* be deprived (of).
bêpayan *adj* endless.
bêpejn *adj* quiet, still, tranquil, calm. **~î** *f* tranquillity, calmness.
bêpere *adj* **1** *see* **belaş**. **2** penniless.
bêperwa *adj* **1** fearless, unafraid. **2** unconcerned (about others), impetuous.
bêpeyv *adj* silent, not speaking.
bêpê *n zool* Apoda.
bêpîvan *adj* **1** measureless, incalculable. **2** unlimited, unbounded.
bêqam *adj* (water) out of one's depth, above one's head.
bê qeydû şert *adv* unconditionally.
bêr *f* **1** oar, paddle. **2** shovel, spade.

bêrehm *adj* merciless, pitiless. **~î** *f* mercilessness, pitilessness.
bêreng *adj* colourless. **~î** *f* colourlessness.
bêrê *adj* illegal, bad (manner), immoral. **~tî** *f* immorality, illegality.
bêrêz *adj* out of order, disorderly, irregular. **~î** *f* disorder, irregularity.
bêrik *f* **1** *anat* shoulder-blade, scapula. **2** dustpan, small shovel.
bêrî[1] *f* longing, yearning, pining. **~ kirin** *vt* miss, pine, long for. **Ew ~ya te dike**. He misses you.
bêrî[2] *f* milking (an animal), milking place. **~van** *n* person who milks animals, milkmaid.
bêrîk *f* pocket. **~a paşîyê** *f* hip-pocket.
bêrm *f* pool, small lake, tarn.
bêro *adj* ugly.
bêrok *f* **1** oar. **2** *anat* shoulder-blade.
bêruh *adj* lifeless; dull; weak.
bêrû *adj* shameless, brazen-faced. **~tî** *f* shamelessness.
bêrûmet *adj* (person) lacking in self-respect, dishonorable. **~î** *f* lack in self-respect, dishonour.
bêrûn *adj* oilless, greaseless.
bêsebeb *see* **bêsedem**.
bêsebr *adj* impatient, hasty. **~î** *f* impatience, hastiness.
bêsedem *adj* vain. **bê sedem** *adv* in vain, for nothing.
bêserî[1] *adj* silly, foolish, stupid. **~tî** *f* stupidity.
bêserî[2] *adj* headless, without a leader.
bêserûber *adj* disorderly, untidy, disorganized. **~î/tî** *f* disorder, untidiness.
bêserûpa *adj* inconsistent.
bêsikûm *see* **bêmirûz**.
bêsim *f* walkie-talkie, radio set, wireless.
bêsîre *m* unripe grape.
bêsoz *adj* untrustworthy.
bêstan *see* **bîstan**.
bêstar *adj* defenceless, helpless, without a shelter.
bêsûc *adj* innocent.
bêş *f* fine, tax, dues, grant, donation, tribute.
bêşe *m* profession, occupation.
bêşekir *adj* unsugared, unsweetened.
bêşerm *adj* shameless, insolent, brazen. **~î** *f* insolence, shamelessness.
bêşên *adj* weak, incompetent, powerless.
bê şik *adv* certainly, of course, surely.
bêşixul *adj* unemployed, jobless.
bêşîr *adj* milkless, without milk.
bêta *adj* matchless, unrivalled.
bêtam *adj* **1** tasteless, insipid. **2** vapid, dull. **~î** *f* insipidness, vapidity.
bêtawan *adj* guiltless, innocent.
bêtebat *adj* impatient. **~î** *f* impatience.
bêteşe *adj* **1** shapeless, amorphous. **2** ugly. **~tî** *f* unshapeliness, ugliness.
bêtevger *rgd* inactive. **~î** *f* inaction.
bêtêl *f* wireless, walkie-talkie, radio set.
bêtifaqî *f* disagreement.
bêtir *adj,adv* more. **~ bûn** *vi* increase, become greater in size, number, etc. **~ kirin** *vt* increase, make greater in size, number, etc.
bêtirîn *n,adj* maximum; most.
bêtirs *adj* fearless, brave, bold. **~î** *f* fearlessness, bravery, boldness.
bêtiwan *adj* powerless, weak, exhausted. **~î** *f* weakness.
bêûcdan *adj* unfair, unjust. **~î** *f* unfairness.
bêvan *adv* so and so; such and such. **filan ~** and so on.
bêvên *adj* weak, listless, irresolute.
bêvêrî *adj* hopeless.
bêvil *f* **1** nose. **2** nasal cavity. **3** nasal bones.
bêvîr *adj* bad ridden.
bêweç *adj* barren. **~î** *f* barrenness.
bê westan *adv* untiringly.
bêxebat *adj* idle, unemployed.
bêxem *adj* carefree.
bêxeter *adj* dangerless, undangerous, riskless.
bêxew *adj* sleepless. **~ man** *vi* not to have had any sleep. **~î** *f* lack of sleep, sleeplessness, insomnia.
bêxêr *adj* good-for-nothing, useless.
bêxîret *adj* lacking zeal. **~î** *f* lack of zeal.
bêxof *adj* fearless, intrepid.
bêxulq *adj* bad-tempered.
bêxweda *adj* godless. **~tî** *f* godlessness.
bêxwedî *adj* **1** lonely. **2** abandoned, uncontrolled. **3** ownerless. **~tî** *f* loneliness; ownerlessness; lack of a protector.
bêxwê *adj* saltless, unsalted.
bêyî ku *prep* without.
bêyom *adj* unlucky, ill-omened, inauspicious.

bêzar[1] *adj* tired, bored, annoyed. ~ **kirin** *vt* bore, annoy. **~î** *f* annoyance.
bêzar[2] *see* bêziman.
bêziman *adj* silent, innocent; speechless, tongue-tied.
bêzirav *adj* timid, pusillanimous. **~î** *f* timidity.
bi[1] *prep* with, by. ~ **trênê** by train. ~ **kêrekê** with a knife. ~ **... re** with. ~ **min re** with me.
bi[2] *pref to the imperative, optative and future tense.* **Bimeşe. Em bimeşin. Ew ê bimeşe.**
bi[3] *pref forming adj and adv, eg:* **ba** (wind), **biba** (windy); **mêrxasî** (bravery), **bi mêrxasî** (bravely).
biaqil *see* **baqil**.
biadan *adj* nutritive, nourishing.
biaqord *adj* in tune.
bi a yekî kirin *vt* follow sb's advice.
bibandûr *adj* effective; influential.
biber *adj* **1** wide. **2** fruitful, productive.
bi berdewamî *adv* continuously, continually.
Bibexşe (Bibexşin)! Sorry! Excuse me! Pardon!
bibext *adj* faithful, loyal.
bibê nebê *adv* perforce, inevitably.
Bibihure! Sorry! Excuse me!
bi biryardarî *adv* resolutely, stubbornly.
Bibore! (Li min) ~ Sorry! Excuse me!
bi carekê *adv* at once, suddenly; at a time.
bicî *adj* settled, sedentary. ~ **anîn** *vt* carry out, perform or execute (an order, a wish, etc.). ~ **bûn** *vi* settle, settle in, move into. **~bûyî** *adj* permanent, lasting; settled, established. ~ **kirin** *vt* put, place, set, fill, install (sb/sth in a place/sth).
bicûn *see* **bijûn**.
bi çalakî *adv* quickly, actively.
bi çavsorî *adv* furiously, fearlessly, resolutely.
biçêj *adj* tasty, delicious, flavoured. ~ **kirin** *vt* flavour.
bi çingînî *adv* resounding.
biçrik *see* **hevrîşk**.
biçûk *adj* small.
bi dar ve *adj* hanging, suspended. ~ **kirin** *vt* hang (a person), suspend.
bi demî *adv* periodically.
bideng *adj* voweled, aloud.
bi derengî *adv* belatedly. ~ **ketin** *vi* be/become late. ~ **xistin** *vt* delay.
bi dest xistin *vt* get, obtain.
bi dev,bi devkî *adv* orally, verbally.
bi dil û can *adv* sincerely, from the heart.
bi dizî *adv* secretly.
bi domdarî *adv* continuously, continually.
bi dor *adv,adj* in turn, one by one; alternate. ~ **hatin** *vi* alternate.
biedeb *adj* polite.
biekil *adj* tasteful, tasty.
bierî *adj* muddy, miry.
bifêde *adj* useful, worthwhile.
bi gazin *adj,adv* reproachful; reproachfully, complainingly.
bi gelemperî *adv* generally.
bi girîngî *adv* importantly.
bi gorî kirin *vt* sacrifice (to).
biguhan *adj* mammal.
biguman *adj* suspicious; anxious, worried, uneasy. **bi guman** *adv* suspiciously, anxiously.
bih *see* **bîyok**.
biha *m,adj* price, value, expense; expensive. ~ **bûn** *vi* increase in price, be/become expensive. ~ **kirin** *vt* increase the price.
bihagiran *adj* valuable; expensive.
bihar *f* spring. **B~a Navîn** April. **B~a Paşîn** May. **B~a Pêşîn** March.
biharat *f* spices.
bihaşt *see* **bihişt**.
bihatin *adj* fertile, fruitful, productive.
bihatî *see* **bihayî**.
bi hawarî *adv* quickly, hastily.
bihayî *f* expensiveness, inflation.
bihed *adj* bounded, limited.
bi hemd *adv* on purpose, intentionally, deliberately.
biherî *adj* muddy, miry.
bi hev re *adv* together. **giş** ~ altogether.
bihêrs *adj* angry, furious, enraged. **bi hêrs** *adv* angrily, furiously.
bihêvî *adj* hopeful. **bi hêvî** *adv* hopefully.
bihêz *adj* powerful, strong, resistant. ~ **kirin** *vt* strengthen. **bi hêz** *adv* emphatically, insistently; by force.
bihin *see* **bîhn**.
bihirîn *see* **bihurtin**.
bihirtin *see* **bihurtin**.

bihiş *adj* wise, clever, intelligent; conscious. ~ **û zana** *adj* wise.
bihişt *f* paradise, heaven.
bihîn *see* **bîhn**.
bihîndar *see* **bîhndar**.
bi hişyarî *adv* intelligently, wisely.
bihîstevan *n* listener.
bihîstin (bibihîze) *vt* hear.
bihîstok *f* **1** earpiece of a telephone, telephone handset. **2** (radio, telephone) receiver. **3** telephone. **4** hearing-aid.
bihîstyar[1] *adj* auditory.
bihîstyar[2] *adj* sensitive. **~î** *f* sensitivity.
bihn *see* **bîhn**.
bihnûnî *m* grassy spot, meadow.
bihnvedan *f* respiration.
bihok *see* **bîhok**..
bihortin (bibihore) *see* **bihurtin**.
bihost *see* **bihust**.
bi hovîtî *adv* wildly.
bihtir *see* **bêtir**.
bihujîn (bibihuje) *vi* melt down.
bihurandin (bibihurîne) *vt* pass (sth), pass (sth) through (sth).
bihurîn (bibihure) *vi see* **bihurtin**.
bihurtin (bibihure) *vi* **1** pass, pass by. **2** forgive. **3** be overripe. **bi yekî re** ~ *vi* happen (to).
bihust *f* maximum distance between tips of thumb and little finger, handspan.
bihuşt *see* **bihişt**.
bijan *adj* **1** unhealthy, sick. **2** troubled.
bijandin (bibijîne) *vt* **(dilê yekî)** ~ arouse (sb's) appetite or desire.
bijang *see* **bijank**.
bijank *m* eyelash.
bijare *see* **bijarte**.
bijarte *adj* unique, distinguished, outstanding; selected, chosen.
bijartek *f* alternative, choice.
bijartin (bibijêre) *vt* choose, select.
bijartî *adj* selected, chosen.
bijêrandin *see* **bijartin**.
bijî[1] *int* Bravo! Well done! Long live!
bijî[2] *n* mane (of an animal).
bijîjk *see* **bijîşk**.
bijîn (bibije) *vi* **dil(ê yekî)** ~ feel a desire (for).
bijîr *adj* intelligent, clever. **~î** *f* intelligence, wisdom.
bijîreş *m* species of wheat.
bijîşk *n* doctor, physician. **~î 1** *adj* medical, hygienic, healthful. **2** *f* medicine, medical science. **~tî** *f* profession of a doctor, being a doctor/phsycian.
bijûn *adj* healthy. ~ **kirin** *vt* cure. **~dar** *adj* healthy. **~î** *f* health, healthiness.
bikar *adj* employed.
bikaranîn *f* use. **bi kar anîn** *vt* use.
bikat *adj* timely.
biken *adj* smiling. **bi ken** *adv* smilingly.
bikêf *adj* delighted, marry. **bi kêf** *adv* delightedly, merrily.
bikêr *adj* useful. **bi kêr(î yekî) hatin** *vi* be useful to sb. **~hatî** *adj* efficient, useful.
bikirçî *n* customer.
bi kotekî *adv* forcefully.
bi kurtî *adv* shortly, briefly.
bil *prep* **ji** ~ except.
bila *used with optative expressing desire or wish* ~ **be** all right. **B~ here.** Tell him/her to go, Let him/her go.
bilanî *gram* optative.
bilasebeb *see* **belasebeb**.
bilav *see* **belav**.
bilbil *f* nightingale.
bilbile,bilbilok *f* tap (water).
bilez *adj* quick, hasty, fast. **bi lez** *adv* quickly, hastily, fast. ~ **kirin** *vt* speed (sth) up, accelerate.
bilêt *f Fr* ticket. **~bir** *n* ticket seller, ticket taker. **~dank** *f* ticket machine. **~geh** *f* ticket window, ticket booth.
bilêvkirin *f* pronunciation. **bi lêv kirin** *vt* pronounce.
bilh *see* **ehmeqî**.
bilik *m* (child language) penis.
bilind *adj* high. ~ **bûn** *vi* rise. ~ **kirin** *vt* raise.
bilindahî,bilindayî *f* height.
bilindbêj *adj,n* talking bull, full of bull; wise-acre.
bilindce,bilindcih,bilindecî *m* high place, height.
bilindek *f* circumflex.
bilindîne *adj* supreme.
bilindpaye *adj* valuable, estimate.
bilindxanî *m* apartment.
bilî[1] *prep* **ji** ~ except; furthermore, moreover.

bilî[2] *adj* busy, engaged. **(bi tiştekî) ~ bûn** *vi* work on, be busy (with), be engaged. **Ew bi karê xwe bilî bû.** He was busy with his work.
bilîkarî *f* occupation, job.
bilîn (bibile) *vi* **pê ~** work on, be busy with.
bilîyan *see* **bilîn**.
bilo[1] *f* spider.
bilo[2] (child language) penis.
bilq *f* **~(e)~** bubbling sound. **B~(e)~a avê ye** The water is boiling.
bilqîn (bibilqe) *vi* boil up, bubble noisily.
bilûl *f* spout (of teapot, etc).
bilûr *f* shepherd's pipe, flute. **~van** *n* piper, flutist.
bimbarek *see* **pîroz**.
bin[1] *m* under side, the space below, bottom.
bin[2] *prep,adv* **di ~ de** under. **di ~ masenûsê de** under the desk. **li ~** under. **li ~ masenûsê** under the desk. **di ~ ... re** under. **Em di ~ pirê re derbasbûn** We passed under the bridge.
binaçe *m* generation.
binanî *f* foundation.
binatar *f* foot of hill.
binav *adj* sunk, submerged. **~ bûn** *vi* submerge, sink. **~ kirin** *vt* submerge (sth), sink (sth).
binavkirî *adj* definite.
binavûdeng *adj* famous, well-known. **~î** *f* fame, reputation.
binaxe *f* basis, foundation.
bincil *m* **1** linen. **2** underwear. **~ kirin** *vt* hide.
binçav kirin *vt* put (sb) under house arrest, arrest.
binçeng *m* arm-pit.
binçîne *f* foundation, basis. **~yî/binçînî** *adj* fundamental, basic.
binçok *f* popliteal space.
bindehlok *f* snow drop, *bot* Galanthus nivalis.
bindeq *f* hazelnut. **dar~** *f* hazel (tree).
bindest *adj* oppressed, under occupation, dependent. **~ kirin** *vt* occupy, enslave, subjugate, capture. **~î** *f* slavery, subjugation.
bindiq *see* **bindeq**.
binecî *n* resident, inhabitant, native, local.
binefş *f* violet, *bot* Viola odorata. **~a belekî** pansy, *bot* Viola tricolor hortensis. **~î** *m,adj* violet.
binerd *m* underground. **ketin ~ ê/~ bûn** *vi* go underground. **~ kirin** *vt* hide, bury. **~în** *adj* of underground, underground.
binerdik *f* variety of turnip.
binevş *see* **binefş**.
bi nermî *adv* slowly, softly, gently.
binêşt *see* **benîşt**.
binge *see* **bingeh**.
bingeh *f* basis, foundation, base. **~în** *adj* basic, major, fundamental. **~ok** *f* rule, regulation. **~ziman** *see* **rêziman**.
binharî *f* mourning.
binik *f* small plate used under teacups.
binî *m* bottom, underside. **di ~ de** at the bottom, under. **~ kirin** *vt* sole (shoes).
binketî *adj* defeated, beaten.
binkol *m* hoe, mattock. **~ kirin** *vt* hoe.
binpê *m* sole of foot.
binrex *f* mattress.
binta *adj* poor quality, shoddy.
bintatî *f* species of grape.
binyad *m* **1** foundation, basis. **2** building.
binyan *f* building.
binzik *m* *anat* lower abdomen.
birehne *see* **tazî**.
biofisik *n* polecat.
bipere *adj* rich, in the money.
bi pê danîn *vt* prove, ascertain.
bipîvan *adj* measured.
biq *f* **~~ 1** sound of boiling water. **2** laughter. **~~a yekî bûn/bûn ~~a yekî** *vi* burst into laughter.
bi qasî *adv* as...as, by the amount of. **Ez ~ te drêj im**. I am as tall as you.
bir *m* **1** part. **2** crowd. **3** shallow place in rivers.
bir *m* eyebrow.
bira[1] *m* brother. **~tî** *f* brotherhood; close friendship.
bira[2] *see* **bila**.
bira[3] *see* **bi rastî**.
birah *f* atmosphere.
birakuj *n,adj* fratricide, fratricidal. **~î** *f* fratricide.
birandin (bibirîne) *vt* extirpate, eradicate, wipe out, destroy.
birandox[1] *adj* stubborn.
birandox[2] *n* agricultural labourer, harvester, reaper.

bi rastî *adv* truly, really, actually, in fact.
biraştin (bibirêje) *vt* fry, roast.
biraştî *adj* fried, roasted.
biraza *see* **birazê**.
birazava *m* bridegroom's best man.
birazê,birazî *n* nephew, niece (brother's).
birbir *f* uproar. **~a yekî bûn/kirin** ~ be uproarious, make a big fuss.
birc *f* **1** tower, bastion. **2** castle, fortress.
birçî *adj* hungry. ~ **bûn** *vi* be/get hungry. **~yê tiştekî bûn** *vi* hunger for sth.
birçîn *f* hunger. **ji ~a mirin** *vi* starve. **grewa ~ê** hunger-strike.
birçîtî *f* hunger.
bireh *adj* **1** muscle-bound, muscular. **2** strong.
birek *f* saw. ~ **kirin** *vt* saw.
bireser *f gram* object.
birewş *adj* **1** splendid. **2** shining.
bi rê kirin *vt* send; see (sb) off.
birêvebir *n,adj* (the) executive.
birêvebirin *f* execution, carrying out. **bi rê ve birin** *vt* carry out,manage, execute.
birêveçûn *f* walk. **bi rê ve çûn** *vi* walk.
birêz *adj* orderly, tidy.
birêz *see* **berêz**.
birh[1] *f* power, strength. **~a avê** power or amount of running water.
birh[2] *see* **birî**.
birhan *see* **delîl**.
birik *adj* nervous; stubborn.
birin (bibe) *vt* take, take away, carry off, lead (to a result or a place). ~ **ser** *vt* attack. ~ **serî** *vt* complete, achieve. **bi xwe re/digel xwe** ~ *vt* take with (os).
birinc[1] *f* rice.
birinc[2] *m* brass.
birinceşîr *f* a rice pudding.
birincok *m* gauze, tulle.
biring *f* shears, scissors.
birinî *f,adj* final.
biriqandin (bibiriqîne) *vt* polish, burnish.
biriqîn (bibiriqe) *vi* shine.
biriştin *see* **biraştin**.
birî *m* eyebrow.
birîn (bibire) *vt* **1** cut, cut off, cut down (a tree). **2** wound by cutting. **3** clip, shear. **4** hinder, block, stop.
birîn *f* **1** wound, injury. **2** pain, wound, hurt, sorrow, injury (of feeling or heart). **Dilê wî bi~ e.** His heart is heavy with sorrow (of love, etc.). ~ **bûn** *vi* be wounded, be injured. ~ **kirin** *vt* hurt, injure.
birîndar *adj,n* wounded, injured; wounded or injured person. **Wan ~ rakirin nexweşxanê.** They took the injured people to the hospital. ~ **bûn** *vi* be injured/ wounded. ~ **kirin** *vt* hurt, injure.
birînpêç *n* dresser, person who dresses wounds. **birîn pêçandin** *vt* dress (a wound).
birjandin *vt* cauterize, broil.
birjank *see* **bijank**.
birk *f* pool, swimming pool.
birmut *f* snuff.
birsî *see* **birçî**.
biro,biroj *adv* daytime, in or on daytime, by day, during the day.
biroş *see* **beroş**.
birû *see* **birî**.
birûsk *f* lightning.
birûske *f* telegram.
biryar *f* decision. ~ **dan** *vt* decide, make a decision, make up one's mind. **~ girtin/ stendin** *vt* decide (to), make a decision.
biryardar *adj,n* resolute, determined; decision-maker. **~î** *f* resolution, determination; decision-making.
biryarname *f* decree, ordinance.
bis *f* a little while, moment, instant. **~kekê/kê/kî** for a little while. **Ez ê ~kê bisekinim** I will stop (wait) for a little while.
bisam *f* **1** particle. **2** parcel (of land).
bisemt *adj* suitable.
biserhatî *f* event, experience; adventure.
biserketin *f* win, achievement, accomplishment, success. **bi ser ketin** *vi* win, achieve, accomplish, succeed in.
biserûber *adj* tidy, well-organized, orderly. **~î** *f* orderliness, tidiness.
bi ser ve çûn *vi* call in on, step by (to see sb), drop in on (sb).
biservehatî *adj* perfect, harmonious, regular.
biserxwe *adj* independent. **~bûn** *f* independence. **bi serê xwe bûn** *vi* be independent. **~tî/yî** *f* independence.
bisêlak *adj* sandy.
bisk[1] *m* lock, lock of hair falling over side of face.

bisk² *see* **bîsk**.
bismar *see* **bizmar**.
bist *see* **bis**.
bi sûd *adj* useful.
bi şadî *adv* gladly, happily.
bişaftin *see* **bişavtin**.
bi şahî *adv* with pleasure, gladly, happily.
bişare *f* present, gift.
bişavtin (bibişêve) *vt* **1** melt, dissolve. **2** assimilate.
bişekir *adj* sugared, with sugar.
bişev *adj,adv* by night, at night.
bişewat *adj* **1** touching, moving. **2** biting, harsh.
bişik *adj* suspicious, doubtful. **bi şik** *adv* suspiciously, doubtfully.
bişîr *adj* milky, with milk.
bişkaftin *see* **bişkuvandin**.
bişkifîn *see* **bişkuvîn**.
bişkivîn *see* **bişkuvîn**.
bişkivtin *see* **bişkuvîn**.
bişko *see* **bişkok**.
bişkoj *see* **bişkok**.
bişkojk *see* **bişkok**.
bişkok *f* **1** bud (of a plant). **2** button. **2** electric switch.
bişkoşk *see* **bişkok**.
bişkul *m* droppings of goats and sheep.
bişkuvandin (bibişkuvîne) *vt* unstitch, unravel.
bişkuvî *adj* unstitched, unravelled.
bişkuvîn (bibişkuve) *vi* **1** be unstitched or unraveled. **2** (a flower) open.
bitebat *adj* patient. **bi tebat** *adv* patiently.
bi tena xwe *see* **bi tenê**.
bi tenê *adj,adv* alone, only, by os. **Ez ~ bûm**. I was alone.
bi tevayî *adv* altogether; generally.
bi texmînî *adv* roughly, approximately.
bi têkrayî *adj* by mutual agreement.
bitil *f* bottle.
bitir *adj* insolent, arrogant, haughty.
bi tundî *adv* resolutely, strongly.
biv *int. addressed to a child* Don't! **Biv e!** It's hot/dangerous! It will hurt!
bi vacayî *adv* on the contrary.
bivaştin (bibivêşe) *vt* dissolve.
bivêje *n* chatter-box.
bivê nevê *adv* perforce, necessarily, inevitably. **bivênevêyî** *f* necessity, inevitability.
bivir *m* ax, axe.
biwartin *see* **bihartin**.
biwêj *f* idiom, term. **~î** *adj* idiomatic.
biwîk *see* **bûk**.
bi xemgînî *adv* sadly.
bixêrî *see* **pixêrî**.
bixêrîg *see* **pixêrî**.
bixêrûber *adj* fruitful, productive.
bixîret *adj* zealous.
bixur *f* incense. **~dank** *f* censer.
bi xwe *adv* oneself, by oneself, personally. **Ez ê bi xwe bipirsim**. I will personally ask.
bi xwe ber *adv* by oneself, oneself; automatically.
Bi Xwedê! I swear by God.
bixwedî *adj* owned, engaged. **bi xwedî kirin** *vt* **1** bring up (a child). **2** feed, fatten (an animal).
bixwê *adj* salty, salted.
biyaban *see* **beyaban**.
biyanî *adj,n* strange, foreign; stranger, foreigner.
biyok *f* quince.
bizaftin *see* **bizaftin**.
bizandin (bibizîne) *vt* scare sb out of their wits. **Pisîkê ew bizand.** The cat scared her out of her wits.
bi zaneyî *adv* **1** wisely, cleverly. **2** *see* **bizankî**.
bizankî *adv* intentionally, knowingly, on purpose. **Wî ew ~ avêt**. He threw it on purpose.
bizarî: ~ (yekî) kirin *vt* imitate, mimic.
bizav¹ *adj* active, busy, moving.
bizav² *f* **1** motion, movement. **2** revolution.
bizavtin *vt* **1** move, cause (sb/sth) to move. **2** take (to), lead (to); send (to)
bizdandin *see* **bizandin**.
bizdîn *see* **bizîn**.
bizdonek *see* **bizonek**.
bizêw *adj* moving.
bizin *f* goat, *zool* Capra hircus. **~doş** *n* person milking goats.

bizir *m* **1** linseed oil. **2** flaxseed. **3** seed (of flowers).
bizivîn (bibizêve) *vi* move, move slightly.
bizî *see* **bizû**.
bizîn (bibize) *vi* be scared out of one's wits.
bizm *n* bit (of a bridle).
bizmar *m* nail. ~ **kirin** *vt* nail. ~ **kutan** *vt* nail, drive a nail in.
bizmare *n* corn.
bizmarî *adj* cuneiform. **nivîsa** ~ cuneiform writing.
bizmik *m* wooden stick (put in lamb's mouth to prevent them from suckling).
bizmilûg *m* icicle (hanging from eaves).
bizmit *f* discipline.
bizonek *n,adj* coward, fearful (person). ~**tî** *f* timidity, cowardice, fearfulness.
bi zor(ê) *adv* **1** hardly, with difficulty. **2** forcibly, by force.
bizot *m* **1** burning wooden stick, torch. **2** charcoal.
bizrik *see* **pizik**.
bizut *see* **bizot**.
bizû *f* elm, *bot* Ulmus.
bî[1] *adj* widowed. **jin**~ *f* widow. ~**tî** *f* widowhood.
bî[2] *f* willow, *bot* Salix.
bîber *f* pepper.
bîberîye *f* rosemary.
bîbik *f* pupil (of the eye).
bîbil *see* **bîbik**.
bîbîmeto *n* parrot.
bîbok *see* **bîbik**.
bîbûn *see* **beybûn**.
bîdarî *see* **hişyarî**.
bîh *see* **bîhok**.
bîhn *f* **1** smell, scent, odour. **2** breath. **3** moment. ~**a xwe dan/vekirin** *vt* rest, relax. ~**a xwe fireh kirin** be patient, take it easy. ~**a xwe fireh bike**. Take it easy. ~**(a tiştekî) stendin** *vt* get an inkling of, get wind of. ~**(a yekî) teng kirin** *vt* bore, annoy sb.~ **berdan** *vt* breathe out, exhale. ~**(a yekî) çikîn** not to be able to breathe, get out of breath. ~ **kirin** *vt* smell. ~ **jê hatin** smell, have a smell; stink, have a bad smell. ~ **pê ketin 1** smell rotten or putrid, stink. **2** become apparent (sth bad). ~ **stendin** *vt* breathe in, inhale. ~ **stendin û berdan** *vt* breathe.
bîhnagîn *f* stink, horror smell.
bîhndar *adj* smelling, fragrant, perfumed, odorous.
bîhnfireh *adj* peaceful, patient, tolerant.
bîhnişk *see* **bawişk**.
bîhnok[1] *f* comma.
bîhnok[2] *f* odour, scent.
bîhnpakî *f* virtue.
bîhnteng *adj* nervous, irritable. ~**î** *f* **1** boredom, anguish. **2** anger, irritation, bad temper.
bîhnûnî *see* **bihnûnî**.
bîhnvedan *f* respiration.
bîhnxweş *f* perfume, fragrance.
bîhok *f* quince.
bîkar *f* plane (carpenter's), grater (of food).
bîkr *see* **keçanî**.
bîlad *see* **welat**.
bîlcumle *A see* **hemî**.
bîlkul *see* **hemî**.
bîm *see* **tirs**.
bîmar *P see* **nexweş**.
bîn *see* **bîhn**.
bînagîn *see* **bîhnagîn**.
bînahî *f* sight.
bînewa *P adj* miserable, very poor; helpless.
bînok *see* **bîhnok**.
bîr[1] *f* well, pit, shaft (mine). ~ **kolan(din)** *vt* dig a well, dig a pit.
bîr[2] *f* **1** memory. **2** conscience. **3** mind. ~ **birin** *vt* occur to sb, be clever enough what to do, understand, come to one's memory. ~ **bûn** *vi* remember, occur to sb. **(ji)** ~ **bûn** *vi* be forgotten. **(ji)** ~ **kirin** *vt* forget. **anîn** ~**a yekî** *vt* remind (sb). **anîn** ~**a xwe** *vt* consider, think of, recall. **(ji)** ~**(a yekî) çûn** *vi* forget.
bîran *see* **bîranîn**.
bîranî *f* memorandum, note, record.
bîranîn *f* memory, remembrance, memoirs. **(bi) bîr anîn** *vt* remind, recall, remember.
bîrawend *adj* memorable.
bîrawer *adj* memorable.
bîrbir *n,adj* thinker, intellectual, philosopher; discretionary, wise, wide-awake, aware.
bîrdar *adj* unforgettable, memorable. ~**î** *f* monument.

bîrewer *n* intellectual, enlightened person.
bîrhatî *f* remembrance.
bîrînî *f* (a) yearning, (a) longing.
bîrjiyan *adj* memorable, unforgettable.
bîrmaye *adj* unforgettable, memorable.
bîrmayî *f* remembrance.
bîrname *f* memoir, personal records of events.
bîrok *f* memory.
bîrov *f* **~a çavan** trahoma.
bîrove *f* psoriasis.
bîrsar *adj* forgetful. **~î** *f* forgetfulness.
bîrsayî *f* logic.
bîr û bawerî *f* belief, one's general philosophy of life.
bîr û ray *f* opinion. **~a giştî** public opinion.
bîrvema *adj* noteworthy, outstanding.
bîs[1] *see* **bis**.
bîs[2] *f* secret.
bîsk *f* a little while, moment, instant. **~ê** *adv* for a little while. **~ekê** *adv* for a little while. **Ew ê ~eke din were**. He will come soon.
bîst[1] *see* **bist**.
bîst[2] *m,adj* twenty.
bîstan *m* melon field, melon patch, cucumber patch.
bîstan,bîstem,bîstemîn *adj* twentieth.
bîstin *see* **bihîstin**.
bîşe *P see* **mêşe**.
bîşeng *f* weeping willow, *bot* Salix babylonica.
bîtik *see* **bûk,bûkik**.
bîyok *see* **bîhok**.
bîz,bîzê,bîzî: bîzê yekî anîn *vt* anger, make (sb) tense and irritable. **bîzê yekî hatin** *vi* be irritated (by an action or person).
bîzî kirin *vt* dislike, avoid.
bjîjk *see* **bijîşk**.
blêç *f* thunderbolt, flash of lightning; lightning.
blûr *see* **bilûr**.
bo[1] *prep,conj* for. **ji ~** for. **ji ~ min**. for me. **ji ~ çi?** why?
bo[2] *prep* to.
bo[3] *see* **bîhn**.
bobelat *f* disaster, catastrophe.
bobelîsk *see* **babelîsk**.
boblat *see* **bobelat**.
boç *f* tail.
boçik[1] *f* stem, stalk (of fruit). **~ dan xwe** *vt* hop around.
boçik[2] *f* tail.
bom *adj* stupid. **~tî** *f* stupidity.
bombe *f* bomb. **~ avêtin** *vt* bomb. **~ bûn** *vi* be bombed. **~ kirin** *vt* bomb.
bombeavêj *f* bomber.
bombebaran *f* bombardment. **bombe barandin** *vt* bomb, bombard, attack with bombs. **~ kirin** *vt* bombard.
bombeparêz *adj,f* bomb-proof; bomb-proof shelter.
bona *prep,conj* for. **ji ~** for, for one's sake. **~ ku** for, because. **~ vê yekê** this is why, therefore.
bong *adj* boastful. **~î** *f* boast. **bi ~î** *adv* boastfully.
boqil *anat* calf.
bor *adj* dark; red; red-haired.
borandek *f* transmitter.
borandin (biborîne) *vt* **1** pass (sth), pass (sth) through (sth). **2** transmit.
boranî *f* a Krd meal.
boraq *f* sacrifice.
bore *n* wild boar, *zool* Sus scrofa.
borî[1] *f* the past. **~ya berdest** *gram* past continuous (tense). **~ya çîrokî** past perfect (tense). **~ya dûdar** present perfect (tense). **~ya têdayî** simple past (tense).
borî[2] *f* pipe, tube, trumpet. **borîya ostakî** *f* Eustachian tube.
borî[3] *adj* last, past. **meha ~** last month.
borîn (bibore) *vi* **1** pass, pass by, cross. **2 (li yekî) ~** forgive, excuse.
bose *f* trap.
bost *see* **bihust**.
bostan *see* **bîstan**.
boş *adj* plentiful, abundant. **~ bûn** *vi* be/become abundant. **~ahî** *f* plenty, abundance; crowd (of people).
box *see* **boxe**.
boxçe *f* bundle.
boxçik *f* bundle.
boxe *m* bull.
boxtan *see* **buxtan**.
boyax *f* paint, dye. **~ kirin** *vt* paint, dye, colour.
boz *adj* dapple-grey, gray, grey.
bra *see* **bira**.
brakuj *see* **birakuj**.
brandin *see* **birandin**.

brandox *see* **birandox**.
braştin *see* **biraştin**.
braştî *see* **biraştî**.
brazava *see* **birazava**.
brazî *see* **birazî**.
brîn *see* **birîn**.
brîn *see* **birîn**.
brîndar *see* **birîndar**.
brînpêç *see* **birînpêç**.
bronş *f anat* bronchus. **~ik** *f* bronchile.
brû *see* **birî**.
brûsk *see* **birûsk**.
buha *adj,m* expensive; price, value, expense. **~ bûn** *vi* increase in price. **~ kirin** *vt* increase the price.
buhagiran *adj* valuable; expensive.
buhartin *see* **bihurtin**.
buhayî *f* expensiveness, inflation.
buhar *f* spring.
buhêrandin *see* **bihurandin**.
buhêrk *f gram* past tense.
buhtan *see* **buxtan**.
buhurandin *see* **bihurandin**.
buhurîn *see* **bihurtin**.
buhust *see* **bihust**.
bukam *see* **lal**.
burc *see* **birc**.
burî *see* **birî**.
buru *see* **birî**.
burxe *f* screw.
buşkuvandin *see* **bişkuvandin**.
buşkuvîn *see* **bişkuvîn**.
buxçe[1] *f* flower garden.
buxçe[2] *f* parcel.
buxçik *f* small parcel.
buxtan *f* false accusation, slander. **~ kirin** *vt* slander. **~kar** *n* slanderer.
bû *see* **bîhn**.
bûjen *n* material, supplies, equipment.
bûk[1] *f* **1** bride, daughter in law. **2** doll.
bûk[2] sty on the eyelid.
bûk[3] central part of a watermelon.
bûkanî *f* poppy.
bûkik *f* **1** poppy, *bot* paver rhoeas. **2** bud (of a flower). **3** *see* **bûk**[1] **2, bûk**[2].
bûknefsok *n* redstart, brantail, *zool* Phoenicura phoenicura.
bûl *adj* humpbacked, hunchbacked. **~ik** *f* hump.
bûm *n* owl.
bûn (bibe)[1] *vi* **1** be. **2** become. **3** happen.
bûn (bibe)[2] *vi* ripen.
bûrî *see* **borî**.
bûsat *n* harness. **~ kirin** *vt* harness.
bûse *see P* **maç**.
bûte *see* **şûşe**.
bûyer *f* **1** event, occurrence. **2** incident. **3** phenomenon.
bûyin[1] *f* birth.
bûyin[2] *see* **bûn**
bûyîn *see* **bûn**.
BZ *see* **Berî Zayînê**.

C

c *f* the 3rd letter of the Kurdish alphabet.

ca[1] *see* **dê**.

ca[2] *see* **cih**.

ca[3] *see* **ka**[3].

cab *f* **1** answer, reply. **2** refusal. **~ dan** *vt* **1** answer, reply. **2** reject, refuse. **Wî ~a min da** He refused me. **~ stendin** *vt* **1** be replied, be answered. **2** get word of, hear from, hear about. **~a xêrê** *f* good news.

cabdar[1] *adj* good at repartee.

cabdar[2] *adj* responsible. **~î** *f* responsibility.

cacim *see* **carcim**.

caciq *f* cold soup made of yoghurt, garlic and chopped cucumber.

cacir *f* a sweet made of walnut and honey.

cacira *see* **cacir**.

cade *f A* street.

cadû *f* witch.

cadûbaz *adj* bewitching, shrewish. **~î** *f* shrewishness.

cadûkar *f* witch, hag. **~î** *f* witchcraft, shrewishness.

cahab *see* **cab**.

cahil[1] *adj* ignorant; illiterate, uneducated.

cahil[2] *m* young, unexperienced boy.

cahş *n* **1** foal (of a donkey). **2** traitor.

cahşik *see* **cahş**.

cam *f,adj* glass; of glass.

cambaz[1] *n* acrobat, rope dancer. **~î** *f* acrobatics.

cambaz[2] *adj* tricky. **~î** *f* trick.

cambir *f* glass-cutter.

camêr *adj* **1** gentlemanly, generous. **2** brave. *n* **1** gentleman. **2** brave man. **~(t)î** *f* **1** generosity. **2** bravery.

camî *f A* mosque.

camûs *n* water buffalo, *zool* Bubalos.

can[1] *m* **1** soul. **2** body. **~ dan** *vt* die. **~(ê xwe) di ber (yekî/tiştekî) de dan** *vt* sacrifice os to.

can[2] *see* **ciwan**.

cana,canan *P n* beloved, lover.

canbaz *see* **cambaz**.

canberî *n* shrimp, *zool* Crago vulgaris.

canega *m* bull-calf.

canfeza *adj* nimble, agile, swift.

canfida *see* **canfîda**.

canfîda *adj* self-sacrificing. **~tî** *f* self-sacrifice.

cange *m* bull-calf.

cangiran *adj* supine, indolent, lazy. **~î** *f* sluggishness, lethargy, laziness.

cangorî *n* martyr. **~tî** *f* martyrdom.

cangudaz *adj P* heart-rending, bitter.

canib *A see* **alî**.

canî(k) *n* colt , filly, foal (of a horse).

canpol *m* unbleached muslin.

canxelas *n* lifeguard, lifesaver.

canxiraş *adj* atrocious.

canzer *adj* unhealthy.

car *f* time, occasion. **~a berê/~a di(n)** last time. **~~an/~~inan** sometimes. **~~în** *adj* occasional. **~di(n)** once more, again. **~ek din** again, next time. **~ekê** once. **~inan** sometimes. **bi ~ekê/kê** all at once. **gelek ~(an)** often, many times. **her ~** every time, always. **her ~a ku** every time, each time. **pirî~,pirê~an** often, many times. **tu~(î)** never. **yek~** at once; too much, excessively.

carcim *f* a pileless carpet.

caris *adj* shrewish. **~î** *f* shrewishness. **~î kirin** *vt* behave shrewishly.

cariz *see* **caris**.

carizî *see* **carisî**.

carî *f* multiplication sign.

caş *see* **cahş**.

catirî *n* **1** tyhme, *bot* Thymus vulgaris. **2** marjoram.

cav *see* **cab**.

cavdar *see* **cabdar**.

caw *m* cotton fabric, fabric. **~bir** *f* scissors.

cawaz *adj* different. **~î** *f* difference.

cax *f* grating, balustrade, stair railing.

cayîz *adj A* religiously permissible; proper, acceptable.

cazîbe *A f* charm; attractiveness; attraction.

cazû *f* witch.

ce *see* **ceh**.

cebar *n* bonesetter.

cebarî[1] *f* bonesetting.

cebarî[2] *f* tragacanth, *bot* Astralgalus.

cebeş *m* watermelon.

cebhet *see* **enî**.

cebik *f* small basket.

cebilxane *f* munitions.

cebirandin (bicebirîne) *vt* make a bone knit.

cebirîn (bicebire) *vi* (a broken bone) knit.
cebirxane *see* **cebilxane**.
cebîn *A see* **enî**.
cebt *n* root of a tree (used to dye leathers).
ced *m A* grandfather, forefather.
cedandin (bicedîne) *vt* carry out, execute.
cedek *see* **cendek**.
cedel *see* **minaqeşe**.
cedîd *A see* **nû**.
ceger *f anat* **~a reş** liver. **~a spî** lungs. **~mend** *adj* brave.
ceh *m* barley, *bot* Hordeum murinum.

cehd *f A* effort; determination, resolution. **~ kirin** *vt* work hard (for sth), struggle.
cehenem *A see* **dojeh**.
cehferî *f* parsley.
cehik *m* cucumber.
cehnî *see* **canî**.
cehş *see* **cahş**.
cehtirî *n* **1** thyme, *bot* Thymus vulgaris. **2** marjoram.
cehzeran *f astr* the Twins, Gemini.
cej *see* **cejn**.
cejn *f* **1** feast, Bairam, national holiday. **2** festival, festivity. **C~a Newrozê** Krd New Year: 21st March. **C~a Qurbanê** the Feast of Sacrifice (for all Muslims). **C~a Rojîyê** the three-day feast at the end of Ramadan (for all Muslims). **C~a Serê Salê** New Year Feast. **C~a te pîroz be!** Have a happy **cejn!**. **~bûyin** *f* birthday party.
cela *see* **ronî**.
celad *n A* executioner.
celadet *see* **mêrxasî**.
celagî *f* grape molasses.
celal *see* **mezinahî**.
celeb *m* grade, sort.
celew[1] *m* bit; rein.
celew[2] *adj* magnificient, splendid.
celî: ~ bûn *vi* be exiled. **~kirin** *f* exile, exiling. **~ kirin** *vt* exile.
celxe *m* fork.
cem *m* presence, the place near sb or sth. **li ~** *prep* near, with. **Lawik li ~ dêya xwe ye**. The boy is with his mother.
cema *A see* **cimet**.
cemaet *see* **cimet.**
cemat *see* **cemed**.
cemaze *see* **deve**.
cemciqandin (bicemciqîne) *vt* stir, mix (liquid).
cemed *f* ice, frost. **~ girtin** *vt* freeze, be frozen. **~ank** *f* freezing compartment.
cemidandin (bicemidîne) *vt* **1** freeze. **2** cool.
cemidî *rgd* cold.
cemidîn (bicemide) *vi* **1** freeze. **2** feel very cold. **3** cool, get cold.
cemitîn *see* **cemidîn**.
cemî *see* **hemî**.
cemre *n* ember.
cemser *n* pole.
cenah *see* **bask**.
cenan[1] *see* **dil**.
cenan[2] *n* lessee.
cenawir *adj,n* fierce, wild; dangerous wild animal, monster.
cenbelî *f* species of tobacco.
cencere *see* **cercere**.
cendek *m* **1** body. **2** corpse, body.
cendere *f* press, pressing machine.
cendirme *m Fr* gendarme.
ceng *f* war, fight. **~ kirin** *vt* fight. **~awer** *adj,n* heroic; fighter, warrior. **~awerî** *f* heroism.
ceniqandin (biceniqîne) *vt* startle.
ceniqîn (bicenniqe) *vi* be startled.
cengkeştî *f* warship.
cer[1] *m* earthenware water jug.
cer[2] *f* screw. **~bader** *f* screwdriver.
cercere *f* thresher (with cylindrical wheels pulled by animals).
cerd *f* **1** attack, offense. **~ kirin** *vt* attack. **2** *mil* detachment; band (of rebels, etc.).
ceres *A see* **zengil**.
cerg *f* liver.
cergebez[1] *adj* bloody; sorrowful. *n* grilled liver.
cergebez[2] *f* a Krd dance.
cerh *A see* **birîn**.
ceribandin (biceribîne) *vt* try, test. **xwe ~** *vt* try os.

ceribîn (biceribe) *vi* be tried.
ceribok *f* test, examination.
ceryan *f A* **1** current, flow. **2** electricity.
ces *f* plaster.
cessas *n P* spy.
ceş *see* **cahş**.
cevîndok *n* beggar. **~tî** *f* begging. **~tî kirin** *vt* beg.
cew[1] *f* scissors, shears. **~ kirin** *vt* shear.
cew[2] *m* air, weather.
cewahir *m A* jewel.
cewab *A see* **bersîv**.
cewdik *m* animal skin used as a water-container.
cewr[1] *n* young dog, pup.
cewr[2] *A f* cruelty; oppression; torment.
cewrik *n* young dog, pup.
cewşen[1] *see* **şer**.
cewşen[2] *see* **zirx**.
cewr û cefa *f* torture, torment; cruelty.
ceza *f A* punishment, penalty. **~ bûn** *vi* be punished. **~ dan/kirin** *vt* punish. **~ xwarin** *vt* be punished. **~ diravîn** *f* fine.
cezû *m* fleece.
cezwe *m* long-handled pot for making coffee.
cê *see* **cihê**.
cêjn *see* **cejn**.
cêndik *see* **cênîk**.
cênîk *f anat* **1** sideburns. **2** temple.
cêr *n* **1** *see* **cer**. **2** small part, little amount.
cêrî *f* female slave.
cêwî *adj,n* twinned, having a twin; twin.
cêwîk *see* **cêwî**.
cêz[1] *f* grain after willowing; pile, heap. **~ kirin** *vt* heap up, pile up.
cêz[2] *see* **cihîz**.
cida *see* **cuda**.
cift *P see* **cot**.
cih *m* place, spot, position, location. **~ dan** *vt* give (sb) a seat; put, place, set or fit (sth) in a place. **~ guhertin** *vt* change (one's) place or seat, move. **~(ê tiştekî/yekî) girtin** *vt* stand in for, be replaced. **~ê xwe girtin** *vt* take a seat, take one's place. **~ girtin/bi ~ bûn** *vi* settle, get lodged in, settle in. **~ (li yekî) teng kirin** *vt* put pressure on sb. **bi ~ kirin** *vt* place, lodge, situate. **di ~ de** right away, immediately, well-timed. **li ~ê** instead of, in the place of. **tê de bi ~ bûn** *vi* be contained.
cihderk *f* starting point, point of departure; fountain head, source.
ciher *m* nosebag, feed bag.
cihê *adj* separate, apart, different, exceptional. **~ bûn** *vi* part, separate. **~ kirin** *vt* part, separate (sb) from. **~ ~** *adv* separately, one by one. **~ ku** *prep* instead of.
cihêbûnî *f* loneliness; separation.
cihêtnima *f* compass (device).
cihêtî *f* separation, difference.
cihêxwaz *n* separatist. **~î** *f* separatism.
cihêz *see* **cihîz**.
cihgir *adj* spare, reserved. *n* reserve, substitude, representative.
cihgirtî *adj* settled, placed.
cihimandin (bicihimîne) *vt* kill (used contemptously).
cihimî *adj* dead.
cihimîn (bicihime) *vi* die (used contemptously).
cihîz *m* trousseau.
cihkî *adj* local.
cihok *see* **co**.
ciht *see* **cot**.
Cihû *n,adj* Jew; Jewish.
Cihûd *see* **Cihû**.
cihwar *see* **cîwar**.
cil[1] *m* dress, clothes. **~ jê kirin** *vt* undress (sb). **~ lê kirin** *vt* dress, clothe (sb). **~(ên xwe) ji xwe kirin** *vt* undress, take off one's clothes. **~(ên xwe) li xwe kirin** *vt* dress os, put on clothes. **~ şuştin** *vt* wash clothes, do the laundry. **~ wergirtin** *vt* dress os., put on clothes.
cil[2] *f* pack-saddle.
cil[3] *m* bed. **~ danîn** *vt* make up a bed, prepare a bed. **ketin nav ~an** *vi* go to bed. **ji nav ~an derketin** *vi* get up.
cildank *f* wardrobe.
cilfû *see* **lehî**.
cils *f* plaster, plaster stone, gypsum.
cilşo *f* washing machine; washerperson.

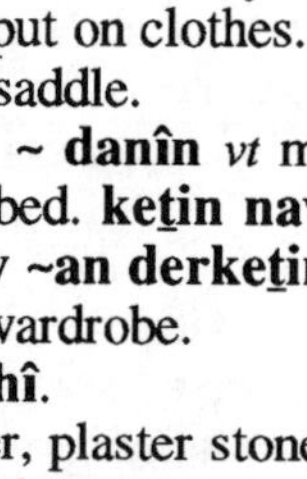

cilşogeh *f* laundrette, washhouse.

cimet,cimeet *f A* congregation, meeting, gathering of people.

cin *n* genie, demon. **~dar** *adj* haunted. **~ lê xistin** *vt* have a stroke, see a ghost.

cinabet *adj A* ritually unclean.

cinan *see* **cenan**.

cinaq *m* wishbone.

cincilandin (bicincilîne) *vt* purify.

cincilî *adj* clear, crystal clear, pure.

cincilîn (bicincile) *vi* get/become pure.

cindî[1] *adj,n* very good, very beautiful; handsome young man.

cindî[2] *n A* soldier, gendarme.

cineh *see* **ço**.

cinet *A see* **bihişt**.

cingal *f* jungle.

ciniqandin (biciniqîne) *vt* startle.

ciniqîn (biciniqe) *vi* start, make a sudden movement (from fear).

cins[1] *m A* kind, sort, type. **~ ~** of various kinds, assorted.

cins[2] *m* sex. **~î** *adj* sexual.

cinûn *see* **dîhn, dîhntî**.

cinyaz *m* corpse.

cir[1] *f* conversation. **~xweş** *adj* conversable, pleasant to talk with.

cir[2] *m* habit, temper.

circ *n* rat.

circir *f* noisy quarrel, squabble, shrillness. **kirin ~/bûn ~a yekî** have a noisy quarrel, squabble.

cire *see* **qurt**.

cirm *n A* penalty; guilt.

cirn *m* large stone mortar.

cisn *see* **cins**.

cit *see* **cut**.

civak *f* society, community, social group. **~î** *adj* social. **~zan/zanistyar** sociologist. **~zanî/zanistî** *f* sociology.

civandin (bicivîne) *vt* gather, collect, assemble. **xwe ~** tidy (os.) up, put os. together.

civank *f* lecture, panel discussion. **~ dan** *vt* give a lecture.

civanok *f* anthology, collected works.

civat *f* meeting, gathering; society, social group, community.

civîn[1] *f* meeting. **~a gelemperî** congress. **~geh** *f* meeting room, assembly hall, meeting-house, meeting-place.

civîn[2] **(bicive)** *vi* meet, assemble, gather. **lê ~** *vi* throng, crowd round (sb), crowd round (sb in order to attack).

ciw *see* **co**.

ciwan *adj* young; handsome, beautiful. **~ kirin** *vt* rejuvenate, beautify.

ciwanbext *adj* generous. **~î** *f* generosity. **bi ~î** *adv* generously.

ciwanega *m* bull-calf.

ciwanî *f* youth; beauty.

ciwanmêr *adj* courteous, polite and kind. **~ane** *adv* courteously, nobly.

cixare *f Sp* cigarette. **~ kişandin** *vt* smoke. **~ vexwarin** *vt* smoke.

cixarekêş *n* smoker.

cixîz *see* **çixîz**.

cixs *see* **cils**.

ciyawazî *f* difference.

cizdan *m* **1** wallet. **2** official document in the shape of a booklet, identity booklet.

cî *see* **cih**.

cîderk *see* **cihderk**.

cîgeh *f* **1** locality, place, spot. **2** house, dwelling, residence. **~î** *adj* local.

cîgir *see* **cihgir**.

cîh *see* **cih**.

cîhan *f A* world. **~şimûlî** *adj* universal.

cîher *n* addressee.

cîhê *see* **cihê**.

cîl *f* cleaner, eraser.

cîla,cîle *f A* shellac, lacquer, varnish; shoe polish.

cîlwa *see* **ronî**.

cînan *see* **bihişt**.

cînar *see* **cîran**.

cînav *m gram* pronoun. **~ên işarkî** demonstrative pronouns. **~ên kesîn** personal pronouns.

cîp *f Eng* jeep.

cîq[1] *f* snowbird, snow bunting.

cîq[2] *f* **~e~** squeal, squawk. **bûn ~e~a yekî** *vi* squeal, squawk. **kirin ~e~** squeal, squawk.

cîran *n* neighbour. **~kî** *adj* neighbourly. **~tî** *f* neighbourhood.

cîwar *m* environment, neighbourhood; home, place to be inhabited.

cîwarî *n* inhabitant. **~ bûn** *vi* (for sb) settle in a place, inhabit.

co *f* canal, irrigation trench. **~ya kezebê** *anat* common hepatic duct. **~ya zirêv** *anat* cystic duct.
cobar 1 stream; canal. **2** *see* **cober**.
cober *n* sides of a canal.
cobir *n* mole cricket, *zool* Griyllotalpa vulgaris.
cog,cogan *m* stick.
coge *see* **co**.
cok *see* **co**.
col[1] *f* chain. ~ **kirin** *vt* put in chains, fetter.
col[2] *m* herd, flock.
colane *f* swing, swinging cradle.
coleg *n* sharecropper.
comerd *adj* generous. **~ane** *adv* generously. **~î** *f* generosity. **bi ~î** *adv* generously.
conega *see* **ciwanega**.
conî *m* large stone mortar.
coş *n,adj* boiling; enthusiasm. ~ **bûn** *vi* **1** boil. **2** get enthusiastic. ~ **hatin** *vi* boil. **Av ~ hat.** The water is boiling.
cot[1] *n,adj* pair, couple, double. **~anî** in pairs, by pairs.
cot[2] *m* cultivation, plough, plow. ~ **kirin** *vt* plough, cultivate. **~kar** *n* ploughman, farmer, cultivator. **~karî** *f* ploughing, farming, agriculture.
cotemenî *f* agromony.
Cotmeh *f* October.
cotyar *see* **cotkar**.
coxîn *f* threshing floor.
cozbûyî *f* nutmeg tree, *bot* Myristice fragrans.
Cozerdan *f* May.
cubar *see* **cober**.
cubhet *A see* **enî**.
cuda *adj* different. ~ **bûn** *vi* become different, part, separate from. ~ **kirin** *vt* change, part, separate. **~tî/yeti** *f* difference. **~xwaz** *n,adj* separatist. **~xwazî** *f* separatism.
cuhî *see* **cihû**.
cuht *see* **cot**[1].
cuhûd *see* **cihû**.
culbe *f* common vetch, *bot* Vicia sativa.
culet *see* **culhet**.
culhet *m* courage.
culix *f* turkey, *bot* Meleagris gallopavo.
cur[1] *m* kind, sort, species, style.
cur[2] *see* **qurt**.
curandin (bicurîne) *vt* assort.
curbecur *adj* various, assorted.
curm *see* **cirm**.
curn *f* drinking, watering trough; basin.
cut *m* **1** name of a game in which player seeks to throw pointed stake so that it sticks in ground while knocking down those of opponents. **2** peg, short stake.
cuz *A see* **perçe**.
cû *see* **cihû**.
cûbar, cûyebar *see* **newal**.
cûd *see* **camêrî**.
cûda *see* **cuda**.
cûdatî *see* **cudatî**.
cûdaxwaz *see* **cudaxwaz**.
cûn[1] **(bicû)** *vt* chew.
cûn[2] *adj* gray, grey.
cûn[3] *f* buttercup, *bot* Ranunculus.
cûr[1] *m* unripe grape.
cûr[2] *see* **cur**.
cûrbecûr *see* **curbecur**.
curm *f A* crime, felony, offense.
cûtin (bicû) *vt* chew.
cûze *m* type.

Ç

ç *f* the 4th letter of the Kurdish alphabet.
ça *see* **çiya**.
ça[1] *see* **çay**.
ça[2] *see* **çawa**.
çadir *f P* tent. **~geh** *f* camp, camp(ing)-site. **~ danîn** *vt* pitch a tent.
çak *adj* good, beautiful. **~ bûn** *vi* get better, become better/beautiful. **~ kirin** *vt* improve; beautify. **~î** *f* goodness, beauty.
çakbîn *adj* optimistic. **~î** *f* optimism.
çakêt *m Fr* jacket (of a suit).
çakûç *m* hammer. **~ kirin/lê xistin** *vt* hammer.
çal *adj* speckled.
çal *f* pit, well, ditch. **~a gerdenê** *f* hollow of the throat.
çalak *adj* quick, nimble, active, hard-working. **~î** *f* quickness, nimbleness; activity.
çalav *f* well (of water).
çam *f* pine, *bot* Pinus.
çamêrkî *adv* sitting cross-legged. **~ rûniştin/vedan** *vi,vt* sit cross-legged.
çand *f* culture. **~a darengî** material culture. **~a giyanî** spiritual culture. **~a neteweyî** national culture. **~î** *adj* cultural.
çande *see* **çand**. **~yî** *see* **çandî**.
çandin (biçîne) *vt* sow, plant, seed.
çandinî *m* sowing; agriculture.
çandinyar *adj* agrarian, agricultural.
çap *f* print. **~ bûn** *vi* be printed, be published. **~ kirin** *vt* print, publish. **~kirî** *adj* printed.
Çapaxçûr *f* A Kurdish city in Northern Kurdistan, Bingol.
çapberî *f* lithography.
çapderî *f* edition, publication.
çapemeni *adj* of or related to press.
çapgêrî *f* press.
çapxane *f* printing house, printing office.
çaq *m* leg.
çaqmaq,çaqmax *see* **heste**.
çaqrût *adj* shameless.
çar[1] *m,adj* four. **~an/em/emîn** *adj* fourth.
çar[2] *f* sail, sheet (of a sailing boat).
Çar[3] *m* Tsar,Czar. **~tî** *f* Czardom, Tsardom.
çar[4] *see* **çare**.
caralî *prep* all around, all sides, all directions.
çarçek *adj* heavily armed.
çarçeve *see* **çarçîve**.
çarçik *f* square.
çarçîfe,çarçîve,çarçove *f* frame.
çardar *f* **1** stretcher. **2** coffin.
çardax *f* arbour, pergola.
çarde *see* **çardeh**.
çardeh *m,adj* fourteen. **~an/em/emîn** *adj* fourteenth.
çarder *f* frame (of a door).
çardeşevî *adj* full (moon). **heyva ~** fool moon.
çare *f* remedy, solution. **~ dîtin** *vt* find a solution. **~ (lê) kirin** *vt* find a remedy, solve.
çarenîn *adj* unavoidable.
çarenûs *f* one's fate, destiny.
çarelêkirin *f* solution. **çare lê kirin** *vt* solve, settle.
çareserkirin *f* solution. **çareser kirin** *vt* solve, settle, find a remedy.
çargav *f* gallop. **~î** *adv* galloping, at a gallop.
çargavkî *f* gallop. **(bi) ~** *adv* at a gallop.
çargoşe *f,adj* square; four-sided, four-cornered.
çarik *f* (woman's) headscarf.
çarîk *see* **çaryek**.
çarîn *f* quatrain, quartet(te).
çarkok *f* quatrain, quartet(te).
çarmedor *prep* all around.
çarmêrkî *see* **çamêrkî**.
çarmîx *f* cross for criminals. **~ kirin** *vt* crucify.
çarok,çaroke *f* a garment covering a woman from head to foot, shawl.
çarox *f* rawhide sandal.
çarpê *adj* quadruped.
çarpî *see* **çarpê**.
çarrex *prep* all around.
çarşef *f* bed-sheet; a garment covering a woman from head to foot.
Çarşem *f* Wednesday.
çarşev *see* **çarşef**.
çaryek *f* quarter.
çat *f* middle, centre.
çav *m* eye. **~ bar nebûn** *vi* be jealous. **~ berdan** *vt* covet, envy. **~ birin** *vt* dazzle.

~(**ê yeki) lê birîn** *vt* feel os. capable of. ~ **kirin** *vt* wink. ~ **lê bûn** *vi* watch, observe. ~ **lê gerandin** *vt* scrutinize, go over, look over, look round for. ~ **lê/pê ketin** *vi* have a glimpse of. ~ **li dû man** *vi* go with sth left undone. ~ **li rê man** *vi* wait a long time for sb to come. ~ **li serî tarî bûn** *vi* lose one's temper. ~ **şkênandin** *vt* **1** wink. **2** intimidate. ~ **têr bûn** *vi* become satisfied. ~ **têr nebûn** *vi* be insatiable. ~ **tirsandin** *vt* daunt, intimidate. ~ **tirsyayî bûn** *vi* be afraid of. **ji ber ~an ketin** *vi* fall from favour. **kirin/xistin bin ~an** *vt* put (sb) under house arrest, arrest.

çavbeloq *adj* pop-eyed, bug-eyed.

çavbeloqî *see* **çavbeloq**.

çavbirçî *adj* greedy. **~tî** *f* greed. **bi ~tî** *adv* greedily.

çavbirsî *see* **çavbirçî**.

çavdêr *n* observer, supervisor. **~î** *f* observation, supervision. **~î kirin** *vt* observe, supervise.

çavêş *f* trahoma.

çavfireh *adj* generous. **~î** *f* generosity. **bi ~î** *adv* generously.

çavgirtik *see* **çavgirtînk**.

çavgirtînk *f* blind man's buff. **bi ~ê lîstin** *vt* play **çavgirtînk**.

çavik[1] *f* **1** drawer. **2** bead for averting the evil eye.

çavik[2] *see* **berçavik**.

çavî *f* **1** source. **2** stoma, pore.

çavînok *f* the evil eye. **~î** *adj* touched by the evil eye. **~î bûn** *vi* be touched by the evil eye. **~î kirin** *vt* cause (sb/sth) to be touched by the evil eye.

çavkanî *f* **1** small fountain (for water). **2** source, origin. **3** resource. **~yên binerdê** natural resources.

çavlêgerandin *f* examine. **çav lê gerandin** *vt* examine.

çavmar *f* asparagus, *bot* Asparagus officinalis.

çavnebar *adj* jealous, envious, greedy. **~î** *f* jealousy, greed. **~î kirin** *vt* behave jealously/enviously/greedily.

çavneçê *adj* villainous.

çavnêrî *f* **1** expectation, waiting. **2** observation. ~ **kirin** *vt* **1** expect, wait. **2** observe, supervise.

çavpîs *adj* tricky, untrustworthy; villainous.

çavreşok *f* monstera, *bot* Monstera deliciosa.

çavrê: ~yê yekî/tiştekî bûn *vi* await the arrival of, expect.

çavroke *f* borage, *bot* Borago officinalis.

çavsor *adj* furious, wrathful, valiant. **~î** *f* wrath, valiance. **bi ~î** *adv* wrathfully, valiantly, furiously.

çavşaş *adj* cross-eyed. ~ **nêrîn** *vt* cross one's eyes.

çavşken *adj* terrible, terrifying, dreadful.

çavşkenandin *f* **1** winking. **2** intimidation.

çavşkenandî *adj* intimidated.

çavtarî *adj* blind.

çavteng *adj* miserly, stingy. **~î** *f* miserliness, stinginess. **~î kirin** *vt* be stingy. **bi ~î** *adv* stingily.

çavtêr *adj* generous, not greedy.

çavtîrsîyayî *adj* frightened, scared. ~ **bûn** *vi* be afraid of, be intimidated. ~ **kirin** *vt* daunt, intimidate.

çavtirsandî *adj* frightened, scared. ~ **kirin** *vt* frighten, scare.

çavxirab *adj* tricky, unfaithful; villainous.

çavzêlk *adj* curious. **~î** *f* curiosity.

çavziq *adj* foolish-looking.

çawa *adv* how; in what way/manners, with which means. **Hun ~ ne?** How are you?

çawahî *f* quality. **~n** *adj* qualitative.

çawal *see* **çewal**.

çawanî *gram* case.

çawîş *n milit* sergeant.

çax *f* time; period; moment. **~a ku** when. **Ç~a ku tu hat** When you came. **çi ~?** when? **Ti çi ~ hat?** When did you come? **wê ~ê** then. **ji wê ~ê de/ve** since then.

çay *f Chinese* tea. **~a tarî** strong tea. **~a tenik/vekirî** weak tea. **~xane** *f* tea-house, cafe.

çaydan,çaydang,çaydank *f* teapot.

çayî *n* mountaineer, highlander.

çe[1] *see* **çi**.

çe[2] *see* **çê**.

çeç(ik) *m* little hand (affectionate term).

çefî *f* kaffiyeh.

çehiv *see* **çav**.

çehlek *see* **çêlek**.

çek[1] *m* arms, weapon, armour. **~ danîn** *vt* cease firing. **bi ~ kirin** *vt* arm. **ji ~ kirin** *vt* disarm.

çek[2] dress, clothes. **~ jê kirin** *vt* undress (sb). **~ ji xwe kirin** *vt* undress os. **~ lê kirin** *vt* dress (sb). **~ li xwe kirin** *vt* dress os.

çekbend *m* waistcoat, vest.

çekdanîn *f* cease-fire, truce.

çekdar *adj* armed.

çekhilgir *adj* armed.

çeksaz *n* armourer.

çekûç *see* **çakûç**.

çel *m,adj* forty. **~an/em/emîn** *adj* fortieth.

çel *see* **çal**.

çele *m* period of 40 days; 40 cold days in winter; winter. **Ç~yê Navîn** January. **Ç~yê Paşîn** February. **Ç~yê Pêşîn** December.

çelefîk *f anat* jaw.

çeleng *adj* beautiful, good.

çelepayî *f* a Krd dance.

çelitandin (biçelitîne) *vt* peel (vegetables, fruit).

çelitîn (biçelite) *vi* be peeled.

çelîpa *f* a Krd dance.

çeloxwarî *adj* crooked.

çelp *f* smack. **~~** smacking one's lips loudly. **kirin ~~** *vt* smack one's lips loudly.

çelpandin (biçelpîne) *vt* smack (lips)

çelqandin (biçelqîne) *vt* beat, mix thoroughly (eggs, etc).

çeltûk *see* **çiltûk**.

çem[1] *m* river, stream.

çem[2] *f* curve, bend. **~a stû** *f* nape of the neck.

çemandin (biçemîne) *vt* bend, curve, wring, curl, twist.

çemîn (biçeme) *vi* bend, curve.

çembil *m* handle (round).

çemçik *f* deep ladle.

çemçîr *m* species of grape.

çemçûr *n* grape phylloxera, *zool* Dactylosphaera vitisoliae.

çemil *see* **çembil**.

çen[1] *f anat* jaw. **~a jêrîn** lower jaw. **~ jorîn** upper jaw.

çen[2] *see* **çend**.

çenber *see* **xelek**.

çenbil *see* **çembil**.

çend *adv,adj* how many; some, several. **~ caran?** how many times? **~ salî** how old? **Hun ~ salî ne?** How old are you? **her ~e** however, in spite of, although. **ev ~** so much, as much. **Ç~ sêvan bide min**. Give me some apples. **Ç~ pênûsên te hene?** How many pens have you got?

çend heb *adv,adj* how many; some, several. **Ç~ sêvên te hene?** How many apples have you got? **Ç~ sêv bide min.** Give me some apples.

çendahî *f* quantity. **~n** *adj* quantitative.

çendan *adv* so much, so many.

çendek *adj* some, several. **~î** for some time.

çendetexlît *adj* various.

çendî *adv,adj* how much.

çene *f* chin. **~geh** dimple in the chin.

çenebaz *adj* talkative, chattering. **~î** *f* idle talk, indiscreet talk, chatter. **~î kirin** *vt* talk idly.

çenek a little.

çeng *f* arm; wing; claw.

çeng: ~ bûn *vi* be thrown. **~ kirin** *vt* throw. **xwe ~ kirin** jump.

çengal *m* **1** fork. **2** hook. **~ê masîvanîyê** fish-hook.

çengel *m* hook.

çente *m* bag, case. **~dest** handbag.

çep[1] *adj,n,adv* left. **alîyê/hêla ~ê** left side.

çep[2] *adj* wrong; opposite. **~ fahm kirin** *vt* misunderstand, misinterpret. **Ew min ~ fahm dike.** He misunderstands me.

çep[3] *n* palm of hand. **~le** *n* clapping.

çepel *adj* filthy, dirty, slovenly.

çeper *n* shield.

çepik *n* applause. **li ~an xistin,~ lê xistin,~ lê dan** *vt* applaud, clap for.

çepil *m anat* arm.

çeprast *adj,adv* diagonal(ly), crosswise.

çeq *n* prong, branch of a forked object, fork.

çeqel *n* jackal, *zool* Canis aureus.

çeqelî *f* a small part of a bunch of grape.

çeqilmast *m* stirred yoghurt.

çer *interr adj* what. **Tu çer dikî?** What are you doing?

çere *adv* how.

çerçî *n* sundries peddler.

çerçîfe *see* **çarçîve**.

çerez *n* nuts.

çerixandin (biçerixîne) *vt* **1** cause (sb/sth) to slip. **2** rotate, turn, make (sth) spin.

çerixîn (biçerixe) *vi* **1** slip. **2** turn, spin.

çerizandin (biçerizîne) *vt* eat nuts/appetizers.

çerm *m* skin; leather. **~în** *adj* leathery.

çermik *m* membrane. **~ê çav** eyelid.

çerpandin (biçerpîne) *vt* flutter.

çerx *f* **1** wheel. **2** grindstone. **~ kirin** *vt* put (sth) to the grindstone. **3** a zodiacal constellation. **~a kevjal** *astr* Cancer.

çerxîfelek *f* passion flower, *bot* Passiflora.

çest *f* **1** meal. **2** taste. **~ kirin** *vt* taste.

çeşm *see P* **çav**.

çetel *m* fork.

çetir *f* umbrella, sunshade; parachute. **~baz** *n* parachutist. **~bazî** *f* being a parachutist, parachuting. **~van** *n* parachutist. **~vanî** *f* being a parachutist, parachuting.

çevrebî *n* boiled wheat.

çewa *see* **çawa**.

çewal *m* sack.

çewênder *f* beet, *bot* Beta vulgaris.

çewlik[1] *f* allusion, innuendo, hint.

çewlik[2] *f* farm.

çewisandin *see* **çewsandin**.

çewsandin (biçewsîne) *vt* exploit; press; oppress, put pressure.

çewt *adj* **1** wrong. **2** crooked. **~î** *f* mistake.

çewto mewto *adj* erroneous.

çexdar *m* rye.

çê *adj* good, well. **~ bûn** *vi* heal, recover; mature, ripen; happen. **~ kirin** *vt* repair; make, manufacture, produce.

çêbiwar *adj* artificial, synthetic, imitated. **raweya ~** *gram* (past) participle.

çêbûn *f* improvement; recovery; happening, event; being made, being done.

çêj[1] *f* taste, flavour. **~ kirin** *vt* taste.

çêj[2] *see* **çêjik**.

çêjandin (biçêjîne) *vt* taste.

çêjdar *adj* tasty, flavoured.

çêje *see* **çêjik**.

çêjik *n* young animal (kitten, puppy, chick, etc).

çêker *n,suf* maker, manufacturer.

çêkirox *n* maker, manufacturer; founder, charter member.

çêl[1] *n* rock, large stone.

çêl[2] *f* subject, topic. **~(a yekî/tiştekî) kirin** *vt* mention, talk about (sth/sb). **~ li yekî/tiştekî kirin** *vt* mention, talk about (sth/sb). **ji tiştekî ~ kirin** *vt* mention, talk about (sth).

çêl[3] *n* young animal (kitten,puppy, chick, etc).

çêlek *f* cow.

çêlik *n* young animal (kitten, puppy, chick, etc).

çêlî *see* **çêlik**.

çênî[1] *m* feed (of chicken).

çênî[2] *m* morsel, bite. **~ ~** *adv* in small portions, a little at a time.

çêr *f* swearword, cuss. **~ kirin** *vt* swear at, curse.

çêran *see* **çêrîn**.

çêrandin (biçêrîne) *vt* graze, pasture, put animals to graze.

çêre *f* grazing, pasturage. **~geh** *f* grazing-land, pasturage land.

çêrihan *see* **çêrîn**.

çêrîn (biçêre) *vi* graze.

çêrîyan *see* **çêrîn**.

çêstin (biçêse) *vt* taste.

çêtir *adj* better. **~ dîtin** *vt* prefer, distinguish from. **(jê) ~ girtin** *vt* prefer.

çêtirandin (biçêtirîne) *vt* improve; put in order; rectify.

çêyî *f* goodness, favour. **~ (bi yekî) kirin** *vt* do (sb) a kindness/favour.

çi *interr adv* what. **Ew ~ ne?** What are these? **Çi re?** why? **Çi ye?** What's the matter?, What do you want?

çiçik *m* breast. **~ mêtin/xwarin** *vt* (for a baby) nurse, suck.

çiçikmêj *n* nursing infant, unweaned baby.

çift *adj* ill-omened, inauspicious.

çifte *f* double-barreled gun, shot gun.

çiftexas *m* cotton batiste, cambric.

çikandin (biçikîne) *vt* **1** set up, erect. **2** fill up. **3** dry (sth). **bîhna/hilma yekî çikandin** *vt* suffocate. **4** plant (a tree).

çikil *m* branch (of a tree).

çikilandin (biçikilîne) *vt* plant (a tree).

çikîn (biçike) *vi* dry up; be exhausted.

bîhna/hilma yekî ~ *vi* suffocate.
çiklos,çikos *adj* selfish, mean.
çikrim[1] *adj* perpendicular, upright (in standing).
çikrim[2] *m* pole, post.
çiksayî *adj* (weather) very clear, cloudless.
çiktenê *adj,adv* all alone, completely alone, all by oneself.
çikûs *see* **çiklos**.
çil *m,adj* forty.
çil *adj* greedy.
çila *see* **çira**.
çilape *n* jump, leap. ~ **kirin** *vi* jump, leap.
Çile *m* January; period of forty days; forty cold days in winter. **Ç~yê Paşîn** *n* January. **Ç~yê Pêşîn** *n* December.
çileçep *f* bend, curve (in a road, etc).
çilek *n,adj* greedy person; greedy. **~tî** *f* greed.
Çille *see* **Çile**.
çilmêre *n* bolt (of a door).
çilmisandin (biçilmisîne) *vt* fade, cause (sth) to fade.
çilmisî *adj* pale, faded.
çilmisîn (biçilmise) *vi* fade, wilt.
çilo *adv* how.
çilo *m* branches (cut with leaves to feed animals).
çilokok *n* bush.
çilpav *f* plaster (made of mud for coating walls, etc).
çilpî *m* thin stick.
çiltûk *f* rice in the husk.
çilwar *m* cotton batiste, cambric.
çilwilîn (biçilwile) *vi* shine, gleam.
çim *anat* hoof.
çima *adv* why. **Tu ~ çû**? Why did you go?
çiman *see* **çima**.
çîmento *m It* cement.
çimko,çimkî,çimku *conj* because.
çinar *f* plane tree, *bot* Platanus orientalis.
çindik *f* hopping. **~dan xwe** hop about.
çinedîtk *adj* parvenu.
çingîn (biçinge) *vi* resound. **~î** *f* resounding. **bûn ~îya tiştekî** *vi* resound. **kirin ~î,~î kirin** *vt* resound. ~ **pê ketin** *vi* resound.
çinîn[1] **(biçine)** *vt* cut, reap, mow; gather, pick fruits/vegetables.
çinîn[2] *f* harvest. **~a rezan** grape-harvest, vintage.
çipborî *f* tube.
çipik *f* task.
çiqa *see* **çiqas**.
çiqas *adv* how much. **bi ~î?** how much? (cost). **~.. qusa/ewqas** the more ... the more. **Tu ~ bidî tu yê qusayî/ewqasî bistînî**. The more you give the more you get.
çiqeys *see* **çiqas**.
çiqil *m* twig, sprig; thorn, splinter.
çiqulî *m* thin branch (of a tree), stick.
çiqûz *adj* miserly, selfish.
çir,çira *adv interr* why.
çira *f* lamp, oil lamp.
çirandin (biçirîne) *vt* tear. **kirasê xwe** ~ tear one's dress from anger, get upset.
çirav *f* **1** marsh, swamp; muck. **2** waterfall.
çirçirk *f* cicada.
çire,çiri *adv interr* why.
çirik *f* trough.
çirisîn (biçirise) *vi* give off sparks; shine, gleam.
Çirî *f* October. **Ç~ya navîn** *f* November. **Ç~ya paşîn** *f* November. **Ç~ya pêşîn** *f* October.
çirîn (biçire) *vi* be torn, be ripped.
çirîsk *f* spark.
çirîskîn (biçirîske) *vi* give out sparks, spark.
çirîyayî *adj* torn, ripped.
çirmisandin *see* **çilmisandin**.
çirmisî *see* **çilmisî**.
çirmisîn *see* **çilmisîn**.
çironek *f* trough.
çirpandin (biçirpîne) *vt* stir, beat (eggs,etc).
çirûsk *f* spark.
çirûskîn (biçirûske) *vi* spark, give out sparks.
çiryayî *see* **çirîyayî**
çist *adj* alive, living, lively.
çiste *adj* hard-working.
çistî *f* discipline, obedience.
çitare *f* fabric.
çito *adv interr* how.
çitow *see* **çito**.
çiv *f* trick, zigzag. ~ **dan xwe** *vt* zigzag.
çivane *f* bend, curve (of a road).
çivanok *f* a playful formula found in folk narratives.
çivêl *adj* naughty.
çivgeh *f* bend, curve (of a road).

çivîk *f* bird.
çivînî *f* (for a bird) singing. **kirin** ~ *vt* (a bird) sing.
çivok *adj* inconstant, changeable, fickle.
çivoke *f* cape (geo).
çiwît *f* indigo plant, *bot* Indigofera tinctoria.
çixîz[1] *f* line. ~ **kirin** *vt* draw (lines), scrawl.
çixîz[2] *f* circle.
çiya *m* mountain. **~yî** *n* mountaineer, highlander.

çîçek *f* flower.
çîçik *f* **1** udder. **2** chick. **3** sparrow.
çîçirik *see* **çirçirk**.
çîk[1] *f* ability.
çîk[2] *f* pain.
çîk[3] spark; match.
çîk[4] *n* the white of the eye.
çîk[5] *n* thing.
çîl *adj* shining, bright.
çîleçep *f* zigzaggy path on a mountain.
çîm[1] *m anat* calf.
çîm[2] *m* grass, sod.
çîmen *m* lawn, meadow. **~zar** meadow.
çîn[1] *f* class; stratum, layer, fold. **~î** *adj* of or related to classes.
çîn[2] *m* **1** embroidery, needle work. **2** motif, pattern.
Çîn[3] *f* China. **~î** *n,adj* Chinese.
çînçîn *adj* motley, speckled.
çînçolek *f* swing (used for swinging).
çînî *see* **çênî**.
çîp *m anat* calf (of the leg). **~rût** *adj* bare legged.
çîr *adj* resistant, stubborn, tough, obstinate.
çîrçîrok *f* story, tale.
çîrok *f* story, tale, novel, novelette. **~bêj/van** *n* story-teller.
çît[1] *n* hedge, partition.
çît[2] fabric.
çît[3] *n* hand-painted kerchief.
çîtog *adj* uncomfortable.
çîya *see* **çiya**.
çîz *n* forest fly, horse fly, *zool* Hippobarca equina.
çîz[1] *n,int* accepting defeat; Uncle! ~ **kirin** *vt* say "Uncle" to (sb), give in to (sb).
çîz[1] *f* ~~ buzz, buzzing.
çîzîn (biçîze) *vi* buzz.
ço *m* rod, stick.
ço! *int used for ordering a donkey to move.*
çoçik *f* deep ladle.
çog *see* **çok**.
çok *f anat* knee. ~ **dan** *vt* kneel down.
çokar *n* servant.
çol *f* **1** desert. **2** countryside. **~istan** *f* desert.
Çolemêrg *f* A Kurdish city called ***Hakkari***.
çon *see* **çawa**.
çong *see* **çok**.
çopan *f* golf.
çor *n zool* pheasant.
çortan *n* a cheese made of curds.
çu *adv* none, not, not any. ~ **car(an/î)** never.
çûçik[1] *adj* small, little.
çûçik[2] *n* bird.
çûdarî *f* distance.
çûk[1] *f* bird. **~ên masîgir** *zool* Ardeae.

çûk[2] *adj* small, little.
çûkdeve *n* ostrich, *zool* Struthio camelus.
çûl *m,adj* light yellow.
çûn (biçe) *vi* go, leave. ~ **ava** *vi* (sun) set. **li yekî** ~ *vi* look like (sb), take after (sb). ~ **rehmetê** *vi* die. ~ **rûyê hev** *vi* kiss one another. ~ **ser nexweşekî** *vi* visit a patient.
çûngeh *f* alley.
çûnûhatin *f* **1** circulation. **2** relation. **3** traffic. **4** round trip. **~î** *adj* return (ticket).
çûtar *m* cloth, piece of cloth.
çûx *m* cloth, fabric, material.
çûyin[1] *see* **çûn**.
çûyin[2] *f* departure.
çûyin û hatin *see* **çûnûhatin**.

D

d *f* the 5th letter of the Kurdish alphabet.
da[1] *see* **dayik**.
da-[2] *pref used with the verbs indicating downwards actions, eg:* **dahatin, daketin, daxistin**.
dabaş *f* subject, topic.
dabelandin (dabelîne) *vt* swallow, gulp down.
dabeliyandin (dabeliyîne) *vt* swallow, gulp down.
daberizandin (daberizîne) *vt* rebuke, scold.
dabeş *f mat* division-sign.
dabêş[1] *f* **1** share. **2** instal(l)ment, payment. **~a deynî** instal(l)ment, payment. **~ kirin** *vt* divide, share.
dabêş[2] *f* part, section, sector.
dabiristin (dabirise) *vi* form a line, form ranks.
daçek *f gram* preposition.
daçikandin (daçikîne) *vt* cock (a gun), set up, put together; plant (a tree).
dad *f* **1** justice. **2** help. **3** fame.
dadan (dade)[1] *vt* snatch, grasp, grab. **Kûçik dada hestî**. The dog grabbed the bone.
dadan (dade)[2] *vt* **agir ~** *vt* light a fire.
dadan (dade)[3] *vt* close, shut.
dadê *n* mum, mummy.
dadge *see* **dadgeh**.
dadgeh *f* court, courthouse.
dadger *see* **dadgêr**.
dadgêr *n* judge.
dadgir *n* public prosecutor, attorney general.
dadî *adj* **1** judicial, juridical. **2** of justice.
dadmend *adj* just, fair. **~î** *f* justice.
dadnenas *adj* lawless, unlawful. **~î** *f* lawlessness, unlawful activity or behaviour.
dadpirs *n* judge.
dadxwaz *n* complainant, petitioner.
dadyar *adj* just, fair; lawful.
daf *see* **dahf**.
dafandin (bidafîne) *see* **dahfandin**.
dafik *see* **dahfik**.
dager *n* manager, director.
dagerandin (dagerîne) *vt* **1** send back, make (sb/sth) turn back. **2** turn (sth). **3** refuse, reject.
dagerîn (dagere) *vi* **1** turn back. **2** turn, change direction.
dagir *f* occupation. **~ kirin** *vt* occupy.
dagirker *n* occupier, occupant. **~î** *adj* occupational.
dagirkirin *f* occupation, occupancy.
dagirtin (dagire) *vt* **1** fill, load. **2** occupy.
dagirtî *adj* **1** full, filled. **2** occupied.
dahatin (dahê) *vi* **1** come down, land. **2** snow.
dahatû *adj* next; future.
dahelanîn (dahelîne) *vt* **1** haul. **2** take (sth) out of a place.
dahênan *see* **danîn**.
dahênandin (dahênîne) *vt* invent.
dahêner *n* inventor.
dahf[1] *f* push. **~ dan** *vt* push
dahf[2] *f* trap, snare.
dahfandin *vt* push.
dahfik *f* trap, snare.
dahiştin (dahêle) *vt* bring down, pull down.
dahl *f* **1** orchard. **2** grove, small wood.
dahn[1] *m* shift, session (in a factory, school, etc), eight hour period. **~ê nîvro** afternoon session of a school. **~ê sibê** morning session, morning shift. **~ê şevê** night session of a school, night shift.
dahn[2] boiled and pounded wheat, dehusked wheat.
dahnû(k) *m* boiled and pounded wheat, dehusked wheat.
dahol *f* drum.
dahş *see* **cahş 1**.
daîk *see* **dayik**.
daîye *see* **sedem**.
daketin (dakeve) *vi* **1** come/go down, climb down. **2** decrease, descend. **ji ya xwe ~** *vi* give up, renounce one's claims to sth.
dakirin (dake) *vt* plunge, dip. **Destê xwe di avê dake**. Dip your hand into the water.
da ko *see* **da ku**.
da ku *adv* so that, in order that, in order to.
dal *f geo* valley.
dalde *see* **talde**.
daliqandin (daliqîne) *vt* **1** hang up, suspend (sth) from. **2** hang (a person). **xwe ~** hang (os), commit suicide.
daliqî *adj* hanging, suspended.
daliqîn (dalige) *vi* be hanging, be suspended.
daliqîyayî *adj* hanging, suspended.
dam[1] *see* **dom**.
dam[2] *f* lasso.
daman *see* **daw**.
damar *f* nerve, vein.

damarî *see* **dêmarî**.
dame *m* checkers, draughts. **(bi) ~ lîstin** play draughts.
damez(i)randin (damez(i)rîne) *vt* establish, found, form.
damezrêner *n* founder.
damilîn (damile) *vi* die down, go out,fade.
damizrandin *see* **damezrandin**.
dan[1] *see* **dahn**[1,2].
dan[2] **(bide)** *vt* give. **~ alîkî** *vt* put aside. **~ berhev** *vt* compare. **~ ber xwe** *vt* **1** aim at, have as one's target. **2** drive animals in front of os, force people to go before os. **~ der** *vt* reveal. **~ destkî** *vt* centralize. **~ dû (yekî/tiştekî)** *vt* follow up (a matter), follow (sb). **~ nivîsandin** *vt* have (sb) write (sth), register. **~ pey/pê** *vt* follow, pursue. **~ pêş (yekî/tiştekî)** *vt* go in front, lead the way. **~ pêş xwe** *vt* drive animals in front of os, force people to go before os. **xwe ~ (tiştekî)** *vt* devote os wholeheartedly, abandon os to.
dan[3] **(bide)** *vt* make (sb/sth) do (sth), have (sth) done. **Min kincên xwe dan şuştin.** I had my clothes washed. **Min name bi wî da nivîsandin.** I made him write the letter.
dan[4] *see* **dank**.
danan *see* **danîn**.
danberhevî *f* comparison.
dandest *f* delivery.
dandestkî *f* centralism, centralization.
dane[1] *f* data.
dane[2] *f* kernel, grain.
danezan *f* explanation; statement; disclosure.
danêr[1] *n* observer. **~î** *f* observation.
danêr[2] *n* judge. **~ kirin** *vt* try (in court), hear, judge (a case).
danisilandin (danisilîne) *vt* strain off/ out, filter.
danisilî *adj* strained, filtered.
danisilîn (danisile) *vi* be strained, be filtered.
daniş *see* **şêwr**.
daniştin (danişe) *vi* sit (down).
daniştî *n* sb who dwells or resides in a place, resident.
daniştwar *n* inhabitant, native, local.
danî *n* founder.
danîn (dîne,deyne) *vt* lay down, set down, put down, put. **~ ber çavan** *vt* show, demonstrate. **~ ber hev** *vt* compare, bring face to face. **~ cih** *vt* put back, place back. **~ ser** *vt* put onto, add to. **li ser ~** *vt* add. **xwe li ser ~** *vt* perch upon. **li xwe ~** *vt* deign to, condescend to. **ji hev ~** *vt* dismantle. **xwe lê ~** *vt* **1** pretend. **2** perch upon.
-dank (dan) *suff forming nouns with meaning* container, eg: ***çaydan, xwelîdank***.
dannasîn *f* introduction. **dan nasîn** *vt* introduce.
danû(k) *see* **dahnû(k)**.
danûstendin *f* **1** relation, contact. **2** trade.
dannivîs *f* registration.
dapaç *adj* covered; concealed. **~ kirin** *vt* cover up; conceal (sth) from notice.
dapilandin (dapilîne) *vt* strain, filter, distill.
dapilandî *adj* distilled, strained, filtered.
dapîr *f* grandmother.
dapîrk *f* midwife.
daqmoq *m* hammer.
daqulandin (daqulîne) *see* **daqurtandin**.
daqultandin *see* **daqurtandin**.
daqurtandin (daqurtîne) *vt* swallow, gulp down.
daqûl bûn *vi* perform the action characteristic of swallowing or gulping sth.
dar[1] *m* wood, timber. **~ê zorê** *n* constraint, force. **bi ~ê zorê** *adv* by force.
dar[2] *f* tree. **~a selwê** cedar tree. **~a sersalê** Christmas-tree.
dar-[3] *pref* tree. **dartû** mulberry (tree).
-dar[4] *suff forming n and adj with meaning* possessor of, full of, with.
daradûm *f* **tilîya ~ê** middle finger.
darav *f* resin.
daravtin *vt* strain, filter.
daraz *f* sentence, verdict, decision (of a court).
darberû *f* oak.
darbest *f* coffin, stretcher.
darbindeq *f* hazel tree, *bot* Corylus avellana.
darbir *n* woodcutter.
darçîn *f* cinnamon, *bot* Cinnamonum zeylanicum.
darda *see* **darve**.
darde *see* **darve**.
darengî *adj* material; physical.
dargering *see* **dargerînk**.

dargerînk *f* ivy, *bot* Hedera.
dargilyas *f* cherry tree.
dargûz *f* walnut, *bot* Juplans.
darik *m* short and thin stick, match. **~ê cixarê** cigarette holder. **~ê niftikê** match.
daring *n* matter, material. **~î** *adj* material.
daristan *f* forest.
darîçav *adj* concrete (as opposed to abstract), obvious.
darîn *adj* wooden, of wood.
darkarçik *f* pear tree.
darkolik *f* shrub, heath.
darkutik,darkutok *n* woodpecker, *zool* Picus.
darmazî *f* variety of oak.
darqesp *f* palm tree.
darsimaq *f* sumac(h), *bot* Rhus coriaria.
darsipî *see* **sipîndar**.
darteraş *n* carpenter.
dartikok *n* woodpecker, *zool* Picus.
daruşîfa *P see* **nexweşxane**.
darû *see* **derman**.
darûber *m* clump of trees, all the plants in an area.
darûbest *see* **darbest**.
darva *see* **darve**.
darve *adj* hanging, hanged, suspended. **~ bûn** *vi* be hanged. **~ kirin** *vt* hang.
darxurme *f* date tree.
das *f* sickle. **~a daran** bill, bill hook. **~a paletîyê** harvester's sickle.
dasî *f* fish-bone.
dasûk *f* crescent-shaped sickle.
daş *see* **cahş**.
daşik *see* **cahş**.
daşir *f* toilet.
daşîr *f* wet nurse.
davek *f* strap, belt.
daw[1] *f* **1** skirt (part of any dress that hang below the waist). **2** tail (of a sheep). **~pak** *adj* virtuous, honest, chaste. **~pîs** *adj* unchaste, dishonest.
daw[2]**,dawe** *f A* request, demand; suit, lawsuit. **~ kirin** *vt* demand.
Dawer *P see* **Xwedê**.
dawerivandin (dawerivîne) *vt* distil(l).
dawerivî *adj* distilled.
dawerivîn (dawerive) *vi* be distilled.
dawerivok *f* still, retort.
daweşandin (daweşîne) *vt* shake, shake (sth) out.
dawet *f* wedding feast.
dawet *f* invitation.
dawên(e) *see* **daw**.
dawî *f* end, final, result, extremity. **~anîn** *vt* finish, complete. **~(ya tiştekî) hatin** *vi* come to an end, finish, be completed. **~ya ~yê** *adv* finally, at last, in the end.
dawîn *adj* last, final.
dawînk *f* termination, last part (of anything).
dawîxwazî *f* testament, will.
dawlêkirî defendant.
dawşandin (dawşîne) *see* **daweşandin**.
dawûdê dunikul *n* hoopoe, *zool* Upupa egos.
dawûdî *f* chrysanthemum, *bot* chrysanthemum.
dax *f* brand. **~ bûn** *vi* be branded. **~ kirin** *vt* brand.
daxistin (daxîne,daxe) *vt* lower, take down, bring down, set down.
daxuyanî *f* declaration, announcement, advertisement **~ kirin** *vt* declare, announce, advertise.
daxwarin (dabixwe) *vt* swallow, gulp. **ji ber (yekî) ~** *vt* swallow (an insult), endure (unpleasant behaviour). *f* swallow, gulp.
daxwaz *f* wish, demand, request. **~ kirin** *vt* demand, request. **~name** *f* petition, written application.
daxwestin *f* demand.
dayende *f* donor.
dayik *f* mother. **~î** *adj* motherlike, motherly.
dayîn[1] *f* wet nurse, foster mother.
dayîn[2] *f* tax.
dayîn[3] *see* **dan**[2 3].
daynan *see* **danîn**.
dazane *f* statement, declaration.
dazanî *f* statement, declaration.
de[1] *int making stress on the imperative eg:* **De were!** Come on! **De bimeşe!** Come on! Move!.
de[2] *article forming a part of prepositions, eg:* **di...de** in. **jê pê de** thenceforth, thenceforward. **ji...de** from, off. **ji vir de** hence. **ji wir de** thence.
de[3] *see* **deh**.
debabe *f A milit* tank.
deban *adj* damascened (steel).

debançe *f P* pistol, revolver.
debar *f* **1** living, earnings. ~ **kirin** *vt* live (on), manage. **Ez bi mehanîya xwe ~ dikim.** I live on my salary. **2** project, preparation.
debax *n* hide (of animals). ~ **kirin** *vt* tan (a hide).
debirandin (bidebirîne) *vt* manage, shift for os.
debistan *see* **dibistan**.
debixandin (bidebixîne) *vt* tan (a hide).
def[1] *f* tambourine.
def[2] *f* repulsion. ~ **kirin** *vt* repel, repulse, push back.
defter *f A* note-book, exercise-book.
degirmî *adj* round.
deh *m, adj* ten. **~an/em/emîn** 10th.
dehan *see* **dev**.
dehandin *see* **mehandin**.
dehbe *n* wild animal.
dehf *f* push, act of pushing. ~ **dan** *vt* push, shove. **~a xwe dan (tiştekî** *vt* push.
dehfandin (bidehfîne) *vt* push.
dehfker *f* impetus, impulse, incentive.
dehker *f* essence.
dehl *f* **1** fruit garden, orchard. **2** wood, grove.
dehnû *see* **dahnû**.
dehol *f* drum.
dehsal *f* decade.
dehş, dehşik *see* **caş 1**.
dek[1] *f* trick. ~ **û dolab** tricks.
dek[2] *see* **delk**.
de ka *int see* **de**[1].
del *adv* ~ **dan** *vt* push.
delal[1] *n* herald, broker.
delal[2] *adj* dear, friendly, lovable. **~î** *f* **1** fondness, affection. **2** *n* the apple of one's eye.
delav *f geo* gulf, inlet.
delawer *see* **dilawer**.
deling *n* lower part of a trouser.
delîl *m A* evidence, proof.
delîn[1] *f* dazzling.
delîn[2] **(bidele)** *vi* (eyes) be dazzled.
delîva *see* **delîve**.
delîve opportunity, chance.
delîyan *see* **delîn**.
delk *f* push, act of pushing. **~(a xwe) dan** *vt* push.
dellal *see* **delal**[1].
delle *see* **tol**.
dem[1] *f* **1** time, period, era. **~a ku** when, while. ~ **û** ~ from time to time, sometimes. **ji ~a ku** since. **di ~a xwe de** at its time. **2** *gram* tense. **~a borî** past tense. **~a borîya çîrokî** past perfect tense. **~a borîya dûdar** present perfect tense. **~a borîya têdayî** simple past tense. **~a niha** present tense. **~a pêşî** future tense. **3** season.
dem[2] *f* brew. **~(a tiştekî) girtin** *vt* brew. **~a xwe girtin** *vt* be brewed. **~a çay** brew of tea. ~ **kirin** *vt* brew.
dem[3] *f* blood.
demam, deman *f* rent. ~ **dan** *vt* lease, give for rent (field, garden, etc). ~ **kirin** *vt* lease, take (sth) on a lease.
demançe *f P* pistol, revolver.
demandin (bidemîne) *vt* brew (tea, etc).
demborî *adj* out of date, old (fashion), obsolete, overdue.
demdarî *f* duration, continuation.
demdemî *adj* temporary.
demdirêj *rgd* long-term.
demgirêdayî *adj* temporary.
demhev *adj* contemporary. **~î** *f* being contemporary.
demildest *adv* at that moment.
demî *adj* seasonal; temporary.
demkurt *adj* short-term.
demokrasî *see* **demoqrasî**
demoqrasî *f Gr* democracy. **~xwaz** *n, adj* democrat; democratic. **~xwazî** *f* democracy, supporting democracy.
demsal *f* season (of a year).
demsaz *see* **heval**.
den *m* large jar.
dendik *f* stone (of a fruit), pip, seed.
dendûreşk *see* **dirîreşk**.
deng[1] *m* voice; sound; noise. ~ **birîn** *vt* silence. ~ **dan** *vt* voice, make a sound. ~ **kirin** *vt* talk, speak. **~ê yekî kirin** *vt* listen to (sb carefully), prick up one's ears. **~(ê yekî) ketin** *vi* lose (one's) voice, have a horse voice. ~ **jê hatin** *vi* be heard from, say sth. ~ **lê kirin** *vt* call (sb). ~ **û his jê bilîn** *vi* become completely silent.
deng[2] *f* vote. ~ **dan** *vt* vote.
dengan *f* echo.
dengbêj *n* singer.
dengbir *f* silencer.

dengdar *f,adj gram* consonant.
dengdêr *f,adj gram* vowel. **~a drêj** long vowel. **~a kurt** short vowel.
dengedeng *m* noise.
dengvedan *f* echo.
dengxweş *adj* having a good voice.
dengzanî *n* phonetics.
dengzar *f* noise.
denik *see* **dendik**.
dep *m* board, wooden board. **~ê sîngê** *m anat* breastbone. **~reş** *m* blackboard.
deq *f* mole, spot, beauty spot. **~çî** *adj* spotted.
deqe *f A* minute. **~jimêr** *f* minute-hand.
deqîqe *see* **deqe**.
der[1] *prep* out, outside. **~ bûn** *vi* burst open, split open, confide (in), be revealed, come out. **~ çûn** *vi* come out, appear. **~ hatin** *vi* spring; come out, emerge. **li ~ ve** out, outside. **ji ~ ve** from outside.
der[2] *f* place, locality, spot. **li ~ekê** somewhere. **li ~eke din** elsewhere, somewhere else. **li her ~ê** everywhere, all around, all over. **li tu ~ê** nowhere, anywhere. **~ û dor** environment, neighbourhood, surroundings.
der[3] *m* door, gate.
derabe *f* railing, balustrade, rolling shutter (used to secure shops).
deranîn[1] *f* production.
deranîn[2] **(derîne)** *vt* take out. **jê ~** *vt* take (sth) out of (sth). **ji hev ~** *vt* classify, analyse.
derav[1] *f* water supply points.
derav[2] *f* shore, coast, bank.
derax *f* degree.
derb[1] *f* **1** blow, strike, knock. **2** shot. **~ avêtin** *vt* fire a shot. **~ lê xistin** *vt* hurt, injure (sb). **~ xwarin** *vt* be wounded, be injured.
derb[2] *f* time, turn. **D~a te ye** It's your turn. **bi ~ekê** suddenly. **giş bi ~ekê** altogether. **vê ~ê** this time.
derbarê *adv* about.
derbarî *adv* about.
derbas: ~ bûn *vi* cross; pass, pass by. **~î derekê bûn** *vi* enter, go or come in. **tê re ~ bûn** *vi* cross, pass through. **D~bûyî be!** May you recover soon! **~ kirin** *vt* pass, have (sb/sth) passed or crossed (sw/sth). **tê re ~ kirin** *vt* pass (sth through sth).
derbasok *f* **1** process, progression. **2** passageway, passage.
derbaz *see* **derbas**.
derbeder *adj* **1** untidy, slovenly. **2** miserable. **~î** *f* **1** untidiness, slovenliness. **2** misery.
derbend *f* **1** mountain pass, canyon. **2** port, harbour.
derbik *f* bullet.
derbxwarî *adj* wounded, injured.
derd *m* sorrow, trouble. **~(e)nak** *adj* troubled, having troubles.
derdest *adj* **1** handy, within reach, at hand. **2** captured, caught, under arrest. **~ kirin** *vt* capture, catch.
derdmend *adj* troubled, sorrowful.
derece *f A* degree.
dereke *adj* strange, foreign.
dereling *see* **derling**.
deremît *f Fr* dynamite.
derence *f* stairs, ladder.
dereng *adj* late, delayed. **~ hiştin** *vt* delay (sb/sth). **~ ketin** *vi* be late, be delayed. **~ man** *vi* be late, delay.
derenghel *adj* indigestible, insoluble.
derengî *f* delay. **bi ~ ketin** *vi* be late, delay.
derengmayî *n,adj* late arriving, laggard; late.
derengketin *f* delay, being behind the schedule.
dererê *adj* temporary.
derew *f* lie. **~ kirin** *vt* lie.
derewçîn,derewîn *adj,n* liar; untrue. **~ derxistin** *vt* prove that (sb) is a liar.
derewkar,derewker *n* liar. **~î** *f* lying, telling lies.
derewzîn *adj* untruthful.
derêxistin *see* **derxistin**.
derf *f* drum.
derfende *f* opportunity.
derfet *f* opportunity, chance.
derga *see* **dergeh**.
derge *see* **dergeh**.
dergeh *f* gate, large door. **~van** *n* door-keeper.
dergir *f* cover, lid.
dergistî *n,adj* fiancé, fiancée; engaged to be married, betrothed.
dergûstî *see* **dergistî**.
dergûş *f* cradle.
dergûşkî *adj* equal, in equilibrium. **(bi) ~ ketin** *vi* draw (in a game, fight, etc).
derheq *prep* about. **di ~(ê) .. de** about. **di**

~ê te de about you.
derî[1] *m* door.
derî[2] *prep* outside (of); except.
derîdamar *f anat* portal (hepatic portal vein).
derketin (derkeve) *vi* come out, go out, set out, emerge. **derew ~** *vi* turn out to be untrue. **ji bin ~** *vi* manage.
derkirin (derke,derbike) *vt* cause/have/let (sb/sth) (to) come out.
derling *m* lower part of a trouser.
dermalî *n* fattening, feeding up (a domestic animal). **~ kirin** *vt* fatten (an animal).
derman *m* medicine; remedy. **~ kirin** *vt* **1** apply medicine to, treat. **2** heal, cure.
dermande *see* **nexweş**.
dermanfroş *n* druggist, pharmacist.
dermankar *n* person applying medicine to wounds; druggist, pharmacist.
dermannivîs *f* prescription.
dermanxane *f* pharmacy, drug-store.
derpê,derpî *m* underpants.
ders *f A* lesson. **~ dan** *vt* give a lesson, teach. **~dar** *n* teacher. **~xane** *f* classroom.
derûn *m* **1** soul, spirit. **2** conscience. **3** the interior, the inside
derve *m* outside. **ji ~** from outside. **li ~** *prep* out, outside.
dervedan (dervede) *vt* confess.
derveşandin *f* export.
derveyî[1] *adj* external, outer.
derveyî[2],dervî *prep* **li ~** outside. **li ~ xênî** outside the house.
derwaz, derwaze *m* large gate, town gate, gate.
derwêş *n* dervish.
derwîn *see* **derewîn**.
derxistin (derxe,derxîne) *vt* take out, bring out. **deng ~** *vt* voice one's opinion, say sth. **ji rê ~** *vt* lead astray. **pê ~** *vt* guess.
derxwîn *n* lid, cover.
derya *f* sea.
deryaban *see* **deryavan**.
deryadar *see* **deryavan**.
deryavan *n* seaman, sailor, navigator. **~î** *f* seamanship.
deryayî *adj* maritime.
derz *f* split, slit, crack. **~ lê ketin** *vi* split, crack.
derzî *f* **1** needle. **2** injection. **3** sting (of an insect). **~ lê xistin** *vt* inject, give (sb) an injection, vaccinate.
derzîdan *see* **derzîdank**.
derzîdang *see* **derzîdank**.
derzîdank *f* pincushion, needle-case, box for keeping needles.
derzîlok *f* geranium, *bot* Pelargonium.
des *see* **dest**.
desgeh *n* workbench, loom.
desgirtî *n,adj* fiancé, fiancée; engaged to be married.
desgîn *f* rein.
deskut *adj* artificial, false.
desmal *see* **destmal**.
desmêj,desnimêj *f* ritual ablution. **~ girtin** *vt* perform an ablution. **~(a yekî) şkestin** *vi* become canonically unclean.
dest *m anat* hand. **~ avêtin** *vt* **1** start. **2** touch. **3** take hold. **4** attack; grab. **5** attempt to rape. **~ avêtin hev** *vt* quarrel, wrangle. **~ dan** *vt* touch; help; stretch one's hand to shake hands with (sb). **~ dan hev** *vt* help one another. **~ danîn ser** *vt* confiscate, seize. **~ hilanîn** *vt* defend (os), react against. **~ jê berdan** *vt* give up; let go. **~ jê kirin** *vt* withdraw; leave alone. **~ jê kişandin** *vt* withdraw; give up. **~ ji hev berdan** *vt* part. **~ lê gerandin** *vt* caress. **~ pê bûn** *vi* start, begin. **~ pê kirin** *vt* start, begin to. **bi ~ê hev girtin** *vt* support one another; take each other by hand. **bi ~ xistin** *vt* obtain, get, provide. **ji ~ dan** *vt* dispose of. **ji ~ hatin** *vi* manage, be able to do. **~ bi ~** *adv* right away, immediately.
destanîn *f* accomplishment, success.
destar *m* mill (for grinding, working by hand).
destavêj *adj,n* aggressive; rapist, usurper.
destbikar *adj* skilful.
destbira *m* close friend, blood brother. **~tî** *f* solidarity.
destbombe *f* hand-grenade.
destdan *f* help, support. **~î** *f* alliance.
destdirêj *adj* aggressive. **~î** *f* aggression.
destdirêjik *f* pincers.
deste *m* a group of ten; bunch of flowers.
destebira(k) *see* **destbira**.
destedengbêj *n* choir, chorus.
destegîr *n* helper, assistant, aide.
destek[1] *n* support; supporter. **~ dan** *vt* support. **~stendin** *vt* be supported.

destek[2] *m* handle.
destelat *see* **desthelat**.
desteng *see* **destteng**.
destexan *f* table (with a meal on it).
destexanek *f* table-cloth.
destê sibê *n,adv* (in) early morning.
destgeh *f* workbench; loom.
destger *f* wheelbarrow.
destgir *adj* ready to help, philanthropic. **~î** *f* philanthropy, help. **~î(ya yekî) kirin** *vt* help (sb).
destgiran *adj* clumsy. **~î** *f* clumsiness. **bi ~î** *adv* clumsily.
destgirtî[1] *see* **desgirtî**.
destgirtî[2] *adj* miserly, selfish.
desthelanîn *see* **desthilanîn**.
desthelat *see* **desthilat**.
desthevî *f* alliance, cooperation.
desthilanîn *f* defiance, defying. **dest hilanîn** *vt* defy, oppose openly, defend os. **ji ~ê ketin** *vi* cease opposition, yield to (sb/sth). **ji ~ê xistin** *vt* break down (sb's resistance).
desthilat *adj* sovereign, dominant. *n* authority, delegated power. **~î** *f* sovereignty, dominance.
destik *m* handle. **~ê hawanê** pestle.
destir *m* (fire) tongs.
destî[1] *f* bunch (of flower).
destî[2] *m* earthenware water jug.
destkar *n* **1** handicraft. **2** craftsman. **~î** *f* craft, craftsmanship.
destketî *f* spoils, loot.
destkêş *m* thick gloves.
destkir *adj* artificial.
destkişandin *f* resignation.
destliserdanîn *f* confiscation, seizure.
destmal *f* handkerchief.
destmêj *see* **desmêj**.
destnimêj *see* **desmêj**.
destnivîs *f* manuscript; calligraphy.
destpelixî *adj* clumsy, awkward.
destpêk *f* beginning, starting point. **~î(n)** *adj* of or related to beginning, first.
destpêker *n* starter.
destpêkvan *n* beginner.
destpirtûk *n* handbook.
destrawestek *f* handbrake.
destşok *f* washbasin, washstand, sink.
destteng *adj* in financial difficulties. **~î** *f* financial difficulty, need (of money).
destûbird *f* preparation. **~(a xwe) kirin** *vt* prepare (os.), get ready.
destûr[1] *f* permission, authorization, leave. **~ dan** *vt* give permission. **~ stendin** *vt* get permission. **~ xwastin** *vt* ask for permission.
destûr[2] *f* regulations or statues (governing an organization).
destûryar *adj* on leave, on vacation.
destvala *adj* **1** moneyless. **2** unarmed. **3** unemployed.
destvekirî *adj* generous.
destxet *f* handwriting.
destxwaz *adj* in need of, needy. **~î** *f* need.
destyar *n* helper, assistant.
deşt *f geo* plain, prairie. **~î** *n* plainsman.
dev *m* **1** *anat* mouth. **2** opening, entrance. **~ avêtin** *vt* attack by words, use hard words. **~ gerîn** *vi* be able to speak. **~(ê xwe) girtin** *vt* be silent, be quiet. **~ lê kirin** *vt* bite. **~ jê berdan** *vt* leave, give up, stop doing (sth). **~ jê gerîn** *vi* leave (alone); give up, stop doing sth. **~ ji hev çûn** *vi* gape, gape with astonishment. **~ (bi) ~** *adv* personally, by talking. **~ bi ~a gotin** *vt* tell personally, talk personally.
devbigotin *adj* of one's word.
devbixwîn *adj* bloody.
deven *f* shrub, bush, scrub.
dever *m* place, region, location. **~î** *adj* local.
deverû *adv,prep* (lying, falling) face down, prone, pronely.
devê rê *m* mouth of a road, junction.
devgir *f* lid, cover; plug.
devgirtek *f* lid, cover; plug.
devgirtî *adj* secretive, discreet.
devî *f* bush. **~stan** *f* scrub.
devken *adj* smiling, cheerful.
devkî *adj* verbal, oral. **(bi) ~** *adv* orally. **(bi) ~ gotin** *vt* express orally.
devliken *adj* smiling, cheerful.
devling *see* **derling**.
devnerm *adj* kind. **~î** *f* kindness, soft words. **bi ~î** *adv* kindly.
devnexûn *adj* upside down, head down.
devok *m* accent.
devpifik *f* harmonica.
devrû *see* **deverû**.

devşêr *f* snap dragon, *bot* Antirrhinum.
devtije *adj* talkative.
devxan *f* funeral meal. **~(a mirî) dan** *vt* offer a meal after the funeral.
devxwar *adj* crooked-mouthed.
devxwarin *f* ration (food allowances).
devzimankî *adj* palatal.
dew *m* a drink made of yoghurt and water, watered down yoghurt.
dewa *A see* **derman**.
dewar *m* cattle.
dewisandek *f* press.
dewisandin (bidewisîne) *vt* **1** trample, tread on. **2** press, crush. **3** flatten out.
dewisî *adj* flattened.
dewisîn (bidewise) *vi* be flatten out.
dewixandin (bidewixîne) *vt* **1** make (sb) faint, knock (sb) out. **2** choke, strangle.
dewixîn (bidewixe) *vi* **1** be faint. **2** be choked.
dewlemend *adj* rich. **~î** *f* richness.
dewlet *f A* state. **D~ên Yekbûyî yên Amerîqayê** The United States of America.
dewletî *adj* rich.
dewr *f A* period, era. **~an** age.
dews *f* trace, mark; place. **~(a yekî) girtin** *vt* take the place of. **ketin ~a yekî** *vi* take the place of (sb), replace. **kirin ~ê** *vi* replace, put in (sb's) shoes.
dewsgir *see* **cihgir**.
dewsgirtin *f* replacement.
dexes *adj* jealous.
dexil *f* cereal, corn.
dexisandin (bidexisîne) *vt* arouse (sb's) jealousy.
dexisîn (bidexise) *vi* be jealous of.
dexl[1] *m* protection. **ketin ~ê yekî** *vi* take refuge behind (sb).
dexl[2]**,dexlik** *f* drawer.
dexsek *adj* jealous, envious. **~tî** *f* jeolousy.
dexso *adj* jealous, envious. **~tî** *f* jealousy.
dexwisîn (bidexwise) *vi* behave unfaithfully, avoid one's duty.
deyax *f* resistance, endurance. **~ kirin** *vt* endure, bear, resist.
deyhn *see* **deyn**.
deyin *see* **deyn**.
deyn *m* debt. **~ dan** *vt* lend. **~ kirin** *vt* borrow. **~ stendin** *vt* borrow.
deyndar *adj* indebted, under obligation (to). **Tu ~ê min î.** You owe me/ You are indebted to me. **~ bûn** *vi* get into debt.
deyndêr *n* creditor.
deyyar *see* **mirov, kes**.
dezga *see* **dezge(h)1 2**.
dezge(h) *n* **1** workbench. **2** loom. **3** administration.
dezî *m* thread.
dezû *see* **dezî**.
dê *f* mother. **~tî** *f* motherhood.
dêdik *f anat* spleen.
dêdwan *f* scarecrow (of stones).
dê(h) *see* **dih**.
dêkane *f* mistletoe, *bot* Ficus diversifolia.
dêl[1] *f,preff* she, female (animals). **~egur** she-wolf. **~ese** bitch. **~eşêr** *f* lioness.
dêl[2] *f* stead. **ji ~î (ku)** instead (of). **ji ~a** instead (of).
dêl[3] *f* tail.
dêlindêz *f* a ceremony, formal procedures.
dêlî *f* vine (climbing).
dêlîn *f* confusion. **li hev ~** *vi* be bewildered, be confused.
dêm *f* cheek.
dêmarî *f* step-mother.
dêmî *f* velvet.
dên *see* **deyn**.
dêr *f* church, monastery.
dêran (bidêre) *vt* **1** interpret; express one's opinion. **2** winnow.
dêris *adj* ruined.
dêrîn *see* **kevn**.
dêûbav *n* parents.
dêvl *f* stead. **ji ~a** instead of. **Ji ~a avê şîr vexwe.** Drink milk instead of water.
dêw *n* demon, giant.
di *prep:* **di ... de** in, inside. **di sarkerê de** in the fridge. **di ber de** in place of, instead of, for (sb). **Wî di ber min de mêrek kuşt** He killed a man for me. **Ez di ber te de çûm** I went in your place. **di bin de** under, underneath. **Pisîk di bin masê de ye.** The cat is under the table. **di bin re** under (an action). **Em di bin pirê re derbas bûn** We passed under the fridge. **di cih de 1** in (its/ one's) place. **2** well-timed. **3** right away, right off, at once, immediately. **di gavê de** *adv* right away, at once. **di nav de** in

the middle of, among, between. **Di nav daran de gul hebûn** There were roses among the trees. **Çi di nav wan de heye?** What is between them. **di ... re** through. **Av di borîyê re diherike** The water is flowing through the pipe. **Di ser re** over. **Di ser me re çivîk difirin** Birds are flying over us. **di tenişta ... de** beside, next to. **Ew di tenişta min de rûnişt.** He sat next to me.

dia *see* **dua**.

dibe *adj,adv* possible, likely; perhaps, maybe, probably, possibly. **~tî** *f* possibility, probability, likelihood.

dibe ko *see* **dibe ku**.

dibe ku *adv* probably, maybe, possibly. **D~ ez werim.** I will probably come/I may come.

dibê *see* **divê**.

dibi *see* **dibe**

dibistan *f* school.

dibit *see* **dibe**

didandin (bididîne) *vt* crunch, crackle.

dido *m,adj* two. **~yan** second.

didu *see* **dido**.

difa *f* defence.

difin *m anat* nose, nasal cavity, nasal bones.

difr(e) *f* pride.

difs *f* grape molasses.

digel *prep* with. **~ hev** together. **~ min** with me. **~ vê yekê/hindê** *adv* in this respect, from this point of view; nevertheless, however.

dih *m* village.

dihar *see* **diyar**.

dihêl *f* drum.

dihn *see* **dohn**.

dihtin *see* **dîtin**.

dihûn *see* **dohn**.

dij *prep,adv* against, opposite. **~ayetî/îtî** *f* contradiction.

dijber *adj* against, opposite. *n* opponent, opposition. **~î** *f* opposition, contrast, disagreement.

dijî *adj,adv* against, opposing, contrary. **~ (yekî) bûn/derketin** *vt* oppose (sb).

dijmin *n* enemy. **~ane** *adv* hostilely, in a hostile manner. **~ahî/atî/ayî/tî** *f* enmity, hostility.

dijraber *f* opposite. **Spî ~a reş e** White is the opposite of black. **~î** *f* opposition.

dijûn *f* swearword, cuss.

dijwar[1] *adj* difficult, stern, tough, hard. **~î** *f* difficulty, toughness, hardness. **bê ~î** *adv* without difficulty. **bi ~î** *adv* hardly, with difficulty.

dijwar[2] *adj* biting, sharp, hot (pepper).

dik *f* divan (long backless seat), divan-bed.

dikan *f* shop. **~dar** *n* shopkeeper.

dil *m* **1** *anat* heart. **2** heart, love, centre of the emotions. **ji ~ avêtin** *vt* put out of the mind, forget. **~ dan** *vt* love, fall in love. **~(ê yekî) borîn** *vi* faint, lose conscience. **~(ê yekî) çûn** *vi* long for, desire. **~ hebûn** *vt* intend, wish; desire. **~(ê yekî) hilgirtin** *vt* be able to stand (usu in neg. form). **~(ê yekî/yekê) ketin (yekî/yekê)** *vi* love, fall in love. **~(ê yekî) ketin cih** *vi* be persuaded; feel relieved, calm down. **~ kirin** *vt* wish, aim, intend. **~(ê yekî) (ji yekî) man** *vi* be offended, get tired of, get bored of. **~(ê yekî) kişandin** *vt* long for, desire. **~(ê yekî) lê rûniştin** *vi* trust, rely. **~(ê yekî) li hev ketin** *vi* feel sick, feel vommitting. **~(ê yekî) nerm kirin** *vt* please (sb), persuade. **~(ê yekî) bi yekî şewitîn** *vi* feel pity for (sb). **~(ê yekî) şikestin** *vi* be offended, annoyed. **~(ê yekî) şkenandin** *vt* offend (sb), hurt (sb). **~(ê yekî) xistin cih** *vt* persuade. **di ~ê xwe de gotin** *vt* pass through one's mind. **bê ~(ê xwe)** *adv* unwillingly. **bi ~(ê xwe)** *adv* voluntarily; as one likes. **ji ~** *adj,adv* sincere, friendly, from the heart; sincerely.

dilawer *adj* courageous, brave. **~î** *f* courage. **bi ~î** *adv* bravely, courageously.

dilawir *see* **dilawer**.

dilbaz *adj* diligent, hard-working.

dilber *adj,f* charming; beautiful woman or girl. **~î** *f* beauty.

dilbestî *f* interest.

dilbijok *n,adj* (person) addicted (to), having a passion for, excessively fond (of), passionate lover of.

dilbirîn *adj* sad, hurt.

dilbiguman *adj* suspicious, doubtful; anxious, worried.

dilbirehm *adj* merciful. **~î** *f* mercy, mercifulness.

dilborîn *f* faintness. **dil(ê yekî) borîn** *vi* faint.
dilçak *adj* good-hearted, kind.
dilçesp *adj* attractive.
dilçûn *f* appetite. **dil(ê yekî) çûn (tiştekî)** have a longing for, desire.
dildade *see* **dildar**.
dildanî *adj* moving, touching.
dildar *adj,n* in love; lover. **~(ê/â yekî) bûn** *vi* be in love (with sb). **~î** *f* love; being in love.
dildayî *adj* in love.
dildizî *f* secret.
dilêr *adj* brave.
dilgerm *adj* genial, kindly. **~î** *f* friendliness, kindness, geniality. **bi ~î** *adv* genially, kindly.
dilgeş *adj* happy, joyful. **~î** *f* happiness, joy, joyfulness. **bi ~î** *adv* happily, joyfully.
dilgeşte *adj* offended, annoyed, cross.
dilgirtî *adj,n* beloved, darling; in love; lover.
dilgîr *adj* sad.
dilhişk *adj* cruel. **~î** *f* cruelty. **bi ~î** *adv* cruelly.
dilhov *adj* hard-hearted, stony-hearted.
dilîn *f* feeling.
dilîr *see* **dilêr**.
diljar *adj* sad, grieved, sorrowful.
dilkeçik *adj* delicate and timid (man).
dilketî *adj* in love.
dilkêş *adj* attractive. **~î** *f* attraction.
dilkoçer *adj* carefree, playful.
dilkul *adj* sad. **~î** *f* sadness. **bi ~î** *adv* sadly.
dilme *see* **dilmê**.
dilmê *n,adj* (eggs) soft-boiled.
dilnerm *adj* tender-hearted. **~î** *f* tender-heartedness. **bi ~î** *adv* tender-heartedly.
dilnexwaz *adj* hostile. **~î** *f* hostility. **bi ~î** *adv* hostilely.
dilniwaz *adj* pretty, lovable, likable.
dilnizm *adj* humble, modest. **~î** *f* humility, modesty. **bi ~î** *adv* humbly, modestly.
dilo(k) *f* song (sung during wedding feasts).
dilop *f* drop. **~ kirin** *vt* drip. **~ ~** *adv* drop by drop, little by little.
dilovan *adj* tender, merciful, affectionate. **~î** *f* affection, tenderness. **bi ~î** *adv* tenderly, mercifully, affectionately.
dilpak *adj* well-meaning, straight-forward; good-hearted, kind.
dilpaqij *see* **dilpak**.
dilqewîn *adj* stout, stout-hearted.
dilrawest(in) *f* heart-failure.
dilreş *adj* vindictive, rancorous; jealous. **~î** *f* vindictiveness, rancour;jealousy. **bi ~î** *adv* vindictively, rancorously; jealously.
dilsar *adj* uninterested, reluctant. **~î** *f* reluctance. **bi ~î** *adv* reluctantly.
dilsoj *adj* heart-rending.
dilsoz *adj* loyal, trustworthy, faithful. **~î** *f* loyalty, fidelity. **bi ~î** *adv* loyally, faithfully.
dilşa(d) *adj* glad, happy. **dilşadî** *f* gladness, happiness.
dilşewat *f* sadness, grief, sorrow.
dilşikestî *adj* offended, peeved.
dilteng *adj* sad, bored. **~î** *f* boredom, sadness. **bi ~î** *adv* sadly.
diltenik *adj* soft-hearted; refined, subtle, graceful.
diltepîn *f* feeling.
Dilûk *see* **Duluk**.
dilwestan *f* heart-attack, heart-failure.
dilxerab *adj* **1** malicious. **2** suspicious by nature, unbelieving. **~î** *f* malice. **bi ~î** *adv* maliciously.
dilxurt *adj* brave, stout-hearted. **~î** *f* stout-heartedness. **bi ~î** *adv* stout-heartedly.
dilxwestin *f* willingness. **bi ~î** *adv* willingly; voluntarily.
dilxwestî *n,adj* volunteer; voluntary.
dilxweş *adj* pleased, satisfied. **~ bûn** *vi* be pleased, feel glad, feel happy; be satisfied. **~ kirin** *vt* please, satisfy. **dil(ê yekî) xweş kirin** *vt* please (sb). **~î** *f* pleasure, satisfaction. **bi ~î** *adv* with pleasure.
dimdim *f* epic song.
Dimdim *f* a historical Kurdish fortress.
Dimilî *n,adj* a Krd dialect, of that dialect.
dims *f* grape molasses.
din *n,adj,adv* other, else. **a/ê ~** the other. **ên ~** the others. **Ên ~ nehatine** The others have not come. **wekî ~** what else.
dinya *f A* **1** world. **2** weather. **D~ sar e.** It is cold. **hatin dinyê** *vi* be born.
dinyanedî(tk) *adj* upstart, parvenu.
diqdiqandin (bidiqdiqîne) *vt* tickle.
dir *adj* aggressive; predatory, predacious.
diran *m anat* tooth. **~(ê yekî) ketin** *vi* lose one's tooth. **~ kişandin** *vt* extract a tooth. **~(ê xwe) qîç kirin/çirikandin** *vt*

gnash one's teeth, show one's anger. **~ên kursî/paşî** *n* molars. **~ên pêşîn** *n* incisors. **~ên tûj** *n* canine teeth.

dirandin (bidirîne) *vt* tear, rip.

diranker *n* dentist. **~î** *f* dentistry; being a dentist.

dirankêş *n* dentist. **~î** *f* dentistry; being a dentist.

dirankî *adj* dental.

diransaz *n* dentist. **~î** *f* dentistry, being a dentist.

diraset *f* study.

dirav *m* money. **~în** *adj* monetary. **~danî** *f* allowance.

diravdar *n* cashier.

diraz *see* **dirêj**.

dirb *see* **dirûv**.

diremît *see* **deremît**.

direnđe *see* **dirinde**.

direng *see* **dereng**. **~î** *see* **derengî**.

direxşan *adj* bright.

dirêj[1] *adj* long, tall. **~ bûn** *vi* get longer/taller. **~ kirin** *vt* **1** lengthen, let (sth) grow long; stretch. **2** extend, prolong. **3** exaggerate. **~î (yekî) kirin** *vt* **1** hand (sth) to (sb). **2** attack. **xwe ~ kirin** *vt* stretch out.

dirêj[2] *f* awl.

dirêjahî *f* length, height.

dirêjayî *see* **dirêjahî**.

dirêjî *see* **dirêjahî**.

dirêjkî *adv* lengthways, lengthwise.

dirênce *f* stairs, ladder.

dirêncek *see* **dirênce**

dirêş(k) *f* awl.

dirêx *f* negligence. **~dar** *adj* neglectful, negligent. **~darî** *f* neglectfulness. **bi ~darî** *adv* neglectfully, negligently.

dirh *f* mark, brand. **~ kirin** *vt* mark, brand.

dirhav *see* **dirav**.

dirik *f* blackberry.

dirindane *adj* wildly; mercilessly.

dirinde *m* wild beast.

dirist *adj* **1** honest, straightforward. **2** accurate, correct. **~ kirin** *vt* correct. **~î** *f* **1** honesty. **2** accuracy. **bi ~î** *adv* honestly.

dirî *m* **1** thorn, spine. **2** thorny plant, thorn bush, bramble.

dirîmok *f* blackberry.

dirîn (bidire) *vi* be torn, tear.

dirîreşk *f* blackberry, *bot* Rubus frutirosus; bramble.

dirîtêl *f* barbed wire.

dirîx *see* **dirêx**.

dirm *f* contagious disease. **~î** *adj* contagious, infectious.

diruşm(e) *f* slogan. **~ avêtin** *vt* shout slogans.

dirûn (bidirû) *see* **dirûtin**.

dirûngeh *f* **1** workshop for sewing clothes, tailor's shop. **2** harvest area.

dirûnker *n* tailor.

dirûtin (bidirû) *vt* sew.

dirûv *m* shape; state; appearance; aspect; form (gram). **~ pê ketin** *vi* look like. **~ pê xistin** *vt* mistake (sth/sb) for (sth/sb else); liken.

dirûvandin (bidirûvîne) *vt* **1** shape, form. **2** mistake (sth) for (sth else); compare to.

dirv *see* **dirûv**.

dirz *see* **derz**.

dismal *see* **destmal**.

diş *f* sister-in-law, wife's sister.

dişwar *see* **dijwar**.

divê *see* **divêtin**[1 2].

divêtin[1] **(bivê)** *vt* have to; must. **(Wî) divê ew were.** He has to come. **(Min) navê ez li vira bimînim.** I don't have to stay here. **(Te) divê tu nerevî.** You mustn't run.

divêtin[1] **(bivê)** *vt* need. **Wî pênûsek divê.** He needs a pen. **Ma me dirav navê?** Don't we need money?

divêtî,divêyî *f* **1** obligation, necessity. **2** need, requirement.

divîya *pt of* **divê**.

divîyahî *see* **divêtî**.

diwaroj *see* **duwaroj**.

diwayî *see* **duwayî.**

diwêl *f* drum.

dixan *f* smoke.

diyar[1] *m* place, native land, country, region.

diyar[2] *adj* uncovered, known, clear. **~ bûn** *vi* appear, be known. **~ kirin** *vt* disclose, reveal, make public.

diyarde *f* phenomenon.

diyarî *f* gift, present. **~ dan/kirin** *vt* give as a gift.

diz *n* thief. **~î** *f* theft. **~î kirin** *vt* commit theft.

dizek *adj* thievish. **~tî** *f* thievery.

dizî *adj* secret; hidden, concealed. **bi ~î** *adv* secretly.

dizîka *adv* **(bi)** ~ secretly.
dizîn (bidize) *vt* steal.
diznêro *n* spy.
dî *see* **din**.
dîba *see* **hevrîşim**.
dîbar *see* **dîtbar**.
dîdar *adj* apparent, seen.
dîde *P see* **çav**.
dîdevan *n* watchman, observer, scout. **~î** *f* observation. **~xane** *f* observatory.
dîhn *adj* insane, mad, crazy. *n* mad person. ~ **bûn** *vi* go mad. ~ **kirin** *vt* drive/send (sb) mad. **~ê beradayî/perçe perçe** maniac, raving madman.
dîhnkî *adv* madly, crazily.
dîhntî *f* madness, craziness. ~ **kirin** *vt* act foolishly.
dîhnxane *f* mental hospital, mental home, insane asylum.
dîk *m* cock, rooster. ~ **bang dan** *vt* (a cock) crow.

dîksilêman *n zool* hoopoe.
dîl *adj,n* captive, slave, prisoner. **(bi)** ~ **girtin** *vt* take captive, capture. ~ **kirin** *vt* make a slave of, enslave.
dîlan *f* wedding feast, festival, merry entertainment.
dîlber *see* **dilber**.
dîlî,dîltî *f* slavery, captivity.
dîlyar *adj* strong; brave, fearless.
dîm *f* cheek.
dîmax *A see* **mejî**.
dîmen *f* view, scenery, scene.
dîn[1] *see* **dîhn**.
dîn[2] *see* **dîtin**.
dîn[3] *m A* religion.
dîndar[1] *adj* religious, devout, pious. **~î** *f* religiousness, devotion, piety.
dîndar[1] *f bot* oak of Lebanon.
dînemêr *m* valiant. **~î** *f* valor.
dîng *f* stone mortar.
dînkî *adv* madly, crazily.
dîntî *f* madness, craziness. ~ **kirin** *vt* act foolishly.
dînxane *f* mental hospital, mental home, insane asylum.
dîqet *f A see* **bal**.
dîrok *f* history. **~î** *adj* historical. **~zan** *n* historian.
dîsa *adv* again.
dîtbar *adj* visible.
dîtin[1] **(bivîne/bibîne)** *vt* **1** see. **2** find.
dîtin[2] *f* view, opinion, idea. **di ~a yekî de bûn** be of the opinion of sb. **bi ~a min** in my opinion. **~î** *f* sight.
dîtir *adj,pron* other.
dîwan *f* **1** hall. **2** collected poems. **3** public sitting (of a governor, council or judge).
dîwar *m* wall.
dîyafram *f anat* diaphragm.
dîyar *see* **diyar**.
dîz *see* **dîzik**.
dîzik *n* earthenware pan.
do *n,adv* yesterday. ~ **ne pêr** the day before.
dod *see* **dot**.
dohn *m* **1** fat. **2** kerosene.
doj *see* **dojeh**.
doje *see* **dojeh**.
dojeder *f* abscess.
dojeh *f* hell.
dojî *see* **dojeh**.
dol[1] *n* sort, offspring, seed.
dol[2] *n* valley.
dolab *f A* cupboard.
dolan *f* wooden aqueduct, open watershoot.
dolek *see* **dolik**.
dolik *f* vale.
dolmik *m* courgette.
dom: ~ **bûn** *vi* be continued, last. ~ **kirin** *vt* continue, last.
domahî *f* duration.
doman *f* process; duration.
domandin (bidomîne) *vt* continue, go on doing (sth).
domdar *adj* continuous. ~ **bûn** *vi* be/become continuous. ~ **kirin** *vt* make continuous; continue. **~î** *f* continuation. **bi ~î** *adv* continuously.
domîn (bidome) *vi* be continued, continue, last.
don *see* **dohn**.
donim *f T* a land measure of about 1000 square meters.
donzde *see* **donzdeh.**
donzdegirêk *f anat* duodenum.
donzdeh *m,adj* twelve. **~an/em/emîn** *n,adj* twelfth.

donzdetilk *f anat* duodenum.
doqik *m* mace (a weapon).
dor[1] *f* surroundings, circumference, area around or near. **di ~a ... de/li ~a** around. **li ~** about, approximately; near. **~(a tiştekî/yekî) girtin** *vt* surround, encircle, siege, lay siege to. **~ li yekî/tiştekî girtin** *vt* surround, encircle, siege, lay siege to. **di ~(a tiştekî/yekî) de çûn û hatin** *vi* run (after), hover around. **di ~(a tiştekî/yekî) de zîz bûn** *vi* circle around (sth/sb).
dor[2] *f* turn. **bi ~** in turn, by turns. **D~a min e.** It's my turn. **~bi~** *adv* in turn, by turns.
doralî *f* surroundings, environment.
dorbend *f* frame.
dordar *adj* alternate. **~î** *f* alternation. **bi ~î** *adv* alternately.
dorgirtin *f* siege.
dorgirtî *adj* surrounded.
dorhêl *f* surroundings.
dorlêpêçan *f* surrounding, beseiging, siege. **dor lê pêçan** *vt* surround, beseige, blockade.
dormador *prep* all around.
dorox *P see* **derew**.
dorpêç *f* siege, blockade, blockage. **~kirin** *f* surrounding, besieging, siege. **~ kirin** *vt* siege, besiege, blockade.
dorûber *f* surroundings, environment.
dos *see* **dojeh**.
dost *n* **1** friend. **2** lover. **~ane** *adj,adv* friendly. **~anî** *f* friendship. **bi ~anî** *adv* friendly.
dostik *f* **1** friend (lady). **2** lover, sweetheart.
dosye *f Fr* file.
doş: ~ bûn *vi* walk around, wander; wander around a place.
doşab *see* **dims**.
doşandin (bidoşîne) *vt* milk (an animal).
doşav *see* **dims**.
doşek *f* mattress.
doşik *see* **doşek**.
doşîn (bidoşe) *see* **dotin**.
dot *f* daughter. **~mam** *f* paternal uncle's daughter. **~mîr** *f* princess.
dotin (bidoşe) *vt* milk (an animal).
dotir *f* the next, the following (dy, week, etc.) **~a rojê** the next/following day.
dox *f* handle.
doxik *f* small handle.
doxîn *f* drawstring. **~sist** *adj* woman-chasing.
doz *f* cause, purpose; demand; suit, lawsuit, action. **~ (lê) kirin** *vt* demand.
dozdan *see* **dozdehan**.
dozdar *adj* claimant; plaintiff.
dozde *see* **dozdeh**
dozdeh *m,adj* twelve. **~an/em/emîn** *adj* twelfth.
dozex *see* **dojeh**.
dozger *n* (public) prosecutor, attorney general.
drav *see* **dirav**.
dravdar *see* **diravdar**.
drêj *see* **dirêj**.
drêjahî *see* **dirêjahî**.
drêjayî *see* **dirêjayî**.
drêjî *see* **dirêjî**.
drêx *see* **dirêx**.
drî *see* **dirî**.
drîreşk *see* **dirîreşk**.
drîtêl *see* **dirîtêl**.
drûn *see* **dirûn**.
drûngeh *see* **dirûngeh**.
drûnker *see* **dirûnker**.
drûtin *see* **dirûtin**.
drûv *see* **dirûv**.
drûvandin *see* **dirûvandin**.
du[1] *m,adj* two. **~yem/yemîn** *n,adj* second.
du[2] *see* **do**.
dua *f A* prayer. **~ kirin** *vt* pray. **~dar** *adj* well-wishing. **~kar** *n* (a) well-wisher.
dualîn *adj* bilateral.
dubare[1] *f* **1** double deuce (at dice). **2** trick (slang).
dubare[2] *f* repeat, repeating. **~ bûn** *vi* be repeated. **~ kirin** *vt* repeat.
dubarekî *f* conflict, dispute.
dubendî *f* conflict; discord, disagreement.
ducan *adj* pregnant. **~ bûn** *vi* get pregnant, be pregnant.
ducar *adv* double, again. **~ bûn** *vi* be repeated. **~ kirin** *vt* repeat, do (sth) again. **~î** *f* repeat, repeating. **~kirinî** *f* repetition.
dudan *n,adj* second.
dudev *adj* double-edged.
dudi *m,adj* two.
dudil *adj* hesitant, doubtful. **~î** *f* hesitation, doubt. **~î kirin** *vt* hesitate. **bi ~î** *adv* hesitantly, doubtfully.
dudu *m,adj* two.
duh *n,adv* yesterday.
duhî *n,adv* yesterday.
dujmin *see* **dijmin**.
dukelî *adj* boiling (for second time).

~ **kirin** *vt* boil twice.
dulêvîn *adj* bilabial.
Duluk *f* a Krd city (now called **Entab**).
dumbelan *f* truffle, *bot* Tuber.
dupê *n,adj, zool* Diplopoda, biped.
duqas *adj* double, twice as great.
duqat *adj* doubled, folded, double-storeyed, twice as great. ~ **kirin** *vt* fold, double. **Min hatina xwe ~ kir**. I doubled my income.
dur *m* pearl.
durd *see* **tilp**.
dureh *adj* of mixed race, of mixed blood. ~ **kirin** *vt* crossbred.
dureng *adj* two-coloured.
durêz *f* couplet.
durist *see* **dirist**.
durû *adj* double-faced, insincere, hypocritical. **~tî** *f* hypocrisy. **~tî kirin** *vt* behave or talk insincerely. **bi ~tî** *adv* insincerely, hypocritically.
durzîle *f* stinging nettle, *bot* Urtica diocia.
dusibe *f* the day after tomorrow.
duşaxe *n* diphtheria.
Duşem *f* Monday.
duwanzde(h) *f,adj* twelve.
duwaroj *f* end, outcome; future.
duwayî *adj,adv* final; then, afterwards.
dux *see* **dox**.
duxan *see* **dû**[1].
duxter *P see* **keç**.
duzex *see* **dojeh**.
dû[1] *m* smoke.
dû[2] *f* the back, back side, rear. *prep* behind, after, in the back. **li ~** behind, after, in the back. **li ~ hiştin** *vt* leave behind. **li ~ man** *vi* stay behind, be left behind.
dû[3] *see* **du**.
dûbare *see* **dubare**[1 2].
dûbişk *see* **dûpişk**.
dûd *see* **dû**[1].
dûdeman *m* **1** line, lineage, family. **2** generation.
dûdemayî *n,adj* remainder, rest, left over.
dûjeh *see* **dojeh**.
dûkel *f* steam, vapour.
dûkêş *f* chimney.
dûlop *see* **dilop**.
dûm *see* **dom**.
dûmahîk *f* continuation. **~î** *adj* following. **~ heye** to be continued (article or serial).
dûmeqesk *f* swallow, *bot* Hirundu.
dûn (bidû) *vt* plaster, coat (sth) with plaster.
dûnik *f* ditto mark.
dûnîro *n,adv* afternoon, in/during the afternoon.
dûpişk *f* scorpion.
dûr *adj* **1** far, distant, remote. **2** incomparable. **(jê) (bi) ~ ketin** *vi* **1** grow/become distant. **2** become a stranger to. ~ **kirin** *vt* remove (sth) from, take (sth) away from. ~ **xistin** *vt* set apart. **~(î yekî/ tiştekî) bûn** *vi* be distant (from). ~ **nêzîk** *adv* sooner or later. **D~ Nêzîk ez ê werim.** Sooner or later I'll come. ~ **û drêj** *adj,adv* in details, at great length.
dûra: ji ~ *adv* from far away, from a great distance. **li** ~ at a distance, far away.
dûra *see* **dûre**.
dûrahî *f* distance, remoteness.
dûravêj *adj* long-range (rocket, etc).
dûrayî *see* **dûrahî**.
dûrbên *see* **dûrbîn**.
dûrbîn *f* field glasses, binoculars.
dûrbîstik *f* telephone.
dûrdest *adj* far.
dûrdît *adj* far-seeing; far-sighted.
dûrdîtin *f* far sight.
dûre *adv* later on, later, then. ~ **çûn/ hatin** *vi* go/come later.
dûrebîn **1** *see* **dûrbîn**. **2** *adj,n* far-sighted.
dûrge(h) *f* islet.
dûrik *f* song.
dûring *f* interval.
dûrnedît *adj* short-sighted.
dûrnedîtin *f* short sight.
dûrva *see* **dûrve**.
dûrve *adv* at a distance, far, far away. **ji dûr ve** from a distant, from far away.
dûtir *adj* following. **roja** ~ the following day.
dûv *m* tail.
dûvlerzînk *n* yellow wagtail, *zool* Motacilla flava.
dûvpişk *see* **dûpişk**.
dûvstêrk *f* comet.
dûyin *see* **dûn**.
dûz *adj* **1** flat. **2** straight. **3** level. **4** smooth. ~ **kirin** *vt* smooth, flatten, level.
dûznivîsar *f* prose.
dwanzde *m,adj* twelve.
dwazde *see* **dwanzde**.
dwîr *see* **dûr**.

E

e[1] *f* the 6th letter of the Kurdish alphabet.
e[2] *third singular of the present tense of* **bûn (to be)**; *ye after a vowel* is. **Ew xwendekarek ~.** He is a student. **Piyan tije ye.** The glass is full.
eba *f* coarse woollen cloth covering the body from head to feet, cloak.
ebabîlk *n* nightjar, *zool* Caprimulgus europaeus.
ebdal[1] *n* dervish, begging dervish. *adj* miserable, poor, begging.
ebdal[2] *n* quail, *zool* Coturniv coturnix.
ebeden *adv* certainly; under no circumstances, never.
ebedî *adj A* eternal, never ending.
ebesor *n* vagrant, tramp, hobo.
ebleh *A adj* stupid, foolish.
ebor *f* patience.
ebr *see* **ewr**.
ebrû *m* eye-brow.
Ebrûl *f* April.
ebûqat *n It* lawyer.
ebûr *see* **abor**.
ebûrî *see* **aborî**.
ecac *see* **hecac**.
ecele *adj,n A* hasty; haste, hurry. ~ **kirin** *vt* be in a hurry.
Ecem *n,adj* Persian.
ecemî *adj* inexperienced, unskilled.
ecêb *adj,f* strange, curious, astonishing; strangeness, curiosity. ~ **bi serê yekî de hatin** *vi* experience sth strange. **E~ e!** How amazing! **Çi ~?** How amazing? **Qey ne ~ e!** It's unbelievable! Is it possible?
ecêbgirtî *adj* astonished, amazed.
ecêbmayî *adj* astonished, amazed. ~ **hiştin** *vt* amaze, astonish, astound. ~ **man** *vi* be astonished.
ecêw *see* **ecêb**.
ecibandin (biecibîne) *vt* like, choose. **xwe** ~ *vt* be conceited.
ecin *see* **ecine**.
ecine *n* genie, jinni, demon.
eciqandin (bieciqîne) *vt* **1** crush, trample down, tread under foot. 2 depress, oppress.
eciqî *adj* crushed, trodden; depressed.
eciqîn (bieciqe) *vi* **1** be crushed, be trampled. **2** be depressed, be oppressed.
ecnebî *A see* **biyanî**.
ecûr *m* gherkin, *bot* Cucumis anguria.
ecûz *A see* **pîrejin**.
edalet *A see* **dad**.
edawet *A see* **dijminatî**.
edeb *f A* good manners, politeness, good breeding.
edem *see* **tunebûn**.
edilandin (biedilîne) *vt* make better, cause (sth) to become better; ameliorate, put in order.
edilî *adj* good, nice; in order; improved.
edilîn (biedile) *vi* get better, be put in order, be improved.
edimandin *see* **hedimandin**.
edîb *A n* literary man, writer.
edl *A see* **dad**.
edû *A see* **dijmin**.
efare *f* those remained behind harvesting.
efendî *adj,m Gk* gentlemanly, polite; gentleman; Mister (used after a name).
efnikî mouldy; mildewy; musty. ~ **bûn** *vi* mildew, get mouldy.
efrandar *n* creator; maker.
efrid *m* giant (in tails).
efrûz *see* **ronî**.
efsane *f P* legend; tale, myth.
efser[1] *adj* sad, unhappy.
efser[2] *f* crown.
efser[3] *n A* (mil.) officer. **~ê duyem** (mil) lieutenant.
efsûn *f* magic, spell. **~dar** *adj* enchanted, spell bound, magical. **~kar** *n* magician. **~karî** *f* magic, witchcraft. **~saz** *n* magician.
efû *f* forgiveness, pardon. ~ **bûn** *vi* be pardoned, be forgiven. ~ **kirin** *vt* pardon, forgive, excuse. **~ya giştî** *f* amnesty.
egal *f* the wool band that holds a kaffiyeh on the head.
eger[1] *conj* if, whether.
eger[2] *f* reason. **~î** *f* reason, justification.
egîd *adj,n* brave, courageous; hero, brave man.
ehd *see* **ahd**.
ehl *m* people.
ehmeq *adj* stupid. **~î** *f* stupidity.
ehmer *A see* **sor**.
Ehrem *m* Satan, Sheitan, the Devil.
Ehremen *m* God of wickedness (Zoroas-

trian).
Ehrîmen *see* **Ehremen**.
Ehûramezda *m* God of goodness.
ehwal *m A* state, condition.
ehwal *see* **tirs**.
ejder *m* dragon.
ejmar *see* **hejmar**.
ejno *see* **ejnû**.
ejnû *f* knee.
-ek[1] *indefinite artical* a. **keçek** a girl.
-ek[2] *diminutive suffix, also used with affectionate connotation.*
ek(i)l *f* flavour, taste.
eks *f* obstinacy, stubbornness.
Ekwator *f* Equator.
elaf *n* seller of grains.
elam *f* news, information. ~ **dan (yekî)** *vt* let (sb) know.
elb,elbik *f* wooden bucket.
elektrîk *f* electricity.
eleyh *A* against. **di ~ê wî de** against him.
elfabe *f A* alphabet.
elhal *A see* **niha**.
elimandin (bielimîne) *vt A* teach, train; train (sb) to do or accept (sth); make (sb) addicted/used (to sth).
elimî *adj* learnt; used to; addicted.
elimîn (bielime) *vi* learn; get used to.
elind *f* dawn.
eliqandin *see* **aliqandin**.
elîl *adj A* ill, sick; handicapped, disabled.
elk *f* vampire.
elmas *m A* diamond.
elo hello (used in telephone conversation).
elok *f* turkey.
em *pron* we; us.
eman *int* Mercy! Help! Please! **E~ yeman!** For goodness sake. *f* mercy.
emanet *m A* **1** sth entrusted to another's safekeeping, a trust. **2** check-room, baggage room.
embar *f* grain cellar, warehouse, store.
embaz *f* example.
ember *f* scent, perfume.
emel[1] *m* act, action, work, performance.
emel[2] *m* diarrhoea. **bi ~ ketin** *vi* have a diarrhoea.
emeldar *see* **karker**.
emir *m A* age. **E~ê te çiqas e?** How old are you?
emir *f A* order, command. ~ **dan/kirin** *vt* order, command.
emirber *n mil.* orderly.
emîr *see* **mîr**.
emr *see* **emir**.
emr *see* **emir.**
emsal *m* similar case, person or thing.
emûdî *adj* vertical.
enbaz *see* **heval**.
encam *f A* result, conclusion, destiny. **anîn ~ê** *vt* conclude.
encame *f* hinge.
encumen *P f* committee, commission. **~a şaredarîyê** town executive council.
endam[1] *n* member. **~etî** *f* membership.
endam[2] *m anat* limb, organ.
endaze *f* measure, measurement.
endazyar *n* engineer. **~ê/a avahîyan** civil engineer.
endelî *n* nightingale.
endustrî *f Fr* industry.
enerjî *f Fr* energy.
enê *f int* mum, mother.
enf *P see* **poz**.
enflasyon *f Fr* inflation.
engînar *f* artichoke, *bot* Cynara scolimus.
engûr *P see* **tirî**.
enirandin (bienirîne) *vt* outrage, annoy.
enirî *adj* offended, cross, outraged.
enirîn (bienire) *vi* get angry, be offended, be cross.
enî[1] *f anat* forehead.
enî[2] *f milit* front.
enîn *see* **nalîn**.
enîşk *f* **1** *anat* elbow. **2** elbow (pipe).
Enqere *f* Ankara, Angora.
Entab *f* a Krd city in Northern Kurdistan (**Antep** in Turkish).
enzerût *f* **1** garden blossom, *bot* Impatiens balsamina. **2** balm of Gilead, *bot* Commiplora opobalsamum.
eqil *see* **aqil**.
er *conj* if, whether.
erbane *f* tambourine.
erbeîn *P see* **çel**.
erd *m* earth, land, territory. ~ **ajotin** *vt* plough, till. ~ **rakirin** *vt* plough, dig. **bin ~ kirin/kirin bin ~ê** *vt* hide, bury. **ling/**

pê dan ~ê *vt* insist, resist.
erdaz *n* slate.
erdhêj *f* earthquake. **~în** *rgd* seismic. **~zan** *n* seismologist. **~zanî** *f* seismology.
erdim *f* region, area.
erdîn *adj* earthly, of land.
erdnigar *adj* geographical. **~î** *f* geography.
Ereb *n* Arab. **~î** *n,adj* Arabian, Arabic. **~îstan** *f* Arabia. **~îstana Seûdî** Saudi Arabia.
erebe *f* cart; trailer; carriage; wheeled vehicle. **ereba ga** *f* oxen cart.
erê *particle contrasted with* ***na*** yes. **~kirin** *f* approval. **~ kirin** *vt* approve. **~danî** *f* acceptance, assent. **~name** *f* acceptance.
erêna *f* indecision. **di ~yê de man** *vi* hesitate.
Erik! How amazing!
eriyandin (bieriyîne) *vt* agree to, accept to.
erînî *adj* positive.
erjeng *adj* terrible, awful, disgusting; horrible, frightful.
erjing *n* Judas tree, red bud, *bot* Cercis silsquastrum.
erk *f* duty, responsibility.
erkdar *adj* on duty, responsible.
Ermenî *n,adj* Armenian. **~stan** *f* Armenia.
ermûş *n* silk.
ern *f* fury, rage, wrath. **~(a yekî) danîn** become calm, calm down.
erno *adj* stern, severe, strict.
erş *P see* **text 1**.
erş[1] *n A* the highest heaven.
erûs *A see* **bûk**.
erwaz *n geo* slope, side.
erwend *f* trick.
erx *f* irrigation trench, canal.
erzan *adj* cheap. **~ bûn** *vi* be/get cheap, become less expensive. **~ kirin** *vt* reduce/lower the price of, make (sth) cheap. **xwe ~ kirin** *vt* lower or demean os. **~î** *f* cheapness, inexpensiveness.
erzen *f anat* chin.
erzêl *f* shack.
erzên,erzîng,erzînik *f anat* chin.
esas *m,adj A* basis; basic. **~en** *adv* essentially, in fact.
esbê *A see* **tilî**.
esed *A see* **şêr**.
esil *m A* the origin, the original.
esir *n* midafternoon.
esîd *f* a Krd. meal.
esk *m* shape, form.
esker *n* soldier. **~î** *f* the military profession, compulsory military service. *adj* military, pertaining to the army.
esmer *adj* swarthy, dark, brown.
esnaf *n A* shopkeeper.
esr *A see* **sedsal**.
esrex *f* ceiling.
estêr *see* **stêr**.
eşa *f* the time about two hours after sunset. **nimêja ~** prayer performed two hours after sunset.
eşêf *f* weed. **~ kirin** *vt* weed a garden, clean a field.
eşîr *f* tribe. **~î** *adj* tribal.
eşk[1] *m* forearm.
eşk[2] *see* **hêsir**.
eşkera *see* **eşkere**.
eşkere *adj* obvious, clear. *adv* clearly, obviously. **~ kirin** *vt* disclose, make public, reveal.
eşkêl *f* diameter.
eşq *A see* **evîn**.
etar *n* peddler, pedlar.
etê *n,int* mum, mother.
etik *f* elder sister.
-etî *suff forming nouns*.
etlahî *f* holidays, vacation; break, rest, pause. **~ kirin** *vt* have a holiday, take a vacation. **bê ~** *adv* continually.
Etyopya *f* Ethiopia.
ev *dem pron/adj* this, these. **Ev baş e.** This is good. **Ev ne baş in.** These are not good.
eva *demonstr pron* this. **~ ha** this one, this one here.
evan *demonstr pron* these.
evana *see* **evan**.
evandin (bievîne) *vt* love.
evcar *adv* this time, now.
evd *n A* servant, slave; mortal, human being, man (in relation to God).
evdal *see* **ebdal**.
evende *see* **ev hinde**.
evê ha *dem pron* this one (here).
ev hinde *adv* so much, that much.
evitandin *vt* cause (sth) to swell up.
evitîn *vi* swell, get swollen.
evîn *f* love. **~dar** *adj* in love. **~dar bûn** *vi*

fall in love. ~**darî** *f* love, loving.
evnate *n* sticks and twigs used in mud roofs.
evor *n* chamois; hunting animal.
evqas *adv* so much, as much.
evqeys *see* **evqas**.
evrandin (bievrîne) *vt* bless.
evrar *adj* holy.
evraz *see* **hevraz**.
ev reng *adv* such, so, like this.
evris *f bot* a variety of juniper.
evrîşim *see* **hevrîşim**.
evro *adv* today.
evser *f* crown.
evşev *adv* tonight.
ew *pers pron, demonstr pron/adj* he, she, it, they; that, those. **Ew mamoste ye.** He/she is a teacher. **Ew kin in.** Those/they are short. ~**çax** in that case, if so. ~**çend** that much. ~ **hinde**,~**qas**,~**qeys** *adv* that much, as much, so much.
ewam *A see* **gel**.
ewan *demonstr pron* those.
ewana *see* **ewan**.
ewd *f* revenge. ~ **hilanîn** *vt* get/take one's revenge, revenge os on.
ewil *adv* first, at first. ~**î** *adv* first, at first.
ewiqandin *see* **awiqandin**.
ewiqîn *see* **awiqîn**.
ewle *adj* confident, sure; safe. ~ **bûn** *vi* be confident, be sure; be/become safe. **li yekî** ~ **bûn** *vi* trust (in), rely (on). ~ **kirin** *vt* reassure, assure, make sure. ~**hî** *f* security, safety. ~**karî** *f* security, safety. ~**yî** *adj* of or related to security.
ewlîya *m* saint.
ewr *m* cloud. **bi**~ *adj* cloudy. **Dinya (bi)** ~ **e.** It is cloudy.
Ewropa *f* Europe. ~**yî** European. ~ **Rojhilat** Eastern Europe. ~ **Rojava** Western Europe.
ewt *n* ~**(e)**~ bark, barking. ~**(e)**~ **kirin**,**kirin** ~**(e)**~ *vt* bark.
exder *A see* **kesk**.
exlaq *m A* morals, morality, ethics, personal character.
exter *P see* **stêr**.
eyan *adj A* clear, obvious.
Eyar *f* March.
eyar *m* skin, pelt, fur (of an animal).
eyb *f* shame, disgrace. ~ **kirin** *vt* behave shamefully.
eydî *adv* henceforth, any more.
eydî *see* **cejn**.
eylo *n* eagle.
eyn *A see* **çav**.
eynik *f* mirror.
eynî *adj A* the same, identical.
Eyran *f* Iran.
eywez *adj* ready.
eywezandin (bieywezîne) *vt* prepare, organize.
eywan *f* porch.
eywax *int* Alas! **E~ li min!** Ah me!
ez *pron* I; me. **Ezbenî!** Sir, Ma'am. **Ez bi qurban!** Please, I beg you, I am your servant.
ezan *see* **azan**.
ezezî *f* **ezitî**.
ezfer *A see* **zer**.
ezibandin (biezibîne) *vt* tyrannize, torture, harass.
ezibî *adj* tortured, harassed.
ezibîn (biezibe) *vi* suffer.
ezimandin (biezimîne) *vt* invite, treat a guest with respect.
ezing *see* **êzing**.
ezitî *f* egoism, selfishness.
ezm *f* (tailor) fitting.
ezman *m* sky, space. ~**ê dev**,~**dev** *m anat* hard palate, soft palate, vellum.
ezperest *adj,n* egoistic(al); egoist. ~**î** *f* egoism, egotism.
Ezraîl *m* Azrael.
ezûez : ~ **gotin** *vt* praise os too much. ~**tî** *f* praising os, narcissism.

Ê

ê[1] the 7th letter of the Kurdish alphabet.
-ê[2] *poss. ending for m nouns.* **kurê min** my son.
ê[3] *poss. article,pron. for m nouns* **ê min** mine. **ê din** the other (one).
ê[4] *int* enough!
ê[5] *int* And then (what happened), so, so what.
ê[6] *int* Yes!
êd *see* **ên**[1 2].
êdî *adv* no more, any more, from now on.
êge *f* file (tool). ~ **kirin** *vt* file.
êkûdin,êkûdî,êkdî,êkûdû,êkdû *adv* one another, each other.
êl *f* tribe.
êleg *m* waistcoat, vest.
êlo *n* eagle.
êm *m* fodder, feed. ~ **dan** *vt* feed (an animal).
êmîş *m* fruit.
êmroz *see* **îro**.
êmşeb *see* **îşev**.
ên[1] *poss ending for pl nouns* **kurên min** my sons.
ên[2] *poss article,pron for pl nouns* **ên min** mine. **ên herî baş** the best (ones).
ênî *see* **enî**.
ênînivîs *f* one's fate, destiny.
ênîşk elbow.
êrîş *f* attack, offensive, rush, raid. ~ **birin ser (yekî)** *vt* attack, raid. **~(î (ser) yekî) kirin** *vt* attack, rush to, raid. **~geh** *f* offensive base. **~kar** *adj* aggressive. **~karî** *f* aggression. **bi ~karî** *adv* aggressively. **~van** *n* **1** raider. **2** (sports) forward.
êrxat *n* day labourer, workman. **~î** *f* being a day labourer.
êsk *m* shape, form.
êş *f* pain, harm, ache; suffering, sorrow. ~ **pê ketin** *vi* ache, ache grippingly. **~a zirav** *f* tuberculosis.
êşandin (biêşîne) *vt* **1** hurt, cause pain to. **2** offend, hurt.
êşbir *f,adj* analgesic, pain-killer.
êşiyan *see* **êşîn**.
êşîn[1] *f* suffering.
êşîn[2] **(biêşe)** *vi* suffer, hurt, give pain, ache. **dil(ê yekî)** ~ *vi* feel deep grief, feel very sorry. **dil(ê yekî bi yekî)** ~ *vi* pity sb, feel compassion for.
êşlik *m* shirt.
êşnehesî *f* analgesia.
êt *see* **hêt**.
êtûn *f* limekiln.
êvar *f* evening. **E~ baş!** Good evening! **E~a te bimîne xweş!** Good evening! (when leaving). **~î/kî** *adj, adv* of evening; in the evening.
êvitandin *vt* cause (sth) to swell.
êvitî *adj* swollen.
êvitîn *vi* swell up.
êxistin (biêxe) *see* **xistin.**
êzing *m* firewood. ~ **hûr kirin** *vt* chop firewood. **~van** *n* seller of firewood; woodcutter, woodsman. **~vanî** *f* cutting or selling wood.
êzimx *f* eczema.
Êzîdî *n,adj* Yezidi, Yazidi; of or related to Yazidi.

F

f *f* the 8th letter of the Kurdish alphabet.
fahm *f A* **1** understanding. **2** intelligence. **~kirin** *vt* understand. **~kor** *adj* lacking in understanding. **~korî** *f* incomprehension
fahş *adj* ill-mannered, unmannerly, impolite. **~î** *f* rudeness,impoliteness. **~(e)tî** *see* **~î**.
faîq *adj A* high; superior, excellent.
faîz *f A fin* interest. **~xur** *n* usurer. **~xurî** *f* usury.
fal *f A* fortune-telling. **~ avêtin** *vt* tell fortunes. **~ vekirin** *vt* tell fortunes. **~avêj** *n* fortune-teller. **~avêjî** *f* fortunetelling, being a fortuneteller. **~van** *n* fortuneteller. **~vanî** *f* fortunetelling, being a fortuneteller.
fam *see* **fahm**.
fanêle *m* **1** flannel. **2** pullover, sweater.
fanos *f* lantern, lamp. **~geh** *f* lighthouse.
Faris *n,adj* Persian. **~î** *f* Persian (lang.).
farix *see* **vala**.
Fas *f* Morocco. **~î** *n,adj* Moroccan.
fasid *A adj* **1** distorted. **~ kirin** *vt* distort. **2** bad. **3** wrong.
fasûle *n* beans. **fasûlê(n) hişk** dried beans. **fasûlê(n) şîn** beans.
fasûlî *see* **fasûle**.
faş[1] *see* **fahş**.
faş[2] *adj P* disclosed, revealed.
faşîst *adj,n It* fascist. **faşîzm** *f* fascism.
fatereşk *see* **fatreşk**.
fatîhe *f A* the opening chapter of the Koran.
fatore *see* **fatûre**.
fatreşk *f anat* spleen.
fatûre *f It* invoice.
fazil *A see* **zêde**.
fedî *f* feeling ashamed, shame. **~ kirin** *vt* be ashamed, feel ashamed. **bi ~yê ketin** *vi* feel ashamed. **bi ~yê xistin** *vt* shame, make sb feel ashamed.
fedîkar *adj* shy, ashamed. **~ derxistin** *vt* shame, make sb feel ashamed. **~î** *f* shyness. **bi ~î** *adv* shyly.
fedîyok *rgd* shy, ashamed.
fedkirin *f* look, watch, watching. **fed kirin** *vt* look, watch.
fehêt *f* feeling ashamed, shame. **~ kirin** *vt* be/feel ashamed. **~kar** *adj* shy. **~karî** *f* shyness. **bi ~karî** *adv* shyly.
fehim *see* **fahm**.
fehît *see* **fehêt**.
fehm *see* **fahm**.
fehş *see* **fahş**.
fekirin (febike) *vt* look. **Te li diya xwe fedikir.** You were looking at your mother.
fekrandin (bifekrîne) *vt* look.
felat *f* liberation.
felc *f A* **1** paralysis. **2** hemiplegia.
felek *f A* fate, destiny.
feleqe *f* bastinado. **kirin feleqê** *vt* subject to a bastinado.
feliqandin (bifeliqîne) *vt* divide in two.
felişandin (bifelişîne) *vt* scatter, strew.
felişîn (bifelişe) *vi* be scattered, be strewn.
felitandin *see* **filitandin**.
felitîn *see* **filitîn**.
felqe *m* half. **~ bûn** *vi* be halved. **~ kirin** *vt* halve.
fem *see* **fahm**.
fen[1] *f* trick. **~ lê bûn** *vi* be deceived, be duped. **~ lê kirin** *vt* cheat, deceive, dupe. **~ û fit** *n* tricks, dirty tricks. **bi ~ û fîtan** by dirty tricks.
fen[2] *f A* science; collective name for physics, chemistry, mathematics and biology; technology.
fena *adv,adj* as, like, similar to.
fend *see* **fen**.
fenek *see* **fenok**.
fenok *adj* deceitful, tricky. **~tî** *f* deceitfulness, trickery.
feq *f* snare, trap. **~ vegirtin** *vt* set/lay a trap. **ketin ~ê** *vi* fall into a trap.
feqe,feqî *n* student of religious schools.
feqîr *adj,n* **1** poor, needy; poor person. **~î** *f* poverty. **2** well-behaved, good, quiet (child).
fer *n,adj* single, one.
feraq *see* **firaq**.
Ferat *f* the Euphrates.
ferda *f P* future.
fere *n* pot. **~û fol** pots and pans.
fereh *see* **fireh**.
ferenc *see* **kulav**.
ferfûr *n* porcelain. **~î** *adj* of porcelain.
ferheng *f* dictionary. **~ok** *f* vocabulary; pocket dictionary. **~van** *n* lexicogra-

pher. **~vanî** *f* lexicography.
fericandin (bifericîne) *vi* see, look.
fericîn (biferice) *vt* see, look.
ferisandin (biferisîne) *vt* solve, settle (a problem).
ferişte *n* angel.
ferîb *see* **xap**.
ferîz *see* **ferz**.
ferma *see* **fermî**.
ferman *f* order, command; decree. **~ dan** *vt* order, command; issue a decree. **~ kirin** *vt* order, command.
fermanber a subordinate.
fermandar *n* commander, commanding officer. **~î** *f* commandership, command post, command headquarters.
fermanewa *adj* ruling, dominating.
fermanî[1] *m* coat (Krd style).
fermanî[2] *gram* imperative.
fermî *adj* formal, official, ceremonious.
Fermo! Please, come in! Help yourself!
Fermu! *see* **Fermo**.
ferq *f A* difference. **~î** *f* difference.
fersend *f* opportunity, occasion, chance. **~ dîtin** *vt* find an opportunity. **~ pê ketin** *vi* find an opportunity. **~zan** *n* opportunist. **~zanî** *f* opportunism.
ferş *f* flat rock, slab; rocky place.
ferşenî *f* forehead.
ferx *n* young chicken.
ferxende *see* **bextewar**.
ferz *adj A* binding, necessary.
ferzende *adj* brave young man.
fesad *adj,n* troublemaking; troublemaker. **~î** *f* stirring up trouble. **~î kirin** *vt* stir up trouble. **bi ~î** *adv* in order to cause troubles.
fesane *see* **efsane**.
feş *adj* bewildered,confused; routed, defeated.
fetbaz *adj* deceitful, tricky.
fetilandin *see* **fitilandin**.
fetisandin (bifetisîne) *vt* choke, strangle, drown (in), suffocate.
fetisî *adj* drowned, choked, suffocated.
fetisîn (bifetise) *vi* drown, be drowned; be flooded with; suffocate.
fetiq *n* hernia, rupture.
fetkirin *see* **fekirin**.
fetwa *f A* muftî's opinion on a matter involving the Islamic religious law.
fewware *see* **pêt**.
feylezof *n Gk* philosopher.
fê *f* epilepsy. **~dar** *adj* epileptic.
fêkî *m* fruit.
fêl *f* trick. **~baz** *n,adj* trickster; tricky. **~bazî** *f* trick, trickiness.
fêm *see* **fahm**.
fênik *see* **hênik**.
fêr *f* learning, understanding. **~(î tiştekî) bûn** *vi* learn. **~(îyekî) kirin** *vt* teach. **~darî** *f* exercise. **~geh** *f* classroom.
fêris *adj* brave, stouthearted.
fêrmend *n* teacher.
fêrmisk *f* tear (of eyes).
fêtok *adj* bashful, shy.
fidakar *adj* self-sacrificing, self-denying. **~î** *f* self-sacrifice, self-denial.
fihrist *P see* **pêrist**.
fik[1] *f* slit, split.
fik[2] *f* being even, having no score to settle. **~ bûn** *vi* be quits, be content with. **~ kirin** *vt* call it quits, solve.
fikar *f* worry, anxiety. **~ kirin** *vt* worry, be anxious. **~e** *f* worry, anxiety.
fik(i)r *f A* idea, thought.
fikirandin (bifikirîne) *vt* make (sb) think.
fikirîn (bifikire) *vi* think. **li ser ~** *vi* think of, consider, think about.
filan *adv* so and so, such and such. **~ bêvan** and so on, et cetera. **~kes** *n* Mr so and so.
File *n* **1** Christian. **2** Armenian.
fileh *see* **file**.
Filistîn *f* Palestine. **~î** *n,adj* Palestinian.
filitandin (bifilitîne) *vt* rid of, rescue.
filitîn (bifilite) *vi* get/be rid of, escape, become free of.
filîm *m Eng* film. **~çêker** *n* producer.
filk *see* **keştî**.
filorî *see* **paqij**.
filq *adj* shabby, poorly dressed.
finaz *f* trick.
find *f* candle. **~dank** *f* candle stick, candle holder.
findeq *see* **bindeq**.
fiqerojk *f* mushroom.
fir[1] sip, sup (of a liquid). **~ek av** a sip of water.
fir[2] *f* flight. **~ dan xwe** fly. **(bi) ~ê ketin**

vi take off, take wing, fly. **(bi) ~ê xistin** *vt* fly (sth), let (sth) fly.

fira *adj* flying; evaporable; volatile.

firandin (bifirîne) *vt* have (sb/sth) fly, let (sth) fly, fly.

firaq *m* pots and pans, the dishes. **~ şuştin** *vt* wash up the dishes. **~alês** *n,adj* flatterer.

firar *A* **1** *n* deserter, fugitive. **2** *f* running away, desertion. **~ kirin** *vt* desert, flee, run away.

firarî *f* desertion, fleeing, running away.

firavan *adj* plentiful, much.

firavîn *f* lunch. **~ xwarin** *vt* have a lunch.

firax *see* **firaq**.

firaxalîsk: tilîya ~ê *f* index finger, forefinger.

firaz *see* **hevraz**.

firçe *f Gk* brush. **~ kirin** *vt* brush. **~ lê xistin** *vt* brush. **firça diranan** *f* tooth brush.

fire,fireh *adj* wide, spacious, broad, roomy. **~ bûn** *vi* widen, broaden, be wider, expand. **~kirin** *vt* widen, broaden, make wider.

firehî *f* width, wideness. **bi ~î** *adv* widely, in width.

firende *n* bird.

Firengî *n,adj* European.

firerêç *f* airline.

firêz *f* couch grass, *bot* Agropyron repens.

firêze *f* stubble field.

firfir *f* slurping, sipping noise.

firfirok *f* moth (attracted to light).

firincemîşk *f* sweet basil, *bot* Ocimum basilicum.

firinde[1] *n* bird.

firinde[2] *see* **balafir**.

Firing *f* Europe.

firingî *f* tomato.

firîk *m* green ear (of barley, etc).

firîn (bifire) *vi* fly.

firişte *see* **ferişte**.

firk[1] *adj* widely set, sparse, seldom, at infrequental intervals.

firk[2] *adj* cramp, spasm.

firkandin (bifirkîne) *vt* rub.

firmêsk *see* **firmisk**.

firmisk *n* tear of (eyes).

firne *f Gk* **1** bakery. **2** oven.

firnik *f* nostril.

firoher *m* soul.

firoke[1] *adj* flying; evaporable, vapour-like; volatile.

firoke[2] *see* **balafir**.

-firoş *suff meaning* seller (of); **goştfiroş,** etc.

firoşer *n* seller, salesman. **~î** *f* shop; being a seller.

firoşkar *see* **firoşer**. **~î** *see* **firoşerî**.

firoşyar *see* **firoşer**. **~î** *see* **firoşerî**.

firotin (bifiroşe) *vt* sell.

firsend *see* **fersend**.

firşteng *adj* nervous, angry.

firtone *f It* storm.

firxûn *f* horse cart.

fis *f* fart. **~ kirin** *vt* **1** fart. **2** mate (of birds).

fisos *f* ermine, stoat, *bot* Mustela erminea.

fisteq *f* pistachio nut.

fistiqîn (bifistiqe) *vi* slide, slip.

fişfişok *adj* snotty-nosed.

fiş kirin *vt* blow one's noise.

fişne *f* Morello cherry.

fiştixîn (bifiştixe) *vi* slide, slip.

fitar *f* the breaking of Ramadan fast at sunset. **bi ~** (sb) who is not fasting. **~(a xwe) vekirin** *vt* break one's fast.

fitil *f* curve, bend (in a road). **~ dan xwe** *vt* turn, take a curve.

fitilandin (bifitilîne) *vt* make (sb/sth) turn around.

fitilîn (bifitile) *vi* turn around, make a turn, turn, take a curve (in a road).

fitilok *see* **fitlok**.

fitîl *f* wick (of a candle, lamp, etc).

fitlok,fitlonek *f* curve, bend (in a road).

fitne *f A* discord, dissension (caused by sb not actually involved in it).

fitrak *f* lasso.

fitre *f* alms required to be given at the close of Ramadan.

fitrik *f* cork.

fitûr *see* **sistî**.

fîdakar *see* **fidakar**. **~î** *see* **fidakarî**.

fîkandin (bifîkîne) *vt* whistle. **lê ~** *vt* whistle at/to.

fîkfîk *f* whistle, whistling sound. **~ kirin/ kirin ~** *vt* whistle.

fîkî *see* **fêkî**.

fîkîn *f* whistle, whistling sound. **~î** *f*

whistle, whistling sound.
fîl *n* elephant. **~dran** *m* ivory.
fîlket *f* safety-pin.
fîncan *f A* cup.
Fînlanda *f* Finland. **~yî** *n* Finn.
Fîrewn *m A* **1** Pharaoh. **2** cruel person.
fîrket *see* **fîlket**.
fîstan *m* **1** dress (lady's). **2** loose robe.
fîş *f Fr* plug.
fîşek *see* **fîşeng**.
fîşeng *f* cartridge (of a gun).
fîz *f* ~(e)~ whizzing. **~(e)~ kirin,kirin ~(e)~** *vt* whiz.
fîzîn (bifîze) *vi* whiz.
fîzînî *f* whizzing. **kirin ~** *vt* whiz.
fodil *adj* magnificent, very beautiful.
fort *m* boast. **~ kirin** *vt* boast. **~ li yekî kirin** *vt* boast to (sb). **~ek** *adj* boastful.
foto *m Gk* photo, photograph. **~kêş** *n* photographer.
frêqet bûn *vi* be set at ease, be comfortable.
frîşk *m* stomach.
frûmaye *adj* coarse, vulgar, common.
fuad *see* **dil**.
futûr *f P* stop, rest.
fûr *f* boil, boiling. **~ bûn** *vi* boil.
fûrîn (bifûre) *vi* boil.
fûtbol *f Eng* soccer, football.

G

g *f* the 9th letter of the Kurdish alphabet.

ga[1] *m* ox. ~ **dan** *vt* mate a cow (with).

-ga[2] *see* **-geh**[2].

gakovî *n* wild ox, kind of buffalo.

galegal *f* conversation, chat, talk. ~ **kirin** *vt* chat, talk.

galgal *see* **galegal**.

galok *n* ox-goad.

galte *m* joke. ~ **kirin** *vt* joke.

gam *f* thresher.

gamasî *n* walrus, *zool*, Odobenus rosmarus.

gamêş *n* buffalo.

gan[1] *m* soul, spirit. **~î** *adj* moral, spiritual, psychological.

gan[2] **(bigê)** *vt* mate.

-gan[3] *suff. forming n and adj, eg:* ***bazirgan***.

gangilok *f* crocus, meadow saffron, *bot* Colhicum.

garan *f* herd (of cattle), the place cattle are gathered.

garis *m* millet, millet plant, *bot* Panicum miliaceum. **~ê Stembolê** *m* Indian corn.

garîte *m* beam.

garsîn *f* the square in the centre of a village.

garte *f* sledge, sleigh.

gasin[1] *see* **gîsin**. ~ **kirin** *see* **gîsin kirin**.

gasin[2] *f* square, field.

gav[1] *f* step. ~ **avêtin** *vt* take a step, make a progress. ~ **bi** ~ step by step, gradually. **~(ên yekî) li hev gerîn** *vi* trip on one's feet, get one's feet tangled up.

gav[2] *f* moment, instant. **~a ku** when, while. **G~a ku min tu dît.** When I saw you. **vê ~ê** at this moment, now. **wê ~ê** then. **ji wê ~ê ve** since then. **çi ~ê** when; whenever. **her** ~ always.

gavan *n* herdsman.

gavber *f* opponent, (a) rival; competition.

gavê *adv* for now, for the present, for the time being; so far.

gavina(n),gavgavina(n) *adv* sometimes, now and then.

gawir *see* **kafir**.

gawûk *n* bedbug.

gaz[1] *f Lat* **1** kerosene. **2** gas.

gaz[2] *f* pliers, pincers.

gazegaz *see* **qîreqîr**.

gazin *m* reproach, complaint. ~ **kirin** *vt* reproach, complain. **Ew ~an ji te dike**. He is complaining about you.

gazinc *see* **gazin**.

gazincî *see* **gazin**.

gazind(e) *see* **gazin**.

gazî *f* call; cry; shout. ~ **kirin** *vt* call, shout. **çûn/hatin ~ya yekî** *vi* go/come to (someone's) aid, go/come to help sb.

-ge *see* **-geh**[2].

gebûl *f* watery, mushy food made of grape juice. **~î** *adj* watery, mushy.

Gecok *f* February.

geç *see* **gêç**.

geda *adj* wretched, miserable.

gede *n* child. **~tî** *f* childhood.

gedek *see* **gede**. **~tî** *see* **gedetî**.

gef *f* threat, intimidation. ~ **dan** *vt* threaten, intimidate.

gefandin[1] **(bigefîne)** *vt* threaten, intimidate.

gefandin[2] *f* intimidation.

geh[1] *m anat* joint.

-geh[2] *suff* place. **girtîgeh, çêregeh**, etc.

geh[3] *adv* ~ **...** ~ sometimes ... sometimes, now ... now. ~ **raketî** ~ **hişyar** sometimes asleep sometimes awake, now asleep now awake.

gehandek *see* **gîhanek**.

gehînek *f* stage, phase.

gejgering *f* whirlwind, storm.

gel *m* **1** nation. **2** people. **~î** *adj* popular.

gelac *adj,n* seditious, trouble-making (person); trouble-maker. **~î** *f* sedition, treachery.

gelale *f anat* tonsil.

Gelarêzan *f* 21st October to 20th November, October.

Gelavêj *see* **Gelawêj**.

Gelawêj *f* month: **1** 21st August to 20th September. **2** July. **3** August.

gelek *adj,adv* much, many, a lot of. **G~ pirtûkên min hene.** I have a lot of books. **~î** (for) a long time; much, many. **Ez ~î li benda te mam.** I waited for you for a long time.

gelemper *adj* general, public. **bi ~î** in general, generally.
gelemşe *f* difference (of opinions); conflict.
gelêr *adj* popular, national.
gelêrandin *vt* nationalize.
gelêrî *adj* popular, national.
gelh(e) *f* population, number of inhabitants. **gelhayî** *adj* of or related to population.
gelî[1] *m* mountain pass; long and narrow valley; gully, gorge.
gelî![2] *int* O! Dear!
gelî[3] *see* **gel**.
gelo *interr* I wonder.
gelş[1] *f* problem, matter.
gelş[2] *f* difference, divergence of view. **~î** *f* disagreement, conflict, difference.
gelû *f* centre.
gelviçandin (bigelviçîne) *vt* crumple, crush.
gelzanistî *f* ethnology.
gelzan(istyar) *n* ethnologist.
gemar *f* dirt, filth. **~î** *adj* dirty, soiled, filthy, polluted.
gemirandin (bigemirîne) *vt* deform, decompose.
gemirî *adj* deformed, decomposed.
gemirîn (bigemire) *vi* be deformed, decompose.
gemî *see* **keştî**.
genc,gencîne *f* treasure.
general *n Fr milit* general.
gengaz *adj* **1** easy. **2** possible. **~î** *f* **1** easiness. **2** possibility, opportunity.
gengeşî *f* argument. **~ kirin** *vt* argue.
genim *m* wheat. **~î** *adj* wheaten; light brown, dark-skinned; wheat colour.
genimşamî *m* maize, Indian corn.
genimok *m* Indian corn.
genî *adj* rotten, stinking. **~ bûn** *vi* smell rotten, stink. **~ kirin** *vt* stink, make (sb/sth) stink.
gep *f* **1** *anat* cheek. **2** morsel, bite of food.
gepik *see* **gep 1**.
ger *f* **1** trip, travel. **2** excursion; tour. **3** circulation. **çûn ~ê** *vi* go on a trip. **~name** *f* travel book.
ger[1] **1** *conj* if. **2** should, must.
ger[2] *f geo* pond-like part of a stream.
-ger[3] *suff* maker, doer.
gera *f* spawn, roe, eggs of insect, etc.
geran *f* management, administration; government.
gerandekî *f* management, administration.
gerandin[1] **(bigerîne)** *vt* **1** show around, take through, take (sb) for a walk. **2** manage, administer. **3** turn, rotate. **lê ~** *vt* wind or wrap (sth) against (another), wrap, encircle. **serî lê ~** *vt* detain, delay (sb). **rêç ~** *vt* follow a trail.
gerandin[2] *f* management, administration.
gerandî *adj gram* transitive. **lêkera ~** transitive verb.
gerane *gram* subjunctive.
gerçî *adv P* although, though.
gerd *f* ash.
gerden *f* throat, neck. **~î** *f* necklace.
gerdensor *n* European robin, robin redbreast, *zool* Erithacus rubecula.
gerdûn *f* the cosmos, the universe. **~î** *adj* universal, cosmic.
gerdûs *f* **1** excursion, outing, tour. **2** turning, rotating.
gerek *adj,conj* necessary, should, must.
geremol *f* complexity, complicated matter, confusion.
gerew *see* **giraw**.
gergerînok *f* spiral, helix; waterspout, whirlwind.
gerihan (bigerihe) *see* **gerîn**.
gerisandin (bigerisîne) *vt* crush.
gerîn (bigere) *vi* **1** stroll, move around, walk. **2** travel, go on a trip. **dest jê ne ~** *vi* be unable to leave (sb/sth), love being with. **dest lê ne ~** *vi* be unable to kill or harm. **jê ~** *vi* leave in peace, leave alone. **lê ~** *vi* **1** look for. **2** twine (around), be wrapped (around/with). **li ber ~** *vi* beg, entreat, plead.
gerînende *n* manager, director.
gerînok *see* **gergerînok**.
gerîyan *see* **gerîn**.
germ[1] *adj* hot, warm; friendly. **~ bûn** *vi* grow warm, be warm, become hot. **~ kirin** *vt* warm, heat. **~ahî** *f* heat, warmth. **~av** *f* hot spring/water, thermal spring/water. **~ayî** *f* heat, warmth. **~î** *f* heat, warmth. **~jimêr** *f* thermometer. **~ker** *f* heater.
germ[2] heat *f*.
germesûk *m* worthless cloth or fabric.

germişk *f* pimple.
germiyan *f* wintering.
germiyandin (bigermiyîne) *vt* enliven, bring to life.
germok *f* Jamaican pepper, *bot* Pimenta officinolis.
gernas *n* hero.
gerok *n* traveller, tourist. *adj* roaming, wandering. **~tî** *f* roaming, travelling.
gers *f bot* tamarisk.
gerş *f* dirt, filth.
gerû *f* focus, focus point, centre.
gervan *n* tourist. **~î** *f* tourism.
gesik *see* **gezik**.
gestin (bigeze) *vt* bite.
geş *adj* **1** shining, shiny. **2** cheerful, joyous. **3** strong. **~ kirin** *vt* cheer (sb) up, refresh.
geşt *f* **1** travel. **2** begging. **çûn ~ê** *vi* travel, go on a travel.
geştî *see* **keştî**.
geştname *f* travel book.
gevende *adj* idle. **~tî** *f* idleness.
geveze *adj* talkative, chattering. **~tî** *f* chatter, chattering, idle talk. **~tî kirin** *vt* chatter, talk idly, blab.
geviz *see* **gevz**.
gevizandin (bigevizîne) *vt* cause (an animal, etc.) to roll about or to wallow. **xwe ~** roll about (animals on back, with pain, etc.), struggle and kick about while lying, wallow.
gevizîn (bigevize) *vi* roll about (animals on back, with pain, etc.), struggle and kick about while lying, wallow.
gevz *f* rolling motion. **~ dan** *vt* roll about (animals on back, with pain, etc.), struggle and kick about while lying, wallow.
gewad *n* pimp, procurer.
gewde *m* body.
gewende *n* musician.
gewez *m,adj* red.
gewher[1] *m* jewel, gem.
gewher[2] *m,adj* whitish, light grey.
gewirandin (bigewirîne) *vt* whiten.
gewixandin (bigewixîne) *vt* choke.
gewî *adj* insolent, arrogant, haughty.
gewr *m,adj* light grey, whitish.
gewre *adj* big, large.
Gewrê *n* girl's name.
gewrik *adj* whitish, fair-skinned.
gewrî[1] *f* throat; crop; pharynx; larynx.
gewrî[2] *f* strait. **G~ya Çanakkale** Dardanelles.
gewz *see* **gevz**.
gewzandin (bigewzîne) *see* **gevizandin**.
geyandin *see* **gihandin**.
geyiştin *see* **gihaştin**.
geyîn *see* **gihan**.
gez[1] *f* bite. **~ kirin** *vt* bite. **~ lê xistin** *vt* bite.
gez[2] *f* tamarisk, *bot* Tamarix.
gezandin (bigezîne) *vt* bite.
gezgezik *see* **gezok**.
gezik *f* broom.
gezîze *f* bell-flower, *bot* Campanula; bluebell.
gezok *f* stinging nettle, *bot* Urtica diocia.
geztin (bigeze) *vt* bite.
gêç *adj* **1** chalk. **2** gypsum, plaster stone.
gêj *adj* **1** stupefied, dazed. **2** stupid, silly, foolish. **~ bûn** *vi* become stupified or dazed, confuse. **~ kirin** *vt* stun, stupefy, daze.
gêjî *f* silliness; dazedness.
gêjlok *f* cinquefoil, *bot* Potentilla reptans.
gêjnok *f* parsley, *bot* Petroselinum latifolium.
gêjo *n,adj* stupid, silly, foolish.
gêlas *f* cherry.
gêlaz *see* **gêlas**.
gêr *f* roll, rolling. **~ bûn** *vi* be rolled. **~ kirin** *vt* roll.
gêr[1] *f* turn. **G~a me ye.** It's our turn.
-gêr[2] *suff* maker, doer.
gêre[1] *f* threshing. **~ kirin** *vt* thresh. **~van** *n* thresher (person).
gêre[2] *see* **gêrik**.
gêrevêre[1] *adj* in disorderly haste.
gêrevêre[2] *adv* approximately.
gêrik *n* ant, *zool* Formica.
gêrmî *f* soup.
gêsû *see* **kezî**.
gêzbelok *f* **1** goatsbeard. **2** salsify.
gêzer *f* carrot.
gêzî *f* broom.
gi *see* **giş**.
gidî! *int* Ah! You! O!
gidîş *f* bale, stack of stalks of grain.
giftûgo *see* **guftûgo**.
giha *see* **giya**.
gihan (bigihê) *vi* **1** arrive, reach. **2** mature, ripen; grow. **~ hev** *vi* be reunited,

meet. ~ **serî** *vi* be accomplished.
gihandin[1] **(bigihîne)** *vt* get (sb/sth) to a place, get (sth) ready in time, make (sth) reach (sw/sth). ~ **hev** *vt* reunite (sb) with, make them meet.
gihandin[2] **(bigihîne)** *vt* train.
gihandin[3] *f* training.
gihaştin (bigihêje) *vi* **1** arrive, reach. **2** grow up, mature, ripen.
gihaştî *adj* ripe, mature; adult, grown up.
gihayî *adj* matured, ripen.
gihêjîn *see* **gihaştin**.
gihiştin *see* **gihaştin**.
gihiştî *see* **gihaştî**.
gihîştandin (bigihîştîne) *see* **gihandin**.
gij *adj* stern, harsh; thornlike. ~ **kirin** *vt* incite (sb) to do sth bad, instigate. ~**kirin** *f* provocation, instigation.
gijgijî *adj* curly.
gijnîj *m* coriander, *bot* Coriandrum sativum.
gijomijo *adj* very messy, in complete disorder.
gil *n* clay; mud.
gileh *see* **gilî**.
gilêne *f* cornea.
gilgil *m* maize, Indian corn. ~**ê Stembolê** *m* Indian corn, corn.
gilih *see* **gilî**.
gilihvan *see* **gilîvan**.
gilî *m* **1** complaint. **2** remark, word. ~ **kirin** *vt* **1** complain. **2** talk about, mention, talk.
gilîbêj *n* complainer.
gilîdank *f* vocabulary.
gilîvan *n* plaintiff, claimant.
gilmi(k) *n* tumour.
gilok *f* ball (of wool, thread, etc).
gilol *adj* round, spherical.
gilolik *f* bobbin; shell.
gilover *adj* round, circular; spherical, globular.
gilp[1] *used as* **got gilp û ...** in an instant, in a trice.
gilp[2] hollow or booming sound. ~~**a dil bûn** *vi* (heart) beat violently.
gilyas *f* cherry.
gimgimok *n* lizard, *zool* Lacerta.
gincî *m* cardigan, buttoned sweater.
gindêr *adv:* ~ **bûn** *vi* roll, tumble. ~ **kirin** *vt* roll (sth), tumble.
gindirandin (bigindirîne) *vt* roll (sth), tumble.
gindirîn (bigindire) *vi* roll, tumble.
gindor *m* roller made of stone and used for smoothing and packing roofs or roads, roller. ~ **kirin** *vt* roll.
gir[1] *m* hill.
gir[2] *adj* large.
gir *m* rancour, grudge. ~ **girtin** *vt* have a grudge (against), be full of rancour (against).
giram *n* respect. ~ **girtin** *vt* respect. **bi** ~**î** *adv* respectfully. ~**gir** *adj* respectful. ~**girî** *f* respectfulness.
giran *adj* heavy; serious; difficult; slow; expensive. ~ **firotin** *vt* sell at high price.
giranbarî *f* ordeal.
giranbiha *adj* valuable, precious, costly.
girane[1] *n* anvil.
girane[2] *adj* important, considerable.
giranî *f* weight; influence.
girar *f* pilaf.
girav *f* island.
girave *f* peninsula.
giraw *f* pledge, security. **bi** ~**î dan** *vt* give (sth) as security for loan.
girbêj *f* riddle, screen, coarsely meshed sieve.
gird[1] *f mil* detachment.
gird[2] *see* **gir**[2].
girdav *f* abyss.
girde *f* hip.
girdek *f* capital (letter).
girdik *n* muscle.
gire *f* tumour.
giregir *adj,n* influential, powerful, essential, major (person, thing).
giregir *f* a clap of thunder, thunder. ~**a ewran** thunder.
girêba *f* tumour.
girêçik *f anat* joint.
girêdan[1] *f* compact, treaty, agreement, contract.
girêdan[2] **(girêde)** *vt* tie, fasten, attach to. **bi hev** ~ *vt* bind together. **pê ve** ~ *vt* bind to/with, attach to.
girêdanî *f* tie, connection, interrelationship.
girêdank *f* pact, compact.
girêdayî *adj* **1** tied, bound. **2** dependent (on). **3** related (to), connected (with). **(bi**

yekî/tiştekî ve) ~ **bûn** *vi* be dependent on (sb/sth), be connected with (sb/sth).
girêk[1] *f* **1** knot. **2** difficult problem. **3** *gram* conjunction. ~ **lê xistin** *vt* tie with a knot. **~a pê** *f anat* ball of foot. **~ên dest** *n anat* knuckles.
girêk[2] *f* tumour.
girêz *f* saliva.
girgir *see* **giregir**.
girgire *n* important person.
girik *m* small hill, hillock.
girî *m* weeping, crying. ~ **pê ketin** *vi* start crying, cry. **bi ~ kirin** *vt* make (sb) cry/ weep, cause (sb) to cry.
girihan (bigirihe) *see* **girîn**.
girîftar *see* **girtî**[1].
girîn (bigirî) *vi* weep, cry.
girîng *adj* important, serious. **~î/ahî** *f* importance.
girîyan (bigirî) *see* **girîn**.
girm *f* **~e~** booming sound, boom.
girmandin (bigirmîne) *vt* boom, make deep or resonant sounds.
girmik *f* (clenched) fist.
girmist *f* fist (clenched).
girmînî *f* boom. ~ **pê ketin** *vi* boom out. **kirin** ~ *vt* boom.
girnûg *f* **1** burdock, *bot* Arctium. **2** cockle bur, *bot* Xanthium.
girover *adj* **1** round, circular. **2** spherical, globular. ~ **kirin** *vt* round up, give a circular or spherical shape.
giroverî *f* roundness; sphericalness.
girs *adj* large.
girse *m* mass, the masses. **~yî** *adj* massive, of or related to the masses.
girsk *f* wild pear.
girtin[1] **(bigire)** *vt* **1** hold, take hold, take; capture, catch. **2** receive. **pê** ~ *vt* hold, grip, grab. **pişt** ~ *vt* support, back. ~ **ser** *vt* raid, attack. **xwe li ber (tiştekî)** ~ *vt* resist, endure, bear. **li yekî ne~** *vt* excuse, pardon. **Li min negire.** Excuse me. **~a heyvê** *f astr* eclipse (of moon).
girtin[2] **(bigire)** *vt* close, shut. **devê xwe** ~ *vt* stop talking, become silent. **devê yekî** ~ *vt* reduce (sb) to silence, make (sb) stop talking.
girtî[1] *n* person who is under arrest, prisoner, captive. *adj* arrested, captive. **~yê şer** prisoner of war. **~geh** *f* prison, jail, gaol. **ketin ~gehê** *vi* go to prison. **avêtin ~gehê** *vt* send to prison. **kirin ~gehê** *vt* send to prison.
girtî[2] *adj* closed, shut.
girtînek *f* receipt, voucher.
gistîl(k) *f* ring.
giş *f,adj* all, total, whole.
gişk *see* **giş**.
gişkî *adj* general.
gişt *see* **giş**.
giştik *see* **giş**.
giştî *adj* general, public.
gişxwer *adj* omnivorous.
givale *f milit* company.
givande *f* slop, embankment.
givaştin (bigivêşe) *see* **guvaştin**.
givîj *f* buckthorn, *bot* Rahmnus.
giya *f* grass, herb.
giyabenîşt *f* cat's foot, *bot* Antennaria diocia.
giyaberk *f* canary grass, *bot* Phalaris canariensis.
giyagêsk *f* broom, besome, *bot* Cytisus.
giyagirêçk *f* knot grass, *bot* Polygonum aviculare.
giyajeng *f* weed.
giyakitik *f* valerian, *bot* Valeriana officinalis.
giyan *m* soul, spirit. ~ **dan (yekî/tiştekî)** *vt* revive, enliven, bring to life; encourage. **~(ê xwe) dan** *vt* die, give up the ghost.
giyanî *adj* psychological, spiritual, moral, ethical.
giyaqepûşk *f* periwinkle, *bot* Vinca.
giyaxwer *n* herbivore. *adj* herbivorous.
gizêr *f* carrot.
gî *see* **giş**.
gîha *see* **giya**.
gîhan (bigîhê) *see* **gihan.**
gîhandin (bigîhîne) *see* **gihandin**.
gîhanek *grm* conjunction.
gîl *f* mud.
gîs(i)k *n* one-year-old kid.
gîsin *m* ploughshare. ~ **kirin** *vt* plough. ~ **lê xistin** *vt* plough.
gîtik *m anat* tibia, shin bone.
gîzok *f anat* anklebone.
go[1] *f* ball.

go[2] *see* **guh**.
gobaz *n* player (in the games involving a ball).
godar *see* **guhdar**.
godarî *see* **guhdarî**. ~ **kirin** *see* **guhdarî kirin**.
godarvan *see* **guhdarvan**.
gog *f* ball. **(bi) ~ê lîstin** *vt* play (a game involving a ball).
gohirandin *see* **guherandin**.
gohirîn *see* **guherîn**.
gol *f geo* lake.
golik *n* calf.
gom *f* farm.
gome *m* large stone.
gomlek *f* shirt.
gon *m* colour, appearance.
gopal *m* thick stick with a curved head, club.
gor[1] *adv* according to, as to, in respect of. **(li) ~(a)** according to/as, in respect of, in one's opinion. **(li) ~(a) min** in my opinion.
gor[2] *f* appropriateness, suitability, fittingness. **~a (yekî/tiştekî) bûn** *vi* be suitable/appropriate for or suited to (sb). **Ew ~a hev in.** They are suited to one another.
gor *f* grave, tomb. **~istan** *f* graveyard, cemetery.
gora *see* **gor**[1 2]. **li ~** *see* **gor**[1 2].
gorandin *see* **guherandin**.
Goranî *f* a Krd dialect.
gore *f* socks, stockings.
gor(i)m *f* sister-in-law, wife's sister.
goriz *f* (wood, etc) armful.
gorî *n* **1** martyr. **2** sacrifice. **Ez ~!** I give my life as a sacrifice for you. Please! I beg you!
gorî *adv*: ~ **(yekî/tiştekî) bûn** *vi* fit, be the right size and shape for.
gorîn *see* **guherîn**.
gorşî *m* bunch (of grapes).

goş *P see* **guh**.
goşe *f* corner.
goşt *m* meat. **~firoş** *n* butcher. **~firoşî** *f* butchery, butcher's trade or business. **~firoşxane** *f* butcher's shop.
goştnexwer *n,adj* vegetarian.
goştûcan girtin *vt* gain weight, come to life, become active.
goştxur *see* **goştxwer**.
goştxwer *n,adj* carnivore; carnivorous.
goşwar *see* **guhar**.
gotar *f* **1** speech. **2** article (in a newspaper, etc). **3** word.
gotarbêj *n* public speaker, orator.
gotarvan *n* speaker.
gotin[1] *f* word, saying; rumours; speech. **G~a te ye.** You are right.
gotin[2] **(bibêje)** *vt* say, tell. **di ber xwe de ~** mutter to (os). ~ **qey** *vt* think that.
gotinxweş *adj* good (company), delightful (words).
gotûbêj *f* discussion, negotiation. ~ **kirin** *vt* discuss, debate, negotiate.
gotûgo *see* **guftûgo**.
gotûgot *f* hearsay, rumour(s), gossip.
gov *f* barn.
govend *f* Krd dance performed by holding hands in a half circle. **ketin ~ê** *vi* join the **govend**.
goyger *n* player (in the games involving a ball).
goyin *f* turn (of duty); watch (of a sentry).
goyinger *n* person on duty; sentry, watchman.
goyîn *n* wood pigeon, *zool* Columba.
goz *see* **gwîz**.
gozan *see* **gûzan**.
grew *f Fr* industrial action, strike. ~ **çêkirin** *vt* go on a strike. **di ~ê de bûn** *vi* be on a strike. **çûn ~ê** *vi* go on a strike. **~a birçînê** *f* hunger strike. **~van** *n* striker.
gu *see* **guh**.
guft *f* speech. **~ûgo** *f* discussion, negotiation, debate, deliberation, exchange of views; dialogue.
guftar *f* speech.
guh *m anat* ear. ~ **dan** *vt* listen, pay attention to. **~(ê yekî) birin** *vt* ring one's ear. ~ **lê bûn** *vi* pay attention to, listen to. ~ **lê kirin** *vt* listen, obey, conform to. **~(ên xwe) miç kirin** *vt* prick up one's ears. **avêtin paş ~(ê xwe),paş ~(ê xwe) re avêtin** *vt* be indifferent, be unconcerned, pay no attention. **ber ~(ê xwe) re avêtin** *vt* be in different, be unconcerned, pay no attention. **ber ~(ê yekî) ketin** *vi* get word of. **~ê derve** *m* external ear. **~ê hundir** *m* internal ear. **~ê navîn** *m* middle ear.
guhan *m* udder.

guhar *m* earring.

guharîn *see* **guherîn**.

guharok *f* fuchsia.

guhartin[1] **(biguhere)** *see* **guhertin**[1].

guhartin[2] *see* **guhertin**[2].

guharto *see* **guherto**.

guhastin[1] *f* transportation; moving.

guhastin[2] **(biguhêze)** *vt* **1** transport. **2** move, remove (to a new place). **3** carry.

guhaztin *see* **guhastin**.

guhdan *f* attention.

guhdar *n* listener.

guhdarî *f* listening. **(li yekî/tiştekî) ~ kirin** *vt* listen to (sb/sth).

guhdarvan *n* listener.

guhdêr *adj* attentive.

guhdêrî *f* supervision; attention.

guher *f* flat, open place for the resting of domestic animals.

guherandin (biguherîne) *vt* change, replace with. **pev/bi hev ~** *vt* exchange (sth) for (sth else).

guherîn[1] **(biguhere)** *vi,vt* vary, change.

guherîn[2] *f* change, variation.

guhertin[1] **(biguhere)** *vt* exchange, change; vary; transform.

guhertin[2] *f* change, variation.

guherto *f* variation.

guhêr *see* **guhêz**.

guhêrbar *adj* changeable; variable.

guhêrk *f* **1** turning point/place. **2** exception, variation. **3** spare part.

guhêrker *f* **1** *gram* suffix or prefix changing the meaning of words. **2** converter, transformer.

guhêz *f* transferring; transporting. **~ker** *n* transporter. **~kerî** *f* transportation.

guhêzbar *adj* mobile, portable, movable.

guhgiran *adj* partially deaf.

guhik *m anat* auricle; ear lobe.

guhişîn (biguhişe) *vi* be bewildered, be confused.

guhiz *see* **guhêz**.

guhîj *f* buck thorn, *bot* Rhammus.

guhnadêr *adj* neglectful, negligent.

guhnedan *f* negligence. **guh nedan** *vt* neglect. **~î** *f* neglectfulness.

guhtin *see* **gotin**.

guhuk *see* **guhik**.

guhurîn *see* **guherîn**.

gul *f* rose. **~ vedan** *vt* bloom, open (rose). **~a bi miraz** snowdrop. **~a sor** red rose.

gulab *see* **gulav**.

Gulan *f* May. **Yek ~** May Day.

gulav *f* rose water.

gulbaxan *f* species of red rose.

gulberfînk *f* snowdrop, *bot* alanthes nivalis.

gulberojk *f* sunflower.

gulbihar *f* **1** cowslip, *bot* Primula veris. **2** buttercup, *bot* Ranunculos.

gulborî *f* **1** downy thorn apple, *bot* Datura metel. **2** morning glory, *bot* Convonvulus althaeoides.

gulçik *see* **gurçik**.

gulçît *f* alyssum, madwort, *bot* Alyssum.

guldank *f* **1** vase. **2** flower pot.

gule *f* bullet. **~ berdan** *vt* fire a gun, shoot. **~ kirin** *vt* shoot (at). **~ xwarin** *vt* be shot.

gulebaran *f* continuous shooting. **~ kirin** *vt* shoot continuously.

gulebûk *f bot* poppy.

gulepijên *f* machine-gun.

gulenîsan *f* anemone.

gulfam *adj* rose pink.

gulgeşt *f* flower-garden.

gulgulî *adj* **1** in flowers, in bloom. **2** ornamented with flowers.

gulhesîl *f* yarrow, *bot* Achillea millefolium.

gulî *m* **1** branch (of a tree). **2** braid, plait.

gulîstan *f* flower garden, rose garden.

gulîzar *f* flower garden, rose garden.

gulkelem *f* cauliflower, *bot* Brassica oleracea botrytis.

gulle *see* **gule**.

gulmexmûr *f* cockscomb, *bot* Celosia cristeta.

gulofîtk *f* snowball.

gulok *see* **gilok**.

gulol *see* **gilol**.

gulor *f* small ball.

gulover *see* **gilover**.

gulp *f* gulp, sip, sup (of a liquid). **~ kirin** *vt* sip. **~ lê xistin** *vt* sip. **~ bi ~** *adv* in sips.

gulpik *f* bud.

gulqedîfe *f* African marigold, *bot* Tagetes erecta.

gulşî *m* bunch (of grapes).

gum *f* **~ ~** booming sound, booming.

guman *f* suspicion, doubt; worry. **~ kirin** *vt* suspect, doubt. **bi ~** *adj,adv*

doubtful, suspicious; anxious, worried; doubtfully, suspiciously; anxiously. **bi ~ bûn** *vi* be doubtful, be suspicious. **~bar** *adj* suspicious, full of doubts..
gumbet *f* vault, arch.
gumgumok *n* lizard, *zool* Lacerta.
gumînî *f* booming. **~ jê hatin** *vi* boom. **~ pê ketin** *vi* boom. **kirin ~** *vt* boom.
gumre(h) *adj* plentiful, abundant, ample.
gumrik *f Gk* customs house, customs.
gun *m* testicle, testis.
guncan[1] *f* possibility.
guncan[2] *f* inclusion, capacity.
guncandin[1] **(biguncîne)** *vt* hear.
guncandin[2] **(biguncîne)** *vt* place; make (sth) fit into (sth).
gund *m* village. **~ik** *f* small village. **~î** *n* peasant, villager, countryman. **~îtî** *f* being a villager or a peasant, behaviour characteristic of a villager.
gundor[1] *m* roller (made of stone and used for smoothing roofs), roller.
gundor[2] *m* melon.
gune[1], **gunek** *adj* poor, miserable.
gune[2],**guneh** *m* sin. **~bar** *adj* sinful, guilty. **~bar kirin** *vt* accuse, accuse of. **~kar** *n* **1** sinner, wrong doer. **2** guilty person, criminal.
gunek[1] *n* hernia, rupture. **~î** *adj* suffering hernia. **~î bûn** *vi* get a hernia.
gunek[2] *see* **gune**[1].
gunî *f bot* astragalus.
gur *m* wolf.
gur[1] *adj,adv* strong, powerful; (fire) fiercely. **(agir) ~ bûn** *vi* (fire) burn fiercely.
gur[2] *f* **~e~** loud thundering noise. **~e~a ewran** *f* thunder. **~e~a ewran bûn** *vi* thunder. **G~e~a ewran bû**. It was thundering.
gurandin (bigurîne) *vt* skin, flay (an animal).
gurçik *f anat* kidney. **~a çepê** left kidney. **~a dest** ball of the thumb. **~a rastê** right kidney. **legena ~ê** renal pelvis. **kovên ~ê** calyx.
gurçîlik *see* **gurçik**.
Gurdîgar *see* **Xwedê**.
gurg *see* **gur**.
gurge *f* broomrape, *bot* Orobanche.
gurî[1] *f* flame. **~ pê ketin** *vi* (fire) flame up.
gurî[2] *adj* bald, hairless (due to a disease). *n* hairless person.
gurîdran *adj* voracious, ferocious.
gurmik[1] *f* buttocks, bottom, butt.
gurmik[2] *f* fist (clenched).
gurmist *f* fist (clenched).
gurover *see* **girover**.
gurpîn *f* hollow or booming sound. **~a dil** palpitation of the heart.
gurz *m* **1** mace (used in a battle). **2** bunch (of flowers).
gustîl(k) *f* ring.
guvaştin (biguvêşe) *vt* squeeze, press hard (to get water, etc out of sth), wring out (wet clothes, etc).
guvêşandin (biguvêşîne) *see* **guvaştin**.
guwah *n* witness.
guwar *see* **guhar**.
guware *see* **guhar**.
guzaf *f P* nonsense.
guzar *f* excursion.
guzîde, guzîn *P see* **bijarte**.
gû *m* **1** excrement. **2** shit, crap. *adj* worthless, bad. **~ xwarin** *vt* go too far, exceed one's ability (and then regret); put one's feet in, blunder.
gûjme *adj* undulating (land).
gûman *f* suspicion, doubt; worry. **~ kirin** *vt* suspect, doubt. **bi ~** *adj,adv* doubtful, suspicious; anxious, worried; doubtfully, suspiciously; anxiously. **bi ~ bûn** *vi* be doubtful, be suspicious. **~bar** *adj* suspicious, full of doubts.
gûmik *f* finger-tip.
gûn *m* colour.
gûnî *f* gum-tragacanth plant, *bot* Astralagus tragacantha.
gûpik *f* pad. **~a memikê** *f* nipple. **~a tilîyê** *f* finger pad.
gûsinc *f* oleaster, wild olive, *bot* Elaegnus angustifolia.
gûsk *f* dial (of a watch).
gûstêrk *f* firefly.
gûşî *m* bunch (of grapes).
gûv *f* den.
gûz *f* walnut. **~a çav** *f* eyeball.
gûzan *m* razor, razor blade.
gûzberî *f* cone.
gûzik *f* small walnut; cone. **~a derve** *f anat* lateral malleolus. **~a hundir** *f anat* medial malleolus. **~a zengilorê** *f anat* Adam's apple
gwîn *see* **gûn.**
gwîz *see* **gûz.**
gwîzan *see* **gûzan**.
gwîzik *see* **gûzik**.

H

h *f* the 10th letter of the Kurdish alphabet.

ha[1] *prep* such. **kurekî** ~ such a boy.

ha[2] *prep* here, there. **Eva** ~ This one here. **Ewa** ~ That one there.

ha[3] *int used to warn or threaten.* **Tu nerevî** ~! Don't (you) dare run!

ha[4] *conj,adv* or. **H~ tu ~ ew**. You or him (doesn't matter; there is nothing to choose between).

ha[5] *int* Yes!

ha[6] *see* **weha**.

hacet *m A* tool, implement.

haciz *see* **navbir**.

haf *m* roof; upstairs.

hag *f* large, wicket basket; pannier.

haîl *see* **navbir**.

haîm *P see* **hîm**.

haj *see* **hay**. ~ **jê hebûn** *see* **hay jê hebûn**.

hajnî *see* **ajnî**.

hajotin *see* **ajotin**.

hakim *n A* **1** judge. **2** referee.

hal[1] *m A* **1** situation, state, condition. **2** strength, energy. **ji ~ de ketin** *vi* fail in health, get weak. **li ~(ê yekî) pirsîn** *vt* inquire after sb. ~ **û hewal** circumstances; conditions, state of affairs. ~ **û hewal(ê yekî) pirsîn** *vt* ask after the welfare of (sb).

hal[2] *n A* solution; remedy. ~ **kirin** *vt* solve, settle, find a remedy.

halan *f see* **hêlan**.

halet *see* **hacet**.

halwest *n* attitude, behaviour.

handan *f* encouragement.

har *adj* hydrophobic, rabid; mad, wild. ~ **bûn** *vi* become rabid/hydrophobic; go mad. ~ **kirin** *vt* cause (sb/an animal) to become rabid; enrage, drive (sb) wild, stir up.

haris *A see* **cotkar**.

harî[1] **arî**.

harî[2] *see* **hartî**.

harîtî *see* **hartî**.

hartî *f* **1** hydrophobia, rabies. **2** wildness, madness, fury.

hasan *see* **hêsan**.

hasê *see* **asê**.

hasilî *adv* in short.

hasin *see* **hesin**.

haş *see* **aş**.

haşitî *see* **aşitî**.

haştî *see* **aştî**.

hatin[1] **(bihê,bê)** *vi* come; arrive, reach. ~ **dinyê** *vi* be born. ~ **dîtina yekî** *vi* visit (sb). ~ **serê yekî** *vi* happen (to). ~ **yekî** *vi* attack. **Se hatin me**. The dogs attacked us. **Gur tên mîhan.** Wolves attack sheep. **(bi) serê yekî de** ~ happen (to). **bi ser (yekî) de** ~ *vi* see (sb) unexpectedly, come when sb is doing sth. **jê/ji yekî** ~ *vi* be capable, be able; be expected to do sth. **ji dest** ~ *vi* be capable/able to do sth. **lê** ~ *vi* **1** suit, be suitable for. **2** help, be beneficial, work (medicine, etc). **3** bring good luck. **pê ~ ser(î)** *vi* be content/satisfied with.

hatin[2] *aux v forming the passive:* ~ **dîtin** be seen. ~ **kuştin** be killed. **Ew sê sal berê hat kuştin**. He was killed three years ago.

hatin[3] *f* income.

haveyn *m* yeast, leaven.

havêtin *see* **avêtin**.

havil *f* solution.

haviz *n* one who has memorized the Koran, hafiz.

havîn *f* summer. **H~a Navîn** July. **H~a Paşîn** August. **H~a Pêşîn** June.

havîngeh *f* summer resort, summer pastures.

havînî *adj,adv* of summer; in the summer.

havîtin *see* **avêtin**.

hawan *f* mortar (for pounding).

hawar[1] *f* help; call for help, call. **çûn ~a yekî** *vi* go to one's aid. **hatin ~a yekî** *vi* come to one's aid. **kirin** ~ *vt* call for help.

Hawar[2] *f* the first Krd (Kurmanji) magazine using Roman scripts, published by Mîr Celadet Bedir Xan and his friends in Damascus, between 1932-1935 and 1941-1943.

Hawar![3] *int* Help!

hawe *m* manner, sort, kind, way; style. **Bi çi hawî** How? **Hawê te nabe**. You're wrong. You can't do it like this.

hawêr *see* **hawir**.

hawir *f* environment, surroundings.

hawirdor[1] *adv* all around, all over.

hawirdor[2] *f* surroundings, environment.

hawîr *see* **hawir**.

hawran *m* cape (article of clothing).

hay *f* conscience; knowledge. **~ jê hebûn** *vi* know about, be informed about.

haydar *adj* conscious; informed, having knowledge about. **~ bûn** *vi* know about, be informed. **~ kirin** *vt* inform, tell about (sth).

haydarî *f* consciousness; information; knowledge. **~(ya yekî) hebûn** know about (sth), have knowledge about (sth).

haydê! *int* Come on! Come along!

haza *see* **aza**.

hazir *adj* ready, prepared.

hazirî *f* preparations; presence.

heb[1] *f* pill.

heb[2] *f* a single thing, item, piece. **Ez du ~an dixwazim**. I want two (of them).

heb[3] *f* kernel, grain. **~î** *adj* **1** grainy. **2** bearing or having kernels, seeds, etc.

hebandin (bihebîne) *vt* love, like; accept.

hebanî *f* retail, retail selling. **bi ~** *adv* retail, by retail.

hebekî *adv* somewhat, for a while.

hebe ku *adv* provided that.

hebîb *A n* lover, beloved.

hebo *adv* ~ ~ in separate particles or pieces; one by one.

hebosan *f* anise, *bot* Pimpinella anisum.

hebreş *n* black cumin, seeds of Nigella sativa.

hebûn[1] **(hebe)** *vt* **1** have. **2** exist. **3** be ready/willing to do sth.

hebûn[2] *f* **1** wealth. **2** existence. **3** being present.

hec *f A* the pilgrimage to Mecca. **çûn ~ê** *vi* go on the pilgrimage to Mecca.

hecac[1] *n* those going on the pilgrimage.

hecac[2] *f* cloud of dust.

hechecik *n* martin, *zool* Chelidou urbica.

hechecok *see* **hechecik**.

hecî *n,adj* Hadji; pilgrim.

hecîreşk *see* **hechecik**.

heça *see* **heçî**.

heçê *see* **heçî**.

heçî *adv* whoever, whatever. **H~ zû were** Whoever comes first.

heç wekî *see* **her wekî**.

hed *m A* limit, point, degree. **Hedê xwe bizanibe**. Know your place/limits.

hedad *n* ironworker, blacksmith. **~î** *f* ironwork, the profession of a blacksmith.

hedar *f* stability, being stabilized; stabilization.

hedidandin (bihedidîne) *vt* threaten.

hed(i)k *see* **het(i)k**.

hedimandin (bihedimîne) *vt* annihilate, destroy, knock down, overthrow.

hedimî *adj* destroyed, ruined, collapsed.

hedimîn (bihedime) *vi* be destroyed, be ruined, collapse.

hedinandin (bihedinîne) *vt* calm.

hedîs *f A* Hadith.

hefidandin (bihefidîne) *vt* cover.

hefik *f* pharnyx.

hefizandin (bihefizîne) *vt* save; mind, watch, look after.

hefs *see* **heps**.

hefsar *m* halter (for a horse, etc).

hefsed *see* **heftsed**.

heft *m,adj* seven. **~an/em/emîn** *adj* seventh.

heftanî *adv* weekly.

heftanî[1] *f* wage (weekly).

heftanî[2] *f,adv* weekly.

hefte *f* week. **~yî** *adv* weekly.

heftê *m,adv* seventy. **~yan/yem/yemin** *adj* seventieth.

heftqirax *f* heptagon.

heftreng *f* rainbow.

heftsed *m,adj* seven hundred.

hege(r) *see* **hek**.

hej *m* dry branches of trees, dry twigs.

hej *see* **hez**. **~ kirin** *see* **hez kirin**.

hejan *f* tremor, shake.

hejandin (bihejîne) *vt* shake, cause (sb/sth) to tremble, jolt.

hejar *adj* poor, miserable.
hejde *see* **hejdeh**.
hejdeh *m,adj* eighteen. **~an/em/emîn** *adj* eighteenth.
hejesor *f* oleaster, wild olive, *bot* Elaeagnus angustifolia.
hejg *f* roughness, unevenness. **~î** *adj* rough, uneven.
hejik *m* dry branches of trees, dry twigs.
hejikandin (bihejikîne) *vt* agitate.
hejiyan *f* earthquake. *vi see* **hejîn**.
hejîn (biheje) *vi* tremble, be shaken, quake, shiver.
hejîr *f* fig, *bot* Ficus carica.
hejîyan *see* **hejîn**.
hejmar *f* number, figure; issue.
hejmartin (bihejmêre) *vt* count.
hejmirandin (bihejmêrîne) *vt* count, calculate.
hejok *adj* shaky, trembling, quavering.
hek *conj* if.
hekanî *gram* conditional mood.
heke *conj* if.
hekînî *gram* conditional mood.
hel *see* **hal²**.
hela *adv* **H~ binêre!** Just look! Look at that! **H~ were!** Come on!
helak *adj A* exhausted, with fatigue. **~ bûn** *vi* perish, be utterly exhausted.
helaket *f* catastrophe, disaster.
helal *adj A* canonically lawful, permissible. **H~ be!** Well done! **Li te xweş ~ be.** Take it with my blessings.
helal *f* hyacinth, *bot* Hyacinthus.
helale *f* tulip, *bot* Tulipa.
helan *m* flagstone.
helandin (bihelîne) *vt* melt, dissolve. **dil ~** *vt* inflame (sb) with love or pity.
helanîn (helîne) *see* **hilanîn**.
helatin *see* **hilatin**.
helaw *f A* a sweet prepared in many varieties with sesame oil and syrup or honey, halvah.
helawet *A see* **şêranî**.
helbest *f* poem. **~van** *n* poet. **~vanî** *f* poetry.
helbet *adv A* certainly. **~ê** certainly.
helbijartin¹ (helbijêre) *vt* elect; choose.
helbijartin² *f* election.
helbijartî *adj* elected, chosen.
helçinîn (helçine) *vt* pick, pick up.
heldan (helde) *vt* lift up, raise, elevate.
helesor *m,adj* scarlet, red.
helfirîn (helfire) *vi* fly suddenly; jump, leap; be startled.
helhelok *f* cornel berry.
helikandin (bihelikîne) *vt* annihilate.
helikîn (bihelike) *vi* perish.
helim *see* **hilm**.
helisandin (bihelisîne) *vt* make (sth) decay, spoil, destroy.
helisîn (bihelise) *vi* decoy, spoil.
heliştin *see* **hiştin**.
helîqopter *f Fr* helicopter.
helîn (bihele) *vi* melt down.
heljimar *f* statistics.
helkehelk *f* heavy breathing, panting. **~a yekî bûn** *vi* pant.
helkişandin *see* **hilkişandin**.
helkişîn *see* **hilkişîn**.
helm *see* **hilm**.
helo¹ *n* goatsucker, nightjar, *zool* Caprimulgus europaeus.
helo² *see* **eylo**.
helperîn *f* dance.
helşandin *see* **hilşandin**.
helûçe *see* **alûçe**.
helwest *see* **halwest**.
hem¹ *pref* same. **hemnav, hemdeng,** etc.
hem² *see* **him**.
hema *adv* immediately, right away. **~ ~** *adv* almost, very nearly. **~ ku** as soon as.
hemaheng *adj* harmonious. **~î** *f* harmony. **bi~î** *adv* harmoniously.
hemayil *f* baldric, shoulder strap.
hembajarî *n* person from the same town/city.
hembelaz *f* variety of hawthorn..
hember *m* the place opposite. **li ~** across, opposite. **(li) ~ derketin** *vi* oppose. **çûn ~,derbasî ~ bûn** *vi* cross.
hemberî *adj,adv* **li ~** across, opposing, facing. **~ hev** *adj* facing, opposing (one another), face to face. **~ hev kirin** *vt* compare, bring (people) face to face. **hatin ~î hev** *vi* come face to face, confront. **~hevî** *f* confrontation. **~hevkirin** *f* comparison.
hembêz *f* embrace, lap. **~ kirin** *vt* embrace, hug. **li ~a xwe kirin** *vt* pick up and

hold in one's arms.

hemdem *adj* contemporary.

hemderd *n* fellow sufferer.

hemet *f* protection. ~ **kirin** *vt* mind, watch. **xwe** ~ **kirin** mind/watch os.

hemêz *see* **hembêz**.

hemin *see* **himin**.

hemî *f,adv* all; the whole.

hemîşe *see* **tim**.

hempa *n* precedent, peer.

hemreh *n* friend.

hemsa,hemser *A see* **heval**.

hemû *see* **hemî**.

hemûşk *see* **hemî**.

hemwar *n* fellow countryman.

hemware *see* **tim**.

henar *see* **hinar**.

henarîn *see* **hinartin**.

henase *f* breath. ~ **kişandin** *vt* sigh.

hene *present tense of* **hebûn** *for plural objects* **Du pênûsên min hene/Min du pênûs hene.** I have two pens.

henek *m* joke. ~ **(pê) kirin** *vt* joke. **~ê xwe pê kirin** *vt* make fun of (sb). **H~ dibe genek**. A joke backfires. **bi ~an** as a joke, jokingly. **~çî** joker. **~hez** *n* joker.

heng *f* **1** amusement, entertainment. **2** trick.

hengav[1] *f* moment, instant.

hengav[2] *f* step, initiative.

hengvan *f* gum ammoniac.

henî *see* **enî**.

henîşk *see* **enîşk**.

henûn *adj* (person) whose talk is delightful.

henzel *f* colocynth, bitter apple, *bot* Citrullus colocynthis.

heps *f A* prison, imprisonment. ~ **kirin** *vt* imprison. **~xane** *f* prison.

heq[1] *m A* **1** justice. **2** right. ~ **dan yekî** *vt* acknowledge (sb) to be right. **di ~(ê tiştekî) de hatin** *vi* manage to carry out (sth difficult). **~(ê yekî) xwarin** *vt* do an injustice to.

heq[2] *m* price, fee, wage.

her *adj,adv* every, each. ~ **car** every time, always. ~ **cara ku** each time, whenever. **~çende** *adv* although, however much. ~ **çi** *adv* whatever. ~ **çiqas** although. **~dem** *adv* always. ~ **der** everywhere ~ **diçe** *adv* gradually, more and more, increasingly. **~gav** *adv* always. **H~ hebî!** Long live! Thank you very much (said to sb after eating sth they have offered). **~heye** *adj* without beginning or end, eternal. ~ **kes** everybody. ~ **kî** whoever. ~ **roj** every day. ~ **tim** always. ~ **û** ~ continually, continuously; always, forever.. **~weha** *adv* at the same time, nevertheless. ~ **wekî** as, like. ~ **wekî din (hwd)** and so on, etc. ~ **wekî ku** *adv* considering that, as, since. ~ **yekî** each.

heraftin *vi* collapse.

heram A *adj* forbidden by religion, ritually unclean. ~ **xwarin** *vt* get (sth) illegitimately.

herbilîn (biherbile) *vi* collapse; get wound and tangled around (sth).

herçêbû *adj* frequent. **~nî** *f* frequency.

hereket *f A* movement; behaviour.

herê *see* **erê**.

herêna *see* **erêna**.

herêm *f* province; region; area. **~ên rizgarkirî** liberated regions. **~î** *adj* local, regional.

herf *f A* letter (of the alphabet).

herifandin (biherifîne) *vt* destroy, ruin.

herifî *adj* destroyed, ruined.

herifîn (biherife) *vi* be destroyed, be ruined.

heriftin *see* **herifîn**.

Herik! How amazing! Wow!

herikandin (biherikîne) *vt* **1** move, move on. **2** let or make (sth) flow.

herikîn[1] *f* current; flow.

herikîn[2] **(biherike)** *vi* flow.

herimandin (biherimîne) *vt* ruin, make a complete mess of.

herimî *adj* spoiled, out of order, useless.

herimîn (biherime) *vi* be spoiled, be out of order, be useless. **xew(a yekî) (lê)** ~ *vi* be unable to get to sleep.

herisandin (biherisîne) *vt* break to smithereens.

herisî *adj* broken to smithereens.

herisîn (biherise) *vi* be broken to smithereens.

heristin *see* **herisîn**.

herî *f* mud, slush.

herî *adj* most. **(yê)** ~ **mezin** the biggest (one).

herîn (here) *vi* go.

herîq *A see* **şewat**.

herîr *A see* **hevrîşim**..

herkesîn *adj* general, public.
hermel *f* black cumin.
hermê *see* **hirmî**.
hero *adv* every day. **~yî** *adj* daily, ordinary.
hersim *m* unripe grape.
herûm *adj* stubborn. **~î/tî** *f* stubbornness.
hervist *see* **hevrist**.
herzan *see* **erzan**.
herze *f* nonsense.
hes *f* feeling.
hesab *m A* account. **~ dan** *vt* account for (money received); give an explanation. **~ kirin** *vt* calculate. **~ pirsîn** *vt* call/ bring (sb) to accounts.
hesan *m* whetstone. **~ kirin** *vt* whet.
hesandin (bihesîne) *vt* **pê ~** *vt* inform (sb) of (sth). **bi xwe ~** *vt* waken, wake (sb) up.
hesav *see* **hesab**.
hesibandin (bihesibîne) *vt* **1** consider, regard. **2** calculate.
hesidandin (bihesidîne) *vt* arouse (sb's) jealousy.
hesidîn (biheside) *vi* be jealous of (sb), envy (sth possessed by sb).
hesik *see* **hesk**.
hesin *m* iron. **~î** *adj* made of iron, ironlike. **~ker** *n* blacksmith, ironworker.
hesincaw *m* tool, implement.
hesîde *see* **esîd**.
hesîn (bihese) *vi* feel, sense. **pê ~** *vi* perceive, notice, sense. **bi xwe ~** *vi* wake up.
hesîr *f* rush mat, canework.
hesk *f* ladle.
hesp *n* horse.

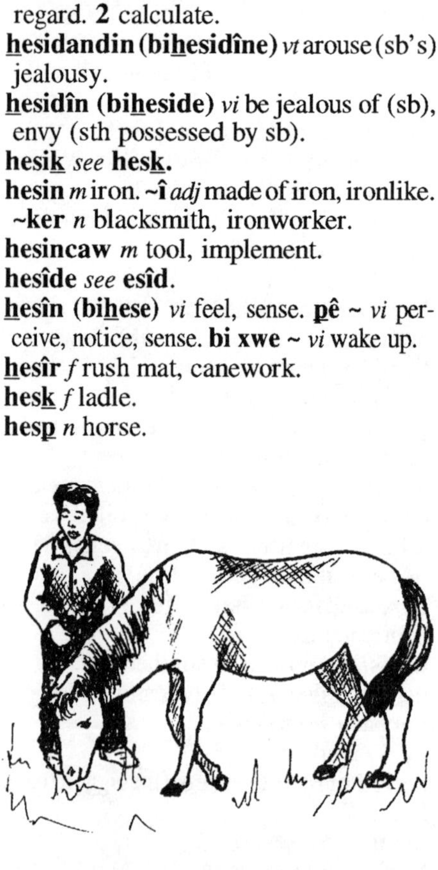

hesret *f A* longing, yearning. **~(ê/a tiştekî) bûn** *vi* long for sth, yearn for sth.
hest *f* sense, feeling.
heste *m* pocket lighter, lighter.
hesteyê diran *m* dental cementum.
hestirî *see* **histirî**.
hestî *m* bone. **~yê baziné dest** carpus. **~yê baziné pê** tarsus. **~yê beleguhê** temporal bone. **~yê birçî** tibia, shin bone. **~yê boçikê** coccyx. **~yê cênîkê** sphenoid bone. **~yê hêtê** femur, high bone. **~yê hîyoîdê** hyoid bone. **~yê kanîya çav** lachrymal. **~yê kemavê** ilium, hip bone. **~yê kortika çav** ethmoid. **~yê kortîxê** sacrum. **~yê panîyê** calcaneum, heelbone. **~yên pêçîyan** phalanges. **~yên poz** nasal bones. **~yê qorikê** ilium. **~yê qûnê** ischium. **~yê ran** femur, high bone. **~yê rûv** pubis. **~yê şeyê pê** metatarsus. **~yên tilîyan** phalanx. **~ û çerm** *adj* very thin, just skin and bones.
hesûd *adj A* envious. **~î** *f* envy.
hesûdîn *see* **hesidîn**.
heş *m* the conscious, intelligence, mind, reason. **~(ê xwe) dan serê xwe** *vt* come to one's senses. **~(ê yekî) hatin serî** *vi* come to one's senses, sober down. **~ ji serî birin** *vt* fluster, bring (sb) to utter confusion. **~ ji serî çûn** *vi* faint; be beside (os).
heşa God forbid! It's unthinkable!
heş(i)k *see* **hesk**.
heşifîn (biheşife) *vi* be scattered, lose its unity.
heşîn *see* **hêşîn**[2]
heşt *m, adj* eight. **~an/em/emîn** *adj* eighth.
heştê *m, adj* eighty. **~yan/yem/yemîn** *adj* eightieth.
heştir *f* she-camel.
heştirme *n* ostrich, *zool* Struthio camelus.
heştpê *n* octopus.
heşyar *see* **hişyar**. **~ bûn** *see* **hişyar bûn**.
heta *prep, adv* **~(ku)** until; unless; up to (a place); as far as. **H~ ku ew bê, ez ê li vir bim.** I'll be here until he comes. **H~ ku tu neyê, ez naçim.** I won't go unless you come.
heta heta *adv* eternally, forever. **hetahetayî** *f* eternity.
hetanî *see* **heta**.

het(i)k *f* defamation, disgrace, scandal.
hetikandin (bihetikîne) *vt* disgrace.
hetikî *adj* in disgrace.
hetikîn (bihetike) *vi* be disgraced.
hev[1] *adv* together; one another. **dan ~** *vt* heap, unite, assemble. **ji ~ anîn** *vt* disunite. **ji ~ bûn** *vi* separate. **ji ~ deranîn** *vt* classify, analyse. **ji ~ girtin** *vt* sort out, choose. **ji ~ ketin** *vi* dislocate, fall apart, disintegrate. **ji ~ kirin** *vt* dismantle, disunite; separate. **li ~ anîn** *vt* reconcile. **li ~ civandin** *vt* gather. **li ~ civîn** *vi* gather, assemble. **li ~ hatin** *vi* agree, reach an agreement; make peace. **li ~ kirin** *vt* agree, get on well. **li ~ xistin** *vi* **1** mix, stir. **2** make (two things) collide. **3** fight. **~ û du** one another.
hev-[2] *pref* same, together, one another. **hevkarî, hevpeyvîn**, etc.
heval *n* friend, companion. **~tî** *f* friendship, company. **~bend** *n* ally. **~bendî** *f* alliance.
hevalza *n,adj* twin, twinned.
hevber *adj* equal.
hevcivan *f* meeting, gathering.
hevde *see* **hevdeh**.
hevdeh *m,adj* seventeen. **~an/em/emîn** seventeenth.
hevdeng[1] *n* precedent, peer.
hevdeng[2] *f* homophone.
hevderanîn *f* analysis.
hevdî *see* **hevdu**.
hevdîtin *f* meeting.
hevdu *adv* one another, each other.
hevdûr *adj* sparse.
hevedudanî *gram* compound. **jê ~ bûn** *vi* consist of.
hevês: ~a dest *f* palm (of the hand). **~a pê** *f* dorsum of the foot.
hevgel *n* friend, supporter.
hevgirtin *n* coherence, coherency.
hevîr *m* dough, paste. **~ hilatin** *vi* (dough) rise. **~ kirin** *vt* prepare dough by kneading. **~tirş** *m* yeast, leaven.
hevkar *n* cooperator, partner.
hevkarî *f* cooperation; alliance.
hevmane *adj* synonymous. *f* synonym.
hevnake *adj* antagonistic; incompatible.
hevnas *n* acquaintance (person). **~î** *f* acquaintanceship.
hevnav *n* namesake.
hevnegirtin *f* lack of harmony; incompatibility.
hevnegirtî *adj* inharmonious; incompatible.
hevok *f* sentence. **~sazî** *f* syntax.
hevor *see* **evor**.
hevotin[1] **(bihevoje)** *vt* educate, tame.
hevotin[2] *f* education.
hevpar *n* share-holder, partner. **~î** *f* partnership.
hevpeyvîn *f* interview. **(pê re) ~ çêkirin** *vt* interview, have an interview with.
hevpîşe *n* professional colleague.
hevqas *see* **ewqas**.
hevra[1] *see* **hevrê**.
hevra[2] *adv* together.
hevraz *n* acclivity, steep upward slope.
hevreng *adj,n* homochromous; monotonous.
hevrê *n* comrade; fellow traveller.
hevrêşim *see* **hevrîşim**.
hevrik *adj* opposite, contrary. **~î** *f* contradiction, conflict, disagreement.
hevring[1] *n* husband of one's wife's sister.
hevring[2] *f* shears.
hevrist *f* juniper, *bot* Juniperus communis.
hevrişk *f* soup with bread pieces.
hevrîşim *m* silk.
hevrûşim *see* **hevrîşim**.
hevsar *see* **hefsar**.
hevta *n,adj* match, peer, equal.
hevtevayî *adj* collective.
hevtê *see* **heftê**.
hevtêkil *rgd* interrelated. **~î** *f* interrelation. **~ bûn** *vi* interrelate, be interrelated. **~ kirin** *vt* interrelate.
hevûdin,hevûdî *see* **hevûdu**.
hevûdu *adv* one another, each other.
hevûdû *see* **hevûdu**.
hevwate *adj* synonymous. *f* synonym.
hevwelatî *n* fellow countryman.
hew *adv* any more, no more; finished. **Ez ~ dajom**. I won't drive any more.
hew *see* **heb**.
hewa[1] *f* **1** air, atmosphere. **2** weather. **H~ xweş e**. It's nice. **3** the sky. **(bi) ~ ketin** *vi* take off, take wing.
hewa[2] *A see* **evîn**.
hewadar *adj* airy.
hewal *see* **hal û hewal**. **~ dan** *vt* talk

about, mention.
hewanas *n* meteorologist. **~î** *f* meteorology.
hewandin *see* **vehewandin**.
hewante *adv* in vain, uselessly. **Tu ~ çûyî wir**. You went there in vain.
hewar *see* **hawar**.
hewaskar *see* **eheweskar**.
hewayî *adj* aerial, pertaining to the air.
hewcar[1] *m* tool, implement.
hewcar[2] *m* vertical steering haft of plough.
hewce *f,adj* necessity; necessary. **~ bûn** *vi* be/become necessary. **~ dîtin** *vt* consider necessary. **~ hebûn** *vt* need, be necessary. **~ kirin** *vt* require, need.
hewcedar *adj* needy, in need. **~(ê tiştekî) bûn** *vi* be in need of, need sth. **~î** *f* need, necessity.
hewceyî *f* need, necessity.
hewcî *see* **hewce**.
hewd *n* seed bed.
hewdel *f* a meal.
hewe *see* **we**.
hewes *f A* great interest, desire, liking. **~kar** *adj* very interested; amateur.
hewêc *n* sexual organ.
hewêr *f* region, area, district, zone.
hewêrde *n* wren, *zool* Troglodytes.
hewêrke *see* **hewêr**.
hewês *see* **hevês**.
hewil *see* **hewl**.
hewisandin[1] **(bihewisîne)** *vt* encourage; stimulate.
hewisandin[2] **(bihewisîne)** *vt* teach.
hewisîn (bihewise) *vi* learn.
hewî *f* fellow wife (in a polygamous household).
hewl *f* effort. **~ dan** *vt* work hard for (sth), make an effort. **~dan** *f* effort, struggle.
hewqas *adv* so much, as much, so many.
hewr[1] *f* poplar, *bot* Populus.
hewr[2] *see* **ewr**.
hewş *f* courtyard.
hewşeng *f* stadium.
hewtehewt *f* barking, bark. **kirin ~** *vt* bark.
hewtin *f* barking, bark,
hewtîn (bihewte) *vi* bark.
hewûska *adv* slightly, gently.
hey[1] Look here! Hey!
hey[2] *see* **zindî**.
heya *see* **heta**.
heyam *f* age; period.
heyanî *see* **heta**.
heyber *f* subject.
heye *present tense of the verb* ***hebûn*** **Pênûseke min ~/Min pênûsek ~**. I have a pen. **Li ser masê pênûsek ~**. There is a pen on the table. **~ ku** *adv* perhaps, maybe, possibly. **~ tuneye** *adv* possibly, probably.
heyf[1] *f* regret, pity. **~(a yekî) pê hatin** *vi* feel sorry for, pity. **H~a min bi wî tê**. I feel sorry for him. **H~a wî/wê**. What a pity. **H~ e**. It is a pity.
heyf[2] *f* revenge. **~(a xwe ji yekî) hilanîn** *vt* revenge oneself on (sb), revenge, get revenge.
heyifîn (biheyife) *vi* lament, regret.
heyirandin (biheyirîne) *vt* admire; astonish; confuse, bewilder.
heyirî *adj* astonished; confused. **lê ~ man** *vi* be astonished at.
heyirîn (biheyire) *vi* admire; be astonished, be at a loss to what to do.
heyî *n* wealth.
heyîn *see* **hebûn**.
heykel *m Ar* statue.
heyla,heylê! *int* Alas!
heyman *f* age, period.
heyran[1] *n,adj* admirer, fan; overcome with admiration. **~a yekî bûn** *vi* admire.
heyran![2] *int* I admire you! My dear!
heyşt *m,adj* eight.
heyştê *m,adj* eighty.
heyv *f* **1** moon. **2** month. **~ çûn ava** *vi* (moon) set. **~ derketin** *vi* (moon) rise. **~ hatin girtin** *vi* (moon) be eclipsed. **~ hilatin** *vi* (moon) rise. **~ şîv xwarin** *vt* (moon) rise late. **xerabûna ~ê** eclipse of the moon. **~a çarde şevî, ~a li çardehê** *f* fool moon. **~reş** *f* dark night, night without moonlight. **~ron** *f* moonlight
heywan *f A* animal. **~tî** *f* brutishness, bestiality.
hez *f* love;pleasure, enjoyment. **(jê) ~ kirin** *vt* love, like; prefer. **Ez ji te ~ dikim**. I love you. **Ku/hek tu ~ bikî** If you like.
hezar *m,adj* thousand.

hezaz *f* landslide.
Hezêran *f* June.
Hezîran[1] *f* June.
hezîran[2] *m* walking stick, cane.
hezkirin *f* love.
hezl *A see* **henek**.
hezm *f* digestion. ~ **bûn** *vi* be digested. ~ **kirin** *vt* digest.
hê *adv* so far, yet, still. **Ez ~ li vira me.** I am still here. **Ez ~ neçûme**. I haven't gone yet.
hêç *adj,f* furious; fury, rage. ~ **bûn** *vi* become furious. **bi ~ê ketin** *vi* become furious. ~ **kirin** *vt* enrage, cause (sb) to become furious.
hêç *see* **qet**.
hêçandin[1] *f* trial.
hêçandin[2] **(bihêçîne)** *vt* try.
hêdî *adj* slow. ~ ~ *adv* slowly, softly, gradually. **~ka** *adv* slowly, softly. **~nga** *see* **~ka**.
hêgin *adj* talented, skilful.
hêj *adv* **1** so far, yet, still. **2** more. ~ **bêtir** more.
hêja *adj* **1** valuable, precious. **2** worthy, deserving. **3** dear. **Peyvên te ~ ne pesnan**. Your words are worthy of praise. **Hevalên ~!** Dear friends!
hêjayî *f* quality, talent; worthiness; value.
hêjîr *f* pig.
hêk *f* egg. ~ **kirin** *vt* lay eggs. **~anî** *adj* oval, egg-shaped. **~(e)rûn** *f* omelette, omelet.

hêl *f* **1** side, direction; aspect. **2** surroundings, vicinity. **Ew ber bi wê ~ê ve çû.** He went in that direction. **Li ~a Mêrdînê** In the vicinity of Mêrdîn.
hêl *f* power, strength.
hêla *adv,adj* aloud, loudly. **bi dengê ~** (read, speak) aloud.
hêlan[1] *f* yell, shout. ~ **dan (xwe)** *vt* let out a yell (encouraging).
hêlan[2] **(bihêle)** *see* **hiştin**.
hêlanek *see* **hêlanok**.
hêlanok *f* swing, hammock.
hêle *f* drive (a kind of hunt).
hêlehêl *f* shout, yell.
hêl(e)kan *f* swing, hammock.
hêlîn *f* nest. ~ **çêkirin** *vt* make a nest.
hêlîng *see* **hêlîn**.
hêlûn *see* **hêlîn**.
hêman *f* factor, element.
hêmenî *f* patience, calm.
hêmin *adj* quiet, calm, in peace.
hêmî *adj* wet.
hemle *adj* pregnant. ~ **bûn** *vi* be/get pregnant.
hêncet *f* pretext, excuse; opportunity. **bi ~a** under/on pretext of. **li ãn gerîn** *vi* look for an excuse.
hênijîn (bihênije) *vi* doze, doze off.
hênik *adj* cool. ~ **kirin** *vt* cool (sth).
hênikayî *f* coolness.
hênikba *m* Northeast wind, icy wind.
hênkayî *see* **hênikayî**.
hêran (bihêre) *vt* grind.
hêrandin (bihêrîne) *vt* grind.
hêre *f* scene, scenery, view. ~ **kirin** *vt* look, watch.
hêrifandin (bihêrifîne) *vt* pull (sth) down, demolish.
hêrifîn (bihêrife) *vi* be demolished.
hêrîn (bihêre) *see* **hêran**.
hêro *f* marsh mallow, *bot* Althaea officinalis.
hêrs *f* anger, rage. ~ **bûn,bi ~ê ketin** *vi* get angry, get enraged. ~ **kirin** *vt* enrage, anger.
hêrso,hêrsok *adj* hot-tempered.
hêrtin *see* **hêran**.
hêrûg *f* plum.
hêsa *see* **hêsan**. **~yî** *see* **hêsanî**.
hêsan *adj* easy, simple. ~ **bûn** *vi* be/become easy. ~ **kirin** *vt* ease, simplify. **~î** *f* easiness. **bi ~î** *adv* easily. **~îher** *adj* practical.
hêsir *m* tear. ~ **barandin/rijandin** *vt* shed tears.
hêsîr *n* slave, captive, prisoner of war.
hêstir *f* mule.
hêstir *see* **hêsir**.
hêsûn kirin *vt* sharpen.
hêş *see* **êş**.
hêşandin *see* **êşandin**.
hêşîn[1] *see* **êşîn**.
hêşîn[2] *m,adj* green. ~ **bûn** *vi* (a plant) leaf out; green, turn green. **~ahî/ayî** *f* green vegetables; greenness, greens.
hêşta *adv* yet, still, so far.

hêştir *f* camel. **~siwar** *n* camel-driver.
hêt *f anat* thigh.
hêtûn *f* kiln.
hêv *see* **heyv**.
hêvar *see* **êvar**.
hêveron *f* moonlight.
hêvên *m* yeast, leaven.
hêvî *f* hope, expectation. **~ dan (yekî)** *vt* give (sb) hope, make (sb) hopeful. **~ kirin** *vt* hope, expect. **li ~ya tiştekî/yekî man** *vi* wait for (sth/sb). **bi ~ bûn** *vi* hope, be hopeful. **Ez bi ~ me ku** I hope that.
hêvîdar *adj* hopeful. **~ bûn** *vi* be hopeful. **Ez ~ im ku** I hope that.
hêvotin (bihêvoje) *vt* **1** manage, administer. **2** encourage, spur, incite.
hêvron *see* **heyveron**.
hêwan *f* porch.
hêwir *f* shelter.
hêwirîn (bihêwire) *vi* **1** stay, live, dwell. **2** (birds) perch upon, settle, alight.
hêwirze *f* noise.
hêyavk *f* stew made of mixed vegetables.
hêz *f* **1** power, strength. **2** *milit* regiment, force. **~ dan** *vt* **1** struggle, make an effort. **2** strengthen. **ji ~ (de/ve) ketin** *vi* become/get weak. **ji ~ (de/ve) xistin** *vt* weaken. **~ên çekhilgir/çekdar** the armed forces. **~ên ewlekarî** the police force. **~dar** *adj* strong, powerful.
hib(i)r *f* ink. **~dank** *f* ink-well.
hiccet *A see* **delîl**.
hijde *see* **hejdeh**.
hijdeh *see* **hejdeh**.
hijêr *f* fig.
hijmartin *see* **hejmartin**.
hikim *m A* **1** sovereignty, power. **2** verdict, sentence. **~ dan** *vt* pass sentence. **~ kirin** *vt* rule, govern.
hikûmet *f A* government.
hila *see* **hela**.
hilal *m* toothpick.
hilanîn (hilîne) *vt* **1** remove, take away. **2** raise. **3 sifre ~** clear the table. **4** keep, preserve, hide.
hilatin *vi* (sun, moon, bread) rise.
hilavêj *f* lift, elevator. **~van** *n* lift-man.
hilavêtin (hilbavêje) *vt* **1** throw up. **2** kick with both hind feet.
hilavistin *vt* hang up.
hilavistî *adj* hanging.
hilawistin *see* **hilavistin**.
hilberandin (hilberîne) *vt* produce.
hilber,hilberî, hilberîn *f* production.
hilberînî *adj* productive, of production.
hilbijartin[1] *f* election.
hilbijartin[2] **(hilbijêre)** *vt* elect, choose.
hilbijartî *adj* elected, chosen.
hilbijêr *n* elector, voter.
hilciniqandin (hilciniqîne) *vt* startle.
hilciniqîn (hilciniqe) *vi* be startled.
hilçinîn (hilçine) *vt* pick up; wind up, roll up.
hildan (hilde) *vt* **1** raise, lift. **2** roll up (sleeves, etc).
hildek *m* (oto) jack.
hilf *see* **hilm**.
hilfirandin (hilfirîne) *vt* fly (sth).
hilfirîn (hilfire) *vi* jump up, fly.
hilgaftin *f* connection, relation. **Bi çi ~ê?** Why? For what reason?
hilgavtin *see* **hilgirtin**.
hilgirtin (hilgire) *vt* shoulder or take on (a burden, task, etc); bear, endure; carry.
hilhatin *vi* (sun, moon, bread) rise.
hilhilandin (hilhilîne) *vt* use, wear.
hilhulî *see* **hulhulî**[1 2].
hilim *see* **hilm**[1 2].
hilindî *m* butter.
hiljimar *f* statistic(s).
hilketin (hilkeve) *vi* climb up.
hilkirin (hilke) *vt* **1** lift, raise. **2** roll up (sleeves, etc).
hilkişandin (hilkişîne) *vt* raise, take up, make (sb) climb up; extract.
hilkişîn (hilkişe) *vi* climb up.
hilkulîn (hilkule) *vi* limp.
hilkumîn (hilkume) *vi* stumble.
hilkutan (hilkute) *vt* jump and stamp.
hilm[1] *f* breath. **~(a yekî) çikandin** *vt* suffocate (sb). **~(a yekî) çikîn** *vi* suffocate. **~ dan** *vt* breathe out, exhale. **~ stendin** *vt* breathe in, inhale; take a short break, rest.
hilm[2] *f* steam.
hilmaştin,hilmiştin (hilmêşe) *vt* tuck up (one's trousers or sleeves).
hilor *f* hopping. **~ bûn** *vi* hop. **~ kirin** *vt*

make (sb/sth) hop.
hilperiştin (hilperêşe) *vi* climb up.
hilperîn (hilpere) *vi* jump, leap; be startled.
hilpişkîn *f* jump, leap. *vi* jump, leap.
hilqetandin (hilqetîne) *vt* tear down.
hilşandin (hilşîne) *vt* destroy, demolish.
hilşîn (hilşe) *vi* collapse, be demolished.
hilû[1] *adj* smooth, even, straight.
hilû[2] *f* plum. **~reşk** black plum. **~zerk** yellow plum.
hilweşandin (hilweşîne) *vt* demolish, destroy, ruin.
hilweşîn (hilweşe) *vi* collapse, be demolished, be ruined.
him (repeated symmetrically) both ... and. **~ tu ~ ew** both you and he.
himal *n A* porter. **~î** *f* **1** being a porter. **2** porter's fee. **3** hard work, toiling and slaving.
himam *f A* public bath, bathroom.
himandin (bihimîne) *vt* protect.
himber *see* **hember**.
himbêz *f* embrace, lap. **~ kirin** *vt* embrace, hug. **li ~a xwe kirin** *vt* pick up and hold in one's arms.
himbiz *adj* dense, thick.
himêz *see* **himbêz**.
himin *adv* anyway, in any case; certainly, undoubtedly.
himle *adj A* pregnant. **~ bûn** *vi* be/get pregnant.
hin *n,adv* some.
hinar *m* pomegranate, *bot* Punica granatum. **~în** *m,adj* grenadine red.
hinare *f* message.
hinarik *n* cheekbone.
hinarî *f* sob.
hinartin (bihinêre) *vt* send, dispatch.
hinartî *n* envoy; messenger.
hinav *f* interior, inner parts.
hincet *f* opportunity; pretext.
hinciqîn (bihinciqe) *vi* be crushed, be trampled.
hincirandin (bihincirîne) *vt* press, crush.
hind[1] *f* vicinity, presence, place around (sb/sth). **li ~a** *prep* near, with.
hind[2] *see* **hin**.
hindav *f* direction; line, level (to which sth is adjusted).
hinde[1] *adv* so much, as much.
hinde[2] *adj* some.
hinde[3] *f* cause. **ji ber vê hindê** therefore, this is why.
hindewane *see* **zebeş**.
hindik *adj,adv* little, few; not enough. **~ahî/ayî** *f* minority; scarcity. **ji ~ahî ve** at least. **~ ~** *adv* little by little.
hindikandin (bihindikîne) *vt* reduce, decrease, lessen.
hindikek *adj* a little, a few.
hindî *see* **hingê**.
hindur *see* **hundir**.
hine *f* henna.
hinek *adj,pron* some. **~ ji wan** some of them.
hiner *see* **huner**.
hing *f* blow, strike.
hingaftin[1] **(bihingêvîne)** *vt* **1** hit, hit the mark. **2** reach.
hingaftin[2] *f* hitting (the mark).
hingavî *adv* at the moment, then.
hingê *adv* then, at that time; so, thus. **wê ~** then. **ji ~ ve** since then. **~ ku** *adv* to the extent that.
hingiv *m* honey.
hingivandin *see* **hingaftin**.
hingivîn *m* honey.
higivînok *f* dead nettle, *bot* Lamium.
hingî *see* **hingê**.
hingor *see* **hingur** *f*
hingulîsk *f* ring.
hingur *f* the time between sunset and dark night, twilight.
hingustîl *f* ring.
hinguv *m* honey.
hingûr *see* **hingur**.
hinik *see* **hinek**.
hiqûq *f A* law, jurisprudence.
hir *see* **vir**.
hirbî *f* kind of scarf (worn round the head).
hirç *n* bear, *zool* Ursus arctos.
hire *adv* **li ~** here.
hirî *f* wool.
hirmê,hirmî *f* pear, *bot* Pirus comminus.
hirqet *A see* **şewat**.
his *see* **hes**.
hisfinax *see* **îspenax**.
hisîn *see* **hesîn**.
histirî *m* thorn.
histu *m anat* neck.

hiş *m* intelligence, mind, reason, consciousness. ~ **hatin serî** *vi* come to one's senses, sober down. ~ **ji serî çûn** *vi* be beside os, faint. ~ **winda kirin** *vi* go out of one's mind.

hişavtin (bihişêve) *vt* swallow.

hişk *adj* hard; dry; barren; solid. ~ **bûn** *vi* dry; get hard, harden. ~ **kirin** *vt* drain, dry up; harden.

hişkelî *f* flood (in a place that is usually dry).

hişkesayî *f* dry cold, cold (air, night).

hişkîn (bihişke) *vi* grow hard, harden; drain, dry up.

hişpak *adj* sincere, ingenuous.

hişsivik *adj* foolish. **~î** *f* foolishness.

hiştarî *adj* ignorant.

hiştin (bihêle) *vt* let, allow; keep; leave. **li dû (xwe)** ~ *vt* leave behind. **li cem (xwe)** ~ *vt* keep with (os). **Ew nahêlin em herin**. They don't let us go.

hişyar *adj* **1** awake, wakeful. **2** alert, wide-awake. ~ **bûn** *vi* wake up. ~ **kirin** *vt* wake (sb) up; warn. **~î** *f* wakefulness, watchfulness; warning.

hivde *see* **hivdeh**.

hivdeh *m,adv* seventeen. **~an/em/emîn** *adj* seventeenth.

hiwêzî *m* mace (a weapon).

Hizêran *f* June.

hizir *f* idea; thought. ~ **kirin** *vt* think.

hizirîn (bihizire) *vi* think.

hizûr *see* **huzûr**.

hîcar *see* **îcar**.

hîç *see* **qet**.

hîjde *see* **hejdeh**.

hîjdeh *see* **hejdeh**.

hîkarî *f* effect, influence.

hîlal *f A* crescent.

hîlet *f* habit.

hîm[1] *m* base, foundation. ~ **danîn** *vt* lay the foundation.

hîm[2] *see* **hîme**.

hîmam *see* **mirin**

hîme *m* large stone.

hîn[1] *adv* more. ~ **baş** better.

hîn[2] *adv* yet; still; so far. **Ew ~ nehatiye**. He hasn't come yet.

hîn[3]: ~ **bûn** *vi* learn; get used to. ~ **kirin** *vt* teach; train; make used to.

hîn[4] *f* moment, instant.

hîna *adv* yet; still; so far. ~ **jî** even so, still, yet.

hîndarî *f* exercise.

hîndekarî *f* training, instruction, education.

hînika *adv* just. **Ew ~ hat**. He has just come.

hînkar *n* educator, instructor, trainer.

hînkirin *f* teaching, training, instruction. ~ **û hevotin** *f* teaching and education.

hîr *f* ~(e)~ whinny, neigh. **H~(e)~a hespê ye**. The horse is neighing.

hîrîn (bihîre) *vi* (a horse) neigh.

hîro *see* **îro**.

hîsal *see* **îsal**

hîser[1] *adj* tight, tightly wedged or jammed.

hîser[2] *f* warehouse, store.

hîştin *see* **hiştin**.

hîv *see* **heyv**.

hîvik *f* crescent.

hîvî *see* **hêvî**.

hîz *see* **hêz**.

hîzar *f* saw.

hode *see* **ode**.

hogir *n* close friend, comrade, friend who is the same age as os.

hoker *f gram* adverb.

hol[1] *f* circle. **~a vala** vicious circle.

hol[2] *f* one's immediate surroundings. **li ~ê** in view, in sight. **derketin ~ê** *vi* appear. **ji ~ê rakirin** *vt* do away with, remove; destroy. **ji ~ê rabûn** *vi* disappear; be destroyed.

hol[3] *see* **gog**.

hol[4] *f Eng,P* hall (entrance).

hol: ~ **bûn** *vi* hop, jump.

holik *f* hut.

honan (bihone) *vt* **1** knit; braid; weave; darn. **2** organise.

honandin (bihonîne) *see* **honan**.

honijîn (bihonije) *vi* **1** doze, fall asleep; yawn. **2** be engrossed in (thoughts, one's work).

honik *see* **hênik**.

honîn *see* **honan**.

hosta,hoste *adj* skilled, skilful. *n* master, master workman. **~tî** *f* mastery; skilfulness.

hotik *f* fist. ~ **lê xistin** *vt* hit with one's fist.

hov *adj* wild, savage; rude; primitive. **~tî** *f* wildness; savageness; primitiveness.

hovebe *adj* primitive.
hovî *see* **hov**. **~tî** *see* **hovtî**.
Howeh! *expression of surprise* Wow!.
hoy *m* condition.
hoyandin (bihoyîne) *vt* condition.
hoz[1] *m* voice, sound. **~an** *n* singer.
hoz[2] *f* power, strength.
hubla *see* **avis**.
hubur *see* **hib(i)r**.
hucet *f* competition.
hucre *f A* cell.
hudhud *n* hoopoe, *zool* Upupa epops.
hufre *A see* **kort**.
hukim *m A* power.
hulhulî[1] *adj* fastidious, finicky.
hulhulî[2] *f* turkey.
hulî *n zool* eagle.
hulm *see* **hilm**.
humban *m* pouch.
humbanî *n,adj* marsupial.
humre *A see* **sor**.
humuk *f* fist. ~ **lê xistin** *vt* hit with one's fist.
humus *f* humus.
hun *pron* you (pl).
hundir *m,prep* the interior, the inside; in, into. **xistin** ~ *vt* put into. **li** ~ *prep* in, inside. **di ~ê ... de** *prep* in, inside. **di ~ê xênî de** in/inside the house.
hundur *see* **hundir**.
huner *m* skill; art. **~mend** *n,adj* artist, skilful.
hungiv *m* honey.
hurç *see* **hirç**.
hurmet *A* respect. ~ **kirin** *vt* respect. **~kar** *adj* respectful. **~karî** *f* respect; being respectful.
Hurmiz *f* Jupiter.
hust *f* the full grasp of the hand, handspan.
hustu *m anat* neck.
huş *int* Hush! Be silent! **Huş e/i!** Hush! Be silent!.
huzûr[1] *f A* peace of mind, freedom from anxiety, comfort. **~(a yekî) xera kirin** *vt* disturb sb, trouble sb.
huzûr[1] *f A* presence (of another). **li ~a** in the presence of.
hûçik *see* **ûşik**.
hûn *pron* you (pl).
hûnan *see* **honan**.
hûnandin *see* **honandin**.
hûnik *see* **hênik**.
hûr[1] *adj* small; little, tiny. ~ **bûn** *vi* get smaller; be broken into small pieces. ~ **kirin** *vt* **1** break into small pieces; make smaller; chop to bits; crumble. **2** change (money). ~ **nihêrîn** *vt* examine (sth) in details, go into a matter carefully. ~ ~ *adv* bit by bit.
hûr[2] *m anat* **1** rumen, paunch. **2** tripe.
hûrandin (bihûrîne) *vt* analyse; crumble.
hûrberda *adj* potbellied, paunchy.
hûrbîn *f* microscope.
hûrdek *f* minuscule.
hûrhûri *adj,adv* in small pieces, in smithereens. ~ **kirin** *vt* smash (sth) into smithereens.
hûrik[1] *adj,f* tiny; a tiny part, a bit.
hûrik[2] *m* small change (money).
hûris *m* hammer.
hûrî *f* houri.
hûrîn *f* microbe.
hûrmir *see* **hûr-mûr**.
hûr-mûr *m* luggage, belongings; unimportant things.
hûrpêl *f* microwave.
hûrpizî *adj* fat, paunchy.
hût[1] *n* giant. **~asa** *adj* gigantic.
hût[2] *n* whale.
hwd (her wekî din) etc.
hwîr *see* **hûr**.

İ

i *f* the 11th letter of the Kurdish alphabet.

-ik *dim suff forming nouns, often without evident dim connotation, eg:* **keçik, lawik, jinik**.

ilim *adv* come what may, no matter what happens, by all means. ~ ~ especially, particularly. ~ **jî** especially, particularly.

ilm *m A* science. **~î** *adj* scientific.

im *first singular of the present tense of* **bûn (to be)**; **me** *after a vowel* am. **Ez dirêj im**. I am tall. **Ez mamoste me**. I am a teacher.

imbar *f* warehouse, storehouse, grain silo.

in *plural of the present tense of* **bûn (to be)**; **ne** *after a vowel* are. **em/hun/ew ~** we/ you/they are. **Ew vala ne**. They are empty.

inda *see* **wenda**.

int *f* ~~ moaning, groaning. **~~a yekî bûn, bûn ~~a yekî** *vi* moan, groan.

intîke *m,adj* antique.

Îraq *f* Iraq. **~î** *n,adj* Iraqi.

irbane *see* **erbane**.

irs *m A* heredity. **~î** *adj* hereditary, pertaining to heredity.

isa *see* **wisa**.

-istan *suff forming nouns* place. **Kurdistan, daristan,** etc.

isterk *see* **stêrk**.

istêrk *see* **stêrk**.

istirî *m* thorn.

istran *see* **sitran**.

işk *see* **hişk**.

iştexilandin *see* **ştexilandin**.

itbarî *f* trust.

ix *exp ordering a camel to squat down* ~ **bûn** *vi* (a camel) squat down. ~ **kirin** *vt* have (a camel) squat down.

iyar *see* **eyar**.

Î

î[1] *f* the 12th letter of the Kurdish alphabet.

î-[2] *pref* this. **îro, îsal, îşev**, etc.

-î[3] *suff forming adj and n, eg:* **mirî, gundî, bajarî; reşî, başî, dijwarî; Tirkî, Îngîlîzî, Kurdî.**

î[4] *second singular of the present tense of* **bûn (to be)**; **yî** *after a vowel* are. **Tu baş î.** You are good. **Tu mamoste yî.** You are a teacher.

îbadet *f A* worship, act of worship. ~ **kirin** *vt* worship.

Îblîs *m A* the devil.

îbn *see* **kur**.

îbne *see* **qûnde**.

îbrişim *m* silk.

îbtîda *A see* **destpêk**.

îcab *f A* necessity, requirement. ~ **kirin** *vt* be necessary. **Î~ nake**. There is no need.

îcad *f A* invention. ~ **bûn** *vi* be invented. ~ **kirin** *vt* invent.

îcar *adv* this time, now.

îcare *f A* lease. **dan îcarê** *vt* lease. ~ **kirin** *vt* take on lease.

îdam *f A* capital punishment, execution. ~ **bûn** *vi* (a criminal) be hanged. ~ **kirin** *vt* hang, execute (a criminal).

îdare *f A* **1** management, administration. **2** means of living, living. **îdara xwe kirin** *vt* make one's living. ~ **kirin** *vt* **1** manage, administer. **2** make ends meet, manage.

îdî *adv* any more, no more. **Ez ~ naçim wir**. I am not going there any more.

îhsan *A see* **qencî**.

îja *see* **îjar**.

îjar *adv* this time, now.

îlle,îllet *A* **1** *see* **sedem**. **2** *see* **nexweşî**.

Îlon *f* September.

îmam *m A* religious leader; leader in congregational prayer; one of the twelve Îmams.

îman *f A* faith.

îmkan *f A* possibility, ability to do.

îmroz *see* **îro**.

îmşeb *see* **îşev**.

îmze *f A* signature. ~ **kirin** *vt* sign.

în *f* Friday.

înca,încar *adv* then, so, in that/this case; this time, now.

încaz *f* species of plum.

Încîl *f* gospel.

îneb *see* **tirî**.

Îngîlîstan *f* England.

Îngîlîz *n* English (person). **~î** *f* English (language).

Înî *f* Friday.

însan *f A* man, human being. **~etî** *f* **1** humanity, mankind. **2** humaneness, kindness. **3** being human.

Înşale(h) *A* God willing; Please God; I hope that.

îqar *f* forest.

Îran *f* Iran. **~î** Iranian.

îrfan *A see* **zanîn**.

îro *adv* today. **~yîn** *adj* current.

îrtîyab *see* **gûman**.

Îsa *m* Jesus.

îsal *adv* this year.

îsandin (biîsîne) *vt* light.

îser *adj* tight.

Îsewî *n,adj* Christian. **~tî** *f* Christianity.

îsk *f* sob. **Î~ ~a wî bû**. He was sobbing.

îskan *f* glass (of tea, etc).

îskeîsk *f* sob, sobbing. **kirin ~,~ kirin** *vt* sob.

îskîn *f* sob, sobbing.

Îslam *n A* Islam.

îsm *A see* **nav**.

îsot *f* pepper, pimento, ground pepper. **~a tûj** hot pepper.

îspenax *f Gk* spinach, *bot* Spinacia oleracea.

Îsraîl *f* Israel. **~î** Israeli.

îstegeh *f* station, stopping-place.

îstekan *f* glass (of tea).

îstge *see* **îstegeh**.

îstîtaet *A see* **hêz**.

îş *m* work, job, task.

îşale *see* **înşale(h)**.

îşev *adv* tonight.

îtaet *f A* obedience. ~ **kirin** *vt* obey.

îttîhat *A see* **yekîtî, yekbûn**.

îxfa *A see* **veşartî**.

îxtiyar *adj,n A* old (person).

îzin *f A* permission; leave. ~ **dan** *vt* give permission. ~ **girtin/stendin** *vt* get permission. ~ **xwastin** *vt* ask for permission. **Bi ~a te/we be.** With your permission.

J

j *f* the 13th letter of the Kurdish alphabet.
jahr *f* poison, venom. ~ **dan** *vt* poison. ~**dadayî/dayî** *adj* poisoned. ~**dadayî/dayî bûn** *vi* be poisoned. ~**dadayî/dayî kirin** *vt* poison. ~**dar** *adj* poisonous, toxic. ~**în** *adj* poisonous, toxic.
jakaw *adj* wild, fierce.
jale[1] *f* dew.
jale[2] *f* oleander.
jam *f* large bell.
jan *f* ache, pain, sorrow. ~**zirav**, ~**a zirav** tuberculosis.
jar[1] *adj* weak; poor; thin. ~ **ketin** *vi* get weak. ~**î** *f* weakness.
jar[2] *see* **jahr**.
jehr *see* **jahr**.
jeng *f* rust. ~ **girtin** *vt* become rusty.
jengdar *adj* rusty; tarnished; corroded.
jenîn (bijene) *vi* have a pulse, (for a pulse) beat; card (fibres for cloth).
jentin (bijene) *vt* card, comb (wool).
jer *see* **jehr**.
jev *cont of* **ji hev**.
jê *prep, cont of* (**ji wî/wê** *or* **ji yekî/tiştekî**) from, off. ~ **bûn** *vi* break, be cut, be broken. ~ **çûn** *vi* lose. **Çiqas ji te çû?** How much did you lose? ~ **hatin** *vi* be able/capable to do (sth). ~ **pêk hatin** *vi* consist of, be made up of, be composed of. **Qomîte ji 10 endaman pêk tê.** The committee consists of ten members. ~ **qetandin** *vt* part, separate (sb/sth) from. ~ **pê ve** *adv* then, afterwards; except. ~ **vir de** *adv* since that time; from there, thence. ~ **wê de** *adv* beyond; after.
jêderk *f* summary, résumé; quotation.
jêgirtin *f* copy, copying. **jê girtin** *vt* copy.
jêgirtî *adj,f* copied; copy.
jêgirtik *f* copy.
jêhatî *adj* capable, skillful, hard-working, diligent, industrious.
jêkirin (jêke/jêbike) *vt* **1** cut, break. **2 kinc/cil** ~ undress.
jêkve *adv* from one another.
jêlî *adv,prep* thence, from there; since that time.
jêmaye *f* inheritance.
jêr[1] *m* lower part/area/place, bottom.
jêr[2] *prep* down, below. **li** ~ below, at the bottom.
jêrdest *adj* oppressed, dependant.
jêrenot *f* footnote.
jêrî *adv,n* down, below; bottom.
jêrîn *adj* lower, below.
jêrzemîn *n* underground.
jêveguhastin *f* quotation, quoting. **jê veguhastin** *vt* quote.
jêwergirtin *see* **jêveguhastin**.
jêza *f* **1** nature. **2** origin, source.
ji *prep* from, off. ~ **tiştekî bûn** *vi* be left without, be deprived of (sth). **Ez ~ pirtûkên xwe bûm.** I was deprived of my books. ~ **tiştekî kirin** *vt* deprive (sb) of (sth). ~ **adetê der** *adj* unusual, uncommon. ~ **alî(yê) ve** by. ~ **bal** by. ~ **ber çi** *interr* why. ~ **ber ku** *conj* because, since. ~ **ber man** *vi* remain, be left over. ~ **ber rabûn** *vi* stand up (in respect). ~ **ber vê yekê/hindê** *adv* therefore, for this reason. ~ **ber vî çendî** *adv* therefore, for that reason. ~ **ber xwe** *adv* of one's own accord, automatically, by oneself. ~ **ber xwe ve** to oneself. ~ **ber zanîn** *vt* know by heart. ~ **bilî** *adv* except. ~ **bo** *adv* for. ~ **bo çi** *interr* why. ~ **bona** *adv* for. ~ **dêl/dêla/dêvla** *adv* instead, instead of. ~ **jêr** *adv* from below. ~ **jor** *adv* from above. ~ **ku/kuderê** from where. ~ **lewre** *adv* because, this is why. ~ **mêj da/de/va/ve** *adv* for a long time past. ~ **nişka/nişkekê ve** *adv* suddenly. ~ **nû da/de/va/ve** *adv* again. ~ **pê** *adj,adv* standing up. ~ **piyan** *adj,adv* standing up. ~ **piyan sekinîn** *vi* stand up. ~ **rengê** *adj* like, similar to. ~ **serî** from the beginning, from the head/top. ~ **serî ta dawîyê** from the beginning to the end. ~ **vir** from here, hence. ~ **vir pê de/ve** *adv* afterwards, from now on. ~ **vir û ha da/de** *adv* afterwards, from now on. ~ **wir** from there, thence. **Ji wî heye/weye/ye ku...** He thinks that... ~ **xwe** *adv* besides, moreover; anyway, anyhow. ~ **xwe ber** *adv* by oneself, without being asked, automatically. ~ **xwe ewle** *adj* self-confi-

dent. ~ **xwe razî** *adj* conceited, arrogant.
jibartin *see* **bijartin**.
jibergirtin *f* copy, copying. **ji ber girtin** *vt* copy.
jiberk *f* copy.
jiberkirin *f* memorization. **ji ber kirin** *vt* memorize, learn by heart.
jiberkirî *adj* memorized.
jibîrkirin *f* forgetting. **ji bîr kirin** *vt* forget.
jibîrkirî *adj* forgotten.
jidayikbûn *f* birth. **ji dayik bûn** *vi* be born.
jidayikbûyî *adj* born.
ji hev *adv* from one another. ~ **derxistin** *vt* analyse. ~ **gerandin** *vt* part, separate, set apart. ~ **gerîn** *vi* part, separate from one another. ~ **kirin** *vt* part, separate, set apart.
jihevderanîn *f* analysis. **ji hev deranîn** *vt* analyse.
jihevketin *f* disunion, disunity. **ji hev ketin** *vi* be scattered, lose its unity.
jihevketî *adj* dispersed, scattered, disorganised.
jikarketî *adj* invalid (person).
jimar *f* number. **~edar** *n* accountant. **~edarî** *f* accountancy.
jimartin (bijimêre) *vt* count.
jin *f* **1** woman. **2** wife. ~ **anîn** *vt* (man) get married. ~ **berdan** *vt* (man) divorce. ~ **kirin** *vt* (man) get married.
jinabî *see* **jinbî**.
jinap *f* aunt, paternal uncle's wife.
jinbav *f* step-mother.
jinbira *f* brother's wife.
jinbî *f* widow.
jindost *f* mistress.
jinebî *see* **jinbî**.
jinik *f* woman.
jinmîr *f* queen.
jinparêz *n* feminist. **~î** *f* feminism.
jinxal *see* **xalojin**.
jinxweda *f* Goddess.
jirêderketin *f* derailment. **ji rê derketin** *vi* be derailed, go astray.
jirêderxistin *f* derailment. **ji rê derxistin** *vt* derail, lead astray.
jirkî *adv,prep* thence, from there, since that time.
jiyan *see* **jîyan**.
jiyandin (bijiyîne) *see* **jîyandin**
jiyîn *see* **jîyîn**.
jî *adv* too, also, as well. **Ez** ~ Me too.
jîjo *n* hedgehog, *zool* Erinaceus europaeus.

jîn[1] *f* life. **~zanî** *f* biology.
jîn[2] **(bijî)** *vi* live.
jîndar *adj* alive.
jînenîgarî *f* biography.
jînî *adj* alive; of or related to life.
jînsal *n* age.
jîr *adj* skilful, talented, diligent, hardworking. **~ahî/ayî/tî** *f* skilfulness, talent, diligence.
jîrek *see* **jîr**.
jîrik *see* **jîr**.
jîyan[1] *f* life.
jîyan[2] **(bijî)** *vi* live.
jîyandin (bijîyîne) *vt* keep (sth) alive, make (sb/sth) alive, bring to life; enliven; revive.
jîyaneçîrok *f* autobiography.
jîyîn[1] **(bijî)** *vi* live.
jîyîn[2] *f* life.
jmar *see* **jimar**.
jmaredar *see* **jimaredar**. **~î** *see* **jimaredarî**.
jmartin *see* **jimartin**.
jojî *see* **jîjo**.
jor *m,adv* upper area or place; up. **ji** ~ **(de/ve)** from above. **li** ~ *prep* above, over, up.
jorgotî *adj* above mentioned/named.
jorî *see* **jor**.
jorîn *adj* above; superior; upper.
jûjî *see* **jîjo**.
jû pê ve *adv* from now on, henceforth.

K

k *f* the 14th letter of the Kurdish alphabet.
ka[1] *interr adv* Where is/are? **Ka mamoste?** Where is the teacher?
ka[2] *adv used with the imper mood* **Ka were.** Come on, come please.
ka *f* straw, hay (cut up), chaff.
kab *f* knucklebone, astralagus, talus.
kabik *f* heel (of shoes).
kad *f* sphere.
kadan *see* **kadîn**.
kade *m* a round, ring-shaped or braided cake.
Kadiz *f astr* **Rêya ~ê** the Milky Way.
kadîn *f* hayloft, haymow.
kafir *n A* a non Muslim; infidel, unbeliever.
kaho *see* **kahû**.
kahû *f* lettuce, cos.
kail *see* **qayil**.
kak *m* brother.
kakil *n* walnut kernel.
kakivîlk *see* **kuvark**.
kaktûs *f Gk* cactus.
kal *adj,m* old; old man. **~î** *f* old age. **~tî** *f* being old, old age.
kal *adj* unripe, green.
kalan,kalên *n* sheath, scabbard.
kalekal *f* bleating; moaning.
kalik *m* **1** grandfather. **2** male ancestor.
kalik *n* melon.
kalîks *f anat* calyx.
kalîn (bikale)[1] *vi* moan, groan.
kalîn (bikale)[2] *vi* (sheep, etc) bleat.
kalkal *see* **kalekal**.
kam *f* straw-thresher. **~a dev** *f anat* hard palate.
kambax *adj* ruined, devastated. **~ bûn** *vi* be ruined, be devastated. **~ kirin** *vt* devastate, ruin.
kamil *adj A* mature, grown up, complete.
kamîn *see* **kemîn**.
kan[1] *f* treasure.
kan[2] *f* mine (minerals), quarry.
kan[3] *see* **kanî.**
kan *see* **kanî**.
kanav *f* mineral water.
kanê *see* **kanî**.
kanêje *f* cornflower, bluebottle, *bot* Centaurea cyanus.
kang *adj* unaware of.
kangeh *f* mine (minerals).
kanî *f* spring; fountain; fountain head; source. **~ya çav** *f* inner corner of the eye. **~yên avdanê** watering sources.
kanî *interr adv* Where is/arc? **K~ xwendekarên me?** Where are our students?
kanîn[1] *f* power; ability.
kanîn[2] **(bikane)** *vt* be able. **Ez karim werim.** I can come. **Kanûn** *f* December. **~a Yekem** December. **~a Duyem** January.
kapek *f* bran.
kapik *see* **kapek**.
kar[1] *m* work; affairs; business; action; preparation. **~ kirin** *vt* work. **~ên xwe kirin** *vt* prepare, make preparations, get prepared. **~ên derve** foreign affairs. **~ên hundir** domestic affairs. **~ên malê** house-works.
kar[2] *f* use, effect. **bi ~ anîn** *vt* use. **bi ~ hatin** *vi* be used, be useful.
kar[3] *f A* profit, benefit. **~ kirin** *vt* profit, make a profit.
-kar[4] *suff forming nouns* doer. **xwendekar, cotkar,** etc.
-kar[5] *suff forming adjectives* somewhat, -ish,-ful.
kar-[6] *pref forming nouns related to work* work. **karker, karbidest, karmend** etc.
kar *n* kid (of a goat).
karak *n* ore.
karberdan *f* strike, industrial action, stop (working). **kar berdan** *vt* strike, stop working, go on a strike.
karbidest *n* official, director, manager. **~î** *f* administration, management.
karçik *f* pear.
karçîn *f* wild pear.
karda *n* employer.
karekar *f* sob, sobbing.
karêz *f* **1** fountain. **2** windy place.
karga *see* **kargeh**.
karge *see* **kargeh**.
kargeh *f* workshop; factory; office.
karger *see* **karker**.
karhez *rgd* dutiful, devoted to one's work; hard-working.
karik *see* **kar**.
karî *n* **1** cuckoopint, beetroot. **2** dragon arum. **3** mushroom.

karîger *adj* active.
karîn *see* **kanîn**.
karîş *m* slop, side of a hill.
karker *n* worker, working man. **~ên demî** seasonal workers. **~î/tî** *f* being a worker, workmanship.
karketî *adj* invalid.
karkulîlk *f* mushroom.
karmend *n* civil servant, employee, officer.
karniyar *n* applicant.
karok *f* mushroom.
karpêk *m* work.
karsaz[1] *n* businessman.
karsaz[2] *adj* skillful.
kartol *f* potato.
karûbar *m* **1** activity. **2** affairs. **3** preparations. **4** responsibility, duty.
karvan *f* caravan, convoy.
Karvankuj *f* the morning star, Venus.
karwan *see* **karvan**.
karxane *f* factory, works, mill.
karxwer *n* boss.
karzana *adj* skilled, qualified.
kas *f* glass; bowl.
kasik *see* **kas**. **~a çogê** *f anat* patella, kneecap.
kaş *m* slope, side of a hill. **~ kirin** *vt* drag.
kat[1] *f* mention. **(ji tiştekî) ~ kirin** *vt* mention.
kat[2] *n* time. **~ê** *conj* when. **Katê ez derketim derve, baran dibarîya.** When I went out, it was raining. **~jimêr** *f* watch, clock.
kat[3] *m* branch (of a tree).
kavil *m,adj* ruins; ruined. **~ bûn** *vi* be ruined. **~ kirin** *vt* ruin.
kavir *n* one-year-old sheep.
kaw[1] *adj* polite.
kaw[2] *see* **kab**.
Kawa *m* **~(yê hesinker)** Kurdish legendary hero.
kawêj *f* cud, rumination.
kaxet *see* **kaxez**.
kaxez *f* paper. **~a ziwangê** *f* blotting paper.
kaxik *f* flowerpot, vase.
kaxîl *n* fenugreek, *zool* Trigonella foenum-graecum.
kayîn (bikaye) *vi* ruminate.
kazib *A see* **derewîn**.
kebk *see* **kew**.
keç[1] *f* girl; daughter.
keç[2] *adj* virgin.
keçanî *f* girlhood; virginity.
keçebav *adj,f* brave (girl/woman).
keçel *adj* bald, hairless, suffering from scalp disease.
keçelok *n* vulture.
keçik *f* young girl.
keçîn *adj* virgin. **~î** *f* virginity.
keçtî *see* **keçanî**.
keçxapînok *m* lady-killer.
ked *f* **1** work, labour. **~ xwarin** *vt* exploit. **2** trouble, pains.
kedî *adj* tame, domestic, domesticated. **~ kirin** *vt* tame.
kedkar *n* worker, labourer, proletarian. **~î** *f* being a worker, workmanship.
kedmij *adj,n* exploitative, exploiter. **~î** *f* exploitation.
kedxur *adj,n* exploitative, exploiter. **~î** *f* exploitation.
kef *f* foam. **~ bi deva ketin** *vi* foam at the mouth. **~ dan** *vt* become foamy. **~a dest** *f* palm (of hand).
kefen *m A* shroud. **~ê mar** skin shed by a snake.
kefgîr *f* skimmer, colander.
kefî *f* kaffiyeh.
keftar *n* hyena, *zool* Hyaena.
kefteleft *f* **1** quarrel, fight. **2** effort, struggle. **~î kirin** *vt* quarrel, argue.
keftin *see* **ketin**.
keftûleft *see* **kefteleft**.
kefxwe *n* head of a village.
kefz *f* moss, *bot* Musci; alga, seaweed, *bot* alga.
kehnî *see* **kanî**.
kej *adj* fair-haired, blond.
kejî[1] *f* a sort of headscarf.
kejî[2] *see* **kedî**.
kek *m* elder brother.
keko keko *n* lizard.
kel[1] *f* boiling. **~a yekî rabûn** *vi* lose one's temper. **~a yekî rakirin** *vt* cause (sb) to lose their temper. **~ bi ser re çûn** *vi* boil over.
kel[2] *m* bull.
kelam *A see* **peyv**.
kelandin (bikelîne) *vt* boil (sth).
kelangirk *see* **gumgumok**.
kelaş,kelax *m* corpse, body.

kelat *n* eminence, hill fort.
kelax *see* **kelaş.**
kelb *A see* **kûçik, seg.**
kelbetan *f A* pliers, pincers.
kelebîn *adj* breathless, excited.
kelegirî *see* **kelogirî.**
kelek *m* watermelon.
kelek *f* raft; timber float.
kelem[1] *m* cabbage. **~ê Brukselê** *m* Brussel's sprout.
kelem[2] *m* thorn.
kelemçe *f* **1** handcuffs. **2** pipe clip.
keleş[1] *n* brigand, bandit.
keleş[2] *adj* pretty, nice, beautiful.
kelîd *see* **kilîd.**
kelîn (bikele) *vi* boil.
Kelîm *m* Moses.
kelk *f* use, usefulness.
kelkel *f* heat. **~~a nîvro** *f* midday heat.
kelmêş *f* mosquito, *bot,* culex pipiens.
kelogirî *adj* ready to cry. **~ bûn** *vi* feel like crying.
kelpîç *m* brick.
kelxot *adj* toothless.
kem[1] *adj* short (nose). **~o** *m* short-nosed man.
kem[2] *f* small thornbush, thorny plant.
kemançe *f* violin (three strings).
kemax *f anat* hip.
kember *f* belt. **~a mil** *f* shoulder griddle.
kemend *f* lasso.
kemilandin (bikemilîne) *vt* mature.
kemilîn (bikemile) *vi* become mature, grow up.
kemîn *f* trap, ambush. **~ girtin** *vt* lay an ambush.
kemoj *f* dirt.
ken *m* laughing, smile. **~ pê ketin** *vi* laugh suddenly. **~(ê yekî) pê hatin** *vi* amuse, laugh at.
kenandin (bikenîne) *vt* make (sb) laugh or smile.
kenar *f P* edge.
kendal *f* steep slope or side (of a mountain/hill).
kendir *see* **kindir.**
kenef *f A* toilet.
kenêr *f* **1** mahaleb, St Lucie cherry, *bot* Prunus mahaleb. **2** cedar, *bot* Cedrus.
kenga *see* **kengî.**
kengê *see* **kengî.**
kengî *interr adv* when? **Hun ~ çûn?** When did you go?
kenîn (bikene) *vi* laugh, smile. **pê ~** *vi* laugh at, smile at.
kenogirî *adj* between laugh and tears.
kenok[1] *adj* smiling-faced, cheerful.
kenok[2] *f* anecdote.
kenz *A see* **xizne.**
kepaze *adj P* ridiculous and contemptible.
kepez *m* hillside, small hill.
kepî *see* **kepû.**
kepîr *f dent* tartar. **~ girtin** *vt* fur up.
kepo *see* **kepû.**
kepû *m anat* **1** nasal bones. **2** nasal cavity.
ker *n* donkey, ass. **~kî** *adv* like an ass. **~tî** *f* folly, stupidity.
ker *adj* **1** deaf. **2** silent. **~ bûn** *vi* become completely silent; grow deaf. **~ kirin** *vt* cause (sb) to become deaf; silence. **~ man** *vi* remain in silence. **~ û lal** deaf and dumb.
kerafî *f* poison.
kerajo *n* donkey-driver.
kerane *m* hammer.
keratî *f* poison.
kerb *f* anger; sadness, sorrow. **~ok** *adj* ready to get angry. **~oyî** *adj* sorrowful, grieved. **~oyî bûn** *vi* be grieved.
kerdîç *f* parcel (of a field, garden, etc).
kereker *adv* secretly, furtively, sneakily.
kerelal,kerolal,kerûlal *adj* deaf and dumb.
kerem *f A* bounty, generosity, kindness. **K~ ke!** Please! (when inviting or offering/giving sth). **Ji ~a xwe (re)!** Please! (when asking for sth). **Bi/Bo ~a xwe** Please!
kereng *f* cardoon, *bot* Cynara cardunculus.
kerguh *m* hare.
kergû *see* **kerguh.**
kergûşk *see* **kerguh.**
keribandin (bikeribîne) *vt* anger; sadden.
keribîn (bikeribe) *vi* get angry; feel sad.
keritandin (bikeritîne) *vt* eat with a crackling noise.
kerik *f* unripe fig. **~a guh** *f anat* external auditory canal.
kerixandin[1] **(bikerixîne)** *vt* **1** cool. **2** press.
kerixandin[2] **(bikerixîne)** *vt* offend, annoy.
kerixîn (bikerixe) *vi* **(ji yekî) ~** be/get offended, be/get annoyed.

kerî[1] *f* flock.
kerî[2] *n* part, piece, section. ~ **kirin** *vt* divide, divide (sth) into (portions).
kerîk *see* **kerî**
kerme *m* dry dung (used as fuel).
kermêş *see* **kelmêş**.
kerolal *see* **kerelal**.
keroşk *n* rabbit.
kerpîç *see* **kelpîç**.
kertik[1] *f* row, line of a rice field.
kertik[2] *f* notch, tally.
kertol *see* **kartol**.
kerûlal *see* **kerelal**.
kerx *adj* exhausted, very tired.
kerxane *f* brothel.
kes[1] *n* person, individual. **~ahî/anî/ayetî** *f* personality; individuality. **~ane** *adj* personal. **~dar** *adj* concrete (as opposed to abstract). **~în** *adj* personal. **~parêz** *n* individualist. **~parêzî** *f* individualism.
kes[2] *pron used in the neg. or interr. form* anybody, nobody. **Min ~ nedît**. I didn't see anybody. **K~ nehatiye**. Nobody has come.
kesad *adj* scarce, in short supply.
kesandin[1] *f* personification, identification.
kesandin[2] **(bikesîne)** *vt* identify, personify.
kesax *f* pruning. ~ **kirin** *vt* prune, lop off.
kesek *pron used in the neg. or interr. form* anybody; nobody. **K~ nehat**. Nobody came. **Me ~ nedît**. We didn't see anybody.
kesekî *oblique case of* ***kesek***.
keser *f* sadness, sorrow. **~bar** *adj* sad, sorrowful. **~barî** *f* sadness, sorrow.
kesibandin (bikesibîne) *vt* acquire, obtain.
kesibîn (bikesibe) *vi* be acquired/obtained.
kesikek *see* **kesek**.
kesikekî *see* **kesekî**.
kesirandin (bikesirîne) *vt* sadden.
kesirîn (bikesire) *vi* feel sad.
kesî *oblique case of* ***kes*** nobody; anybody. **K~ ew nedît**. Nobody saw him. **Ez ~ nabînim**. I don't see anybody.
kesîf *A adj* dense, thick.
kesk *m,adj* green. **~anî** *n* vegetables; greenness. **keske** *adj* greenish. **~esor/ûsor** *f* rainbow.
keskankiroj *n* hawfinch, *zool* Coccothraustes.
kesnedîtî *adj* unique, never seen before.
kespik *f* blue bead (used to ward off evil eye).
kesp û kosp *n* obstacles.
kesret *A see* **piranî**.
kestene *f Gk* chestnut, chestnut tree, *bot*, Castanea.
keşal *f* stalk (left after consuming the fruit).
keşe,keşîş *m* monk.
keşka çogê *f anat* femur, high bone.
keştî *f* ship, boat. **~ya agirkujîyê** fireboat. **~ya barkêş** transport ship. **~ya bayî** sailing boat. **~ya bibêrik** roving boat. **~ya bimotor** motorboat. **~ya cengê** warship. **~ya dûkelî** steamer, steam ship. **~ya geştê** pleasure boat. **~ya hawarê** lifeboat. **~ya masîvanîyê** trawler. **~ya nexweşan** hospital ship. **~ya petrolkêş** tanker. **~ya rêber** pilot boat.
keştîgel *f* fleet.
keştîvan *n* sailor, seaman. **~î** *f* navy.
keşwer *P see* **welat**.
ket *f* clover, trefoil, *bot* Trifolium.
ketezer *f* yellow clover.
ketin[1] **(bikeve)** *vi* **1** fall. **2** enter, penetrate. **3** rob. ~ **dexlê yekî** take refuge behind (sb). ~ **himbêza yekî/yekê** *vi* sleep with. **~ qirika hev** *vi* be at one another's throat, have a violent quarrel. ~ **rez** *vi* rob an orchard/vineyard. ~ **xwar** *vi* fall down. **jê** ~ *vi* fall down (off sth), *mat* be subtracted. **lê** ~ *vi* **1** touch, hit, reach. **2** upset, offend. **li ber** ~ *vi* worry about, be anxious. **li ber xwe** ~ *vi* be ashamed. **Tarî ket erdê**. Night has fallen.
ketin[2] *f* **1** falling. **2** entering, entrance. **3** getting weak.
ketî[1] *f* input.
ketî[2] *adj* fallen.
kevan *f* bow. **~kêş** *n* bowman.
kevane *f* arch, vault.
kevanek *f* parenthesis.
kevanî *f* house-wife.
kevçika guh *f anat* ear lobe.
kevçî *m* spoon. **~dank** *f* container for keeping cutlery, canteen.
kevir *m* stone. **~ê helan** *m* marble. **~ê heste** *m* flint.
keviragir *m* lighter.
kevirdar *adj* stony.
kevirhesan *m* whetstone.
kevirî(n) *adj* made of stone, stony.
kevî *f* edge, rim, fringe, border, shore. **~ya deryayê** seaside. **~ya guh** *f* anthelix.
kevîşen *f* beach.

kevjal *n* crab, *zool* Brachyura.
kevn *adj* old; archaic. ~ **bûn** *vi* become worn-out, become old, go out of fashion. ~ **kirin** *vt* wear to pieces, use up.
kevnar,kevnare *adj* antique, archaic.
kevnayî *f* oldness.
kevne[1] *n* antique.
kevne-[2] *pref* old, antique.
kevnedem *f* antiquaty.
kevnejin *f* old woman; hag.
kevnenas *n* antiquarian, antiquary.
kevneperest *adj* reactionary. **~î** *f* reaction, reactionary attitudes.
kevneşop *f* tradition; custom. **~în** *adj* traditional.
kevnik, kevnî *f* spider web, cobweb.
kevok *n* pigeon, rock dove, *zool* columba livia.
kevot *f* maple.
kevroşk *n* hare. **~a kedî** rabbit.
kevtar *see* **keftar**.
kevtin *see* **ketin**.
kevz *f* moss.
kew *n* partridge, *zool* Perdix perdix. **~a sûsik** sort of partridge with yellowish colors.
kewandin (bikewîne) *vt* brand.
kewar *f* **1** granary. **2** beehive. **~a mêşan** beehive.
kewçuk *n* rubber, cauthouc, natural rubber.
kewgîrvan *n* partridge-hunter. **~î** *f* partridge-hunting.
kewî *f* brand.
kewîn (bikewe) *vi* be branded.
kewkeb *see* **stêr**.
kewkurt *m* sulphure.
kewn[1] *see* **kevn**.
kewn[2] *see* **gerdûn**.
kewtin *see* **ketin**.
kewze *f* moss, alga, seaweed.
key[1] *m* King. **~îtî** *f* kingdom. **~perest** *n* monarchist.
key[2] *see* **keya**.
key[3] *f* long knife.
keya *n* the elected head of a village or of a neighbourhood within a town or city.
keybanû *f* queen.
keyber *f* big knife.
keybir *m* razor.
keyf *see* **kêf**.
keys *see* **kês**.
Keywan *f astr* Saturn.
kezaxtin (bikezêxîne) *vt* prune, trim
kezeb *f anat.* liver. **~a reş** liver. **~a spî** lungs.
kezixandin (bikezixîne) *vt* prune, trim.
kezî *f* braid.
kezîzer *adj,n* blond, blonde.
kezwan *n* terebinth.
kê *oblique interr pron* who? **Kê xwar?** Who ate (it)? **a/ê/ên ~** of whom, whose? **Ew a ~ ye?** Whose is that? **Ev pênûsa ~ ye?** Whose pen is this?
kêç *n* flea, *zool* Pulex irritans.
kêderê *see* **kuderê**.
kêf *f* pleasure, delight, joy, amusement. **~(a yekî) anîn** *vt* please (sb).**~(a yekî) hatin** *vi* feel glad, feel happy, be pleased. ~ **kirin** *vt* amuse (os). **bi ~a xwe kirin** *vt* do it one's own way, do it as one likes. **~(a yekî) xwastin** *vt* do as one pleases. **Tu bi ~a xwe yî.** Do as you like.
kêferat *f* effort, struggle.
kêfte *f* pond.
kêfxweş *adj* happy, glad, delighted. ~ **bûn** *vi* be happy/glad. **~î** *f* happiness, joy, gladness.
kêj *see* **keç**.
kêl *f* stitch. ~ **lê xistin** *vt* stitch.
kêl *m* grave. **~ik** *n* headstone, grave stone.
kêlan (bikêle) *vt* plough, till.
kêlangeh *f* ploughing land.
kêlek *f* side, edge. **li ~a** *prep* beside, next to. **li ~a hev** side by side.
kêlindî *m* scythe. **~kêş** *n* reaper, mower.
kêlî *f* moment, instant, while. **~/kê,kekê** *adv* for a while. ~ **bi** ~ *adv* with every moment, more and more, gradually. **ji vê ~yê pê ve** *adv* from now on, henceforth.
kêm *adj,adv* little, not enough, less; rarely. ~ **bûn** *vi* decrease, grow less. ~ **dîtin** *vt* **1** understimate, undervalue. **2** regard (sb/sth) as inferior/too little. **3** look down on. ~ **kirin** *vt* reduce, decrease. ~ **zêde** *adv* approximately.
kêmanî[1] *f* **1** deficiency, defectiveness; lack. **2** insufficiency, inadequacy.
kêmanî[2] *adv* at least.
kêmasî *see* **kêmanî**[1 2].
kêmayetî *f* **1** minority. **2** deficiency, lack, absence.
kêmber *adj* unproductive, unfruitful;

inefficient. **~î** *f* unproductiveness, unfruitfulness, inefficiency.

kêmheş *adj* unreasonable, foolish. **~î** *f* folly, foolishness; a foolish act or decision.

kêmhêz *adj* weak, powerless.

kêmî *adv,adj* less (than).

kêmpêde *adj* rare, very rare. **kêm pêde bûn** *vi* be very rare.

kêmqedr *adj* worthless. **~ bûn** *vi* go down in value.

kêmxwîn *adj* anaemic. **~î** *f* anaemia.

kêndir *see* **kindir**.

kêr *f* use. **bi ~î yekî hatin** *vi* be useful for, be good for. **~hatî** *adj* useful. **~nexwaz** *adj* malicious, malevolent.

kêr *f* knife. **~ kirin** *vt* stab, knife. **~ kişandin** *vt* threaten with a drawn knife, draw a knife. **~ lê xistin** *vt* stab, knife. **~ xwarin** *vt* get knifed.

kêranîn (bikêrîne) *vt* use.

kêrik *f* pen-knife.

kêroşk *n* rabbit.

kêrwişk *n* rabbit.

kês *f* opportunity. **~(a yekî) lê hatin** *vi* have an opportunity. **~ pê anîn** *vt* find an opportunity. **~perest** *n* opportunist. **~perestî** *f* opportunism.

kês(ek) *n* clod, lump (of earth).

kêsim *f* stature, height.

kêş[1] *adj,n* addicted to (drug, smoking, etc); addict.

kêş[2] *f* (poetry) meter.

kêşim *f* stature, height.

kêşker *f* carrier; conveyor.

kêşwer *see* **kişwer**.

Kêwan *f* Saturn.

kêz(ik) *f* insect.

ki *see* **ku**.

kiç *see* **keç**.

kiçik *adj* small.

kiflet *see* **kuflet**.

kifr *f* tamarisk, *bot* Tamarix.

kifrît *f* match, a box of matches.

kifş *adj* clear, not secret, known, evident.

kihêl *n* **hespê ~** full-blooded Arabian horse.

kij *f* season.

kijole *see* **kijûle**.

kijûle *n* sticks and twigs used in mud roofs.

kil *adv* **~ bûn** *vi* be waved or wagged; be swung or shaken. **~ kirin** *vt* wave, wag; swing, shake.

kil *f* kohl. **~ kirin** *vt* darken (one's eyelids) with kohl.

kilam *f* song.

kildank *f* kohl-pot.

kilêjî *m* coccyx.

kiling *f* asparagus.

kilît *f* lock. **~ kirin** *vt* lock. **~çêker** *n* locksmith.

kilor *f* **1** ring-shaped cake. **2** hoop. **~î** *adj* hoop-shaped.

kilox[1] *n* skull.

kilox[2] *f* lime. **~î** *adj* limy.

kils *f* lime. **~ kirin** *vt* lime, add lime. **~în** *adj* limy.

kilte *n* clay

kilyar *m* Russian cucumber.

kimber *see* **kember**.

kin *adj* short. **~ bûn** *vi* be/become short, be shortened. **~ kirin** *vt* shorten.

kinc *m* dress. **~ jê kirin** *vt* undress. **~ ji xwe kirin** *vt* get undressed. **~ lê kirin** *vt* dress, cloth (sb). **~ li xwe kirin** *vt* get dressed. **~ê binî** underwear.

kindir *f* **1** hemp, hemp plant, *bot* Cannabis sativa. **2** rope.

kindirbaz *n* ropedancer. **~î** *f* ropedancing.

kinga *see* **kengî**.

kingê *see* **kengî**

kinik *adj* short.

kinî *f* shortness.

kir *m* missing. **~(ê yekî/tiştekî) hatin** *vi* miss (sb/sth).

kiras[1] *m* **1** woman-dress, long tunic. **2** loose robe worn by Arabs. **3** night shirt. **4** shirt. **~(ê yekê) hatin** *vi* menstruate.

kiras[2] *m* appearance. **Ew xwe dikin ~ê Kurdayetîyê.** They are pretending that they support the Kurdish cause.

kirdar *n* **1** subject. **2** act.

kirdayetî *f* government; administration.

kirde *f gram* subject.

kirê *f A* rent. **dan ~** *vt* rent, let **~ kirin** *vt* rent or lease (from).

kirêname *f* lease, rental contract.

kirêdar *n* renter, tenant, lessee. **~î** *f* being a renter/lessee/tenant.

kirêjiyok *f* auricle.

kirêkar *n* worker, labourer.

kirêt *adj* dirty, filthy, unclean.
kirin[1] *f* what sb does, activity, action.
kirin[2] **(bike)** *vt* **1** do. **2** put; put in/into. **3** be just about to do (sth). **Ez dikim herim.** I am just about to go. **bi/ji ya yekî ~** *vt* comply with, conform to (sb's wishes). **jê ~** *vt* **1** cut. **2** break off, tear off. **3** undress. **Kincê wî jêbike.** Undress him. **ji ber ~** *vt* learn by heart, memorize. **ji xwe ~** *vt* take off (one's clothes). **lê ~** *vt* **1** write. **2** put up (a wall, etc), build. **3** dress (sb). **Min kincê pitikê lê kir.** I dressed the baby. **li xwe ~** *vt* put on, wear. **~ cih** *vt* put, place, set, fit (sth) in its place. **~ ne~** *vt* do one's best/the best one can.
kiriyar *n* **1** customer, buyer. **2** subscriber. **~î** *f* subscription.
kirî *adv* **ji te ~** you think (that).
kirîb *m* man who acts as a sort of God father to a boy at his circumcision.
kirîn[1] **(bikire)** *vt* buy, purchase.
kirîn[2] *f* purchase, buying. **~ û f(i)rotin** *f* trade.
kirîsk *f* cricket.
kirîv *see* **kirîb**.
kirkirik *n* flaxseed, linseed.
kirkirk *f anat* cartilage. **~a parsûyê** costal cartilage. **~a tîroîdê** thyroid cartilage.
kirkirok *f anat* gullet, Oesophagus.
kirm *see* **kurm**.
Kirmanc *see* **Kurmanc**.
Kirmancî *see* **Kurmancî**.
kirox *n* subject, perpetrator.
kirp *f phonetics* accent, stress; emphasis.
kirtik *f anat* cartilage, gristle.
kirûr *m* 500.000.
kiryar[1] *f* action.
kiryar[2] *n* subject.
kisb *f* gain, earnings.
kisbûkar *m* profession, occupation.
kiş![1] *chess* check!
kiş![2] *int* shoo! scat! (to barnyard fowl). **~ kirin** *vt* shoo away.
kişandin (bikişîne) *vt* **1** pull. **2** draw, drag. **3** attrack, draw. **4** send (a telegram). **5** take, last (time). **6** weigh. **7** endure, bear, tolerate. **8** smoke, take (drugs). **9** withdraw, draw out (money). **10** suffer.
kişanek *f* magnet.
kiş(i)f *adj* uncovered. **xwe ~ kirin** *vt* uncover os.
kişkişandin (bikişkişîne) *vt* incite, stir up, rouse.
kişwer *P m* **1** kingdom. **2** continent, land.
kitan *f* linen; part of Krd women's dress covering head,chest and back, made of linen.
kitandin (bikitîne) *vt* analyse.
kitêb *f A* book.
kitkit *f* detail.
kitrim *n* all, the public. **bi ~î** *adv* generally, in general.
Kix! *int* Dirty! Don't touch! **~ e!** Dirty! Don't touch!.
kixs *f* shallot, *bot* Allium ascalonicum.
kiyark *see* **kuvark**.
kiyaset *see* **kês**.
kiz *adj* annoyed, bored. **~ kirin** *vt* annoy, bore.
kizin *f* vetch, *bot* Viseum album.
kizirandin (bikizirîne) *vt* roast, grill, set fire to (hairy things).
kizirîn (bikizire) *vi* (for hairy things) catch fire, grill, be roasted.
kizîn *f* deep sorrow or anguish. **~ bi dila ketin** *vi* be deeply grieved, feel deep grief.
kizîr *n* **1** assistant to the village headman, village guard. **2** referee.
kî *interr pron* who? **Kî hatiye?** Who has come. **Kî ye?** Who is (that)?
kîja,kîjan *interr adj,pron* Which? **K~ pênûsa baş e?** Which pen is good? **K~ çû?** Which one went?
kîjana *see* **kîjan**.
kîjanê,kîjanî *oblique case of* ***kîjan***.
kîjik *see* **kîjan**.
kîlo *f Gk* kilogram.
kîmyon *m Gk* cumin, *bot* Cuminum cyminum.
kîn *f P* deep resentment, grudge; deep-sealed enmity. **~ girtin** *vt* develop a grudge.
kîndar *adj* full of hatred; vindictive, rancorous.
kînga *interr adv* When? **Tu ~ hatî?** When did you come?
kînor *f* abscess.
kîr *m anat* penis.
kîroşk *n* hare, rabbit.
kîs *m* **1** bag. **2** (one's) financial resources.
kîsik *m* money bag, small bag. **~ê diran** *m anat* periodental membrane. **~ê zirav** *m anat* gall bladder.

kîso *m* tortoise, *zool* Testudinata.
kîswet *A see* **kinc**.
kît *f* syllable. **bi** ~ *adv* syllable by syllable.
Kîwan *f astr* Saturn.
kîzb *A see* **derew**.
ko[1] *adj* **1** (for a cutting implement) dull, not sharp. ~ **bûn** *vi* be/become dull. **2** selfish.
ko[2] *see* **ku**[1].
ko[3] *see* **ku**[2].
koç *f* migration; goods and belonging of migrating people. ~ **kirin** *vt* migrate. **~a xwe rakirin** *vt* set to migrate, migrate.
koçegîr *n* wrestler, strapping and strong person.
koçer *n,adj* nomad; nomadic. **~ê** woman's name. **~î** *f* nomadic life, migration. **~o** man's name.
koçmalî *adv* **(bi)** ~ as a family, with all the family.
kod[1] *f* container made by carving wood.
kod[2] *f* small and open boat.
kodik[1] *f* weighing unit (about 2 kilograms).
kodik[2] *f* **1** container made by carving wood. **2** carved and dried egg-plant.
kodik[3] *f anat* pelvis. **~a çogê** *f anat* patella, kneecap.
kofî *f* a Krd head-dress.
koh *P see* **çiya**.
kohî *see* **çiyayî**.
kok *f* root; stub. **~a diran** *f dent* root. **~a zer** *f* curcuma.
kokanîn *f* genocide, extirmination. **kok(a tiştekî) anîn** *vt* extirminate.
kokim *n* old person.
kolan[1] **(bikole)** *vt* **1** dig. **2 lê** ~ investigate, research.
kolan[2] *f* street; alley.
kolandin (bikolîne) *vt* dig.
kolare *n zool* kite.
kole *f* slave. **~tî** *f* slavery.
kolîn (bikole) *see* **kolan**.
kolos,koloz *m* conical hat; helmet.
kom *f* **1** group. **2** heap, pile, mound. **3** crowd, mass. ~ **bûn** *vi* be gathered, be collected; gather, meet. ~ **kirin** *vt* add up; gather; save up.
komar *f* republic. **~î** *n,adj* republican. **~xwaz** *n,adj* republican. **~xwazî** *f* republicanism.
kombûnî *f* ceremony.
komcivîn *f* congress, general assembly, general meeting.
komek *f* paragraph.
komel[1] *f* association, club; society.
komel[2] *f* magazine.
komela,komele *see* **komel**.
komik *f* small group; small heap or pile.
komir *f* coal. **~a darîn** charcoal.
kompere *f* total amount, sum.
kompeyvik *f gram* compound.
kon[1] *m* tent. ~ **danîn/girêdan** *vt* pitch a tent. **~ê xwe rakirin** *vt* migrate; move.
kon[2] *m* **~ê pîrê** *m* spiderweb, cobweb.
koncal *f* hollow, hole.
kone *adj* cunning, foxy.
konik *m* small tent; web.
konsul *n It* consul. **~xane** *f* consulate.
kop *m* top, summit.
kopal *see* **gopal**.
kor *adj* **1** blind. **2** unaware of what is happening. ~ **bûn** *vi* be/become blind. ~ **kirin** *vt* make (sb) blind, cause (sb) to become blind. **~ani/ayî/tî** *f* blindness.
korderzî *f* pin.
koremişk *n, zool* mole.
korfelaqî *adv* by chance; at random.
korko *n* the 5 days between the 2nd and 7th October.
kort *f,adj* pit hole, hollow, cavity; pitted, dented.
kortal *f* precipice; deep and wide pit.
kortik[1] *f* hole, hollow, cavity. **~a çav** *f anat* orbit. **~a kemaxê** *f* small of the back. **~a qorikê** *f* small of the back.
kortik[2] *f* dimple.
kose[1] *m* the boy who knocks the doors and asks for a present on the New Year's Eve.
kose[2] *adj* beardless or with a scarce beard.
kosp *f* obstacle, barrier.
koş *f* **1** skirt. **2** lap.
koşk *f* kiosk, mansion, reachly decorated building.
kot *m* top (of a mountain, etc.).
kotek *f* beating. **(bi) ~î** *adv* by force, exerting pressure.
koter *see* **gerdenî**.
kotin (bikoje) *vt* gnaw.
kotî *adj* **1** bad. **2** selfish.
kotîbûn *f* leprosy, Hansen's disease.
kov[1] *adj* bowed, curved, concave.

kov[2] *see* **kovik**. **~ên gurçikê** *anat* calyx.
kovan[1] *adj* bent, twisted.
kovan[2] *see* **birîn**.
kovan[3] *f* longing, yearning.
kovar *f* magazine. **~a hefteyî** weekly. **~a mehane** monthly. **~a nîvmehî** forthnightly. **~a salane** annual journal.
kovik *f* **1** shell of an acorn. **2** funnel.
kovî *adj* wild, ferocious. **~tî** *f* wildness.
koxik *f* coop; hut, shack, tiny house.
koxtik *see* **koxik**.cinder
koz *f* sheep pen (in open air).
kozik *f mil. or hunt.* trench, foxhole. **ketin ~ê** *vi* take position in a foxhole.
ku[1] *rel. pro.* who, which, that, where. **Gundê ~ ew lê rûdine** The village where he lives.
ku[2] *conj* if. **Ku tu wî bibînî.** If you see him.
ku *interr adv* Where? **Ji ~** Where from? **Ew ji ~ tê?** Where is he coming from? **Li ~** Where? **Tu li ~ yî?** Where are you?
kubar *adj* polite, well-bred, refined.
kuçe *f* street.
kuç *m* stone.
kuçik[1] *m* small stone.
kuçik[2] *m* fireplace (made of stones), fireplace.
kuda *see* **kude**
kudandin (bikudîne) *vt,vi* last, continue.
kude *interr. adv.* where, where to. **K~ diçî?** Where are you going?
kuderê *interr adv* where. **ji ~** where from. **li ~** where.
kuf *int* **uf ~** huffing. **uf ~a yekî bûn** *vi* be in a huff.
kufik *f* mold; mildew. **~ avêtin** *vt* get mouldy.
kufikî *adj* mouldy. **~ bûn** *vi* get mouldy.
kufir *f Ar* profanity. **~ bûn** *vi* use profane language.
kuflet *f* family, wife and children.
kuftik *f* a meat ball covered with a layer of cracked wheat and boiled.
kufw *see* **hevta**.
kuh *see* **ko**[1].
kuj *m* corner; end, extremity. **~ê lêvê** labial commisure.
kujdêr *n,adj* killer; mortal, deadly, fatal.
kul[1] *f* suffering, sorrow.
kul[2] *adj* inflamed, infected (any part of body). **~ bûn** *vi* get inflamed, get infected.
kulav *m* **1** long felt mat. **2** shepherd's felt cloak.
kulbe *f* hoe.
kuldar *adj* sorrowful, grieved.
kulebang *m* cock, rooster.
kuleh *m* conical hat.
kulek *adj* lame. **~î** *f,adj* lameness; lame. **~î bûn** *vi* limp, become lame.
kulemar *n zool* kite.
kulfet *n A* trouble, inconvenience, bother.
kulik *f* circumflex.
kulind *m* marrow. **~terk** *m* courgette.
kuling *m* pickax, mattock.
kulî *n* **1** flake (of snow). **2** grasshoper, locust, *zool* Acridium.
kulîçik *f* ring-shaped cake.
kulîlk *f* flower; wild flower; blossom.
kulîmek *f anat* thigh bone, femur.
kulîn[1] *f* recessor or alcove for storing beds.
kulîn[2] *f* kitchen.
kulîn[3] **(bikule)** *vi* limb.
kulm *f* **1** a handful amount. **2** the hallow of the hand (palm and fingers). **3** fist (clenched). **~ lê dan/xistin** *vt* punch.
kulmik *f* fist.
kulor *see* **kilor**.
kum *m* skullcap, cap.
kumik[1] *m* mushroom.
kumik[2] *m* small cap.
kumik[2] *m* circumflex.
kumreş *adj* jealous, envious.
kumzirx *m* helmet.
kun[1] *m* animal skin used as a container.
kun[2] *f* hole; den, lair.
kun[3] *f anat* anus.
kunc *f* corner. **~ n(i)vîsar** column (of newspaper).
kuncik *see* **kunc**.
kuncî *m* sesame, *bot* Sesamum indicum. **~kerk** *m* wild sesame.
kund *m* owl.
kundir *m* marrow, pumpkin. **~ê mîranî** *m* sweet yellow gourd, winter squash, *bot* Cucurbita maxima.
kundur *see* **kundir**.
kunêr *f* abscess.
kur[1] *m* son; boy.
kur[2] *adj* wild; fierce, ferocious. **~î** *m* monster.
kur[3]: **~ kirin** *vt* cut (hair), shave. **porê xwe ~ kirin** have a haircut.
kur[4] *see* **serî.**
kuranî *f* boyhood; boyishness.
kurap *m* son of father's brother.
kurbeşk *n* badger.
Kurd *n* Kurd. **~ayetî** *f* supporting the Kurdish cause, Kurdishness. **~istan** *f* Kurdistan. **~î** *f,adj* Kurdish. **~perwer** *n*

supporter of the Kurdish cause. **~perwerî** *f* supporting the Kurdish cause.
Kurdmanc *see* Kurmanc. **~î** Kurmancî.
kurdûnda *adj* (man) not having a son.
kutebav *m,adj* brave, brave man.
kurepist *f* furtive whispering. **~ kirin** *vt* whisper to each other.
kurisandin (bikurisîne) *vt* clip, shear.
kurîşk *f* curl. **~î** *adj* curly.
kurk *m* fur.
kurk *f* brooding. **~ ketin** *vi* brood, set.
kurm *m* **1** caterpillar, worm, maggot, larva. **2** habit.
kurmam *see* **kurap**.
Kurmanc *n* a Kurd speaking **Kurmancî**.
Kurmancî *f* a Kurdish dialect, Kurmanci.
kurmik[1] *m* maggot, larva.
kurmik[2] *m* small melon or watermelon.
kurmî *adj* wormy.
kurmorî *f* ant.
kurmûrî *f* ant.
kursî *f* chair.
kurş *f* frozen snow.
kurt *adj* short. **~ bûn** *vi* be short, become shorter, shrink. **~ kirin** *vt* **1** shorten. **2** abridge. **3** abbreviate.
kurtan *see* **kurtûn**.
kurtayî *f* **1** shortness. **2** abbreviation.
kurte *f* abbreviation; summary; brief.
kurtebir *f* short cut. **bi ~î** *adv* shortly.
kurtebîn *adj* narrow-minded; short-sighted, myopic. **~î** *f* short- sightedness, myopia.
kurtegotar *f* short speech.
kurtejîn *f* biography.
kurtename *f* note, short letter.
kurtepêl *f* short wave.
kurtik *m* shirt.
kurtkirî *adj* abbreviated, shortened.
kurtole *n* dwarf.
kurtûn *f* pack-saddle. **~ kirin** *vt* put a pack-saddle on an animal.
kurtûpis,kurûpis *f* whisper. **(di guhê yekî de) kirin ~** *vt* whisper (sth) to (sb).
kurxal *m* son of mother's brother.
kusan 1 *see* **çawa**. **2** *see* **çima**.
kustax *P adj* insolent.
kuşdar *n* killer, murderer.
kuştar *f* slaughter, massacre.
kuştin (bikuje) *vt* kill. **xwe ~** *vt* commit suicide, work os to death.
kuştî *adj,n* killed, murdered; killed/murdered person, victim.
kuta *adj,n* finished, ended; end. **~ bûn** *vi* end, be finished, come to an end. **~ kirin** *vt* finish, complete.
kutan (bikute) *vt* hit, beat, knock; thrash; pound.
kutandin *see* **kutan**.
kutanî *adv* in short, briefly, in brief.
kutasî *f* result, end; completion.
kutek *see* **kotek**.
kutkutik *n zool* woodpecker.
kuva,kuve *interr adv* Where, Where to? **K~ çû?** Where did he/she/it go?
kuvî *see* **kovî**.
kuxik *f* cough. **bi ~ê ketin** *vi* have a cough.
kuxîn[1] *f* cough.
kuxîn[2] **(bikuxe)** *vi* cough.
kûçik *n* dog. **~ê har** rabid dog. **~ê şivên** sheep dog.

kûh *see* **çiya**.
kûj *see* **kuj**.
kûlav *see* **kulav**.
kûnêr *f* abscess.
kûntar *see* **quntar**.
kûp *m* large, earthenware jar.
kûr *adj* blind. **~ bûn** *vi* be/become blind. **~î/tî** *f* blindness.
kûr *adj* deep; profound. **~ bûn** *vi* be deep, get deep. **~ kirin** *vt* deepen; investigate the details.
kûrahî,kûrayî *f* depth; profundity.
kûrbîn *adj* far-seeing; far-sighted.
kûre *m* bellows.
kûrekûr *f* sobbing bitterly. **~ kirin,kirin ~,~a yekî bûn** sob bitterly.
kûsî *see* **kîso**.
kût *adj* lame. **~ bûn** *vi* be/become lame.
kûtik *n* dog.
kûvan *f* pain, ache, suffering.
kûvî *adj* wild. **~tî** *f* wildness.
kûwî *see* **kûvî**.
kûz *m* earthenware water jug.
kûze *see* **kûz**.
kwa *see* **ka**.
kwanî *see* **kanî**.
kwîner,kwînêr *f* abscess.
kwîr *adj* blind. **~ bûn** *vi* be/become blind. **~î/tî** *f* blindness.
kwîr *see* **kûr**.
kwîsî *see* **kîso**.
kwîz *see* **kûz**.
kwîz *see* **gûz**.

L **l** *f* the 15th letter of the Kurdish alphabet.

la[1] *m* side. ~ **girtin** *vt* back, support, take side. **Layê min bigire.** Side with me.

la[2] *f mus* la, A.

laçik *n* a fine muslin.

laf *f P* **1** words, remarks. **2** empty words.

lal[1] *adj* dumb; silent, tongue-tied. ~ **bûn** *vi* be tongue-tied, be/become dumb. ~ **kirin** *vt* make (sb/sth) silent, cause (sb) to become dumb. ~ **man** *vi* remain speechless, be astonished. ~**tî** *f* dumbness.

lal[2] *n* pearl.

lale *f P* tulip. ~**zar** *n* tulip-bed.

lalî[1] *f* dumbness.

lalî[2] *f* large, round tray.

lam *f anat* cheek.

lampe *f Gk* lamp.

landek *f* cradle.

landik *see* **landek**.

lanet *f A* curse, imprecation.

lanik *see* **landek**.

laperîn *f gram* conjugation. ~ **kirin** *vt* conjugate.

lapûşk *m* claw, paw.

laqirdî *f A* chat, talk, conversation. **ketin ~yan** *vi* become lost in conversation, chat.

lar *f* stable.

lastîk *f Fr* rubber.

laş *m* **1** body. **2** corpse.

lat[1] *m* rock, cliff.

lat[2] *n* **1** bed (for vegetables). **2** part, parcel. ~ **kirin** *vt* divide.

lava *f* begging, pleading. ~ **(jê) kirin** *vt* beg, plead.

lavahî *f* begging, pleading. ~ **kirin** *vt* beg, plead.

lavakar *n* beggar, pleading person.

lavaker *see* **lavakar**.

lavayî *see* **lavahî**.

lave *see* **lava**.

lavelav,lavlav *f* begging, pleading. **kirin ~,~ kirin** *vt* beg, plea.

lavlafk *f* ivy, hedera, *bot* Hedera.

law *m* boy; son. ~**anî** *f* boyhood. ~**kanî** *adj* boyish.

lawante *f It* lavender-water.

lawaz *adj* weak; thin. ~ **bûn** *vi* get/be thin, get/be weak. ~ **kirin** *vt* cause (sb/an animal) to get thin, weaken. ~**î** *f* thinness, weakness.

lawik[1] *m* young boy; young son.

lawik[2] *f* elegy.

lawje *f* elegy.

lawlawk *f* morning glory.

layengir *n* supporter, backer. ~**î** *f* support, backing.

layiq,layîq *adj A* worthy. ~**(î tiştekî) bûn** *vi* be worthy of. ~**(î yekî) dîtin** *vt* find (sth) appropriate enough for (sb).

laylacî *rgd* greedy.

lazim *adj A* necessary, needed, required. ~ **bûn** *vi* be necessary, be needed, be required.

lazût *m* corn.

le *adv* what about, and. **Le tu?** What about you? And you?

leb *P see* **lêv**.

lebat[1] *f* action, movement; behaviour. ~**î** *adj gram* active.

lebat[2] *m anat* organ.

lebikandin (bilebikîne) *vt* mess up.

lebikîn (bilebike) *vi* be messed up. **pê ~** be too busy with.

lebitandin (bilebitîne) *vt* move, operate.

lebitîn (bilebite) *vi* move about.

lec *f* **1** competition. **2** battle, fight. ~ **kirin** *vt* compete.

lecbezî *f* race.

leçik *f* kerchief.

legan *f* large shallow metal vessel; tub. ~**a gurçikê** *anat* renal pelvis.

legel *see* **li gel**.

legleg *n* stork, *zool* Ciconiaciconia.

lehd *A see* **gor**.

lehane,lehene *G f* cabbage, *bot.* Brassica oleracea.

leheng *n* hero.

lehêf *f* quilt.

lehî *f* flood.

lehîzevan *see* **leyîstevan**.

lehîzîn (bilehîze) *see* **lîstin**.

lehîztik *see* **lîstik**.

lehw *A see* **heng**.

lehze *A f* moment.

leîm *A see* **gazin**.

leîn *A see* **melûn**.

lej *f* battle, fight.
lejward *m* metal.
lek *m* 10,000.
Lek *n* A Kurdish speaking **Lekî**, Lak. **~î** *f* Laki dialect spoken in south of Kurdistan.
leke *f P* stain, spot, blot.
lekm *m* paw, claw.
lem *f* melon-plant, plant (of squash, melon, etc).
lema *adv* this is why.
Lemyezel *A see* **Xwedê**.
lenger *f* **1** anchor. **2** tray. **~ berdan** *vt* cast/drop anchor. **~ hildan** *vt* weigh anchor.
lengerandez *adj* anchored.
lengerga *see* **lengergeh**.
lengerge *see* **lengergeh**.
lengergeh *f* anchorage.
lep *m* palm of hand, paw. **~ kirin** *vt* take by handful. **~ lê dan** *vt* paw, attack with paw. **ketin nav ~an** *vi* fall under sb's control, be caught by. **ji nav ~an derketin** *vi* succeed in escaping from (sb).
lepik *m* gloves.
leq *f* movement. **~(î yekî) bûn** *vi* meet by chance.
leqandin (bileqîne) *vt* move (sth), loose.
leqîn (bileqe) *vi* move, be/become loose, be/become shaky. **Neleqe!** Don't move!
leriz *see* **lerz**.
lerizandin (bilerizîne) *vt* cause (sb/sth) to tremble, shiver or shake.
lerizî *adj* shaky, quaking.
lerizîn (bilerize) *vi* shiver, tremble, shake.
lerz *f* shiver, tremor.
lerzek *adj* trembling, shaky, quaking.
lerzok *n* shaky person.
leşker *n* **1** army, military. **2** soldier. **~geh** *f* military camp, barracks. **~î** *f,adj* military. **~tî** *f* military profession, military service.
leşkir *see* **leşker**.
letîf *A adj* delicate, dainty.
lev *cont of* **li hev**.
leva *adv* **~ bûn** *vi* be divided, be partitioned. **~ kirin** *vt* divide.
leven *m* cane. **~ê şekir** sugar cane.
lewendî *m* elongation (of sleeve or skirt).
lewitandin (bilewitîne) *vt* dirty, soil.
lewitî *adj* dirty.
lewitîn (bilewite) *vi* get dirtied, be soiled.
lewj *f* psalm, hymn; march
lewleb *see* **felek**.
lewlewok *adj* talkative, chatterbox. **~tî** *f* chatter, idle talk. **~tî kirin** *vt* chatter, talk idly, blab.
lewm *f* blame, complaint.
lewma *adv* this is why.
lewra *see* **lewre**.
lewre *conj* because. **ji ~ ku** because, this is why.
lewt *f* dirt.
lexem[1] *f* (underground) sewer.
lexem[2] *f* mine; tunnel. **~çîn** *f* minesweeper.
leyizandin (bileyizîne) *see* **leyîstandin**.
leyizîn (bileyize) *see* **leyîstin**.
leyî *see* **lehî**.
leyîstandin (bileyistîne) *vt* make (sb) dance, make (sb) play.
leyîstevan *n* player.
leyîstik *f* game.
leyîstin (bileyîze) *vi* play; dance.
leyîstok *f* toy.
leyl *A see* **şev**.
leylan[1] *f* song.
leylan[2] *f* mirage.
leylaq *f P* lilac.
leymûn *G f* lemon, *bot* Citrus limonum.
leystik *see* **leyîstik**.
leystin *see* **leyîstin**.
leystok *see* **leyîstok**.
lez *f* speed; hurry. **~ dan** *vt* speed up, accelerate. **~ kirin** *vt* hurry up. **L~ bike!** Hurry up! **~ bi ~** *adv* quickly, fast.
lezandin (bilezîne) *vt* speed up, accelerate; hurry up.
lezbot *f* launch, patrol boat.
lezgîn *adj* speedy, quick. **~î** speed, velocity; hurry.
lezik *adj* swift, nimble.
lezjimêr *f* speedometer.
lezûbez *f* hurry.
lê[1] *conj* but.
lê[2] *cont of:* **li wê/wî or li yekî/tiştekî** to, onto, at. **~ çûn** *vi* **1** be similar to (sb/sth), resemble, look like. **2** (money) be spent (to get sth done). **~ gerandin (lê bigerîne)** *vi* wind, wrap. **~ hûr bûn** *vi*

analyse. ~ **ketin (lê keve)** *vi* **1** touch, reach, hit. **2** mate with. ~**kirin (lê(bi)ke)** *vt* **1** build. **2** dress (sb). **3** load. **4** write. **5** pour on. ~ **kişandin** *vt* present sth at sb. **Wî şeşar li min kişand.** He presented a gun at me. ~ **sor bûn** *vi* be eager (to do sth). ~ **sor kirin** *vt* provoke. ~ **vegerandin (lê vegerîne)** *vt* **1** give back, return. **2** reject. **3** reply. **xwe ~danîn** *vt* land at (a place), perch upon (a place).

lê[3] *int used when calling a woman or girl* **L~ Rûken!** Hey Rûken!

lê[4] *adj* serious.

lêanîn *f* making (one thing) fit to (another).**lê anîn** *vt* make (one thing) fit to (another).

lêb *see* **lêv**.

lêbelê *conj* but, however.

lêborîn *f* pardon. **lê borîn (lê bibore)** *vi* pardon, forgive. **Li min bibore.** Forgive me. ~ **xwestin** *vt* beg (sb's) pardon.

lêbûn (lêbibe) *vi* **1** be written. **2** be built (wall, etc). **3** be present, be in (a place).

lêçû *m* expense(s), expenditure(s).

lêçûn *f* similarity, resemblance.

lêdan *f* beating. **lê dan** *vt* beat, hit.

lêf *see* **lihêf**.

lêger *n* researcher, investigator.

lêgerîn *f* **1** research, search. **2** twining. **lê gerîn (lê bigere)** *vi* **1** search, look for. **2** twine around, wind. ~**van** *n* researcher.

lêhatin *f* chance, coincidence. **lê hatin** *vi* **1** fit, suit. **2** have good luck; coincide with. **Ji te re lê hat**. You are lucky.

lêhildan *f* informing, denunciation. **lê hildan** *vt* inform against (sb).

lêhildok *n* informant.

lêhûrbûn *f* analysis. **lê hûr bûn** *vi* analyse.

lêk *cont of* **li yek**; *adv* (to) one another.

lêker *f gram* verb. ~**a alîkar** auxiliary verb. ~**a gerandî** transitive verb. ~**a hevedudanî** compound verb. ~**a negerandî** intransitive verb.

lêkolîn *f* research. **lê kolîn (lê bikole)** *vt* research, search, investigate. ~**van** *n* researcher. ~**vanî** *f* research, the work of a researcher.

lêmişt *f* flood.

lêmiştin *f* smearing. **lê miştin** *vt* smear. **Bi xenceran kuştin, bi xwîna sor lê miştin**. They stabbed and smeared (him) with red blood.

lênihêr *n* observer. ~**î** *f* observation.

lênûsk *f* notebook, exercise book.

lêpirsîn *f* interrogation. **lê pirsîn** *vt* ask about/after (sb/sth).

lêrasthatin *f* coincidence; chance meeting. **lê rast hatin** *vi* coincide with, meet by chance, chance upon (sb).

lêv *f anat* lip. ~**a xwe daliqandin** *vt* pucker one's lip, sulk. ~**a jêrîn** lower lip. ~**a jorîn** upper lip.

lêvkî *adj, adv* labial.

lêvok *see* **devok**.

lêxistin *f* beat; blow, stroke, knock, hitting. **lê xistin** *vt* **1** hit, beat, knock. **2** hit (a target). **3** play (a musical instrument).

lêystin *see* **lîstin**.

lêystik *see* **lîstik**.

li *prep* at, in, to. **Min ~ wî guhdarî kir**. I listened to him. ~ **mal** at home. ~ **gund** in the village. **li ba(l)** *prep* at, near, with. ~ **ber** *prep* **1** in front of. ~ **ber dîwêr** in front of the wall. **2** on the edge of, on the brink of. **Ew ~ ber mirinê ye**. He is on the brink of the grave. ~ **ber golê** on the edge of the lake. ~ **ber çav(an) girtin** *vt* consider. ~ **ber gerîn** *vi* beg, implore, plead with. ~ **ber ketin** *vi* feel sorry for. ~ **ber xistin** *vt* impel or drive (sb) to; make (sb) understand (sth). ~ **ber xwe ketin** *vi* feel ashamed. ~ **cî** *adj* appropriate, well-timed. ~ **derve** *prep* outside, out. ~ **dû** *prep* behind. ~ **dû man** *vi* stay behind, be left behind. ~ **dû (xwe) hiştin** *vt* leave behind. ~**gel** *prep* with, together. ~ **gor/gora/gorî** *adj, adv* appropriate, fitting, suitable; according to, in the opinion of. **Ev ne ~ gor min e**. This is not suitable for me. **L~ gora min** In my opinion. **L~ gora karê te**. According to your work. ~ **her derê** *adv* everywhere. ~ **hev** one another. ~ **hev gerandin** *vt* make (things) wind or tangle around one another. ~ **hev gerîn** *vi* **1** get wound or tangled around one another. **2** look for one another. ~ **hev vegerandin** *vt* **1** quarrel. **2** engage in a contest of poetic repartee. **3** send back to one another. ~ **jêr** *prep,adv* below, downstairs. ~ **jor** *prep,adv* above, upstairs. ~ **ku** *interr adv* Where? **Tu ~ku rûdinî?** Where do you live? ~ **kuderê** *interr adv* Where? ~ **nav** *prep* among, inside. ~ **nav daran** among the trees. ~ **paş** *prep* behind. ~ **paş (yekî) peyivîn** *vi* talk behind someone's back, gossip. ~ **pêş** *prep* **1** in front of, before. **2** in the presence of. ~ **pişt(a)** *prep* behind, on one's back. ~ **pişta xwe kirin** *vt* put on one's back. ~ **rex** *prep* next to, on the edge of. ~ **rê** *adj* appropriate. ~ **ser** *prep* on, over. **Pirtûk ~ ser masê ye**. The book is on the table. **L~ ser seran**! With pleasure! ~ **ser serê me** over us. ~ **ser sekinîn** *vi* give a matter a lot of thought, dwell on (a matter). **(xwe) ~ ser danîn** *vt* perch upon. ~ **ser xwe** *adj* healthy, old but still vigorous. **Ew hîn ~ ser xwe ye**. He is still vigorous. ~ **vê derê,~vir,~vira** *prep,adv* here. **L~ vir(a) binêre!** Look here! ~ **wê derê,~ wir,~ wira** *prep,adv* there. ~ **xwe** *adv* to/at/on oneself. ~ **xwe kirin** *vt* wear, put on.

lib *f* a single thing, item, piece. **pênc ~** five (ones). ~ ~ *adv* one by one. ~ ~ **kirin** *vt* separate particles or pieces. ~~**î** *adj* in particles or pieces.

libas *m A* clothes, dress.

libatî *adj* active.

libîranîn *f* remembering. **li bîr anîn** *vt* remember. **Min li bîr bîne**. Remember me.

libo *adv* ~ ~ one by one.

libûdî *f* bow (used for fluffing cotton or wool).

lidarxistin *f* carrying out, application, putting (a plan, a law, etc) into practice. **li dar xistin** *vt* **1** carry out, apply, put (a plan, a law, etc) into practice. **2** set up, assemble, put together.

liêf *see* **lihêf**.

ligam *m* halter (for a horse, etc).

lihevanîn *f* reconciliation. **li hev anîn** *vt* **1** reconcile, make peace (among). **2** make (one thing) fit (another).

lihevhatin *f* **1** peace, reconciliation. **2** chance, coincidence. **li hev hatin** *vi* **1** make peace (with one another), be reconciled. **2** coincide with, chance.

lihevketin *f* collision. **li hev ketin** *vi* collide; meet.

lihevkirin *f* agreement. **li hev kirin** *vt* agree.

lihêf *f* quilt.

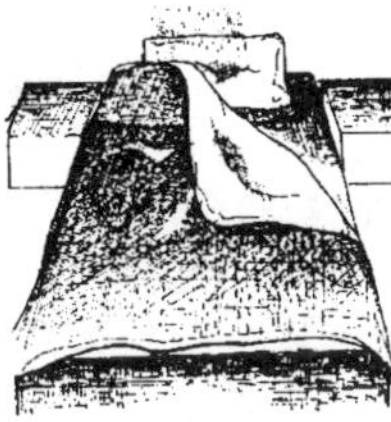

lihêm *see* **lihîm**.

lihîm *f* solder. ~ **kirin** *vt* solder. ~**ker** *n* solderer.

lik *n* shellac.

limêj *f* ritual of warship centred in prayer.

ling *m* foot, leg. ~ **dan erdê** *vt* resist. ~**(ê yekî) li yekî hatin** *vi* bring luck for (sb). ~ **li hev ketin** *vi* stumble over; trip up. ~ **pê re nekişîn** *vi* be unable to walk. **dan bin ~an** *vt* **1** trample down. **2** excuse. **li ser ~an sekinîn** *vi* stand up. **xistin bin ~an** *vt* trample down; disregard.

lingmelîk *adj* flat-footed. ~**î** *f* flat-footedness.

liq *n* branch; unit.

liservebûn *f* diagnosis. **li ser vebûn** *vi* diagnose.

liv *f* movement, slight movement. ~ **li xwe xistin** *vt* move.

liva *f* fine wool (of lamb).

livandin (bilivîne) *vt* move (sth). **xwe ~** *vt* move.

livbaz *n* activist. ~**î** *f* action, activity. ~**îkar** *n* activist.

livîn[1] **(bilive)** *vi* move.

livîn[2] *f* slight movement.

livîn[3] *m* bed. **ketin nav ~an** *vi* go to bed. ~ **danîn** *vt* make up/arrange beds.

liwa *f milit* regiment.

lixwegir *n* contractor, builder. **li xwe girtin** *vt* take on (a burden, etc.), undertake. ~**î** *f* undertaking.

lîç *f* pond.

lîçik *f* mucus, nasal mucus.

lîmon *f Gk* lemon.

lîrandin (bilîrîne) *vt* yell (particular

kind of cheer, usually by women during wedding feasts).

lîrîn (bilîre) *see* **lîrandin**.

lîs(ik) *f* roosting place.

lîsîn (bilîse) *vi* perch, roost.

lîsk *see* **lîstik**.

lîstik[1] *f* **1** game. **2** dance. **~ên gelêrî** folk dances.

lîstin[2] **(bilîze)** *vt* **1** play, play a game. **2** dance.

lîstok *f* toy.

lîtav *f* marsh.

lîwan *n* bit (of a bridle). **~ kirin** *vt* put the bit in a horse's mouth.

lo *int used when calling a man or a boy.*

lob *f anat:* **~a jorîn** upper pulmonary. **~a kezebê** lobe of the liver.

lobî *f* bean.

lobye *f* bean.

lod *n* heap, pile.

lok *m* camel (male).

lom *see* **lome**.

loma *adv* this is why.

lome *f* blame, complaint. **~ kirin** *vt* complain. **~ lê kirin** *vt* blame, reprove. **~ lê nebûn** *vi* be blameless.

loq[1] *m* morsel, bite (of food).

loq[2] (of horse, etc) trot. **~~î** *adv* at a trot. **~~î çûn/meşîn** *vi* trot, go at a trot.

loqim *f A* Turkish delight.

Lor *n* a Krd dialect, person speaking that dialect.

lorandin (bilorîne) *vt* **1** lull; sing a lullaby. **2** wail, lament.

lorik[1] *f* **1** lullaby. **2** lament.

lorik[2] *m* soft, uncured cheese.

Lorî *see* **Lor**.

lorî[1] *f* lullaby.

lorî[2] *n* eagle.

lorîn (bilore) *see* **lorandin**.

loş *m* a slightly leavened, flat pizza-like bread.

lot,lotik *f* jump, kick. **~ dan** *vt* jump up and down; kick. **~ dan xwe** *vt* hare off; jump up and down.

Lubnan *f* Lebanon. **~î** Lebanese.

lutf *A see* **qencî**.

lûblûb *f* begging, pleading. **~ kirin** *vt* beg, plead.

lûfik *f* fibrous scrubbing pad (used when taking a bath).

lûl *n* mother-of-pearl, nacre.

lûla pazû *f* humerus.

lûlaqa stûr *f anat* tibia, shin bone.

lûlaqa zirav *f anat* fibula, splint bone.

lûle *f* tube; barrel (of a gun).

lûlezenda stûr *f anat* ulna.

lûlezenda zirav *f anat* radius.

lûlû *see* **lûl**.

lûr *n* **~ ~** sound of a shepherd's flute.

lûrandin (bilûrîne) *vt* play a flute.

lûrîn *f* sound of a shepherd's flute.

lûs *f* perch, roost.

lûsîn (bilûse) *vi* perch, roost.

lût *m anat* nose; nasal bones; nasal cavity.

lûtik,lûtke *m* mountain peak.

M

m *f* the 16th letter of the Kurdish alphabet.
ma *interr* **Ma ev a te ye?** Is this yours?
mabeyn *see* **navbeyn**.
maç *f* kiss. ~ **dan** *vt* give a kiss. **Maçekê bide min.** Give me a kiss. ~ **kirin** *vt* kiss. **Destê bavê xwe ~(î) bike.** Kiss your father's hand (in respect). **hevdu ~ kirin** *vt* kiss one another.
maçî *see* **maç.**
maçlek *n anat* joint.
mad *m* **1** appetite, desire for food. **2** facial expression. **~(ê yekî) çûn tiştekî** have a desire for. **~(ê yekî) jê man** *vt* be disgusted with, have no desire for (food). **~(ê yekî) li hev ketin** *vi* feel sick at one's stomach, feel nauseated. **~(ê xwe) tirş kirin** *vt* put on a sour face, sulk.
madde *m A* **1** matter, substance. **2** material, component. **3** entry, item (in a list).
made *m anat* stomach. **bindevka ~** pylorus. **serdevka ~** cardiac orifice.
maden *m A* **1** mine. **2** mineral. **3** metal.
mader *f* mother. **~î** *adj* maternal. **~şahî** *f* matriarchy.
madik *f* swaddling clothes.
madtal *adj* sour-faced, angry-looking. **~î** *f* sullen face. **~î kirin** *vt* put on a sour face, look annoyed or angry. **bi ~î** *adv* sullenly, sulkily.
madûmirûz *m* **~ê xwe kirin** *vt* put on a sour face, sulk.
maf *m* right, share. **~(ê xwe) stendin** *vt* get one's due, get one's share or right. **~(ê yekî) xwarin** *vt* be unjust. **~ê çarenûsî** *m* right for self-determination. **~ên jinan** women rights. **~ên mirovan/mirovîn** human rights. **~ê penaberîyê** *m* asylum right.
mafûr *f* carpet.
mah *see* **meh**.
mahandin *see* **mehandin**.
mahf *f A* destruction; obliteration. ~ **bûn** *vi* be destroyed, be ruined, be obliterated. ~ **kirin** *vt* destruct, destroy, obliterate.
mahfûr *f* carpet.
mahîn *see* **mehîn**.
mahlû *f* rake.
mahor *f* level.
mahr *f* act of marrying, marriage. ~ **birîn** *vt* conclude marriage contract, join (two people) in marriage. ~ **lê birîn** *vt* give in marriage to. ~ **kirin** *vt* marry.
mahrûm *see* **mehrûm**.
mahweş *adj* moon-like.
maîde *m* canteen or flask (metal or plastic, used for water).
maîl *A see* **mêldar**.
mak *f* mother; female.
makeqanûn *f law* constitution.
makeşêr *f* lioness.
makeziman *m* mother tongue.
makîne *f It* **1** machine. **~a drûnê a)** sewing machine. **b)** harvester, reaping machine. **~a drûn û gêrê** combine (harvester). **~a tovreşanê** drill (for sowing). **2** car.
mal[1] *f* home; family; house. **M~ava! 1)** be fair, be reasonable! **2) M~ ava/M~a te ava.** Thanks, Thank you. ~ **bar kirin** *vt* move; migrate. ~ **ava kirin** *vt* build a house, set up housekeeping. **~(a yekî) xera kirin** *vt* ruin, do away with (sb).
mal[2] *m* property, goods.
malbat *f* family, line, ancestry.
maldar *n, adj* rich person, capitalist; rich.
malhazirî *f* whatever available (when showing hospitality to an unexpected guest).
malik[1] *f* **1** small house. **2** cell. **3** row of a garden.
malik[2] *f* (poetry) couplet.
maliştin[1] *f* wiping, sweeping.
maliştin[2] **(bimale)** *vt* sweep.
malî *f* wife.
malîn *see* **maltin**.
malîye *f A* finance.
malmezin *f* noble family. **~î** *f* nobility.
Malmîrat! *int* Damn you!
maltin (bimale) *vt* sweep.
malwêranî *f* being ruined, suffering a great loss.
malxo,malxwe *n* head of the family; owner.
malzarok *f anat* uterus, womb.
mam *m* (paternal) uncle.
mamele *f A* **1** treating, behaviour. **2** the processing.

mamik *f* riddle.
mamir(k) *f* domestic hen.
mamosta *see* **mamoste**.
mamoste *n* teacher. **~tî** *f* teaching, being a teacher.
mamûr *n A* civil servant.
man (bimîne) *vi* stay, remain, be left. **di sinifê de ~** *vi* fail a class/grade. **ji tiştekî ~** *vi* miss (a vehicle, a chance, etc). **li benda (tiştekî/yekî) ~** *vi* wait for. **tiştekî yekî ne~** *vi* **1** recover (from illness). **2** lose everything.
mandalîn *f It* mandarin.
mandî[1] *f* future.
mandî[2] *adj* tired. **~ bûn** *vi* become tired. **~ kirin** *vt* tire.
mane *f* **1** meaning. **2** excuse. **li manan gerîn** *vi* look for an excuse. **~dar** *adj* significant, meaningful. **~kûr** *adj* significant, meaningful, full of meaning. **~zanî** *f* semantics.
manend *see* **wek**.
manga *see* **mange**.
mange *f* cow.
mangêr *n* wheel plough.
manker *f* she-donkey.
manqel *see* **manqil**.
manqer *see* **manqil**.
manqil *f* brazier (used as a heater).
manqir *see* **manqil**.
manto *m Fr* (woman's) coat.
maqesok *see* **meqesok**.
maqûl *adj A* reasonable, sensible. **~ dîtin** *vt* regard as reasonable, accept.

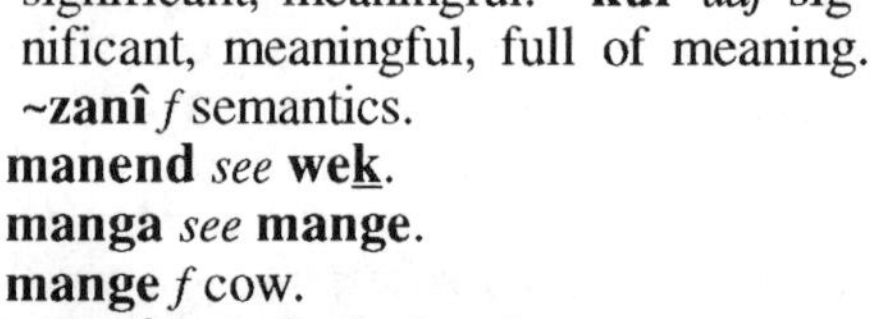

mar[1] *m* snake. **~ê zengildar** rattle-snake. **~gir** *n* snake-catcher.
mar[2] *see* **mahr**.
margîse *n* chameleon, *zool* Chameleon vulgaris.
margîsk *m* adder, viper, *zool* Vipera communis.
marîjok *f* germander, *bot* Teucrium.
marîn[1] *f* celandine, swallowwort, *bot* Chelidonium majus.
marîn[2] **(bimare)** *vi* (for a sheep) bleat.
marîn[3] *f* bleat, bleating.
marîpişt *m* spine, backbone.
markî *adv* snaky, as a snake.
marmarok *n* lizard.
marmasî *n* eel, *zool* Anguilla.
marmazîk *see* **marmarok**.
marmij *adj* unscrupulous, unjust; cruel.
marqilîn (bimarqile) *vi* **lê ~** notice, perceive; recognize.
marûmûr reptilia.
mase *f Lat* table.
masenûs *f* desk.
masî *n* fish. **~ girtin** *vt* fish. **~dank** *f* aquarium. **~gir** *n* fisherman. **~îgirî** *f* fishery, fishing. **~van** *n* fisherman. **~vanî** *f* fishery, fishing.
masîçakûç *n zool* hammerhead.
masîmûsa *n zool* sole.
masîpisîk *n zool* sheat fish.
masîşûr *n zool* sword fish.
masîwûsk *n zool* pilchard, sardine.
masîxatûnk *n* salmon.
masîxirk *n zool* porcupine fish.
masîzîv *n zool* sand-smelt, silversides, atherine.
mast *m* yoghurt.
mastêlk,mastêrk *f* funnel.
masûlke *n anat* muscle. **~yên çav** ocular muscles.
maş *m* **1** Indian bean. **2** cow pea, black-eyed pea.
maşandin (bimaşîne) *vt* abrade, wear away, corrode.
maşe *f* tongs, fire tongs.
maşiq *n* lover.
maşîn (bimaşe) *vi* wear away, be abraded, corrode, be corroded.
maşoq *n* lover.
maşot *n* caterpillar.
mat[1] *adj* bewildered, confused; silent. **~ bûn** *vi* be utterly bewildered or confused. **~ kirin** *vt* bewilder or confuse utterly. **~ man** *vi* be utterly bewildered or confused. **~mayî** *adj* astonished, confused, bewildered.
mat[2] *n* (chess) checkmate, mate. **~ bûn** *vi* be checkmated. **~ kirin** *vt* checkmate.

matem *A see* **şwîn**[1].
mawer,mawerd *A see* **gulav**.
mawî *A see* **şîn**.
mawzêr *f Gr* Mauser rifle.
mayîn[1] *see* **man**.
mayîn[2] *f* mine. **~çîn** *f* mine-sweeper.
maz *m* ram.
Mazra *f* A Kurdish city in Northern Kurdistan (Elaziğ in Turkish).
mazî *n* oak apple, gall apple, *bot* Quercus infectoria.
mazot *f Rus* diesel fuel; mazut, mazout.
mazu *see* **mazî**.
mazû *see* **mazî**.
mazûban *see* **mazûvan**.
mazûvan *n* host, hostess.
me[1] *per/poss pron, poss adj* we; our; ours; us. **Me ew dît**. We saw it. **pirtûkên ~** our books. **a/ê/ên ~** ours. **Ew ê me bigirin**. They will catch us.
me[2] *imp (neg)* do not. **Meke!** Don't do (it)!
meal *A see* **mane**.
mebes *see* **mebest**.
mebest *f* intention, intent, purpose.
mebûs *f A* member of parliament.
mecal *f A* strength. **~ (tê de) neman/ji ~ de ketin** *vi* have no strength left, be exhausted.
mecbûr *adj A* forced to, obliged to. **~ bûn** *vi* be forced to, be obliged to, have to (do sth). **~ hiştin/kirin** *vt* force, oblige.
mecmer *see* **bixurdank**.
mecrefe *see* **mercefe**.
mecrûh *A see* **birîndar**.
meda *see* **borî**.
meddah *A see* **pesindar**.
meder *f* scene, light. **derketin ~ê** *vi* appear, come on the scene.
medh *A see* **pesn**.
medhoş, medhûş *P see* **gêj**.
medreb *f* paddy-field, rice-field.
mefa *f* benefit, profit; advantage. **~dar** *adj* useful, beneficial.
meftûh *see* **vekirî**.
meger *P conj* It seems that..., apparently..., I found out that...
meh *f* month. **~a borî/çû** last month. **~a (ku) bê/tê** next month. **~a hinguvîn** *f* honey moon.
mehandin[1] *f* digestion.
mehandin[2] **(bimehîne)** *vt* digest.
mehanî,mehî *adv,f* monthly; monthly wage, salary.
mehder *f* intercession. **~ kirin** *vt* intercede.
mehd, mehdik *A see* **dergûş**.
mehel *A see* **cih**.
mehel *A see* **tax**.
mehfûr *see* **mahfûr**.
mehiw *see* **mêw**.
mehî *see* **mehanî**.
mehîn[1] *f* mare.
mehîn[2] **(bimehe)** *vi* be digested.
mehîr *f* soup made of yoghurt, water and boiled wheat.
mehkeme *f A* **1** law court. **2** trial, hearing.
mehname *f* monthly.
mehr *see* **mahr**. **~ kirin** *see* **mahr kirin**.
mehrûm *adj* deprived, destitute.
mehtab,mehtav *f* moonlight.
mehter *n* broom, stable-man.
mehûj *see* **mewîj**.
mehvan *see* **mêvan**.
mehzûz *A see* **pardar**.
mejî *m anat* brain.
mejû *see* **mejî**.
Meke *f* Mecca.
meknûn *see* **veşartî**.
mekr *A see* **dek**.
mekşûf *see* **xuya**.
melamet *see* **gazin**.
melbûs *see* **kinc**.
mele *m* hodja, mollah, Moslem preacher. **~ bang dan** *vt* (mele) give the call to prayer.
melevanî *f* swimming. **~ kirin** *vt* swim. **(bi) ~ lîstin** *vt* swim.
melêv *f* (wooden) pitchfork.
melhem *f* ointment, salve. **~ (lê) kirin** *vt* apply ointment.
melhêb *f* fork, hayfork.
melisandin (bimelisîne) *vt* make (sb/sth) crouch down. **xwe ~** crouch down.
melisîn (bimelise) *vi* crouch down.
melkeb *f* basket.
melkemewt *see* **melkemot**.
melkemot *m* angel of death, Azrael.
melkis *f* broom. **~ kirin** *vt* sweep. **~ lê xistin** *vt* sweep. **M~ekê li xalîçê jî xe.**

Sweep the carpet too.
melle *see* **mele**
melû *f* sheaf. ~ **kirin** *vt* tie in sheaves, arrange in sheaves.
melûl *adj A* sad, low-spirited.
melûn *adj A* curse, damned.
melyaket *see* **milyaket**.
Mem *m* man's name, contraction of Mohammed. **M~ê Alan** the mythological hero in **M~ û Zîn**. **M~ û Zîn 1** name of a legend. **2** an adaptation of this legend by **Ahmedê Xanî**.
memat *A see* **mirin**.
memik *m anat* **1** breast. **2** udder, dug. **3** nipple, teat. **4** nipple, rubber mouthpiece shaped as a nipple. ~ **dan** *vt* feed from breast. ~ **mêtin** *vi* nurse, suck.
memlû *A see* **tijî**.
menam *A see* **xew**.
menbe *see* **kan**.
menceniîq *f* catapult.
-mend *suff forming adj and n, eg:* **bawermend, hunermend**.
mendal *see* **zaro**.
mendere *n* double-storeyed house.
menfeet *f A* benefit, advantage, interest.
menfî *f* exile, banishment. ~ **bûn** *vi* be exiled to. ~ **kirin** *vt* exile.
mengî *adj* ideal. ~**wer** *n* idealist.
menî *see* **zexm**.
menna *see* **çiklos**.
menzel *see* **mezel**.
meqam *m A* **1** *mus* concept of mode. **2** position, post, office; place of work.
meqer *n mil* **1** headquarters. **2** base.
meqes *f A* scissors. ~ **kirin** *vt* cut with scissors.
meqesk *see* **meqes**.
meqesok *n* martin, house martin.
mer *f* spade. ~ **kirin** *vt* spade up.
meraq *f A* curiosity; great interest. ~ **kirin** *vt* be curious about; be interested.
merc *m* condition, state.
mercefe *f* wooden spade to sweep roofs from snow.
merd[1] *adj* brave; trustworthy. ~**ane** *adv* bravely; honestly. ~**î** *f* bravery; honesty.
merd[2] *see* **mirov**.
merdan *m* hammer.
merez *f A* illness, sickness.
merezî *adj A* ill, sick. ~ **kirin** *vt* sicken, weary.
merg *f* death.
mergîsk *see* **margîsk**.
Merheba! Hello!
mermer *m Lat* marble.
merif *see* **meriv**.
meriv *n* **1** man; human being; person. **2** a relative. ~**ahî** *f* humanity, mankind. ~**antî** *f* kinship, relationship.
merî *see* **meriv**.
mermal *n, adj* (a) relative.
merof *see* **meriv**.
meroje *f* asparagus.
merov *see* **meriv**.
merqed *see* **gor**.
mersef *f* large, round tray.
mersele *f A* **1** story, tale. **2** problem, matter.
merş *f* pileless carpet, kilim. ~ **raxistin** *vt* spread a **merş**.
mertal *m* shield (of a warrior).
merv *see* **meriv**.
mervahî *see* **merivahî**.
mervan *adj* friendly.
mervanî,mervantî *f* kinship, relationship.
merx *f bot* a variety of juniper.
merze *f* marjoram, *bot* Majorana majorana.
merzel *see* **mezel**.
mesa *see* **êvar**.
mesal *A see* **mesele 1**.
mesele *f A* **1** story, tale. **2** problem, matter.
mesihandin (bimesihîne) *vt* rub; wipe.
Mesîh *m* Jesus Christ. ~**î** *n, adj* Christian.
mesîn *see* **misîn**.
mesmû *A see* **guhdarî**.
mesref *f A* expenses, expenditures. ~ **kirin** *vt* spend (money).
mesrûr *A see* **kêfxweş**.
mest[1] *f* light, thin-soled boot (worn inside shoes).
mest[2] *adj* very delighted, enchanted, captivated. ~ **bûn** *vi* be enchanted, be in the seventh heaven.
mestir *comp adj* bigger, greater, larger; older.
meş *f* **1** walk; gait. **2** march, demonstration.
meşandin (bimeşîne) *vt* **1** have (sb) walk. **2** carry out, perform.
meşhûd *A see* **xuya**.

meşîn (bimeşe) *vi* walk.
meşk *f* churn (made of animal skin).
meşneqe *f* guillotine.
meşvan *n* marcher, demonstrator.
met *f* father's sister, aunt.
metal *see* **mertal**.
metaya *see* **bejnbilind**.
metbex *f* kitchen.
metel[1] *f* puzzle; riddle.
metel[2] *adj* tongue-tied.
metelok *f* proverb.
metelmayî,metemayî *adj* tongue-tied. ~ **bûn** *vi* be tongue-tied. ~ **hiştin** *vt* dumbfound. ~ **man** *vi* be left dumbfounded (by).
meter *A see* **baran**.
metere *m A* (metal or plastic) canteen or flask.
methelok *see* **metelok**.
metik *f* father's sister, aunt.
metir *f* metre. **~çargoşe** *f* square metre.
metirke *f* spade.
metleb *f* intention, aim.
metlûb *see* **daxwaz**.
metre *f Fr* metre, meter.
mevîj *see* **mewîj**.
mevsik *f* strainer.
mewdanî *adj* financial.
mewe *see* **pêl**.
mewîj *f* raisins.
mewlûd *f A* **1** the night of the birth of the prophet Mohammed. **2** a chanting of the **Mewlûd**.
mewto *see* **çewto mewto**.
mewuj *see* **mewîj**.
mewûj *see* **mewîj**.
mexafet *A see* **tirs**.
mexel *adj* (an animal) lying prone. ~ **bûn** *vi* (an animal) lie. ~ **hatin** *v* (an animal) lie. ~ **kirin** *vt* make an animal lie flat.
mexloq *f A* creature, living thing.
mexloqat *f A* creature, living thing.
mexmer,mexmûr *A m* velvet.
mexz *P see* **mejî**.
mey *f* wine; drink.
meyandin (bimeyîne) *vt* add yeast to.
meyfroş *n* barkeeper, publican.
meyger *n* cup-bearer.
meyiw *see* **mêw**.
meyizandin (bimeyizîne) *vt* look at, watch.
meyîr *see* **mehîr**.
meyl *f* slope, incline; tendency, inclination. **~dar** *adj* slanting, sloping; inclined. ~ **kirin** *vt* incline, be inclined.
meymûn *n A* monkey; ape.
meyt *n* corpse.
meyter *n* groom, stableman.
meyvan *see* **mêvan**. **~î** *see* **mêvanî**.
meywe *see* **mêwe**.
meyzandin (bimeyzîne) *vt* look, watch.
mezaq *A see* **tam**.
mezel[1] *m* grave; graveyard. **~geh** *f* graveyard.
mezel[2] *f* room.
mezeloq *adj* sticky, adhesive.
mezeloqî *adj* sticky, adhesive.
mezer *see* **mezel**.
mezheb *m A* religious sect.
mezin[1] *adj* **1** big, large, great. **2** old, elder. ~ **bûn** *vi* grow, grow up, become larger/bigger. ~ **kirin** *vt* **1** bring up. **2** enlarge, make bigger. **3** exaggerate.
mezin[2] *n* **1** older person. **2** one's senior. **3** chief, leader.
mezinahî *f* **1** greatness. **2** gravity, importance. **3** seniority. **4** size.
mezinayî *see* **mezinahî**.
mezinker *n* magnifier.
mezintî *see* **mezinahî**.
mezlem *A see* **tarî**.
mezre[1] *f* small village.
mezre[2] *see* **zevî**.

mê *adj* female; feminine. **~tî/yîtî** *f* femaleness, female sex.
mêbaz *m* woman chaser.
mêhirç *f* she-bear.
mêhîman, mêhman *P see* **mêvan**.
mêhtin *see* **mêtin**.
mêhvan *see* **mêvan**. **~î** *see* **mêvanî**.
mêj[1] *n* antiquity; past time. **ji ~ ve** long since, for a long time past.
mêj[2] *n making n and adj in connection with the verb* **mêtin**, *eg:* **şîrmêj**.
mêjandin (bimêjîne) *vt* nurse.
mêjiwe *see* **mêjû[1]**.
mêjî *m anat* brain, cerebrum. **~yê piştê** *m* spinal cord. **~kok** *m* little brain.
mêjîn (bimêje) *vi* **1** suck, absorb. **2** exploit.
mêjok[1] *n* exploiter.

mêjok[2] *n,adj* absorbent.
mêjû[1] *f* the past; history. **~yî** *adj* historical, past.
mêjû[2] *see* **mêjî**.
mêkut *m* mallet; beetle.
mêl *f* slope, incline; tendency, inclination. **~dar** *adj* slanting, sloping; inclined.
mêlak *see* **mêlaq**.
mêlaq *f anat* lungs. **~reşî** *f* pneumonia.
mêlede *f* torch.
mêr[1] *m* **1** man. **2** husband. **~ kirin** *vt* (a woman) marry.
mêr[2] *adj* courageous, brave.
mêrane *adj,adv* manly, manfully.
mêranî *f* courage, bravery.
mêrg *f* meadow, green meadow, pasture. **~ezar** *f* park, meadow.
mêrik *m* young man.
mêrkirî *adj* married woman.
mêrkuj *n* murderer, killer. **~î** *f* murder.
mêrxas *adj* brave. **~î** *f* bravery. **bi ~î** *adv* bravely.
mêş *f* fly. **~a hinguv** *f* bee. **~xur** *adj* insectivorous.
mêşe *f* oak, *bot* Ouercus.
mêtin (bimêje) *vt* **1** suck, absorb. **2** exploit
mêtingeh *f* colony. **~kar** *n* colonist. **~karî** *f* colonialism.
mêtinkar *n* exploiter. **~î** *f* exploitation.
mêvan *n* guest, visitor.
mêvanhez *adj* hospitable. **~î** *f* hospitality, hospitableness.
mêvanî *f* being a guest, visit. **çûn ~yê** *vi* go on a visit to. **bi ~î çûn** *vi* go on a visit.
mêvanxane *f* guesthouse.
mêw *m* vine-plant; melon-plant.
mêwe *m P* fruit.
mêwij *see* **mewîj**.
mêxik *f bot* carnation.
mêxoş *see* **mêxweş**.
mêxweş *adj* bitter-sweet.
mêz *f* table.
mêze *f* look, looking. **~ kirin** *vt* look. **lê ~ kirin** *vt* look at, watch. **~van** *n* spectator, onlooker, viewer.
mêzer[1] *f* turban.
mêzer[2] *see* **mêze**.
mêzîn *f* **1** scales. **2** balance. **~ kirin** *vt* weigh; measure.

mi *see* **min**.
miadat *A see* **dijminatî**.
miadil *A see* **hevta**.
micid *rgd* serious, earnest.
miç *adj* straight, upright; tight, firm. **guhê xwe ~ kirin** *vt* prick up one's ears.
miçiqandin (bimiçiqîne) *vt* dry, drain.
miçiqî *adj* dry, dried, drained.
miçiqîn (bimiçiqe) *vi* get dry, dry, be/get drained.
midas *n* clothes, dress.
midbir *see* **fenok**.
mider(r)is *see* **mamoste**.
midewwer *see* **girover**.
midûr *n A* director, head, chief, manager.
miennes *see* **mê**.
mift *rgd* gratis, free. **~xur** *n* sponger, hanger-on.
mifte *f* **1** key. **2** lock.
miftî *f* officer who is in charge of Islamic affairs in a town or city.
mih *see* **mîh**.
mihendîs *n A* engineer. **~î** *f* engineering; being an engineering.
mihes *n* currycomb. **~ kirin** *vt* curry.
mihît *f* plan.
mihnet *see* **minet**.
mihr *see* **evîn**.
mihrecan *see* **mihrîcan**.
mihredar *see* **evîndar**.
mihriban *see* **mihrîban**.
mihrîban *adj* kind, affectionate, compassionate.
mihrîcan *f* feast, festival.
mihtac *adj A* in need, poor, needy. **~(î yekî/tiştekî) bûn** *vi* be in need of, need, require..
mihvan *see* **mêvan**.
mihvanî *see* **mêvanî**.
mihvik *see* **movik**.
miîn[1] *see* **alîkar**.
miîn[2] *see* **mehîn**.
mij *m* mist, haze, fog.
mijad *f* subject, topic.
mijank *m anat* eyelash.
mijar *f* subject, topic.
Mijdar *f* November.
mijgan *see* **mijank**.
mijî *see* **mejî**.

mijmijok *f bot* bugloss.
mijûl *adj* busy. ~ **bûn** *vi* be busy. **pê** ~ **bûn** *vi* be busy with. ~ **kirin** *vt* take up (sb's) time, engage (sb's) attention, occupy. **~geh** *f* office. **~î** *f* **1** activity; occupation; concern. **2** being busy; sth that keeps (sb) busy.
mikedder *see* **şêlî**.
mikur *f* confession, admission. ~ **hatin** *vi* confess, admit. **~î** *f* confession, admission.
mil *m* **1** *anat* shoulder, upper arm. **2** side. ~ **dan hev** *vt* support one another, act with solidarity. **~darî** *f* support, solidarity.
milayket *f A* angel.
milik *f* camel's hump.
milk *m A* real estate/property.
milmilîn (bimilmile) *vi* walk with a swaying movement.
milyaket *f A* angel.
milyar *m Fr* billion, billiard.
milyon *m Fr* million.
mimtaz *see* **bijarte**.
mimted *see* **dirêj**.
min *pers/poss pron, poss adj* I; my; mine; me. **Min tu dît**. I saw you. **a/ê/ên** ~ mine. **Te ji** ~ **re got**. You told me. **pirtûka** ~ my book.
minaqeşe *f A* argument, dispute; heated debate.
minare *f A* minaret.
minasib *adj A* suitable, appropriate.
mindal *n* child.
minet *f A* sense or feeling of indebtedness, gratitude.
minewwer *A adj* **1** well lighted. **2** enlightened (person), intellectual.
minê: ~ **kirin** *vt* wish (for), want. **~kar** *adj* desirous, willing.
minminîk *f* butterfly; moth.
minteha *see* **dawî**.
miqate *f* minding, watching. **lê** ~ **bûn** *vi* mind, watch, look after. **li xwe** ~ **bûn** *vi* mind (os), look after (os).
miqatî *see* **miqate**.
miqayet *see* **miqate**.
miqor *f* chisel.
miqsî *n,adj* Christian pilgrim.
mir *n* fowl.
mirad *m A* wish, desire.
miram *m A* aim, goal, aspiration.
Miran *f* September.
mirandin (bimirîne) *vt* kill.
mirar *adj* (an animal) dead. ~ **bûn** *vi* die. ~ **kirin** *vt* kill.
mirarî *n* pearl.
miraz *m* aim, intention; wish, desire.
mircan[1] *see* **sor**.
mircan[2] *n* coral, *zool* Corallium..
mircaq *m* thin beam, joist.
mirç *n* ~ ~ smacking one's lips (when kissing).
mirdal *adj* dead.
mirdar *adj* dead.
mirde *see* **mirî**.
mirdiyaq *see* **mircaq**.
mirêba *n* sharecropper who receives one half of the crop in return for his work.
mirêk *f* mirror.
mirês *f* majesty.
mirin[1] *f* death.
Mirin![2] *int* I wish you die!
mirin[3] **(bimire)** *vi* die.
mirî *adj* dead.
mirîd *n A* disciple in a dervish order.
mirîsok *f* foxglove, thimble flower, *bot* Digitalis pupurea.
mirîşk *f* hen, chicken.

mirmirîn (bimirmire) *vi* mutter to (os), mumble to (os).
mirov *n* man, human being. **~ahî** *f* humanity. **~antî** *f* kinship, relationship. **~hez/hiz** *adj,n* humanistic; humanist. **~hezî/hizî** *f* humanism. **~în** *adj* anthropoid, man-like. **~jimêrî** *f* census. **~kuj** *adj* **1** murderer. **2** antipersonnel. **~perver** *adj,n* humanistic; humanist. **~perwerî** *f* humanism. **~xur** *n* cannibal; man-eater. **~xurî** *f* cannibalism. **~zan** *n* anthropologist. **~zanî** *f* anthropology.
mirsel *see* **şandî**.
mirtaz *see* **razî**.
mirtêl *see* **mitêl**.

mirtib *see* **mitrib**.
mirtil *m* worn-out piece of cloth, rag.
mirûz *m* face. **~tirş** *adj,n* sullen, sulky; sullen-faced person; sullen face.
mirx *see* **teyr**.
misas *f* oxgoad.
misîn *m* long-spouted water pitcher.
misilman *n,adj* (a) Muslim; Islamic. **~tî** *f* being a Muslim; Islam
misk *A f* musk.
misoger *adj* certain; absolute; unrestricted.
misqal *f* a weight for precious stones.
mist *f* **1** palm. **2** clenched fist or hand, cupped hand. **~ dan** *vt* caress, stroke. **~ek** contents of a cupped hand.
mistear *see* **emanet**.
mistecme *see* **civîngeh**.
mistemend *see* **reben**.
mistemî *see* **guhdar**.
mişar *m* row of a garden.
mişe *adj* much, plentiful.
mişext[1] *n* runaway, fugitive. **~ bûn** *vi* escape, flee, run away.
mişext[2] *n* (an) exile. **~ bûn** *vi* be exiled. **~ kirin** *vt* exile.
mişêwir *n* counsel, consultation.
mişk *f* mouse.
mişkane *f* mortgage. **(zevî) bi ~ dan** *vt* mortgage (a field to sb).
mişkule *f A* problem. **Ne ~ ye.** No problem.
mişlaq *n,adj* parallel (line, etc).
mişmiş *f* apricot.
mişt *adj* full. **~ kirin** *vt* fill up.
miştax(e) *f* raisins.
miştelî *n* plant.
mişterî *A n* **1** customer, client. **2** *astr f* Jupiter.
miştin *see* **maltin**.
miştirî *n A* customer, client.
mişwar *m* moment, instance, while, time.
mitehher *see* **paqij**.
mitemîn *see* **ewle**.
mitêl *f* mattress.
mitik *m* small hill.
mitîl *see* **mitêl**.
Mitrib[1] *n* Gypsy.
mitrib[2] *see* **sazbend**.
mittehîd *see* **yekbûyî**.
miwasa *see* **alîkarî**.
miweqet *adj* temporary.
mixab *adj* unhappy; unfortunate. **~in** unfortunately.
mixmixk *n zool* mosquito.
miz[1] *adj* mildly sour.
miz[2] *n* fee.
miz[3] *f* **~(e)~** murmur, grumble. **kirin ~(e)~** *vt* murmur, grumble.
mizawir *n,adj* swindler; dishonest. **~î** *f* swindling, cheat. **~î kirin** *vt* cheat, swindle.
mizaxil *adj* deceitful, tricky. **~î** *f* trick. **~î kirin** *vt* do (sth) deceitful.
mizekker *see* **nêr**.
mizeloq *see* **mezeloq**.
mizeloqî *see* **mezeloqî**.
mizewwir *see* **mizawir**.
mizgeft *f* mosque.

mizgîn *f* good news. **~ dan** *vt* give (sb) good news. **~î** *f* present given to the person bringing good news.
mizmizîn (bimizmize) *vi* hem and haw and make some feeble objections; make a fuss about trifles.
mizmizok *adj* fussy about trifles. **~tî** *f* fussing about trifles. **~tî kirin** *vt* make a fuss about trifles.
mî *see* **mîh**.
mîbzer *f* drill (for sowing).
mîdad *f* ink.
mîftah *see* **mifte**.
mîh *f* sheep.
mîheng *f* adjustment; standard (of time).
mîhr *see* **roj**.
mîna *adv* like, as. **~ hev** *adj* similar. **~k** *f* instance, example. **bo ~k** for example, for instance. **~ ku** *adv* for example, for instance.
mînîbus *f Fr* minibus.
mînû *see* **bihişt**.
mîqa *n Fr* mica.
mîqras *see* **meqes**.
mîqrob *f Gk* germ; microbe. **~ girtin** *vt*

become contaminated with germs.
mîqrofon *f Gk* microphone.
mîqrosqob *f Gk* microscope.
mîr *m* prince, emir. **~ê ~an** *m hist* governor-general.
mîrane *rgd* magnificent, splendid, pertaining to a **mîr**.
mîrat *m* inheritance, heritage. **~xur** *n, adj* (sb) who has inherited a fortune.
mîrkut *m* mallet; beetle.
mîrliwa *n milit* general.
mîro *n* ant.
mîrza *m* mister; prince.
mîşkat *see* **fanos**.
mîtan *m* a loosely-cut, collarless shirt.
mîvan *see* **mêvan**. **~î** *see* **mêvanî**.
mîx *m* nail. **~ kirin** *vt* nail. **~ kutan** *vt* drive a nail. **~ lê xistin** *vt* nail.
mîz *f* urine. **~ kirin** *vt* urinate. **~dank** *f anat* bladder. **~kêş** *f anat* ureter.
mîztin (bimîze) *vt* urinate.
moda *f It* fashion, vogue, style.
mofirk *see* **movik**.
mohr[1] *m, adj* purple.
mohr[2] *f* seal, signet, signet ring. **~ kirin** *vt* put under seal, stamp with a seal.
mohtac *adj A see* **motac**. **~ bûn** *see* **motac bûn**.
mor *see* **mohr**[1 2].
morî *n* ant.
morîk *f* bead.
moşene *f* thresher.
motac *adj A* in need, poor, needy. **~(î yekî/tiştekî) bûn** *vi* be in need of, need, require.
motik *f* nesting-box.
motî *see* **dims**.
motor *f Fr* engine, motor.
motorsiklêt *f Fr* motor-cycle.
movik *f* **1** *anat* joint, vertebra. **2** node. **~ên mazmazkê** *f* lumber vertebra. **~ên piştê** *f* dorsal vertebra. **~ên stû** *f* cervical vertebra. **~ên tilîyan** *f* phalanges.
moxil *f* sieve. **~ kirin** *vt* sieve. **li ~ê xistin** *vt* sieve.
moz *f* bee; wasp; hornet. **~a hungiv** bee. **~a sor** hornet. **~a qirtik,~qirtk** wasp.
Mr. *cont of* **mîrza**. mister.
muheyya *see* **amade**.
muhtac *see* **motac**. **~ bûn** *see* **motac bûn**.
mujde *see* **mizgîn**.
mukir *see* **mikur**.
mulazim *n A* (milit) lieutenant.
murx *n* bird.
musteheq *adj A* worthy of, deserving of.
mustetîb *see* **paqij**.
musulman *see* **misilman**.
muxabin *see* **mixabin**.
muxirbe,muxrib *f* evening, the sunset hour.
muxtar *n* mukhtar, elected head of a village or of a neighbourhood within a town or city.
muze *f Gk* museum.
muzîk *f Gk* music. **~î** *adj* musical. **~van** *n* musician.
mû *m* (a) hair, bristle. **~yên binçeng** *n* armpit hair. **~yî** *adj* of hair or bristle.
mûçink *f* tweezers.
mûfirk *see* **movik**.
mûjank *m* eye-lash.
mûm *f* candle.
mûrî *n* **1** ant. **2** bead.
mûsipî *adj* white-haired.
mûtik *f* myrtle, *bot* Myrtus communis.
mûz *f A* banana.
mûzer *adj* blond, blonde.

N **n** *f* the 17th letter of the Kurdish alphabet.
na[1] *particle contrasted with* **erê/herê** no. **Na, nere**. No, don't go.
na[2] *neg form in the present tense* not. **Ez naxwim**. I don't eat.
na-[3] *pref forming neg of adj* **namerd**, etc.
nab *see* **zelal**.
Nabe! No! It's not possible. It can't be done.
naber *see* **navber**.
nabeyî *f* impossibility. *logic* absurdity.
naçar *see* **neçar**.
nafe *f* musk.
nag *f* she-camel.
nagah,nageh,nagîhan *P see* **ji nişka ve**.
naha *see* **niha**.
nahid,nahêd,nahîd *f astr* Venus.
nahs *adj,n* troublemaking, unruly, mischievous; mischief. **~î** *f* troublemaking, mischief. **~î kirin** *vt* do a mischief.
nahtor *n* guard, guardsman. **~î** *f* guard, being a guard, guarding. **~î kirin** *vt* guard.
-nak *suff forming adjectives* **xeternak**, etc.
nakokî *f* conflict, contradiction.
nal[1] *m* shoe (for animals hoof). **~ kirin** *vt* shoe (a horse, etc). **~ lê xistin** *vt* shoe (a horse, etc).
nal[2] *see* **newal**.
nalandin (binalîne) *vt* cause (sb) to groan, make (sth) resound.
nalbend *n* horseshoer, farrier. **~î** *f* horseshoeing, farriery; being a horseshoer.
nalebar *adj* incompatible, inconvenient.
nalenal *f* moan, groan, lamentation. **kirin ~** *vt* moan, groan, lament. **bûn ~a yekî,~a yekî bûn** *vi* moan, groan.
nalet *f A* curse, imprecation. **N~ li wî bê!** God damn him!
nalîn (binale) *vi* moan, groan, bewail, lament.
nalnal *see* **nalenal**.
nam *see* **nav**. **~dar** *see* **navdar**. **~darî** *see* **navdarî**.
name *f mail* letter. **~dank** *f* letter-box. **~nivîsî** *f* correspondence.

namerd *adj* cowardly; contemptible. **~î** *f* cowardliness; despicableness.
namîlke *f* brochure, opuscule.
namûs *f A* **1** honour, integrity. **2** (a woman's) virtue, chastity.
namwer *adj* famous. **~î** *f* fame, being famous.
namzed *n* candidate, applicant. **~î** *f* candidacy.

nan *m* bread; meal. **~ dan** *f* feed. **~ lê xistin** *vt* bake bread. **~ê mêzînê** bakery bread. **~ê sêlê** thin and round bread baked on a sheet of iron. **~ê şivên** *m* (European) mistletoe, *bot* Viscumalbu. **~ê şkeva** a bread baked in very thin sheets. **~ê tenûrê** bread baked in an earthenware oven. **~ê tisî** dry bread.
nançûçik *f* mallow, *bot* Malva sylvestris.
nanda *adj,n* generous; benefactor, patron.
nane *f A* mint, *bot* mentha piperita.
nanik *m* honeycomb. **bûn ~** *vi* be crushed. **kirin ~** *vt* crush.
nankor *adj* ungrateful, unthankful. **~î** *f* ungratefulness, ingratitude. **~î kirin** *vt* act ungratefully. **bi ~î** *adv* ungratefully.
nanozik *f* having hardly enough food. **bi ~ê xebitîn** *vi* work for a wage which is hardly enough for one's food.
nanpêj *n* baker. **~î** *f* bakery. **~xane** *f* bakery.
napak *adj* bad. **~î** *f* badness.
naperû(ş)k *m* nail, claw, paw.
naqe *f* she-camel.
naqos *f* large bell, gong.
nar[1] *P see* **hinar**.
nar[2] *A see* **agir**.
narewan *f* beech, *bot* Fagus sylva-tica.
nargêle *f A* water pipe, hookah, nargileh.
narinc *f* bitter-orange.
narincok *f* hand-grenade.
narîn *adj* delicate, slight.
nas[1] *n* acquaintance. **~ên hev bûn** *vi* know each other. **~ kirin** *vt* recognize, know, be acquainted with. **dan ~ kirin** *vt* introduce (sb). **xwe dan ~ kirin** *vt* introduce (os).
nas[2] *adj* familiar, well-known.
nasandin[1] **(binasîne)** *vt* introduce (sb).
nasandin[2] *f* introduction, introducing.

naser *n* expert, specialist.
nasî *f* acquaintance, acquaintanceship. **N~ya min bi wî re heye**. I know him.
nasîhat *see* **nesîhet**.
nasîn (binase) *vt* know.
nasîyar *adj* familiar. **(bi tiştekî ve) ~ bûn** *vi* be familiar with sth.
nasname *f* **1** identity card. **2** letter of recommendation, reference.
nasnav *m* term.
nasût *see* **ma(d)de**.
nasyar *n* close friend, friend. **~î** *f* friendship.
naşî *adj,n* young, inexperienced, callow; young man, inexperienced man. **~tî** *f* inexperience.
natewa *see* **qels**.
natirs *see* **netirs**.
nator *see* **nahtor**.
naumîd *see* **bêhêvî**.
nav[1] *m* name; fame; *gram* noun. **~ dan** *vt* become famous. **~ girtin** *vt* become famous. **~ lê dan/kirin** *vt* name, nick-name. **~ pê ketin** *vi* become famous. **N~ê te bi xêr?** What is your name?
nav[2] *f* middle; centre; inside. **di ~ de** *prep* between, among; inside. **di ~ re** *prep* through. **li ~** *prep* among, in the middle of, in between, inside. **di vê ~ê de** meanwhile. **Di ~ daran de gul hene**. There are roses among the trees. **Thames di ~ Londonê re diherike**. Thames flows through London. **Li ~ dara(n) bisekine**. Wait among the trees.
nav[3] *f* waist. **~(a yekî) qetîyan** *vi* be badly frightened. **~zirav** *adj* slender, slim.
navandin (binavîne) *vt* name; sign.
navandî *adj* signed.
navber *f* distance (between two things), middle, space (between); relation (between people). **di ~a ...de** between, among. **li ~a** between.
navbeyn *see* **navber**.
navbeynvan *n* mediator, go-between, middle-man. **~î** *f* mediation. **~î kirin** *vt* mediate.
navbên *see* **navbeyn**. **~çî** *see* **navbeynvan**.
navbir *f* **1** break. **2** partition, a wall dividing a room or a place; anything in between two things.
navçav *m anat* superciliary arch.
navçe[1] *adj* (of) medium. **~bejn** *adj* (of) medium height. **~menzîl** *adj* middle-range. **~pêl** *f* medium wave.
navçe[2] *f* region, zone.
navçiçik *m anat* bosom.
navdar *adj* famous, well-known. **~î** *f* fame, reputation.
navdayî *adj* famous.
navder *f* threshold.
navdêr *f gram* noun.
nave *see* **nabe**.
navend *f* centre; middle, space (between things). **~î** *adj* central.
naverast *f* centre.
naverok *f* content, contents.
navên *see* **navbeyn**.
navgîn *f* means, vehicle.
navik *f* **1** navel; umbilical cord. **2** central part or point, centre. **~a kezebê** *f anat* falciform ligament of liver.
navîn[1] *f* signature.
navîn[2] *adj* central, middling. **Rojhilata Navîn** the Middle East.
navkirî *adj* (person or thing) being talked of or under consideration.
navko *f* bungalow.
navlêk *f* term.
navlihev *f* homonym.
navmalî *f* servant, maid.
navmemik *m anat* bosom.
navneteweyî *ad* international.
navnîşan *f* address.
navok *see* **navik**.
navpişt *f anat* loin.
navran *f* the space between the thighs, perineum.
navrêz *f* the space between the lines.
navroj *f* midday, noon; lunch.
navsalî *see* **navsere**.
navsere *adj* middle-aged.
navtêdan *f* encouragement, incentive. **nav tê dan** *vt* encourage, stimulate, provoke.
navûdeng *m* fame, reputation. **bi ~** famous. **bi ~ bûn** *vi* be/become famous.
navzirav *adj* slender, slim.
Nawzistan *f* January.
naxeyr *see* **naxêr**.

naxêr! No! Not at all!
naxir *f* herd.
naxwe *see* **nexwe**.
nay *f* a reed flute.
nayar *see* **neyar**.
nayarî *see* **neyarî**.
naz *f* coyness, coquettishness. ~ **kirin** *vt* make a show of reluctance, pretend to be shy, behave coyly.
nazdar *adj* coquettish, coy. **~î** *f* coyness, coquettishness.
nazedar *see* **nazdar**.
nazende *see* **nazdar**.
nazenîn *f,adj* coquettish or coy woman or girl; graceful.
nazik *adj* **1** polite, courteous. **2** of delicate-build, delicate-looking. **~î/tî** *f* politeness, courteousness.
nazîn (binaze) *vi* behave conceitedly, make a show of reluctance, pretend to be shy, behave coyly..
naznaz *f* stock, gillyflower, *bot* Matthiola.
ne[1] *pref negating verbs in the imperative mood, past and future tenses* **~re! ~xwe!; ~bû, ~çû, ~dît**, etc.
ne[2] *pref negating adj and adv* **nexweş, nedîtî, nemir**, etc.
ne[3] *adv* not. **Tu ~ baş î**. You are not good.
ne[4] *adv,conj* **~ ... ~ ...** neither ... nor .... **Ne tu ne ez karin vêya çêkin**. Neither you nor I can do this.
ne axir *adv* unfortunately.
nebaş *adj* bad. **~î** *f* bad condition; badness.
nebest *see* **mebest**.
nebihingam *adj* inappropriate.
nebihîstî *adj* never seen before, unheard.
nebinavkirî *adj gram* indefinite.
nebiservehatî *adj* imperfect.
nebîrbir *adj* (so) who lacks in understanding, unwise.
nebî(y) *A see* **pêxember**.
nebl *see* **tîr**.
nebûn *f* nonexistence, absence.
nebûyî[1] *adj* never happened, never seen before.
nebûyî[2] *adj* unripe.
necar *n* cabinet-maker, carpenter.
necaset *see* **pîsî**.
necirandin (binecirîne) *vt* cut, chisel, carve.
necirîn (binecire) *vi* be cut, be chiseled or carved.
neçak *adj* bad.
neçar *adj* helpless; irreparable, incurable. **~î** *f* helplessness; poverty.
neçê *adj* bad. ~ **kirin** *vt* do (sth) wrong.
neçir *see* **nêçir**.
nedamet *A see* **poşmanî**.
nedî: ji ~ ve suddenly, unexpectedly.
nedîbûdî *exp* nouveau riche.
nedîtbar *adj* invisible.
nedîtî *adj,n* **1** nouveau riche. **2** never seen before, unmatched. **dinya ~** upstart, parvenu; without social polish.
nefel *f* clover, trefoil, *bot* Trifolium.
nefeqe *see* **nifqe**.
neferma *adj* civil.
nefî *f* exile, banishment. ~ **bûn** *vi* be exiled (to). ~ **kirin** *vt* send (sb) into exile.
nefîr *f* crowd.
nefret *f A* hate, hatred. **(jê) ~ kirin** *vt* hate.
nefs *f A* one's bodily appetites.
nefsek *adj* greedy, insatiable.
nefsmezin *adj* arrogant, haughty.
nefspiçûk *adj* humble, modest. **~tî** *f* modesty.
nefstenik *adj* self-indulgent.
nefş *m* **1** generation. **2** time, occasion.
neft *f* petroleum.
negerandî *adj gram* intransitive. **lêkera ~** intransitive verb.
negihîştin *f* unripeness, immaturity.
negihîştî *adj* unripe, immature.
negirîng *adj* unimportant. **~î** *f* unimportance.
negotî *adj* (sth) which hasn't been made public.
neguhêrbar *adj* unchangeable, invariable, constant.
neh *m,adj* nine. **~an/em/emîn** *adj* ninth.
nehemhev *adj* unequal.
neheq *adj* unjust, wrong. **~î** *f* injustice, wrongfulness. **~î (li yekî) kirin** *vt* act unjustly, do an injustice to.
nehêja *adj* worthless, unworthy. **~yî** *f* unworthiness.
nehên(î) *f,adj* secret; mystery; hidden,

conceal; secret.
nehêsa *adj* difficult, not easy.
nehiştin[1] **(nehêle)** *vt* prevent, hinder, stop. **ji yekî re ~** *vt* be revenged on sb, revenge os on sb.
nehiştin[2] **(nehêle)** *vt* finish, leave nothing left.
nehîn(î) *see* **nehên**.
nehk *m* fishing line.
nehperûşk *m* nail, claw, paw.
nehwirandin (binehwirîne) *vt* whisper, whisper a song.
nehwirîn (binehwire) *vi* whisper.
nejdî *see* **talanker**.
nejê *adj* strange, curious, odd.
nek *adv cont of* **ne ku/ko** otherwise, if not; not that.
nekêrhatî *adj* useless.
nelê *adj* inappropriate, unsuitable; unfitting.
nelirê *adj* inappropriate, discreditable; wrong. **~tî** *f* mistake, blunder.
nema *adv* any more, ever again. **Ez ~ diçim wir**. I shall not go there any more. *adj* finished, used up.
neman[1] *f* **1** being used up/finished. **2** disappearance.
neman[2] **(nemîne)** *vi* be used up, be finished.
nemaze *adv* especially, particularly.
nemek *see* **xwê**.
nemerd *see* **namerd**. **~î** *see* **namerdî**.
nemêr *adj* impotent. **~î** *f* impotence.
nemir *adj* immortal, never forgotten. **~î** *f* immortality.
nemirov *adj* inhumane. **~î** *f* inhumanity.
nenas *adj* unknown, unidentified, unfamiliar, strange.
nenêrbaran *adj gram* abstract.
nenûk *f anat* nail. **~ên nig/ling/pê** toenails. **~ên dest** fingernails. **~ birîn** *vt* cut nails. **~ jê kirin** *vt* cut nails.
nenûkbir *f* nail-scissors.
nepak *adj* unclean.
neparvedar *rgd* indivisible.
nepax *f* bellows.
nependî *adj* hidden, unseen.
nepenî *f* mystery, secret.
nepêwîst *adj* unnecessary. **~î** *f* lack of need, being unnecessary.
nepixandin (binepixîne) *vt* **1** blow up, inflate. **2** exaggerate. **xwe ~** *see* **nepixîn 3**.
nepixî *adj* swollen, puffed up, fully inflated.
nepixîn (binepixe) *vi* **1** swell, get swollen. **2** be exaggerated. **3** get puffed with self-importance, act like one is the cock of the walk.
neqaîlbûn *f* refusal, rejection.
neqandin (bineqîne) *vt* choose, sort, select.
neqandî *adj* chosen, selected.
neqeb *f* **1** hedge, fence. **2** unevenness, roughness. **3** obstacle, handicap.
neqîy *see* **paqij**.
neqqaş *see* **nexşker**.
neqş *f* embroidery, needle work. **~ (lê) çêkirin** *vt* embroider.
neqşandin (bineqşîne) *vt* embroider. **xwe ~** *vt* deck (os) out, doll (os) up.
nerast *adj* inaccurate, untrue. **~î** *f* inaccurateness, untruth.
nerasterê *adj* indirect. **bi ~yî** *adv* indirectly.
nerazîbûn *f* disapproval. **razî nebûn** *vt* disapprove.
nerdeban *f* stairs, ladder.
nerdewan *see* **nerdeban**.
nerdiwan *see* **nerdeban**.
nerehet *rgd* uneasy; disquieting. **~î** *f* uneasiness, disquiet, disquitude.
nerêrast *adj* indirect.
nerind *adj* bad.
nerm *adj* soft, gentle, mild; tolerant. **~ bûn** *vi* become soft, become tender. **~ kirin** *vt* soften, tenderize.
nermandin (binermîne) *vt* soften,tenderize.
nermayî *f* softness, gentleness.
nerme *m* corpse, body.
nermijandin (binermijîne) *vt* soften (sth which is already hard).
nermijîn (binermije) *vi* (sth hard) become soft.
nermik[1] *adj* very soft or mild.
nermik[2] *f* **~a dest** ball of the thumb. **~a ezmanê dev** soft palate, velum. **~a guh** lobe of the ear.
nermî *f* **1** softness, gentleness. **2** kindness; tolerance.
neruhber *adj* lifeless, spiritless.
nerx *f* **1** tax, official price. **2** value.

nesax *adj* ill, sick. ~ **bûn** *vi* be/get ill. ~ **ketin** *vi* get ill.
nesaxî *f* illness, sickness.
nesaxxane *f* hospital.
nesîhet *f A* advise.
nesr *f A* prose.
neşat *see* **kêfxweşî.**
neşter *n P* lancet.
netebitî *adj* uneasy, impatient.
netewe *m* nation, people. **~yî** *adj* national. **~parêz** *n* nationalist. **~parêzî** *f* nationalism. **~perest** *n,adj* chauvinist, chauvinistic. **~perestî** *f* chauvinism. **~perwer** *n* nationalist. **~perwerî** *f* nationalism.
netê *adj* invalid, null.
netik *n* pavement, side-walk.
netirs *adj* fearless, bold, courageous, brave. **~î** *f* courage, bravery, boldness, fearlessness.
nevexwendî *adj* uninvited. **mêvanê** ~ uninvited guest, unexpected visitor.
nevî *n* grand-child. **~çirk** *n* great grand-child.
nevs *see* **nefs.**
nevt *see* **neft.**
new *see* **nû.**
newal *f* valley. **~ok** *f* dale, vale.
newbawe *see* **nûbar.**
newekhev *adj* unequal, different. **~î** *f* inequality, difference.
newenger *n* deputy, Member of Parliament.
newêrek *adj,n* cowardly, timorous; coward. **~tî** *f* cowardice, timidity.
newq[1] *f anat* waist.
newq[2] *adv* ~ **bûn** *vi* sink, be plunged, dive. ~ **kirin** *vt* plunge, dip.
Newroz *f* Kurdish New Year. **Cejna Newrozê** Newroz Festival.
nex *m* thread.
nexasim *adv* especially, particularly.
nexl *see* **xurme.**
nexoş *see* **nexweş.** ~ **bûn/ketin** *see* **nexweş bûn/ketin.**
nexoşî *see* **nexweşî.**
nexş *n* embroidery, needle work. **~ker** *n* embroiderer.
nexşandin (binexşîne) *vt* embroider, decorate.
nexşe *f* map. **~epirtûk** *f* atlas.
nexşîn *adj* decorated, adorned.
next *n A* trousseau.
nexwe *adv* indeed, essentially; so, thus, in this case.
nexwende *rgd* uneducated
nexweş[1] *adj* **1** ill, sick. **2** unpleasant. ~ **bûn/ketin** *vi* be/become/get ill.
nexweş[2] *n* patient. ~ **nêrîngeh** doctor's office, surgery.
nexweşî *f* **1** illness, sickness. **2** unpleasantness, unpleasant thing or behaviour. **~ya dil** heart-disease. **~zan** *n* pathologist. **~zanî** *f* pathology.
nexweşnêr *n* nurse, nurse's aid.
nexweşokî *adj* having bad health, sickly, ailing.
nexweşxane *f* hospital.
ney *f* a reed flute.
neyar *n* enemy. **~tî** *f* enmity. **~tî(ya yekî) kirin** *vt* treat (sb) as an enemy.
neyarî *see* **neyartî.** ~ **kirin** *see* **neyartî kirin.**
neyîn *f* nonexistence, absence.
neyînandin (bineyîne) *vt* negate.
neyînî *adj,f* negative; negation.
neynik *f* mirror.
neynok *see* **nenûk. ~ên bûkê** *n* artichoke.
neynûk *see* **nenûk.**
nezan *adj* ignorant, uneducated, inexperienced. **~î** *f* ignorance, inexperience.
nezd *P* **1** presence (the place near sb). **2** according to, in the opinion of.
nezelal *adj* unclear.
nezewicî *adj* unmarried.
nezm *f A* verse (as opposed to prose).
nêçir *f* hunt, hunting. ~ **kirin** *vt* hunt. **çûn ~ê** *vi* go hunting.
nêçirî *see* **nêçirvanî.**
nêçirvan *n* hunter, huntsman. **~î** *f* hunting.
nêçîr *see* **nêçir.**
nêhrek *f* view, scene, scenery.
nêk *f* point, tip (of a pen, etc).
nêm *f* matter, pus. ~ **girtin** *vi* suppurate. **~kuj** *f,adj* antiseptic.
nêr[1] *adj* male, *gram* masculine.
nêr-[2] *pref* he, male. **nêrehirç, nêreker**, etc.

nêrbaran *adj gram* concrete (as opposed to abstract).

nêrdewan *f* stairs, ladder.
nêregeh *f* observatory, watch-tower, any place for observation.
nêrehirç *m* he-bear.
nêremê *adj,n* bisexual. **~tî** *f* bisexuality.
nêrevan *n* observer, scout. **~î** *f* observation, observing, scouting.
nêrgiz *f* narcissus; jonquil; daffodil, *bot* Narcissus.
nêrî *m* he-goat, billy-goat.
nêrîn[1] *f* look; opinion, idea. **bi ~a min** in my opinion.
nêrîn[2] **(binêre)** *vi* **(lê)** ~ look at; watch, observe.
nêrîz *f* kind of dagger.
nêrmo *adj,n* bisexual.
nêt *f* intention, intent, purpose. ~ **kirin** *vt* intend, aim. **~(a yekî) he-bûn** *vt* intend, aim. **bi ~ bûn** *vi* intend, aim.
nêv *see* **nîv**.
nêvan *see* **mêvan**. **~î** *see* **mêvanî**.
nêvî *m, adj* (a) half; half full, half-completed. ~ **kirin** *vt* cut into halves; complete half of. ~ ~ *adv* in half, equally, fifty-fifty.
nêz[1] *f* famine, hunger. **ji ~a ketin** *vi* starve, die of hunger. **ji ~a mirin** *vi* starve, die of hunger.
nêz[2] *adj* near, close, not far. **~î kuçê** near the street.
nêzîk *adj* near, close, not far. **~î xwendegehê** near the school. ~ **bûn** *vi* approach, come closer. **~î hev bûn** *vi* come close to one another. ~ **kirin** *vt* draw (one thing) near (another).
nêzîkahî *f* nearness, closeness.
nêzîkayî *see* **nêzîkahî**.
nêzîkî *adv* **1** approximate, approximately. **2** *see* **nêzîkahî**. **3** *see* **nêzîk**.
nêzîng *see* **nêzîk**.
ni[1] *pref negating the verbs* **kanîn** and **zanîn.** nikanim, nizanim.
ni[2] *suff making neg. adj and n, eg:* **niheq**.
niç *neg reply* no.
niçik *m* **1** notch. **2** jag.
nifir *f* malediction, curse. ~ **(lê) kirin** *vt* curse.
nifqe *m* living, livelihood, the money or food upon which sb lives.
nifş *m* **1** generation. **2** time, occasion.
nift *see* **neft**.
nifte *see* **mifte**.
niftik *f* box of matches, match-box. **darikê ~ê** match.
nifûs *f A* population.
nig *m* **1** *anat* foot. **2** trigger (of a gun).
nigaş *f* discussion, argument. ~ **kirin** *vt* discuss, argue.
nih *see* **nuh**.
niha *adv* now, at the moment.
nihan *see* **nehên**.
nihe *see* **niha**.
niheq *see* **neheq**.
niheqî *see* **neheqî**.
nihên *see* **nehên**.
nihêrdar *n* watchman; observer.
nihêrgeh *f* observatory.
nihêrîn (binihêre) *vi* look.
nihêrtin (binihêre) *vi* look.
nihîn *see* **nehên**.
niho *see* **niha**.
nihu *see* **niha**.
nijad *m* race. **~kujî** *f* genocide. **~perest** *n* racist. **~perestî** *f* racism.
nijde *f* band (of rebels or brigands). **~van** *n* brigand, robber.
nik *f* the place near or next to sb/sth. *adv* beside, next to, near, with. **li ~** beside, next to, near, with. **li ~ wî** near him.
nika *see* **niha**.
nikbîn *adj,n* optimistic; optimist.
nikil *see* **nikul**.
niktebêj *n* wit, witty person.
niktezan *n* wit, witty person.
nikul *m* beak. ~ **dan/kirin/lê xistin** *vt* peck.
nima *f* symbol.
nimandin (binimîne) *vt* **1** show, demonstrate. **2** represent, symbolise. **3** mean.
nimêj *see* **limêj**. ~ **kirin** *see* **limêj kirin**.
nimînende *n* representative. **~tî** *f* representation; agency.
nimre *see* **hejmar**.
nimûne *f* sample; example.
nimz *see* **nizm**.
nipînû *adj* brand-new.
nipûnû *adj* brand-new.
niqte *f* point, dot; full stop. **~bang** *f* exclamation mark. **~bihnok** *f* semicolon. **~cot** *f* colon. **~pirs** *f* question mark.

niqutandin (biniqutîne) *vt* put drops (in), let drip.
niqutîn (biniqute) *vi* drip. **~ dil(ê yekî)** *vi* have a presentiment.
nirx *see* **nerx**.
nişadir *m* sal ammoniac, ammonium chloride.
nişêv *n* downward slope, declivity.
nişf *see* **nifş**.
nişk *f* moment, instant. **ji ~a de/ve** *adv* suddenly, unexpectedly. **ji ~ekê ve** *adv* suddenly, unexpectedly.
nişkegav *adj* sudden. **~î** *f* sudden, suddennes. **bi ~î** *adv* suddenly, unexpectedly.
niştiman *m* the mother country. **~perwer** *n,rgd* nationalist; patriotic. **~perwerî** *f* nationalism; patriotism.
nişûv *adj,f* downward (slope). **bi ~î** *adv* down, downwards.
nivistin (binive) *vi* sleep.
nivişt[1] *f* written charm, amulet.
nivişt[2] *f* copy.
nivîn[1] *m* bed. **~ danîn** *vt* make up a bed. **~ hilanîn** *vt* take the spread bed into the recess. **ketin nav ~an** *vi* go to bed. **ji nav ~an derketin** *vi* get up.

nivîn (binive) *vi* sleep.
nivînandin (binivîne) *vt* put (sb) to bed, put (sb) to sleep.
nivînpûş *f* bed-spread.
nivîs *f* piece of writing, written work, writing.
nivîsandin[1] **(binivîsîne)** *vt* write.
nivîsandin[2] *f* writing.
nivîsar *f* piece of writing; text.
nivîser *n,adj* literate.
nivîsevan *n* writer.
nivîsgeh *f* office.
nivîsîn (binivîse) *vt* write.
nivîskar *n* writer. **~î** *f* being a writer.
nivîskî *adj* written (as opposed to spoken), in writing.
nivîsxane *f* typing pool, writing section.
nivîsyar *n* secretary, scribe.
niwandin (biniwêne) *vt* represent.
niwaxtin *vt* caress, stroke, fondle.
niwêner *n* representative.
nixamtin *see* **nixumandin**.
niximandin *see* **nixumandin**.
niximîn *see* **nixumîn**.
nixumandin (binixumîne) *vt* cover.
nixumî *adj* covered.
nixumîn (binixume) *vi* be covered.
nixûn *adj,adv* upside down.
nizar *adj,n* where the light of day never comes, sunless (place), obscure or secret place; side of a mountain.
nizik *see* **nêzîk**.
nizm *adj* low. **~ bûn** *vi* decline, go down; descend. **~ kirin** *vt* lower, bring down.
nizmahî *f* lowness.
nizmayî *see* **nizmahî**.
nîgar *m* picture.
nîhad *see* **bilind**.
nîhal *see* **şax**.
nîhan,nîhandin[1] **(binê/tênê)** *vt* fuck.
nîhandin[2] *f* fucking, screw.
nîjad *see* **nijad**.
nîkesîret *see* **xûxweş**.
nîkul *see* **nikul**.
nîlufer *P f* water-lily.
nîm *see* **nîv**.
nîn *f* zero.
nîne *neg form* have/has not; are/is not.
nînûk *see* **nenûk**.
nîr *f* **1** yoke. **2** oppression.
nîrhevcar *m* a primitive plough.
nîro *m* noon, midday. **berî ~** morning. **piştî ~** afternoon.
Nîsan *f* April.
nîsanok *f* anemone, wind flower.
nîsf *see* **nîv**.
nîsk *m* lentil, *bot* Lens culinaris.
nîşan *f* **1** sign, mark. **2** aiming at. **~ dan** *vt* point out, show. **~ girtin** *vt* aim at (a target). **~ kirin** *vt* **1** draw, mark. **2** aim at (a target). **li ~ê xistin** *vt* hit the target.
nîşandar[1] *f* indicator, demonstrator, exhibitor.

nîşandar[2] *n adj* sharpshooter, good marksman.
nîşandek *f* punctuation mark. **~a axaftinê** dash. **~a dunikan** inverted commas, quotation marks. **~a pirsê** question mark.
nîşangeh[1] *f* target.
nîşangeh[2] *f* back-sight of firearm.
nîşanî *f* engagement, engagement ceremony.
nîv *m* half.
nîvanî *adv* in half, equally, fifty-fifty.
nîvcî *see* **nîvçe**.
nîvçap *f mat* radius.
nîvçe[1] *adj* incomplete, half-finished. **~ hiştin** *vt* leave half finished. **~ man** *vi* be left half done, be left incomplete.
nîvçe[2] *see* **navçe**[1].
nîvçêkirî *adj* half done.
nîvek *f* centre.
nîvekar *n* sharecropper (receiving one half of the crop in return for his work). **~î** *f* sharecropping.
nîvekîr *adj* rude; uncouth, boorish.
nîvekoçer *adj,n* seminomadic; seminomad.
nîvero *see* **nîro**.
nîveroj *see* **nîro**.
nîveşkêl *f* radius.
nîvê şevê *n* midnight.
nîvgirav *f* peninsula.
nîvgirî *adj* ready to cry, whimpering (voice).
nîvişk[1] *adj* semi-solid.
nîvişk[2] *m* **(rûnê)** ~ butter.
nîvî *see* **nêvî**.
nîvkad *n* hemisphere.
nîvmehî *adv* fortnightly. **kovara ~** bi-monthly, fortnightly.
nîvro *see* **nîro**.
nîvroj *see* **nîro**.
nîvseet *f* half an hour.
nîvtazî *adj* half-naked.
nîvxewirî *adj* half faint.
nîye *see* **nîne**.
nîzam *f A* system.
nîze *m* bayonet.
nîzing *see* **nêzîk**.
nîzîk *see* **nêzîk**.
nîzk *see* **nîsk**.
no[1] *see* **na**.
no[2] *adj* **1** (pepper) biting, hot. **2** (person) hard, harsh.
nobedar *n* sentry; watchman.
nobet *f A* watch (of a sentry). **~dar** *n* sentry; watchman.
nod *m,adj* ninety. **~an/em/emîn** *adj* ninetieth.
nogin *f* three-year-old cow.
nok *f* chickpea, *bot* Cicer arientinun.
noker *m* man servant.
nol *f* like. **~a** *adj* like, similar to.
noq[1] *f* dive, plunge.
noq[2] *f anat* waist.
noqandin (binoqîne) *vt* plunge into. **xwe ~** dive, plunge.
noqar *see* **nogav**.
noqav *f* submarine.
noqîn (binoqe) *vi* dive, plunge.
noş[1] *f* health. **N~ be,~î can be!** Good appetite! I hope you enjoy(ed) it.
Noş![2] *int* Cheers!
noşîcanî *f* health.
noşîn[1] *f* drink.
noşîn (binoşe) *vt* drink.
note *f It* note (music).
notir *adj Fr* neutral.
notirvan *n* sentry, warden, watchman.
notla *see* **nola**.
notr *adj Fr* neutral.
nozde *see* **nozdeh**.
nozdeh *m,adj* nineteen. **~an/em/emîn** *rgd* nineteenth.
nu *see* **nuh**.
nuga *see* **nuha**.
nuh *adj* new. **~ bûn** *vi* be new, acquire a newness or freshness. **~ kirin** *vt* replace (sth) with (sth), renew, restore. **xwe ~ kirin** *vt* renew (os). **ji ~ de/ve** *adv* again.
nuha *adv* now. **~yîn** *adj* of the present time, of today.
nuhbûn *f* newness.
nuhtin *vt* hit (the mark).
nukil *see* **nikul**.
nuqitîn[1] **(binuqite)** *vi* drip.
nuqitîn[2] *f* dripping, drop.
nuqte *see* **niqte**.
nuwanî *see* **tevger**.
nuxamtin *see* **nixumandin**.
nuxumandin *see* **nixumandin**.
nuxumîn *see* **nixumîn**.
nuxurî *see* **nûxurî**.

nû *adj* new. ~ **bûn** *vi* be new, acquire a newness or freshness. ~ **kirin** *vt* replace (sth) with (sth), renew, restore. **ji ~ da/de/va/ve** again.
nûbade,nûbare *see* **nûber**.
nûbar[1] *m see* **nûber**.
nûbar[2] *m* kind of bow which shoots more than one arrow at one shot.
nûber *m* new crop, yield or fruit; early fruit or vegetable.
nûbûk *n* young bride.
nûçe *f* news.
nûçebêj *n* (radio/TV) announcer.
nûçegîhan *n* correspondent, reporter. **~î** *f* being a reporter or correspondent.
nûçename *f* newsletter.
nûçevan *n* correspondent, reporter.
nûjen *adj* modern. ~ **kirin** *vt* modernize.
nûjenî *f* modernity.
nûjenkirî *adj* modernized.
nûjenparêz *n* modernist. **~î** *f* modernism.
nûk *see* **nikul**.
nûner *n* representative; candidate, nominee.
nûrandin (binûrîne) *vt* fold up.
nûroj *see* **Newroz**.
nûsandin[1] **(binûsîne)** *vt* glue, adhere, stick (one thing) onto/to (another).
nûsandin[2] **(binûsîne)** *vt* write.
nûser[1] *f,adj* original; unique.
nûser[2] *n* writer.
nûsikandin *see* **nûsandin**.
nûsikîn (binûsike) *vi* stick (to), adhere (to), cling (to).
nûsîn (binûse) *vi* stick (to), adhere (to), cling (to).
nûş *f* drink, drinking.
nûşîn *see* **şêrîn**.
nûxurî *n* first child.
nûza *adj* new-born.
nvîn *see* **nivîn**.
nyar *n* **1** stage (of theatre, etc.). **2** role, part (in a play).
nyarvan *n* actor, actress.

O

o *f* the 18th letter of the Kurdish alphabet.
ode *f* room. **oda mêvanan** guest room. **oda razanê** bed-room. **oda rûniştinê** living-room.
-ok *suff forming nouns* **gerok, şermok**, etc.
ol *f* religion. **~dar** *adj* religious, pious. **~darî** *f* religiousness, piety. **~î** *adj* religious, pertaining to religion. **~perest** *adj,n* religious, pious; religious or pious person. **~perestî** *f* religiousness. **~zan** *n* theologian. **~zanî** *f* theology.
olan *f* echo, repercussion. **~ dan** *vt* echo, resound with echoes.
olçek *f Tr* a unit of dry measure (roughly equalling one forth of bushel).
omet *f A* religious community.
onc *f anat* hip.
once *f* clover, trefoil, *bot* Trifolium.
onceh *see* **once**.
onî *f* beam, rod.
oqyanûs *n Gk* ocean.
oran *m* stalk.
ordek *f* duck.
orîn (biore) *vi* roar.
orxan *f* quilt.
osta,oste *see* **hosta**.
otêl *n Fr* hotel.
otoboz *f Fr* bus.
otomatîk *adj* automatic.
otomobîl *f Fr* car, automobile.
oxir *f* good luck, fortunate going (polite term used when seeing sb off). **O~ be! (O~a te ya xêrê be!)** Have a good trip!. **~xweşî** *f* farewell. **~xweşî xwestin** *vt* say good-bye.

P

p the 19th letter of the Kurdish alphabet.
pace *f* window.
paç[1] *m* cloth, rag. ~ **kirin guhên xwe** *vt* pretend not to hear, ignore. ~ **lê gerandin** *vt* wrap up with cloth.
paç[2] *see* **maç.**
paçik *see* **paç**[1].
paçvan *n* interpreter.
paçve *f* interpreting, interpretation. **~zanî** *f* interpreting, interpretation.
padîşah *m P* king, padishah. **~î** *f* being a padishah, the title of a padishah.
pag *f* ruins.
pageh *f* stable (for horses).
pageh *f* stop (bus, etc).
pahn *adj* flat and wide, flat, broad. ~ **kirin** *vt* flatten, flatten (sth) out.
pahnî[1] *f* flatness, width.
pahnî[2] *f* heel (of a shoe, foot, etc).
paîz *f* autumn. **~î** *adv* in autumn.
paj *f* section, department.
pak *adj* pure, clean; beautiful. ~ **bûn** *vi* be cleaned, be purified; become clean, become pure; become beautiful. ~ **kirin** *vt* clean, purify; beautify. **~daw** *adj* chaste, virtuous. **~dil** *adj* good-hearted, kind. **~î/tî** *f* cleanliness, pureness, purity; beauty.
pakêt *f Fr* pack, packet. **~a cixa-ra(n)** cigarette-packet.
pakij *see* **paqij**.
pakîze *see* **paqij**.
pakrewan *n* martyr.
pal *f* side; leaning, resting (against sth). ~ **dan** *vt* lie down; lean against (sth). **~a xwe dan (tiştekî)** *vt* lean against (sth), prop (os) against (sth). ~ **vedan** *vt* lie down; lean against (sth).
palandin *vt* filter, refine.
palapal *adj* strong, sound, secure.
paldank *f* back (of a chair, etc); armchair.
pale *n* day labourer, agricultural labourer, harvester. **~van** *n* agricultural labourer, farm labourer, harvester. **~tî/yî** *f* reaping, harvesting. **~yî/tî kirin** *vt* reap, harvest.
palepal *see* **palapal**.
palgi *see* **balgeh**.
palik *m anat* **~(a çav)** eyelid. **~a jêrîn** lower eyelid. ~ **jorîn** upper eyelid.
palkursî *f* armchair.
palto *m Fr* coat.
palûte *f* forced labour, harvesting together for the community or a needy person.
pamal *see* **perîşan.**
pan[1] **(bipê)** *vt* expect, wait.
pan[2] *adj* flat and wide, flat, broad.
panav *see* **pehnav**.
panêr *n* keeper, watchman.
pangnot *see* **baxnot.**
panî[1] *f anat* heel. **~ka dev** *f anat* hard palate.
panî[2] *f* flatness; width.
panpanok *n* lesbian.
pantor *m* trousers.
panzde *see* **panzdeh**.
panzdeh *m,adj* fifteen. **~an/em/emîn** *n,adj* fifteenth.
papax *f* fur cap, calpac.
papaz *n* priest.
papîk *f* (baby's) shoes.
papol *f* road.
papor[1] *f* kerosene cookstove.
papor[2] *f* road.
papûr *f* road.
paq *f anat* calf.
paqij *adj* clean. ~ **bûn** *vi* be cleaned. ~ **kirin** *vt* clean. **~î** *f* cleanliness, cleaning. **~ker** *n* cleaning person, cleaner. **~ok** *f* cleaner (implement).
paqiş *see* **paqij**.
paqle *see* **peqle**.
par[1] *adv* last year.
par[2] *f* back; past. **ji ~ re** from behind.
par[1] *f* share. **~kirin** *vt* share, divide. **xwedî~** share holder.
par[2] *f* piece, part, chapter.
parastin (biparêze) *vt* defend, protect, save.
parastin *f* defence, security.
parastvan *n* protector, defender, guard.
parawtin (biparêwe) *vt* filter.
parçe *see* **perçe**.
pardar *n* share-holder, partner. **~î** *f* partnership.
pare *see* piece. ~ ~ *adv* in pieces.
parêz[1] *n* melon field.
parêz[2] *f* **1** diet, fast. ~ **girtin** *vt* diet, fast. **2** protection.
-parêz[3] *suff* -ist. **welatparêz**, etc.
parêz[4] *see* **parîz**.

parêzer *n* lawyer.
parêzgeh *f* shelter, place of refuge.
parêzgêr *see* **parêzvan**.
parêzkar *n* defender, guard.
parêzvan *n* protector, defender; guard.
pargon *f* small trench (dug around the tent as a protection against rain).
pargûn *see* **pargon**.
parî *m* morsel, bite (of food). ~ ~ *adv* in small portions, a little at a time. ~**kî** *adv* for a while.
parîz *f* park.
parkit *f* suffix.
pars *f* begging. ~ **kirin** *vt* beg. ~**ek** *n* beggar. ~**ektî** *f* begging. ~**ektî kirin** *vt* beg.
parsî *see* **parsû**.
parsîw *see* **parsû**.
parsû *m anat* rib cage, rib. ~**qalind** *adj* conceited, arrogant. ~**qalindî** *f* conceit, arrogance. ~**stûr** *adj* conceited, arrogant. ~**stûrî** *f* conceit, arrogance.
parşîv *see* **paşşîv**.
partî *f Fr pol* party.
parve *f* division (sign). ~ **bûn** *vi* be divided, be shared. ~ **kirin** *vt* divide, share. ~**dar** *adj* divisible. ~**k** *f* divisor. ~**kar** *n* separatist. ~**kirî** *adj* divided, shared. ~**sed** *f* percent.
parxêl *f* **1** oxcart. **2** transportation sledge, timber sledge, dray.
parz *f* oleaster, wild olive, *bot* Elaegnus angustifolia.
parza *f* vaccine.
parzûn *f* linen filter. ~ **kirin** *vt* filter.
parzûnandin (biparzûnîne) *vi* filter.
pasaport *f Fr* passport.
pasban,pasîban,pasvan *n* watchman, guard. ~**î** *f* watch, guard.
paş *f* back, rear, the space behind. **li** ~ *prep* at the back, behind.
paşber *n* rearguard.
paşde *adv* back, backwards. ~ **çûn** *vi* go back. ~ **hatin** *vi* come back. **(bi)** ~ **ketin** *vi* fall behind. ~ **man** *vi* remain behind; lag. ~ **xistin** *vt* leave behind, pass; postpone.
paşe *m* pasha.
paşeng *m milit* rear forces.
paşeroj *f* future.
paşê *adv* later, then, afterwards.
paşgo *n* backbiter.
paşgotin *f* the last word, the final decision.
paşgotinî *f* gossip, backbiting. ~**(ya yekî) kirin** *vt* gossip about.
paşil *see* **paxil**.
paşî[1] *f* **1** back, rear, the space behind. **2** end. **li** ~**yê** at the back. **li** ~**ya yekî/tiştekî** at the back of, behind sb/sth.
paşî[2] *adv* after.
paşîn *adj* last, following.
paşkok *f* origin, original.
paşmêlk *n* bat, *zool* Chiroptor.
paşnîvro *f* afternoon.
paşpaşkî *adv* backwards. ~ **meşîn** *vi* walk or move backwards.
paşpirtik *f* suffix.
paşşîv *f* supper.
paşve *see* **paşde**.
patat *f It* potato.
patik *f* back of the head.
patin (bipêje) *vt* cook; bake.
patos *f* thresher, threshing machine.
patrome *f* graft, scion. ~ **kirin** *vt* graft.
pavlik *f* factory.
pawandin (bipawîne) *vt* save, defend.
pawan kirin *vt* save, defend.
paxil *f* bosom.
paxwan *see* **parsû**.
payan *f* end.
paye *f* rank, degree, grade. **payê xwe dan** *vt* praise os, boast. **payê yekî dan** *vt* praise. ~**bilind** *adj* worthy of esteem, estimable; of high rank. ~**bilindî** *f* estimableness; high rank, being of high rank.
payîn (bipê) *vt* expect (sb/sth), wait for (sb/sth).
payîz *f* autumn, fall. ~**î** of autumn, in the autumn.

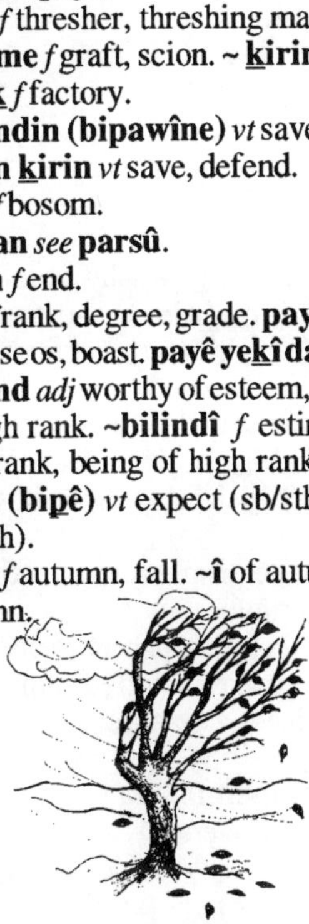

paytext *m* capital (city).
pazbend *see* **pazûbend**.
pazde *see* **pazdeh**.

pazdeh *m,adj* fifteen. **~an/em/emîn** *n,adj* fifteenth.
pazne *f* half-moon.
pazû *m anat* upper arm.
pazûbend *m* **1** armband, armlet. **2** amulet worn round the arm.
peç(i)k *m* spatter, splash, drop.
peçikandin (bipeçikîne) *vt* splash, spatter (sth).
peçikîn (bipeçike) *vi* splash, spatter, splatter.
peçiqandin (bipeçiqîne) *vt* crush.
peçiqî *adj* crushed.
peçiqîn (bipeçiqe) *vi* be crushed.
pedîd *adj* clear, evident.
pehin *see* **pahn**.
pehîn *f* kick. ~ **avêtin/kirin** *vt* kick. ~ **xwarin** *vt* be kicked.
pehîz *see* **paîz**.
pehlewan *see* **pêlewan**.
pehn *see* **pahn**.
pehnav *f* a plain between a high plateau and mountain.
pehnayî *f* reality.
pehnayî *see* **pahnî**[1].
pehnî *f* reality.
pehnî *see* **pahnî**[12].
pehtin *see* **patin**.
pehr *see* **par**.
pejik *m* twig, sprig, brushwood.
pejnandin (bipejnîne) *vt* prune, trim.
pejirandin (bipejirîne) *vt* accept, admit, agree to.
pejmirde *adj* withered.
pejn *f* **1** echo, sound. **2** feeling.
pejnandin (bipejnîne) *vt* feel.
pekandin (bipekîne) *vt* splash, splatter (sth).
pekîn (bipeke) *vi* splash, spatter, fly out in drops or particles.
pel *m* **1** leaf. **2** sheet of paper **3** dish made of grape leaves stuffed with meat and rice. **~ê cixaran** cigarette paper.

pelandin (bipelîne) *vt* feel, examine or inspect with fingers.
pela pûçî *adj* empty inside, weak.
pelçiqandin *see* **peçiqandin**
pelçiqîn *see* **peçiqîn**.
peldank *f* wallet; booklet.
pele *m* country.
pelg *f* aspen.
pelidandin (bipelidîne) *vt* examine.
pelixandin (bipelixîne) *vt* crush.
pelixî *adj* crushed.
pelixîn (bipelixe) *vi* be crushed.
pembe *m,adj* pink.
pembo,pembû *m* cotton.
pen *see* **pahn**.
pena *f* refuge, asylum, cover, shelter, hiding. ~ **dan** *vt* give shelter. **~ber** *n* refugee.
penah **1** *see* **pena**. **2** *see* **piştgir**.
penahende *n* refugee.
pencerok *m* nail, claw, paw.
pencik *see* **pencerok**.
pend *f* **1** caution, admonish. ~ **(li yekî) kirin** *vt* caution, admonish. **2** advice.
penêr *m* cheese.
pengav *f* banked up water; bog, marsh. **~î** *adj* boggy, marshy.
pengizandin (bipengizîne) *vt* bounce, splash, spatter.
pengizîn (bipengize) *vi* bounce, splash, spatter.
penî *see* **pahnî**.
penîr *m* cheese.
pepelûk *see* **pêpelûk**..
pepik *m* (baby's) hand, foot.
pepûk[1] *n* cuckoo, *zool* Cuculus canorus.
pepûk[2] *adj* pitiful, helpless.
pepûle *f* butterfly.
peq *f* blister; bubble.
peqandin (bipeqîne) *vt* blow up.
peqilk *f* blister; bubble.
peqîn (bipeqe) *vi* be blown up, explode.
peqlawe *see* **beqlawe**.
peqle *m* broad bean, horsebean.
peqpeqok *f* blister, bubble.
per[1] *m* feather.
per[2] edge, side.
peransû *see* **parsû**.
peraşût *f Fr* parachute. **~van** *n* parachutist.
perav *f* shore; coast; bank; seaside, seashore.
perçe *m* part, piece. ~ **bûn** *vi* be broken/ smashed, turn or pulled into pieces. ~ **kirin** *vt* break, smash, turn or pull (sth) into pieces.
perçem *n* forelock, fringe (hair).
perçiqandin (biperçiqîne) *vt* crush, crumble.
perçiqî *adj* crushed, crumbled.
perçiqîn (biperçiqe) *vi* be crushed.

perçivandin (biperçivîne) *vt* split, cleave.
perçivî *adj* cleft, split.
perçivîn (biperçive) *vi* split, split open.
perçîn *f* rivet.
perde *f* **1** curtain. **2** movie screen. **~ya çav** *anat* cornea. **~ya navbirê** *anat* diaphragm.
pere *m P* money. **~ nekirin** *vi* be worth nothing; have no effect, be in vain. **perê hûr** small change.
pereng *n* ember.
-perest *suff* -ist. **nijadperest, olperest**, etc.
perestin (biperêze) *vt* **1** worship. **2** adore, idolize (sb/sth).
peresto *n* idol.
pergal[1] *f* order. **bi ~** in order, orderly.
pergal[2] *m* means, tool.
pergar *f* pair of compasses.
perik *m* feather.
perincok *see* **pencerok**.
peristin *see* **perestin**.
peritandin[1] **(biperitîne)** *vt* **1** pluck (birds). **2** pull out, tear out.
peritandin[2] **(biperitîne)** *vt* burn.
peritî[1] *adj* plucked.
peritî[2] *adj* burnt.
peritîn[1] **(biperite)** *vi* **1** be plucked. **2** become worn-out.
peritîn[2] **(biperite)** *vi* burn, be burnt.
perî[1] *f* fairy. **~za/zad** *f* daughter of a fairy.
perî[2] *f* present, gift.
perîşan *adj P* very upset, wretched, miserable. **~î** *f* wretchedness, poverty, misery.
perperok *f* moth (attracted to a light).
perpitîn (biperpite) *vi* flutter; be all in a flutter, move convulsively.
persûv *f* cold, common cold.
pertavsoj *f* magnifying glass.
pertew *f* ray.
perwa *f* fear.
perwane *see* **perperok**.
perwaz[1] *m* wing.
perwaz[2] *f* flying, flight.
perwerdekirin *f* teaching, instructing, instruction; putting (sth) in order. **perwerde kirin** *vt* teach, instruct; put (sth) in order.
Perwîn *see* **Pêrû**.
pes *see* **paş**.
pesar *m* hill.
pesin *m* praise. **~ dan** *vt* praise. **~ê xwe dan** *vt* praise (os), boast, brag.
pesinandin (bipesinîne) *vt* praise.
pesindar *n,adj* flatterer; laudatory.
pesinîn (bipesine) *vi* praise (os), boast.
pesn *see* **pesin**.
pesnayî *adj* boastful.
pesnedar *see* **pesindar**.
peşk *f* sprinkle (of rain), scattered drops. **~ barîn** *vi* (rain) sprinkle down.
peşkandin (bipeşkîne) *vt* (rain) sprinkle down; sprinkle.
peşûşî *adj* weak (though appearing strong), empty inside.
petêx *m* melon.
petiyayî *adj* decayed, rotten.
petîx *m* melon.
pev *adv cont of* **bi hev** together.
pevçûn *f* quarrel, row. **pev çûn** *vi* quarrel.
pevdeng *n ling* diphthong.
pevek *f gram* sentence.
pevgirêdan *f* relation, connection.
pevgirêk *gram* conjunction.
pevguherîn *f* interchange. **pev guherîn** *vt* interchange, exchange.
pevguhêrbar *adj* interchangeable.
pevre *adv cont of* **bi hev re** together.
pevxistî *adj* compound.
pexşan *f* prose.
pey *see* **pê**[1].
peya[1] *n* **1** man. **2** *chess* pawn.
peya[2] *adj* on foot. **~ çûn/hatin** *vi* go/come on foot. **jê ~ bûn** *vi* get off (bus, etc), get out of (a car), dismount (a horse). **(jê) ~ kirin** *vt* let (sb) get off/out (bus, car, etc), make (sb) dismount (sth).
peyade *m milit* infantry; infantryman, foot soldier.
peyal, peyale *see* **piyan**.
peyam *f* message, news.
peyamber, peyember *n* **1** messenger. **2** prophet.
peyandin (bipeyîne) *vt* attempt.
peyar *adj,adv* on foot.
peyarê *f* footwalk, pedestrian crossing/ path, pavement.
peyatî *f* being on foot, walking. **bi ~** *adv* on foot. **bi ~ çûn** *vi* go on foot.
peyaz *see* **pîvaz**.

peyda,peyde *adj* available. ~ **bûn** *vi* be available, be found, appear. ~ **kirin** *vt* find, obtain, discover.

pey hev *see* **pê hev.**

peyapey *see* **pê hev**.

peyiftin *see* **peyivîn**.

peyitandin (bipeyitîne) *vt* prove.

peyiv *see* **peyv**.

peyivandin (bipeyivîne) *vt* get/allow (sb) to speak, make (sb) speak.

peyivîn (bipeyive) *vi* speak, talk.

peyîn *see* **peyn**.

peyk *f* **1** satellite. **2** messenger.

peykan *m* arrow, arrowhead.

peyker *see* **heykel**.

peyman *f* agreement, treaty, pact.

peyn *m* manure, dung, fertilizer.

peyorek *f* production.

peyv *f* speech; word(s). ~**kirin** *vt* say, tell sth. ~ **neketin serê yekî** *vi* be thick-headed; not to be able to understand.

peyvgerî *f* gossip.

peyvik *f* word.

peyvok *f* word.

peywend *adj* connected, related. ~**î** *f* connection, tie, relation.

peywir *f* duty.

pez *m* sheep or goat; flock (of sheep and goats.

pezkovî *n* ibex, moufflon.

pezkûvî *see* **pezkovî**.

pê[1] *m anat* foot. ~ **dan erdê** *vt* resist, insist. ~ **lê kirin** *vt* crush, trample. ~ **ketin** *vi* follow. **kirin** ~ *vt* put on (shoes, socks, etc). **ji** ~ **kirin** *vt* take off (shoes, socks, etc). **rabûn ser piyan** *vi* stand up, rise to one's feet. **rakirin ser piyan** *vt* **a)** make (sb) stand up. **b)** upset, excite (a group); incite, stir up (a group) to rebellion.

pê[2] *adv* from behind. **dan/ketin ~,~ ketin** *vt,vi* folow, pursuit.

pê[3] *cont of* **bi wê/bi wî.** ~ **hesandin** *vt* warn; let sb know, inform. ~ **hesîn** *vi* notice, become aware of. ~ **kanîn** *vt* be able to cope (with). ~ **kenîn** *vi* laugh at, make fun of. ~ **vedan** *vt* sting. ~ **xweş bûn** *vi* be pleased with.

pêbawerî *f* letter of credit, proxy.

pêbaz *f* footpath, foot-bridge.

pêcame *m Fr* pyjamas.

pêcanik *f* coltsfoot, *bot* Tussilago farfara.

pêçan (bipêçe) *vt* pack, wrap.

pêçandin (bipêçîne) *vt* pack, wrap. **cixare** ~ *vt* roll a cigarette.

pêçek *f* swaddling-clothes.

pêçêbûn *m* tool, implement.

pêçih *see* **pêçî**.

pêçî *f anat* **1** toe. ~**ya babelîçkê** fourth toe. ~**ya beranê/mezin** big toe. ~**ya dirêj** second toe. ~**ya navîn** third toe. ~**ya qilîçkê** little toe. **2** finger.

pêçîn *see* **pêçan**.

pêçke *n* wheel.

pêdandin (bipêdîne) *vt* determine, fix.

pêdark *f* clog.

pêde *see* **peyda**

pêdivî *adj* necessary.

pêhesîn *f* perception. **pê hesîn** *vi* perceive.

pê hev (li) ~ one after another, following one another. ~ **çûn** *vi* go one after another.

pêjdîn *f* place for storing beehives.

pêjn *f* **1** echo; sound. **2** feeling.

pêjnandin (bipêjnîne) *vt* feel; hear.

pêk *adj* together, well-arranged. ~ **anîn** *vt* bring forth, produce, create, realize, accomplish, prepare. ~ **hatin** *vi* come into being, be formed, be constituted, be completed, be accomplished.

pêkan *adj* easy, achievable.

pêken *adj* laughable, funny. ~**î** *f* humour.

pêkenok *f* anecdote.

pêketin (pêkeve) *vi* catch (fire, a disease).

agir ~ catch fire, begin to burn, ignite.
pêkhatî *adj* completed, created; excellent.
pêl *f* wave. ~ **bi** ~ *adv* in waves. ~**av** *f* wave (of water).
pêlav *m* shoes.
pêle *f* age, period.
pêlek *f* a moment, an instant.
pêlekan *f* stairs, ladder.
pêlepaş *adv* backwards.
pêlewan *m* wrestler; strong and strapping person.
pêlik *f* ladder.
pêlpêlî *adj* wavy.
pêlweş *f* radio (station).
pêlweşan *f* broadcasting. **pêl weşandin** *vt* broadcast.
pêmahî *f* inheritance; heritage.
pêma *n* heir, inheritor.
pênc *m,adj* five. ~**an/em/emîn** *adj* fifth.
pêncî *m,adj* fifty. ~**yan/yem/yemîn** *adj* fiftieth.
Pêncşem(b) *f* Thursday.
pênebawerî *f* distrust, lack of confidence.
pênehesî[1] *f* unawareness. **pê ne hesîn** *vi* be unaware (of sth).
pênehesî[2] *f* analgesia.
pênûs *f* pen, pencil. ~**dank** *f* pencil box. ~**gêç** *f* piece of chalk. ~**zrêç** *f* pencil.
pêpahn *adj* flat-footed.
pêpelûk *f* stairs; ladder.
pêpes kirin *see* **pêpez kirin**.
pêpez kirin *vt* trample on; disregard.
pêpik *f* ladder.
pêr *adv* the day before yesterday.
pêr *f* small star.
pêra,pêre *adv* with.
pêrgî *f* approach. ~ **(yekî/tiştekî) bûn** *vi* appear in front of (sb/sth), meet. ~ **yekî hatin** *vi* meet, meet by chance.
pêrgîhevhatin *f* meeting (by chance). **pêrgî hev hatin** *vi* meet, meet by chance.
pêrgîn *f* reception, welcome. **çûn** ~**ê** *vi* welcome, go to meet.
pêrist *f* index.
pêrkît *f gram* stem, root; prefix.
pêrû *f astr* the Pleiades.
pêrûz *see* **pîroz**.
pêsîr *m anat* breast; the chest, thorax.
pêş *f* the front. **li** ~ *prep* in front of, before; in the presence of.
pêşajo *n* vanguard, advance courier, avant-gardist.
pêşan dan *vt* bring up (a matter), put forth (sth) for consideration.
pêşandar *n* emcee, compère.
pêşangeh *f* exhibition, show, display.
pêşbaz[1] *adj* brave, courageous.
pêşbaz[2] *n* competitor, contester, contender.
pêşbazî *f* competition.
pêşber *n* guide.
pêşberî *adv* **(li)** ~ across, opposing, facing.
pêşbir *n* leader, guide.
pêşbirî *f* short cut
pêşbirk *f* competition.
pêşcênîk *f* frontal eminence.
pêşçav: ~ **kirin** *vt* demonstrate, display, show.
pêşda *see* **pêşde**.
pêşdar *n* advance guard, vanguard.
pêşde *adj,adv* forward, forwards. ~ **birin** *vt* cause (sb/sth) to move forward, move (sth) forward, make (sth) progress or improve. ~ **çûn** *vi* advance, progress, develop, go forward, move ahead. ~**çûn** *f* advance, improvement, development, progress. ~ **ketin** *vi* advance, progress, develop. ~ **xistin** *vt* develop, improve, make (sth) progress or improve.
pêşdestî *f* initiative. ~ **kirin** *vt* take the initiative.
pêşdivêtî *f* prerequisite.
pêşe *m* job, work, occupation.
pêşedem *f* future.
pêşeng *n* vanguard, advance courier, avant-gardist. ~**î** *f* being an advance courier or avant-gardist. ~**î kirin** *vt* be the initiator of sth, get sth started.
pêşeroj *f* future.
pêşevan *n* leader; avant-gardist.
pêşewan *see* **pêşevan**.
pêşewar *n* (one's) predecessor.
pêşewazî *f* protocol.
pêşgeh *f* terrace; front.
pêşgirî,pêşgirtin *f* prevention.
pêşgo *n* astrologer.
pêşgotin *f* foreward, preface, introduction.
pêşin[1] *adv* beforehand, in advance.
pêşin[2] *adj* first.
pêşinat *f* money paid in advance, advance payment.
pêşindirav *see* **pêşinat**.

pêşinhukim *n* prejudice.
pêşinqeneet *n* prejudice.
pêşî[1] *f* **1** the front. **2** future. **li ~ya** in front of, before, in the presence of. **li ~yê** in the front. **~ (lê) girtin** *vt* stop, prevent. **~(ya yekî/tiştekî) girtin** *vt* prevent, block, hinder (sb/sth).
pêşî[2] *n* mosquito.
pêşîgirî,pêşîgirtin *f* prevention.
pêşîn *see* **pêşin**[12].
pêşker[1] *f gram* indicative mood.
pêşker[2] *f* indicator.
pêşketin *f* progress, development, advance.
pêşketî *adj* advanced, developed.
pêşkêş *f* introducing, presenting, offering. **~ kirin** *vt* introduce, offer, present. **~î** *f* introducing, presenting, offer. **~van** *n* emcee, compere.
pêşkî *adj* frontal.
pêşmal(k) *f* apron.
pêşmerge *n* Kurdish guerilla.
pêşnêrî *f* ultimatum, precaution.
pêşnihad *see* **pêşniyar**.
pêşniyar *f* proposal, suggestion, offer. **~ kirin** *vt* propose, suggest, offer .
pêşniyaz *f* request.
pêşpirtik *f gram* prefix.
pêşûle *n* gnat.
pêşva *see* **pêşde**.
pêşve *see* **pêşde**.
pêşveçûn *see* **pêşdeçûn**.
pêşverû *adj,n* progressive. **~tî** *f* progessiveness.
pêşwazî *f* protocol.
pêt *n* flame.
pêtag *f* hive, beehive; honey comb
pêtal(a) *f* torch.
pêtazî *see* **pêxwas 2**.
pêtik *n* match.
pêvajo *f* process, progression.
pê ve[1] *cont of* **bi wê ve/bi wî ve** with, together, enclosed, stuck, adhering. **~ kirin** *vt* attach. **~ zeliqandin** *vt* adhere to, stick onto. **~ zeliqîn** *vi* stick to, adhere to.
pê ve[2] *adv* **jê ~ 1** afterwards. **ji îro ~** from now on, henceforth. **2** except. **Ji te ~.** Except you.
pêvek *f* enclosure, addition.
pêwan *n* watchman, sentry.
pêwar *adj* local, regional.
pêweng *m* tool, implement.
pêwir *f* small star.
pêwîst *adj* necessary, required, needed. **~î** *f* necessity, need, something needed. **~ bûn** *vi* be needed, be necessary.
Pêwr *f* the Pleiades.
pêxas *see* **pêxwas**.
pêxember *m P* prophet.
pêxistin (pêxe) *vt* **(agir) ~** set (sth) on fire, ignite, kindle.
pêxwas[1] *n* vagrant, tramp.
pêxwas[2] *adj* barefoot.
pêxweşî *f* satisfaction, contentment, pleasure.
pêyda *see* **peyda**.
pêzan *n* expert, specialist.
piç(ek) *m,adj* small quantity, a little or a small part; a little, a little bit.
piçik(ek) *m,adj* (a) very small (bit).
piçûk *adj* small. **~ bûn** *vi* shrink, become smaller. **~ kirin** *vt* make (sth) smaller, shrink.
piçûker *adj,f* diminutive.
pid(î) *m dent* gum.
pif *f* puff, exhale breath. **~ kirin** *vt* **1** (for sb) blow or breathe hard on. **2** play (flute, etc).
pifik *f* bellows.
pihêt *adj* firm, tight.
pihîn *f* kick. **~ avêtin/kirin** *vt* kick. **~(a xwe) lê xistin** *vt* kick, give a kick. **dan ber ~an** *vt* kick.
pijandin (bipijîne) *vt* cook.
pijiqandin (bipijiqîne) *vt* make (sth) gush or squirt.
pijiqîn (bipijiqe) *vi* gush out, spurt out, jet.
pijîn (bipije) *vi* be cooked.
pilak *f* reflection.
piling *n* tiger, *zool* Panthers tigris.
pilo *f* thistle-down.
pilox *m* torch.
pimpar *see* **pirpar**.
pincar *f* common name for all eatable grasses.
pindepîr *f* spider.
pindik *f* bud.
pingav *see* **pengav**.
pinhan *see* **veşartî**.
piniya kor *f anat* blind spot (of the eye).
pintî *adj* very stingy, very close-fisted.
piqînî *see* **pirqînî**.

pir *f* bridge.

pir *adj* much, many; very, very much. ~ **bûn** *vi* increase, become more. ~ **kirin** *vt* increase. ~ **hebe** at (the very) most. **P~ mixabin** *adv* unfortunately. ~ ~ *adv* at (the very) most.
piralî *adj* many-sided, multilateral.
piranî *f* majority.
pirasa *f Gk* leek, *bot* Allium porrum.
pirayî *see* **piranî**.
pirbêj *adj* talkative.
pircare *f* repetition, repeat.
pircarî *f* frequency.
pircûre *adj* various, assorted, of different kinds.
pirç *f* hair. **~a binçeng** armpit hair.
pirçiqandin *see* **perçiqandin**.
pir(e)alî *see* **pitalî**
pirehen *see* **gomlek**.
pir(e)jimar *adj,f gram* plural.
pir(e)kîte *n* polysyllable.
pir(e)nav *m gram* common noun.
pir(e)reng *adj* multi-coloured.
piretexlît *see* **pirtexlît**.
pir(e)ziman *adj* multilingual.
pirik *f* mud, mire.
pirik *f* small bridge. **~a mejî** *anat* pons cerebri. **~a mil** *anat* clavicle.
pirîsk *f* spark.
pirole *adj* excessive, extreme.
pirpar *f* purslane, *bot* Pertularea ortelacea.
pirpitîn (bipirpite) *vi* (heart) beat; move convulsively.
pirqînî *f* laughter. ~ **bi yekî ketin** *vi* laugh loudly, burst into laughter.
pirs *f* question. ~ **kirin** *vt* ask. **~a yekî kirin** *vt* ask about (sb).
pirsgeh *f* information bureau.
pirsgirêk *f* problem.
pirsiyar *f* question. **~î** *f* interrogation. **~î kirin** *vt* question. **~kî** *adj* interrogative.
pirsîn (bipirse) *vt* ask, enquire, question, interrogate. **lê** ~ *vt* inquire after (sb). **jê** ~ *vt* ask.
pirsînî *adj gram* interrogative.
pirsok *f* riddle, puzzle.
pirtexlît *adj* various, varied.
pirtir *adj* more. ~ **bûn** *vi* increase, become abundant. ~ **kirin** *vt* increase.
pirtî *f* piece, fragment, bit. ~ ~ *adv* in pieces, in bits.
pirtok *see* **pirtûk**.
pirtûk *f* book. **~firoş** *n* bookseller. **~firoşî** *f* bookshop; bookselling. **~xane** *f* library.
pirtûqal *f Fr* orange. **~î** *m,adj* orange (colour).
pirûsk *m anat* backbone.
pirûz *adj* sullen, sulky.
pirxwedêyî *f* polytheism.
pis *m* son.
pisaxa *adj,m* of a good family, noble; son of an **axa**.
pisepis *see* **pispis**.
pisîk *f* cat.
pisîng *f* cat.
pismam *m* son of one's father's brother, cousin.
pispis *f* whispering furtively. **kirin** ~ *vt* whisper. **P~a wan bû**. They were whispering furtively.
pispor *n* expert, specialist. **~î** *f* specialty, speciality; being an expert or specialist.
piste *f* pistachio.
pistepist *see* **pispis**.
piş *int* ~ ~! Here kitty, kitty! (while calling a cat).
pişavtin[1] *f* assimilation.
pişavtin[2] **(bipişêve)** *vt* **1** melt, dissolve. **2** assimilate.
pişemasî *f* jellyfish, medusa.
pişik *f* lungs. **~a reş** liver.
pişk *f* part, portion; lot, drawing of lots. ~ **avêtin** *vt* cast lots. ~ **kişandin** *vt* draw lots.
pişkane *f* undivided, collective land.
pişkar *n* servant.
pişkdarî *f* participation. ~ **kirin** *vt* participate.
pişkil *see* **pişkul**.
pişkul *m* droppings of goats or sheep.
pişo *f* (child's lang.) pussy cat, pussy kitty.
pişt *f* **1** *anat* back. **2** back. **3** (cloth) belt,

sash. **~(a xwe) dan (tişte kî/yekî)** *vt* lean against (sth), rely on (sb). **~a xwe rast kirin** *vt* recover. **~(a yekî) girtin** *vt* support, back. **li ~a xwe kirin** *vt* shoulder, put on one's back. **li ~a yekî bûn** *vi* support, back (sb), be on sb's shoulder.

piştdawî *f* rebirth, revival.

piştdest *n anat* back of the hand.

piştevan *n* supporter, protector. **~î** *f* protection, support. **~î(ya yekî) kirin** *vt* support, protect.

piştgir *n* supporter. **~î** *f* support, solidarity. **~î kirin** *vt* act with solidarity.

piştguh: ~ kirin *vt* pay no attention.

piştî *adv* after. **Ew ~ min hat.** He came after me. **P~ ku ew çû.** After he went.

piştînîvro *f* afternoon.

Piştî Zayînê (abbr: PZ) anno Domini (AD).

piştmêr *n* supporter.

piştpê *n anat* dorsum of the foot.

piştre *adv* later, then.

piştşîv *f* supper.

piştve *adv* from behind, in the back, behind the back; later, then.

piştxurt *adj* (sb) having strong backing.

piştxûz *n* hunchback.

Pitê! *int* Baby!

pitik *n* baby.

pitirpêr *adv* the day before yesterday.

pitpit *f* grumbling, nagging. **kirin ~** *vt* grumble, nag.

pitpitok *n* grumbler, nagger.

piv *adj* touchy, easily offended.

pix *int used to startle* bo, boh. **~ kirin(pix kê)** *vt* scare (sb) by appearing and shouting suddenly, say **bo** to.

pixêrî,pixêrîg *f* chimney.

piyade *n* infantry, infantryman.

piyale *f* bowl; glass.

piyan *f* glass (of water).

piyan *plural of* **pê**[1] **ji ~** *adv* on foot, standing up. **ji ~ bûn/sekinîn** *vi* stand up.

piyanok *f* glass.

piyar *adj* kind, tender-hearted.

pizik *f* pimple, pustule.

pizmam *see* **pismam**.

pizot *see* **bizot**.

pizpizk *see* **pîspîsk**.

pî *m* **1** *anat* shoulder blade. **2** upper arm. **3** side, direction.

pîber *n* saviour, deliverer.

pîç *adj* bastard, illegitimate child. **~tî** *f* bastardy.

pîj[1] *m* thorn.

pîj[2] *adj* sharp, erect. **~ bûn** *vi* stand erect. **mûyên yekî ~ bûn** *vi* get goose-flesh.

pîjdanok *f* heath, *bot* Erica.

pîjik *f* spine; pointed twig.

pîjinda *f* aneth, *bot* anethum.

pîl *f Fr electr* cell, battery.

pîl[1] *m* tin. **~wer** *n* tinman, tinsmith.

pîl[2] *anat* shoulder blade.

pîlan *f Fr* plan.

pîmboq *f* (a) piece of glass.

pîn[1] *f* coop (of hen).

pîn[2] *see* **pihîn**.

pînc *see* **pîç**.

pîne *m* patch. **~ kirin** *vt* patch up. **~kirî** *adj* patched. **~ ~** *adj* patched.

pînik *f* coop (of hen).

pîpoq *f* (a) piece of glass.

pîqab *f Eng* pick up.

pîr[1] *adj,m* old; old person. **~ bûn** *vi* grow old. **~ kirin** *vt* cause (sb) to grow old.

pîr[2] *m* spiritual guide of dervish order.

pîrahen,pîrehen *m* shirt.

pîrhebok *f* witch.

pîrejin *f* old woman.

pîremêr *m* old man.

pîrek *f* woman; wife.

pîrê *f* spider. **konê ~** cobweb.

pîrhevok *f* witch.

pîrik[1] *f* **1** midwife. **2** grandmother.

pîrik[2] *f* spider.

pîrî *f* old age, oldness.

pîroz *adj* sacred, holy, blessed. **Cejna te ~ be!** Happy **cejn**! **~ kirin** *vt* congratulate.

pîrozahî *f* sacredness, holiness.

pîrozbahî *f* congratulating, congratulation; celebration.

pîrozbayî *see* **pîrozbahî**.

pîrozî *f* sacredness, holiness; blessedness.

pîrozname *f* congratulatory letter.

pîrqelaçik *f* purslane, *bot* Portilaca oleracea.

pîrqînî *see* **pirqînî**.

pîrûz *see* **pîroz**.

pîs *adj* dirty, unclean, filthy. ~ **bûn** *vi* get dirty. ~ **kirin** *vt* dirty, soil.
pîsî *f* dirt, filth; dirtiness, filthiness.
pîsîtî *f* obscenity.
pîsîxwaz *adj* malicious, malevolent.
pîspîsk *f* whistle, pipe. **li ~ê xistin** *vt* whistle.
pîşe *f* art; craft. **~ger/kar** *n* artist; craftsman.
pîşkar *n gram* subject; agent.
pîşo *m* remains of burnt cloth.
pîvan[1] *f* measure, measurement.
pîvan[2] *f* criterion.
pîvan[3] **(bipîve)** *vt* measure.
pîvandin (bipîvîne) *vt* measure.
pîvanker *f* meter (water, gas, etc).
pîvaz *f* onion. **~a şîn** spring onion.

pîvazoka mejî *f* brain-stem, medulla oblongata.
pîvazterk *f* spring onion.
pîvek *f* criterion.
pîvok *f* crocus, meadow saffron, *bot* Colchicum.
pîyale *f* glass.
pola *m* steel.
Polan *f* February.
polat *see* **pola**.
polês *see* **polîs**.
polik *f* pea.
polîs *n Fr* police, policeman, policewoman.
ponijîn (biponije) *vi* be engrossed in (thought); drop off, doze.
por *m* hair (on a person's head). ~ **berdan/ dirêj kirin** *vt* let (one's hair) grow long.
porik *m* wig (of the head).
porkurîşk *adj* curly-haired.
porsipî *adj,n* white-haired; white-haired person.
porteqal *f* orange.
porweşyayî *adj* bald.
porzer *adj* fair, blond.
poste *f It* mail, post.
postexane *f* post office.
poş *n* horn.
Poşe *n,adj* Gypsy.
poşî *f* head scarf worn by men.
poşman *adj* regretful, remorseful. ~ **bûn** *vi* feel remorse, feel sorry, regret. ~ **kirin** *vt* make (sb) regret (sth), make (sb) feel remorse for (sth). **~î** *f* regret, remorse.
pot(ik) *m* rag.
potîn *f Fr* half boots, button boots.
poxan *f* dwelling, house, residence.
poxzîn *adj* sad, worried. **~î** *f* sadness.
poz *m anat* **1** nose. **~(ê xwe) daliqandin** *vt* put on a sour face, sulk. **~(ê yekî) şewitîn** *vi* be ashamed, feel wounded in one's pride/honour. **2** cape. **3** peak, apex. **4** tip, pointed end.
pozber *n* competitor, rival. **~î** *f* competition, rivalry.
pozbilind *adj* conceited, arrogant. **~î** *f* conceit, arrogance.
pronav *m* pronoun. **~ê bîrdar** reflexive pronoun. **~ê pêşker** demonstrative pronoun. **~ê pirsiyarî** interrogative pronoun.
prot *n* potter.
prûsk *see* **brûsk**.
puf *f* exhaled breath. ~ **kirin** *vt* **1** blow or breathe hard on. **2** play (flute, etc).
pufandin (bipufîne) *vt* blow or breathe hard on; cause (sth) to blow.
pufîn (bipufe) *vi* (wind, etc) blow.
pur *see* **pir**.
puser *see* **kur**.
pusperî *f* pleasure, delight.
pûç *adj* hollow, empty inside; weak (though appearing strong); useless; rotten. ~ **derketin** *vi* turn out to be nothing. ~ **kirin** *vt* refute, demolish.
pûjan *f* mint, *bot* Mentha piperita.
pûk[1] *f* snowstorm; blizzard.
pûk[2] *f anat* pulp. **~a diran** dental pulp.
pûl *f P* **1** stamp. **2** (table games) playing piece.
pûn[1] *see* **pîn**.
pûn[2] **(bipû)** *vt* dress (a pelt).
pûng *f* spearmint, *bot* Mentha pulegium; penny royal, *bot* Mentha pulegium.
pûnk *see* **pûng**.
pûrt *f* **1** feather, quill, piece of down. **2** hair. **~a binçeng** armpit hair.
pûrtew *f* light.
pûş *m* sprig, dry herbs, dry leaves.
Pûşber *f* June.
pûşî *see* poşî.
pûşt *adj* queer, fag, faggot.
pût *m* idol. **~perest** *n* idolater. **~perestî** *f* idolatry.
pûyîn *see* **pûn**[2].
PZ *see* **Piştî Zayînê**.

Q

q *f* the 20th letter of the Kurdish alphabet.
qab *f P* cover (of book, etc).
qablo *f Fr* (utility) cable.
qabzûn *f* capsule.
qaç *f bot* a variety of juniper.
qaçax *f Tr* contraband, smuggling. **~çî** *n* smuggler.
qaçik *f anat* pelvis.
qad *f* open place, field, arena. **~a şer** battle field.
qadûk *f* small pan.
qaf¹ *f* flower pot.
qaf² *m* head. **~sar** *adj* stupid, foolish.
qafilqeda *f* calamity, misfortune. **Q~ li wan keve!** Damn them!
qahwe *f A* coffee. **~yî** *m,adj* brown.
qaîl *see* **qayil**.
qajeqaj *see* **qajqaj**.
qajîn (biqaje) *vi* crow, make a harsh cry.
qajqaj *f* crowing, harsh or shrill cry. **kirin ~** *vt* crow, make a harsh cry. **bûn ~a yekî/tiştekî** *vi* crow, make a harsh cry.
qal¹ *f* subject, topic. **~(a yekî/tiştekî) bûn** *vi* be mentioned. **~(a yekî/tiştekî) kirin** *vt* talk about (sb/sth), mention.
qal² *m* point (in games).
qalik *m* **1** outer covering. **2** rind, peel, skin, hull (of a fruit). **3** pod, husk (of a vegetable or grain). **4** shell (of a nut or an egg). **5** crust. **6** scab (of a wound). **7** case. **~ girtin** *vt* form a crust or scab. **ketin ~ê xwe** *vi* withdraw into one's shell, refuse to associate with others.
qalind *adj* thick. **~ bûn** *vi* thicken, become thick. **~ kirin** *vt* thicken, make (sth) thick. **~î** *f* thickness.
qalûç *f* small sickle.
qam *f* height. **~ dan** *vt* stand up in the water to test its depth.
qamyon *f Fr* truck, lorry.
qamyonet *f Fr* pickup truck, van.
qandî *adv* **(bi) ~** as ... as. **Ez (bi) ~ te dirêj im**. I am as tall as you.
qane *adj* persuaded, satisfied. **~ bûn** *vi* be persuaded. **~ kirin** *vt* persuade.
qani *see* **qane**.
qanî *see* **qane**.
qantir *f* mule.
qanûn *f A* law, statute, act. **~a bingehîn** *f* constitution. **~deranîn** *f* legislation, making laws. **~î** *adj* lawful, legal.
qapan *f* weigh-bridge.
qapqapk *f* clogs.
qapût *m* greatcoat, coat.
qaqil *m* outer covering, shell.
qarandin (biqarîne) *vt* cause (sb) to cry bitterly.
qarç *f bot* a variety of juniper.
qarçik *see* **qaçik**.
qareqar *see* **qarqar**.
qarîn¹ **(biqare)** *vi* cry bitterly, a bitter cry.
qarîn² *f* crying bitterly.
qarmîçe *m* whip.
qarqar *f* crying bitterly, a bitter cry.
qarûr,qarûre *see* **şûşe**.
qas¹ *f* moment, instant.
qas² *f* amount, much.
qasid *n* messenger.
qasir *see* **kurt**.
qasî *adv* **(bi) ~** as ... as, as much as. **Tu ~ min dirêj î**. You are as tall as I am.
qaş *n* stone, gem (in a piece of jewelry).
qaşik *m* rind, peel, husk, hull, pod.
qaşo supposedly; you would think that, it's as if.
qat¹ *m* floor, storey. **~ê jêrîn** downstairs. **~ê jorîn** upstairs. **~ê çaran** the forth storey.
qat² *m* layer, fold. **~ê kincan** suit.
qatî *adj* storeyed. **du~** two-storeyed.
qatûfk *f* basket.
qav *see* **qab**.
qavik *f anat* navel.
qawan *m* muskmelon, *bot* Cucumis melo.
qawêr *f* hoop, rim.
qawirme *see* **qelî**.
qaxû *f* fear. **~ kirin** *vt* fear, be afraid (of), be scared (of).
qayil *adj* willing, ready, satisfied. **(pê) ~ bûn** *vi* agree (to), consent (to). **(pê) ~ kirin** *vt* get (sb) agree to (sth).
qayîl *see* **qayil**.
qayîş¹ *f* rivalry, competition, competing. **(bi yekî re) ketin ~ê** *vt* compete against (sb), vie with (sb).
qayîş¹ *f* belt.
qayîşkêş *n* competitor. **~î** *f* competition. **~î(ya yekî) kirin** *vt* compete against (sb).

qaz *n* goose, *zool* Anser.
qazax *m Fr* pullover, sweater.
qazî[1] *adv* **bi ~ 1** intentionally. **2** as a joke, in jest.
qazî[2] *n* judge.
qe *adv* not at all, never, ever. **Qe na be.** It's impossible. **~ ne be** at least.
qebale *see* **qubale**.
qebd *m* handle, butt (of a weapon).
qebr *f A see* **gor**.
qebrax *n* pimp, procurer.
qebûl *f A* acceptance, approval. **~ bûn** *vi* be accepted. **~ kirin** *vt* accept, admit.
qed *f A* height. **~ û qamed** height and appearance.
qeda *f* calamity, misfortune.
qedandin (biqedîne) *vt* finish, complete, end.
qedem *see* **ling**.
qedene *n* large but clumsy or useless person.
qeder *f A* destiny, fate.
qederekê *adv* for a while.
qederperest *n phil* fatalist. **~î** *f* fatalism.
qedexe *f,adj A* prohibition, ban; forbidden, prohibited. **~ bûn** *vi* be forbidden/ prohibited/banned. **~ kirin** *vt* forbid, prohibit, ban.
qedexekirî *adj* forbidden, prohibited, banned.
qed(i)r *m A* worth, dignity. **~(ê yekî) girtin** *vt* show respect to, respect (sb), appreciate. **~(ê yekî) zanîn** *vt* appreciate worth of, respect (sb). **~bilind/giran** *adj* estimable, worthy of esteem.
qedîfe *m A* velvet.
qedîn (biqede) *vi* be finished, finish, be completed, come to an end.
qef *f* trap, snare.
qefandin (biqefîne) *vt* keep, save.
qefd *f* handle (of sword, etc).
qefes *f A* cage. **~a sîngê** *f anat* rib cage.
qefilandin (biqefilîne)[1] *vt* freeze.
qefilandin (biqefilîne)[2] *vt* tire.
qefilî[1] *adj* frozen to death.
qefilî[2] *adj* tired.
qefilîn (biqefile)[1] *vi* freeze to death, feel very cold.
qefilîn (biqefile)[2] *vi* be/get tired.
qefl(e) *m* a number or group of (birds, cars, people, etc) walking, flying or travelling together, group.
qefsîng *f anat* rib cage.
qehir *see* **qehr**.
qehirandin (biqehirîne) *vt* make (sb) tense and irritable, anger.
qehirî *adj* angry.
qehirîn (biqehire) *vi* get angry, get hot.
qehr *f* anger.
qelabaçke *f* magpie, *zool* Pica pica.
qelafet *m* height, body, stature.
qelandin (biqelîne) *vt* roast.
qelaqûçk *f* **tilîka ~ê** little finger.
qelaştin (biqelêşe) *vt* split, cleave, slit.
qelebask *f* magpie, *zool* Pica pica.
qelem *f* pen.
qelen *m* money paid by the bridegroom to the bride's family.
qelend *see* **qelen**.
qelereşk *n* raven, *zool* Corvus corox.
qeleş *A adj* treacherous, backstabbing.
qelew *adj* fat. **~ bûn** *vi* get fat, grow fat. **~ kirin** *vt* fatten, cause (sb) to get fat. **~î** *f* fatness.
qelexan *n* milk thistle, lady's thistle, *bot* Silybum morianum.
qelibandin (biqelibîne) *vt* **1** overturn, overthrow. **2** change direction, turn.
qelibî *adj* turned upside down, overthrown.
qelibîn (biqelibe) *vi* **1** be turned upside down, be overthrown. **2** turn. **lê ~** *vi* run into.
qelihandin (biqelihîne) *vt* extirpate, destroy, perish.
qelihî *adj* extirpated, destroyed, perished.
qelihîn (biqelihe) *vi* be extirpated, be destroyed, be perished.
qelişandin (biqelişîne) *vt* split, slit, cleave.
qelişî *adj* cleft, split, slit.
qelişîn (biqelişe) *vi* be split, be slit, be cleaved.
qelizandin (biqelizîne) *vt* **xwe ~** slip away, disappear, slink.
qelizîn (biqelize) *vi* slip away, disappear, slink.
qelî *f* preserved fried meat.
qelîçk *f* **tilîya ~ê** little finger.
qelîn (biqele) *vi* be roasted, be fried.
qelînok *f* iron sheet (to fry meet).
qelîştek *f* groove, cleft; split; slit. **~a qûnê** *f anat* anal groove, anal cleft.

qellaş *see* **qeleş**.
qelp *adj* false, forged. **~ezan** *n* counterfeiter.
qelq *f* motion, movement.
qels *adj* lean, puny, weak. **~ bûn** *vi* get weak. **~ kirin** *vt* weaken, cause (sth) to decline. **~î** *f* weakness, leanness. **~ok** *adj* puny, thin, weak.
qelûn *f* pipe.
qelzem *see* **derya**.
qemer[1] *A adj* dark, swarthy. **~î** *f* swarthiness. **~ê vekirî** dusky.
qemer[2] *A see* **hêv**.
qemirandin (biqemirîne) *vt* toast; make brown by heating, sun or cold.
qemirî *adj* toasted, brown.
qemirîn (biqemire) *vi* toast; become brown by heating, sun or cold.
qemsî *see* **virek**.
qenab *f* cord, lashing.
qenc *adj* good, fine. **~î** *f* goodness, favour. **~î (bi yekî) kirin** *vt* do a favour for (sb). **~tir** *adj* better.
qend *m* loaf sugar.
qe ne *adv* **~ be** at least.
qenepe *f Fr* sofa, settee.
qer *adj,m* shiny black.
qeraç *m* moor, stony ground.
qeramûşk *f* scratching, clawing. **~ kirin** *vt* scratch, claw. **~ lê xistin** *vt* scratch, claw.
qerar *see* **biryar**. **~dar** *see* **biryardar**. **~darî** *see* **biryardarî.**
qerase *m* large person or thing.
qerasî *see* **qeresî**.
qeraş *n* miller. **~î** *f* being a miller, miller's trade.
qerax *f* edge, brink, bank, side.
qerawil *f* guard.
qerebalix *f,adj A* crowd; crowded.
qerebîn *f It* carbine.
qereçî *n,adj* Gypsy.
qerenfîl *f* carnation.
qeresî *f* cherry, *bot* Prurus avium.
qerêj *see* **qirêj**.
qerf *n* mockery. **~(ên xwe bi yekî) kirin** *vt* make fun of. **bi ~** *adv* mockingly.
qerfayetî *f* mockery. **bi ~** *adv* mockingly.
qerh *see* **kul**.
qerij *see* **qirêj**.
qerik *see* **qirik**.
qerimandin (biqerimîne) *vt* cause (sb/sth) to get numb, tire.
qerimî *adj* numb, tired.
qerimîn (biqerime) *vi* get numb, get tired.
qerisandin[1] **(biqerisîne)** *vt* freeze.
qerisandin[2] **(biqerisîne)** *vt* tire.
qerisî[1] *adj* frozen, very cold.
qerisî[2] *adj* tired.
qerisîn[1] **(biqerise)** *vi* freeze, become very cold.
qerisîn[2] **(biqerise)** *vi* be/get tired.
qerîb *A see* **nêzîk**.
qerîn (biqere) *vi* **jê ~** leave (sb) in peace, leave (sb) alone.
qerîsok *f* (weather) dry cold, frostiness.
qermiçandin (biqermiçîne) *vt* pucker, wrinkle, crumple.
qermiçî *adj* wrinkled, puckered, crumpled.
qermiçîn (biqermiçe) *vi* become puckered, wrinkled or crumpled.
qermîçok *f* wrinkle, pucker.
qerpal *m* rag; worn out dress.
qerqaş *m,adj* bright white.
qerqet,qerqef *m* (glass) decanter, jug.
qerqûde *m anat* skeleton.
qerş *see* **qirş**.
qert *f* bite. **~ avêtin** *vt* bite. **~ kirin** *vt* bite. **~ lê xistin** *vt* bite.
qerwaş *f* maid servant, maid.
qerz *see* **deyn**.
qesab *n A* butcher.
qesas *n* murderer.
qesd *f A* intention, purpose. **ji/bi ~î** *adv* intentionally, deliberately.
qesem *f* oath.
qesir *see* **qesr**.
qesirbend *n* architect.
qesîl *f* rush mat, canework.
qesp *f* date, *bot* Phoenix dactylifera.
qesr *f* stone house, villa, kiosk, palace.
qest *f* A intention, purpose. **~(a yekî/ tiştekî) kirin** *vt* head towards, go towards. **~ena** *adv* **(bi) ~** intentionally, deliberately.
qeşa *f* ice. **~ girtin** *vt* freeze, be covered with ice.
qeşartin (biqeşêre) *vt* peel.
qeşem *f* ice block, sheet of ice.
qeşeng *adj* beautiful, pretty.

qeşirandin *see* **qeşartin**.

qeşitîn (biqeşite) *vi colloq* clear out, go away. **Biqeşite!** Get out! Go away!

qeşmer *n* clown, buffoon. **~î** *f* clowning, buffoonery.

qet[1] *adv* not at all, never, ever. **Qe na be**. It's impossible. **~ ne be** at least.

qet[2] *f* short string, etc.

qetandin (biqetîne) *vt* break off, tear off. **jê ~** *vt* part, separate (from).

qetek *f* water supply points.

qet(i)l *f A* murder.

qetîn (biqete) *vi* break in two, break, snap. **jê ~** *vi* part, separate.

qetîyan *see* **qetîn**.

qetmer *see* **çîçek**.

qetqetî *adj* in pieces.

qetran *A f* tar.

qetre *see* **dilop**.

qettal *A n* murderer.

qevd[1] *f* bunch (of flowers).

qevd[2] *m* handle (of sword, etc).

qevdik *f* (small) handle. **~a dest** *f anat* wrist.

qevz *f* jump, jumping. **dan ~an** *vt* jump, jump up and down.

qewad *m* pimp, procurer.

qewil *see* **qewl**.

qewimandin[1] **(biqewimîne)** *vt* **(lê) ~ 1** cause (sth) to happen to (sb). **2** cause (sth) to hit or strike against (sb/sth).

qewimandin[2] *f* event, happening.

qewimîn (biqewime) *vi* **lê ~ 1** happen to. **Çi li te qewimî?** What happened to you? What's wrong with you? **Çi qewimî?** What happened? **2** be hit.**qewirandin (biqewirîne)** *vt* drive (sb) away, send (sb) away (in disgrace).

qewitandin (biqewitîne) *see* **qewirandin**.

qewî *adj A* strong. **~ kirin** *vt* strengthen.

qewîn *adj* resisting, enduring, strong.

qewîtî *f* cautioning, admonition. **~ kirin** *vt* caution, admonition.

qewl *f* **1** word; promise. **2** condition; agreement. **Ji ~a te**. As you said.

qewm *m A* a people.

qews *see* **kevan**.

qewwel *see* **qeşmer**.

qewz *see* **qevz**.

qey[1] *interr form.* **Q~ tu neçûyî?** Didn't you go? **Qey ne?** Or? (in negative questions); Is it possible? Is it true?

qey[2] *adv* as if. **gotin ~** *vt* think that. **Te digot ~ ew difirîya**. You would think he was flying. **Min got ~ ew mamoste ye.** I thought he was a teacher.

qeyd[1] *f A* enrollment, registration. **~ bûn** *vi* be registered, be enrolled. **~ kirin** *vt* register, enroll.

qeyd[2] *f A* **1** restriction, limitation. **2** fetter, shackle. **~ûbend** *n* restrictions, limitations.

qeyik *f Tr* small boat. **~a hawarê** lifeboat.

qeys *f* measure. **~ girtin** *vt* measure.

qeyser *m* emperor, czar, tsar.

qeyserî *see* **sûk**.

qeysik *m* crutch.

qeysî[1] *f* apricot.

qeysî[2] *see* **qasî**.

qeytan *f* shoe-lace; cotton or silk cord.

qez *m* A silk.

qeza *f A* (Islam) late performance of an act of worship.

qeze[1] *f A* accident.

qeze[2] *f* subdivision of a provision.

qezî *f* word. **~ kirin** *vt* speak, talk.

qezîyye *A f* problem.

qezwan *n* terebinth.

qêmîş: ~ kirin *vt* act pitilessly towards, kill. **~ nekirin** *vt* be unable to hurt, be unable to kill.

qêrat *see* **xîret**.

qêrîn *see* **qîrîn**.

qible *m* the direction of mecca (to which a Muslim turns in worship).

qidam *n* chickpea (fried and coverd with sugar).

qidqid *f* cackle, cluck (of a hen).

qidûm *see* **qudûm**.

qifilandin *see* **qefilandin**.

qifilîn *see* **qefilîn**.

qijalk *n* zool crow.

qijik[1] *n* **1** *zool* crow. **2** hazel grouse, *zool* Tetrastes bonasia.

qijik[2] *m* twig.

qijilandin (biqijilîne) *vt* heat or burn the oil.

qijilîn (biqijile) *vi* (oil) be burnt, burn.

qijirandin *see* **qijilandin**.

qijnik *n* tick.
qijqijik *n zool* magpie.
qilêr *f* dirt, filth. **~î** *adj* dirty, filthy. **~î bûn** *vi* get dirty, be soiled. **~î kirin** *vt* dirty, soil.
qilitk *f* necktie, tie.
qilîcan *f* little finger.
qilîçk *f* little finger.
qiloç *m* horn. **~ kirin** *vt* gore. **~ lê xistin** *vt* gore.
qiloz *see* **quloz**.
qin *f* kernel of an almond, meat of a walnut.
qinab *f* cord, lashing.
qinyat *f A* conviction; satisfaction. **~ pê anîn** *vt* convict, be satisfied.
qinyet *see* **qinyat**.
qir *f* extirpation, massacre, slaughter. **~ bûn** *vi* be extirpated, be slaughtered. **~ ketin (tişt ekî)** *vi* be extirpated. **~ kirin** *vt* slaughter, extirpate. **~kirin** *f* slaughter, extirpation, massacre.
qirak *see* **qijik**.
qiral *m Sl* king. **~î** *f* kingdom, kingship. **~perwer** *n* royalist. **~perwerî** *f* royalism.
qirar *see* **biryar**. **~ dan** *see* **biryar dan**.
qirase *see* **qerase**.
qirax *f* edge, bank, side.
qirç *f* crackle, creak. **~(e)~** *f* sustained crackling.
qirdik *n* funny person.
qirêj *f* dirt, filth. **~geh** *f* garbage dump, rubbish heap. **~î** *adj* dirty, filthy. **~î bûn** *vi* get dirty, be soiled. **~î kirin** *vt* dirty, soil. **~okî** *adj* filthy, dirty.
qirên *f* argument.
qirêt *adj* dirty, filthy.
qiriçandin (biqiriçîne) *vt* **dranên xwe ~** gnash one's teeth.
qirik[1] *f anat* throat, neck.
qirik[2] *f zool* crow.
qirim *f* scythe.
qirn *m* generation.
qirpik *f* belch. **~a yekî hilatin** *vi* belch.
qirş *m* stick, twig.
qirşik *m* stem, twig.
qirt *f* **~(e)~** clucking, grating, scratching (noise).
qise *f* conversation, talk. **~ kirin** *vt* converse, chat, talk.
qismet *m A* destiny, fortune. **~(ê yekî) fireh bûn** *vi* be/become lucky.
qitî *m* kind of cucumber.
qitût *f* thrift. **~î** *f* thrift, thriftiness. **bi ~î** *adv* thriftily.
qiyamet *f A* **roja ~ê** doomsday. **~ rakirin** *vt* raise hell about it.
qizilqurt *int* A plague on you! **Q~a dilê te!** A plague on you!
qizwan *n* terebinth.
qîçik *m,adj* straw colour.
qîjîn[1] *f* loud, shrill cry; scream.
qîjîn[2] **(biqîje)** *vi* crow, make a loud, shrill cry.
qîjînî *f* loud, shrill cry. **~î pê ketin** *vi* crow, make a loud, shrill cry. **kirin ~** *vt* crow, make a loud shrill cry.
qîl *m* canine tooth.
qîlade *A see* **gerdenî**.
qîm *f* satisfaction, contentment. **~(a/î yekî) kirin** *vt* be enough for (sb). **~(a xwe) pê anîn** *vt* be content, be satisfied with.
qîme *m Tr* mince.
qînet *see* **qinyat**.
qînwan *see* **gulşî**.
qîr *f* pitch (a substance obtained from the distillation of tars).
qîrandin (biqîrîne) *vt* make (sb) shout or scream.
qîreqîr *f* scream. **kirin ~,bûn ~a yekî** *vt,vi* scream, shout.
qîret *f* conviction, opinion. **~(a xwe) pê anîn** *vt* be of the opinion that, believe that.
qîrîn (biqîre) *vi* shout, scream.
qîrînî *f* scream. **~ pê ketin** *vi* scream. **kirin ~** *vt* scream.
qîrqîr *see* **qîreqîr**.
qîş *m* rock.
qît(ik) *m* small parts of wood.
qîwam *see* **hêz**.
qîyame *adv* up, upwards.
qîz *f* girl; daughter.
qlêwîn *n* dishwasher (person).
qol *f* sleigh.
qolinc *m anat* shoulder blade, scapula.
qombere *f* piggy bank; coin box.
qomçe *f* button.
qomî *m* muskmelon.
qomîte *f Fr* committee. **qomîta navendî**

central committee.
qompîr *f* potato.
qoncik *m* trunk (of a tree).
qondax *f* gunstock.
qondere *f Gk* shoes.
qop *adj* humpbacked, hunchbacked, stooped. **~ê** *f* (female) hunchback. **~o** *m* (male) hunchback.
qor[1] *m* row.
qor[2] *adj* bad; harsh. **qisên ~** bad/harsh words, swearwords.
qorik *f anat* hip.
qorzî *see* **qozî**.
qoşxane *f* saucepan (without a handle).
qot *adj* **ser~** bare-headed.
qozî *f* corner.
qrewat *f Fr* necktie, tie.
qrên *f* quarrel, row, fight.
qub *f,adj* dome, dome-shaped.
qubale *f* job work, piecework.
qubaletî *f* contracting for the whole lot or by the job.
qube *f* dome (roof), vault.
qudûm *m* strength. **~(ê yekî) şikênandin** *vt* scare daylights out of (sb). **~(ê yekî) şikestin** *vi* be badly frightened. **ji ~ de ketin** *vi* be scared out of (one's) wits.
qufil *f* padlock.
qufilandin *see* **qefilandin**.
qufilî *see* **qefilî**.
qufilîn *see* **qefilîn**.
qul[1] *f* **1** hole. **2** *anat* anus. **3** den, lair.
qul[2] *adj* having a hole, bored. **~ bûn** *vi* get a hole, be pierced. **~ kirin** *vt* make a hole in, pierce. **~~î** *adj* perforated, full of holes. **~~î kirin** *vt* perforate.
qulaç *m* athom, *swim* stroke. **~ avêtin** *vt* swim a stroke.
qulateyn *f* pipe in a pool from which a jet of water spouts upward.
qulêr *adj* having a hole, having holes, perforated.
qulf *m* hook.
qulik *f* small hole.
quling *n* crane, *zool* Grus.
qulipandin (biqulipîne) *vt* overturn.
qulipî *adj* overturned.
qulipîn (biqulipe) *vi* be overturned.
quloz *adv* **~ bûn** *vi* rise; hop.
qulp *f* **1** (rounded) handle. **2** loop.
qult *see* **qurt**.
qulubandin *see* **qelibandin**.
qulubîn *see* **qelibîn**.
qulzem *see* **derya**.
qumbele *f* hand-grenade.
qumçik *f* button.
qumil *n* an insect destructive to wheat, harvest-bug.
qunbere *f astr* the morning star, Venus.
qunc *f* **1** corner. **2** (newspaper) column. **~nivîskar** *n* columnist. **~ik** *f* corner.
quncirandin (biquncirîne) *vt* pinch.
quncirîk *f* pinch. **~ lê dan** *vt* pinch.
qundax *see* **qûndax**.
quntar *f* foot (of a mountain).
quraftin (biqurêfe) *vt* **1** collect, gather. **2** break (by bending or twisting).
Quran *f A* Koran.
qurb *see* **nêzîkayî**.
qurban *f A* sacrifice, victim. **~ kirin** *vt* sacrifice. **kirin ~(a yekî/tiştekî)** *vt* sacrifice to (sb/sth).
qurç[1] *see* **qunc**.
qurç[2]: **çavên xwe ~ kirin** *vt* wink.
qurçik[1] *see* **quncik**.
qurçik[2] *f* hut.
qure *adj* arrogant, conceited. **~tî** *f* arrogance, conceit.
qurequr *f* croaking (of a frog).
qurifandin (biqurifîne) *vt* cut or break sth hard (wire, etc) by folding it.
qurifî *adj* (wire, etc) broken.
qurifîn (biqurife) *vi* be broken or cut by being folded.
qurincandin (biqurincîne) *vt* **pê ~** pinch with one's fingers.
quriş *m* Kuruş, paistre.
qurix *f* the morning star, Venus.
qurîn (biqure) *vi* (a frog, etc) croak.
qurm *m* trunk (of a tree).
qurmiçandin (biqurmiçîne) *vt* **1** pucker, wrinkle, crumple. **2** crumble (leaves, etc).
qurmiçik *f* wrinkle, crease; fold. **~a qûnê** *f anat* gluteal fold. **~a enîşkê** crook of the arm.
qurmiçî *adj* puckered, wrinkled; crumbled.
qurmiçîn (biqurmiçe) *vi* be puckered, be wrinkled; be crumbled.

qur̲n *see* **qir̲n**.
qurne *f* A tap.
qurp̲ *f* broody, brooding, setting (hen).
qurs[1] *f Fr* course, series of lessons. **çûn ~ê** *vi* take a course.
qurs[2] *adj* difficult, hard, heavy.
qurt̲ *f* swallow, gulp, sip, sup (of a liquid). **~ek̲ lê xist̲in** *vt* sip. **~e~** in small swallows. **~e~ vexwarin** *vt* sip.
qur̲ûqaf *n* pots and pans, things, belongings.
qurx̲ *see* **qurix̲**.
qusandin (biqusîne) *vt* **1** cut, clip, shear (hair, etc). **2** abrade, wear away. **3** cause (milk) to sour, go bad, go off.
qusîn (biquse) *vi* **1** wear away, be abraded. **2** (milk) sour, go bad, go off.
qusyayî *adj* **1** abraded. **2** (milk) sour.
quşxane *see* **qoşxane.**
qut̲ *adj* **1** cut, torn, broken off. **2** short. **~ k̲irin** *vt* break, cut, make shorter.
qutifandin (biqutifîne) *vt* scare the daylights out of (sb).
qutifî *adj* badly frightened.
qutifîn (biqutife) *vi* be badly frightened, be scared out of one's wits.
qut̲ik̲ *m* shirt.
qutî *f* box.
qutîk̲ *f* small box.
quz *m anat* female genital organ.
qû *n* swan.
qûç[1] *f* heap or pile of stones.
qûç[2] *adj* full. **~ k̲irin** *vt* fill up.
qûç[3] *f,adj* cone; conic, conical.
qûm *f* sand.
qûmar *f A* gambling. **(bi) ~ê lîst̲in** *vt* gamble.
qûmaş *m* fabric, cloth, material.
qûn *f anat* seat, backside, coll, bottom.
qûnç *see* **qûç**.
qûndax̲ *see* **qondax̲**.
qûnde *m vulg* queen, passive homosexual.
qûnder *see* **qûnde**.
qûnek̲ *see* **qûnde**.
qûr̲equr̲ *see* **qûr̲înî**.
qûr̲în (biqûr̲e) *vi* sob.
qûr̲înî *f* sob. **~ p̲ê ket̲in** *vi* cry with great sobs.
qût̲ *m* feed, fodder. **~ dan** *vt* feed.
qûz,qwîz *n* marten, *zool* Martes.

R

r *f* the 21st letter of the Kurdish alphabet.
ra[1] *f* solution, remedy.
ra[2] *f* blood-vessel, vein.
ra[3]- *suff forming verbs indicating upward action, eg:* **rabûn, rakirin, rakişandin**.
ra[4] *see* **re**.
raber *prep* to, towards, up to. **~(î yekî) kirin** *vt* **1** show, explain. **2** present, perform or play (sth) to (sb). **~ (yekî/tiştekî) bûn** *vi* come across, meet.
raberizîn[1] **(raberize)** *vi* discuss, debate, argue about.
raberizîn[2] *f* discussion, argument.
raberî[1] *f* exhibition.
raberî[2] *see* **raber**.
rabestin *f* manner.
rabezandin (rabezîne) *vt* set (people) at odds.
rabezîn (rabeze) *vi* be in conflict, clash.
rabihirîn *see* **rabihurîn**.
rabihurîn (rabihure) *vi* pass.
rabirdû *f,adj* (the) past.
rabûn[1] **(rabe)** *vi* **1** rise; stand up. **2 (ji xew ~)** wake up, get up. **~ ser piyan** *vi* stand up. **~ ser xwe** *vi* wake up; stand up. **ji ber (yekî) ~** *vi* stand up (out of respect). **kel(a yekî) ~** *vi* get angry.
rabûn[2] **(rabe)** *vi* (tooth) be extracted; be pulled, be uprooted.
rabûn û rûniştin *f* behaviour, attitude.
raçandin (raçîne) *vt* **1** weave. **2** derive one thing from another, produce (one thing) from or using (another).
raçavkirin *f* observation, watch. **raçav kirin** *vt* **1** look, watch, observe. **2** scrutinize, go over, look over.
radan (rade) *vt* **1** put into. **2** attack, snatch or seize (a knife, stick, etc) in order to attack (sb). **~ ser** *vt* attack. **3** spread.
radar *f Ing* radar.
rader *f gram* infinitive.
radest *f* **1** submission, yielding, surrender. **2** delivering. **~(î yekî) kirin** *vt* **1** deliver. **2** surrender (sth/os) to the enemy. **xwe ~(î yekî) kirin** *vt* submit, yield, give in, surrender.
radestî *f* **1** submission, giving in, surrender. **2** delivery, delivering or handing over.
radyo *f Fr* radio.
rageş *adj* nervous, excited. **~î** *f* tension, excite.
rageyandin (rageyîne) *vt* inform.
ragihandin[1] **(ragihîne)** *vt* communicate; transmit.
ragihandin[2] *f* communication; transmission, convey.
ragirtin (ragire) *vi* bear, endure, resist. **xwe ~** *vi* wait, control (os), stop.
rah 1 *P see* **rê**. **2** *see* **şerab**.
raheber *P see* **rêber**.
rahiştevan *n* weight lifter.
rahiştin (rahêle/rahêje) *vt* pick up, hold up, lift up. **~ hev** *vt* quarrel, fight with each other.
rahnî *f* light.
rajêr *n* subject, citizen.
raketin (rakeve) *vi* sleep.
rakirin (rake) *vt* **1** pick up, hold up, lift, raise. **2 (ji xew) ~** *vt* wake (sb) up. **3** cancel, abolish. **4** extract (a tooth), pull up, uproot. **ji holê ~** *vt* destroy; hide.
rakişandin (rakişîne) *vt* pull, pull along, drag, uproot. **xwe lê ~** *vt* try to beat (sb).
ram *adj* tame, domesticated, accustomed, submissive, yielding. **~ bûn** *vi* be tamed, submit, yield. **~ kirin** *vt* tame, induce to submit; dominate.
raman[1] **(birame)** *vi* think.
raman[2] *f* thought, thinking, idea. **~ kirin** *vt* think. **ketin ~an** *vi* be lost in thought.
ramandin (biramîne) *vt* make (sb) think.
ramanwer *n* intellectual. **~î** *f* intellectualism.
ramax *m* storey, floor.
ramedandin (ramedîne) *see* **ramidandin**.
ramidandin (ramidîne) *vt* **(xwe) ~** lie down, stretch out.
rameşger *see* **sazbend**.
ramîsan *see* **ramûsan**.
ramûsan[1] *f* kiss. **~ dan** *vt* give a kiss. **~ stendin** *vt* kiss.
ramûsan[1] **(ramûse)** *vt* kiss.
ramûsandin (ramûsîne) *vt* kiss.
ramyar *f* politics; policy. **~î** *adj* political.
ran *f anat* thigh.
raperandin (raperîne) *vt* arouse, raise; incite, provoke.
raperîn[1] **(rapere)** *vi* arouse, rise; jump.

raperîn[2] *vi* uprising; advance.
rapêçan[1] *f* girding on, putting on (sword, belt, etc).
rapêçan[2] **(rapêçe)** *f* wrap up.
rapêçandin (rapêçîne) *vt* **1** wrap up. **2** provide (sb) with (sth), decorate (with ornaments), equip.
rapor *f Fr* report. ~ **dan** *vt* report (on).
raqetandin (raqetîne) *vt* separate.
raqetîn (raqete) *vi* be separated.
raser *adv* over, up. **li ~î** *prep* over, above, up.
raserîn *adj* great; loft; supreme.
rast *adj,adv* **1** right, true. **2** right (side). **3** direct, directly, straight, straight on. **4** flat, level. ~ **bûn** *vi* be/become smooth, flatten, level. ~ **dîtin** *vt* approve. ~ **kirin** *vt* **1** smooth, flatten. **2** correct, read (proof).
rastane *adv* really, truly.
rastbêj *see* **rastgo**.
rastek *f* ruler, straightedge.
rastekîn *adj* real.
rasterast *adv* **1** directly. **2** bluntly, frankly. **3** straight ahead.
rasterê *adv* directly.
rastgo *adj,n* realistic; truthful; realist.
rasthatin(î) *f* chance event, accident, happenstance, coincidence. **lê rast hatin** *vi* meet/hit/reach/happen by chance.
rastik *f* field, open place.
rastikên *adj* real, true. **~î** *f* the truth, reality. **~wer** *n,adj* realist; realistic. **~werî** *f* realism.
rastî[1] *f* **1** truth. **2** straightness. **bi** ~ *adv* actually, in fact.
rastî[2] *adv* ~ **yekî hatin** *vi* meet by chance, chance upon. ~ **yekî/tiştekî kirin** *vt* aim, point (sth) at (sb/sth).
rastîbîn *adj* realist. **~î** *f* realism.
rastker *n* proof-reader.
rastkirin *f* correction; proof-reading.
rastnivîsîn *f* orthography. **~î** *adj* orthographic.
rav *f* hunting.
rave *f* interpretation, explanation. ~ **kirin** *vt* interpret, explain.
raw *f* hunting.
rawe *f gram* mood. **~ya bilanî** optative. **~ya çêbiwar** past participle. **~ya fermanî** imperative. **~ya gerane** optative. **~ya gerînî** conditional. **~ya hekînî** conditional. **~ya parnihayî** present participle.
rawer *f* begging. **li ~an gerîn** *vi* beg, plead.
rawesan *see* **rawestan**.
rawest *f* full-stop; stop.
rawestan[1] **(raweste)** *vi* stop, remain standing up.
rawestan[2] *f* stop, stopping.
rawestandin (rawestîne) *vt* stop (sb/sth).
rawestbîhnok *f* semicolon.
rawestek *f* brake.
rawestin[1] **(raweste)** *vi* stop.
rawestin[2] *f* break, rest, pause.
rawir[1] *m* wild animal.
rawir[2] *adj* ferocious, wild.
rawistin *see* **rawestin**.
raxer,raxêr *f* floor.
raxistin[1] *f* **1** exhibition, display, show. **2** furnishing. **3** **~a rûpelan** *f* make-up, making up, lay-out.
raxistin[2] **(raxe)** *vt* **1** spread (a carpet, etc). **2** furnish.
raxistin[3] **(raxe)** *vt* **rûpel** ~ (printing) make up.
raxistî *adj* **1** spread. **2** furnished.
ray[1] *f* **1** opinion, idea. **2** vote. **bi ~a min** in my opinion. **~a giştî** *f* pubic opinion.
ray[2] *f* rail, track.
raye *f* power, authority.
rayeganî *see* **mift**.
raz *see* **sir**[1].
razan[1] **(razê)** *vi* sleep; lie. **têr** ~ *vi* sleep well.
razan[2] *f* sleep.
razandin (razîne) *vt* put (sb) to sleep, cause (sb) to sleep.
razayî *adj* sleeping.
razber *adj* abstract.
razî *adj A* satisfied, contented. **jê ~ bûn** *vi* agree (to), consent (to). **ji xwe ~ bûn** *vi* be pretentious. ~ **kirin** *vt* get (sb) to agree to (sth).
razîbûn *f* consent, assent, approval.
re *part of prepp and advv see* **ji ~, bi ~, di ~.**
Reb *m A* God.
reben *adj* poor, unfortunate, miserable. **~î** *f* poverty, misery, destitution.
rebenok *see* **reben**.
Rebî! *int* My God!
rebî *see* **bihar**.

reçete *f It* prescription.
ref[1] *n* **1** flock (of birds). **2** rank, line.
ref[2] *f* shelf.
referandûm *f Fr* referendum.
refik *f* shelf.
refîq *A see* **heval**.
reg *see* **reh**.
reh[1] *f anat* **1** nerve; muscle; vessel; vein. **2** root. **3** origin.
reh[2] *see* **rê**.
rehet *see* **rihet**.
rehil *see* **rêl**.
rehkar *n* racist. **~î** *f* racism.
rehm(et) *f A* God's mercy, God's compassion; mercy, compassion. **çûn rehmetê** *vi* die, pass away. **Rehma Xwedê lê be.** May God have mercy on him (said for a person who has died).
rehmetî *adj,n* the late.
rehrew *see* **rêwî**.
rehwan *adj* at an amble. **~î** *f* amble.
reis *n A* person in charge, leader, head, chief; chairman.
rejgeh *f* waterfall.
Remezan *f A* the nineth month in the Muslim year during which Muslims fast.
remmal *see* **falavêj**.
renc *see* **rênc**.
rencandin (birencîne) *vt* hurt (sb's) feelings, offend.
reng *m* **1** colour. **2** way, manner. **~ avêtin** *vt* pale. **~ dan** *vt* fade.
rengavêtî *adj* pale.
rengdar *adj* coloured.
rengdêr *f* adjective. **~a işarkî** demonstrative adjective. **~a jimarîn** numeral adjective.
rengareng *adj* multi-coloured, colourful.
rengîn *adj* coloured, colourful. **Ala ~** Kurdish flag.
rengnesax *adj* pale.
rengpîşe *f* adverb. **~yî** *adj* adverbial.
rep[1] *adj* erectile, upright, stiff. **~ bûn** *vi* stand erect, become upright, become stiff. **~ kirin** *vt* erect, harden, make (sth) stiff.
rep[2] *f* **~ ~** sound of marching feet.
repîn *f* sound of regular and striking actions.
req[1] *m* turtle, *zool* testudo.
req[2] *f* **~~** a loud knocking or rapping sound.
reqifandin (bireqifîne) *vt* line up, arrange in a row.
reqifandî *adj* arranged, in a line or row. **~ bûn** *vi* line up, be lined up.
reqisandin (bireqisîne) *vt* make (sb) dance.
reqisîn (bireqise) *vi* dance.
reqîn *f* rattle; clatter; clop-clop, clip-clop.
reqs *f A* dance.
resen *see* **werîs**.
resûl *m A* prophet (sent by God).
reş *m,adj* black. **~ bûn** *vi* turn black. **~ girêdan** *vt* go into morning. **~ kirin** *vt* blacken.
reşahî[1] *f* land; continent; a black spot.
reşahî[2] *f* blackness.
reşandin (bireşîne) *vt* **1** rake, strafe (with gunfire). **2** sprinkle, scatter, strew.
reşaşe *f* machine gun, sten gun.
reşayî *see* **reşahî**.
reşbaz *n* piebald.
reşbelek *f* letter; note written down on a paper.
reşbîn *adj* pessimistic. **~î** *f* pessimism.
reşe *m* scarecrow.
Reşeme *f* February.
reşêşk *f* sprinkle (of rain).
reşik[1] *f anat* pupil (of eye).
reşik[2] *n* (a) Black, (a) Negro.
reşî *f* **1** darkness, blackness. **2** smudge, black spot.
reşmal *f* black tent.
reşpel *see* **reşbelek**.
reşreşk *f* caraway seeds, *bot* nigella sativa; black cumin.
reşûsipî *adj* black and white.
reşûtarî *adj* pitch-black; pitch-dark.
rev *f* **1** flight, escape, desertion. **2** race, run.
revandin (birevîne) *vt* kidnap, help or let (sb) escape, cause (sb/sth) to go away.
revde *n* herd (of wild animals).
revend *see* **koçer**.
revihan *see* **revîn**.
rêving *see* **rêwî**.
revîn (bireve) *vi* **1** run. **2 jê ~ a)** escape; desert; run away from. **Ew ji girtîgehê revîya.** He escaped from the prison. **b) jê ~** get out of, avoid, shirk.
revîyan *see* **revîn**.
revoke *adj* fugitive, truant.

revrevik,revrevk *f* mirage.
rewa[1] *adj* suitable; worthy of; befitting. ~ **dîtin** *vt* regard (sth) as being fitting for (sb). **Vêya ji min re ~ nebîne**. Don't deem me worthy of this.
rewa[2] *f* dampness, damp, humidity.
rewal *m* young man.
rewan *see* **rehwan**.
rewêjek *f* (carpenter's) plane; grater. ~ **kirin** *vt* grate, plane.
rewêrde *f* sculpture, statue.
rewêrtin *vt* shape (sth) by cutting it; chisel; sculpt.
rewişt *f* peculiarity, special feature, characteristic; behaviour.
rewitandin (birewitîne) *vt* shed leaves or fruits, cause (sb/sth) to shed leaves, fruits or money.
rewitî *adj* (person) who has lost all their money, (plant) which has shed all leaves or fruits.
rewitîn (birewite) *vi* (leaves or fruits) shed, (person) lose all their money.
rewjok *see* **rewêjek**.
rewneq *see* **ronahî**.
rewş[1] *f* state, condition, situation, circumstances. ~**a awarte** *f* state of exception.
rewş[2] *f* ornament, decoration.
rewşen *adj* clear, bright.
rewşenbîr *n* intellectual, enlightened person.
rewşenî *f* light, day light; clarity, brightness.
rewt *f* thin stake or pole (to hit the branches of trees so that they shed fruits).
rewtar *f* behaviour.
rex[1] *m* side, edge. ~**ê avê** shore, coast, bank. **li ~(ê)** near, nearby, on the edge of.
rex[2] *f chess* rook.
rexanrex *adv* all around, all along.
rexhev *adv* side by side, next to, lying near to, adjacent.
rexkî *adv* sideways.
rexne *f* criticism. ~ **kirin** *vt* criticize. ~ **lê girtin** *vt* criticize (sb/sth). ~ **li xwe girtin** *vt* criticize (os).
rexnegir *n* critic. ~**î** *f* criticism. ~**în** *adj* critical.
rexrexkî *see* **rexkî**.
rext *m* cartridge belt; bandoleer. ~ **girêdan** *vt* put on a cartridge belt.
reyahîn *see* **rihan**.
reyhan *see* **rihan**.
reyîn (bireye) *vi* bark, bay.
rez *m* vineyard; orchard.
rezaqî *m* a large, sweet, white grape.
Rezber *f* September.
rezîl *adj A* disgraceful, scandalous, awful. ~ **bûn** *vi* be disgraced. ~ **kirin** *vt* disgrace.
rê *m* **1** way, road; access, route. **2** means, method. **3** possibility. **bi ~ de/ve** on the way. **bi ~ ve/va birin** *vt* carry out, carry on, perform. ~ **birîn** *vt* stop, waylay. **bi ~ ve çûn** *vi* walk. ~ **dan** *vt* **1** allow, give the opportunity to, make way for. **2** show. ~ **dîtin** *vt* find a way. **Rê jê re tune**. There is no way, it is impossible. **bi ~ ketin** *vi* set out. **bi ~ kirin** *vt* **1** send. **2** see off. ~ **nîşan dan** *vt* guide (sb), give directions. ~ **li ber girtin** *vt* stop, prevent. ~ **pan** *vt* wait, expect. ~**(ya xwe) pê xistin** *vt* call in on, stop by to see. ~ **vekirin** *vt* open a way. **(bi/di) riya xwe de çûn** *vi* go on one's way. **ji ~ derketin** *vi* deviate, go astray. **ji ~ derxistin** *vt* mislead, lead astray. **rê(ya yekî) pê ketin** *vi* happen to pass (a place). **anîn ~** *vt* make (sb) see reason; bring (sb) round (to another's point of view). ~**ya kadizê** *f astr* the Milky Way.
rêba *f* air, weather.
rêbar *n* passenger.
rêbaz[1] *f* programme.
rêbaz[2] *f* way through, passage, procedure.
Rêbenan *f* month (21st December to 20th January).
Rêbendan *f* February.
rêber *n* guide. ~**î/tî** *f* guidance, guiding, being a guide. ~**î kirin** *vt* guide.
rêbir *n* bandit, brigand.
rêbiwar *n* passer-by.
rêç *f* **1** track, trace. **2** footpath. ~ **ajotin** *vt* pursuit, follow.
rêçbir *n* brigand, robber.
rêçbirîn *f* waylaying.
rêçenas *n* guide.
rêçeşop *f* document.
rêçgerî *f* research, investigation.
rêçik *n* footpath.
rêder *f* outlet, exit.
rêga *see* **rêgeh**.

rêgeh *f* road, route.
rêgihan *f* junction, crossroads, intersection.
rêgir *n* brigand, bandit. **~î/tî** *f* banditry, brigandage.
rêhber *see* **rêber**.
rêhesin *f* railway. **~a binerdê** *f* underground.
rêheval *n* comrade.
rêjandin *see* **rijandin**.
rêjav *f* waterfall.
rêjavgeh *f* mouth of river.
rêk *adj* arranged, regular, in good order.
rêkûpêk *adj* **(bi)** ~ **1** in order, orderly, regular, tidy. **2** mature; reliable; sound.
rêl *f* wood, grove.
rênc *n* toil, labour; trouble, sorrow, pain, difficulty, inconvenience. **~ber** *n* **1** farm-hand or unskilled construction worker. **2** farmer.
rênedan *f* prevention, hindering, blocking. **rê ne dan** *vt* prevent, hinder, block.
rênivîs *f* spelling, orthography.
rênîşandar *n* guide, leader.
rêpanî *f* waiting, expectation. **~(ya yekî/ tiştekî) kirin** *vt* wait, expect.
rêrast *adj* direct.
rês *m* wool.
rêsandin (birêsîne) *vt* knit, darn, braid, plait.
rêsî *m* twisted hay-bale.
rêstin (birêse) *vt* spin.
rêş *see* **rîş**.
rêtandin *see* **rijandin**.
rêtin[1] **(birêje)** *vt* pour.
rêtin[2] **(birêje)** *vt* defecate, empty the bowels.
rêvebirin *f* execution, carrying out. **(bi) rê ve birin** *vt* carry on, perform; apply; put a law into force.
rêv *f anat* pudenda (vulva)
rêvin *adj* dirty.
rêving *n* passenger. **~î** *f* travel, journey.
rêvî[1] *m* fox, *zool* Vulpes.
rêvî[2] *m anat* intestine. **~yê badayî** ileum. **~yê birçî** jeujunum. **~yê dawîn** rectum. **~yê kor** cecum, blind gut. **~yê stûr** large small intestine. **~yê zêde** appendix. **~yê zirav** small intestine.
rêwî *n* traveller, passenger. **~tî** *f* travel; travelling.
rêwîng *see* **rêwî**.
rêx *f* dung.
rêxistin *f* organization.
rêz *f* line, row; class. **~ bûn** *vi* be arranged in an order, line up. **~ girtin** *vt* stand in attention in order to show respect. **~ kirin,kirin ~ê** *vt* line up, arrange (things) in a row or series; put in order, list. **ketin ~ê** *vi* line up.
rêzan *n* consultant, adviser.
rêzanî *f* politics.
rêzdar[1] *adj* **1** *gram* regular. **2** (sth) which conforms to a rule or rules.
rêzdar[2] *adj* esteemed, respected. **~î** *f* esteem, respect.
rêze *f* series. **~nivîsar** series.
rêzek *n* list.
rêzen *n* brigand, robber.
rêzik *f* **1** (writing) line. **2** custom, method, rule.
rêziman *f* grammar. **~î** *adj* grammatical.
rêzkarî *f* discipline.
rêzname *f* (written) regulations; schedule.
rib *m* (a) quarter.
ribab *f* three-stringed musical instrument.
ribês *f* a variety of rhubarb, *bot* Rheum.
ribek *f* (a) quarter.
ribik,ribikek *see* **ribek**.
rica *f A* request. **(ji yekî)** ~ **kirin** *vt* request (sth) of (sb).
ricif *f* shiver. **R~ ket canê min**. I am shivering (due to cold, etc).
ricifandin (biricifîne) *vt* cause (sb) to shiver.
ricifîn (biricife) *vi* shiver.
ricimandin (biricimîne) *vt* stone (sb) to death; curse, damn.
ricricî *adj* trembling, shaky.
ricricîn (biricrice) *vi* shiver, tremble.
riç *see* **reh**.
rih *f* beard. ~ **berdan** *vt* grow a beard.
rih *see* **ruh**.
riha zer *f* curcuma.
rihan *f* sweet basil, *bot* Ocimum basilicum.
rihet *adj A* **1** easy. **2** comfortable, relaxed. **3** untroubled. ~ **bûn** *vi* **1** recover, get better. **2** be/become easy. ~ **kirin** *vt* **1** cure. **2** make easier. ~ **sekinîn** *vi* stand or sit still; behave (os).
rihnayî *see* **ronahî**.
rihnî *see* **ronî**.
rihtin *see* **rîtin**.

rijandin (birijîne) *vt* let flow, spill, pour. **av ~** *vt* urinate, make water.
rijav *f* mouth (of a river).
rijîn (birije) *vi* **1** be spilled, be poured, flow. **2 (stêrk) ~** *vi* (for a shooting star) fall.
rik *f* **1** nerve, anger, irritation. **2** obstinacy, stubbornness. **~ kirin** *vt* be stubborn. **~dar** *adj* stubborn; nervous. **~î(tî)** *f* obstinacy, stubbornness. **~o/sar** *adj* **1** stubborn, obstinate. **2** vindictive, nursing a grudge.
rikat *f A* a series of ritual movements and prayers which form a part of **nimêj**.
rike,rikew *f* cage.
rikêb *f* stirrup.
rikêv *f* aggression, attack. **~ kirin** *vt* attack, assault.
rikrikîn (birikrike) *vi* **diranên meriv ~** (teeth) be gnashed (by cold, etc).
rim *m* lance, spear. **~baz** *n* lancer. **~dar** *adj* armed with a spear.
rind *adj* good, well; beautiful, nice. **~î** *f* goodness; beauty.
ringandin (biringîne) *vt* shatter, clink.
ringîn[1] (biringe) *vi* shatter, clink.
,ringîn[1],ringînî *f* a crashing, smashing or shattering noise.
rip *f* trick.
risil *f* built-in cupboard.
risim *m A* photograph, picture, drawing, illustration, painting. **~ çêkirin** *vt* draw, illustrate, paint. **~ kişandin** *vt* photograph, take a picture.
risq *see* **rizq**.
rist *f* **1** order; row; line; series. **2** necklace. **3** chain.
ristandin (biristîne) *vt* line up, arrange in a row or series; string (beads).
riste *f* sentence, line. **~sazî** *f* syntax.
ristik *f* necklace.
ristin (birêse) *vt* spin.
riswa *adj* disgraceful.
rişm *f* halter (for a horse, etc).
rişme *see* **rişm**.
rişte *n* home-made macaroni.
riteb *A see* **xurme**.
ritimandin (biritimîne) *vt* plug, clog, congest; fill up.
ritimîn (biritime) *vi* be plugged, be clogged; be filled up.
rivîn *f* flame.
riz *f* rice.
rizandin (birizîne) *vt* make (sth) decay.
rizgang *see* **rizgank**.
rizgank *f* fennel, *bot* Foeniculum vulgare.
rizgar *adj* liberated. **~ bûn** *vi* be liberated. **~ kirin** *vt* liberate.
rizgarî *f* liberation, being liberated.
rizinde *f* hinge.
rizîn (birize) *vi* be decayed, be rotten.
riz(î)yayî *adj* decayed, rotten.
rizq *m A* **1** (one's) daily bread food. **2** daily bread as given by God.
rî *f* beard. **~ berdan** *vt* grow a beard, let (one's) beard grow. **~(ya xwe) kur/jê kirin** *vt* have a shave, shave. **~dirêj** *adj* long-bearded. **~sipî** *adj* old man, elder in a community; white-bearded.
rîçal *m* syrupy jam, preserves or marmelade.
rîfq *see* **nermayî**.
rîh *see* **rî**.
rîk *f* sand.
rîn *see* **rîtin**.
rîp *f* trick.
rîqqet *see* **dilnermî**.
rîs *m,adj* wool; woolen.
rîsîn *adj* woolen.
rîş *f* oriental sore; boil.
rîşe *f* radicel, rootlet.
rîtin (birî) *vt* defecate, empty the bowels.
rîtol *m* rag.
rîvîn(î) *f* flame.
rîx *see* **rêx**.
ro *see* **roj**.
roava *see* **rojava**.
robar *m* river.
rodik *see* **rovî**.
rodî *see* **rêvî**.
rohelat *see* **rojhilat**.
rohilat *see* **rojhilat**.
rohnayî *see* **ronayî**.
rohnî *see* **ronî**.
roj *f* **1** sun. **2** day. **~ çûn ava** *vi* (sun) set. **~ hilatin** *vi* (sun) rise. **~ baş!** Good morning! Good day! **~a din** the other day. **~ bi ~,~ ji ~** day by day. **her ~** every day. **~ekê berî ~ekê** *adv* as soon as possible.
rojanî *adv,f* daily; daily wage.

rojava *m* West.
rojbend *f* solar system.
rojbûn *f* birthday.
rojen *f* sky-light.
rojev *f* agenda.
rojgêran *f* planet.
rojgîran *f* solar eclipse.
rojhelat *see* **rojhilat**.
rojhilat *m* **1** East; orient. **2** dawn, sunrise. **R~a Dûr** the Far East. **R~a Navîn** the Middle East. **R~a Nêzîk** the Near East.
rojhilatî *adj* Eastern, oriental.
rojhilatnas *n* orientalist.
rojî *f* fast (a religion exercise); fast. ~ **girtin** *vt* fast. **~(ya xwe) xwarin** *vt* break (one's) fast (at an improper time). **bi** ~ fasting.
rojin(g) *f* chimney.
rojname *f* newspaper. **~firoş** *n* newsagent; newsboy. **~gerî** *f* journalism. **~van** *n* journalist. **~vanî** *f* journalism.
rojnûsk *f* diary.
rol *f Fr* role, part.
Rom *n* Ottoman empire. **~î** *n,adj* Ottoman; Turkish.
roman *f Fr* novel.
Romanya *f* Romania.
romizî *f* daily wage.
romî[1] *adj* treacherous, backstabbing.
romî[2] *see* **Rom**.
ron[1] *adj* dilute, runny. ~ **kirin** *vt* dilute.
ron[2] *see* **rûn**.
ron[3] *f,adj* light; clear, bright.
ronahî *f* light, day light, brightness. **~kirin** *f* enlightenment, illumination, clarification. ~ **kirin** *vt* enlighten, illuminate.
ronak *adj* **1** bright, luminous. **2** enlightened. **~bîr** *n* enlightened person, intellectual. **~bîrî** *f* intelligentsia, being an intellectual. **~tî** *f* brightness.
ronavêj *f* projector, flash, spotlight, searchlight.
ronayî *see* **ronahî**.
rondik *f* tear (from eyes).
ronî *adj,f* clear, bright, luminous; light, day light. **Çavê te ~ be**. Congratulations.
ronkayî *f* light.
roşahî *f* festival, festivity.
rotir *f* the day after.
rovî[1] *see* **rûvî**[1].
rovî[2] *see* **rûvî**[2].
roz *P see* **roj**.
ruh *m A* soul, spirit.
Ruha *f* a Krd city (**Urfa** in Turkish).
ruhber *n,adj* living creature, living being; living, alive.
Ruhistîn *m* Azrael.
rukn *A m* basis.
ruswa *adj* disgraceful.
ruşwet *f A* bribe, bribery. ~ **dan** *vt* bribe. ~ **stendin/xwarin** *vt* take a bribe. **~xur** *n,adj* venal, (person) taking a bribe.
rux,ruxsar *see* **rû**.
rû *m* **1** *anat* face **2** face, surface. ~ **dan** *vt* indulge, be indulgent to. **~girtin/stendin** *vt* be indulged by. **~(yê yekî) neman** *vi* feel ashamed (to see people). **~(yê xwe) tirş kirin** *vt* get a sour look on one's face. ~ **bi** ~ *adv* face to face. ~ **bi** ~ **bûn** *vi* meet face to face. ~ **bi** ~ **kirin** *vt* have (people) confront each other.
rûberk *f* mask.
rûbês *f* rhubarb.
rûbiken *adj* smiling, merry.
rûbirtin (rûbire) *vt* plane.
rûçik *m* **1** face. **2** special feature, peculiarity, characteristic.
rûçikandin (birûçikîne) *vt* pluck (a chicken, etc); pull out, tear out (hair); pull up (a plant).
rûdan *f* happening, occurrence.
rûdemî *adj* current, present.
rûgeş *adj* merry, cheerful. **~î** *f* merriment, cheerfulness. **bi ~î** *adv* merrily, cheerfully.
rûken *adj* cheerful, smiling.
rûkêş *f* plating, coating.
rûkirin (rû(bi)ke) *vt* **1** pour, spill. **2** sew a decorative cloth over the top side of a quilt, etc.
rûmase *f* table-cloth.
rûmet *f* respect, honour, good name. **~bilind** *adj* estimable, worthy of esteem. **~bilindî** *f* estimableness.
rûn *m* oil; fat; grease; margarine. **~ê nîvişk** butter. ~ **lê kirin** *vt* oil, lubricate, grease.
rûnbirêşk *f* frying-pan, frypan.

rûndank *f* oil-can.
rûniştek *f* seat; bench (in a park, etc).
rûniştevan *n* resident. **~î** *f* residence.
rûniştgeh *f* dwelling, place of residence.
rûniştiman *see* **rûniştevan**.
rûniştin (rûne) *vt* **1** sit down, sit. **2** live, dwell (in a place). **3** be seated, be placed.
rûniştî *adj* sitting; (sb) who dwells in; seated, placed.
rûniştvan *see* **rûniştevan**.
rûnivîn *f* bedspread.
rûnpêj *f* frying-pan, frypan.
rûpel *m* page. **~ raxistin** *vt print* make up, lay out.
rûpelraxer *n* page maker, compositor.
rûpişt *m* lining (tailor).
rûqermiçî *adj* (old person) wrinkled-faced.
rûreş *adj* (sb) who has (sth) to be ashamed for, disgraced. **~ derxistin** *vt* shame or embarrass sb greatly by discrediting them. **~î** *f* disgrace, disgraceful situation.
Rûs *n* Russian. **~î** *n,adj* Russian.
rûs *see* **tûj**.
rûsar *adj* cold, frosty, unfriendly.
rûsipî *adj* acquitted. **~ bûn** *vi* be acquitted, be cleared of responsibility. **~ kirin** *vt* acquit, clear (sb) of responsibility.
rûşuştî *adj* shameless, brazen faced.
rût *adj* naked (tree, man); penniless. **~ bûn** *vi* become naked, be/become penniless. **~ kirin** *vt* **1** undress. **serê xwe ~ kirin** *vt* shave the head. **2** rob
rûtandin (birûtîne) *vt see* **rût kirin**.
rûtirş *adj,n* sullen-faced; sullen-faced person, sullen face.
rûtîalya *adj* stark naked.
rûtîtazî *adj* stark naked.
rûv *f* pudenda (vulva).
rûvî[1] *m* fox.
rûvî[2] *m anat* intestine. **~yê badayî** ileum. **~yê birçî** jeujunum. **~yê dawîn** rectum. **~yê kor** cecum, blind gut. **~yê stûr** large intestine. **~yê zêde** appendix. **~yê zirav** small intestine.
rûwek *f* plant.
rûwikîn (birûwike) *vi* leaf out, green, turn green.
rûxandin (birûxîne) *vt* demolish, ruin, annihilate, destroy.
rûxoş *adj* kind.
rûxweş *adj* kind.

S

s *f* the 22nd letter of the Kurdish alphabet.
sa[1] *f* shade, shadow..
sa[2] *adj* clear, pellucid. **~hî/yî** *f,adj* pellucidity, clearness; (weather) clear, cloudless.
sab *f* fear. **~(a xwe) girtin** *vt* gain courage.
sabûn *f A* soap. **~ kirin** *vt* soap.
saçme *f Tr* small shot.
sade *adj* simple, plain, unadorned. **~ kirin** *vt* **1** cause (sth) to become simple or plain. **2** simplify, purify. **~tî** *f* simplicity, plainness.
saet *see* **seet**.
saf *adj* **1** pure. **2** ingenuous, guileless.
safdil *adj* naive. **~î** *f* naivety.
safî[1] *adj* pure, unadulterated. **~ bûn** *vi* be solved, be completed. **~ kirin** *vt* solve, settle. **ji hev ~ bûn** *vi* settle up (with sb).
safî[2] *f* **1** pureness, purity. **2** naivety, gullibility.
saftî *see* **safî**[2].
sahir,sahîr *see* **sêrbaz**.
sako *m* coat.
sakol *m* young, inexperienced person.
sal *f* year. **~ bi ser de çûn** *vi* (years) pass (after an event). **dan nav ~an** *vt* grow old, age. **~a bê/tê** next year. **~a borî/çû** last year. **Sala Nû** New Year.
salane *adv* annually, yearly. *n* **1** year book, annual. **2** yearly salary, rent, etc.
salanî[1] *adj* annual, yearly.
salanî[2] *f* yearly salary, yearly rent, yearly fee.
salbihurî *adj* elderly, aged, old.
salep *f* orchis.
salik *see* **rêwî**.
salim *adj A* sound, healthy; safe, secure.
salix *f* news; information. **~ dan** *vt* inform. **~(ên yekî) hilanîn,~ (ji yekî) stendin** *vt* hear from (sb), get word of (sb).
salî *adj* annual, yearly. **çend ~** how old. **yek ~** one-year-old. **Tu çend ~ yî?** How old are you?
salkî *adj* annual, yearly.
salname *f* calendar.
salon *f Fr* **1** living room, sitting room. **2** large room (for meetings, conferences, etc).
salox *see* **salix**.
saloxdan *f* definition.
salroj *f* date.
salûs *see* **şalûs**.
salveger *f* anniversary.
salwext *f* yearly rent.
saman[1] *f* property, wealth. **~dar** *adj* wealthy.
saman[2] *f* health.
sane *f* cell.
sanik *f* pot.
sanîye *f A* second (in time).
sap *m* stem, stalk (of plants).
saqî *A n* cup-bearer.
sar *adj* **1** cold. **2** cold, frosty, unfriendly. **~ bûn** *vi* get cold, cool. **jê ~ bûn** *vi* lose one's enthusiasm for. **~ kirin** *vt* cool. **S~e.** It is cold. **Min ~ e**. I feel cold.
sarinc,saring *f* cistern (for drinking water).
sarincok *f* fridge, refrigerator.
sarî *f* **1** the period just before dawn. **2** frostiness, unfriendliness.
sarker *f* fridge, refrigerator.

sarogermo *adj* lukewarm, slightly warm.
sarsarok *f* merry-go-round, carousel.
sarûgerm *see* **sarogermo**.
satil *f* bucket.
savar *see* **sawar**.
saw fear.
sawar *f* boiled and pounded wheat or its dish.
sawîr *f* fear.
sax[1] *adj* **1** alive, living. **2** healthy. **~ bûn** *vi* live, be alive. **~î** *f* health.
sax[2] *f* shore, coast, bank.
saxtîkirin *f* inspection, examination. **saxtî(ya yekî/tiştekî) kirin** *vt* inspect, examine.
saye *f* **1** shadow; shade. **2** protection. **bi saya (yekî)** under the protection of (sb). **di saya (yekî) de** under the protection of (sb).
saz[1] *adj* **1** established, set up, formed. **2** in order, orderly; arranged. **3** in tune. **~**

bûn *vi* be established, be set up, be formed. ~ **kirin** *vt* **1** establish, set up, form. **2** arrange. **3** tune (a musical instrument).
saz[2] *f* stringed musical instrument. **~bend** *n* person who plays a musical instrument, player.
-saz[3] *suff* maker, doer.
sazber *n* founder; charter member.
sazende[1] *f* institution, association, foundation.
sazende[2] *see* **sazbend**.
sazî *f see* **sazende**.
sazûman *f* order, the social order, system.
se *m* dog. **~yê avê** beaver.
seb *f* cause, reason. **Seba çi?** Why? What for? **~a wî** because of him or his mistake, for him. **Ez ~a te hatim**. I came for you.
Sebat *see* **Sibat**.
sebr *f A* patience. ~ **kirin** *vt* be patient.
sed *m,adj* (one) hundred. **ji ~î** per cent. **ji ~î pênc** 5 per cent. **~an/em/emîn** *adj* hundredth.
sedef *m* mother-of-pearl, nacre. **~a diran** enamel.
sedem *f* cause, reason.
sedeqe *f A* alms. ~ **dan** *vt* give alms to (sb). ~ **stendin** *vt* get alms.
sedîsed *adv* **ji sedî sed** one hundred per cent.
sedsal *f* century.
seet *f A* **1** hour. **2** watch, clock. ~ **badan** *vt* wind a watch. **S~ çend e?** What time is it? **S~ di çendan de?** At what time? **S~ pênc e**. It is 5 o'clock. **~a destan** watch. **~a dîwêr** wall clock. **~çêker** maker or repairer of clocks or watches.
sefaret *f A* embassy.
sef *f* rank, line, row.
sefer *f A* **1** journey, voyage. **2** (mil) campaign; military expedition; war. **~ber** mobilized. **~berî** mobilization for war.
seferî *adj* pertaining to a journey; on a journey; expeditionary.
sefik[1] *adj* stupid, foolish.
sefik[2] *f* strainer.
sefî *n* early-born lamb or kid.
sefîr *n A* **1** ambassador. **2** envoy.
seg *m* dog.
segav *n* beaver, *zool* Castor fiber.
segman *m* foot-soldier, infantryman, infantry. **~ên sivik** light infantry.
seh *n* **1** sense. **2** intuition. ~ **kirin** *vt* understand intuitively, sense, feel.
sehal *adj* quiet, still, calm.
sehet *f A* health. **S~ be!** Good health! (to sb who had a bath, shave, etc). **S~ xweş!** Good health! (to sb who is singing).
sehol *f* ice.
Seholbendan *f* December.
sehrebaz *see* **sêrbaz**.
sek *see* **seg**.
sekem *f* influenza, grippe, flu.
sekihîn (bisekihe) *vi* (teeth) be set on edge.
sekinandin (bisekinîne) *vt* stop (sth/sb).
sek(i)n *f* stop, stopping; pause.
sekingeh *f* station.
sekinîn (bisekine) *vi* stop; stand; await; calm (os). **ji yekî re** ~ *vi* be at (sb's) disposal. **li bende (yekî) sekinîn** *vi* wait for (sb). **li ser** ~ *vi* give (a matter) a lot of thought or attention.
sekman *n* sharpshooter, marksman. **~dar** *n* sharpshooter, marksman. **~darî** *f* being a sharpshooter, marksmanship.
seknok *f* (bus) stop; station.
sekreter *n Fr* secretary. **~ê giştî** secretary general.
sela *f A* prayer recited before reciting the **ezan**; call.
selab *see* **silab**.
selc *A see* **berf**.
selexane *f* slaughterhouse.
selik *f* basket.
selmîyan *see* **sermîyan**.
semanek *n zool* pheasant.
semawer *m Russian* samovar.
seme *adj* mad.
semen *n* cumin, *bot* Cuminum cyminum.
semyan *f* majesty.
senc *m* thorn.
sened *f A* document as a proof of business transaction, promissory note.
seng *m* stone. **~teraş** *n* stonecutter.
senhet *see* **sinhet**.
senifandin (bisenifîne) *vt* classify.
sepandî *m* sheep-dog.
Sept *f A* Saturday.

seqandin (biseqîne) *vt* sharpen, whet, grind.
seqem *f* dry cold, frostiness.
seqet *adj A* having a defect in a part of one's body, defective.
seqîm *see* **nexweş**.
ser[1] *m* **1** *anat* head. **2** leader, head, chief. **3** beginning. **~ê xwe şuştin** *vt* take a bath. **~ê xwe tewandin** *vt* bow, bow to sth. **~ê yekî êşandin** *vt* give a headache (to), annoy by talking. **ketin ~ê yekî** *vi* understand, agree with. **~ê yekî xwarin** *vt* be the cause of (sb's) death or suffering. **Serê te sax be**. May your life be spared (expression of condolence). **~ê yekî kirin belayê** *vt* bring trouble to (sb).
ser[2] *n* the place over or above (sth/sb). **li ~** *prep* on, over. **di ~ re** over, from the top, from above. **li ~ seran** with pleasure. **li ~ serê me** over us. **bi ~ de çûn** *vi* overflow, boil over. **bi ~ de hatin** *vi* come while (sb) is doing (sth). **bi ~ ve danîn** *vt* add (to). **bi ~ xwe ve hatin** *vi* recover. **çûn ~ heqîya xwe** *vi* die. **hatin ~ xwe** *vi* recover, become well again. **~ dawîyê** *adv* at last. **~ dev** *adv* face down, prone. **~ dev û rû** *see* **~ dev**. **~ê salê** *m* New Year's Day. **~ê sibê** *n,adv* early morning.
sera *f P* building housing the government offices of a locality; palace.
serab *f* mirage.
serad *f* rimmed sieve with coarse meshes. **~ kirin** *vt* sieve.
seranser *adv* from end to end, entirely, all along.
serapê *adj* from top to bottom, from head to foot, throughout.
seraser *see* **seranser**.
serast[1] *adj* arranged, fixed, in order, orderly. **~ kirin** *vt* arrange, fix, put in order; correct.
serast[2] *adv* directly, straight on.
serav *f* first watering. **~ kirin** *vt* water for the first time.
seray *f P* building housing the government offices of a locality; palace.
serbajar *m* capital (city).
serban *m* roof.
serbaz *n milit* **1** soldier. **2** officer.
serberdayî *adj* untended, roaming free.
serberjêr *adv* upside down, head down; downwards. **~ bûn** *vi* go down/downwards.
serberjor *adv* upwards. **~ bûn** *vi* go up/upwards.
serberz[1] *n mil* (a) private, soldier.
serberz[2] *adj* eminent, excellent, proud
serbest *adj* free. **~ bûn** *vi* be free, become free. **~ kirin** *vt* set free.
serbestî *f* freedom.
serbeş *f* chapter.
serbijêr *see* **serberjêr**.
serbijor *see* **serberjor**.
serbilind *adj* dignified, honourable. **~î** *f* dignity, honour.
serbiser *adv* at par.
serbixwe *adj* independent. **~ bûn** *vi* be/become independent. **~bûn** *f* independence.
serborî *f* experience.
serçav *m* face. **~ şuştin** *vt* wash the face. **Ser çava(n)!** With pleasure!
serçerm *n* skinhead.
serçimika guh *f anat* helix.
serçok *f anat* patella.
ser çongan *adv* on one's knees.
serd *P* sar.
serdagirtin *f* unexpected attack, raid.
serda jî *adv* furthermore, in addition.
serdan *f* visit. **~van** *n* visitor.
serdanpê *adv* from top to bottom, throughout.
serdar *n* leader; commander.
serdem *f* age, period.
serderî[1] *n* lintel.
serderî[2] *n* yoke.
serdest *adj* sovereign, dominant.
serdeste *n milit* corporal.
serdestî *f* **1** sovereignty, dominance. **2** success.
ser dev *adv* facedown, prone.
ser dev û rû *see* **ser dev**.
sere *f* ransom.
serecem *f* content; contents.
seredan *see* **serdan**.
serefraz *see* **serfiraz**.
serejêr *see* **serberjêr**.
serejor *see* **serberjor**.
serek *n* chief, leader. **~dewlet** head of state, president. **~komar** president (of a

republic). **~wezîr** prime minister. **~tî** *f* leadership.
sereke *adj* major; notable; main.
serenav *m gram* proper noun.
sereta *n* **1** preface, foreword. **2** head, chief. **3** vanguard. **4** principle.
serevraz *n* upward slope; rise.
serêş *f* headache.
serf *f A* spending (money). **~ kirin** *vt* spend.
serfermandar *n* commander-in-chief.
serfiraz *adj* successful; victorious. **~ bûn** *vi* triumph, win a victory; be successful. **~î** *f* success; victory.
serger *m* flat place on the top of a mountain.
sergerde[1] *n* superior; boss; (milit) major.
sergerde[2] *n* ring leader (of sth unlawful), bandit chief.
sergerm *adj* drunk. **~î** *f* drunkenness.
sergêj *adj* confused. **~î** *f* confusion.
sergirtî *adj* **1** covered. **2** indirect.
sergîn *m* dry dung.
sergo,sergu *m* midden, rubbish heap, dung heap.
serhatî *see* **serborî.**
serhed *f* frontier.
serheng *n milit* lieutenant colonel, colonel; commander.
serhev *adj* tidy, in order, orderly, well-organized.
ser hev *adv* in rapid succession, one right after the other; one on the other. **dan ~** *vt* save up.
serhevdî *f* **(li yekî) kirin ~,~ dan serê yekî** *vt* remind (sb) reproachfully (of a kindness done to him), rub in (a favour done to sb).
ser hevdu *see* **ser hev.**
serhêçk *n* angler, *zool* Lophius piscatorious.
serhildan *f* rebellion, revolt, uprising.
serhilde *n* rebel.
serhişk *adj* stubborn. **~î** *f* stubbornness.
serhoste *n* foreman, head workman.
seridandin (biseridîne) *vt* sift, sieve.
seridî *adj* **1** sifted. **2** in the ear, with the ears developed (wheat, barley, etc).
seridîn (biseride) *vi* **1** be sifted. **2** come into ears, develop ears.
serinc *f* note. **~ girtin** *vt* make notes.

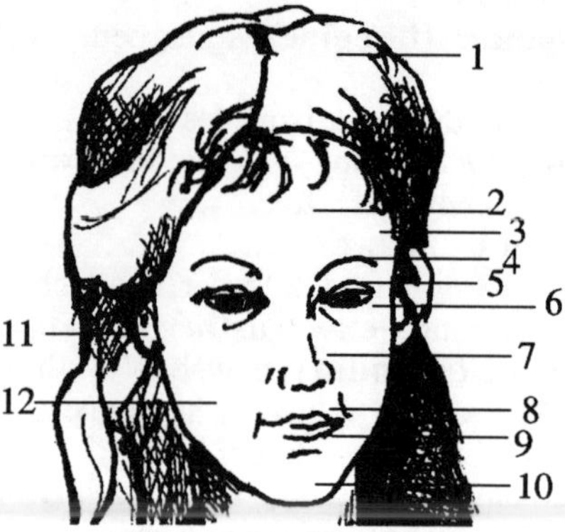

serî

1. por
2. enî
3. cênîk
4. birî
5. bijank
6. çav
7. poz
8. lêva jorîn
9. lêva jêrîn
10. çene
11. guh
12. dêm, lam, gep

serî 1 *m anat* head. **2** end, extremity, tip. **3** ear (of grain), spike. **~ dan** *vt* come into ear. **~ danîn** *vt* **a)** yield, give in, surrender. **b)** die. **~ hildan** *vt* rebel, uprise. **~ lê dan** *vt* apply to. **~ lê xistin** *vt* **a)** visit (sb). **b)** apply to. **~ kur kirin** *vt* have a haircut, cut hair. **anîn ~** *vt* cause (sth) to happen to (sb). **hatin ~** *vi* happen to (sb), experience. **heş hatin ~** *vi* come to one's senses. **heş ji ~ çûn** *vi* be beside (os), faint. **kirin/xistin ~** *vt* make (sb) understand (sth), teach.
serîhildan *see* **serhildan.**
serîhilde *see* **serhilde.**
serîn *f* cushion.
serîpepik *n* offal (used as food).
serjêr *see* **serberjêr.**
serjêxane *f* slaughter house.
serjimar *see* **serjimêrî.**
serjimêrî *f* census.
serjinik *adj* hen-pecked (husband).
serjinû *f anat* patella, kneecap.
serjor *see* **serberjor.**
serkanî *f* **1** springhead, fountainhead. **2** written source (of information).
serkar *n* superintendent; manager,director.
serkarker *n* supervisor.

serkeftin *see* **serketin**.
serketin *f* success, triumph. **(bi) ser ketin** *vi* succeed, accomplish.
serketî *adj* successful.
serkevtin *see* **serketin**.
serkêş *adj,n* unruly, refractory, rebellious; rebel. **~î** *f* unruliness.
serkil *m* dung (of a donkey).
serkirdayetî *f* administrative council. **~ya şoreşê** revolutionary council.
serkol *see* **serqot**.
serleşker *n* commander. **~î** *f* commandership, command post.
serliq *n milit* captain.
serma *f* cold. **~ girtin** *vt* catch cold.
Sermawûz *f* November.
sermed,sermedî *A see* **ebedî**.
sermemik *m anat* nipple.
sermest *adj* drunk, tipsy.
sermil[1] *m* cape (article of clothing); stole.
sermil[2] *f anat* shoulder.
sermîyan[1] *m* capital (money or property). **~ê eslî/herdemî** fixed capital. **~ê gerokî/zîvirokî** floating capital.
sermîyan[2] *n* head of the family, head.
sermîyandar *f* capitalist.
sername *see* **sernivîsar**.
sernerm *adj* compliant, docile. **~î** *f* compliance, docility.
sernexûn,sernixûn *adj* upside down.
sernivîs[1] *f* one's fate, destiny.
sernivîs[2] *f* title, headline; heading.
sernivîsar *f* editorial, leading article.
sernivîskar *n* editor, editorial writer.
sernizm *adj* humiliated. **~î** *f* humiliation.
sernûçe *f* newspaper headline.
serobin *adj* upside down.
serobinî *adv* **~ hev bûn** *vi* be in a mess, be ruined, be upside down. **~ hev kirin** *vt* turn upside down; mess up; ruin.
serobino *adv* **~ bûn** *vi* be/become upside down. **~ kirin** *vt* turn upside down.
serok *n* leader. **~atî** *f* leadership.
serpence *see* **sertilî**.
serpereşt,serperişt *n* manager, administrator, supervisor.
serpê *f* dish made of boiled sheep's head and trotters.
ser pê *adv* on one's feet. **rabûn ~** *vi* stand up.
serpêhatî *f* **1** event; experience; adventure. **2** story.
ser piştê *adv* on one's back.
serpiştkî (swimming) on one's back.
serpî *m anat* shoulder.
serpoş,serpûş 1 *m* fur cap, calpac. **2** *f* veil.
serqot *adj* bare-headed.
serra *see* **serre**.
serrast *see* **serast**[1 2].
serre *adv* from the top, from above.
serrûk *f* veil.
sersal *f* New Year's Day. **S~a we pîroz be!** Happy New Year!
sersaxî *f* condolence.
sersemer *n mil* captain. **~î** *f* captaincy, captainship.
serserî *adj,n* vagabond, vagrant; vagrant, tramp.
sersipî *adj* white-haired.
sersîng *f anat* bosom.
sersûr *adj* astonished, bewildered. **~ bûn** *vi* be astonished, be bewildered. **~ kirin** *vt* astonish, bewilder.
serşare *see* **tijî**.
serşok *f* bathtub, bathroom.
serşuştin *f* bath.
serşûr *n* swordfish, *zool* Xiphias gladius.
sertaş *n* barber.
sertilî *f anat* fingertip.
serûber *m* dimensions.
serûberî *f* **1** tidiness; order. **2** discipline.
serûbin *m* top and bottom.
serûçav *see* **serçav**.
serûpê *see* **serpê**.
serve *f* plus sign.
serw *f* cypress, *bot* Cupressus.
serwer *see* **serwêr**.
serwext *adj* informed, having knowledge about. **~ bûn** *vi* understand, be informed. **~ kirin** *vt* inform (sb of sth).
serwêr *n* **1** advance courier; avant-gardist. **2** lord, master. **~î** *f* being an advance courier or avant-gardist.
ser xwe *adj* **li ~** healthy, (old but) still vigorous. **rabûn ~** *vi* **1** revolt, rebel. **2** stand up, rise to one's feet.
serxwebûn *f* independence.
serxwerabûn *f* rebellion, uprising.
serxweş *adj,n* drunk. **~ ketin** *vi* become

drunk. ~ kirin *vt* cause (sb) to get drunk, make (sb) drunk.
serxweşî[1] *f* drunkenness.
serxweşî[2] *f* condolence. ~ **dan** *vt* pay a visit of condolence.
serzik *m anat* upper abdomen. **ser zik** *adj,adv* face down, prone, pronely.
seth *A see* **rû**.
setîl *see* **sîtil**.
setrenc *m* chess.
seva *see* **seba**.
sewa *see* **seba**.
sewab *A n,adj* **1** (Islam) action which is not obligatory, but meritorious, good deed. **2** right, true.
sewal *f A* question. ~ **kirin** *vt* ask.
sewax *f* plaster (used for coating walls, etc). ~ **kirin** *vt* plaster, coat (sth) with plaster. **~van** *n* plasterer.
sewgend *see* **sond**.
sewîl *m* earthenware water jug.
sews *adj* stupefied, dazed.
sewt *f* voice.
sewz *m,adj* green. **~ayî** *f* greenery.
sewze *m* greens, vegetable. **~firoş** *n* greengrocer.
sewzî *f* greens, vegetables.
sexel *n* young animal.
sexik *adj* naive, gullible. **~(t)î** *f* naivety, gullibility.
sexil *n* young animal.
sexim *see* **zexm**.
sexte *adj* false, fake, spurious. **~kar** *n* forger, falsifier, faker. **~karî** *f* forgery, falsification. **~karî kirin** *vt* forge, falsify, fake up.
sextiyan *m* Morocco leather.
seyandin (biseyîne) *vt* plaster, coat (sth) with plaster.
seyandî *adj* plastered.
seyanker *n* plasterer.
seyar *adj A* portable, movable; mobile.
seyare *f A* car.
seyd *A f* hunt, hunting, chase. **çûn ~ê** *vi* hunt. **~van** *n* hunter, huntsman. **~vanî** *f* huntsmanship, hunting.
seyda *n* master, savant.
seyf *see* **havîn**.
seyid *n A* sayyid, person who is a descendant of the Prophet Mohammed.
seylak *f* sand.
seyqel *see* **sîqal**.
seyr *see* **sêr**.
seyran *f* outing, picnic. ~ **kirin** *vt* go for an outing. **~geh** *f* beauty spot, promenade, place for strolling. **~ger** *n* tripper, picnicker.
seyt *see* **navûdeng**.
seyyad *A see* **nêçirvan**.
seyyar *see* **seyar**.
seza[1] *f* **1** shame, disgrace. **2** recompense, punishment, sentence. ~ **dan/kirin** *vt* punish.
seza[2] *adj* deserving of, worthy of; suitable, appropriate, proper. **~yî (tiştekî) bûn** *vi* deserve, be worthy of, be apropriate for. **~(yî yekî/tiştekî) dîtin** *vt* deem worthy or suitable of, find (sth/sb) apropriate enough for (to).
sê *m,adj* three. **~yem/yemîn** *adj* third.
sêbaz *f* (sports) hop, skip and jump.
sêbelg *f* clover, trefoil, *bot* Irifolium.
sêdar *f* **1** tripod. **2** gallows (used for hanging).
sêgah *f* a concept of melodic creation.
sêgav *f* (sports) hop, skip and jump.
sêguh *f* triangle.
sêgûşe *f* triangle.
sêhr[1] *f* magic, witchcraft. **~baz** *n* magician.
sêhr[2] *adj* (a tree) which won't bear fruit.
sêkuj *f* triangle.
sêl *f* sheet iron (used for baking bread, etc).
sêlak *f* sand.
sêlax *f* sand.
sêle *m* flat stone used as griddle.
sêlik *f* record, phonograph record.
sêlim *f* stairs, ladder.
sêmehî *f,adv,adj* quarterly; three-month-old.
sênc *f* hedge or fence (made of brush).
sênî *f* tray.
sêpa *see* **sêpê**.
sêpê,sêpî *f* **1** gallows (used for hanging criminals). **2** end table; coffee table. **3** easel. **4** tripod.
sêr[1] *f* watching, looking at. ~ **kirin** *vt* watch, look at.
sêr[2] *f* magic, witchcraft. **~baz** *n* magician.
sêreng *adj* tricoloured.
Sêşem *f* Tuesday.

Sêşemb *f* Tuesday.

sêtêlk *f* fork.
sêv *f* apple.
sêvanok *f* mushroom.
sêvaxîn *f* Jerusalem artichoke, *bot* Helianthus tuberosus.
sêvik *f* head (of a bone).
sêwî *n,adj* orphan. **~xane** *f* orphanage.
sêzde *m,adj* thirteen.
sêzdeh *m,adj* thirteen. **~an/em/emîn** *n,adj* thirteenth.
Sibat *f* February.
sibe *adv* tomorrow. **du** ~ the day after tomorrow.
sibe(h) *f* morning. **serê sibê/sibehê** early morning. **vê sibê/sibehê** this morning.
sibehê *adv* tomorrow; in the morning.
sibehînî *adv* in the morning.
sibetir *f* the day after tomorrow.
sibê[1] *adv* tomorrow. **S~ were**. Come tomorrow.
sibê[2] *adv* in the morning.
sibêzû *adv* early morning.
sicade *f A* prayer rug.
sidaq *see* **qelen**.
sidq *A see* **rastî**.
sif *adv* only, just.
sifar *see* **sifir**[2].
sifir[1] *f A* zero.
sifir[2] *m* copper.
sifre *f A* table cloth, table (with meal on it).
sifteh *f* first sale of the day.
siftê *adv* first.
sih *see* **sî**.
sihet *see* **sehet**.
sihorîk *n* squirrel, *zool* Sciurus.
sihtin *see* **sotin**.
sihwan *see* **sîwan**.
sil *adj* cowardly, pusillanimous.
silab *f* greeting. ~ **dan/lê kirin** *vt* greet (sb). **~(a yekî) girtin** *vt* greet (sb) in return. ~ **şandin** *vt* send (one's) regards/hello.
silamet *f A* safety; salvation.
silav *see* **silab**.
sileh *m A* weapon, arm.
silf *m* bayonet.
silim *f* stairs, ladder.
silman *n,adj* (a) Muslim; Islamic. **~tî** *f* being a Muslim; the Islamic faith, Islam.
siloberberî *f* swimming.
silq *f* beet, *bot* Beta vulgaris. **~a sor** beetroot. **~a şekir** sugar beet.
silqok *f* spinach.
silsile *f A* **1** series, chain. **2** (mountain) range. **3** lineage, ancestry, line of descent.
silûk *f* cell.
sim *m* hoof. **~dar** *adj* hoofed.
simaq *f* sumac(h), *bot* Rhus.
simarte *n* emery. **kaxeza** ~ emery-paper, sandpaper.
simbêl *m anat* moustache. ~ **badan** *vt* twist one's moustache. ~ **berdan** *vt* grow a moustache. **~boq** (sb) who has a long, thick moustache.
simbil *m* ear (of grain), spike.

simêl *see* **simbêl**.
simêlboq *see* **simbêlboq**.
simil *see* **simbil**.
simolek *n* squirrell, *zool* Sciurus.
simtin (bisimîne) *vt* make a hole (in), pierce, bore.
sinbêlok *f* bellflower, *bot* Campanula.
sinbil *f* hyacinth.
sinc *f* oleaster, wild olive, *bot* Elaegrus angustifolia.
sincirandin (bisincirîne) *vt* heat.
sincirî *adj* heated.
sincirîn (bisincire) *vi* be heated.
sincoq *f* a sweet confection made of nuts coated with a rubbery paste made of grape molasses.
sinçî *see* **sinc**.
sindan *f* **1** *anat* anvil, stirrup. **2** anvil.
sindoq *f* box.
sinet *see* **sinhet**.
sinet *see* **sunet**.
sing *m* stake, pale. ~ **kutan** *vt* hammer in a stake.
sinhet *m A* craft; art.
sinif *f A* class; classroom.
sinî *f* large, round tray.
siparte *f* person or thing entrusted to another's safekeeping.
sipartin (bisipêre) *vt* **1** entrust (sth) to (sb). **2** lean (sth) against. **xwe** ~ *vt* entrust (os) to (sb), take refuge; lean against.
sipas *f* thank. **S~!** Thanks! ~ **kirin** *vt* thank.

S~î xweş! Not at all! You're welcome!.
sipasdar *adj* thankful, grateful.
sipaskar *see* **sipasdar**.
sipehî *adj* pretty, nice, beautiful.
spêde,spîde *f* twilight.
sipih *see* **sipî**.
sipil *f anat* spleen.
sipindar *see* **sipîndar**.
sipî[1] *m,adj* white. ~ **bûn** *vi* get white. ~ **kirin** *vt* whiten, bleach. **~yê girtî** *m,adj* light grey.
sipî[2] *f* louse, *zool* Pediculus. ~ **ketin (yekî/tiştekî)** *vi* become lousy, get infected with lice.
sipî[3] *f* **~ya hêkê** egg white, albumen.
sipîndar *f* poplar, *bot* Populus.
sipîtî *f* whiteness.
sir[1] *f A* secret. **~î** *adj* secret, confidential.
sir[2] *see* **sur**.
sirb *m* lead.
sirişk *see* **hêsir**.
sirme *see* **kil**.
sirsirk *n* Oriental cockroach, blackbeetle, *zool* Blatta orientalis.
sirûd *f mus* march.
sisê *m,adj* three. **~yan** *n,adj* third.
sist *adj* loose, lax, slack. ~ **bûn** *vi* get loose, get slack, become lax. ~ **kirin** *vt* weaken, loosen.
sistî *f* looseness.
sitar[1] *f* refuge, shelter.
sitar[2] *see* **perde**.
sitare *f* canvas edging a bed on the roof of a house to provide protection against wind.
sitayişt *f* praise. ~ **kirin** *vt* praise.
sitewr *see* **stewr**.
sitirandin (bisitirîne) *vt* protect, give refuge, shelter.
sitirî *see* **stirî**.
sitirîn (bisitire) *vi* take refuge, take shelter.
sitran[1] *f* song. **~ên cejnê** feast-day songs. **~ên evînî** love songs. **~ên zarokan** child songs.
sitran[2] **(bistirê)** *vt* sing.
sitranbêj *n* singer. **~î** *f* singing, being a professional singer.
sitûn *m* pillar; post.
siûd *f A* luck.
sive *see* **sibe**.
sivê *see* **sibê**.
sivik *adj* light. ~ **kirin** *vt* lighten, reduce the weight of.
sivikahî *see* **sivikayî**.
sivikayî *f* lightness; slightness; ease.
sivîl *n,adj* civilian.
sivînek *f* eaves (of a house).
sivnik *f* broom.
siwar *n,adj* horseman; mounted, riding on a horseback. ~ **bûn** *vi* board, mount, ride, get on. ~ **kirin** *vt* see (sb) aboard, put (sb) on, make (sb) mount. **~î** *f* horsemanship, horse-riding. **bi ~î** on horse back.
siwêda *see* **gurçik**.
six *adj* hard, violent, severe.
sixte *see* **sexte**.
siyanet *see* **parastin**.
siyar *see* **siwar**.
siyele *f* spinach.
sî[1] *m,adj* thirty. **~yem/yemîn** thirtieth.
sî[2] *f* shadow, shade; shading. **di bin ~ya** under the protection of.
sîdar *adj,f* shady, shaded; shady spot, arbour, bower.
sîh[1] *see* **sî**[1].
sîh[2] *see* **sî**[2].
sîle *f* slap, cuff. ~ **avêtin** *vt* slap, cuff. ~ **lê xistin** *vt* slap, cuff.
sîlebend *see* **sîngebend**.
sîleh *m A* weapon, arm.
sîlik *f* sand.
sîlsîle *see* **silsile**.
sîm *m* **1** silver. **2** silver thread.
sîne *P see* **sîng**.
sîng *f anat* thorax, chest. ~ **di** ~ **de** *milit* face to face. ~ **di** ~ **de şer kirin** *vt* fight face to face.
sîngar *f* ginger.
sîngebend *n* shoulder-belt; bandoleer.
sînor *m* border, frontier.
sînus *f Fr anat* sinus. **~a cênîkê** spheroidal sinus. **~a enîyê** frontal sinus.
sîpe *m* adolescent.
sîpelk *f anat* lungs.
sîpor *f Fr* sports.
sîqal *f* polish. ~ **kirin** *vt* polish. **~kirî** *adj* polished.
sîqalk *f* vulture.

sîr *f* garlic, *bot* Allium sativum.
sîrat *A see* **rê**.
sîrdim *m* wild garlic.
sîrik *f* chive.
sîrim *f* variety of garlic.
sîrimok *f* variety of garlic.
sîrkut *m* wooden pestle (for pounding garlic).
sîsalik *see* **sîsark**.
sîsark *n* vulture.
sîsik *m,adj* white.
sîstem *f Fr* system. **~a komarî** republican system.
sîtil *f* cauldron.
sîvan *see* **sîwan**.
sîvonek *f* eaves (of a house).
sîwan[1] *f* umbrella.
sîwan[2] *f* parachute. **~van** *f* parachutist; paratrooper. **~vanî** *f* being a parachutist or paratrooper; parachuting.
sîx(ik) *m* skewer; thorn.
sîxur[1] *n* spy.
sîxur[2] *n* porcupine.
sîyar *see* **siwar**.
sîyaset *f A* politics; policy.
sîyasî *adj A* political.
sobayî *f* swimming.
sobe[1] *f* stove (for heating).

sobe[2] *f* swimming. **~karî** *f* swim, swimming. **~ kirin** *vt* swim.
sofî *n,adj A* (sb) who is strictly conforms to the laws or principles of his religion; mystic dervish.
sohtin *see* **sotin**.
sol *f* shoe, shoes. **~ kirin pê** *vt* put on (one's) shoes. **~ ji pê kirin,~ derxistin** *vt* take off (one's) shoes. **~çêker** *n* shoemaker.

solîn *n* flower-field.
sond *f* oath. **~ xwarin** *vt* swear to the truth of, take an oath.
sondname *f* affidavit.
sondxwarî *adj* under oath.
sor *m,adj* red. **~ bûn** *vi* **1** turn red, redden. **2** be fried, be roasted. **~ kirin** *vt* **1** fry, roast. **2** make (sth) red.
Soran *n* a Kurd speaking **Soranî**.
Soranî *f* a Kurdish dialect spoken in South Kurdistan.
sore *adj* reddish.
sorgul *f* red rose.
sorik *n* measles. **~ derxistin** *vt* develop/have measles.
sorîn *n* a Red or American Indian, Indian, red.
sorkelem *f* red cabbage.
sorsorik[1] *f* poppy, *bot* Papaver rhoeas.
sorsorik[2] *f anat* gullet, oesophagus.
sosin *f* iris, *bot* Iris.
sosinzambak *f* lily.
sosret *n,adj* strange, curious (person).
sotebar *adj* burning, caustic.
sotik *m* piece of burning wood.
sotin (bisoje) *vt* burn; brand.
sove *see* **sobe**.
sovekarî *see* **sobekarî**.
sowe *see* **sobe**.
Sowyet *f* Soviet. **Yekîtîya S~an** the Soviet Union.
soz *f* promise. **~ dan** *vt* promise, make/give a promise. **~(a xwe) xwarin** *vt* break a promise. **li ser ~a xwe man** *vt* keep/carry out a promise.
spartin *see* **sipartin**.
spehî *see* **sipehî**.
spêde *f* twilight.
spî *see* **sipî**.
spîçk *f* match.
spîçke see **spîçk.**
spîde *see* **spêde**.
spîka çav *f anat* vitreous body.
spîndar *f* poplar, *bot* Populus.
spîyaw *f* talcum.
standin (bistîne) *see* **stendin**.
stawî *adj* barren, sterile, unproductive.
Stembol *f* Istanbul.
stendin (bistîne) *vt* get, receive, take.
stewl *f* stable (for horses).
stewr *n* barren goat.

steyrik *see* **stêr**.
stêr *f* star. **S~a bakur** North Star, Polarîs. **~ezan** *n* astrologer. **~ezanî** *f* astrology.
stêrik *see* **stêr**.
stêrk *see* **stêr**.
stirandin *see* **sitirandin**.
stirî *m* thorn.
stirîn *see* **sitirîn**.
stiro *m* horn.
sto *see* **stû**.
stol *f* fleet.
strî *see* **stirî**.
stu *see* **stû**.
stubend *f* muffler, scarf worn around the neck.
stû *m anat* neck. **~kur** *f* collar. **~xwar** *adj* destitute; unhappy, sorrowful.
stûn *f* column. **~a piştê** vertebral column, spinal column.
stûr *adj* thick.
sucde *f A* prayer rug.
suhtin *see* **sotin**.
sulale *f A* family, line.
sulêmanê dunikul *n* hoopoe, *zool* Upupa egos.
sulman *see* **misulman**.
sumbul *f* hyacinth, *bot* Hyacinthus.
sunet[1] *f A* ritual circumcision. **~ kirin** *vt* circumcise. **~çî** *n* circumciser.
sunet[1] *f A* the Sunna (the sayings and doing of the Prophet Mohammed, which form a basis for much of Islamic laws).
sur *f* breeze.
surehî *m* decanter, carafe, jug.
surx *P see* **sor**.
suwar *see* **siwar**.
suxre *f* drudgery, angary.
suxte[1] *n* student (at a theological school).
suxte[2] *see* **şewitî**.
sû[1] *see* **sûd**.
sû[2]: **~ ketin** *vi* be/get offended.
sûc *m* fault, guilt.
sûd *f* advantage, benefit, use. **~ (jê) girtin** *vt* benefit from, profit from.
sûk *m A* shopping centre.
sûlav *f* waterfall.
sûn *see* **sûtin**.
sûpa *f milit* army.
sûrav(k) *f* brine.
sûret *see* **wêne**.
Sûrî *f* Syria.
sûs *f bot* licorice, liquorice.
sûtal *n* vagrant, vagabond, tramp.
sûte *n* vagrant, vagabond, tramp.
sûtin (bisû) *vt* **1** sharpen, whet, grind. **2** burn.
sûwar *see* **siwar**.a
Swêd *f* Sweden. **~î** Swedish, a Swede.
swêsne *see* **sosin**.
swînd *see* **sond**.
swîrav(k) brine.

Ş

ş *f* the 23rd letter of the Kurdish alphabet.

şa *adj* gay, glad, joyful, happy, cheerful. ~ **bûn** *vi* rejoice, be/become glad, be/become happy. **pê** ~ **bûn** *vi* rejoice at/over sth. ~ **kirin** *vt* please, make (sb) happy.

şabaş *int often as appeal for largesse, especially in wedding festivities* **Şabaş ji Hesen re (şabaş)!** Long live Hesen! *f* gift; tip.

şabûnî *f* amusement, entertainment; joy, rejoicing.

şad *see* **şa**. **~î** *f* joy, gladness, cheerfulness, happiness.

şadan *see* **şa**.

şadîman *see* **şa**.

şaf *n* alum.

şafir *m* sparsely vegetated plain, steppe.

şafî *n,adj A Islam* a Shafi'i; Shafi'i.

şagirt *n* **1** student, pupil; disciple. **2** novice, apprentice.

Şah *m* **1** Shah. **2** *chess* King. **~banû** *f* queen. **~dot** *f* princess, shah's daughter. **~î** *f* Shahdom.

şahbaz *n* falcon, *zool* Falco.

şaheng *f* queen bee.

şahî[1] *f* **1** joy, gladness, cheerfulness. **2** feast, festival.

şahî[2] *see* **Şah**.

şahîbaz *see* **şahbaz**.

şahîn *see* **şahbaz**.

şahmar *m* dragon.

şahra *f* artery.

şahrê *f* highway.

şal *m* **1** traditional Krd trousers. ~ **û şapik** trousers and jacket, Kurdish suit. **2** shawl.

Şalê! *int* I hope, I wish.

şalok *f* harvester's sickle.

şalû(l) *n* bee eater.

şalûs *n,adj* flatterer, apple polisher, toady.

şalûsî *f* toadying, fawning; flattery, buttering up.

Şam *f* Damascus. **~î** *adj* of Damascus.

şam *see* **êvar**.

şamik *f* parsley.

şamî *n* turkey.

şan[1] *f* mole, beauty spot.

şan[2] *f* sign. **~î (yekî) kirin/dan** *vt* show (sth) to (sb).

şandin (bişîne) *vt* send.

şandî *n* messenger, representative.

şane[1] *f* cell.

şane[2] *see* **şe**.

şane[3] *f* cell in a honeycomb.

şanik *f* small spot, speck, freckle.

şanî *see* **şan**[2].

şano *f* theatre. **~ya bêdeng** pantomime. **~gerî** *f* theatre. **~van** *n* actor, actress.

şans *f Fr* luck, chance. **~(a yekî) hebûn** *vt* (sb) be lucky.

şanzde *see* **şazdeh**.

şanzdeh *see* **şazdeh**.

şapat *m* time. **vî ~î** *adv* nowadays, recently.

şape *f* avalanche.

şapik *m* Krd jacket.

şaqûl *f* marble, small ball of glass, clay, etc.

şar[1] *f* a long strip of material worn by women round the head.

şar[2] *m P* city. **~edar** *n* mayor. **~edarî** *f* city hall, mayoralty.

şareder *f* exile, banishment. ~ **bûn** *vi* go into exile. ~ **kirin** *vt* exile. **~î** *f* exile, banishment.

şareza *see* **şehreza**.

şargeh *f* shelter.

şaristanîyet *f* civilization.

şaş *adj* **1** cross-eyed. **2** confused, astonished. **3** wrong. ~ **bûn** *vi* be confused. ~ **kirin** *vt* confuse. ~ **man** *vi* be amazed at, be astonished at.

şaşik *f* turban.

şaşitî *f* mistake. ~ **kirin** *vt* make a mistake.

şaşî *f* **1** being cross-eyed. **2** confusion. **3** mistake.

şaşmayî *adj* confused, astonished.

şatir *n* friend; comrade.

şavaş *see* **şabaş**.

şax *m* branch. ~ **berdan** *vt* **1** shoot out branches. **2** spread.

şaxîsar *see* **şax**.

şayeste *P see* **layiq**.

şayî *see* **şahî**.

şazde *see* **şazdeh**.

şazdeh *m,adj* sixteen. **~an/em/emîn** *n,adj* sixteenth.

şe *m* comb. ~ **kirin** *vt* comb. **~yê dest** *anat* metacarpal bones.

şeb *see* **şev**.
şebeş *m* watermelon.
şebîh *see* **wek**.
şebnem *f P* dew.
şecaet *A see* **mêrxasî**.
şecer *A see* **dar**.
şeftele *see* **şiftelî**.
şeftelû *see* **şiftelî**.
şeh *m* comb. ~ **kirin** *vt* comb.
şehad *n A* witness.
şehbelot *see* **şehbelût**.
şehbelût *n* chestnut.
şehîd *n A* martyr. ~ **bûn/ketin** *vi* die/be a martyr. ~ **kirin** *vt* martyr. **~î** *f* martyrdom.
şehnişîn *f* balcony.
şehreza *adj* civilized; well-informed; proficient; expert.
şehrî *P see* **bajarî**.
şek[1] *f* beating (with a stick).
şek[2] *see* **şik**.
şekal *f* worn-out shoes.
şekir *m* sugar. **~ê hûr** granulated sugar. **~ê kabikî** lump sugar, cube sugar. **~dank** *f* sugar bowl, sugar basin.
şekok *f* wild pear, *bot* Pyrus pyraster.
şel *see* **şil**.
şelaf *n* flatterer, apple polisher. **~î** *f* flattery, buttering up. **~î kirin** *vt* flatter, butter (sb) up.
şelaq *m* whip.
şelbik *see* **şerbik**.
şelmaq *see* **şîmaq**.
şelo *see* **şêlî**.
şelwer *m* baggy trousers, shalwar.
şem *see* **find**.
şemamok *see* **şimamok**.
şemaq *see* **şîmaq**.
şembelût,şembelot *f* chestnut.
şemedan *m* nylon.
Şemi *see* **Şemî**.
şemitandin (bişemitîne) *vt* slide, skid, cause (sb/sth) to slip.
şemitîn (bişemite) *vi* slide, slip, skid.
şemitokî *adj* slippery, slick.
Şemî *f* Saturday.
şems *f A* sun; sunlight. **~îye** *f* umbrella.
şene *m* rake. ~ **kirin** *vt* rake.
şeng *adj* happy, merry.
şengebî *f* weeping willow.
şengêl *f* terebinth.
şepal[1] *f* lioness.
şepal[2] *adj* nice, beautiful, handsome.
şeperze *see* **şerpeze**.
şepirze *see* **şerpeze**.
şepelî *adj* (weather) rainy.
şeq[1] *f anat* leg.
şeq[2] *f* ~ ~ a sharp cracking or slapping sound.
şeqam[1] *f* slap, cuff.
şeqam[2] *f* (wide) street.
şeqitandin (bişeqitîne) *vt* **(jê)** ~ skin (sth) off; peel off, strip off.
şeqitîn (bişeqite) *vi* be skinned, be peeled off.
şeqlîşa *n* domain, estate.
şer *m* war, battle; fight. **~(ê yekî/tiştekî) kirin** *vt* fight (sb/sth).
şerab *f A* wine.
şerbet *f A* drink made with sugar and fruit juice or water.
şerbik *m* small earthenware water jug.
şeref *f A* honour. **~(a yekî) anîn perakî** *vt* touch sb's self-esteem, wound sb's pride, disgrace. **~nak** *adj* honourable.
şergah *see* **şergeh**.
şergeh *f* battle field.
şerjê kirin *vt* slaughter, butcher.
şerjêxane *f* slaughter-house.
şerkar *n* combatant, fighter, warrior.
şerker *see* **şerkar**.
şerm *f* shame; shyness; modesty. ~ **kirin** *vt* be ashamed, be shy.
şermende *adj* ashamed, shy. ~ **bûn** *vi* feel ashamed, be embarrassed. **~tî** *f* embarrassment, shyness.
şermezar *adj* ashamed. **~î** *f* shame.
şermînok *n* mimosa, *bot* Mimosa pudica.
şeroyî *see* **şerûd**.
şerpeze *adj* destitute. **~tî** *f* destitution.
şerragirtin *f* armistice, truce, cease-fire.
şert *m A* condition.
şerûd *adj* quarrelsome, brawling, bellicose, combative.
şerûde *adj* shy.
şerût *see* **şerûd**.
şeş *m,adj* six. **~an/em/emîn** *adj* sixth.
şeşar *f* revolver, pistol.
şeşderb *f* revolver, pistol.
şeşqirax *n* hexagon.

şet *m* river.
şev *f* night. **~a çû/çûnî/çûyî** last night. **~a berê** the night before. **Ş~ baş/xweş!** Good night! **Ş~a te bimîne xweş!** (while leaving) Good night!.
şevbêhn *f* stock, gilly flower, *bot* Matthiola.
şevbêrk *f* passing the night.
şevbihêrk *see* **şevbêrk**.
şevbihurîn *see* **şevbêrk**.
şevereş *f* dark night.
şevger *n* sleep-walker, somnambulist. **~î** *f* sleep-walking, som-nambulism.
şevgeş *n* morning-glory.
şevîn *adj* of the night.
şevnem *f* dew.
şevreş *f* dark night.
şevrevînk *n* bat, flittermouse, *zool* Chiropter.
şewat *f* **1** burning. **2** *path* inflammation.
şewender *n* beet.
şewişî *adj* upset, greatly weakened.
şewit *f* fuel.
şewitandin (bişewitîne) *vt* burn.
şewitî *adj* burnt, burned.
şewitîn (bişewite) *vi* burn, be burnt.
şewk *m* fishing line.
şewl *f* light.
şewq *f A* light.
şexs *n A* person, individual. **~î** *adj* personal.
şeylo *see* **şêlî**.
şeytan *m A* Satan, the Devil.
şeytanok *n* **1** *zool* snail; slug. **2** *anat* cochlea.
şeyxûxe *A see* **pîrejin**.
şê *m,adj* **1** bright black, chestnut. **2** chest-nut (horse).
şêbnem *f* dew.
şêkir *f* gratitude, thankfulness. **~ kirin** *vt* give thanks to, be thankful. **~î** *f* grati-tude, thankfulness. **~î(ya xwe) pê anîn** *vt* feel grateful for, give thanks to.
şêl *f* manner of conduct, way of behaving, behaviour, attitude.
şêlandin (bişêlîne) *vt* exploit; rob.
şêlanker *n* exploiter.
şêlav *n* pancreas.
şêlim *n* turnip, *bot* Brassica.
şêlî *adj* turbid, murk, not clear.
şêlo *see* **şêlî**.
şêlû *see* **şêlî**.
şên[1] *adj* **1** merry, cheerful, happy. **2** devel-oped, prosperous. **~ bûn** *vi* (place) be devel-oped, be well populated and prosperous. **~ kirin** *vt* develop (a place), make a place well-populated and prosperous.
şên[2] *f* power, might, strength.
şênayî *f* greenness, green.
şênî *f* **1** population; people. **2** happiness, cheerfulness.
şêr *m* **1** lion, *zool* Panthera leo, Felis leo. **2** brave person.
şêranî *f* sweetness; sweet desserts.
şêrîn *adj* sweet; pleasant. **li ber dil(ê yekî) ~ bûn** *vi* be/stand high in sb's favour.
şêrînmeh *f* honeymoon.
şêst *m,adj* sixty. **~an/em/emîn** *adj* sixtieth.
şêt *adj* mad.
şêwe *f* **1** form, shape. **2** method, manner, appearance, dialect.
şêwirdar *n* counsellor, adviser.
şêwirîn (bişêwire) *vi* **(pê) ~** consult (with sb about sth), ask (sb's) advice.
şêx *m* head of a group of dervishes, Sheikh, Sheik. **~î/tî** *f* status of **şêx**, being a **şêx**.
şibake *f* window.
şibandin (bişibîne) *vt* liken, mistake (sb/sth) for (sb/sth else).
şibdar *adj* similar.
şibdarî *f* similarity, resemblance.
şibihandin (bişibihîne) *see* **şibandin**.
şibîn[1] **(bişibe)** *vi* resemble, look like, seem like.
şibîn[2] *f* similarity, resemblance.
şidandin (bişidîne) *vt* squeeze, tighten. **xwe ~** smarten (os) up, tidy (os) up.
şidîn (bişide) *vi* be squeezed, be tightened.
şifa *f A* recovery of one's health. **~bexş** *adj* healing, curative, health-giving.
şifaq *f A* dawn, morning twilight.
şifêr *n Fr* driver.
şiftelî *f* peach.
şihjin *see* **şûjin**.
şik *f* doubt, suspicion. **~ kirin** *vt* suspect, doubt. **~ birin ser (yekî)** *vt* suspect (sb). **ketin ~ê** *vi* get suspicious. **(Qet) ~ tune** certainly, undoubtedly. **~dar** *adj* suspi-cious, sceptical, arousing suspicion.
şikandin (bişikêne,bişikîne) *vt* break. **dilê yekî ~** *vt* hurt (sb's) feeling.
şikeft *f* cave, cavern.

şikelî *f* coming of a great quantity of water in a place (street, etc), flood.
şikenandin (bişikîne,bişikênîne) *see* **şikandin**.
şikeva *adj* **nanê** ~ bread baked on an iron sheet in very thin sheets.
şikestin (bişikî,bişikê) *vi* be broken, break.
şikestî *adj* broken.
şikênandin *see* **şikandin**.
şikênîn *see* **şikestin**.
şikêr *m* rock.
şil *adj* wet; damp. ~ **bûn** *vi* get wet. ~ **kirin** *vt* wet, dampen. **bin xwe** ~ **kirin** *vt* wet one's underclothes or bed.
şilek *n,adj* flatterer; (sb) who butters up people.
şilêl *m* rye.
şilf *m* bayonet.
şilî *f* wetness, dampness; rainy (weather).
şiloke *adj* (weather) rainy.
şilope *f* sleet, a mixture of rain and snow.
şilopilo *adj* sopping wet, soaking wet.
şilor *f* plum.
şima *f* wax.
şimadan *f* candle-stick.
şimamok *f* muskmelon.
şimik *f* slippers.
şimitandin *see* **şemitandin**.
şimitîn *see* **şemitîn**.
şimitokî *see* **şemitokî**.
şingeşing *f* rattle, clink.
şingînî *f* rattle, clink. **kirin** ~ *vt* rattle, clink. ~ **jê hatin** *vi* rattle, clink.
şipirze *see* **şerpeze**.
şip(î)ya *adv* standing, on one's feet. ~ **sekinîn** *vi* stand up. **~kî** *adv* standing, on one's feet.
şiqitandin *see* **şeqitandin**.
şiqitîn *see* **şeqitîn**.
şir *f* **~(e)~** splashing sound of flowing water.
şirêz *see* **şîrêz**.
şirik *f* trough, gutter.
şirîk *n A* partner. **~atî** *f* partnership.
şiringe *f It* syringe.
şirît *f A* ribbon; band; strip.
şitil *n* **1** sapling, young tree. **2** young plant. **3** seedling.
şitilandin (bişitilîne) *vt* plant (a seedling, young tree, etc).
şiv *f* wand, rod. **~erê** *m* path, trail, track.
şivan *n* shepherd. **~î** *f* occupation of a shepherd.
şivtelû *see* **şiftelî**.
şiwît *f* fennel.
şixul *m* work. ~ **kirin** *vt* work.
şixulandin (bişixulîne) *vt* **1** operate, use. **2** employ.
şixulîn (bişixule) *vi* work.
şiyandin *see* **şandin**.
şiyar *adj* **1** awake, wakeful. **2** alert, watchful. ~ **bûn** *vi* wake, awaken, waken. ~ **kirin** *vt* waken, wake (sb) up.
şîba *see* **ronahî**.
şîkirin *f* enlightenment, explanation. **şî kirin** *vt* explain.
şîl *f* split, slit, crack. ~ **avêtin** *vt* crack, split.
şîlan(k) *f* dog rose, *bot* Rosa canina.
şîlaq *f* dried rheum round the eye, crust.
şîmaq *f* a slap on the face. ~ **lê xistin** *vt* slap.
şîn[1] *m,adj* **1** blue. **2** green (of nature). ~ **bûn** *vi* green, turn green. ~ **hatin** *vi* sprout, (plants) grow.
şîn[2] *see* **şwîn**[2].
şînok *f* nettle tree, honeyberry, *bot* Celtis australis.
şîp *f* waterfall.
şîpane *f* threshold.
şîqaq *A see* **dubendî**.
şîr *m* milk. **~ê dêya yekî di poz re anîn** *vt* make (sb) sorry he has born. ~ **dan** *vt* suckle, nurse, breast feed.
şîret *f* advice. ~ **(lê) kirin** *vt* advise, give (sb) advice. **~van** *n* adviser, counsellor.
şîrêz *f* gum, natural resin, gum resin.
şîrfiroş *n* milkman.
şîrgerm *adj* tepid, lukewarm. **~î** *adj* tepid, lukewarm.
şîrhelal *adj* trust-worthy.
şîrik *f* sap, juice.
şîrîn *see* **şêrîn**.
şîrket *f A* company, firm, corporation.
şîrmaq *f* a slap on the face. ~ **kirin** *vt* slap. ~ **lê xistin** *vt* slap.
şîrmêj *n* suckling; tot; baby.
şîrmij *see* **şîrmêj**.
şîrove *f* explanation, interpretation. ~ **kirin** *vt* interpret, explain.
şîrşîrok *f* sun spurge, *bot* Euphorbia

helioscopia.

şîş *f* **1** skewer; spit. **2** knitting needle.

şîta *see* **zivistan**.

şîv *f* dinner. ~ **xwarin** *vt* have a dinner.

şîwen *see* **şwîn**².

şîwet *f* pronunciation. ~ **kirin** *vt* pronounce.

şkandin (bişkîne) *see* **şikandin**.

şkeft *see* **şikeft**.

şkestin *see* **şikestin**.

şkevik *n* (earthenware) pot.

şkêr *f* heap of stones, etc.

şkêvlatok *n* tortoise.

şkîn *see* **şikestin**.

şokirin *f* marriage. **şo kirin** *vt* marry.

şol *n* **1** problem, matter. **2** condition. **3** work.

şonik *see* **şûnik**.

şop *f* trail, track, footprint, trace. ~ **ajotin** *vt* trail, follow.

şopajo *n* follower, pursuer.

şopajotin *f* pursuit.

şopandin (bişopîne) *vt* **1** follow. **2** watch, observe.

şopçûyîn *f* pursuit.

şopger *n* researcher, investigator.

şopgerîn *f* research, investigation.

şoqe *m Russian* hat.

şoqil *m* broad bean, horse bean.

şor¹ *adj* salty. ~ **bûn** *vi* be/become salty. ~ **kirin** *vt* salt, make salty.

şor² *f* word. ~ **kirin** *vt* talk. **~a xwe kirin yek** *vt* agree to tell the same story or act in the same way.

şorav *f* salt-water.

şorayî *f* salinity.

şorbav *see* **şorbe**.

şorbe *f* soup.

şorbebirinc *f* watery, mushy food (made of rice).

şorbeşîr *f* a rice pudding.

şorebî *f* weeping willow, *bot* Salix babylonica.

şoreş *f* revolution.

şoreşger *n,adj* revolutionary. **~î** *f* being a revolutionary, revolutionism.

şoreşvan *n,adj* revolutionary. **~î** *f* being a revolutionary, revolutionism.

şorgermî *f* chat, friendly conversation.

şoş *int* Whoa! (used for ordering a donkey to stop).

şoşbîn *see* **birazava**.

şov *f* fallow.

şox *adj* elegant.

şoyar *n* washer.

ştexilandin (biştexilîne) *vt* get (sb) to talk, make (sb) talk.

ştexilîn (biştexile) *vi* talk.

ştiyar *adj* uncovered.

şur *see* **şir**.

şurik *see* **şirik**.

şurîn *f* sound of flowing water.

şuştin (bişo) *vt* wash.

şuxul *see* **şixul**.

şûjin *f* packing needle.

şûl *n* roe-deer.

şûn *f* trace; place. **ketin ~ê** *vi* take the place of. **kirin/xistin ~ê** *vt* replace.

şûnda *see* **şûnde**.

şûnde (bi şûn de) *adv* back, backward, backwards. ~ **çûn** *vi* withdraw, turn back, go back, recede, move backward. ~ **kişandin** *vt* draw (sth) back. ~ **kişîn** *vi* withdraw, recede. ~ **vegerîn** *vi* turn back. ~ **hatin** *vi* come back.

şûnik *m* a wooden tool to beat clothes while washing.

şûnmaye *m* remnant, remainder; legacy, heritage.

şûnva *see* **şûnde**.

şûnve *see* **şûnde**.

şûnwar¹ *m* statue.

şûnwar² *m* residence, dwelling.

şûr *m* sword; sabre. **~baz** *n* fencer. **~bazî** *f* fencing. **~kêş** *n* swordsman. **~kêşî** *f* swordsmanship.

şûşe *f* bottle.

şûştin *see* **şuştin**.

şût *adj* bare, naked, uncovered. **~î alya** stark naked. **~î tazî** *adj* stark naked.

şûtî *m* watermelon.

şûv *f* fallow land, land that has been fallowed and left uncultivated.

şûx *adj* elegant; coquettish. ~ **û şengî** *f* elegance.

şwiştin *see* **şuştin**.

şwîn¹ *see* **şûn**.

şwîn² *f* mourning.

şwîr *see* **şûr**.

şwîv *see* **şûv**.

T

t *f* the 24th letter of the Kurdish alphabet.

ta[1] *f* temperature, fever. **~girtin** *vt* have a temperature/fever. **bi ~yê ketin** *vi* have a fever. **~ germ** *f* high fever. **~wî** *n,adj* (person) who has malaria, malarial.

ta[2] *prep* to; until; as far as. **~ êvarê** until evening. **~ Mêrdînê** as far as Mêrdîn. **~ ko/ku** until; as long as. **Ta ku ew were.** Until he comes.

ta[1] *m* thread.

ta[2] *m* fold. **du ~ kirin** *vt* bend, fold.

tab *f* **1** work, labour. **2** trouble, pain.

tabût *f A* coffin.

tac *f* crown. **~a diran** *dent* crown. **~egul** *f* wreath, garland.

tacik *f* plate.

Tacîk *n* Tajik.

tade *f,adj* **1** torture; cruelty; injustice. **~ lê hatin** *vi* be tormented. **~ lê kirin** *vt* torment, torture. **2** difficulty, hardship; difficult, hard.

tagir *n* supporter. **~î** *f* support. **~î(ya yekî) kirin** *vt* support.

tahl *adj* bitter. **~î** *f* bitterness.

tahn *f* push. **~ dan** *vt* push.

tahsîldar *n P* tax collector.

taht *m* rock.

tahzî *see* **tazî**.

tair *see* **teyr**.

tajî *m* greyhound.

tal *see* **tahl**.

talan *m* loot, looting, pillage, plunder. **~ bûn** *vi* be looted. **~ kirin** *vt* loot, plunder, pillage.

talankar,talanker *n* pillager, plunderer, looter.

talde *f* shelter.

talebext *adj* unlucky. **~î** *f* unlucki-ness.

talî *see* **tahlî**.

talî *f* the end. **~yê** finally. **~(ya tiştekî) hatin** *vi* come to an end.

taloq *f* postponement. **~ bûn** *vi* be postponed. **~ kirin** *vt* postpone.

talûke *f A* danger.

tam *f A* taste, flavour. **~ kirin** *vt* taste. **~dar** *adj* tasty, tasteful. **~darî** *f* tastefulness.

tamandin (bitamîne) *vt* **1** graft. **2** taste.

tame *see* **xwarin**[1].

tamijandin (bitamijîne) *vt* make (sb) captivated with (sth), captivate.

tamijî *adj* captivated.

tamijîn (bitamije) *vi* be captivated.

tamîr *f A* repair, fixing, mending, repairing. **~ bûn** *vi* be repaired, be fixed. **~ kirin** *vt* repair, fix, mend. **~xane** *f* repair shop.

tamsar *adj* unpleasant, boring; naughty. **~î** *f* unpleasantness; naughtiness. **~î kirin** *vt* behave unpleasantly.

tamtîtk *f* snack.

tamxweş *adj* tasty, sweet.

tang *f* direction.

tank,tanq *f mil* tank. **~şikên** *f* antitank (weapon).

tapû *f Tr* title deed, deed. **~ kirin** *vt* issue or get a title deed.

taq *f* hole, a hole in a wall (sometimes serving as a window); niche in a wall used as a shelf.

tarêstevanî *f* spinning.

tar *f* hoop, rim.

tar *see* **tarî**.

tarem *see* **ezman**.

tarî *f,adj* the dark, darkness; dark, without light. **~ bûn** *vi* be/become/get dark. **~ kirin** *vt* darken. **~ ketin erdê** *vi* get dark. **rengên ~** dark colours. **di ~yê de** in the dark, in the darkness. **di ~yê de man** *vi* be caught in the darkness.

tarîperest *n,adj* obscurantist, obscurant. **~î** *f* obscurantism.

tarîx *f A* **1** history. **2** date.

tarûmar *adj* in disarray; routed. **~ kirin** *vt* disarray; make a mess off; rout.

tarxûn *f* tarragon, *bot* artemisia dracunculus.

tas *f* metal bowl, porringer. **~a serî 1** crown of the head. **2** parietal bone.

taştê *f* breakfast. **~ kirin** *vt* have a breakfast. **~ xwarin** *vt* have a breakfast.

tat *m* rock.

tav[1] *f* light, sunlight. **~ lê xistin** *vt* be exposed to sunlight. **~ li serî xistin** *vt* have a sunstroke. **li ber ~ê** in the sun. **~a heyvê** moonlight. **~bir** *f* sunshade. **~geh** *f* sunny place.

tav[2] *f* (short) downpour.

tavilê *adv* right away, at once, immediately.

tawan[1] *m* guilt. **~bar/dar/kar** *n,adj* guilty (person). **~barkirî** *n,adj* (person) under sentence, convict; convicted.
tawan[2] *see* **hêz**.
tawe *f* frying pan.
tawûs *n* **teyrê** ~ *m* peacock. **teyra** ~ *f* peafowl, *zool* Pavo.
tax *f* neighbourhood, district, quarter (in a city or town).
taxe *see* **tax**.
taxim *m Tr* **1** group, team, crew (of people). **2** set (of things).
taxme *f* line, level (to which sth is adjusted).
taxok,taxurk,taxûrk *f* sledge, sleigh; ski.
taybetî *f,adj* peculiarity, special feature, characteristic; special, particular, certain. **bi** ~ *adv* especially, particularly. **navê** ~ proper noun.
taybetmendî *f* peculiarity, special feature, characteristic.
tazî[1] *n* Arab.
tazî[2] *adj* naked, bare, nude. ~ **kirin** *vt* **1** undress. **2** rob (sb or a place) of valuables, strip. **xwe** ~ **kirin** *vt* strip off one's clothes. **~tî** *f* nakedness.
tazîye *f A* condolence.
te *pers/poss pron, poss adj* you, your. **a/ê/ên** ~ yours. **mala** ~ your home. **Te ew şikenand**. You broke it.
teb[1] *see* **xû**[2].
teb[2] *see* **ta**[1].
teba *n* (wild) animal.
teba *see* **teva**.
tebaq *f A* plate.
tebat *f* patience. ~ **kirin** *vt* be patient, bear.
tebatî *gram* passive.
Tebax *f* August.
tebax(çe) *f* plate.
tebitî *adj* quiet, calm, peaceful.
tebitîn (bitebite) *vi* be/become calm.
teda *see* **tade**.
tedarik *f* preparing, preparation. **~(ên xwe) kirin** *vt* get ready, get prepared; prepare.
teebandin (biteebîne) *vt* tire.
teebîn (biteebe) *vi* get tired.
teennî *see* **hêdî**.
teeşşiq *see* **evîn**.
tefandin (bitefîne) *vt* extinguish, put out (fire, light), wipe out (a family, etc).
tefîn (bitefe) *vi* be put out, (a family) be wiped out.
tefşo *m* adze.
tefşû *see* **tefşo**.
tehb *f* **1** work, labour. **2** trouble, pain.
tehesandin (bitehesîne) *vt* slide (sth).
tehesîn (bitehese) *vi* slip.
tehessir *see* **kovan**[3].
tehewwil *see* **veger**.
tehewwir *see* **hêrs**.
tehil *see* **tehl**.
tehî *see* **vala**.
tehjî *n zool* greyhound.
tehl *adj* bitter. **~î** *f* bitterness.
tehr *m* way, manner; kind, sort; form. **bi vî ~î** in this way, like this.
tej *f* a pileless carpet.
tejî *see* **tijî**.
tejî *n zool* greyhound.
teknîk *f Fr* tehchnique.
tekûz *see* **têkûz**.
teknolojî *f Fr* technology.
tel *f* **li ~a yekî ketin** *vi* be annoyed/ bothered.
telaq *m A* divorce (word formerly used by the husband to declare divorcing the wife).
telde *see* **talde**.
telef *n A* loss of life; being wasted; wasting away. ~ **kirin** *vt* kill; waist away; cause (sb/sth) to waste away.
telefon *f Fr* telephone, phone. ~ **kirin** *vt* telephone, phone, call, ring. **li ~ê ketin** *vi* (telephone bell) ring.
teleks *f Lt* telex. **~şandin/kişandin** *vt* telex.
tele-ragihandin *f* tele-communication.
teles *see* **sermest**.
telewîzyon *f Fr* television.
telgiraf *f Fr* telegraph; telegram. ~ **şandin/kişandin** *vt* telegraph, send a telegraph.
telîn (bitele) *vi* crouch down (in order not to be seen).
telîs *m* sack.
tellal *see* **xunav**.
temam *adj* complete, finished.
temar *adj,f* groggy, logy (from sleep); grogginess, loginess.
temaşe *f* viewing, contemplating. **~kirin** *vt* view, contemplate. **~van** *n* viewer,

onlooker, spectator.

temaşûr *f P* chalk.

tembûl *f* a string instrument.

temen *m* age, years (of a person).

temirandin (bitemirîne) *vt* cover fire with ash, smother, extinguish.

temirîn (bitemire) *vi* (a fire) be smothered, be covered.

temî *f* advice, counsel. ~ **kirin** *vt* advise (sb) to do (sth).

temsîk *f* plate.

ten *m* body.

tena[1] *adj* alone. **bi ~ xwe** by oneself. **~hî** *f* loneliness.

tena[2] *adv* standing up. ~ **sekinîn** *vi* stand up.

tencik *f* saucepot, stewpot.

tencîm *see* **fal**.

tenduristî *f* health.

tendûr *see* **tenûr**.

tendûrek *f* volcano.

teneke *f* **1** tin, tin plate. **2** large can.

tenê *adv,adj* alone, just, only. **Ez bi ~ me.** I am alone. **Min ~ ew dît.** I only saw him. **Ew zarokekî bi ~ ye.** He is an only child. **T~ li min guhdarî bike.** Just listen to me! **Tu bi ~ nikanî wê rakî.** You can't lift it alone. **~ bûn** *vi* be alone. **Tu ne ~ yî.** You are not alone. **~ hiştin** *vt* leave (sb) alone. **ne ~** not only. **ne ~ ... her weha/wisa** not only ... but.

tenêbûn *f* isolation, solitude, loneliness.

tenêtî *see* **tenêbûn**.

teng *adj* narrow, tight. ~ **bûn** *vi* shrink, get narrow, get tight. **cih lê ~ bûn** *vi* be in a difficult situation. **dest ~ bûn** *vi* be in financial difficulties. ~ **kirin** *vt* make narrower, narrow; make tighter.

teng[1] *adj* soft.

teng[2] *f* level.

teng[3] *f* side. **li ~a** *prep* with; alongside, alongside of.

tengal *f* side.

tengasî *f* difficulty, need. **di ~yê de** in difficulty.

tengav *f* narrow.

tengayî *f* narrowness, tightness; need, difficulty.

tengena *see* **teng**.

tengezar *adj* poor.

tengijîn (bitengije) *vi* be engrossed in (thought, etc).

tengizîn (bitengize) *see* **tengijîn**.

tengî *see* **tengayî**.

tenha *adj,adv* lonely, isolated (place); on one's own, alone.

tenik *adj* thin; fine; light. **~ayî** *f* thinness; fineness; lightness.

tenişt *f* side, the place near to or next to. **di ~a tiştekî/yekî de** beside (sb/sth). **~a dest** *f* side of the hand. **~hev** *adj* next (to one another), joining.

tenî *f* soot, lamp black.

tennaz *see* **nazdar**.

tenûr *f* oven made in a hole in the earth, oven.

tenya *see* **tenê**.

tep[1] *f* tap. **~~a dil** *f* palpitation.

tep[2] *f* cunning, cunning action.

tepel *n* summit.

tepik[1] *f* round-shaped, dried cow dung.

tepik[2]**: ~a serî** *f anat* top of the head.

tepik[3] *f* a light tap.

teq *f* ~ ~ shooting sound, beating or hitting sound.

teqandin (biteqîne) *vt* **1** blow up, explode, fire a weapon. **2** cause (sth) to burst open.

teqawît *adj A* retired. ~ **kirin** *vt* retire (sb).

teqet *f A* strength. ~ **neman** *vi* have no strength left, be exhausted.

teqez *adv* certainly.

teqil *f* **1** weight, heaviness. **2** balance.

teqîn[1] **(biteqe)** *vi* **1** explode, burst, blow up. **2** be burst open.

teqîn[2] *f* explosion.

teqlîd *A f* trying to act like, imitating, aping.

teqreq *f* noise.

teqsî *f Fr* taxi, cab.

teqsîr kirin *vt* withhold (usu in neg form).

teqteqok *f* popgun.

ter *adj* fresh, green (wood, vegetables, etc. as opposed to dried).

teral *adj* lazy.

teraştin (biterêşe) *vt* **1** shave, cut (hair). **2**shape (sth) by cutting it; chisel, hew, whittle, dress (stone).

terawîh *f A* the supererogatory prayer performed in the month of **Remezan**.
terbîye *f A* good manners, manners.
tereqî *n* nectarine.
teres *m* bastard, pimp.
terextor *f Fr* tractor.
terêşîn *see* **teraştin**.
terh *see* **pîlan**.
terik[1] *m* **1** green stick.
terik[2] *m* beating. **dan ber ~an** *vt* give (sb) a beating.
terik[3] *m vulg* penis.
terikandin (biterikîne) *vt* leave, abandon; give up. **Min cixare terikand.** I gave up smoking.
terikandin (biterikîne) *vt* cause (sth) to chap or crack.
terikî *adj* chapped, cracked.
terikîn (biterike) *vi* chap, crack.
terî *f* tail.
terîq *f A* (sufism) path, way of life.
terîqet *f A* tariqa, Sufi path, dervish order.
terk *f A* abandonment, leaving; giving up. **~(a tiştekî) dan** *vt* leave. **~(a tiştekî) kirin** *vt* leave, give up.
terk *f* crack, chap. **~ lê ketin** *vi* crack, split.
term *n* corpse, body.
term *f* nightmare.
terqandin *see* **teqandin**.
terqizîn (biterqize) *vi* clear out, go away. **Biterqize!** Get out!
terrar *see* **mêrkuj**.
terş *n* domestic animal, stock. **~dar** *n* stockbreeder. **~darî** *f* stockbreeding; cattle-dealing.
terx *adj* flawless.
terzî *n P* tailor.
tesaduf *f A* chance event, happenstance, coincidence.
tesdîq *f A* certification (of a document); ratification; authorization, approval.
tesella *see* **tesellî**.
teselî *f A* consolation, comfort, solace. **î kirin** *vt* console, comfort, give (sb) consolation.
tesîr *f A* effect, influence.
teslîm *n A* **1** delivery, handing over. **2** submission, surrender. **~ bûn** *vi* submit, surrender. **~ kirin** *vt* deliver.
tesmî *see* **temsîk**.
teşe *m* shape, form, formation. **~yê civakaborî** socio-economic formation.
teşî *f* hand-spindle. **~ rêştin/badan** *vt* spin.
teşîrês(i)k *f* Egyptian vulture, Pharaoh's chicken.
teşk *n* thigh.
teşn *m* manner; sort; style.
teşne *P see* **tî**.
teşqele *f* trouble, turmoil. **~ derxistin** *vt* make trouble.
teşt *f* trough (for dough, etc).
teşxele *see* **teşqele**.
Teter *n* Tatar, Tartar.
tev *adv* **1** together, with. **2 ~(a/î) wî were** Come with him. **~ dan** *vt* stir; move (sth). **xwe ~ dan** *vt* move. **~ gerîn** *vi* move, act.
teva *adv* together, with. **~ ku** *conj* although, despite. **T~ ku min ew nedît, ez çûm wir**. I went there, despite I didn't see him.
tevahev *adj* together; mixed. **~ bûn** *vi* mix, be mixed; be together. **~ kirin** *vt* mix; mess.
tevahî *f* entirety, whole, all.
tevayî *see* **tevahî**.
tevbûn *f* togetherness.
tevdanî *f* wholesale. **(bi) ~** *adv* by wholesale. **(bi) ~ firotin** *vt* sell by wholesale.
tevde *adv,f* together; all, the whole. **Tevda wan hatin**. They all came. **T~ werin**. Come together.
tevger *f* movement. **Tevgera Rizgarîya Kurdistanê** the Liberation Movement of Kurdistan.
tevhev *adj* mixed; together. **~ kirin** *vt* mix. **~î** *f* medley, mixture; togetherness.
tevir *f* hoe; mattock. **~ kirin** *vt* hoe.
tevizandin (bitevizîne) *vt* make numb.
tevizî *adj* numb.
tevizîn (bitevize) *vi* get numb.
tevî[1] *adj* with. **~ (tiştekî) bûn** *vi* be mixed with (sth).
tevî[2] *adv* **~ ko/ku** although, despite. **T~ ku ez nexweşim, ez ê herim**. I will go, although I am ill.
tevîhev *adj* together; mixed. **~ bûn** *vi* be mixed; be together. **~ kirin** *vt* mix; mess.

tevjîyîn *f* coexistence; living together.
tevkar *n* partner; colleague. **~î** *f* cooperation.
tevkuştin *f* genocide.
tevlihev *adj* tangled, mixed, complicated. **~ bûn** *vi* be/become mixed, be/become complicated. **~ kirin** *vt* mix; complicate.
tevlihevî *f* disorder; complication; chaos.
tevn[1] *f* weaving; loom (used for weaving); textile. **~van** *n* weaver. **~vanî** *f* textile industry.
tevn[2] *f* web. **~a pîrê** cobweb.
tevnik *see* **tevn**[2].
tevqirkirin *f* genocide.
tevr *see* **tevir**.
tevrik *f* hoe.
tevş *m* pebble.
tevşo *m* adze.
tevz *f* numbness.
tevzînok *f* numbness.
tew[1] *int* **1** Bravo! (while sb is singing). **2** O! Oh! (showing surprise).
tew[2] *interr* ever, at all, any. **~ tunebe** *rgp* at least.
tewa *see* **teba**.
tewaf *f A* circumambulation (of the Kaaba during the hajj). **~ kirin** *vt* circumambulate (the Kaaba).
tewan,tewana *see* **hêz**.
tewandin[1] **(bitewîne)** *vt* **1** inflect, decline, conjugate. **2** bow, bend.
tewandin[2] *f gram* inflection, declension, conjugation.
tewandî *adj gram* inflected, inflectional, conjugated, oblique.
tewangbar *adj gram* inflectional.
tewaşo *f* a bench on which a corpse is washed.
tewbar *adj* elastic, flexible.
tewe *see* **tawe**.
tewere *f* centre.
tewf *see* **tewaf**.
tewfîq *see* **serketin**.
tewizandin (bitewizîne) *vi* adorn, embroider.
tewîn (bitewe) *vi* be bent, be twisted; be inflected.
Tewrat *f* the Torah, the Pentateuch.
tewr *n* kind, sort.
tewtewe *adj,n* talkative, chattering; incessant talker, chatterbox. **~tî** *f* chattering, chatter, idle talk. **~tî kirin** *vt* talk idly, blab.
texlît *n* sort, kind.
texmîn *f A* **1** guess. **2** estimation, prediction. **~ kirin** *vt* **1** guess. **2** estimate, predict.
texmînî *adj* approximate. **bi ~** roughly, approximately.
texne *f* moment, instant. **~kê** *adv* for a while.
texsîr *A see* **teqsîr**.
text *m* **1** throne. **2** board, plank; batten. **3** board bedstead (used on the roof for in summer nights).
textebend *m* bench, desk.
textikê enîyê *m anat* frontal bone.
teyare *A see* **balafir**.
teyf *see* **xewn**.
teyfik *f* plate.
teyisîn (biteyise) *vi* shine.
teyp *f Ing* tape recorder.
teyr *n* bird. **~ê reş** *m* male falcon.
teyrûtûr *n* every living thing.
teyş *adj* groggy. **~ bûn** *vi* be/become groggy. **(di) ~a xewê de bûn** *vi* feel sleepy.
tezandin *see* **tevizandin**.
tezbêh *see* **tizbî**.
teze *adj* **1** fresh; green. **2** new. **~ kirin** *vt* replace (sth old) with (sth fresh or new); renew.
tezetî *f* freshness; newness.
tezîn *see* **tevizîn**.
tezwîr *see* **derew**.
tê *pref* cont of **di wê/wî** in, into. **~ hil(h)atin** *vt* fit into (a container, a place). **Ew giş ~ hiltên.** They all fit into (it). **~ ketin** *vi* fail, supervene.
têbar *f* safe, strong box (for keeping money, etc).
têbinî *f* footnote, postscript.
têcir *n A* trader, merchant.
tê da *see* **tê de**.
têdayî *f* content; contents.
tê de *prep* in. **~ man** *vi* (for a student) fail a class, etc.
têde *f* essence, heart, core; ingredient.
têderxistek *f* riddle, puzzle.
têderxistin (têderxe) *vt* know the answer.
têderxistinok *f* riddle; puzzle.

têgih,têghî *f* meaning.
têgihan (têbigihê) *vi* understand.
têgihandin (têbigihîne) *vt* make (sb) understand (sth), explain.
têgihaştin (têbigihîje) *vi* understand.
têgihaştî *adj* (sb) who has understood (sth).
têgihîn (têbigihê) *vi* understand.
têgihîştin *see* **têgihaştin**.
têhildan (têhilde) *vt* dip (sth) into a liquid and then raise it, dip and raise (sth).
têhn *f* heat.
têhn *f* thirst.
têj(ik) *f* young animal.
têkbirin *vt* overcome; beat.
têkçûn[1] **(têkbiçe)** *vi* **1** be discordant. **2** fail.
têkçûn[2] *f* **1** discord. **2** failure.
têkdan (têkbide) *vt* stir the mob, provoke.
têkel *see* **têkil**
têkil *adj* mixed, intimate. ~ **bûn** *vi* interfere (in), meddle (in); join, take part. ~ **kirin** *vt* mix, mess up.
têkildar *adj* connected, related, relating (to). ~ **î** *f* relationship, connection.
têkilhev *adj* mixed; complicated; complex. ~**î** *f* complexity, complication.
têkilî *f* relation, contact, intimacy. ~ **danîn** *vt* establish relations. ~ **(tiştekî) bûn** *vi* interfere (in).
têkoşer *n* combatant, warrior, fighter; militant.
têkoşîn[1] **(têbikoşe)** *vi* fight, struggle.
têkoşîn[2] *f* fight, struggle. ~ **kirin** *vt* fight, struggle.
têkra *see* **tevahev**.
têkûz *adj* **1** well-arranged, orderly. **2** matured, full, completed; perfect. **3** hard, firm.
têl *f* **1** wire. **2** string (of a musical instrument). **3** telegraph, telegram. ~ **kişandin** *vt* telegraph, send a telegraph. ~ **şandin** *vt* telegraph, send a telegraph.
têlbendkirî *adj* barbed wired.
têm *f* theme.
têmtil *f* external appearance; dress, attire.
tên *see* **tîn**.
tênivîsandin (têbinivîsîne) *vt* register, record.
têr *adj* full, filled, satisfied. ~ **bûn** *vi* be satisfied, be saturated. ~ **kirin** *vt* fill up; satisfy, saturate. ~ **xwarin** *vt* eat one's fill, have no further desire. ~**a/î xwe** sufficiently.
têr *f* sack.
têra *in comb.:* ~ **yekî kirin** *vt* be enough for, suffice (sb). ~ **yekî nekirin** *vt* be insufficient.
têrbûn *f* satisfaction, satiety.
têrçiya *adj* mountainous.
têrêj *see* **tîrêj**.
têrkir *adj* **1** satisfactory; satisfying. **2** convincing, persuasive.
têrmal *adj* rich.
têrnebok *adj* insatiable, greedy.
têrnebûn *f* greed; insatiableness.
têvel *adj* several, various, different. ~**î** *f* difference.
têw *adv* ~ **kirin** *vt* consider.
tê werdan (tê wer(bi)de) *vt* **(av)** ~ rinse.
tê werkirin (tê wer(bi)ke) *vt* drop, let fall off.
têxistî *f* content(s).
têxistin (têxe) *vt* put in, put into.
tibab *n* lot. ~**ek** plenty, a lot of.
Tibax *see* **Tebax**.
tif *f* spitting. ~ **kirin** *vt* spit.
tifal *n* **1** young, inexperienced person. **2** child.
tifaq *f A* alliance, agreement.
tifik *f* bellows.
tifing *see* **tiving**.
tifî: ~ **(yekî/tiştekî) kirin** *vt* spit (at/on) (sb/sth).
tihin *adj,f* thirsty; thirst.
tij *see* **tûj**
tije,tijî *adj* full, filled. ~ **bûn** *vi* become full, be filled. ~ **kirin** *vt* fill up, stuff.
tijîfehm *adj* intelligent, clever, bright.
tika *f* request. ~ **kirin** *vt* make a request, ask a favour, request. ~**kar** *n* suppliant.
tik û tenê *adj* all alone, completely alone; only.
til *n anat* abdomen.
til *m* hill.
tilî *f* **1** finger. ~**ya beranê/beranekê/girdikê** thumb. ~**ya biçûk** little finger.

~ya dirêj middle finger. **~ya gustîlkê** ring finger. **~ya mezin** thumb. **~ya navîn** middle finger. **~ya nîşandanê** index finger. **2** toe.

tilîk *see* **tilî.**

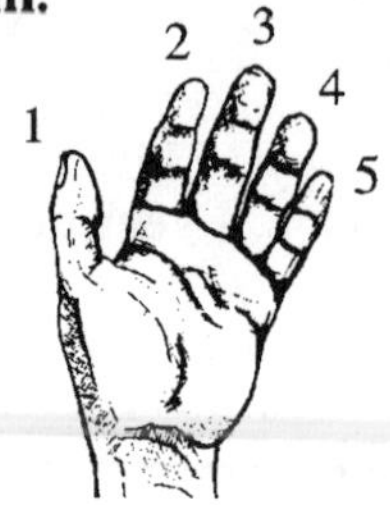

1. tilîya beranekê, tilîya girdikê
2. tilîya nîşandanê
3. tilîya navîn, tilîya dirêj
4. babelîçk, tilîya gustîlkê
5. qilîçk, tilîya biçûk

tilîlî *f* yell (particular kind of cheer, usually by women during wedding feasts).

tilîper *f* ot fern.

tilp *f* sediment.

tim *adv* always. ~ **û daîm** *adv* at all times, without exception, again and again. ~ **û** ~ *adv* at all times, without exception, again and again.

tima *adj* selfish. ~ **bûn** *vi* be selfish.

timakar *adj,n* selfish (person), egotist. **~î** *f* egotism. **~î kirin** *vt* behave selfishly, be selfish.

timatî *f* selfishness. ~ **kirin** *vt* behave selfishly, be selfish.

tinaz *f* mockery, ridicule, teasing; joke. ~ **kirin** *vt* make fun of, ridicule.

tinê *see* **tenê.**

tiptijî *adj* full up, chock-full.

tiqetiq *f* giggle. **bûn ~a yekî** *vi* giggle. **bi** ~ giggling, with a giggle. **bi ~ kenîn** *vi* giggle.

tiq û tenê *see* **tik û tenê.**

tir *f* fart. ~ **kirin** *vt* fart, break wind.

-tir *suff* more, -er. **baştir** better. **zêdetir** more. **bedewtir** more beautiful.

tiral *see* **teral.**

tirane *m* joke; mockery.

tirb *f A* grave, tomb.

tirê *adv* **Ji wî ~ ku** He thinks (that).

tirih *see* **tirî.**

tirimbêl *f* car.

tirimpe *f* water pump.

tirî *m* grape.

-tirîn *suff* most. **baştirîn** the best. **a bedewtirîn** the most beautiful (one). **xwendekarê baştirîn** the best student.

Tirk *n* Turk. **~î** *f* Turkish. **~îye** *f* Turkey.

Tirkmen *n* Turkoman, Turcoman.

tirozî *m* Russian cucumber.

tirs *f* fear, fright. ~ **dan** *vt* threaten. ~ **ketin dil(ê yekî)** *vi* be afraid, be frightened.

tirsandin (bitirsîne) *vt* frighten, scare, terrify, threaten.

tirsek *see* **tirsonek.**

tirsihan,tirsiyan *see* **tirsîn.**

tirsîyayî *adj* frightened.

tirsîn (bitirse) *vi* be afraid of, fear, be scared of.

tirsonek *adj,n* cowardly, timid, fearful; coward. **~î/tî** *f* fearfulness, timidity, cowardice. **~î/tî kirin** *vt* behave or act cowardly.

tirş *adj* acid, sour, tart. ~ **bûn** *vi* turn sour, become acid, ferment. ~ **kirin** *vt* sour.

tirşe *f bot* a variety of oak.

tirşik *f* stew made of mixed vegetables.

tirşî *f* **1** acidity, tartness. **2** pickle.

tirşok *f* sorrel, *bot* Rumex.

tisî *adj* (bread) eaten with nothing else, dry. **nanê ~** dry bread.

tişt *m* thing. **Ew ji ~ekî re nabe**. It is good for nothing. **T~(ek) tune**. There is nothing (to worry/left). **T~ekî telewîzyonê tune**. There is nothing wrong with the TV. **~mişt** things.

tiştanok *f* riddle, puzzle.

titûn *see* **Tûtin.**

tivdarek *f* preparation.

tivdîr *f* measure.

tiving *f* rifle, gun. ~ **berdan** *vt* fire a rifle.

tivir *f bot* radish.

tixtor *n* doctor.

tixûb *m* border, frontier.

tixwîb *see* **tixûb.**

tizbih *see* **tizbî.**

tizbî *f* prayer beads, rosary; chaplet; string of beads. ~ **kişandin** *vt* tell one's beads, play with beads.

tizrûg,tizirûg *n* leech, *zool* Hirudo.
tî[1] *adj* thirsty. ~ **bûn** *vi* be thirsty. ~**bûn** *f* being thirsty, thirst.
tî[2] *m* brother of one's husband.
-t̲î *suff forming nouns eg:* **birat̲î, yek̲ît̲î, hevalt̲î**.
tîfl *A see* **zar̲o**.
tîhn *f* thirst.
t̲îk̲ *adj* **1** perpendicular. **2** straight, upright, stiff (in standing). ~ **bûn** *vi* become erect, become steep, stand erect. ~ **k̲irin** *vt* erect; make (sth) steep.
tîmseh̲ *n A* crocodile, *zool* Crocodylus.
t̲în *f* heat. ~ **dan** *vt* heat.
tîn[1] *see* **herî**.
tîn[2] *f* thirst.
tîp[1] *f* letter (alphabet). ~**ên bêdeng** consonants. ~**ên bideng** vowels. ~**ên girdek̲** capital letters. ~**ên hûrdek̲** minuscules.
tîp[2] *f* (mil) brigade.
tîpnivîs *f* typewriter.
tîpr̲êz *n* typographer.
tîpr̲êzî *f* typography.
t̲îqet̲îq *see* **t̲iqet̲iq**.
t̲îr[1] *n* **1** arrow. **2** rolling pin. ~ **avêt̲in** *vt* shoot with a bow. ~ **barandin** *vt* rain arrows upon.
t̲îr[2] *adj* thick (liquid).
t̲îremar *m* adder.
t̲îrevan *n* archer, bowman.
t̲îrêj *f* ray; beam, light beam.
t̲îrik̲,t̲îrk̲ *f* minute hand (of a watch). ~**a seet̲ê** hour hand. ~**a deqîqê** minute hand.
t̲îrmar *m* adder.
Tîrmeh *f* July.
t̲îrvan *n* archer, bowman.
t̲îşet̲îş,t̲îştîşî *adj* in pieces.
tît̲irwask̲ *n* plover, *zool* Charadrius.
t̲ît̲î *n* lark, *zool* Alauda arvensis.
t̲îzik̲ *f* lashing out with both hind feet.
to *f* cream.
t̲o *see* **t̲u**.
tobe *f A* repentance. ~ **k̲irin** *vt* repent, vow not to repeat doing sth. ~**kar** *n* person who has sworn of doing or not doing sth.
tof *f* group.
t̲of *see* **t̲ov**.
tog *f* harlot, prostitute.
t̲ol[1] *f* revenge, vengeanance. ~**(a xwe) r̲ak̲irin/s̲tendin/girt̲in** *vt* revenge os on, get revenge.
t̲ol[2] *f* harlot, prostitute.
t̲olaz *n,adj* womanizer; (person) pursuing women (for casual sexual intercourse); wandering idly.
t̲olik̲ *f* mallow, *bot* Malva sylvastris.
ton *f Fr* ton (1,000 kilograms).
top̲ *f* **1** ball. **2** *mil* cannon.
top̲avêt̲in *f* bankruptcy. **top̲ avêt̲in** *vt* go bankrupt.
toq *f* barette (for the hair).
tor̲ *f* net. ~ **avêt̲in** *vt* cast a net. **ket̲in ~a yek̲î** *vi* come up against (sb's difficulty). ~**a çav** *anat* retina.
toraq *m* curds drained to consistency of soft cheese.
tore *n* art. ~**van** *n* artist. ~**vanî** *f* being an artist, artistry.
tore *see* **tewre**. ~ ~ *see* **tewre tewre**.
torik̲ *n* jackal, *zool* Canis aureus.
tor̲in *see* **nevî**.
torî(k̲) *n* jackal, *zool* Canis aureus.
tortorik̲ *f anat* rectum.
tor û dey *adv* always.
toşpî *f anat* gland. ~**ya sergurçik̲ê** suprarenal gland. ~**ya tîroîdê** thyroid gland.
t̲ot̲ik̲[1] *m* reason, intelligence. **T~ di serî de tune**. He is foolish.
t̲ot̲ik̲[2] *n* puppet.
t̲ov *n* seed, grain. ~ **çandin** *vt* sow seed, seed. ~ **k̲irin** *vt* sow, seed. ~ **weşandin** *vt* broadcast seed.
t̲ovav *f* sperm.
t̲ow *see* **t̲ov**.
toxim *m* seed, grain.
toz *f* dust.
tozûtelaz *f* dust. **di nav ~ê de** covered with dust.
t̲r̲al *see* **t̲er̲al**.
traşt̲in *see* **teraşt̲in**.
t̲rên *f Fr* train.
t̲r̲ilyon *n Fr* trillion.
t̲u *pers pron* you.
tu *adv* none, no, not any. ~ **car(î)** never.
tuf *f* spitting. ~ **k̲irin** *vt* spit.
tufî: ~ **(yek̲î/t̲işt̲ek̲î) k̲irin** *vt* spit (at/on) (sb/sth).
tukes *pron* nobody, anybody. **T~**

nehatiye. Nobody has come. **Min ~ neditiye.** I have not seen anybody.
tukesî *oblique case of* ***tukes***. **T~ ew neditin.** Nobody saw them. **Ew ~ nas nake.** He does not know anybody.
tulî *adj* idle; untended; rooming free.
tulûreş *f* plum.
tund[1] *adj* tight, firm, strong, violent, harsh, severe. **~î** *f* tightness, firmness, violence. **bi ~** *adv* firmly, strongly, harshly, severely.
tund[2] *adj* dense, thick; intense, intensive.
tune[1] *f* zero; non.
tune[2] *v* negative form of **hebûn**. have not, has not; there is/are not. **Min pênûsek tune.** I haven't got a pen.
tunebûn *f* **1** nonexistence. **2** absence. **3** lack, scarcity.
tune ye *see* **tune**[2].
tuni *see* **tune**[2].
tunin *see* **tune**[2]
turab *see* **ax**[1].
tûre *adj* angry, enraged.
tutik: **li ser ~an rûniştin** *vi* squat down.
tutişt *pron* nothing, anything.
tutiştî *pron* nothing, anything.
tuwanc *f* hint, innuendo.
tuxûb *m* border, frontier.
tuyî tuneyî *adv* by chance.
tû *f* mulberry, *bot* Morus.
tû *f* spit, spittle. **~ kirin** *vt* spit (on).
tûfrengî *f* strawberry, *bot* Fragaria vesca.
tûk *see* **tû**.
tûj *adj* **1** sharp, pointed. **2** biting, sharp, hot (pepper) **~ kirin** *vt* sharpen, whet, grind.
tûjahî, tûjayî, tûjî *f* **1** sharpness, pointedness. **2** hardness, toughness, harshness, excessiveness. **3** (pepper, etc.) sharpness, bitterness.
tûk *see* **tû**.
tûle *n* **1** hunting dog. **2** young dog, pup.
tûm *m* hill, hillock. **~ik** *m* small hill, hillock; heap, pile.
tûndî *see* **tundî**.
tûr *m* bag, sack.
tûşe *see* **xwarin**[1].
tûşî *adv* **~ (yekî/tiştekî) bûn** *vi* meet, run into, be confronted with.
tût *f* toot. **~(e)~** *f* long, sharp warning sound from a horn, whistle, etc.
tûtik *see* **tutik**.
tûtin *f* tobacco, *bot* Nicotina tabaccum; tobacco (ready for smoking). **~dank** *f* tobacco pouch or box.
tûtî *f* parrot.
tûtya *f* zinc.
tûzik *f* a variety of grass.
twîj *see* **tûj**.

U u *f* the 25th letter of the Kurdish alphabet.
umq *see* **kûrahî.**
unda *see* **wenda.**
unîwersîte *see* **zanîngeh.**
uqba *see* **axreṯ.**
Urdin *f* Jordan. **~î** *n* Jordanian.
urfe *n* kind of Krd song.
usa *see* **wisa.**
uslûb *A see* **awa.**

usr *see* **zeḥmeṯ.**
ustad *n P* master, recognized expert or authority.
usṯûn *f* column.
uşṯulum *see* **êrîş.**
uzeuz *f* howl. **bûn ~a yekî/tiştekî** *vi* howl. **kirin ~** *vt* howl.
uzînî *f* howl. **bûn ~ya yekî/tiştekî** *vi* howl. **kirin ~** *vt* howl.

Û

û *f* the 26th letter of the Kurdish alphabet.
û *conj* and. **ev ~ ew** this and that.
ûcdan *m A* conscience.
ûçik *n* sleeve.
ûha *see* **wilo**.
ûlo *see* **wilo**.
ûr *see* **hûr**.
Ûris *n,adj* Russian. **~tan** *f* Russia.
ûsa *see* **wisa**.
ûstî *see* **hustu**
ûstû *see* **hustu**.
ûşî *m* bunch.
ûtêl *n Fr* hotel.
ûtî *f* iron; ironing, pressing (clothes). **~ kirin** *vt* iron.
û yên mayî (abbr: ûym) and so on, et cetera (etc).
ûym *see* **û yên mayî**.
ûzeûz *f* howl. **bûn ~a yekî/tiştekî** *vi* howl. **kirin ~** *vt* howl.
ûzînî *f* howl. **bûn ~ya yekî/tiştekî** *vi* howl. **kirin ~** *vt* howl.

V

v *f* the 27th letter of the Kurdish alphabet.

va *demonstr adj* this. ~ **p̱ênûsa** this pen.

vaca *adj* inside out. ~ **ḵirin** *vt* turn (sth) inside out.

vaja *see* **vaca**.

vajî *f* reverse or back of sth; opposite side, other side. **ji ber ~ ve** *adv* on the contrary, contrarily.

vala *adj* **1** empty. **2** useless. **3** unemployed; free. ~ **bûn** *vi* be emptied; be/become empty/idle/free. ~ **ḵirin** *vt* empty, pour out.

valahî, valaṯî *f* **1** blank. **2** cavity. **3** vacuum, emptiness. **4** uselessness. **~ya guhê navîn** *anat* typmanic cavity. **~ya p̱oz** *anat* nasal cavity.

valayî *see* **valahî**.

van *demonstr adj* these. ~ **pirṯûḵan** these books. ~ **ṟojan** newly, recently, these days.

vana *demonstr pron* these. **V~ nebin**. Don't take these.

var *adj* widely set, set widely apart.

vaṟiḵ *f* young chicken.

varqilandin (varqilîne) *vt* detain, distract.

varqilî *adj* detained, delayed.

varqilîn (varqile) *vi* distract (os), be detained.

vatinî *f* duty, responsibility.

vaya *demonstr pron* this. **Min ~ nedîṯibû**. I hadn't seen this.

Va ye Here, here is.

vebêj *n* story-teller.

vebûn (vebe) *vi* **1** be opened, open. **2** (weather) clear.

veciniqandin (veciniqîne) *vt* startle, give (sb) a sudden fright.

veciniqîn (veciniqe) *vi* start; shy; be seized with fright.

veçinîn (veçine) *vt* darn, mend, stitch up.

vedan (vede) *vt* **1 p̱ê** ~ sting, bite. **2** remove (stones, etc) from (a field), clean (out). **3** (rain) stop. **4** dig up.

vedirûn (vedirû) *vt* sew (again).

vedizîn (vedize) *vt* hide.

vegeṟ *f* return; giving back.

vegeṟandin (vegeṟîne) *vt* send back, give back, bring back, return. **bi şûnde ~** *vt* refuse, return. **lê ~** *vt* bring back, refuse, answer.

vegeṟîn (vegeṟe) *vi* come back, go back, return.

vegêr *n* story-teller.

vegêrîn (vegêre) *vt* tell (a story, etc) mention, say.

vegir *adj* contagious.

vegoṯin (vebêje) *vt* tell (a story, etc).

veguheṟandin (veguheṟîne) *vt* exchange, barter.

veguheṟîn (veguheṟe) *vi, vt* be exchanged; exchange.

veẖewandin (veẖewîne) *vt* house, host, put up.

veẖewîn (veẖewe) *vi* return (home). **jê ~** *vi* leave (sb) in peace, leave (sb/sth) alone. **Ji pisîḵê veẖewe**. Leave the cat alone.

vehisîn *f* rest.

vehûnan (vehûne) *vt* plait, string (beads).

vejandin (vejîne) *vt* revive.

vejinîn *see* **vejîn**.

vejîn[1] *vi* be reborn, revive.

vejîn[2] *f* revival.

veketandin (vekevîne) *vt* make (sb) lay down, cause (sb) to lay down; lay (sb/sth) flat.

veketin (vekeve) *vi* **1** lie, lie flat, lie at full length. **2** stay in bed. **3** stay/remain/be in (prison, a place, etc). **4** be idle, be unemployed.

veketî *adj* lying prone or flat.

vekêş *f* yawn. ~ **anîn (xwe)** *vi* yawn, gape.

veḵirin (veḵe) *vt* open; untie, undo.

veḵirî *adj* open; unfastened; (colour) light.

vekişandin (vekişîne) *vt* cause (sb/sth) to move back, draw (sth) back, withdraw.

vekişîn (vekişe) *vi* move back, recede, withdraw.

vekiṯandin (vekiṯîne) *vt* explain, detail.

vekîṯ *f* orthography.

vekolan (vekole) *see* **vekolandin**.

vekolandin (vekolîne) *vt* **1** research, investigate. **2** dig, excavate.

vekolîn[1] **(vekole)** *see* **vekolandin**.

vekolîn[2] *f* **1** research, investigation. **2** excavation, digging.

vekolîngeh *f* excavation site.

vekolînker *f* excavator (machine).
vekolînvan *n* excavator (person).
vek̲uştin (vek̲uje) *vt* extinguish, obliterate.
velezandin (velezîne) *see* **veze-landin**.
velezîn (veleze) *see* **vezelîn**.
velîst̲in (velîze) *vi* be petrified with horour or astonishment, faint (because of a shock, etc).
velo k̲irin *vt* divide.
vemirandin (vemirîne) *vt* extinguish, put out (fire, light), switch off.
vemirî *adj* extinguished, off.
vemirîn (vemire) *vi* (a fire) die down, go out, (a light) fade, go out.
venisîn (venise) *vi* perch, roost.
venişt̲in (venişe) *vi* perch, roost.
venivîsîn (venivîse) *vt* copy.
veposandin (vepoşîne) *vt* hide, cover.
vepoşandî *adj* secret, hidden, covered.
veqelaşt̲in (veqelêşe) *vt* split.
veqet̲ *f* apostrophe.
veqet̲andek̲ *f gram* article.
veqet̲andin (veqet̲îne) *vt* part, separate (from); set apart.
veqet̲inxwaz *n* separatist.
veqet̲în (veqet̲e) *vi* part, separate (from).
verandin (verîne) *vt* dig (with finger-nails, a knife, etc).
ver̲eşandin *see* **ver̲şandin**.
ver̲eşîn *see* **ver̲şîn**.
ver̲ijandin (ver̲ijîne) *vt* pour.
ver̲ijîn (ver̲ije) *vi* be poured, spill.
ver̲şandin (ver̲şîne) *vt* **1** cause (sb) to vomit, make (sb) vomit. **2** unstitch, unravel.
ver̲şîn (ver̲şe) *vi* **1** vomit. **2** be unstitched, be unravelled, unravel.
vesandin (vesîne) *vt* extinguish, put out (fire, light).
vest̲irîn (bivest̲ire) *vt* knead.
veşart̲geh *f* hiding-place, cache.
veşart̲in[1] (veşêre) *vt* hide, conceal; bury. **xwe ~** hide (os).
veşart̲in[2] *f* burial.
veşart̲î *adj* secret, in hiding, hidden, concealed.
veşart̲ok̲ *f* hide-and-seek.
vewest̲an *see* **r̲awest̲an**.
vexwandin *see* **vexwendin**.
vexwarbar *adj* drinkable.
vexwarin (vexwe) *vt* drink. **cixare ~** *vt* smoke.
vexwarin *f* drink; drinking.
vexwendin[1] *f* invitation.
vexwendin[2] (vexwîne) *vt* invite.
vexwendî *n,adj* guest, invited guest; invited.
vexwendîname *f* written invitation, invitation card.
vezelandin (vezelîne) *vt* stretch. **xwe ~** *vt* stretch (os) out.
vezele *m* pullover, sweater.
vezelîn (vezele) *vi* **1** be stretched, stretch. **2** stretch (os) out, lie on at full length.
vê *demonstr adj/pron* this (for feminine nouns). **~dawîyê/paşîyê** *adv* recently, newly; afterwards, later on.
vêca *adv* this time, now; for this; if so; then.
vêderê *adv* here.
vêga *adv* this time, now; then, if so.
vêhs *f* rest. **~ girt̲in** *vt* rest.
vêje *f* literature. **~yî** *adj* literary.
vêket̲in (vêkeve) *vi* (fire, light) burn out, be burned, be on.
vêk̲ ket̲in *vi* unite.
vêk̲ r̲a (vêk̲ r̲e) *prep* with.
vên[1] *f* wish, desire; will. **~mend** *adj* strong-willed, resolute.
vên[2] (bivê) *vt* need; have to do (sth).
vês *see* **vêhs**.
vêsê *adv* this morning.
vêsibê *adv* this morning.
vêsihandin (bivêsihîne) *vt* rest, let rest.
vêt̲in *see* **vên[2]**.
vêxist̲in (vêxe) *vt* light (fire, light, match, etc).
vêya *demonstr pron* this (for feminine nouns). **V~ bive**. Take this.
vi *see* **bi**.
vik̲evala *see* **vik̲ûvala**.
vik̲ûvala *adj* altogether empty.
vingeving *see* **vingîn**.
vingîn *f* buzzing, whizzing.
vingînî *see* **vingîn**.
vir̲ *f* lie. **~ k̲irin** *vt* lie, tell lies.
vir *n,adj* here. **Were ~**. Come here. **li ~** here. **Mamost̲e li ~ e**. The teacher is here. **ji ~** from here, hence. **ji ~ p̲ê ve** henceforth, from now on.
vira *see* **vir**. **li ~** *see* **li vir**.
virde *adv* here, hither. **V~ wêde!** What

next! Anything else!
virek *n* liar.
virik *f* diarrhoea. **bi ~ê ketin,~î bûn** *vi* have diarrhoea.
virker *n* liar.
virnî *adj* late (born or grown).
viyan *f* desire, wish.
viz,vizeviz,vizîn *f* buzzing, humming.
vizikîn (bivizike) *vi* spout.
vî *demonstr adj/pron* this (for masculine nouns). **~ zilamî** this man.
vîdyo *f Eng* video.
vîjik *f see* **virik**.
vîn[1] *f* will, desire.
vîn[2] *see* **vên**[2].
vîndar *adj* resolute, strong-willed. **~î** *f* resolution.
vîya *demonstr pron for masculine nouns* this, this one. **V~ ew dît**. This (one) saw it.
vîz,vîzevîz,vîzîn *f* buzzing, humming.

W

w *f* the 28th letter of the Kurdish alphabet.
wa[1] *int* Here! Here it is! See! Look!
wa[2] *demonstr adj* that. ~ **mala** that house.
wa[3] *adv* so, like this. **W~ neke**. Don't behave like this.
wacid *see* **xurt**.
wad[1] *f A* promise. ~ **dan** *vt* promise. ~ **kirin** *vt* promise.
wad[2]**,wade** *f A* time; fixed period of time. **wada ku** *conj* when, in case. **wada tiştekî hatin** *vi* fall due. **wadê ku** *conj* when.
wadî *A see* **newal**.
wahid *A see* **yek**.
wahş *m* wild boar, *zool* Sus scrofa. **~î** *adj* wild, savage, barbarous, brutal, untamed.
waîk *see* **wawîk**.
wajîgûn *adj* **1** contrary. **2** unlucky.
walih,waleh *see* **şaş, gêj**
walî *n A* governor of a province.
wan[1] *pron* they; them, those. **W~ em dîtin**. They saw us. **W~ bibîne.** See them.
wan[2] *demonstr adj* those. ~ **karkeran** those workers.
wan[3] *poss adj/pron* those. **a/ê/ên** ~ theirs. **bavê** ~ their father.
wana *demonstr pron* those. **W~ bîne.** Bring those.
wane *f S* lesson.
wanî *adv* so, such, in this way.
waqas *see* **ewqas**.
war *m* **1** home. **2** small, one-roomed earthenware house (usu in an orchard, etc). **3** place, field, area (of knowledge or activity). **4** camping ground. **di ~ê ... de** concerning, related to, regarding.
warge *f* region.
wargeh *f* **1** *milit* headquarters; bivouac, billet. **2** temporary encampment, camping ground.
-warî *suff meaning* in the way of, eg: **Kurdwarî** in the Kurdish manner.
waryoz *m* mace; sledge hammer.
wast *see* **west**.
wastîn,wastîyan *see* **westîyan**.
wate *f* meaning. **~zanî** *f* semantics.
wawîk *n* jackal.
wax *int* Alas! What a pity!
way[1] *int see* **wa**[1].
way[2] *int* Oh! (showing surprise).
Wa ye Here! Here it is! See! Look!
wazih *A see* **eşkere**.
we[1] *pers/poss pron,poss adj* you; your; yours. **W~ ew dîtin?** Did you see them?. **a/ê/ên we** yours. **pirtûka we** your book.
we[2] *see* **weha**.
wec(i)h *m A* **1** face. **2** way, manner. **3** reason.
Weew! *expression of surprise*. Wow!
wefd *f* delegation.
weha *adv* so, in this way, such. **hek/ku ~ be** since this is the way it is, if so.
wehdet *see* **tenêtî**.
Wehew! *expression of surprise*. Wow!
wehş *see* **wahş**. **~î** *see* **wahşî**.
wehşet *f A* wildness, savageness, barbarousness; brutality; untamedness.
wek *adj* like, similar; as. ~ **min** like me. ~ **berê** as before. ~ **ku** *adv* as. **W~ ku min got**. As I said.
weke *see* **wek**.
wekê *see* **wek**.
wekhev[1] *adj* equal, similar, alike. **~kirin/ kirin ~** *vt* equalize. **~î** *f* equality, similarity.
wekhev[2] *f* equality sign.
wekilandin (biwekilîne) *vt* repeat.
wekî *adv,adj* as, like. ~ **din** else, others; except, apart (from), other (than). **W~ din?** Anything else?
weko *see* **wekî**.
wekok *f* example.
wekû *see* **wekî**.
welat *m* the mother country; country. **~î** *n* fellow-countryman.
welatevîn *n,adj* patriot; patriotic. **~î** *f* patriotism, patriotic action.
welathez *n,adj* patriot; patriotic. **~î** *f* patriotism, patriotic action.
welatparêz *n,adj* patriot; patriotic. **~î** *f* patriotism; patriotic action.
wele,weleh *see* **welleh**.
welê *see* **wilo**.
welgerandin *see* **wergerandin**.
welgirtin *see* **wergirtin**.
welidandin (biwelidîne) *vt* give birth (to).
welidîn (biwelide) *vi* be born.
welle(h) *int A* by God, I swear (it is true).

~ **billeh** I swear by God.
welo *see* **wilo**.
wemq *see* **evîn**.
wenda *adj* lost; missing. ~ **bûn** *vi* be lost, disappear. ~ **kirin** *vt* lose. **xwe ~ kirin** *vt* lose consciousness, lose one's reason/senses, go into a towering rage; lose oneself.
weqî *f* unit of measurement (28.35 gr).
wer[1] *adv* so, such, like this, in this way.
wer[2] *adv* **tê ~ bûn** *vi* fall off (sth). **tê ~ kirin** *vt* make (sb/sth) fall off (sth).
wer[3] *suff forming nand adj, eg:* **bîrewer, ramanwer.**
wer[4] *preverb, eg:* **wergirtin, wergerîn, weranîn.**
wer *adv* **tê ~ dan** *vt* sift, sieve. **av tê ~ dan** *vt* rinse.
weranîn (werîne) *vt* bring.
werd *A see* **gul**.
werdek *f* duck.
were *imp of* **hatin** Come!
were *adv* so, such, in this way, like this.
Wereqe *f* Lira.
werê *adv* so. **W~ tu bi şûn ve hatî!** So you're back!
werger *f* translation.
wergerandin[1] **(wergerîne)** *vt* **1** turn over, turn upside down. **2** translate, interpret.
wergerandin[2] *f* translation.
wergerandî *adj* **1** translated. **2** (turned) upside down.
wergerîn (wergere) *vi* turn, be turned upside down.
wergervan *n* translator, interpreter.
wergêr *n* translator. **~î** *f* translatorship.
wergirtin (wergire) *vt* get, take, take back.
werhatin *vi* roll os on the earth.
werîn (were) *vi* come.
werimandin (biwerimîne) *vt* distend, cause (sth) to swell.
werimî *adj* swollen, distended.
werimîn (biwerime) *vi* swell, distend.
werîq *see* **zîv**.
werîs *m* rope.
werm *f* swelling, swollen place.
wer ne *adv* if not.
wersele *m* muscle.
werte *A see* **avzêl**.
werz *f* **1** season. **2** agriculture. **~karî** *f* agriculture, farming.
wesf *m A* quality; attribute.
wesfîn *adj gram* descriptive.
wesîd *see* **navder**.
wesîm *see* **rûgeş**.
wesîyet *f A* **1** will, testament. **2** request.
wessaf *A see* **pesindar**.
weş *see* **wek**.
west *f* fatigue, weariness, tiredness; break, rest. **~a xwe girtin** *vt* rest, have a rest.
westan[1] *f* fatigue, weariness, tiredness.
westan[2] **(biweste)** *see* **westîyan**.
westandin (biwestîne) *vt* tire, weary, fatigue.
westgeh *f* resort, vacation place.
westiyan,westîyan (biweste) *vi* get tired.
westîn *see* **westiyan**.
westîyannenas *adj* untiring.
westîyayî *adj* tired, weary, fatigued.
weş *f* moment, instant.
weşan *f* **1** publication. **2** broadcast.
weşandar *n* publisher.
weşandin (biweşîne) *vt* **1** shed. **2** publish. **3** broadcast.
weşangêr *n* publisher.
weşanxane *f* publishing house.
weşiyan,weşîyan (biweşe) *vi* (hair or leaves) be shed; (books, etc) be published.
weşî *f* bunch (of grapes).
weşîn *see* **weşîyan**.
weşînek *f* publication, broadcast.
weşînengeh *f* publishing house.
wext *f* time. **di ~ê de** at the proper/right time. **bi ~** timely, well-timed. **bê ~** untimely. **~a ku** in case, when.
wextekê *adv* at one time, once upon a time.
wextî[1] *adv* pretty soon, before long. **W~ ew were**. He/she will come soon.
wextî[2] *adj* temporary.
wey *int* Oh! (showing surprise). **W~ li mino/minê**! Woe is me!
weyn *n* role.
wezaret *f A* ministry. **~a bazara kar** ministry of labour. **~a bergirîyê** ministry of defence. **~a budçê** ministry of budget. **~a çandê** ministry of culture. **~a dadmendîyê** ministry of justice. **~a darayîyê** ministry of finance. **~a endustrîyê** ministry of industry. **~a guhastinê** ministry of transportation.

~a hawirparêziyê ministry of environment. **~a hevotina neteweyî** ministry of national education. ~ **karên civakî** ministry of social affairs. **~a karên çandî** ministry of agriculture. **~a karên derve** ministry of foreign affairs. **~a karên hundir** ministry of domestic affairs. **~a malîyê** ministry of finance. **~a sporê** ministry of sports. **~a şer** ministry of war. **~a tendurustîyê** ministry of health. **~a tûrîzmê** ministry of tourism. **~a zanistî û teknolojîyê** ministry of sciences and technology.

wezaretxane *f* ministry.

wez(i)n *f A* **1** *poet* meter. **2** weighing.

wezinandin (biwezinîne) *vt* weigh.

wezîr *n A* minister. **~ê derve** foreign minister.

wê[1] *pers pron, poss adj/pron* she, it (feminine); her, its; hers, its. **W~ xwar.** She ate (it). **pirtûka** ~ her book. **a/ê/ên** ~ hers.

wê[2] *demonstr adj* that (for feminine nouns). ~ **pênûsê** that pen. **li** ~ **derê** there.

wê[3] *cont of* **ew ê** he/she/it will. **W~ bê (Ew ê bê).** He/she/it will come.

wêbê *f* the future.

wêc *f* use, benefit. ~ **jê girtin** *vt* benefit from.

wê çaxê *adv* then.

wê gavê *adv* then.

wêne *m* photo; picture; drawing; portrait; image; painting. ~ **çêkirin** *vt* paint, draw. ~ **kişandin** *vt* take a photograph.

wêneçêkir *n* painter, artist.

wêneçîrok *f* strip cartoon.

wêneguhêz *f* television.

wênekêş *n* photographer.

wênepirtûk *f* album.

wênevan *n* photographer; painter.

wêran *adj* destroyed, ruined, annihilated. ~ **kirin** *vt* ruin, destroy, annihilate.

wêrek *adj* brave.

wêrîn (biwêre)[1] *vi* dare, venture. **Ew diwêre here.** He dares (to) go.

wêrîn[2] *f* courage.

wiha *adv* so; in this way; such; like this.

wilo *adv* so; in this way; such; like this.

win *see* **hun**.

winda *see* **wenda**.

wir *pron,adv* there, that place. **li** ~ *prep* there, in there.

wira *see* **wir**.

wisa *adv* so; in this way; such; like this.

wisan *see* **wisa**.

wişaq *see* **xulam**.

wî *pers/poss pron, poss adj* he, it (masculine); his, its. **Wî şkenand**. He broke (it). **a/ê/ên wî** his, its. **Bavê wî** his father.

wîçewîç *f* twitter, chirping. **~a tiştekî bûn** *vi* twitter, chirp. **kirin** ~ *vt* twitter, chirp.

wîlayet *f A* department, province.

wîtewît *f* twitter, chirping. **~a tişte-kî bûn** *vi* twitter, chirp. **kirin** ~ *vt* twitter, chirp.

wuha *see* **wiha**.

wun *see* **hun**.

wunda *see* **wenda**.

wurz *f* cedar, *bot* Cedrus.

wusa *see* **wisa**.

wusan *see* **wisa**.

X

x *f* the 29th letter of the Kurdish alphabet.
xaç *m Arm* cross. **~parêz** *adj,n* Christian. **~perest** *adj,n* Christian.
xaçerê *f* junction, crossroads.
xaçepirs *f* crossword, puzzle.
xadim *adj A* eunuch. ~ **kirin** *vt* castrate.
xak *f* earth, soil, land, country.
xakî *m,adj* A khaki.
xal[1] *m* maternal uncle.
xal[2] *f* spot, mole, beauty spot. **~a memikê** *anat* aerola. **~dar** *adj* having moles, spotted.
xal[3] *f* clause, article (of a law or contract).
xalifîn (bixalife) *vi* be delayed, be distracted, be kept busy, spend time.
xalis *adj A* pure, unmixed. ~ **muxlis** true, genuine.
xalî *adj* lonely, unfrequented, isolated (place).
xalîçe *f* carpet.
xalojin *f* wife of maternal uncle.
xaltî,xaltîk *f* mother's sister.
xalxalk *f anat* spleen.
xalxalok *n* lady bug, lady beetle, ladybird beetle, *zool* Coccinella.
xam[1] *adj* gullible, inexperienced, untrained. **~î** *f* gullibility.
xam[2] *adj* raw, unripe.
xama *n,adj* grown up (girl).
xame *see* **pênûs**.
xamoş,xamûş *adj* silent, quiet.
xan *f P* **1** caravansary, inn. **2** large commercial building.
-xane *suff* house. **pirtûkxane, nexweşxane,** etc.
xang *see* **xwang**.
xanim *f P* lady; mrs; miss.
xanî *m* house.
xap *f* trick.
xapandin (bixapîne) *vt* cheat, deceive.
xapîn (bixape) *vi* be deceived, be cheated.
xapînok *adj* deceitful.
xapîyan *see* **xapîn**.
xapo *adj* deceptive, misleading, deceitful.
xapok *adj* gullible.
xapûr *adj* ravaged, devastated. ~ **kirin** *vt* ravage, devastate.
xar[1] *see* **xwar**.
xar[2] *see* **stirî**.
xar marble, small ball of glass, clay, etc.
xaretker *see* **talanker**.
xas[1] *f* cos, lettuce, *bot* Lectuca sativa longifolia.
xas[2] *adj A* pure; of the best quality.
xasetî *f* character.
xasima,xasma *adv* especially, particularly.
xaşandin (bixaşîne) *vt* cook in boiling water.
xaşîn (bixaşe) *vi* **1** (a liquid) be about boiling. **2** cook in boiling water.
xaşxaş,xaşxaşk *f* opium poppy, *bot* papaver somniferum.
xatem *A see* **gustîlk**.
xatir[1] *m* influence, consideration.
xatir[2] *m* ifarewell, goodbye.. ~ **xwestin** *vt* say goodbye. **Bi ~ê te**. Goodbye! (while leaving).
xatirxwazî *f* a visit to say goodbye, farewell. **çûn ~yê** *vi* visit (sb) to say goodbye.
xatirxwestin *f* farewell, saying goodbye.
xatî *see* **xaltî**.
xatûn *f* **1** lady. **2** women's name.
xav *adj* crude, coarse, rude, row.
xavik *f* veil (woman's).
xavî *adj* crude, coarse, rude, row.
xavîn *see* **xavî**.
xavûcaw *f* textile.
xawen *see* **xwedî**.
xawer *P see* **rojhelat**.
xawî *see* **vala**.
xax *f* disgrace, scandal. ~ **anîn serê yekî** *vt* disgrace.
xayis *adj* unconscious, faint. ~ **bûn/ketin** *vi* faint, feel faint. ~ **kirin** *vt* make (sb) faint.
xayîn *adj A* traitorous, treacherous.
xazî *m* a string of gold coins worn by women on the top of forehead.
xazoz *f Fr* soda pop, soft drink.
xebat *f* work. ~ **kirin** *vt* work.
xebathez *adj* hard-working.
xebatkar *n* worker. **~î** *f* being a worker, workmanship.
xeber *f* **1** news. **2** word, talk. **3** swearing, swearword. ~ **dan** *vt* **1** let (sb) know, inform. **2** talk. **3** swear, cuss. **X~a te ye**. You are right.
xeberok(î) *adj* (of language) foul, foulmouthed.

xebitandin (bixebitîne) *vt* **1** use, practice, operate. **2** employ.
xebitîn (bixebite) *vi* work; study (lesson). **pê** ~ *vi* use, work with. **Ez bi dasê dixebitim.** I am working with the sickle.
xebînet *f* pity. **X~a wî ye.** What a pity for him.
xebl *see* **perîşan**.
xedar *adj A* cruel. **~î** *f* cruelty. **~î kirin** *vt* act cruelly.
xedeng *see* **tîr**.
xefik *f* trap.
xeftan *m* caftan.
xel *see* **xelk**.
xela *f* famine, general scarcity of food.
xelas *adj* **1** finished, ended, completed. **2** saved, rescued. ~ **bûn** *vi* **1** be finished, end, be completed. **2** be saved, be rescued. ~ **kirin** *vt* **1** finish, complete. **2** save, rescue.
xelasî *f* **1** end, completion. **2** liberation, rescue; release.
xelaskar *n* saviour, deliverer.
xelat *f* **1** gift, present. **2** prize, reward. ~ **dan/pê ve kirin** *vt* award (sb) a prize; give (sb) a reward. **~gir/wergir** *n* prizewinner, prizeman.
xelek *f* hoop; circle; ring. **~î** *adj* round, circular.
xelet *adj* wrong, incorrect. ~ **bûn** *vi* be wrong. **~î** *f* fault, mistake. **~î kirin** *vt* err, make a mistake.
xelîç *f A* gulf.
xelîfe *m A* caliph.
xelîl *A see* **dost**.
xelîtik *f* cartridge belt.
xelk *m A* **1** people, folk. **2** foreigners, strangers.
xelq *see* **xelk**.
xelwe *see* **xewle**.
xem *f* worry; sorrow; pain; sadness. **Ne ~ e.** It doesn't matter. ~ **kirin** *vt* worry. **ketin ~an** *vi* worry, grieve. **~a yekî bûn** *vi* mind, pay attention to, care. **Ne ~a min e.** I don't care. **Xem nake.** Never mind. It doesn't matter.
xemgîn *adj* sad, sorrowful. **~î** *f* sadness, sorrow. **bi ~î** *adv* sadly, sorrowfully.
xemgîr *adj* sad, sorrowful. ~ **kirin** *vt* sadden. **~î** *f* sadness, sorrow.
xemilandin (bixemilîne) *vt* deck out, embellish, adorn. **xwe** ~ *vt* adorn (os), deck (os) out.
xemilî *adj* adorned, decorated.
xemilîn (bixemile) *vi* be adorned, be embellished, deck (os) out.
xeml *f* ornament, adornment, decoration.
xemr *A see* **mey**.
xemrevîn *adj* soothing, calming, cheering.
xemsar *adj* neglectful, negligent.
xenc *A see* **naz**.
xencer *f* dagger. ~ **kirin** *vt* stab, knife. ~ **lê xistin** *vt* stab, knife.
xenê *adj* happy. ~ **bûn** *vi* be happy.
xeniqandin (bixeniqîne) *vt* strangle, choke.
xeniqî *adj* strangled, choked.
xeniqîn (bixeniqe) *vi* be strangled; be choked.
xenî *adj* rich, abundant; cheerful, joyful.
xennas *A see* **şeytan**.
xenzîr *n* wild boar, *zool* Sus scropa.
xera *adj* **1** broken, out of order. **2** ruined, in ruins. **3** spoiled. ~ **bûn** *vi* **1** be broken, be out of order. **2** spoil, go bad. ~ **kirin** *vt* **1** spoil, make (sth) bad. **2** break, put out of running order. **3** rape.
xerab *adj* bad. **~î** *f* badness, wickedness. **~î (pê) kirin** *vt* harm (sb).
xerabe *adj* **1** broken, out of order. **2** ruined, in ruins.
xerat *n* carpenter, cabinet-maker.
xerbende *n* slave, prisoner of war.
xerbet *see* **şerbet**.
xerc[1] *n A* spending. ~ **kirin** *vt* spend.
xerc[2] *f* mortar, material for plastering.
xerc[3] *f* tax.
xerez *f A* rancour, grudge.
xeriqîn (bixeriqe) *vi* faint.
xerîb *adj, n A* strange, unfamiliar; stranger, foreigner. **~î** *f* strangeness; foreign land, place far from one's home; living far from one's home.
Xermanan *f* July.
xerxere *f* gargling. ~ **kirin** *vt* gargle.
xerzik *m* vineyard.
xes *f* lettuce.
xesandin (bixesîne) *vt* geld, castrate.
xesar *f A* **1** damage, harm. **2** loss. ~ **dan**

vt damage, harm. ~ **kirin** *vt* lose money.
xesirandin (bixesirîne) *vt* cause (sb) to lose money.
xesirîn (bixesire) *vi* lose money.
xesî *see* **xwesî**.
xesîs *A see* **çiklos**.
xesma *see* **xasima**.
xesû *see* **xwesî**.
xeşandin *see* **xaşandin**.
xeşîm *adj* inexperienced; ignorant. **~î** *f* luck of experience, ignorance.
xeşyet *see* **tirs**.
xet *f A* line. ~ **kirin** *vt* draw a line/lines. ~ **kişandin** *vt* install a line (telephone, etc), draw a line.
xeter *f* danger. **di bin ~ê de** in danger.
xetere *f* danger.
xeterî *f* danger.
xeternak *adj* dangerous.
xetimandin (bixetimîne) *vt* plug, clog.
xetimî *adj* clogged, stopped up.
xetimîn (bixetime) *vi* be plugged, be clogged.
xetkêş *m* ruler, straightedge.
xevat *see* **xebat**.
xew *f* sleep. **~(a yekî) hatin** *vi* be/feel sleepy. **~(a yekî) revandin** *vt* cause (sb) not to sleep. **~(a yekî) revîn** *vi* be unable to get to sleep. **bi ~ de/re/ve çûn** *vi* fall asleep, doze off. **ji ~ rabûn** *vi* get up, wake up. **kirin ~** *vt* put (sb) to bed. ~ **neketin çavên yekî** *vi* be unable to sleep, be sleepless. **~sivik** *n,adj* light sleeper.
xewar *adj* sleepy; sluggish, indolent, shiftless. **~î** *f* supineness, shiftlessness, sluggishness.
xewcame *m* night dress, night-shirt, pyjamas.
xewf *see* **xof**.
xewgeh *f* bedroom, dormitory, alcove.
xewgiran *n* heavy sleeper.
xewirî *adj* unconscious, faint.
xewirîn (bixewire) *vi* **(dilê yekî)** ~ **1** feel very hungry, be ravenous. **2** faint.
xewîn (bixewe) *vi* sleep.
xewle *adj* lonely, unfrequented (place). ~ **kirin** *vt* lobby; take sb on one side, take (sb) to an unfrequented place to talk.
xewlî *f Tr* towel.
xewn *f* dream. ~ **dîtin** *vt* dream. **ketin ~a yekî** *vi* see (sb/sth) in one's dreams.
xewnandin *f* night watering.
xewr *see* **kûrahî**.
xeyb *f* the invisible world. **~erî** *adj* of or related to the spirit world.
xeyd 1 being offended. **2** getting angry.
xeydok *adj* touchy, easily offended.
xeyidandin (bixeyidîne) *vt* offend, hurt.
xeyidî *adj* offended.
xeyidîn (bixeyide) *vi* **1 (jê)** ~ be offended by, be hurt by. **2 (pê re)** ~ get angry at/with.
xeyl *see* **hesp**.
xeyme *A see* **kon**.
xeynî *adv* **ji** ~ apart from, except.
xezal *f* gazelle, antelope, *zool* Gazella dorcas.
xezeb *f A* wrath, rage. **hatin ~ê** *vi* get in a rage. ~ **di ser yekî de barîn** *vi* fall victim to (sb's) wrath. **~nak** *adj* wratful.
xezel *f A* (poetry) lyric poem of a certain pattern comprising 5-25 couplets).
xezenfer *A see* **şêr**.
xezûr *m* father-in-law.
xêlek *f* (an) instant, (a) moment.
xêlî[1] *f* sail.
xêlî[2] *f* covering cloth; silken scarf worn by the bride.
xêlî[3] *f* halo (round the moon).
xên *see* **xêndî**.
xêndî *adv* **(ji)** ~ apart from, except. **Ji ~ min**. Except me.
xêr *f A* goodness; favour; alms. **Xêr e?** What's the matter. **bi** ~ good, useful. **~ tê de ne man** *vi* be of no more use. **Tu bi ~ hat**. You are welcome. **~hatin dan** *vt* say welcome.
xêrat *f* A pious deed, charitable act.
xêret *see* **xîret**.
xêrexwah *see* **xêrxwaz**.
xêrnexwaz *adj* malicious, malevolent. **~î** *f* malevolence.
xêrxwaz *adj* good-hearted, kind, benevolent. **~î** *f* benevolence.
Xêve *f* June.
xêxik *f* autumnal wild plum.
xêz(ik) *f* line. ~ **kişandin** *vt* draw a line, draw. **~ên dest** *n* lines of hand.
xilaf *adj* contrary to the fact, lie.
xilas *see* **xelas**.
xilaskar *see* **xelaskar**.

xilat *f* **1** gift, present. **2** prize, reward.
xilmaş *adj* sleepy, sleepy-eyed.
xiloxwar *adj* crooked.
xilxal *f* anklet.
xilt *n* mole, *zool* Talpa europaea.
xilxilî *adj* broken to smithereens.
xiniz *adj* traitorous, malicious.
xir[1] *m* penis.
xir[2] *f* ~ ~ snoring.
xira *see* **xera**. **~ bûn** *see* **xera bûn**.
xirab *see* **xerab**.
xiram *m* rock, cliff.
xiram *f Fr* gram.
xirap *see* **xirab**.
xirav *see* **xirab**.
xirbe *m* ruins, building on the point of collapse.
xircir *f* noisy quarrel, squabble.
xireber *m* gravel.
xirêf *f* lavish meal; banquet, feast.
xirş *f* unfruitful tree.
xirxal *f* **1** anklet. **2** wheel.
xisar *A f* **1** damage, harm. **2** loss. **~ dan** *vt* damage, harm. **~ kirin** *vt* lose money.
xistin (têxe,bixe) *vt* **1** put; place; thrust; insert. **2** drop, let fall. **~ber/pêş 1)** exhibit, present to, submit to, **2)** explain. **lê ~ (lêxe)** *vt* **1)** beat, strike, hit. **2)** play (a musical instrument, tape-recorder, etc). **ji hev ~ (ji hev bixe)** *vt* dismantle.
xişil *see* **xişir**.
xişir *m* jewellery, jewelry.
xişîn *f* rustle, rustling sound.
xişt(ik) *f* sharply pointed skewer.
xitim *n A* reading of the Koran from beginning to end.
xiyal *f* dream; imagination.
xiyar *m* cucumber.
xizan *adj* poor, destitute. **~î** *f* poverty, destitution.
xizêm *f* metal ornament worn on the nose.
xizêmok *f bot* daddelion.
xizm *n* A relative. **~atî** *f* kinship, relationship.
xizmet *f A* service. **~ kirin** *vt* serve. **~kar** *n* servant.
xizne *f* treasure.
xiznok *f* piggy bank, money box.
xîç[1] *m* gravel.
xîç[2] *f* line.
xîçik[1] *f* mucus, nasal mucus.
xîçik[2] *m* gravel.
xîj: **xwe ~ kirin** *vt* attack.
xîlaf *see* **xilaf**.
xîm *see* **hîm**.
xîret *f A* zeal, ardour; effort. **~ kirin** *vt* endeavour, try hard, do one's best.
xîvet *m* A tent.
xîz *f* fine sand.
xoce *m A* hodja, Moslem preacher; teacher.
xof *f* fear. **~ ketin dil(ê yekî)** *vi* be frightened. **~ xistin dil(ê yekî)** *vt* frighten. **ketin ~eke mezin** *vi* be badly frightened.
xofdar *adj* fearful, frightening.
xoftijî *adj* frightening.
xoh *see* **xok**.
xok *f* sister.
xol *f* ash.
xong *f* sister.
xopan *adj* ruined, destroyed.
xort *m,adj* youth, young (man), youthful.
xoş *adj* nice, pleasant.
xoşav *f* stewed fruit.
xoşewîst *adj* dear.
xoşk *see* **hişk**.
xoşxwan *f* (music) a march.
xovan *adj* tepid, lukewarm.
xox *f* peach, *bot* Prunus persica.
xoz *f* cone.
xozan *f* stubble.
xu[1] *see* **xwe**.
xu[2] *f* sweat. **~ dan** *vt* sweat.
xud *see* **xwe**.
xuda *see* **Xwedê**.
xudan[1] *n* **1** *see* **xwedî**. **2** creator.
xudan[2] *f* sweat.
xudê *see* **Xwedê**.
xuh *f* sweat. **~ dan** *vt* sweat.
xulam *n* servant, slave.
xuld *A see* **bihişt**.
xulq *m* temper. **~ê xwe fireh kirin** *vt* calm (os). **~ê yekî fireh bûn** *vi* become calm. **~ê yekî teng bûn** *vi* get angry. **~fireh** *adj* calm, tolerant. **~teng** *adj* bad-tempered, intolerant.
xuluqandin (bixuluqîne) *vt* create.
xuluqîn (bixuluqe) *vi* be created.

xulxulîn (bixulxule) *vi* (for a cock) crow.
xumxum *f* the noise of the flowing water.
xunaftin *vt* assimilate.
xunav *f* dew.
xunce,xunçe *f* bud.
xundekar *see* **padîşah**.
xunifandin *vt* assimilate.
xur[1] *f* itch, pruritus.
xur[2] *see* **xwarin**.
xurandin (bixurîne) *vt* scratch (an itchy place).
xurîn (bixure) *vi* **1** itch. **2** be itching for a beating.
xurbet *see* **xerîbî**.
xurcik *f* bundle.
xurcilandin (bixurcilîne) *vt* go into, delve into (a matter).
xurde[1] *adj,n* change, small change (money). ~ **kirin** *vt* change (money), give change for.
xurde[2] *n* scrap (metal). *gram* affix. **~paş** suffix. **~pêş** prefix.
xure *adj* gluttonous.
xurfe *A see* **ode**.
xuricîn (bixurice) *vi* (for a shooting star) fall.
xurifî *adj* senile, dotard.
xurifîn (bixurife) *vi* become senile, reach one's dotage.
xurî *f* scabies.
xurînî *f* **1** condition of not having eaten (esp in the morning); breakfast. **~(ya xwe) kirin** *vt* have a breakfast. **bi** ~ not having a breakfast.
xurme *f P* date, *bot* Phoneix dactylifera.
xurşîd *see* **roj**.
xurt *adj* strong, powerful. ~ **bûn** *vi* get strong, become stronger. ~ **kirin** *vt* strengthen, fortify.
xurtî *f* strength, power.
xusr *see* **xisar**.
xusse *see* **xem**.
xusserevîn *see* **xemrevîn**.
xuşîn *f* rustle, rustling sound.
xuşk *f* sister.
xuşxuş *see* **xuşîn**.
xutbe *f A* sermon delivered at the noon prayer on Friday.
xuwar *n* flamingo.
xuya *adj* apparent, in sight, visible. ~ **bûn** *vi* show (os), appear, come in sight, be seen. ~ **kirin** *vt* have (sth) shown, show, make visible. **X~ nabe**. It is not in sight. **X~ ye ku** It appears that.
xuyan (bixuye) *vi* appear, come in sight, be seen.
xuyî *adj* subjective.
xû[1] *f* **1** habit, temper. **2** nature, natural tendency. **~nerm** *adj* kind. **~xweş** *adj* kind, good/sweet-tempered
xû[2] *see* **xu**[2]
xûk(î) *f* protection money. ~ **xwarin** *vt* get protection money.
xûl[1] *adj* stooped. ~ **bûn** *vi* be stooped. **xwe** ~ **kirin** *vt* stoop.
xûl[2] *see* **pîrhevok**.
xûn *see* **xwîn**.
xûnav *f* dew.
xûsik *f* frost, hoarfrost.
xûşe *see* **gulşî**.
xûşk *f* sister.
xûz *adj* humpbacked, hunchbacked.
xwab *A see* **xew**.
xwace *see* **mamoste**.
xwah *see* **xweh**.
xwak *f* little sister.
xwan *f* dinner table, table; meal.
xwanende *see* **sitranbêj**.
xwanê *see* **xuya**.
xwang *f* sister.
xwar[1] *adj* crooked; bowed; curved; slanted; sloping. ~ **bûn** *vi* bend, curve, warp. ~ **kirin** *vt* **1** tip, tilt. **2** bow, bend, give a curve to.
xwar[2] *adv* downwards, downstairs. **hatin** ~ *vi* come down/downstairs. **Were** ~. Come down.
xwarbar *adj* eatable.
xwarin[1] *f* meal, food, eating. **xwe ji ~ê dan paş** *vt* go on a hunger strike, refuse eating. **ji ~ê ketin** *vi* have no appetite.
xwarin[2] **(bixwe)** *vt* eat. **sond** ~ *vt* take an oath. **têr** ~ *vt* eat one's filling. **xem** ~ *vt* worry, be sorrowful.
xwarindev *f* ration (daily food allowance).
xwaringeh *f* dining hall.
xwarinnasî *f* gastronomy.
xwarinpêj *f* cook.
xwarinxane *f* restaurant.

xwarî *f* crookedness, warp; curvature.
xwaro *adj* mean, low.
xwaromaro *adj* crooked.
xwarzê *n* nephew, niece (sister's son or daughter).
xwarzî *see* **xwarzê**.
xwas *adj, adv* barefoot. ~ **gerîn** *vi* go/walk barefoot.
xwastin[1] **(bixwaze)** *vt* want, wish, ask for, demand.
xwastin[2] **(bixwaze)** *vt* ask a family to give their daughter as a bride.
xwazge *f* desire, longing.
xwazgînî *n* (people) asking a family to give their daughter as a bride.
xwazî *see* **xwezî**.
xwe *refl pron* self, oneself. ~ **dan tiştekî** *vt* devote (os) whole-heartedly to (sth). **bi ~ hesîn** *vi* wake up. **ji ~ kirin** *vt* take (sth.) off, undress. **li ~ kirin** *vt* put on, dress. ~ **mezin dîtin** *vt* give os airs, think one is sth. ~ **nixumandin** *vt* cover os. ~ **ragirtin** *vt* wait, control (os). ~ **rexne kirin** *vt* criticize os. ~ **spartin (yekî)** *vt* take refuge behind (sb). ~ **şeh kirin** *vt* comb one's hair. ~ **şuştin** *vt* take a bath, wash (os). ~ **xar kirin** *vt* rush.
xwebawer *adj* self-confident. **~î** *f* self-confidence.
xweber *adj gram* simple.
xwebîn *adj,n* egoist. **~î** *f* egoism.
xwebûn *f* independence.
Xweda *see* **Xwedê**.
xwedan *see* **xwedê**.
xwedanenas *adj,n* atheistic; atheist. **~î** *f* atheism.
Xwede *see* **Xwedê**.
xwedeyî *adj* divine, of or relating to God.
Xwedê *m* God. **bi ~** by God. **X~ hefiz** Goodbye. **X~ ji te razî be**. God bless you. ~ **zarok dan (yekê)** *vt* give birth.
xwedêgiravî *adv* supposedly, as if, you would think that.
xwedî *n* owner, proprietor, possessor. ~ **kirin** *vt* **1** bring up (a child). **2** feed, fatten (an animal). **lê ~ derketin** *vi* protect. **~yê malê** *m* host. **~ya malê** *f* hostess.
xwedîbext *adj* honest, trustful.
xwedîerd *n* landowner.
xwedîmal *adj* (person) married, having a home. ~ **û mulk** rich.
xwedînamûs *adj* honest, honourable, (sexually) virtuous, moral.
xwedîrûmet *adj* estimable, worthy of esteem.
xwedîsebr *adj* patient.
xwedîtî *f* **1** ownership, proprietorship. **2** protection, patronage. ~ **lê kirin** *vt* protect, back, look after (sb).
xwedîvên *adj* energetic, resolute.
xwefiroş *n* **1** collaborator, quisling, traitor. **2** prostitute, whore.
xweger[1] *adj* automatic.
xweger[2] *adj* autonomous. **~î** *f* autonomy.
xweh *f* sister.
xwehesîn *f* awakening.
xwejibîr *adj* forgetful.
xwe ji xwe *adv* to oneself, by oneself.
xwekaşok *n* reptile.
xwekuştin *f* suicide. **xwe kuştin** *vt* commit suicide.
xwelî *f* ash, dust. **~dank** *f* ashtray.

xwemeş *f* automobile.
xwenda *adj* literate.
xwende *adj* literate.
xwendegeh *f* school. **~a bindestpêkê** kindergarten. **~a destpêkê** primary school. **~a navîn** secondary school. **~a bilind** college; institution of higher education.
xwendekar *n* student, pupil.
xwendevan *n* reader.
xwendewar *adj* learned, educated.
xwendin[1] **(bixwîne)** *vt* **1** read. **2** study, attend school.
xwendin[2] *f* reading.
xwendin[3] *vt* (birds) sing.
xwendingeh *see* **xwendegeh**.
xwendinyar *adj* literate. **~î** *f* literacy.
xwendox *n* reader.
xwene,xwe ne Or? Is it possible? Is it true?
xweparastin *f* self-defence.
xweperest *adj* egoistic.
xwepênîşandan *see* **xwepêşdan**.
xwepêşanîn *see* **xwepêşdan**..

xwepêşdan *f* demonstration.

xwepêşde *n* demonstrator.

xwerexne *f* self-criticism.

xwerist *f* nature.

xweristî *adj* natural.

xwernedî *adj* supine, indolent.

xwernedîtin *f* not feeling work or doing sth. **(bi) xwe re nedîtin** *vt* not to feel working or doing (sth).

xwernûf *f* carob, carob tree, *bot* Caratomia siliqua.

xwerû[1] *adj* **1** simple, pure. **2** original, not imitative; genuine.

xwerû[2] *f* peculiarity, characteristic.

xweser *adj* **1** self-willed, independent, autonomous. **2** peculiar (to), unique (to). **~î** *f* **1** autonomy. **2** peculiarity, trait.

xwesiparte *n* refugee.

xwesî *f* mother-in-law.

xwestek *f* demand.

xwestin[1] **(bixweze)** *vt* ask, want, desire, demand, wish.

xwestin[2] *f* demand.

xwestî *n,adj* engaged to be married.

xwesû *see* **xwesî**.

xweş *adj* **1** nice, pleasant. **2** healthy.

xweşav *see* **xoşav**.

xweşbergeh *adj* with a fine view, scenic, abounding in attractive scenery.

xweşbîn *adj* optimistic.

xweşdivî *adj* dear.

xweşgo *adj* kind, good company.

xweşgotin *f* compliment.

xweşhal *rgd* comfortable. **~î** *f* comfort.

xweşik *adj* beautiful, nice.

xweşî *f* pleasure; health.

xweşkaêş *adj* strong.

xweşmêr *m* gentleman.

xweşpeyv *adj* (person) whose talk is delightful.

xweşrewş *adj* comfortable, well-off.

xweşxwan *f* (music) a march.

xweşxwazî *f* good wish.

xwey *see* **xwe**.

xweydan *f* sweat. **xwey dan** *vt* sweat. **~ dan** *vt* sweat.

xweying *see* **xong**.

xweyî *see* **xwedî**.

xweza *f* nature. **~yî** *adj* natural.

xwezî[1] *f* spit, spittle.

xwezî[2] *f* wish. *adv* I wish, if only. **X~ tu çûbûya**. I wish you had gone. **X~ya min li dilê te**. I wish I were you. **X~ya min di dilê min de ma**. I was disappointed.

xwezînî *see* **xwazgînî**.

xwê *f* salt. **~ avêtin/kirin** *vt* salt, add salt to. **~dank** *f* saltshaker, saltcellar.

xwê(h)dan *f* sweat. **xwê(h) dan** *vt* sweat. **~ dan** *vt* sweat. **di nav ~ê de man** *vi* break out in a sweat; be covered with sweat. **~a enîyê** work, effort.

xwênî *n* refugee.

xwir *f* itch, pruritus.

xwirandin (bixwirîne) *vt* scratch (an itchy place).

xwirîn (bixwire) *vi* **1** itch. **2** be itching for a beating.

xwirînî *see* **xurînî**.

xwişk *f* sister.

xwî *see* **xû**.

xwîdan *f* sweat.

xwîn *f* blood. **~ bûn** *vi* bleed. **~ kirin** *vt* make (sth) bleed. **~ li erdê nehiştin** *vt* get/take revenge. **~ rijandin** *vt* shed blood.

xwîndar *adj* bloody.

xwîngerm *adj* **1** friendly, likable. **2** warm-blooded. **~î** *f* warmth of personality.

xwînî *adj* bloody.

xwînkêm *adj* anaemic. **~î** *f* anaemia.

xwînmêj *n,adj* exploiter; exploitative.

xwînpak *n,adj* purebred, thoroughbred.

xwînrêj *adj* bloodthirsty. **~î** *f* bloodshed.

xwînsar *adj* cold-blooded.

xwînşêrîn *adj* attractive, pleasant.

xwînxane *f* blood bank.

xwînxwar *adj* bloodthirsty, atrocious. **~î** *f* atrocity.

xwîyayî *f* phenomenon.

xwudan *see* **xudan**.

xwur *see* **xur**.

xwurandin (bixwurîne) *see* **xurandin**.

xwurî *see* **xurî**

xwurîn (bixwure) *see* **xurîn**.

xwurînî *see* **xurînî**.

xwuzgînî *see* **xwazgînî**.

Y

y *f* the 30th letter of the Kurdish alphabet.

ya[1] *poss article for sing feminine nouns* **~ min** mine. **~ te** yours. **bi ~ yekî kirin** *vt* follow sb's advice, obey.

ya[2] *poss ending for sing feminine nouns* **derzîya min** my needle.

ya[3] *pron for sing fem nouns* the one that. **~ mezin** the big one. **Ya (ku) min dît.** The one that I saw.

ya[4] *int* O..! Oh..! **Y~ Xwedê!** O Lord!

ya[5] *conj* or; either ... or. **~ tu ~ ez** either you or me. **~ jî** or. **~ na** or not, if not.

yabis *A see* **zuha**.

yadê *exp* Mum! Mummy!

Yahûdî *n,adj* Jewish.

yal *m* mane.

yan[1] *conj see* **ya**[5].

yan[2] *f* divan, sofa, coach.

-yan[3] *ending used in oblique case of plural nouns* **kevçîyan bîne** Bring the spoons.

yan[4] *poss ending for plural nouns* **daxwaza gundîyan** the villagers' demand.

yane *adj* desirous, wishing. **Dilê min ~.** I am longing (for).

yanesîb *f* lottery.

yanê,yanî,yano *adv A* that is to say, I mean, in other words, namely.

yanzdan *see* **yazdehan**.

yanzde *see* **yazdeh**.

yanzdeh *see* **yazdeh**

yaqût *m A* ruby.

yar *n* friend; girl-friend, boy-friend, lover.

yarî[1] *f* joke, play. **~ kirin** *vt* joke, play.

yarî[2] *f* friendship.

yarmetî *f* aid, help. **~(ya yekî) kirin** *vt* help.

yasemîn *f* jasmine, *bot* Jasminum.

yawe *f* nonsense. **~bêj** *n* blatherer.

yaxe *f Tr* collar.

yazde *see* **yazdeh**.

yazdeh *n,adj* eleven. **~an/em/mîn** *n,adj* eleventh.

yek *f,adj* one. **~ bûn/bûn ~** *vi* unite. **~ girtin** *vt* regard as equal. **~ kirin/kirin ~** *vt* put together, unite. **~em/emîn** *adj* first. **~ û du** one another, each other.

yekaheng *adj* monotonous. **~î** *f* monotony.

yekbêj *adj* serious-minded, reliable.

yekbûn *f* **1** unity, union. **2** sameness; identity.

yekbûyin *see* **yekbûn**.

yekbûyî *adj* united.

yekcar *adv* **1** with one action, at a time, in one lot. **2** excessively, extremely, too. **Tu ~ nezan î**. You are too ignorant.

yekçav *adj* one-eyed.

yekdeng *adj* unanimous. **~î** *f* unanimity, unanimous vote. **bi ~î** *adv* unanimously.

yekdil *adj* single-hearted, unanimous.

yekdû *see* **yek û du**.

yeke *f* unit.

yekejimar *adj gram* singular.

yekgirtî *adj* united.

yekgîsin *n,adj* (land) ploughed once.

yekhejmar *adj gram* singular.

yekînek *f mil* unit.

yekîtî *f* unity; union.

yekkîte *n,adj* monosyllable; monosyllabic.

yekmehî *adj* one-month-old.

yekperçe *adj* made of a single piece or block.

yekperest *n,adj* monotheist; monotheistic. **~î** *f* monotheism.

yekpê *adj* one-legged.

yekrû *adj* equal; same.

yeksan *adj* uniform; same. **~î** *f* uniformity; sameness.

yekser *adj,adv* direct, directly.

yeksû *see* **yekrû**.

Yekşem *f* Monday.

yekta *adj* unique, only.

yekûdin,yekûdî,yekûdu *adv* each other, one another.

yekziman *adj* monolingual.

yeman *adj* frightfully good, amazingly good; brave.

Yemen *f* the Yemen. **Y~a Bakur** North Yemen. **Y~a Başûr** South Yemen.

yeqîn *f* belief, trust. **(jê) ~ kirin** *vt* believe; trust.

yeqînî *f* belief; trust. **~(ya xwe) pê anîn** *vt* believe.

yewm *see* **roj**.

yexsîr *n* slave, prisoner of war, captive.

yextiyar *n,adj A* old (person).

Yezdan *m* God. **~î** *adj* of or related to God.

yê[1] *poss article (used for masculine sing nouns)* **~ te** yours.

yê[2] *poss ending (ude for masculine sing*

nouns) **kevçîyê te** your spoon.

yê[3] *pron (used for masc sing nouns)* the one that. ~ **biçûk** the small one. **Yê ku em lê digerîyan**. The one that we were looking for.

yêk û du *see* **yek û du**.

yêkve *see* **yek û du**.

yên[1] *poss article (used for pl nouns)* ~ **te** yours.

yên[2] *poss ending (used for pl nouns)* **kevçîyên te** your spoons.

yên[3] *pron (used for pl nouns)* the ones that. ~ **biçûk** the small ones. **Y~ ku bên** The ones that are going to come.

yom *m* luck; omen. **bi~** lucky. **bê~** unlucky.

yûh *see* **roj**.

Z

z *f* the 31st (last) Krd letter.
-za *suff meaning* son or daughter. **bra~** son or daughter of one's brother.
zabit *n A milt* officer.
zad[1] *m* crop; growing grain.
zad[2] *m* food.
-zad[3] *see* **zade**.
zade *suff meaning* child of, eg: **begzade, şêxzade**.
zadegan *n,adj* noble. **~î** *f* nobility.
zaferan *f* saffron, *bot* crocus stavius.
zagon *f* law. **~a bingehîn** constitution. **~deranîn** *f* legislation, making laws.
zahf *adv,adj* much, many, very.
zahid *n,adj* (sb) who shuns the world and its pleasures to devote himself to worship and pious works; (an) ascetic.
zaîd *A see* **zêde**.
zal *see* **pîrejin**.
zalim *adj A* unjust; oppressive; cruel.
zalî *adv* **~ (yekî) kirin** *vt* try to act like (sb), imitate.
zan (bizê) *vt* give birth.
zana *adj* learned, wise.
zanav *m* identity.
zane *adj* learned, wise.
zanemêr *n,adj* expert; learned, wise.
zanistî *f* science.
zanistyar *n* scientist.
zanîn[1] *f* knowledge; science.
zanîn[2] **(bizane)** *vt* know. **dan ~** *vt* **1** teach. **2** announce, inform. **ji ber ~** *vt* know by heart.
zanîngeh *f* university.
zanîstgeh *see* **zanîngeh**.
zanyarî *adj* scientific.
zar[1] *m* **1** language. **2** dialect.
-zar[2] *suff forming adjectives* -ful, -ed.
zar[3] *f Tr* die (thrown when playing games of chances). **~ avêtin** *vt* throw a die or dice.
zar[1] *f* **~ ~,~(e)~** cry, wail, lamentation.
zar[2] *n* child.
zarav(a) *m* dialect.
zarezar *see* **zar**[1].
zargotin *f* folklore.
zarîn (bizare) *vi* wail; lament.
zaro,zarok *n* child. **~ anîn** *vt* give birth, have a child. **~tî** *f* childhood; childish manners. **~tî kirin** *vt* act childishly.
zarokgeh *f* crèche.
zarokxane *f* crèche.
zarû *see* **zaro**.
zarûk *see* **zarok**.
zarûzêç *n* household, wife and children.
zarxweş *adj* (person) whose talk is delightful.
zava *m* bridegroom; sister's or aunt's husband, son-in-law, brother-in-law. **~tî** *f* being a son-in-law or groom. **şeva ~tîyê** wedding night.
zax[1] *f* sulphate.
zax[2] *n* crow.
zayend *f gram* gender. **~a mê** feminine. **~a nêr** masculine.
zayin *see* **zayîn**
zayî *A see* **wenda**.
zayîn[1] *f* birth.
zayîn[2] **(bizê)** *vt* give birth.
zayok *adj* prolific, fecund.
Zaza *n* a Kurd speaking **Zazakî**. **~kî** *f* one of the Kurdish dialects spoken in Northern Kurdistan.
zeban *P see* **ziman**.
zebenî *m A religion* a guard taking condemned sinner to Hell; hellcat.
zebeş *m* watermelon, *bot* Citrullus vulgaris.
zebûr *f* the Book of Psalms (in the Bible).
zed *see* **zad**.
zeft *f A* bringing (sb/sth) under control; restraining. **~ kirin** *vt* **1** catch, capture. **2** bring (sb/sth) under control; restrain.
zegîl *f bot* medlar.
zehf *adj,adv* much, many, a lot; very.
zehmet *f A* difficulty. **~ kirin** *vt* take the trouble to come/go or do (sth). **~kişandin** *vt* have difficulty.
zehmetkêş *n* worker, labourer, proletarian.
zelal *adj* clear, limpid; transparent. **~ bûn** *vi* be/become clear, be/become limpid. **~ kirin** *vt* make (sth) clear or limpid.
zelalî *f* clearness, limpidity.
zelam *see* **tarîtî**.
zelete *f It* salad.
zeliqandin (bizeliqîne) *vt* **pê ~** glue, paste, tape or stick (one thing) to (another).
zeliqî *adj* **(pê ve) ~** stuck on or to; clinging tightly to. **bi hev ~** stuck together, cling to one another.

zeliqîn (bizeliqe) *vi* **pê ve** ~ stick (to), adhere (to), cling (to). **bi hev** ~ *vi* stick to one another, cling to one another.
zelq *f* droppings (of birds).
zelûl *adj* despairing; despondent.
zelût *adj* bald. **ser~** bald, bald headed. **ser~î** *f* baldness.
zelzele *f A* earthquake.
zem *f* speaking ill of (sb), backbiting. **~(a yekî) kirin** *vt* speak ill of (sb), backbite.
zeman *A see* **dem**.
zemberî *see* **pir**.
zembil *see* **zembîl**.
zembîl *f* basket made of woven reeds.
zemen *see* **dem**.
zemherî *f* the coldest part of winter (the forty days between 22 December and 30 January).
zemq *f A* gum, gum resin; glue.
zemt *f* bringing (sb/sth) under control, restraining. ~ **kirin** *vt* bring (sb/sth) under control, gain control of, restrain, capture (a place).
zemzem *f A* zamzam, a famous well near the Kaaba in Mecca. **ava ~ê** water from zamzam.
zen *f A* supposition, guess. ~ **kirin** *vt* guess, suppose.
zenb *see* **guneh**.
zencîre *f* series.
zend[1] *m anat* forearm. **~(ên xwe) hildan** *vt* get ready to do sth, roll up one's sleeves.
zend[2] *m* bolt (of a door).
zende *see* **zindî**.
zendegirtî *adj* astonished. ~ **man** *vi* be astonished.
zendî *see* **zindî**.
zeng *f* rust.
zengarî *adj* rusty, tarnished.
zengelok,zengelork *f* Adam's apple.
zengil *f* bell, gong. **li ~ xistin** *vt* ring (a bell). ~ **lê ketin** *vi* (a bell) ring. **li ~ ketin** *vi* (a bell) ring. **~geh** *f* bell tower, belfry.
zengilîn (bizengile) *vi* ring.
zengilor *f anat* trachea, windpipe.
zengu *n* stirrup.
zenguya pê *f anat* sole of the foot.
zer *m,adj* yellow; pale. ~ **bûn** *vi* turn yellow; turn pale, grow pale. ~ **kirin** *vt* yellow, make (sth) turn yellow; make (sb) grow pale.
zerar *see* **zirar**.
zerbav *n* canary, *zool* Serinus canarius.
zerdalî *see* **zerdele**.
zerde *see* **zer**.
zerdele,zerdelû *f* apricot.
Zerdeşt *m* Zoroaster. **~î** Zoroastrian.
zere *f A* mote, atom.
zereq *f* light.
zererek *n* flax.
zerf *f A* envelope.
zergo *m* golden earring.
zerik[1] *f* yolk. **~a hêkê** yolk.
zerik[2] *f* jaundice. **~î bûn** *vi* jaundice.
zerî *f* yellowness.
zer(k) *f* jump, attack. **xwe ~ kirin** *vt* attack, jump.
zerkeş *adj* gold-plated.
zero *adj* **yellowish**.
zerûrî *adj A* absolutely necessary, essential.
zerzeng *f* crown. **~a ronahî** halo (round the moon).
zerzewat *m* vegetables.
zeveş *see* **zebeş**.
zevî *n* field.

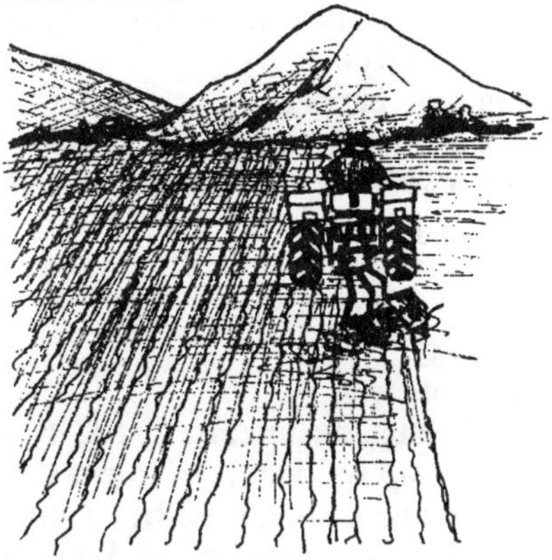

zewac *f* marriage.
zewicandin (bizewicîne) *vt* marry off, marry (a couple).
zewicî *adj* married.
zewicîn (bizewice) *vi* get married. **bi yekî/yekê re** ~ *vi* marry (sb).
zewq *f A* pleasure, enjoyment, fun. ~ **kirin** *vt* take pleasure, become delighted, enjoy os. **~xane** *f* entertainment-place, cabaret.

zewreq *f* raft, timber float.
zexel *adj* deceitful, tricky. **~î** *f* trick. **~î kirin** *vt* do (sth) deceitful.
zexîre *f A* stock of grain.
zexim *see* **zexm**.
zeximandin (bizeximîne) *vt* strengthen, reinforce.
zexm *adj* strong, sound. **~î** *f* soundness, strength.
zeyde *see* **zêde**.
zeyî *f* husband's sister.
zeyt *f* olive oil, oil.
zeytûn *f* olive.
zêç *n* **zarû~** household.
zêde *adj,adv* too much, too many, excessive, more than needed. **~ bûn** *vi* increase. **~ kirin** *vt* **1** increase (sth). **2** exaggerate. **3** reproduce, duplicate.
zêdetir *adj* more. **~în** most.
zêdetî *f* excess; surplus.
zêlû *see* **zîro**.
zêr *see* **jêr**.
zêr *m* gold.
zêrandin (bizêrîne)[1] *vt* gild.
zêrandin (bizêrîne)[2] *vt* exploit.
zêrav *f* aqua regia.
zêrfiroş *n* jeweller; goldsmith. **~î** *f* the work of a jeweller.
zêringer *see* **zêrker**.
zêrîn *adj* golden; gilded.
zêrker *n* jeweller; goldsmith. **~î** *f* the work of a jeweller.
zêrû *see* **zîro**.
zêrzemîn *m* underground shelter.
zêt *see* **zeyt**.
zibal *f* grapefruit.
zibil *m* **1** dung, manure, fertilizer, droppings. **2** heap (of dung). **~ê germ** dung (of horse and donkey). **~ê heywanan/ xwezayî** dung, manure. **~ê kîmyayî** chemical fertilizer. **~ê madenî** mineral fertilizer. **~ê sar** cattle dung.
zibîl *see* **zibil**.
zicac *A see* **şûşe**.
zicêf *m* sole (of a shoe). **~ kirin** *vt* sole (a shoe).
zift *f* pitch.
ziha[1] *adj* dry; dried. **~ bûn** *vi* dry, get dry. **~ kirin** *vt* dry.
ziha[2] *n* dragon.
zik *m anat* **1** abdomen, abdominal region. **2** belly, stomach. **~ê piçuk** *m anat* lower abdomen. **~ê xênî** *m* ceiling.
zikak *see* **kuçe**.
zikat *f A* (Islam) distribution of one fortieth of one's income as alms.
zikçûn *f* diarrhoea.
zikêş *f* stomach ache, colic. **~î** *adj* (sb) who has a stomach ache. **~î bûn** *vi* suffer a stomach ache.
zikir *f A* **1** mentioning. **2** (Islamic mysticism) repeating silently or aloud the word **Allah**.
zikmakî *adj* maternal. **ji ~** from birth, natural. **zimanê ~** mother tongue, one's native language.
zikreş *adj* jealous, envious. **~î** *f* jealousy, envy.
zikûr *A see* **nêr**.
zil *n* reed.
zilam *m* man. **~tî** *f* masculinity; manly behaviour.
zill *see* **sî**[2].
zilm *see* **zulm**.
zilq *f* droppings (of birds).
zilx *m* armour, mail. **~dar** *adj* armoured.
ziman[1] *m* **1** tongue. **2** language. **anîn zimên** *vt* express. **hatin zimên** *vi* start to talk. **li ser ~(ê yekî) bûn** *vi* be on the tip of one's tongue, slip one's memory. **~ê xwe girtin** *vt* hold one's tongue. **~(ê yekî) vebûn** *vi* start talking. **~ê biçûk** *m anat* uvula. **~ê kirkirokê** *m anat* epiglottis. **~ê zengilorê** *m anat* epiglottis. **~ê zikmakî** mother tongue.
ziman[2] *m* bolt (of a lock).
zimanazîn *f* grammar.
zimandirêj *adj* talkative, chattering. **~î** *f* chattering, idle talk, talkativeness. **~î kirin** *vt* talk idly, talk indiscreetly.
zimannas *see* **zimanzan**.
zimanok *m anat* uvula.
zimanşêrîn *adj* (sb) whose talk is delightful, kind.
zimanzan *n* linguistt. **~î** *f* linguistics.
zimerred *A see* **zimrûd**.
zimên *oblique case of* **ziman**.
zimrûd *m* emerald.

zinar *n* rocks.
zinc *f* rod, wand.
zincîr *f* chain. ~ **kirin** *vt* chain.
zindan *f* prison, dungeon.
zinde *see* **zindî**.
zindî *adj* **1** alive, living. **2** vigorous, energetic, lively. *n* living creature, living being.
zindîq *n* unbeliever.
zinê *f A* adultery. ~ **kirin** *vt* commit adultery.
zinêkar *n,adj* adulterer, adulteress; adulterous. **~î** *f* adultery. **~î kirin** *vt* commit adultery.
zingar *f* rust; tarnish. ~ **girtin** *vt* rust; tarnish.
zingarî *adj* rusty; tarnished. ~ **bûn** *vi* rust, tarnish.
zingînî *f* a ringing or tinkling sound. **kirin** ~ *vt* ring, tinkle. **di guh(ên yekî) de kirin** ~ *vt* ring in one's ears. **Peyvên wî di guhên min de dikirin** ~. His words were ringing in my ears.
ziqûm[1] *f A* oleander, rosebay, *bot* Nerium oleander.
ziqûm[2] *n* poison. **Ziqûm!** *int* May you choke on it!
zir[1] *f* ~ ~ blubbering.
zir-[2] *pref* **1** step. **2** false. **3** wild. **~bav** *m* stepfather. **~dayik** *f* stepmother. **~keç** *f* stepdaughter. **~kur** *m* stepson.
zir[3] *adj* barren.
zirar *f A* damage, harm. ~ **dan** *vt* damage, harm. **~dar** *adj* damaged.
zirav[1] *m* gall, bile. **~(ê yekî) qetîn** *vi* be badly frightened.
zirav[2] *adj* thin; slim; delicate. ~ **bûn** *vi* become thin; be thinned. ~ **kirin** *vt* make (sth) thin, thin. ~ ~ *adv* subtly, imperceptibly, delicately.
ziravbihîstyar *adj* sensitive.
ziravik[1] *m anat* gall bladder.
ziravik[2] *adj* thin.
ziravî *f* delicacy; thinness; slimness.
zirç *see* **zîrç**.
zirexpûş *f* armour-plated warship.
zirezir *f* braying, bray. **kirin** ~ *vt* bray.
zirêç *n* lead.
ziring *adj* clever, smart, bright.
zirişk *f* barberry.
zirîç *see* **zirêç**.
zirîn[1] *f* braying.
zirîn[2] **(bizire)** *vt* bray.
zirnazoq *f* seesaw, teeter-totter.
zirne *f* a reed instrument.
zirparsû *m anat* false ribs.
zirt *f* boast. ~ **dan** *vt* incite. **~ê xwe dan** *vt* boast.
zirtezirt *f* bluster.
zirtole *n,adj* lout, loutish; full of bull.
zirxdar *adj* armoured.
zirxîtik *n* cockroach.
zirz *adj* nervous, irritable. ~ **bûn** *vi* get nervous, be irritated. ~ **kirin** *vt* irritate, anger.
zirzir *f* braying, bray. **kirin** ~ *vt* bray.
zişt *adj* dirty.
zivar *adj* poor.
ziving *f* cave; sheltered place (where nomads and their flocks go to winter).
zivirandin *see* **zîvirandin**.
zivirîn *see* **zîvirîn**.
zivistan *f* winter. **~î** in winter.

zivandin (bizivîne) *vt* use, employ.
zivtan *see* **zivistan.**
ziwa *see* **ziha**.
zixt *n* spur.
zîk(ik) *f* young shoot, bud.
zîl *f P* bell. **li ~ê ketin/~ lê ketin** *vi* (a bell) ring. **li ~ê xistin** *vt* ring (a bell).
zîlan *f* short tube open at both ends.
zîlo *see* **zîro**.
zîn *n* saddle. ~ **kirin** *vt* saddle.
zînat *see* **zulm**.
zîndan *f* prison; dungeon.
zîndirû *n* saddler.
zîperdasî *n* mackerel.
zîpik *f* hail; hailstone. ~ **barîn** *vi* hail.
zîq *adj* straight, upright, stiff. ~ **(li tiştekî) nêrîn** *vt* look fixedly at (sth).

zîrç *f* droppings (of birds).
zîre *n* cumin, *bot* cuminum.
zîrek *adj* **1** intelligent. **2** hard-working. **3** skilful.
zîro *n* earthworm, roundworm.
zîtok *f* kick with hind feet (horse, etc), lashing out with hind feet.
zîtol[1] *f* piece, fragment. **~~î** *adj* in pieces, in fragments. **~~î bûn** *vi* be broken in pieces/fragments. **~~î kirin** *vt* break in pieces/fragments.
zîtol[2] see **zîtok.**
zîv *m* silver.
zîvar *adj* poor. **~î** *f* poorness.
zîving *f* cave.
zîvirandin (bizîvirîne) *vt* turn round; turn (sb) back; rotate. **lê ~** *vt* give back, answer.
zîvirîn (bizîvire) *vi* turn back, turn; rotate.
zîvirok *f* curve or bend (in a road).
zîvîn *adj* silvery, made of silver.
zîwer *see* **xeml**.
zîya *see* **ronahî**.
zîyamar *m* dragon.
zîyaret *f A* visit. **~ kirin** *vt* visit (a place, etc).
zîz[1] *adj* rotating. **~ bûn** *vi* revolve, rotate. **~ kirin** *vt* turn, rotate.
zîz[2] *adj* offended, annoyed. **~ bûn** *vi* be/ get offended. **~ kirin** *vt* offend, annoy.
zman *see* **ziman**.
zo *n,adj* twins, double.
zomp *m* sledge hammer.
zor[1] *adj,f* difficult, hard.
zor[2] *f* force, violence. **~ dan** *vt* force, compel. **~ dan xwe** *vt* try hard. **~(a yekî) birin** *vt* defeat.
zor[3] *adj* much, many.
zordar *adj* tyrannical, tyrannous.
zordest *n,adj* tyrant; tyrannical.
zorê *adv* **bi ~** by force, by exerting pressure.
zozan *m* high plateau; mountain pasture.
zuha *adj* dry; dried. **~ bûn** *vi* dry, get dried. **~ kirin** *vt* dry. **~ker** *f* drying agent; blotting paper.
Zuhel *f* Saturn.
zulm *f* injustice, oppression, cruelty.
zurîyet *f A* progeny, offspring, descendants.
zurûf *n* state, condition; situation.
zurne *f* a reed instrument. **li zurnê xistin** *vt* play a **zurne**.
zuwa *see* **zuha**.
zuxur *m* pebble, gravel.
zû *adj,adv* quick, fast, swift, hasty; quickly, speedily, soon, fast; early. **~ bûn** *vi* be early. **~ kirin** *vt* be in a hurry, do (sth) quickly. **~ rabûn** *vt* get up early. **~ ~** *adv* quickly, in a hurry; (with negative verbs) easily.
zûda *see* **zûde**.
zûde *adv* for a long time past.
zûgotinok *f* a playful formula found in folk narratives.
zûhel *adj* easily digestible; meltable.
zûka *adv* quickly, soon. **~nî** *f* hurry, haste.
zûr *f* **~e~** howling.
zûrîn (bizûre) *vi* howl.
zûtir *adj,adv* faster, sooner.
zûva *see* **zûve**.
zûve *adv* for a long time past.
zûxal *n* charcoal, fuel.

ÎNGÎLÎZÎ - KURDÎ
ENGLISH - KURDISH

A

a[1] tîpa yekemîn a elfabeya Îngîlîzî.

a[2] **1** derece an qalîteya yekemîn. **2** (note) la *f*.

a[3] -ek. **a month** mehek.

aback *rgp* bi paş de, bi şûn de. **be taken ~** *lng* ecêbmayî man, matmayî man, sersûr bûn.

abandon *lg* **1** terikandin. **2** dev jê berdan. **~ed** *rgd* **1** bêxwedî, xapûr, beradayî. **2** bêxîret.

abase *lg* **~ oneself** xwe nizm kirin, qedrê xwe şikenandin.

abash *lg* (tenê bi tebatî tê bikaranîn) fedîkar derxistin, bi şermê xistin, şermezar kirin.

abate *lg,lng* **1** kêm kirin, sist kirin; (ba, bahoz, êş, hwd) kêm bûn, sist bûn, daketin. **2** ji holê rakirin, dawî anîn. **~ment** kêmbûn *f*, kêmkirin *f*.

abattoir serjêxane *f*.

abbey dêr *f*.

abbot *n* serkeşeyê dêrê.

abbreviate *lg* kurt kirin. **abbreviation** **1** kurtkirin *f*, kurtbûn *f*. **2** kurtî *f*.

ABC **1** elfabe *f*. **2** prensîbên bingehîn.

abdicate *lg,lng* **1** dev jê berdan. **2** dest ji tac û textê xwe berdan.

abdomen *anat* zik *m*. **lower ~** binzik *m*, zikê piçûk *m*. **upper ~** serzik *m*.

abdominal *rgd* yê zik, di derheqê zik de.

abduct *lg* revandin, bi zorê birin.

abed *rgd* di nav nivînan de, li ser nivînan.

aberration **1** jirêderketin *f*, têkçûn *f*. **2** xeletî *f*, şaşitî *f*.

abet *lng,lg* (ji bo tiştekî bêrê) arîkarî kirin.

abide *lng,lg* **1** **~ by** soza xwe anîn cih, biryara xwe anîn cih. **2** ragirtin, tebat kirin: sebr kirin, li bende sekinîn. **abiding** *rgd* domdar, bêdawî.

ability **1** çîk *f*, zerengî *f*, tepeş *f*, jêhatin *f*, qabîlîyet *f*. **2** huner *m*, zanetî *f*.

abject *rgd* **1** reben, derbeder, bêhêvî. **2** bêfedî, sernizm, bêrûmet.

abjure *lg* (ji bo terikandina bawerî, kirin, ol, hwd yên xwe) sond xwarin.

able *rgd* **1** zane, jîr, jêhatî, zereng. **2** bihêz. **be ~ to do sth** *lng* jê hatin, karîn, kanîn. **Will you be ~ to come?** Tu yê bikanî werî?

ably *rgp* bi jîrî, bi zaneyî, bi xurtî.

ablution (bi armancên olî) xweşuştin *f*, destnimêj *f*.

abnormal *rgd* ji adetê der, derî adetê, nenormal, anormal, rêzikşiken. **~ly** *rgp* bi anormalî. **~ity** nenormalî *f*, rêzikşikentî *f*.

aboard *rgp,dç* li keştîyê, di keştîyê de, di balafirê de, di trênê de.

abode mal *f*, xanî *m*, cîgeh *m*.

abolish *lg* betal kirin, ji holê rakirin, rakirin.

abolition betalbûn *f*, betalkirin *f*, rabûn *f*, rakirin *f*.

A-bomb bombe-atom *f*, bombeya atomê *f*.

abominable *rgd* **1** pîs, lewitî, erjeng. **2** ne xweş, bê tam.

abominate *lg* madê meriv jê li hev ketin, jê erjeng bûn. **abomination** tiştê pîs/ lewitî; erjengbûn *f*.

aboriginal *rgd,n* li deverekê (mirov/tişt) ê herî kevn.

abort *lg,lng* **1** (zarok) ji ber ketin, ji ber xistin. **2** bê ber derketin, kêr jê nedîtin, bi kar nehatin.

abortion beravêtin *f*, jiberketin *f*, jiberxistin *f*.

abound *lng* **~ in/with** bi boşahî hebûn, pir/zêde hebûn. **The river ~s in fish**. Çem tijî masî ye.

about[1] *rgp* kêm zêde, li dor. **~ six o'clock** (seet) li dor şeşan.

about[2] *rgp* **1** virde wêde, ne li dereke eşkere. **2** li holê. **There was no one ~.** Kes li holê tunebû.

about[3] *dç* **1** virde wêde, li wan deran. **2** li holê. **3** nêzîkî (derekê/tiştekî), li van deran. **4** derbarî, di derheqê ... de. **5** pê mijûl. **6** li dora. **~ to** li ber (kirinê/gotinê, hwd). **I was ~ to go**. Ez dikira biçûma.

above *rgd,dç* **1** li jor, li ser (serî), (ji tiştekî) bilindtir. **2** berê, pêşde. **3** bêtir, zêdetir. **4** derî hêzê, destnagîhê.

abracadabra abraqadabra *f*, peyva sêrî; peyva bêmane.

abrade *lg* xeritandin, maşandin, sûtin.

abrasion xeritandin *f*, maşandin *f*; tişt an cihê xeritî/maşandî/peritî/qetyayî.

abrasive *rgd* bi wesfên xeritandin û sûtinê, madeyê maşandin/xeritandin/sûtinê.

abreast *rgp* li nik hev, li cem hev, di

rêzekê de. **be/keep ~ (of/with)** pê re çûn, li dû neman.

abridge *lg* kurt kirin. **~ment** kurtî *f*, kurte *f*.

abroad *rgp* **1** (li) derveyî welêt. **2** li holê, li her derê.

abrogate *lg* hilanîn, rakirin, betal kirin. **abrogation** *n* rakirin *f*, betalkirin *f*.

abrupt *rgd* (tiştê) ji nişka ve dibe. **~ly** *rgp* ji nişka ve, ji nedî ve, ji nişkekê ve.

abscess kûnêr *f*, dojeder *f*, abse *f*.

abscond *lng* **~ (with) (from)** revîn (ji tirsa girtinê, hwd).

absence tunebûn *f*, nebûn *f*, nehatin *f*, kêmbûn *f*. **absent** *adj* (li xwendegehê, hwd) nehatî, tune.

absentee *n* mirovê ne li cihê xwe yan li ser karê xwe.

absent-minded *rgd* di ramanan de, daman, bêhay.

absolute *rgd* **1** ferzîne, bêkêmasî, bêhed. **2** bêşik. **~ly** *rgp* ji sedî sed, bê guman, bê hedan, bê şik, bê qeyd û şerd.

absolution *n* (ji alî keşê ve) bexşîna gunehan.

absolve *lg* sûc an gunehên yekî bexşîn.

absorb *lg* **1** mêtin, kişandin (hundir). **2** bal û dem dagir kirin. **~ent** *rgd/n* (made) mêjokî, mêjdar. **absorption 1** mêtin *f*. **2** mijûlbûna heş an balê.

abstain *lg* **~ (from)** jê dûr sekinîn, jê revîn, nekirin. **He ~s from smoking.** Ew ji cixarê dûr disekine (nakişîne).

abstemious *rgd* parêzkar, (mirov) ê ji xwarin û vexwarina zêde direve.

abstract[1] *rgd* nenêrbaran, asmanî, razber.

abstract[2] *lg* **~ (from)** jê derxistin, jê cihê kirin, (bi awayên kîmyeyî) jê veqetandin.

abstract[3] kurtî *f*, kurte *f*.

abstraction 1 razberkirin *f*, razberî *f*. **2** gêjî *f*, bêhayî *f*, heşmijûlî *f*. **3** (jê) veqetandin *f*, (jê) derxistin *f*.

abstruse *rgd* (tiştê ku) mane yan bersîva wî ne eşkere, neberbiçav.

absurd *rgd* bêmane, yawe. **~ity** nabeyî *f*, bêmanetî *f*, yawekirinî *f*, bêheşî *f*. **~ly** *rgp* bi bêmanetî, bi bêheşî.

abundance boşahî *f*, adanî *f*, zêdetî *f*.

abundant *rgd* boş, adan, zêde. **~ly** *rgp* bi boşahî, bi adanî.

abuse[1] **1** bêrêtî *f*, sûîstîmalî *f*. **2** şuxlên nebaş, kirinên xirab. **3** çêr *f*, peyvên nebaş.

abuse[2] *lg* **1** bêbextî kirin, bêrêtî kirin, rayeya xwe di riyeke nebaş de xebitandin. **2** peyvên nexweş kirin, çêr kirin. **3** neheqî li yekî kirin, dest avêtin.

abusive *rgd* bedgo, devpîs, çêrbaz, bêrê, destavêj.

abut *lng* **~ on** hevtixûb bûn, li nik/tenişta hev bûn.

abysmal *rgd* bêbinî, tarî, kûr, zêde, bêhed.

abyss girdav *f*, kortal *f*, bîra bêbinî.

acacia aqasya *f*, darcewî *f*.

academic *rgd* aqademîk. **academician** *n* aqademîvan. **academy** aqademî *f*.

accede *lng* qayil bûn, erê kirin.

accelerando *n,rgd,rgp muz* eqselerando, hêdî hêdî bilezkirin.

accelerate *lng,lg* **1** bilez kirin, lezandin, zûtir kirin. **2** bilez bûn, zûtir bûn. **acceleration** bilezkirin *f*, bilezbûn *f*.

accelerator bilezkir *f*, lezker *f* (di seyaran de pêwenga lez kêm an zêde kirinê).

accent 1 *rz* kirp *f*. **2** nîşana kirpê, aqsan *f*. **3** devok *f*.

accentuate *lg* li ser sekinîn, bal kişandin (ser tiştekî), bi balkêşî xwendin.

accept *lg,lng* **1** eriyandin, erê kirin, qayil bûn, qebûl kirin. **2** xetme kirin, pejirandin. **~able** *rgd* maqûl, nexerab, meriv kane qebûl bike. **~ance** erêdanî *f*, xetme *f*, erêname *f*.

access rê *f*, derî *m*. **~ible** *rgd* birê, meriv kare bigihêjê, rê jê re heye.

accessary *n* alîkar, piştgir (bi taybetî ji bo sûc, tawan, hwd).

accessory *n* **1** *bnr* accessary. **2** tiştên alîkar, eqsesûwar.

accident qeza *f*, tûş *f*, bêhemdî *f*, rasthatinî *f*, bûyerên bêhemd. **~al** *rgd* bêhemd, bêhay. **~ally** *rgp* bê hemd, bê hemdî, bi tûşî, bi rastha-tinî.

acclaim *lg* **1** li çepikan xistin. **2** bi çepik û qerepere daxuyanî kirin. **3** bang kirin, qîrîn.

accommodate *lg* **1** bi cih kirin, vehewandin. **2 ~ sb (with sth)** qencî bi yekî kirin, tiştek dan yekî. **3 ~ sth to** nêzîkî hev kirin, gihandin hev.

accompany *lg* **1** pê re çûn/hatin. **2** pê re qewimîn. **3** (muz) pê re sitran, pê re lê xistin. **accompaniment** *n* tiştê ku tim bi tiştekî din re tê.

accomplice *n* (ji bo kirinên nebaş) alîkar, hevtawan.

accomplish *lg* **1** pêk anîn, bi ser ketin. **2** gihandin serî, qedandin. **~ed** *rgd* zane, jîr, jêhatî. **~ment 1** pêkanîn *f*, qedandin *f*. **2** pêkhatin *f*, tiştê pêkhatî.

accord¹ *n* **1 of one's own ~** bi xwe, ji xwe ber, bêyî ku yek bibêje yan bixwaze. **2** peyman *f*, lihevkirin *f*. **3** aheng *f*, hemahengî *f*.

accord² *lng,lg* **1 ~ (with)** li hev kirin, hemaheng bûn. **2** dan, bexşîn.

accordance *n* **in ~ with** li gora, wekî, angorî. **in ~ with your wishes** li gora ku tu dixwazî, wek ku tu dixwazî, gora xwestinên te.

according 1 **~ as** *ghn* (li) gora, wek. **~ as your work** (li) gora xebata te. **2 ~ to** *dç* (li) gora, wek. **~ly** *rgp* **1** ji ber vê yekê, li ser vê yekê. **2** wek ku hewce ye.

accordion aqordîyon *f*.

accost *lg* (yekî biyanî ku cihekî bipirse, parsek an tolên ser rêyan) ber bi yekî ve çûn û pê re axaftin.

account 1 hesab *f* (ê banqê). **open an ~** hesab vekirin. **2** hejmirandin, jimartin. **3** kar *f*, berjewendî *f*. **4 call/bring sb to ~** hesab pirsîn/xwestin. **by/from all ~s** li gora ku herkes dibêje. **~able** *rgd* berpirsiyar. **~ant** *n* jimaredar. **~ancy** jimaredarî *f*.

account² *lg,lng* **1 ~ for** hesab dan, bersîv dan, sedemên tiştekî şirove kirin. **2** hesibandin, qebûl kirin.

accredit *lg* **1** bawername dan û bi rayeya balyoztîyê şandin. **2** bawerî pê anîn, jê bawer kirin.

accumulate *lng,lg* kom bûn, zêde bûn; kom kirin, zêde kirin; dan hev, berhev kirin.

accumulation komkirin *f*, civandin *f*, berhevkirin *f*; qurç *f*, cêz *f*.

accurate *rgd* serast, rast, bêkêmasî. **accuracy** rastî *f*, serastî *f*, bêkêmasîtî *f*.

accusation gunehbarkirin *f*, gunehbarbûn *f*, tawandin *f*.

accuse *lg* **~ sb (of sth)** tawandin, gunehbar/sûcdar/tawanbar kirin. **~d** *rgd* tawanbar, gunehbar, sûcdar.

accustom *lg* **~ (oneself) to** (xwe bi tiştekî) hîn kirin, adet kirin, banîn. **~ed** *rgd* adetî, wek her tim, yê her tim.

ace as *f* (kaxiza leyîstinê).

acerbity (di peyv, kirin, hwd de) tûjîtî *f*, hişkî *f*, tirşî *f*.

acetic *rgd* pir tirş, asetîk.

acetone aseton *f*.

ache êş *f*, jan *f*. *lng* êşîn, arîn.

achieve *lg* bi ser ketin, pêk anîn, gihandin serî. **achievable** *rgd* pêkan, (meriv) kane pêk bîne/bive serî. **~ment** biserketin *f*, pêkanîn *f*, serfirazî *f*.

acid¹ *rgd* tirş.

acid² asît *f*, tirşî *f*.

acidity tirşî *f*.

acknowledge *lg* pejirandin, rastandin, erê kirin, rastî(ya tiştekî) qebûl kirin. **~ment** pejirandin *f*, erêkirin *f*, rastandin *f*.

acme kop *f*, lutke *f*, bandev *f*.

acne 1 xişrûk *f*, pizik *f*, germişk *f*. **2** nexweşîyeke çerm.

acolyte *n* (li dêran) alîkarê keşê.

acorn berû *f*, berûyên pez.

acoustic *adj* dengîn, di derheqê deng û zanistîya deng de, aqûstîk. **~s** *n* xebata li ser deng a zanyarî, zanistiya deng, hebûnên deng ên fîzîkî.

acquaint *lg* **~ sb/oneself with** hîn kirin, hîn bûn, nas kirin, nasandin, nasîn. **~ with one's duty** hînî karê xwe bûn. **be ~ed (with sb)** nas kirin. **~ance 1** nasîn *f*, zanîn *f*, agahdarî *f*. **2** nas *n*, hevnas *n*.

acquiesce *lng* pejirandin, qayil bûn, qebûl kirin.

acquire *lg* bi dest xistin, peyde kirin, kesibandin.

acquisition bidestxistin *f*, (tiştê) bidestketî, destketî, qezenc *f*.

acquit *lg* rûsipî kirin.

acrobat *n* canbaz. **~ics** canbazî *f*.

across¹ *rgp* hember, li hember. **Can you take me ~?** Tu kanî min derbasî hember bikî? Tu kanî min bibî hember?

across² *dç* **1** ji hêlekê ta hêla din. **Go ~ the street.** Biçe hêla cadê ya din. **2** li hember, li hemberî. **My house is ~ the road.** Xanîye min li hember rê ye. **3** weke xaç, xaçîn.

action kirin *f*, kiryar *f*, livbazî *f*, lebat *f*.
active *rgd* **1** karîger, bizav, çalak. **2** *rz* lebatî.
activity çalakî *f*, karûbar *m*, kirin *f*, livbazî *f*. **activist** *n* livbaz.
actual *rgd* rast, rastîn. **~ly** *rgp* bi rastî. **~ity** rastî *f*.
acuity tûjî *f*, dijwarî *f*, xurtî *f*.
acute *adj* **1** tûj, dijwar, xurt. **2** zîrek. **3** *bjş* aqût, dijwar, girîng. **4** *muz* (deng) pir zirav. **5 ~ angle** qîraça teng.
AD Piştî Zayînê (PZ).
Adam *n* **~'s apple** *anat* gûzika zengilorê.
ad daxuyanî *f*, reklam *f*.
adage metelok *f*.
adamant *rgd* hişk, dilhişk. *n* kevirekî pir hişk.
adapt *lg* lê xuyandin, lê anîn, adapte kirin. **~ation** lêxuyandin *f*, xwexuyandin *f*, adaptasyon *f*.
add *lg,lng* bi ser de kirin, bi ser ve danîn, kirin ser, dan ser, lê zêde kirin, pê ve kirin.
adder tîrmar *m*, margîsk *m*.
addict *n* kêş, tiryakî. **drug ~** esrarkêş.
address 1 navnîşan *f*. **2** axaftin *f*. *lg* **1** navnîşan nivîsîn. **2** axaftin, gotar dan. **3** (ji derekê/yekî re) şandin. **~ee** *n* girtiyar.
adduce *lg* anîn pêş, danîn pêş, anîn holê.
adept *rgd,n* zîrek, hunerwer; pispor.
adequate *rgd* têrkir, li gora dil. **adequacy** besayî *f*, têrkirin *f*.
adhere *lng* **1** pê ve zeliqîn. **2** li ser man, jê venegerîn (soz, bawerî, hwd).
adherent *n* piştgir.
adhesive *rgd,n* zeliqokî, mezeloqî; zeliqok *f*, mezeloq *f*, mizelq *f*.
adjacent *rgd* li nik, li rex, cîran, hevrex.
adjective *rz* rengdêr *f*. **adjectival** *rgd* rengdêrîn.
adjoin *lg,lng* **~ to** li rex bûn, li nik bûn. **~ing** *rgd* hevrex, hevtixûb.
adjourn *lg,lng* **1** pêşde avêtin, taloq kirin, paşde xistin. **2** qedandin, dawî anîn (civîn, hwd). **3** belav bûn (civîn). **~ment** taloq *f*, paşdexistin *f*.
adjudge *lg* biryar dan, daraz dan.
adjust *lg* **1** serhev anîn, saz kirin, banandin, elimandin. **2** banîn, hîn bûn. **~ment** mîheng *f*, sazbûn *f*, banîn *f*.
administer *lg,lng* pêşkarî kirin, bi rê ve birin, hêvotin, gerandin, îdare kirin. **administration** serwêrî *f*, karbidestî *f*, serkarî *f*, gerandin *f*, îdare *f*. **administrator** *n* serkar, serwêr, pêşkar.
admirable *adj* bê kêmasî, hêja ye pesnan.
admiral *n* amîral.
admire *lg* pir ecibandin, bi kêfxweşî û têrbûnî lê nêrîn, heyirîn, heyran bûn, evîndar bûn. **~r** *n* evîndar, heyran.
admit *lg,lng* **1** stendin (hundir). **2** (têra yekî/tiştekî) cih hebûn. **3** mukir hatin, erê kirin, pejirandin, qebûl kirin. **admission** erêdanî *f*, mukirî *f*, qebûl *f*.
admittance *n* vehewandin, stendin (hundir).
admix *lg,lng* tev dan, tev lê kirin.
admonish *lg* agah kirin, haydar kirin, qewîtî kirin.
adolescence gihîştin *f*, xortanî *f*, ciwanî *f*. **adolescent** *n,rgd* keç(a xama/gihîştî), xort *m*, ciwan *n*.
adopt *lg* **1** (ji bo zarok) dê û bavtî kirin, xwedî kirin, pêsikandin, ewlad girtin. **2** xwe hînî tiştekî nû kirin, qebûl kirin, pejirandin.
adore *lg* **1** perestin. **2** pir jê hez kirin. **adorable** *rgd* pir bedew, pir şêrîn.
adorn *lg* xemilandin, arastin, edilandin. **~ed** *adj* arastî, xemilî, edilî. **~ment** xeml *f*, arayîşt *f*.
adult *rgd* gihîştî, gîhayî. *n* kes an heywanê gihîştî, gewrekeç, gewrelaw.
adultery zinê *f*. **adulterer** *n* (zilam) zinêkar. **adulteress** *n* (jin) zinêkar. **commit ~** zinê/zinêkarî kirin.
advance[1] *lg,lng* **1** pêşde çûn, pêş ketin, pêşde birin. **2** zêde bûn, bilind bûn (biha, hwd). **3** destmiz dan, awans dan.
advance[2] **1** pêşketin *f*, pêşdeçûn *f*. **2** destmiz *f*, pêşindirav *f*, awans *f*. **~d** *rgd* pêşketî, pêşde.
advantage berjewendî *f*, kêr *f*, sûd *f*, fêde *f*, awantaj *f*.
adventure serborî *f*, serhatî *f*.
adverb *grm* rengpîşe *f*. **~ial** *rgd* rengpîşeyî.
adversary *n* dijmin; pêşbaz, reqîb, mixalif.
adverse *rgd* dij, bervajî, dijber, rûbar, xilaf.
adversity dijwarî *f*, zehmetî *f*, rewşa tevlihev.
advertise *lg,lng* **1** eşkere kirin, daxuyanî

kirin, agahdarî dan. **2** reklam dan, pesin dan. **advertising** pesindan *f*, daxuyanî *f*, agahdarkirin *f*, reklamdan *f*. **~ment** daxuyanî *f*, pesin *f*, reklam *f*, agahdarî *f*.
advice şîret *f*, amojgarî *f*, pend *f*.
advise *lg,lng* **1** şîret (lê) kirin, pend dan. **2** **~ with (sb)** (bi yekî) şêwirîn. **~r** *n* şîretvan, şêwirdar, amojkar.
advocate *lg* pişt girtin, alî kirin. *n* alîkar, piştevan, piştgir. **advocacy** alîgirî *f*, piştgirî *f*.
adze,adz tevşo *m*.
aegis mertal *m*, goncal *m*, senger *m*; saye *f*, parêzgarî *f*.
aerial antên *f*, pêlkêş *f*. *rgd* hewayî, yê hewê, ji hewa de.
aerie,aery hêlîn *f* (a teyran li banan).
aureola *n anat* xala memik
aeroplane balafir *f*.
afar *rgp* ji dûr ve, dûr.
affair **1** kar *m*, karûbar *m*. **2** têkilî *f*, peywendî *f*. **3** bûyer *f*, qewimîn *f*. **domestic ~s** karên hundir. **foreign ~s** karên derve.
affect *lg* bandûr(î yekî/tiştekî) kirin, bandûr (lê) kirin, tesîr (lê) kirin.
affection **1** hezkirin *f*, evîn *f*, dilovanî *f*. **2** bandûr *f*, tesîr *f*.
affectionate *rgd* dilovan.
affidavit sondname *f*.
affinity **1** têkilî *f*, têkilhevî *f*. **2** peywendî *f*, têkilî *f*. **3** mêl *f*, mêldarî *f*.
affirm *lg,lng* rastandin, erê kirin. **~ative** *rgd* erînî.
affix *rz* xurde *f*, pirtik *f*.
afflict *lg* êşandin, derd û kul dan. **~ion** êş *f*, derd *m*, kul *f*.
affluence **1** boşahî *f*. **2** dewlemendî *f*.
affluent *rgd* **1** boş, adan. **2** dewlemend.
afford *lg* drav/hêz/dem têrê kirin; peyde kirin.
afforest *lg* dar çikandin, daristan çêkirin, daredar kirin. **~ation** darçikandin *f*, daristanvanî *f*.
affray şer *m*, qerepere *f*.
affront *lg* qedr an dilê yekî şikandin, êşandin.
Afghanistan Afxanîstan *f*.
afield *rgp* dûrî malê, pir dûr.
aflame *rgd* agirpêketî, di nav pêtên êgir de, pêtdar.
afloat *rgd,rgp* **1** li ser avê, li hewa. **2** deryayî. **3** av lê rabûyî, avgirtî.
afore *rgp* berê, berî.
afraid *rgd* bixof, bitirs. **be ~ of** (jê) tirsîn, qaxû kirin.
afresh *rgp* ji nû de, dîsa, cardin.
Africa Afrîqa *f*. **~n** *n,rgd* Afrîqayî.
Afro *xêş* Afrîqa, Afrîqayî.
after *rgd,rgp,dç* dûwayî, paşê, piştî (ku), dûre.
afternoon piştnîvro *f*, piştî nîro, dema navbeyna nîvro û êvarê.
afterwards *rgp* dû re, paşê, jê pê ve.
again *rgp* cardin, dîsa, careke din, ji nû ve.
against *dç* **1** li hember, dij(î), dijber, bervajî. **Public opinion was ~ the proposal.** Bîr û raya giştî li hemberî/dijî pêşniyarê bû. **2** ber bi (ve).
agape *rgd* dev ji hev çûyî, ecêbmayî, heyirî.
age[1] **1** temen *m*, emir *m*, jînsal *f*. **2** pîrtî *f*, kalî *f*. **3** dewr *f*, dewran *f*, dem *f*, heyam *f*, heyman *f*. **~d** *rgd* **1** kal, pîr. **2** salî. **a boy ~d 10** kurekî deh salî.
age[2] *lg,lng* mezin bûn, gihaştin. **~less** *rgd* tim ciwan, pîr/kal nabe. **~-long** bi heyaman domdar, pir domdar.
agency acente *f*.
agenda rojev *f*, rêza karê ku bên cih.
agent *n* acente, nimînende; pîşkar, fail.
agglomerate *lg,lng* civandin, kom kirin, berhev kirin.
aggravate *lg* **1** xiraptir kirin, dijwartir kirin. **2** qehirandin, behecandin.
aggression **1** destavêjî *f*, belagerî *f*, êrîşkarî *f*. **2** êrîş *f*.
aggressive *rgd* destavêj, êrîşkar, belager.
aghast *rgd* **1** heyirî, ecêbmayî. **2** tirsîyayî, dilqetyayî, qutifî.
agile *rgd* çalak, şûş, sivik. **agility** çalakî *f*, şûşî *f*, siviktî *f*.
agitate *lg,lng* tîz kirin, nav tê dan, kişkişandin, kiş kirin; qeliqîn, tîz bûn. **agitation** tîzkirin *f*, qeliqandin *f*, kişkiş *f*, handan *f*.
ago *rgp* berê, berî niha. **3 years ~** 3 sal berê.
agony êş *f*, kul *f*, xem *f*, jan *f*.
agrarian *rgd* erdîn, axîn, çandinyar.
agree *lng,lg* **1** pejirandin, erê kirin, qayil bûn. **2** li hev kirin, ber bi hev hatin, pev hatin. **3** lê hatin, nêzîk bûn, qewl kirin, dijîtî tunebûn.

agreeable *rgd* **1** xweş, şîrîn. **2** rewa, minasib, ji pejirandinê re amade. **agreeably** *rgp* bi kêfxweşî, bi dilxwazî, ji dil.
agreement **1** hevnêrîn *f*, hevbawerî *f*, lihevkirin *f*. **2** peyman *f*.
agriculture çandinî *f*, cotkarî *f*. **agricultural** *rgd* cotyarî, çandinyar, yê çandinîyê.
agronomy cotemenî *f*.
aground *rgd* (keştî) (li erdê) rûniştî, bi erdê bûyî.
ah *bn* Ax! Wax!
aha *bn* Ox! Te dît!
ahead *rgp* pêşde, li pêş, di pêşîyê de.
ahem *bn* Him!
ahoy *bn* Lo! Lê!
aid *lg* alîkarî kirin, alî (yekî) kirin. *n* **1** arîkarî *f*, alîkarî *f*. **2** arîkar, alîkar.
ail *lg,lng* **1** aciz kirin, nerihet kirin. **2** nexweş ketin/bûn. **~ing** *rgd* nexweş; aciz, bêkêf. **~ment** nexweşî *f*.
aim[1] nîşan *f*, armanc *f*, miraz *f*, mebest *f*, qesd *f*. **~less** *rgd* bêarmanc, bêmebest.
aim[2] *lng,lg* **1 ~ (at)** nîşan kirin/girtin. **2** mebest kirin, qesd kirin, nêt kirin, dan ber xwe.
air[1] *lg* **1** hewadar kirin, badar kirin. **2** zuha kirin, li ber tavê raxistin. **3** agah kirin, li ber çavan raxistin.
air[2] hewa *f*. **~less** *rgd* bêhewa; (hewa) xweş, bêba. **~y** *rgd* hewadar, badar.
aircraft balafir *f*. **~ carrier** balafirhilgir *f*.
airfield balafirgeh *f*, danîngeh *f*.
airline firerêç *f*, rêya hewa *f*. **~r** balafira rêwîyan *f*.
airplane balafir *f*.
aisle rêçik *f*, li tîyatro, hwd rêça navbeyna rûniştekan.
ajar *rgp* (derî, hwd) nîvvekirî.
akin *rgd* nêzîk, dişibe, wek; xizm, meriv, eqrebe.
alarm **1** tirs *f*, qutf *f*. **2** nîşan, deng an pêwenga hawarê, alarm *f*. *lg* **1** xetere agah kirin, wurya kirin. **2** tirsîn, qutifîn.
alas *bn* Wax! Wax li min! Eywax!
albeit *gh* dîsa jî, cardin jî, lê belê.
album wênepirtûk *f*, album *f*.
albumen spîya hêkê *f*.
alcohol alqol *f*. *rgd* alqolî.
ale *n* tewrekî bîreyê.
alert *rgd* hişyar, wurya, çavhilkirî. **be on the ~** *lng* hişyar bûn, wurya sekinîn, çavên xwe vekirin. *lg* pê hesandin, haydar kirin.
alga kefz *f*, kewze *f*.
algebra zanistîya cebîrê, cebîr *f*.
alien *rgd* biyanî, xerîb.
alight[1] *rgd* ronak, rohnî, bi rohnayî, vêketî, (agir) pêketî.
alight[2] *lng* daketin, peya bûn, xwe lê danîn, hêwirîn.
align *lg,lng* rêz kirin, rêzandin, xistin rêzê.
alike *rgd,rgp* wekhev, yek.
alimony nifqe *m*, nefeqe *m*.
alive *rgd* jîndar, çist, zindî, az, ruhber. **be ~** *lng* jîyîn, jîndar/zindî bûn.
all *rgd,rgp,n* **1** giş, hemû. **A~ horses are animals but not ~ animals are horses.** Gişa hespan heywan in, lê gişa heywanan ne hesp in. **2** her kes, her tişt. **He wanted ~.** Wî hertişt/giş xwest. **~ over** li her alî, hawirdor, çarmedor. **He has seen ~ over the country.** Wî çarmedorê/her alîyê welêt dîtiye. **A~ right**. Baş e, Dibe, Bila be. **not at ~. 1** qet, tu. **2** spasî xweş, ne tu tişt e, tişt nîne.
allergy alerjî *f*.
alleviate *lg* (êş, jan) sist kirin, sivik kirin, kêm kirin.
alley çûngeh *f*, kuça teng, kolan *f*.
alliance hevalbendî *f*, pevgirêdanî *f*, pevkarî *f*, desthevî *f*.
allocate *lg* **~ (to/for)** (ji yekî re dirav, vatinî, kar, hwd) hilanîn, dan hêlekê.
allot *lg* parve kirin, par hilanîn, (jê re) hilanîn.
allow *lg,lng* **1** destûr dan, hiştin, rê dan. **He doesn't ~ me to go out.** Ew nahêle ez derkevim. **2** dan. **3** pejirandin, beliyandin. **4 ~ for** anîn ber çavan. **5 ~ of** ragirtin.
allowable *rgd* destûryar, serbest.
allowance **1** dravdanî *f*, mehî *f*. **2** tolerans *f*, par *f*. **3** xweşdîtin *f*. **4** (biha, hwd) kêmkirin *f*, daxistin *f*.
alloy amêjen *f*.
allude *lng* qal kirin, kat kirin.
allure *lg* tamijandin, bal kişandin, kişandin.
allusion çewlik *f*, tuwanc *f*.
ally *lg* **1 ~ (oneself) with/to** yek bûn, yekîtî danîn, hevalbendî kirin, pevkarî kirin. **2** zewicîn. *n* hevalbend, destgir,

pevkar.

Alma Mater xwendegeh *f* (a ̲ku meriv hingê xwendekarê wê ye).

almighty *rgd* pi̲r xur̲t, hêza wî bi her ti̲ştî ̲kare, ̲karîyar.

almond behîv *f*.

almost *rgp* hema hema, ̲kêm zêde. bi nêzîkahî, li ber, tu nemaye. **Dinner's almost ready.** Şîv wextî amade bibe/li ber amadebûnê ye/di̲ke ̲hazir bibe.

alms xêra̲t *f*, sedeqe *f*, zika̲t *f*.

aloft *rgp* li jor, ber bi jor ve, ber jor, jor.

alone *rgd,rgp* tenê, bi serê xwe, bi tena xwe, bi tenê. **You can't go ~.** Tu bi tenê nikarî biçî. **Smith ~ knows what happened.** Tenê Smith zane çi qewimî. **all ~ çi̲k** û tenê.

along *rgp* **1** bi ... de, di ... de, pêş ... de ji serîkî he̲ta serîyê din, di domahîya ... de. **We walked ~ the street.** Em di kuçê de meşîyan. **2** pê re. **The dog was running ~ his master.** Kûçi̲k bi xwedîyê xwe ̲re dirêvîya.

aloof *rgp* dûr, li dûr, cihê. **stand/hold/keep (oneself) ~ (from)** jê dûr seki̲nîn/man.

aloud *rgp* (deng, awaz) xur̲t, bihêz, bilind, ̲hêla.

alphabet elfabe *f*.

already *rgp* **1** berê. **2** gavê, ji niha de, aniha. **3** ji xwe. **It is 10 o'clock ~.** See̲t ji niha de bûye 10/See̲t ji xwe 10 e. **I have ~ done it.** Min ew (berê/ji xwe) çê̲kiriye.

also *rgp* jî.

altar pêşkêşgeh *f*, boraqgeh *f*; mihrab *f*.

alter *lg,lng* gora (yekî/ti̲ştekî) ̲kirin, lê anîn, guhe̲randin, biçû̲ktir an ̲mezin̲tir ̲kirin; guherîn, biçû̲ktir an mezin̲tir bûn. **~able** *rgd* guhê̲rbar, ̲tê guher̲tin, biçû̲k an mezin dibe.

altercation pevçûn *f*, qerepere *f*.

alter ego *n* **1** xase̲tî an kesahîya meriv ya duyem, ya ne e̲şkere. **2** des̲tbira, dos̲t.

alternate[1] *lg,lng* bidor ̲kirin, bidor bûn, li pê hev bûn, li pê hev ha̲tin.

alternate[2] *rgd* **1** bidor, dordar. **2** cihgir. **~ly** *rgp* bi dor, dor bi dor.

alternation cihgirî *f*, dordarî *f*, bidêlnavî *f*.

alternative bijar̲tek *f*, cihgir *f*, alternatîf *f*. *rgd* dordar, bijar̲tedar.

although *gh* teva/tevî ̲ku, her çende, her çiqas.

altimeter pîvankera bilindahîyê, altîmetre *f*.

altitude bilindahî *f*; cihên bilind.

altogether *rgp* bi tevayî, hemû bi hev ̲re, giş, giş bi hev ̲re, bi care̲kê, ye̲kcar.

alum *n* zax.

aluminium *n* bafon, fafon, alîmînyûm.

always *rgp* her, hertim, hercar, tim, tim û daîm.

alyssum gilît *f*.

am *bnr* be.

a.m. *kur̲tebêja* **ante meridiem** berî nîv̲ro.

amalgamate *lg,lng* tevlihev bûn, ke̲tin nav hev, ye̲k bûn.

amanuensis *n* nivîsevan, ̲razyar, katib, sekreter.

amass *lg* pergihandin, qûrç ̲kirin, cêz ̲kirin, kom ̲kirin, lod ̲kirin.

amateur *n* heweskar, amator.

amaze *lg* şaş ̲kirin, şaşmî ̲kirin, e̲cêbmayî hiş̲tin, ma̲t ̲kirin, ̲heyirandin, zendegir̲tî hiş̲tin. **~ment** şaşman *f*, dêlîn *f*, ̲heyirîn *f*, ma̲tman *f*.

amazon (jin) ̲şervan *f*, ̲şerkar *f*.

ambassador *n* balyoz, sefîr.

amber kareba *m*.

ambience dor *f*, dorhêl *f*.

ambiguous *rgd* **1** ne e̲şkere, ne berbiçav, şêlî. **2** pi̲remane.

ambition xirs *f*, azwerî *f*, îxtiras *f*, xozge *f*, viyan *f*, yane *f*.

ambitious *rgd* azwer, az, bixirs, yane.

amble (hesp) rehwanî *f*.

ambush kemîn *f*, feq *f*. *lg* kemîn gir̲tin, feq danîn/ve̲kirin, ̲kirin feqê.

ameliorate *lg,lng* geş ̲kirin, ̲edilandin, baş ̲kirin, çê̲tir ̲kirin; geş bûn, ̲edilîn, çê̲tir bûn, baş bûn.

amen *bn* Amîn!

amenable *rgd* **1** melayîm, sernerm. **2** berpi̲rsiyar.

amend *lng,lg* **1** baş bûn, se̲ras̲t bûn; baş ̲kirin, se̲ras̲t ̲kirin. **2** (di pêşniyaran de) guher̲tin çê̲kirin.

America Amerîqa *f*.

American *rgd,n* Amerîqayî, Amerîqî.

amiable *rgd* agirxweş, dilşêrîn,

peyvxweş.

amicable *rgd* dostyar, dostîxwaz; aşitîxwaz.

amid,amidst *dç* di nav de, li nav.

amiss *rgp* bi xeletî, bi şaşî.

amity hevaltî *f*, dostanî *f*.

ammonia amonyaq *f*.

ammonium chloride nişadir *m*.

ammunition cebilxane *f*, bareg *f*.

amnesia jibîrkirinî *f*, bîrsarî *f* zênwindakirin *f*; amnezî *f*.

amnesty azadanî *f*, efûya/lêborîna giştî *f*, tevbexşîn *f*.

among *rgp* di nav ... de, li nav. **~ the trees** di nav daran de.

amorphous *rgd* bêdirûv, bêteşe, bêşikil.

amortize *lg* (deyn) bi dabeşan dan, par bi par dan.

amount kom *f*, kompere *m*, qês *f*, qas *f*, mîqdar *f*.

ampere amper *f*, mena herikîna elektrîkê.

amphibian *n* bejavî (tiştê ku him li erdê him di avê de dijî yan dixebite).

amphibious *rgd* bejavî.

ample *rgd* **1** boş, adan, bi boşahî. **2** fireh.

amplify *lg* **1** fireh kirin, mezin kirin. **2** (deng) bihêz/xurt/bilind kirin.

amplitude firehî *f*, mezinahî *f*, boşahî *f*.

amputate *lg* (dereke meriv) jêkirin, birîn.

amulet nivişt *f*, berbejn *f*.

amuse *lg* dem xweş derbas kirin, daman kirin, kêfxweş kirin, kenandin. **~ment** kêf *f*, kêfxweşî *f*, heng *f*, zewq *f*, damanbûn *f*.

an *bnr* **a**[3].

anaesthesia bêsehî *f*, bêhisî *f*, tevizandin *f*, anestezî *f*.

anaemia kêmxwînî *f*. **anaemic** *rgd* kêmxwîn.

anal *rgd anat* yê qûnê. **~ cleft** qelîşteka qûnê *f*.

analgesia pênehesî *f*, (êş) sehnekirin *f*. **analgesic** êşbir *f*.

analyse *lg* hûrandin, ji hev deranîn, analîz kirin.

anarchy anarşî *f*, tevlihevî *f*.

anatomy laşzanî *f*, anatomî *f*. **anatomist** laşzan *n*, anatomist *n*

ancestor *n* bapîr, kalik.

anchor lenger *f*. **drop/cast the ~** lenger berdan. **weigh ~** lenger hildan.

ancient *rgd* kevn, kevnemayî.

and *gh* û. **~ so forth** her wekî din (hwd), û yên mayî (ûym).

anecdot pêkenok *f*.

anemone nîsanok *f*, gulenîsan *f*.

anew *rgp* cardin, dîsa, ji serî de.

angel *n* ferişte, firişte, milyaket. **~ic** *rgd* ferişteyîn, wek milyaketan.

anger hêrs *f*, qehr *f*, kerb *f*. *lg* xeyidandin, keribandin, bihêrs kirin, qehirandin.

angle[1] **1** qîraç *f*. **2** kurnîşk *f*, kuj *m*, qozî *f*. **3** dîtin *f*, nêrîn *f*.

angle[2] *lng* bi derzîyê masî girtin.

angler[1] *n* masîgir.

angler[2] *n* serhêçk (tewrekî masîyan).

Angola Angola *f*.

angry *rgd* firşteng, bihêrs, qehirî, behecî.

anguish dilrencî *f*, azerdedilî *f*, êş *f*, kul *f*.

angular *rgd* biqozî, biqîraç.

animadvert *lg* rexne kirin, rexne lê girtin. **animadversion** rexne *f*, rexnekirin *f*.

animal *n* heywan, lawir, giyanleber, teba, terş.

animate *rgd* jîndar, çist, zendî. *lg* jiyan dan, giyan dan, raperandin, germiyandin.

animosity neyarî *f*, dijminahî *f*, gir *m*.

anise hebosan *f*.

ankle *n anat* bazinê pê. **~ bone** gîzok.

anklet xilxal *m*.

annex *lg* **1** tevê kirin, kirin ser, îlhaq kirin.

annihilate *lg* qelihandin, rûxandin, tefandin.

anniversary salveger *f*, salborîn *f*.

announce *lg* dan zanîn, eşkere kirin. **~ment** daxuyanî *f*, dazane *f*. **~r** pêşkêşvan.

annoy *lg* qehirandin, behecandin, aciz kirin, bizar kirin, enirandin.

annual *rgd* salanî, salkî. **~ly** *rgp* salane.

annuity dravdanîya salane *f*.

annul *lg* (peyman, zagon, hwd) rakirin, betal kirin. **~ment** rakirin *f*, betalkirin *f*.

annular *rgd* xelekî.

anonymity bênavxwedîtî *f*.

anonymous *rgd* bênavxwedî.

anorexia dilnebijînî *f*, bêmicêzî *f*, bêmadî *f*. **anorexic** *rgd* bêmicêz, bêmad.

another *cn,rgd* din, dî; yeke/yekî din, ê/a din. **Will you have ~ cup of tea?** Tu yê çayeke din vexwî? **one ~** hevûdû, hevdu, yekûdu. **They don't like one ~.** Ew ji hevdu hez nakin.

answer[1] bersîv *f*, cab *f*.
answer[2] *lg,lng* **1** bersîv dan, cab dan. **2** têrê kirin, têr kirin.
ant gêrik *f*, mûrî *f*, morî *f*.
antagonism antagonîzm *f*, hevrikî *f*. **antagonistic** *rgd* hevrik, hevnake, antagonîst.
Antarctica Antarqtîqa *f*.
antecedent *rgd,n* pêşane; pêşbûyer *f*.
antenna pêlkêş *f*, antên *f*.
anthology berhevok *f*. **anthologist** *n* berhevkar.
anthropoid *rgd* mirovîn.
anthropology mirovzanî *f* (zanistîya ku bi taybetî li ser destpêk, pêşdeçûn, adet û bawerîyên mirovahîyê disekine.
anthropologist *n* mirovnas.
anti- *xêş* dij, -şkên, antî.
anti-aircraft balafirşkên *f*.
antibiotic antîbîyotîk *f*.
antic qeşmer, qeşmerî *f*.
anticipate *lg* zû xebitandin, zû kirin, berî yekî kirin, pêşî dîtin (berî ku dema tiştekî were kirin an dîtin).
antidote jehrşkên *f*.
antifreeze qeşaşkên *f*.
antipathy heznekirin *f*, antîpatî *f*.
antipersonnel *rgd* mirovkuj, yê ku ne navgînan bes mirovan dikuje.
antiquarian *rgd* dêrîn, kevnare. *n* kevnenas.
antiquary *n* kevnenas, kevnevan. **antiquarian** *n* kevnenas.
antiquated *rgd* dêrîn, kevnare.
antique *rgd* dêrîn, kevnare. *n* kevne.
antiquity *n* **1** kevnedem *f*. **2** kevne, kevnemirov, kevneşarsaniyetî *f*, kevneşarwerî *f*. **3** kevnaretî *f*.
anti-Semite *n,rgd* dijcihû. **anti-Semitism** dijcihûtî *f*.
antiseptic *n,rgd* nêmkuj, antîseptîk.
antitank tanqşkên *f*.
antonym dijwate *f*, dijmane *f*, dijnaverok *f*.
anus *anat* qul *f*, qûn *f*.
anvil sindan *f*.
anxiety fikare *f*, fikar *f*, xem *f*; tirs *f*.
anxious *rgd* bifikar, xemgîn, şerpeze.
any *rgp,rgd* tu, qe, qet, her, kîjana be, kengî be. **Come ~ day you like.** Tu kîjan rojê dixwazî were. **Have you got ~ pens?** Tu pênûsên te hene? **in ~ case** bi çi awayî be, çi dibe bila bibe. **~ more** êdî, nema, hew, qet.
anybody *n,cn* tukes, kesek, kes, herkes. **I haven't seen ~.** Min tukes/kesek nedîtiye. **A~ can do this.** Herkes kane vêya çêbike.
anyhow *rgp* **1** bi çi awayî be, bi tu awayî; ji xwe, himin. **The door was closed and I couldn't open it ~.** Derî girtî bû û min bi tu awayî nedikanî ew vekira. **2** bê baldarî, bê rêz.
anyone *bnr* **anybody**.
anyplace *bnr* **anywhere**.
anything *n,cn* tiştek, tu tişt, ne tiştek, her çi be, çi dibe bila bibe, her tişt. **Is there ~ to eat?** Tiştekî xwarinê heye? **I want something to eat; ~ will do.** Ez tiştekî xwarinê dixwazim, çi dibe bila bibe.
anyway *bnr* **anyhow**.
anywhere *rgp* derek, kuderê (be), kîja dera be, her der, tu der. **Go ~ you like.** Tu kuderê dixwazî, here. **Are we going ~ (in) particular?** Ma em diçin dereke taybetî?
apart *rgp* dûr, cihê, dûrî hev, ji hev dûr, tenê. **The two houses are 5 metres apart.** Herdu xanî 500 metreyan dûrî hev in. **~ from** ji xeynî, ji xêndî, ji bilî.
apartheid nijadperestî *f*.
apartment **1** lêlat *f*. **2** bilindxanî *m*, warxan *f*, apartman *f*.
apathy bêhesî *f*, balnedanî *f*, bêbalî *f*, heznekirinî *f*, nexwazî *f*.
apathetic *rgd* bêhes, bêbal, nexwaz.
ape *n* **1** meymûnê bêterî (gorîl, şempanze). **2** zarvekir. *lg* zarve kirin, bizarî kirin.
apex ban *m*, bandev *m*, kep *m*, tepel *m*.
apiary kewar *f* (a mêşan), pêtag *f*, gurbe *f*.
apiece *rgp* her ji yekî re, her yek, serê parçe.
aplomb xwebawerî *f*.
apologetic *rgd* bexşînxwaz. **~ally** *rgp* bi bexşînxwazî.
apologize *lng* bexşîn/lêborîn xwastin.
apology bexşînxwazî *f*.
apostrophe veqet *f*, apostrof *f*.
appal(l) *lg* bizandin, qidûmê yekî şkandin, qutifandin, toqandin.
apparel cil *m*, kinc *m*, libas *m*.
apparent *rgd* berbiçav, xuya, diyar, hêsa.

~ly *rgp* qasî ku xuya dibe, diyare ku, xuya ye ku, wek ku tê dîtin.
appeal *lng* tika kirin, li ber gerîn, alîkarî xwestin, serî lê xistin. *n* tikakirin *f*, libergerîn *f*, xwestin *f*.
appear *lng* xuya bûn, xuyan, derketin holê, ber bi çav bûn, hatin.
appearance 1 dirûv *m*, dirb *m*, şêwe *m*. **2** xuyabûnî *f*, berbiçavbûn *f*.
appease *lg* aş kirin, bîhna yekî fireh kirin.
append *lg* bi ser ve kirin, lê zêde kirin, pê ve kirin.
appendage pêvek *f*.
appendicitis apandîst *f*, rûvîyê zêde *m*.
appetite micêz *f*, dilbijî *f*, dilçûn *f*, mad(e) *m*.
applaud *lg,lng* li çepikan xistin, çepik lê xistin, çeple lê dan.
applause çepik *m*, çeple *m*.
apple sêv *f*. **the ~ of one's eye** delal, delalî. **~-polisher** *n* şelaf, şalûs.
appliance pêweng *f*, hacet *f*, hewcar *f*.
applicable *rgd* rewa, li gor, lê tê.
applicant *n* karniyar.
application daxwazname *f*, serîlêxistin *f*, serîlêdan *f*.
apply *lg,lng* **1** çespandin. **2** serî lê dan/ xistin. **3** (tê de) xebitandin, bi kar anîn.
appoint *lg,lng* bijartin; jibo kirinekê (dem, berwar an mirov) bijartin.
appointment hevdîtin *f*; randevû *f*.
appraise *lg* bihayê tiştekî danîn, nirx kirin.
appreciate *lg,lng* **1** qedr girtin/zanîn. **2** qedr zêde bûn, biha bûn. **3** pê zanîn.
apprehend *lg* **1** ber ketin, têgihîştin, fahm kirin. **2** fikar kirin, tirsîn. **3** girtin, dest danîn ser.
apprentice *n* şagirt, berkar.
apprise *lg* agah kirin, pê hesandin.
approach *lg,lng* ber bi (yekî/tiştekî) ve çûn, ber pê çûn, nêzîk bûn, çûn cem, çûn nezîk.
appropriate *rgd* rewa, gor, li gor, ji bo.
approval xetme *f*, erêdanî *f*, erêkirin *f*.
approve *lg,lng* rast dîtin, erê kirin, eriyandin, beliyandin, xetme kirin.
approximate *rgd* kêm zêde, nêzîk, li dor. *lg,lng* nêzîkahî lê kirin, hatin nêzîk, anîn nêzîk, nêzîkî (tiştekî) bûn. **~ly** *rgp* kêm zêde, li dor, hema hema, nêzîkî.
apricot mişmiş *f*, qeysî *f*, zerdele *f*, arûng *f*.
April Nîsan *f*.
apron berdilk *f*, berkoş *f*, pêşmal *f*.
apropos *rgd* bikat, di cih de, gor daxwazê.
apt *rgd* **1** mêldar. **2** zîrek, jîr, aqilmend.
aptitude pêkarî *f*, çîk *f*, gêrûfen *f*.
aquarium masîdank *f*, aqwaryûm *f*.
aquatic *rgd* avî.
aqueous *rgd* avî.
Arab *n* Ereb. **~ian** *rgd,n* Ereb, yê Ereban. **~ic** Erebî *f*.
arable *rgd* cotyar, yê cot, ji cot re dibe.
arbour çardax *f*.
arboreal *rgd* darîn.
arc *n* **1** fitlok. **2** gumbet. **3** kevane.
arch[1] gumbet *f*, qub *f*, kevane *f*.
arch[2] *rgd* nazdar.
archaeology bastannasî *f*, arkeolojî *f*.
archaic *rgd* kevnare.
archbishop *n* mitran.
archer *n* tîrvan.
architect *n* mîmar, qesirbend. **~ure** mîmarî *f*, qesirbendî *f*.
archives nivîskxane *f*, arşîv *f*.
arctic *rgd* cemserîn (bakur), arktîk.
ardent *rgd* xîretkêş, hewldar.
ardour hewl *f*, xîret *f*, peroş *f*.
arduous *rgd* asteng, dijwar, zor.
are *bnr* **be**.
area qad *f*, rastik *f*, aqar *f*.
arena qad *f*, arena *f*.
argent *rgd* zîv, zîvî.
argue *lng,lg* pev çûn, raberizîn, poncîn, geleşe kirin, gengeşî kirin, nigaş kirin, qirên kirin. **~ment** pevçûn *f*, raberizîn *f*, geleşe *f*, gengeşî *f*, qirên *f*.
arid *rgd* hişk, bêav, qeraç. **~ity** bêavî *f*, zuhayî *f*, hişkbûn *f*.
arise *lng* **1** derketin holê, berbiçav bûn. **2** **~ from** jê derketin. **3** rabûn ser xwe.
aristocrat *n* aristoqrat, zadegan.
arithmetic arîtmetîk *f*.
arm[1] *anat* çeng *m*, mil *m*, çepil *m*, pî *m*. **~pit** binçeng *m*. **fore~** zend *m*, bask *m*, bazend *m* **upper ~** pazû *m*, bend *m*.
arm[2] *lg,lng* çekdar kirin, çekdar bûn.
armada stol *m*.
armament çekdarbûn *f*.

armchair paldank *m*, palkursî *m*, qoltix *f*.
Armenian *rgd,n* Ermenî, File; yê Ermenîyan.
armistice agirbest *f*, şerrawestan *f*, şerragirtin *f*.
armour zilx *m*, zirx *m*. **~ed** *rgd* zirxdar. **~er** *n* zirxçêker, çeksaz. **~y** zirxxane *f*, cebilxane *f*, bareg *f*.
arms *pj* çek *m*.
army artêş *f*, sûpa *f*, ordî *f*.
aroma bîhn *f*, bêhn *f* (a xweş).
around *rgp* **1** li dor, dormador, çarrex. **2** li nêzîk, ne li dûr, nêzîkî.
arouse *lg* **1** hişyar kirin, rakirin. **2** raperandin, germiyandin.
arrack araq *f*.
arrange *lg,lng* rêkûpêk kirin, rêk kirin, rêz kirin, saz kirin. **~ment 1** rêzkirin *f*, sazkirin *f*, rêz *f*, sazî *f*. **2** qewl *f*, lihevkirin *f*.
array *lg* **1** çekdar kirin. **2** (cil/kinc) lê kirin. *n* rêz *f*, sazî *f*; cil *m*, kinc *m*.
arrears *pj* deyn *m*.
arrest *lg* **1** sekinandin, rawestandin. **2** (bal) kişandin, girtin. **3** girtin, kirin/xistin bin çavan, dîl kirin. **under ~** girtî, dîl.
arrival 1 gîhaştin *f*. **2** kesê ku gîhaştîye cihê xwe.
arrive *lng* **1** gîhaştin, gîhan. **2** hatin.
arrogant *rgd* pozbilind, parsûstûr, parsûqalind, qure, fîza, nepixî. **arrogance** pozbilindî *f*, parsûstûrî *f*, parsûqalindî *f*, qureţî *f*, xwenepixandin *f*.
arrow *n* tîr.
arse (argo) qûn *f*.
arsenal cebilxane *f*, bareg *f*.
arson *n* (bi nêta xerab) agir pê xistin, şewitandin *f*.
art pîş *m*, huner *m*, sinet *m*, tore *m*.
artery şahra *f*.
artful *rgd* xasûk, zexel, fenok, şût.
artichoke neynokên bûkê, engînar *f*.
article 1 bend *f*, nivîs *f*, nivîsar *f*. **2** bend *f*, xal *f* (a zagonê). **3** *rz* veqetandek *f*.
articulate *lg,lng* bi kît gotin, şîwet kirin, bi lêv kirin, nêrînên xwe bi hêsanî anîn zimên. **articulation** şîwetkirin *f*, bilêvkirin *f*, gotin *f*.
artificial *rgd* çêbiwar, deskut, destkir.
artillery *n lş* çekên giran, top (pj).
artisan *n* pîşewar, pîşekar, hazeq.
artist *n* pîşeger, pîşekar, hunermend, torevan.
artiste *n* dengbêj, stranbêj, lîstikvan, niyarvan.
as[1] *rgd* (bi) qasî, qasî ku. **It's not so difficult ~ I expected.** Qasî ku min hêvî dikir ne dijwar e. **He is ~ tall ~ you are.** Ew bi qasî te dirêj e.
as[2] *ghn* **1** gava ku, wexta ku. **I saw him ~ he was getting off the bus.** Gava ku ew ji otobozê dadiket, min ew dît. **2** ji ber ku. **As he wasn't ready, we went without him.** Ji ber ku ew ne hazir bû, em bêyî wî çûn. **3** tevî ku, teva ku, herçende. **Run ~ he would, he couldn't catch the train.** Tevî ku revîya, negîhaşt trênê. **4** wek, nola. **Leave it ~ it is.** Wê wek xwe bihêle. **~ if** gotin qey, wek ku. **He talks ~ if he knew everything.** Wek ku her tiştî zanibe, dipeyive.
ascend *lg,lng* bilind bûn, berjor çûn/hatin.
ascertain *lg* li rastîyê gerîn, hûr nêrîn, rastîya wê derxistin, bi pê danîn.
ascetic *rgd,n* sofî, derwêş, kesê ku jibo bawerîya xwe ji zewq û kêfê dûr disekine.
ascribe *lg* pê girêdan, kirin hustu, (sedem) dîtin, kirin sedem. **He ~d his failure to bad luck.** Têkçûna xwe bi şansa xerab girêda/Şansa xerab kir sedema têkçûna xwe.
aseptic *rgd* bêmîqrob, paqij.
asexual *rgd* bêcins, bêzayend, bê hisên cinsî.
ash xwelî *f*. **~tray** xwelîdank *f*.
ashamed *rgd* fedîkar, şermezar.
ashen *rgd* xwelîkirî, bixwelî, ji xwelîyê.
Asia Asya *f*. **~n** *rgd,n* Asyayî.
aside *rgp* li hêlekê, li alîkî, li qeraxekê, cihê. **put ~** dan alîkî.
ask *lg,lng* **1** pirsîn. **~ after** lê pirsîn. **They ~ed after him**. Wan li (halê) wî pirsî. **2** xwestin, daxwaz kirin. **3** vexwendin.
asleep *rgd* **1** di xew de, raketî. **2** tevizî.
asparagus çavmark *f*, kiling *f*, margîsk *f*.
aspect dirûv *m*, wech *m*, rû *m*, alî *m*.
aspen pelg *f*.
asphalt asfalt *f*.
asphyxiate *lg* fetisandin, bîhna yekî çikandin.
aspire *lng* armanc kirin, hewl kirin, arzû kirin; çav berdan, bi çavçilûsî xwestin.

aspirin aspîrîn *f.*
ass *n* **1** ker. **2** bêhiş, bale. **3** (argo) qûn *f.*
assassinate *lg* (mirovên girîng jibo sedemên ramyarî) kuştin.
assault êrîş *f*, rikêf *f*, destdirêjî *f. lg* êrîş kirin, rikêf kirin, lê rabûn.
assemble *lng,lg* **1** civandin, kom kirin, pev xistin. **2** civîn, kom bûn. **3** dan hev, pev xistin.
assembly civîn *f*, civat *f*, komcivîn *f.* **~ line** pevxistingeh *f.* **~ room** oda civînê *f*, civîngeh *f.* **right of ~** mafê civînê.
assimilate *lg,lng* mehandin, pişavtin, xunifandin; mehîn, hatin pişavtin/xunifandin, wekî yekî bûn.
assimilation mehandin *f*, pişavtin *f.*
assist *lg,lng* alî kirin, alîkarî dan/kirin, dest dan, yarmetî kirin. **~ance** arîkarî *f*, alîkarî *f*, yarmetî *f.* **~ant** *n* arîkar, alîkar.
associate[1] *lg,lng* **1** pev girêdan. **2** hevaltî kirin, hevkarî kirin, yek bûn, pardarî kirin/şirîkatî kirin. **3** dirûvandin, dirb pê xistin. **association 1** hevaltî *f*, pevkarî *f.* **2** komel *f*, civat *f*, sazende *f.* **3** pardarî *f*, şîrket *f.*
associate[2] *n* **1** heval, dost. **2** beşdar, hevkar.
assort *lg* ji hev deranîn, cûrandin. **~ed** *rgd* cûrbecûr, pircûre, têvel. **~ment** jihevderanîn *f*, cûrandin *f.*
assuage *lg* kêm kirin (êş, xem, hwd).
assume *lg* **1** hesibandin, ferz kirin, têw kirin. **2** ser xwe ve girtin.
assumption rawêj *f*, hesibandin *f*, zen *f.*
assure *lg* qane kirin, qayil kirin, çespandin, soz dan, dilê yekî kirin cih. **assurance 1** bawerî *f*, yeqînî *f.* **2** soz *f*, sond *f.* **3** temînat *f*, **4** sîgorta *f.*
asterisk stêrik *f* (nîşana balkişandinê).
astern *rgd* şûnde, paşde, li dawîya keştîyê.
asthma astim *f.*
astonish *lg* şaş kirin, metel kirin, behitandin, heyirandin. **~ing** *rgd* behît, ecêb. **~ment** şaşbûn *f*, ecêbman *f*, heyirîn *f.*
astound *lg* ecêbmayî hiştin, heş ji serî birin.
astragalus kab *f.*
astral *rgd* stêrkî, bi stêrk.
astray *rgp* **go ~** ji rê derketin, ketin rêya nebaş. **lead ~** ji rê derxistin, kirin/xistin rêya nebaş, rêya nebaş li ber xistin.
astride *rgp* ling ji hev qetyayî, şeq vekirî (wek meriv li hespê siwar be).
astrology stêrenasî *f.* **astrologer** *n* stêrenas.
astronaut *n* astronot, stêreger.
astronomy stêrezanî *f.* **astronomer** *n* stêrezan.
astute *rgd* tepo, zexel, zane.
asylum sitar *f*, penah *f.* **ask for ~** sitar xwestin. **give ~ to** sitirandin, penihandin.
asymmetric(al) *rgd* bêsîmetrî, nesîmetrîk.
at *dç* **1** li. **2** ber bi, bo. **3** bi. **4** di (dem). **~ all** qet, qe, tew. **~ first** pêşîn, berî her tiştî. **~ home** li malê. **~ last** axir, dawîyê. **~ least** qe ne be, ji tune de, tew tune be. **~ once** pê re, di cih de, tavilê.
atavism bapîrperestî *f.*
atheism xwedanenasî *f.* **atheist** *n* xwedanenas. **atheistic** *rgd* xwedanenas, xwedanenasîn.
athlete *n* atlet, sporvan.
atlas nexşepirtûk *f.*
atmosphere birah, atmosfer.
atom atom *f*, zere *f.* **~ bomb** bombeatom *f.*
atomic *rgd* atomî.
atrocious *rgd* erjeng; xwînxwar.
atrocity xwinxwarî *f*, zordarî *f*, hovîtî *f.*
attach *lg,lng* pê ve kirin, pê ve zeliqandin, pê ve girêdan. **~ed** *rgd* pêve, pêvegirêdayî, pêvekirî.
attack *lg,lng* **1** êrîş kirin, rikêf kirin, birin ser, radan ser, daberizîn, dest avêtin. **2** dijî yekî peyivîn. *n* **1** êrîş *f*, rikêf *f*, radanser *f*, destavêtin *f.* **2** (dil) westan *f*, rawestan.
attain *lg,lng* **1** birin serî, anîn serî. **2** gîhaştin, bi dest xistin.
attempt *lg* peyandin, teşebus kirin; hewl dan, cehd kirin. *n* hewl *f*, cehd *f*, peyandin *f*, teşebus *f.*
attend *lng,lg* **1** beşdar bûn, beşdarî kirin. **2** lê nêrîn, lê miqate bûn, bal dan. **3** pê re çûn.
attendance 1 beşdarî *f.* **2** hevaltî *f*, hevrêtî *f.* **3** beşdarvan *n.*
attendant *n* xulam, navmalî, berdestik.
attention bal *f*, baldarî *f*, guhdêrî *f.*
attentive *rgd* baldar, guhdêr.
attenuate *lg* zirav kirin, kêm kirin, sist kirin, beraftin.

attic *n* berasraq, banîje.
attitude şêl *f*, rewiştf, rabûn û rûniştin *f*, ravêj *f*, rawêj *f*, halwest *f*.
attract *lg* **1** bal kişandin, dil kişandin. **2** ber bi xwe ve anîn, kişandin. **~ion** dilniwazî *f*, dilkêşî *f*, balkêşî *f*. **~ive** *rgd* dilkêş, xwînşêrîn, balkêş, dilniwaz, dilçesp.
attribute *lg* lê girtin, jê re hesibandin, sedem dîtin, berpirsiyar dîtin.
attribute rûçik *m*, wesf *m*, celeb *m*.
aubergine bacan *m*, balican *m*.
auction *n* cihê ku tişt bi lihevzêdekirinê tên firotin, lihevzêdekirin *f*, mezat *f*, muzayede *f*.
audible *rgd* (tiştê ku) tê bihîstin, tê guh, bihîstyar.
audience *n* guhdar, guhdarvan.
audio- *xêş* bihîstyar (tiştê bihîstin an guhdar kirinê). **~-visual** *rgd* bihîstyar û dîtbar.
auditorium guhdargeh *f*.
auditory *rgd* bihîstyar.
auger badek *f*.
August Tebax *f*.
aunt *n* metik, xaltîk, amojin.
auricle kirêjiyok *f*.
auspicious *rgd* bixêr, biyom.
austere *rgd* **1** (şêlên mirov) hişk, nengxwaz, teng. **2** pir sade. **austerity** hişkî *f*, nengxwazî *f*, tengî *f*.
Australia Awûstralya *f*. **~n** *n,rgd* Awûstralyayî, yê Awûstralya.
author *n* **1** nivîskar. **2** afrandêr.
authority *n* hîz *f*, desthelat *f*, raye *f*, otorîte *f*.
authorize *lg* raye dan, hîz dan, destûr dan. **authorization** destûr *f*, raye *f*.
auto[1] otomobîl *f*, oto *f*, seyare *f*.
auto-[2] *xêş* bi xwe ber, ji xwe ber, bi serê xwe, xwe.
autobiography jînçîrok *f*, otobîyografî *f*.
autograph nivîsara kesîn *f*.
automatic *rgd* xweger, otomatîk.
automobile otomobîl *f*, seyare *f*, trimbêl *f*.
autonomy xwegerî *f*, otonomî *f*. **autonomous** *rgd* xweger, otonom.
autopsy otopsî *f*.
autumn payîz *f*.
auxiliary *n,rgd* alîkar. **~ verb** lêkera alîkar.
available *rgd* **1** peyda, pêde. **2** amade.
avalanche *n* berfende *f*, aşût *f*, şape *f*, basû *f*.
avant-garde *n* pêşeng, pêşajo.
avenge *lg* tol girtin, tola xwe stendin, heyf hilanîn.
avenue cade *f*, rêgah *f*.
avert *lg* **1** berê/rûyê/çavê/bala xwe guherîn/nedan. **2** pêşîya tiştekî girtin, jê revîn.
aviation balafirvanî *f*. **aviator** *n* balafirvan.
avoid *lg* jê revîn, jê dûr sekinîn.
await *lg* li bende sekinîn, pan, çavnêrîya yekî/tiştekî kirin.
awake[1] *lng* hişyar bûn, ji xew rabûn, bi xwe hesîn, çav vebûn.
awake[2] *rgd* hişyar.
award *lg* xelat kirin/dan, bexşîşandin. *n* xelat *f*, bexşîş *f*.
aware *rgd* haydar, bihay, bîrbir. **be ~ of** hay jê hebûn, bîr birin, pê hesîn. **~ness** bîrbirî *f*, haydarî *f*, hişyarî *f*.
away *rgp* dûr, li dûr, ji dûr, jê dûr, dûrî. **right ~** di cih de, tavilê. **send ~** *lg* qewirandin, şandin (dûr/dûra).
awe tirs *f*, xof *f*. *lg* tirsandin.
awful *rgd* erjeng, berbad, sehm, tirsehêz.
awkward *rgd* **1** destgiran, destpelixî. **2** (cih, tişt, hwd) zor tê xebitandin/bi kar anîn.
awl dirêş(k) *f*, dirêj *f*.
ax(e) bivir *m*.
axle *n* baskêş, mijane, sirnî.
ay(e) *bn,rgp* ser çavan, hay hay.

B

b tîpa dudan a elfabeya Îngîlîzî.
baa kalekal *f*, bahrîn *f*. *lng* kalîn, marîn, bahrîn. **~-lamb** *n* (zimanê zarokan) meek, berxik, mî.
babble *lng, lg* **1** tiştên tewşo mewşo gotin, tewşo mewşo/wek pitikan peyivîn, tewteweti kirin, (çem, hwd) xuşîn. **2** (tiştekî bêmane, sir) ji dev derketin, bê hemdê xwe gotin.
babe *n* **1** pitik. **2** sexik, naşî. **3** *pxw* keç *f*, jinik *f*.
baby *n* pitik, şîrmij. **~-sitter** *n* zaroknêr.

bachelor *n* azib, nezewicî.
bacillus basîl *f*.
back[1] **1** *anat* pişt *f*. **2** paş *f*, paşî *f*. **at the ~ of sb/at sb's ~** li pişta yekî. **turn one's ~ on sb** berê xwe (ji yekî) guherîn, pişta xwe dan yekî.
back[2] *rgp* **1** li paş, li paşîyê, ber bi paşîyê ve, bi şûn de, paşde, şûnve; cardin, dîsa. **Throw the ball ~.** Gogê bi şûn de bavêje. **Shall we walk ~?** Em bi şûn de bimeşin? **2** berê. **some few years ~** çend sal berê.
back[3] *lg* **1** bi paş de/bi şûn de çûn, vegerîn, paşde/şûnde birin. **The horse ~ed suddenly.** Hesp ji nişka ve bi şûn de çû. **2** pişt girtin, li pişt(a yekî) bûn, la girtin. **~ out (of)** jê vegerîn. **He promised to help and then ~ed out.** Wî soza alîkariyê da û dûre jê vegerîya. **3 ~ (on) (to)** li paş bûn. **Their house ~s on (to) ours.** Mala wan li paşîya ya me ye. **~er** *n* piştgir, alîgir. **~ing** piştgirî *f*, alîkarî *f*.
backache piştêş *f*, êşa piştê *f*.
backbite *lng* paşgotinî kirin, zem kirin.
backbone *anat* marîpişt *m*, pirûsk *m*.
back-breaking *rgd* (kar, şixul) yê ku mirov diwestîne/dibetilîne, diêşîne.
backgammon tewle *f*.
backspace *lng* (tîpnivîs, makîna nivîsînê) bi şûn de birin.
backstage *n* paş perdê, qûlîs *f*.
backtrack *lng* bi şûn de çûn, ji peyva/soza xwe vegerîn.
backward *rgd* şûnde, paşde, paşdemayî. **This part of the country is still ~.** Ev hêla welêt hîn şûnde ye. **~(s)** *adv* paşpaşkî, bi şûn de, bi paş de. **It is not easy to walk ~(s).** Paşpaşkî meşîn ne hêsan e.
backyard *n* paşîya xênî, rastik an hewşa li paşîya xênî.
bacon *n* goştê pişt an kêleka beraz yê xwêkirî yan buxurandî, beykin.
bacteria *pj* baqterî *f*.
bad[1] *rgd* **1** xerab, nebaş, bed, neçak. **2** nexweş, pîs. **3** xerabe. **feel ~** xwe nebaş his kirin.
bad[2] *n* yê xerab, xerab.
badge nîşan *f*; rozet *f*. **Chains are a ~ of slavery.** Zincîr nîşaneke dîltîyê ne.
badger[1] *n zool* kurbeşk.
badger[2] *lg* behecandin, aciz kirin, serî êşandin.
bad-tempered *rgd* xulqteng, hêrsok.
baffle *lg* **1** şaş/gêj kirin. **2** ber lê girtin, nehiştin.
bag kîs *m*, kîsik *m*, çente *m*. *lg* **1** kirin kîs. **2** girtin, kuştin.
baggage baxac *f*, hûrmûr *m* (ê rêwîyan).
baggy *rgd* wek kîsan, kîsikî.
Bahrain Bahreyn *f*
bail *n* kefîl, damanî *f*, giraw *f*.
bait êm *m* (ê ku mirov dixe derzîya masîyan an feqan).
bake *lg* nan lê xistin, pijandin. **~r** *n* nanpêj. **~ry** firne *f*, nanpêjxane *f*.
balalaika balalayqa *f*.
balance mêzîn *f*, mûwazene *f*. *lg, lng* **1** mêzîn kirin, dan ber hev. **2** wek hev bûn.
balcony banoke *f*, şehnişîn *f*, balqon *f*.
bald *rgd* **1** porweşyayî, keçel, gurî. **2** sade, bêxeml. **~-head** *n* serzelût.
balderdash *n* peyv an nivîsara çewto mewto/tewşo mewşo.
baldfaced *rgd* birû, bêşerm, bêar.
baldric hemayil *f*.
bale deng *f*, balya *f*.
baleful *rgd* bêyom, çavhavêj; ziyandar.
ball[1] **1** gog *f*, go *f*, top *f*. **2** gilok *f*. **3** tiştê girover. **the ~ of the foot** girêka pê *f*. **the**

~ of the thumb nermika dest *f. lg,lng* wek gogekê bûn/kirin, gilokî bûn/kirin.
ball[2] balo *f.*
ballad sitran *f.*
ballerina *n* (jin) balevan.
ballet bale *f.*
ballistic *rgd* balîstîk. **~s** zanistîya balîstîkê *f*, balîstîkzanî *f.*
balloon balon *f.* **~ist** *n* balonvan.
ballot deng *m*, ray *f. lng* **~ (for)** deng/ray dan. **~-box** sindoqa rayan *f*, dengdank *f.*
balm of Gilead enzerût *f.*
balsam belesan *f.*
balustrade derabe *f*, cax *f* (a dora banokeyan).
bambino *n* pitik, zarok.
bamboo arc *f*, bambû *f.*
ban qedexe *f. lg* qedexe kirin
banal *rgd* adî, ne balkêş.
banana mûz *f.*
band 1 şirît *f*, band *f.* **2** taxim *m*, kom *f.*
bandage paç *m*, paçik (ji bo pêçandina birînan) *m. lg* **~ (up)** pêçan, pêçîn.
bandana,bandanna *n* destmal(a mezin û rengîn).
bandit *n* keleş, rêbir. **~ry** keleşî *f*, rêbirî *f.*
bandoleer rext *m.*
bandy[1] *lg* (peyv, derb, hwd.) pev guhertin, avêtin ber hev.
bandy[2] *rgd* pilûç. **~-legged** lingpilûç.
bang girmînî *f*, girmegirm *f.* **He always shut the door with a ~.** Ew her tim derî bi girmînî digire. *lg* gurmînî jê anîn, bi girmînî girtin. *rgp* bi girmînî.
Bangladesh Bengaldeş *f.*
bangle bazin *m*, xilxal *m.*
banish *lg* **1** menfî kirin, nefî kirin, mişext kirin, sirgûn kirin, qewirandin. **2** ji heş avêtin/derxistin, bal nedan. **~ment** menfî *f*, nefî *f*, mişext *f*, sirgûn *f.*
banister cax *f*, derabe *f* (ên dora dirêncekan).
bank[1] banqe *f.* **~er** banqgêr. **~ing** banqgêrî *f.* **~note** baqnnot *f*, diravê kaxizî. *lg,lng* banqgêrî kirin, di banqê de xebitîn, dirav xistin banqê. **~ on/upon** pişta xwe dan, alîkarî hêvî kirin. **I am ~ing on your help.** Hêvîya min alîkarîya te ye.
bank[2] 1 derav *f*, perav *f*, berçem *m.* **2** qirax *f*, per *m*, rex *m.* **3** kom *f*, cêz *f. lg,lng* kom kirin/bûn, cêz kirin/bûn, bi bendan herikîna avê sekinandin, ber li avê girtin.
bankrupt *n,rgd* topavêtî, (kesê ku) nikare deynên xwe bide. **go ~** *lng* top avêtin, îflas kirin. **~cy** topavêtin *f*, îflas *f.*
banner al *f*, derefş *f.* **~ headline** sernivîs *f*, manşet *f.*
bannister *bnr* **banister.**
banns *n* daxuyanîya mahra jin û mêr.
banquet ziyafet *f*, bezm *f.*
banter *lg,lng* henekê xwe pê kirin.
bar[1] 1 ço *m*, çikrim *m.* **2** (derî) zornax *f*, çilmêre *f.* **3** bend *m*, berlêgir *m.* **4** meyxane *f*, bar *f. lg* **1** (derî) zornax/çilmêre kirin. **2** ber lê girtin, pêşî girtin. **3** netê hiştin, ne hesibandin. **behind ~s** di girtîgehê de. **~red** *rgd* **1** caxkirî, derabekirî. **2** qedexekirî, qedexe.
bar[2] *fîz* bar *f.* **~ometer** barometre *f.*
barb qulf *m*, sincûq *m*, dirî *m.* **~ed wire** dirîtêl *f.*
barbarian *rgd,n* hov, wehşî.
barbaric *rgd* hov, wehşî.
barbarism hovîtî *f*, wehşîtî *f.*
barber *n* berber, sertaş.
barberry zirişk *f.*
barbiturate *n bjş* heba xewê *f.*
bard *n* helbestvan, sitranbêj.
bare *rgd* **1** tazî, şût. **2** sade, hêsan. **~faced** *rgd* bêar, bêşerm, bêfedî. **~facedly** *rgp* bê fedî, bê şerm, bi bêarî. **~-footed** xwas. **~ handed** *rgd* destvala, bêçek, neçekdar. **~-headed** *rgd* serqot. **~-legged** *rgd* bêgore, nigtazî, pêxwas. **3** (ode, hwd) vala, neraxistî. **~ly** *rgp* bi zor, hema hema; eşkere, bêyî ku veşêre. *lg* tazî kirin, rût kirin, eşkere kirin, diyar kirin.
bareback *rgp* (hesp) bê zîn. **~ed** *rgd* bêzîn.
bargain bazar *f. lng* bazar kirin. **~ (with sb) (for sth)** (bi yekî re) bazar(a tiştekî) kirin.
bark[1] *lng* **1** hewtin, reyîn. **2** qîrîn. *n* hewthewt *f*, reyîn *f.* **~er** *n* yê ku dike hewthewt an qîrîn.
bark[2] qaşik *m*, qalik *m* (ê daran).
barley ceh *m.*
barn axur *m*, embar *f*, kadîn *f.*
barometer barometre *f.*

barracks leşkergeh *f.*
barrel 1 bermîl *f.* **2** (çek) lûle *f.*
barren *rgd* beyar, bêdarûber, bêweç, stawî.
barrette toq *f* (a por).
barricade barîqat *f*, asteng *f*.
barrier berlêgir *f*; neqeb *f*, bend *f*, ben *f*.
barrister *n* parêzer, ebûqat (ê ku li Îngîlîstanê dikeve dadgehên bilind).
barter *lg,lng* ~ **(with sb/for sth)** pev guherîn, bi tiştekî guherîn.
base[1] **1** bingeh *f*, hîm *m*. **2** meqer *f*. *lg* ~ **sth on/upon** danîn ser bingehekî, bi bingehekî ve girêdan. **~less** *rgd* bêbingeh, bêsedem.
base[2] *rgd* bêrûmet, rezîl; nêhêja, bêqîmet.
baseball beyzbol *f*.
basement (di avahîyekê de) qatê erdîn *m*.
bases *n* pirejimara ***basis*** û ***base***.
bash *lg* bi hêz lê xistin. *n* lêxistina bihêz.
bashful *rgd* fedîyok, şermezar.
basic *rgd* bingehîn, yê bingehê. **the ~ vocabulary of a language** ferhenga zimanekî ya bingehîn.
basil *bot* firincemişk *f*, rihan *f*.
basilisk şahmar *m*, şahê maran *m*.
basis bingeh *f*, binaxe *f*, binînî *f*, binyad *f*, binçîne *f*, binaçe *f*.
bask *lng* li ber tavê sekinîn, man.
basket selik *f*, milkeb *f*, zembil *f*.
basketball basketbol *f*.
basswood dara exlamûrê *f*.
bastard *rgd* bêjî, bêbav, pînc. **~y** bêjîtî *f*, bêbavtî *f*, pînctî *f*.
bastinado feleqe *f*.
bastion birc *f*.
bat[1] *n* baçermok, paşmêlk, şevrevînk.
bat[2] ço *m* (ê goglîstinê).
batch kom *f*, deste *m*.
bath 1 serşuştin *f*, xweşuştin *f*. **2** *pj* serşok *f*. **~room** serşok *f*. **~tub** serşok *f*.
bathe *lg,lng* şuştin, xwe şuştin, di avê dakirin, av lê kirin.
bathing *n* ketin avê, xweşuştin *f*.
battalion tabûr *f*.
batter *lg* pê hev û bi hêz lê xistin û bi vî awayî şkenandin, hûr kirin, ji hev xistin.
battery berhevker *f*, aku *f*, pîl *f*.
battle şer *m*, ceng *f*, lej *f*. *lng* ~ **(with/against sth)** şerê tiştekî kirin. **~-axe** bivirê şer *m*. **~field/ground** qada şer *f*, şergeh *f*. **~ship** keştîya şer *f*, cengkeştî *f*.
bauble *n* xişlê erzan û adî.
bauxite *n* boksît.
bawl *lg,lng* qîrîn.
bay[1] defne *f*.
bay[2] delav *f*, xelîç *f*.
bay[3] *lng* reyîn, zûrîn.
bayonet nîze *m*, şilf *m*.
bazaar bazar *f*.
bazooka *lş* bazûqa *f*, curekî topên tanqşkên.
B.C. *kurte **Before Christ*** B.Z. (Berî Zayînê).
be[1] *lng* bûn. **I am** Ez im/me, **You are** Tu yî/î (*pj* Hun in/ne), **He/She/It is** Ew e/ye, **We are** Em in/ne, **They are** Ew in/ne.
be[2] *lng* **1** (piştî **there**) hebûn. **There is a letter for you.** Ji te re nameyek heye. **There are some stamps on the table.** Li ser masê hinek pûl hene. **2** çûn. **I have been to Mardin.** Ez çûme Mêrdînê.
beach kevîşen *f*, plaj *f*.
bead morîk *f*, heba tizbîyê *f*, çavik *f*. **~s** tizbî *f*, gergû *f*, gerdenî *f*. **tell one's ~s** tizbî kişandin, dua kirin.
beak nikul *m*.
beam 1 beşt *m*, garîte *m*, onî *m*. **2** tîrêj *f*. *lg,lng* (tîrêj, ronahî an germayî) belav kirin, weşandin, dan.
bean 1 fasûle *f*, fasûlî *f*, lobî *f*, lobye *f*. **2** heb *f*, tov *f*. **broad ~** şoqil *f*.
bear[1] *n* hirç.
bear[2] *lng,lg* **1** ragirtin, deyax kirin, hilgirtin, tebat kirin. **2** lê hebûn. **sth that ~s your signature** tiştekî bi navîna te/ tiştekî ku navîna te lê be. **3** zan, anîn dinyê. **4** (dar, hwd) ber dan, ber girtin.
bearable *rgd* tê ragirtin, tê hilgirtin.
beard rih *f*, rî *f*. **~ed** *rgd* birî. **~less** *rgd* bêrî.
bearer *n* berbar; yê ku pê re ye, yê ku bi xwe re digerîne, hamil.
beast *n* heywan, çarpê.
beat[1] *lg* **1** lê dan, lê xistin, kutan. **2** çelqandin, çirpandin. **3** (dil, baskên çûkan) perpitîn. **4** têk birin, bera (yekî) dan.
beat[2] **1** lêdan *f*, lêxistin *f*. **2** dengê lêdan/ lêxistinê. **3** tempo *f*.
beater *n* pêwenga lêxistin an çelqandinê.

beating 1 lêdan *f*, lêxistin *f*. **2** têkçûn *f*.

beautiful *rgd* bedew, xweşik, sipehî, qeşeng, pak, çak.

beautify *lg* bedew kirin, çak kirin, pak kirin, xweşik kirin.

beauty 1 bedewî *f*, dilberî *f*, pakî *f*, xweşikbûn *f*. **2** kesa bedew/xweşik. **~-spot** deq *f*, şan *f*.

beaver *n* segav. **~ away (at sth)** *lng* pir xebitîn.

because *ghn* ji ber ku, ji bo ku, (ji) bona ku, ji lewre (ku). **I didn't see them, ~ I was late.** Min ew nedîtin, ji ber ku ez dereng mabûm. **B~ of his wife('s) being there, I said nothing about it.** Ji bona ku jina wî li wir bû, min qal/behs nekir.

beckon *lg,lng* (ji bo ku were) destê xwe jê re rakirin/kil kirin.

become *lng* **1** bûn. **He became a teacher.** Ew bû mamoste. **2 ~ of** hatin serî, pê hatin. **I don't know what has ~ of him.** Ez nizanim çi bi wî hatiye. **3** lê hatin. **Her new hat ~s her.** Şoqê wê yê nuh lê tê. **becoming** *rgd* li gor(a), lê tê.

bed 1 nivîn *m*, livîn *m*. **2** lat *m*. **3** besterobar *m*. **go to ~** ketin nav nivînan. **make the bed** nivîn danîn. **put to ~** kirin xew/nav nivînan. **bed-bug** *n* gawûk. **~-fellow** *n* yê ku meriv pê re di nivîneki de radikeve; heval. **~-roll** *n* nivînê pêçayî/balorkirî. **~room** oda razanê *f*, xewgeh *f*. **~-sheet** çarşef *f*. **~sore** *n* birîna ku ji zêde di nav nivînan de manê çêdibe. **~spread** nivînpûş *f*, rûnivîn *m*. **~stead** qeryole *m*. **~time** dema razanê/raketinê *f*.

bee *n* mêşa hinguv, moza hinguv. **~hive** kewar *f*, kewara mêşan. **~keeper** *n* mêşvan, yê ku mêşên hungiv xwedî dike.

beech narewan *f*.

beef goştê dewaran *m*.

beep tût *f*, tûttût.

beer bîre *f*.

beeswax şima *f*.

beet çewênder *f*, şewender *f*, silq *f*.

beetroot karî *f*, silq *f*.

befit *lg* li gor(a) yekî bûn. **~ting** *rgd* li gor, gora, gorî.

before *rgp,dç* **1** berê, berî, berî ku, li pêş, li pêşîya, di pêşîya ... de. **I must finish my work ~ I go home.** Berî ku ez biçim malê, (min) divê ez karê xwe biqedînim. **I've seen that film ~.** Min ev filîm berê ditiye. **two days ~ the New Year.** du rojan berî sala nû. **B~ Christ (BC)** Berî Zayînê (BZ).

beforehand *rgp* berê, ji berê de.

befriend *lg* kirin heval (ê xwe), dostanî rê dan, alîkarî kirin.

beg *lg,lng* **~ (for) (sth)(from/of sb)** li ber gerîn, lava (jê) kirin, li raweran gerîn; pars kirin, parsektî kirin.

beggar *n* parsek, cevîndok, lavakar.

begin *lng,lg* dest pê bûn, dest pê kirin. **~ at** jê dest pê kirin. **Today we ~ at page 30, line 12.** Îro em ji rûpelê sîyem, rêzika dozdehan dest pê dikin. **~ner** *n* destpêkvan. **~ning** destpêk *f*.

begrudge *lg* (ji yekî re) pir dîtin, çav lê man, dexisîn.

beguile *lg* **1** xapandin. **2** (dem, wext) borandin, derbas kirin.

behalf hêl *f*, alî *m*. **on ~ of** ji dêvla, li ser navê.

behaviour *n* halwest, şêl, rewişt, rewtar, lebat, hereket.

behead *lg* şerjê kirin, ser jê kirin.

behind *dç,rgp* dû, li dû, li paş, li paşîya. **The boy was hiding ~ a tree.** Lêwik xwe li paşîya dareke vedişart.

behold *lg* dîtin, lê nêrîn.

beholden *rgd* sipasdar, deyndar (ji ber qencîyekê).

beige *n,rgd* bej.

being *n* **1** hebûn *f*. **2** tiştê ku heye/dijî, mirov. **human ~** mirov. **3 the Supreme Being** Xwedê *m*.

bejewelled *rgd* bixişir.

belated *rgd* dereng, derengmayî.

belch qirpik *f*. *lng* qirpika yekî hilatin.

beleaguer *bnr* **besiege**.

belfry zengilgeh *f*.

belie *lg* derewîn derxistin, derew derxistin.

belief bawerî *f*, yeqînî *f*. **He had no ~ in the doctor.** Bawerîya wî bi bijîşk tune/nayê.

believe *lng* bawer kirin, yeqîn kirin, bawerî pê anîn, jê bawer kirin. **~r**

bawerani, bawermend. **believable** *rgd* jê tê bawer kirin.
belittle *lg* kêm/biçûk dîtin an hesibandin.
bell zengil *m*, naqos *f*, zîl *f*. **~boy/hop** *n* di otêlan de kur an zilamê ku karê odan dike. ~ **tower** zengilgeh *f*.
belle dilber *f*.
bell-flower belezîz(k) *f*, gezîze *f*, sinbêlok *f*.
bellicose *n* **1** şerûd. **2** şervan.
belligerency şerûdî *f*, şervanî *f*.
bellow *lng,lg* bûrîn, mûrîn, qîrîn.
bellows nepax *f*, pifik *f*, tifik *f*, kûre *f*.
belly[1] zik *m*. **~-ache** zikêş *f*. **~-button** navik *f*.
belly[2] *lg* nepixandin.
belong *lng* ~ **to** a/ê/ên yekî bûn, aid(î yekî) bûn. **This book ~s to me.** Ev pirtûk a min e. **~ings** *n,pj* tiştên kesîn, hûrmûr.
beloved *rgd* berdil, delal, hêja.
below *rgp,dç* jêr, jêrîn, li jêr, li bin, li binî. **We heard voices from ~.** Ji jêr dengin hatin. **Shall I write my name on, above or ~ the line?** Ez navê xwe li ser, li jor an li bin xêzikê binivîsim?
belt kember *f*, qayîş *f*, davek *f*. **tighten one's ~** kember(a xwe) şidandin.
bemoan *lg* (bi girî û axîn) gazin kirin, pir li ber ketin, ax û fîgan kirin.
bench **1** rûniştek *f*. **2** textebend *f*, destgeh *f*, dezgeh *f*, kursî *f*.
bend **1** çivane *f*, çivgeh *f*, fitil *f*, fitlok *f*, zîvirok *f*. **2** girêk *f*. *lg* tewandin, tewîn, xwar kirin/bûn
beneath *rgp,dç* li bin, di bin de; jê ber bi jêr.
benefaction başî *f*, qencî *f*, xêr *f*.
benefactor *n* (kes ê ku) xêr an alîkarî bi tiştekî kiriye.
beneficent *rgd* xêrxwaz.
beneficial *rgd* bikêr, kêrhatî, bisûd, baş, qenc.
benefit **1** berjewendî *f*, kêr *f*, kêrhatin *f*, wêc *f*, sûd *f*, kar *f*. **2** başî *f*, qencî *f*, xêr *f*.
benevolence xêrxwazî *f*.
benevolent *rgd* xêrxwaz.
benign *rgd* **1** (mirov) dilpak, dilbirehm, dilovan. **2** (ax, hewa) nerm, xweş. **3** ne bi xetere, mirov nakuje.
bent *rgd* xwar, mêldar. *n* mêl *f*, mêldarî *f*.
benumb *lg* tevizandin.
benzine benzîn *f*.
bequeath *lg* (mirî) li dû xwe hiştin, ji hinan re hiştin, wesiyet kirin.
bequest dawîxwazî *f*, wesiyet *f*.
bereave *lg* bêyî tiştekî hiştin.
berry *n bot* fêkîyê biçûk û hebî. *bnr* **straw~, black~.**
berserk *rgd* har, çavsor.
beset *lg* ji her alî de nêzîk bûn, ber pê hatin, dor lê girtin.
beside *dç* **1** li teniştа, li kêleka, di teniştа ... de, li nik. **I want to live ~ the sea.** Ez dixwazim li tenişta/qeraxa deryayê bijîm. **2** gora, gorî. **You are quite tall ~ your sister.** Gora xweha xwe tu pir dirêj î. **be ~ os** heş ji serî çûn.
besides *rgp* ji xwe, (bi) ser de jî. **I don't like that new dictionary; ~, it's too expensive.** Ez ji wê ferhenga nû hez nakim, ji xwe pir biha ye jî. *dç* ji xêndî. **There are four of us ~ Paul.** Ji xêndî Paul em çar heb/kes in.
besiege *lg lş* dor lê girtin, dor lê pêçan, ji her alî de êrîş kirin.
besmear *lg* ~ **with** (bi tiştekî) miştin, lê kirin.
besmirch *lg* gemarî kirin; rûreş/bêrûmet kirin.
besom giyagêsk *f*.
best *rgd* baştirîn, qenctirîn, rindtirîn, herî baş/qenc/rind. *cn* yê herî baş/qenc/rind.
bestial *rgd* hov, dirindane.
bet şerd *m*. *lg,lng* **1** şerd girtin, behs girtin. **2** ji xwe ewle bûn, şik jê tunebûn.
betray *lg* bêbextî pê kirin. **~er** *n* bêbext.
betrayal bêbextî *f*.
better[1] *rgp,rgd* çêtir, baştir, qenctir, rindtir, hîn baş. **get ~** baş bûn, çê bûn, çêtir bûn.
better[2] *lg* baştir/çêtir kirin.
between *prep* di nav de, di navbera ... de, li nav, li navbera, di navêna/navbeyna ... de. **~ the two world wars** di navêna her du şerên dinyê de.
beverage (ji xêndî avê) vexwarin *f*, mey *f*, hemet kirin.
bewail *lng* nalîn, li ber ketin, kesirîn.
beware *lg,lng* (tenê fermanî) lê miqate bûn, çav lê bûn, bal dan, hay jê hebûn.
bewilder *lg* heyirandin, şaş kirin, gêj kirin.
bewitching *rgd* cadûbaz.

beyond *rgp* jê wê de.
bezique bezîk *f.*
bi- *xêş* du, cot, du caran.
bib berdilk *f* (a pitikan).
Bible *n* Pirtûka Pîroz, Încîl û Tewrat.
bicycle bîsîklet *f.*
biennial *rgd* du salî,ji du salan careke dibe, du salan dom dike. **~ly** *adv* dusalane.
bier darbest *f.*
bifocal *rgd* (berçavk) jibo dûr û nêzîk, dumişraq.
big *rgd* **1** mezin, gewre. **2** girîng.
bigamy *n* bi du kesan re zewicîn, du jin an mêr kirin.
bigot *n* (kesê) perist, hişteng. **~ed** *rgd* perist, hişteng, teng. **~ry** peristî *f*, hiştengî *f.*
bike bîsîklet *f. lng* bîsîklet ajotin.
bikini bîkînî *f.*
bilabial *rgd,n* dulêvîn, (tîpa elfabê ya bi du lêvan bi lêv dibe; wek b, m, p).
bilateral *rgd* dualîn.
bile *n* zaferan, sefre.
bilingual *rgd* bi du zimanan, duzimankî. *n* kesê ku bi du zimanan baş dizane, duziman.
bill[1] **~(-book)** dasa daran *f.*
bill[2] nikul *m.*
bill[3] hesab *m.*
billboard depê daxuyanîyan *m.*
billet wargeh *f.*
billhook *bnr* **bill**[2].
billiards bîlardo *f.*
billion *n,rgd* (DYA) milyar *m*; (BM) trilyon *m.*
billow gewrepêl *f. lng* bi pêlên mezin bilind bûn, gindêr bûn.
billy-goat nêrî *m.*
bimonthly *rgd* dumehî.
bin bermîl *f*, teneke *f.*
binary *rgd* cot, du.
bind *lg* girêdan, lê vedan, lê gerandin; berg kirin, cild kirin.
binoculars dûrbîn *f.*
biography jînenîgarî *f*, jiyaneçîrok *f.*
biology jînzanî *f*, bîyolojî *f.*
bipartisan *rgd* dualîgir, duparêz, yê ku di dijîtîyekê de her du alîyan jî digire.
biped *n* dupê.
bird *n* çivîk, çûk, çûçik, balînde, teyr. **~s-eye** jordenêrîn *f*, bi nêrîna çivîkan
birth bûn *f*, buyin *f*, jidayikbûn *f.* **~day** rojbûyin *f.* **give ~ to** anîn dinyê, zayîn, zan. **~day party** cejnbûyin *f*, bezma rojbûyinê. **~place** cihbûyin *m.*
biscuit biskîwît *f.*
bisect *lg* bi dudan par ve kirin, kirin dudi, nêvî kirin. **~ion** *f* nêvîkirin *f.*
bisexual *rgd* nêremê. **~ity** nêremêtî *f.*
bishop *n* **1** mitran, metran. *kişik* fîl.
bit[1] pirtî *f.* **in ~s** *rgp* pirtî pirtî.
bit[2] *n* lixab, bizm, lîwan.
bitch dêlesê *f.*
bite *lg* **1** geztin, dev lê kirin, gez kirin. **2** (kêzik, mêş) pê vedan. *n* gez *f*, dewsa geztinê, parî *m.* **biting** *rgd* tûj, bişewat.
bitter *rgd* tahl, tal, tehl. **~ness** tahlî, tehlî *f*, talî *f.* **~ apple** *n* henzel.
bitumen zift *f*, qîr *f.* **bituminous coal** komira madenî.
bizarre *rgd* xerîb, ecêb, degel.
blab *lng* lewlewoktî kirin, tewşo mewşo peyivîn, tewteweti kirin.
blabbermouth *n* tewtewe.
black[1] *rgd/n* **1** reş *m.* **2** tarî *f.* **3** qirêjî. **4** bêyom. **~en** *lg,lng* reş bûn/kirin. **~ coffee** qehwa bêşîr *f.* **~ market** bazara reş *f.* **~ pepper** bîbera/îsota reş *f.* **Black Sea** Deryaya Reş *f.* **~smith** *n* hesinker.
Black[2] *n,rgd* Reşik.
black-beetle *n* sirsirk.
blackberry dirik *f*, dirîreşk *f*, dirîmok *f*, hembelaz *f.*
blackboard depreş *f.*
black cumin *n* hebreş, reşreşk.
black-eyed pea maş *m.*
blackmail şantaj *f.*
bladder *anat* mîzdank *f.*
blade **1** devê kêrê *m.* **2** şûr *m.* **3** pelê zirav û tûj. **4** serê bêrê.
blame lom(e) *f. lg* lom(e) lê kirin, tawandin, gunehbar kirin, sûcdar kirin.
blanch *lg,lng* sipî kirin; sipî bûn.
bland *rgd* nerm, xûnerm, devnerm, melayîm.
blank *rgd* vala, sipî, bêmane. *n* valahî *f*, sipîtî *f*, bêmanetî *f.*
blanket betanî *f*, mêzer *f. lg* nixumandin.
blaspheme *lng,lg* (ji tişt an kesên pîroz

re) çêr kirin, gotinên nebaş kirin.
blast teqîn *f*. *lg* rûxandin, şewitandin, qir kirin.
blatant *rgd* pir eşkere, pir xuya.
blaze[1] *n* **1** pêt, agirê gur. **2** *pj* dojeh *f*. **3** biriqîna rengan.
blaze[2] *lng,lg* **1** bi pêtan şewitîn. **2** (bi rengan) biriqîn. **3** hêrs bûn. **4** ~ **away** agir barandin.
bleach *lg,lng* sipî kirin, sipî bûn.
bleat *lng* kalîn, marîn, bahrîn. *n* kalekal *f*, marîn *f*, bahrîn *f*.
bleed *lng,lg* xwîn bûn; xwîn kirin.
blemish leke *f*, kêmasî *f*, çewtî *f*.
blend *lg,lng* (tûtin, çay, hwd) tev li hev kirin; tev li hev bûn, li hev kirin. *n* tevlihevî *f*, tevhevî *f*.
bless *lg* **1** evrandin, pîroz kirin, dirûdandin. **2** bangî Xwedê kirin. **~ed** *rgd* pîrozbûyî, evrandî, dirûdandî.
blight **1** kufik *f*, kimê *f*. **2** afet *f*. *lg* mehû kirin, hişk kirin.
blind[1] *rgd* kwîr, kûr, kor, çavtarî. **~ness** kwîrî *f*, kûrî *f*, korayî *f*. **~ly** *rgp* kwîrkî, wek koran. **~man's buff** çavgirtînk *f*, çavgirtik *f*. ~ **spot** *anat* piniya kor *f*.
blind[2] *lg* kor/kwîr/kûr kirin.
blindfold *lg* (bi paçekî) çavên yekî girtin. *n* paç an tiştê ji bo çav girtinê. *rgd* çavgirtî.
blink *lg,lng* çav kirin, çav girtin û vekirin, tirûkandin. **2** (ronayî) pê hev vêketin û vemirîn, çirîskîn.
bliss şadî *f*, bextiyarî *f*.
blister peq *f*, peqilk *f*.
blithe *rgd* bikêf, dilgeş, dilşad. **~ly** *rgp* bi kêf, bi dilşadî, bi dilgeşî.
blizzard pûk *f*, bapêç *f*, bazor *f*.
bloat *lg* nepixandin.
block *lg* bergew kirin, ber lê girtin, pêşî lê girtin, pêşîya yekî/tiştekî girtin, xetimandin, rê ne dan. *n* blok, perçeyê mezin, perçeyê bingehîn.
blockade *lg* dorpêç kirin. *n* dorpêç *f*, dorpêçkirin *f*.
blond *rgd,n* (mêr) kej, mûzer, porzer.
blonde *rgd,n* (jin) kej, kezîzer, mûzer, porzer.
blood xwîn *f*, xûn *f*. ~ **bank** xwînxane *f*. ~ **feud** xwînkarî *f*, heyfgerandin *f*, dijminatîya xwînê *f*. ~ **pressure** tansîyon *f*. **~shed** xwînrêjî *f*. **~-sucker** *n* xwînmêj. **~-thirsty** *rgd* xwînrêj, xwînxwar. **~-transfusion** xwînguherîn *f*. **~-vessel** raya xwînê *f*, ra *f*.
bloody *rgd* xwînî, xwîndar, bixwîn, cergebez, devbixwîn.
bloom *lng* gul/çîçek/kulîlk vedan, dan. *n* kulîlk *f*. **in (full)** ~ *rgd* gulgulî. **~y** *rgd* gulgulî.
blossom kulîlk *f*. **in** ~ *rgd* kulîlk vedayî, gulgulî. *lng* kulîlk vedan/dan.
blot *n* **1** lekeya hubirê (li ser kaxizê), leke *f*. **2** kêmasî *f*, qusûr *f*. *lg* **1** leke kirin. **2** bi zuhakerê hubir stendin. **~ting-paper** (kaxiz) zuhaker *f*.
blotch leke *f*, lekeya hubirê.
blouse blûz *m*.
blow[1] derb *f*, lêdan *f*.
blow[2] *lg,lng* **1** (ba) hatin, rabûn. **It was ~ing hard**. Bayekî xurt dihat/hebû. **2** (ba) ber xwe birin, firandin. **The wind blew my hat off**. Bê şoqê min bir. **3** ber bê çûn, ji alî bê ve hatin livandin. **My hat blew off.** Şoqê min ber bê çû. **4** puf/pif kirin. **Blow (up) the fire!** Puf ke êgir! **5** nepixandin. **6** (bilûr, pîspîsk, hwd) puf kirin, lê xistin. ~ **one's top** hêrs bûn, bi hêrsê ketin.**~-dry** *lg* (bi hewa germ) zuha kirin. **~pipe** *n* borîya pufkirinê. ~ **in/into** bi kêfxweşî hatin/ketin hundir. ~ **out/~ sth out** (bi pufkirinê) vemirandin, vemirîn, puf kirin (lampe, hwd). ~ **over** derbas bûn, hatin jibîrkirin. ~ **up** **1** peqandin, teqandin, teqîn. **2** hêrs bûn.
blow[3] (poz) fişkirin *f*. **Give your nose a good ~.** (Baş) fiş ke.
blow[4] *lng* (gul/çîçek) vedan.
blowlamp lampepêt *f*, lampa ku ji bo pêt avêtinê tê bi kar anîn.
blown *rgd* hilmçikîyayî.
blowout teqîn *f*.
blowtorch *bnr* **blowlamp**.
blue *n,rgd* şîn *m*. *lg* şîn kirin.
bluebell gezîze *f*, sinbêlok *f*.
bluebottle kanêje *f*.
blunder şaşî *f*, xeletî (yên ji kêmheşîyê) *f*. *lng,lg* wek kwîran/kûran gerîn.
blunt *rgd* **1** (kêr, hwd) ko, netûj. **2** (mirov)

rastgo. **~ly** *rgp* rasterast.
blur *lg,lng* şêlî/şêlo kirin; şêlî/şêlo bûn.
blush *lng* **1** (ji fedîyê) sor bûn. **2** fedî/şerm kirin. *n* sorbûn *f*, fedîkirin *f*.
bluster *lng,lg* **1** (ba, pêl) bihêz hatin. **2** (mirov) kirin qerepere, fort kirin, zirtezirt kirin, gef dan.
boa *n* boa (marekî mezin û bêjahr).
boar *n* beraz, xenzîr (nêr).
board 1 dep *m*, text *m*. **2** xwarin û vexwarin *f*. **3** qomîta karbidest *f*.
boast fort *m*, pesn *m*, zirt *m*. *lng,lg* fort kirin, pesnê xwe dan, pesinîn, payê xwe dan, zirtê xwe dan.
boat belem *f*, qeyik *f*, keştî *f*.
bob *lng* rabûn û daketin.
bobbin balanî *f*, gulolik *f*, masûre *f*, masûle *f*, bobîn *f*.
body beden *m*, laş *m*, cendek *m*, nerme *m*, term *m*.
bog pengav *f*, avzêl *f*, lîtav *f*.
bogus *rgd* sexte, zir.
boil[1] *lg,lng* kelandin; kelîn, coş hatin, fûrîn. *n* kel *f*. **~ over** *lng* kel çûn, bi ser de çûn.
boil[2] kwînêr *f*.
bold *rgd* **1** bêgef, bêtirs. **2** bêfedî, bêar.
Bolivia Bolîvya *f*.
boll gûzik *f*.
bolster balîf *f*, mînder *f*.
bolt *n* **1** çilmêre, zend *m*. **2** ziman *m* (ê kilîdê). **3** cîwate *f*, burxe *f*.
bomb bombe *f*, qember *f*. *lg* bombe avêtin, bombe barandin. **~-proof** *rgd* bombeparêz.
bombard *lng* bombe barandin.
bombardment bombebaran *f*.
bombastic *rgd* bilindbêj, yawebêj.
bomber bombeavêj *f*.
bondage bindestî *f*, dîltî *f*.
bone *anat* hestî *m*. **~dry** *rgd* hişk, zuha. **~setter** *n* cebar. **~setting** cebarî *f*.
bonfire agir *m* (ê geştê yan pîrozahîyê).
bonus prîm *f*, lotim *f*, gîhev *f*.
bony *rgd* **1** bihestî. **2** hestîgir. **3** pir lawaz.
booby *rgd* bêheş, kêmheş.
book pirtûk *f*, kitêb *f*. **~seller** *n* pirtûkfiroş. **~shop** pirtûkfiroşî *f*.

boom girmegirm *f*, girmînî *f*, gumegum *f*, gumînî *f*. *lg,lng* girmandin, kirin girmînî/gumgum, gumînî pê ketin.
boost *lg* **1** del dan, dehf dan. **2** alîkarî dan. **3** (biha) zêde kirin.
boot bot *f*, potîn *f*.
booty *n* destketî.
booze *n* vexwarina bi alqol.
bopeep veşartok *f*.
borage çavroke *f*.
borax *n* boraks.
border 1 rex *f*, qirax *f*. **2** tixûb *m*, sînor *m*.
bore[1] *lg* aciz kirin, bêzar kirin. **~d** *rgd* bêzar, dilteng, aciz. **~dom** *n* bîhntengî *f*, diltengî *f*, acizî *f*.
bore[2] *lg,lng* (bi simkokê) qul kirin. *n* qul *f*.
born *rgd, raweya çêbiwar a* **bear**. **be ~** *lng* ji dayik bûn, hatin dinyê.
borough qeze *f*.
borrow *lng* deyn kirin, bi deyn stendin.
bosom sersîng *f*, paxil *f*, navçiçik *m*, navmemik *m*.
Bosphorus Gewrîya Stenbolê *f*.
boss *n* karxwer, karbidest, karsaz, patron.
botany *n* botanîk. **botanical** *rgd* botanîk.
botch *lg* **~ sth (up)** xera kirin, nebaş çêkirin.
both[1] *rgd,cn* herdu, herdu jî. **Hold it in ~ hands.** Bi herdu destan pê bigire. **B~ of us want to go.** Em herdu (jî) dixwazin biçin.
both[2] *rgp* him ... him (jî). **He is ~ a soldier and a poet.** Ew him leşker, him (jî) helbestvan e.
bother *lg,lng* **1** aciz kirin. **2** aciz bûn, li ber ketin. *n* xem *f*, liberketin *f*, acizî.
bottle bitil *f*, şûşe *f*. *lg* kirin/xistin şûşan.
bottom bin *m*, binî *m*, jêr *m*. **He fell to the ~ of the well.** Ew ket binê bîrê. **~less** *rgd* bêbinî.
bough şax *m* (ê daran ê mezin).
boulder gome *m*, kevirê mezin (ê ji cihê xwe rabûye).
boulevard bûlvar *f*.
bounce *lg,lng* (gog, zarok, hwd) hol bûn, hilor bûn, pengizîn, pekîn.
bound[1] sînor *m*, tixûb *m*. *lg* sînor kirin, ber lê girtin, dor lê girtin.
bound[2] *lng* hol bûn, hilor bûn, xwe çeng

ķirin, pekîn. **The ball struck the wall
and ~ed back to me.** Gog li dîwêr keţ
û ber bi min ve pekîya.
bound³ *rgd* **1** girêdayî, dannivîsķirî. **2** ji
çûnê ŗe amade, li ber çûnê.
bound⁴ *raweya çêbiwar a* **bind.**
boundary tixûb *m*, sînoŗ *m*.
boundless *rgd* bênûķ, bêsînoŗ.
bounteous *rgd* **1** çavfireh, destveķirî. **2**
boş, adan.
bounty 1 çavfirehţî *f*, comerdî *f*. **2** bexşîş
f, xilaţ *f*.
bouquet (gul, hwd) desţe *m*, baq *f*.
bourgeois *n,rgd* bûrjûwa. **the ~ie** *n*
bûrjûwazî.
bovine *rgd* weķ ga, yê dewaran.
bow¹ kevan *f*. **~man** *n* ķevankêş.
bow² *lg,lng* **1** bi serî silab dan, serî xwar
ķirin, serê xwe ţewandin. **2** xwar ķirin. **~
tie** belîtang *f*.
bowl tas *f*, piyale *f*, kase *f*.
box qutî *f*, qutîķ *f*, sindoq *f*. *lg* ķirin/xisţin
qutîķan an sindoqan.
boy ķur *m*, law *m*. **~hood** lawanî *f*. **~ish**
rgd lawķanî, weķ lawan/ķuran.
boycott boyqoţ *f*. *lg* boyqoţ ķirin.
bra *bnr* **brassiere.**
bracelet bazin *m*.
brag *lng* pesn(ê xwe) dan, payê xwe dan.
braid gulî *m*, ķezî *f*. *lg* hûnandin, ŗêsandin.
brain *anat* mejî *m*, mêjî *m*. **~less** *rgd*
bêmejî. **little ~** mêjîķok *m*.
brainwash *lg* mejî şuşţin (bi armanca ķu
bawerî û diţinên yeķî bên guherţin).
brake ŗawesţeķ *f*, frên *f*. *lg,lng* (seyare,
hwd) ŗawesţandin, seķinandin, pê li
ŗawesţeķê/frênê ķirin.
bramble *n* dirî(reşķ), hembelaz.
bran ķapeķ *f*.
branch 1 şax *m*, gulî *m*. **2** liq *m*. *lng* şax
berdan.
brand *n* dax, kewî, dirh. *lg* dax ķirin, dirh
ķirin, kewandin. **~-new** *rgd* nipînû, nipûnû.
brantail *n* bûķnefsok
brass *n* birinc.
brassiere sudyen *m*.
brave *rgd* bêţirs, mêrxas, dilawer, dilêr,
dilxurţ, wêreķ, egîd, merd. **~ly** *rgp* merdane,
bi mêrxasî, bê ţirs, weķ egîdan. **~ry**

mêrxasî *f*, meţirsî *f*, bêţirsî *f*, dilawerî *f*.
bravo *bn* Aferin! Bijî!
brawl pevçûn *f*, şeŗ *m*, qerepere *f*.
bray *lg* zirîn. *n* zirzir *f*.
brazen *rgd* **1** birinc, birincîn. **2** bêşerm.
~-faced *rgd* bêrû
brazier manqil *f*.
bread nan *m*. **dry ~** nanê tisî *m*.
breadth firehî *f*.
break *lg,lng* **1** jêķirin, şiķenandin,
qeţandin; jêbûn, şikesţin, qeţîn. **Glass
~s easily.** Cam zû dişiķê. **You've bro-
ken your leg.** Te lingê xwe şiķenandîye.
He broke a branch from the tree. Wî
ji darê şaxeķ jêķir. **2** xera ķirin. **He
broke my watch.** Wî seeţa min xera ķir.
3 seķinandin, birîn. *n* ŗawesţin *f*, vehêsîn
f, beţlane *f*, wesţ *f*, wesţan *f*, navbir *f*,
navbeyn *f*, guherţin *f*. **~ in** (bi zorê, bê
destûr) keţin avahîyeķê. **~ wind** ţir ķirin.
breakable *rgd* şikesţoķî.
breakfast ţaşţê *f*, xurînî *f*.
breast pêsîr *m*, çiçik *m*. **~bone** *anat* depê
sîngê *m*. **~feed** *lg,lng* şîr dan (piţiķan). **~-
fed** *rgd* şîrmij.
breath bîhn *f*, bê(h)n *f*, hilm *f*. **~less** *rgd*
bêbîhn, hilmçiķîyayî, bêhnçiķîyayî.
breathe *lng* bîhn/bêhn sţendin û berdan.
~ in *lng* bîhn sţendin, hilm sţendin. **~ out**
lng hilm dan, bîhn dan/berdan.
breed *lg,lng* **1** zan, çêliķ ķirin, hilberîn.
Rabbits ~ quickly. Kîrgo zû hildiberin.
Birds ~ in the spring. Çûķ biharî dizên.
2 xwedî ķirin, dermalî ķirin. **3** bûn
sedemên hebûna ţişteķî, çêķirin. **Dirt ~s
diseases.** Gemar sedema nexweşîyan e/
Nexweşî ji gemarê dizên.
breeze suŗ *f* (a bê).
brevity ķurţî *f*, kurţayî *f*.
brew havên *f*, dem *f*. *lng,lg* meyandin,
meyîn, dem girţin, bîre çêķirin.
bribe berţîl *f*. *lg* berţîl dan. **offer/give ~s**
berţîl dan. **take ~s** berţîl sţendin/xwarin.
brick kelpîç *m*.
bride bûķ *f*.
bridegroom zava *m*.
bridge pir *f*.
bridle *n* bizm, lixab. *lg* lixab ķirin.
brief ķurţe *f*. *rgd* ķurţ, ķin. **~ly** *rgp* bi ķurţî.

brigade *lş* tîp *f.*
brigand *n* keleş, rêbir, rêçbir.
bright *rgd* **1** direxşan, rewşen, ronak, ronî. **2** bikêf, kêfxweş. **3** zîrek, jîr.
brilliant *rgd* rewşen, ronak; zîrek.
brim *lng* mişttije bûn. *n* dev (ê piyan, stekan, hwd). **~ful** *rgd* mişttijî.
brimstone *n* kukurd.
brine *n* ava şor, ava deryayê. **briny** *rgd* şor.
bring *lng* anîn, werandin. ~ **down** *lg* daxistin. ~ **up** *lg* **1** mezin kirin, xwedî kirin. **2** verşîn.
brink qirax *f*, rex *m.*
brisket *anat* sîng *f* (a heywanan).
bristle mû *m* (yê hişk).
Britain Brîtanya *f.* **Great ~** Brîtanya Mezin *f.*
British *rgd* Brîtanyayî.
brittle *rgd* hişk û zû dişikê, şikestokî.
broad *rgd* fireh, fereh. **~en** *lg,lng* fireh kirin; fireh bûn
broadcast *lg,lng* weşandin, pêl weşandin. **~ing** pêlweşan *f*, weşan *f.*
brochure belavok *f*, namîlke *f.*
broil *lg,lng* kizirandin; kizirîn.
broke *rgd* bêdirav, xizan.
broken *rgd* şikestî. **~-hearted** *rgd* dilşikestî, bêhêvî.
broker *n* delal, sîmsar.
bronchitis bronşît *f.*
bronchus *anat* bronş *f.*
bronze *n* bronz, mefreq.
brooch *n* sincak, broş.
brood *lng* kurk ketin. *n* qurp, kurk.
brook *n* çem (ê biçûk).
broom[1] melkis *f*, gêzî *f*, sivnik *f.*
broom[2] *bot* giyagêsk *f.*
broomrape gurge *f.*
broth avgoşt *f.*
brothel kerxane *f.*
brother bira *m*, kek *m.*
brow *n* **1 (eye)~** birû *m*, birî *m.* **2** enî *f.*
browbeat *lg* çav tirsandin, çav şikandin.
brown *n,adj* esmer *m*, qehweyî *m*, qemer *m*, qemirî.
browse *lng* **1** çerîn. **2** (pirtûk) çav lê gerandin.
brush firçe *f. lg* firçe kirin.
Brussels Bruksel *f.* **~'s sprout** kelemê Brukselê *m.*
brutal *rgd* hov, wehşî. **~ity** hovî *m*, hovtî *m.* **~ly** *adv* bi hovî, wek hovan, dirindane.
brute *n* **1** heywan. **2** mirovê wek heywanan. **brutish** *rgd* hov, wek heywanan.
bubble peq *f*, peqilk *f*, bilqîn *f. lng* bilqîn, peqilk dan/çêkirin, peqilkîn.
bucket satil *f.*
buckle avzûne *f*, avzûng *f.*
buckshot saçme *f.*
bud bişkok *f*, bişkoj *f*, bişkoşk *f*, gulpik *f*, xunce *f*, zîk *f*, zîkik *f.*
budget butçe *f.*
buffalo *n* gamêş.
buffoon *n* berdevk, qeşmer.
bug *n* **1** kêzik (ên biçûk). **2** mîqrop *f*, vîrus *f.* **~-eyed** *rgd* çavbeloqî.
bugloss *bot* mijmijok *f.*
build *lg* ava kirin, lêkirin. **~er** *n* avakir, lixwegir.
building avahî *f.*
bulb **1** pîvazok *f*, kixs *f.* **2** ampûl *f.* **3** tiştê wek pîvazokan.
Bulgaria Bûlgarîstan *f.*
bulk girdî *f.* **~y** *rgd* gird.
bull *n* **1** boxe, boke, kel. **2** nêrê heywanên gir. **full of ~/talking ~** bilindbêj.
bullet berik *f*, derbik *f*, gule *f.*
bullfinch *n* bersork.
bump *lg,lng* lê xistin; lê ketin. **~ sb off** kuştin.
bunch *n* **1** gulşî, ûşî. **2** baq, deste, destî, gurz, qevd.
bundle boxçe *f*, boxçik *f*, pêçek *f*; pişt *f* (hejik, bar, hwd).
bungalow *n* navko, xanî (yê yek qatî).
buoyancy *n* li ser avê sekinîn, binav nebûn.
burden bar *m.*
burdock girnûg *f.*
bureau **1** nivîsgeh *f.* **2** buro *f.*
bureaucracy buroqrasî *f.*
bureaucrat *n* buroqrat.
burglar *n* diz (ê malan). **~y** dizî *f.*
burgle *lg,lng* dizîya malan kirin, ketin malan, mal tazî kirin.
burial veşartin *f*, binerdkirin *f.*
burke *lg* jê revîn, jê dûr sekinîn, jê xelas bûn.
burn *lg,lng* şewitandin; şewitîn. *n* şewat *f*, birîna şewatê *f.*
burnish *lg,lng* biriqandin; biriqîn.

burst *lng,lg* teqîn, der bûn; teqandin, der kirin. ~ **with** *lng* pê tije bûn.
bury *lg* kirin bin axê, binerd kirin, veşartin.
bus otoboz *f*.
bush çilokok *f*, devî *f*, deven *f*.
bussiness kar *m*, kirîn û firotina tişt ekî. **~man** *n* karsaz.
bustard *n* bet.
busy *rgd* bilî, bizav, mijûl, ne vala.
but *rgp,ghn,dç* lê, lê belê, belam, bes; tenê. **We can ~ try.** Em tenê kanin biceribînin. **Tom was not there ~ his brother was.** Tom ne li wir bû, bes/lê birayê wî lê bû.
butcher *n* goştfiroş, qesab.
butter nîvişk *m*, rûnê nîvişk *m*.
buttercup cûn *f*, gulbihar *f*.
butterfly *n* pinpinîk, minminîk, belbelîtanik.
buttocks *anat* qûn *f*, gurmik *f*.
button bişkok *f*, qomçe *f*.
buy *lng* kirîn. **~er** *n* kiriyar, bikirçî.
buzz *lng* çîzîn, vîzîn, vingîn. *n* vîzevîz *f*, vîzîn *f*, vingîn *f*, çîzîn *f*.
by[1] *rgp* nêzîk. **go/get ~** (di ber/nêzîk de) derbas bûn.
by[2] *dç* **1** li nêzîk, li cem, li kêleka, li nik. **My house is ~ the river.** Mala min li kêlaka çem e. **~ oneself** bi tena xwe, bi tenê, tenê. **stand ~** pişt girtin, la girtin. **2** ber bi ve. **North ~ East** ji Bakur ber bi Rojava ve. **3** bi, di ... de. **We came ~ the fields.** Em di zevîyan de hatin. **The enemy attacked ~ night**. Dijmin bişev êrîş kir. **4** heta, ta, jê ne derengtir. **Can you finish it ~ tomorrow?** Tu karî wê heta sibê biqedînî? **5** -ane, -anî, -wext (rojane, mehane, salwext, hwd). **rent ~ the year** salane kirê kirin. **6** bi, ji alî ... ve. **go ~ bus/boat** bi otoboz/keştîyê çûn. **The street is lighted ~ electricity.** Kuçe bi elektrîkê ronî dibe. **He was killed ~ a thief.** Ew ji alî dizekî ve hat kuştin. **take sb ~ the hand** bi destê yekî girtin. **7** li gor, gora. **By my watch it is 2 o'clock.** Gora seeta min, (seet) dido ye.
bye-bye! *bn* Bi xatirê te! Oxir be!
by-election hilbijartina navbeynî.
by-gone *rgd* derbasbûyî, çûyî.
Byzantine *rgd* yê Bîzansê. **Byzantium** Bîzans *f*.

C

c *n* tîpa sêyemîn a elfabeya Îngîlîzî.
cab teqsî *f*.
cabaret zewqxane *f*, qabare *f*.
cabbage kelem *m*.
cabby *n* ajotkar, ajotvan (ê teqsîyan).
cabin qabîn *f*; holik *f*.
cable qablo *f*.
cacao qaqao *f*.
cache veşartgeh *f*, cihê ji bo erzq, hwd. hilanînê.
cackle *lng* (mirîşk) qilî kirin, kirin qidqid. *n* qilî *f*, qilîkirin *f*, qidqid *f*.
cactus kaktus *f*.
cadaver term *m*.
cadence rîtm *f*, aheng *f*.
cadet *n* xwendekar (ê xwendegehên leşkerî).
caecum *anat* rûvîyê kor *m*.
cafe çayxane *f*, qafe *f*.
cafeteria qafeterya *f*.
caffeine qafeîn *f*.
cage qefes *f*, rike *f*. *lg* kirin/xistin qefesê.

cajole *lg* (bi zimanê şêrîn) xapandin.
cake kek *f*.
calamity qafilqeda *f*, bobelat, bela *f*.
calcify *lg,lng* kilsandin, kevirandin; bûn kils, bûn kevir.
calcimine boyax *f* (a dîwar, hwd).
calcium qalsîyûm *f*.
calculate *lng* hejmirandin, hesab kirin, hesibandin, berisandin. **calculation** hesab *m*, jimar *f*, jimartin *f*.
calendar salname *f*.
calf[1] *n anat* hêt, çîp, boqil, çîm.
calf[2] *n* golik.
calibrate *lg* eyar kirin, saz kirin.
calibre eşkêl *f*.
caliph xelîfe *m*. **~ate** xelîfetî *f*.
call[1] *lg* bang kirin, deng lê kirin, gazî kirin. **~ for** serî lê xistin, çûn, hatin; xwestin. **~ sth forth** bûn sedem. **~ sb/sth up** telefon kirin; anîn bîra xwe.
call[2] bang *f*, hawar *f*, gazî *f*.
calligraphy destnivîs *f*.
callous *rgd* bi balûr, bizmare.
callow *rgd* naşî.
callus *n* balûr, bizmare.
calm *rgd* **1** (hewa) bêba, (derya) bêpêl. **2** sehal, bêpejn, tebitî, aram. *n* bêdengî *f*, sehalî *f*, aramî *f*. **~ down** *lg,lng* erna yekî danîn, hedinandin, xulqê yekî fereh kirin; xulqê yekî fereh bûn, sehal bûn.
calorie qalorî *f*.
calpac *n* papax, serpûş.
calumny buxtan *f*. **calumniate** *lg* buxtan kirin (hustu).
calve *lng* (çêlek) zan.
camel *n* deve, lok. **she-~** hêştir *f*, nag *f*.
camellia qamelya *f*.
camomile,chamomile beybûn *f*, babûne *f*.
camp qamp *f*, çadirgeh *f*.
campaign sefer *f*, qampanya *f*.
campanula gezîze *f*, sinbêlok *f*.
campus qampûs *f*.
can[1] qutî(ya teneke), teneke *f*.
can[2] (dema borî: ***could***) kanîn, karîn. **C~ you lift it?** Tu kanî wê rakî? **She could read Latin.** Wê dikanî Latînî bixwenda.
canal co *f*, erx *f*.
canary zerîle *f*, zerbav *f*.**~ grass** giyaberk *f*.
cancel *lg* betal kirin, ràkirin, îptal kirin.
cancer qansêr *f*.
Cancer *strz* Çerxa Kevjal.
candid *rgd* rastgo, dilpak. **~ly** *rgp* ji dil, bi dilpakî.
candidate *n* nûner, berendam, namzed.
candle find *f*. **~ stick/holder** finddank *f*.
candy **1** şekir *m*. **2** şêranî *f*, tiştê şêrîn/bişekir.
cane hezîran *m*, leven *m*, çîq *m*.
canine *rgd* wek kûçikan, yê kûçikan. **~ tooth** *n anat* dranê tûj, qîl.
cannibal *n* mirovxur. **~ism** mirovxurî *f*. **~istic** *rgd* mirovxur.
cannon *lş* top *f*.
cantankerous *rgd* şerûd, firştteng.
canteen **1** qantîn *f*. **2** kevçîdank *f*. **3** maîde *m*, metere *m*.
canyon *eng* derbend *f*.
cap *n* kum *m*, kumik *m*.
capability jêhatinî *f*, kanîn *f*, qabîlîyet *f*.

capable *rgd* **1** jîr, jêha<u>t</u>î. **2** jê <u>t</u>ê, <u>k</u>ane, muktedîr.

capacious *rgd* fireh, mezin.

capacity zerengî *f*, qapasîte *f*.

cape[1] sermil *m*, hawran *m*.

cape[2] *eng* çivo<u>k</u>e *f*, <u>p</u>oz *m*.

caper *lng* <u>h</u>ol bûn, <u>h</u>ilor bûn, dan lo<u>t</u>ikan.

capital[1] **1** serbaja<u>r</u> *m*. **2** (tîp) girde<u>k</u> *f*.

capital[2] sermîyan *m*. **~ist** *n* sermîyandar, kapitalist. **~ism** sermîyandarî *f*, kapîtalîzm *f*.

capitalize *lg,lng* **1** bi girde<u>k</u>an nivîsîn an çap <u>k</u>irin. **2** <u>k</u>irin sermîyan, we<u>k</u> sermîyan bi kar anîn.

capitulate *lg* (bi şe<u>r</u>d) <u>r</u>ade<u>st</u> bûn, teslîm bûn. **capitulation** <u>r</u>ade<u>st</u>bûn *f*, teslîmîyet *f*.

caprice lêzo<u>k</u>î *f*, qaprîs *f*.

capsize *lg,lng* (keştî) werge<u>r</u>andin; werge<u>r</u>în.

capsule qabzûn *f*.

captain *n* **1** qaptan. **2** *lş* serliq, sersemer.

caption sernivîs *f*.

captivate *lg* <u>t</u>amijandin, dîl <u>k</u>irin.

captive *rgd,n* dîl, hêsîr. **captivity** dîl<u>t</u>î *f*, hêsîr<u>t</u>î *f*.

capture *lg* gir<u>t</u>in, derde<u>st</u> <u>k</u>irin, binde<u>st</u> <u>k</u>irin, dîl <u>k</u>irin, zeft <u>k</u>irin.

car seyare *f*, <u>t</u>irimbêl *f*.

carafe sure<u>h</u>î *m*.

carapace *n* qali<u>k</u>ê <u>k</u>îso, req, hwd.

caravan **1** karvan *m*. **2** xanîyê li <u>p</u>ê seyaran, qaravan *f*.

caraway seeds *n* <u>r</u>eş<u>r</u>e<u>şk</u>.

carbine *n* qerebîn.

carbohydrate qarbonhîdrat *f*.

carbon qarbon *f*.

carbonate qarbonat *f*

carburettor qarburator *f*.

carcass,carcase berate *f*.

card qar<u>t</u> *f*.

cardboard miqewa *f*, qarton *f*.

cardigan gincî *m*.

cardinal *rg* bingehîn, sere<u>k</u>e, girîng. **~ numbers** hejmarên bingehîn.

cardoon <u>k</u>ereng *f*.

care[1] **1** bal *f*, baldarî *f*, dîqet *f*, miqatebûn *f*, hemet *f*. **Take ~ not to break it.** Bala xwe bidê, bila neşi<u>k</u>ê. **take ~ of** berpi<u>r</u>siyar bûn, <u>p</u>ê şi<u>t</u>exilîn, lê miqate bûn. **2** <u>x</u>em *f*. **free of ~** bê<u>x</u>em. **~free** *rgd*

dilkoçer, bikêf, dilgeş.

care[2] *lng* **1** ~ **(about)** li ber ke<u>t</u>in, <u>x</u>em <u>k</u>irin, guh dan. **He doesn't ~ (about) what happens to me.** Tiş<u>t</u>ê <u>k</u>u <u>t</u>ê serê min, ne <u>x</u>ema wî ye/li ber nakeve. **2** ~ **for** <u>h</u>ez <u>k</u>irin, xwes<u>t</u>in. **He doesn't much ~ for television.** Ew ji telewîzyonê pi<u>r</u> <u>h</u>ez na<u>k</u>e. **3** ~ **for** lê nê<u>r</u>în/miqa<u>t</u>e bûn, xwedî <u>k</u>irin. **Who will ~ for your children if their mother dies?** He<u>k</u> diya wan bimire, kî yê li zar<u>ok</u>ên <u>t</u>e binê<u>r</u>e.

career **1** serborî *f*. **2** pîşe, kar *m*. **Most ~s are open to women.** Pi<u>r</u>anîya pîşeyan ji jinan <u>r</u>e ve<u>k</u>irî ne.

careful *rgd* baldar, guhder, bidîqe<u>t</u>.

careless *rgd* ne baldar, guhneda, bêdîqe<u>t</u>.

caress *lg* (bi dilovanî) mis<u>t</u> dan, niwax<u>t</u>in, <u>h</u>embêz <u>k</u>irin.

cargo bar *m*, qargo *m*.

caricature qarîqatur *m*. **caricaturist** *n* qarîqaturvan.

carnage *n* qir<u>k</u>irin *f*, qi<u>r</u> *f*.

carnation mêxi<u>k</u> *f*, mêxele *f*, qerenfîl *f*.

carnivore *n* goş<u>t</u>xur. **carnivorous** *rgd* goş<u>t</u>xur.

carouse *lg* vexwarin, sermest bûn.

carousel *n* gêrepe<u>r</u>i<u>k</u>, sarsaro<u>k</u>.

carp masîpan<u>k</u> *f*.

carpenter *n* xe<u>r</u>a<u>t</u>.

carpet xalî, xalîçe *f*, mahfûr *f*, mafûr *f*.

carpus *n anat* bazinê des<u>t</u>, hes<u>t</u>îyê bazinê des<u>t</u>.

carriage <u>e</u>rebe *f*, <u>e</u>reba hespan.

carrier *n* barge<u>r</u>, barkêş, kêşker (navgîna barkişandinê).

carrion berate *f*.

carrot gêzer *f*, gizêr *f*. **the stick and the ~** ço û gêzer (gef û ber<u>t</u>îl).

carry **1** hilgir<u>t</u>in, (bar) kişandin, guhas<u>t</u>in. **2** bi xwe <u>r</u>e birin/anîn/ge<u>r</u>andin. **I never ~ much money with me.** Ez tu carî gele<u>k</u> dirav bi xwe <u>r</u>e nage<u>r</u>înim. **Power carries responsibility with it.** Hêz bi xwe <u>r</u>e berpirsiyarîyê <u>t</u>îne. **~ sb back** anîn bîra ye<u>k</u>î. **~ (sth) on** *lg* bi <u>r</u>ê ve birin, meşandin; domandin. **~ (sth) out** anîn cih, bi <u>r</u>ê ve birin, meşandin.

cart <u>e</u>rebe *f* (ya bi du pêçkeyan).

cartilage <u>k</u>irtik *f*, <u>k</u>ir<u>k</u>ir<u>k</u> *f*. **costal ~**

kirkirka parsû.
cartographer *n* nexşevan.
cartridge fîşek *f*, fîşeng *f*. ~ **belt** rext *m*.
carve *lg,lng* **1** necirandin, (lê)kolan. **2** goşt hûr kirin.
cascade şîp *fn* , rêjge *f*.
case[1] qalik *m*, qutîk *f*, têbar *f*, çente *m*.
case[2] **1** çawanî *f*, awa *f*, rewş *f*, bûyer *f*. **2** pirs *f*, pirsgirêk *f*. **3** (dadgeh) doz *f*, dawe *f*. **in any** ~ *rgp* himin, bi çi awayî be. **in no** ~ tu carî, qet. **in this/that** ~ hek ev/ew bibe, hek wanî/wisa be, wê/vê gavê.
cash 1 dirav *m* (kaxizî yan madenî). **I have no ~ with me.** Bi min re dirav tune. **2** dirav *m* (bi her awayî). *lg,lng* xurde/hûr kirin.
cashier[1] *n* diravdar, weznedar.
cashier[2] *lg* ji kar derxistin/avêtin, qewirandin.
casono qûmarxane *f*, gazîno *f*.
cask bermîl *f*.
casket darbest *f*.
cassette qaset *f*.
cast *lng,lg* **1** avêtin, kirin xwar. **The fisherman ~ his net into the water.** Masîvan tora xwe avêt avê. **2** ber pê zîvirandin/şandin. **3** rijandin, qeware kirin. **4 ~ (sb/sth) aside** terikandin. *n* **1** avêtin *f*. **2** qalib *m*, qeware *m*. **3** *şano* koma lîstikvanan. **4** nêrîn *f*, awir *m*.
castle birc *f*, kele *f*.
castrate *lg* xadim kirin, xesandin.
casual *rgd* **1** rasthatî, bêhemd, tesadufî. **2** xemsar, ne baldar. **3** bêrêz, nedomdar.
casualty *n* **1** tûş, qeze. **2** şehîd, cangorî, gorî, kuştî.
cat *n* pisîk, pisîng.
catalogue qatalog *f*.
catapult mencenîq *f*.
catastrophe bobelat *f*, boblat *f*, helaket *f*.
catch *lg* **1** girtin, zeft kirin, derdest kirin; pê girtin. **2** bi ser de hatin. **3** gîhaştin, zeft kirin. **4** aliqîn.
category qategorî *f*.
cater *lng* **1 ~ (for)** xwarin dan, (jê re) xwarin pêde kirin. **2 ~ for/to** dan.
caterpillar *n* maşot, kurm.
Catholic *rgd* Qatolîk.
catholic *rgd* gelemper, giştî.
cat's foot giyabenîşt *f*.
cattle *n* dewar.
cauldron sîtil *f*.
cauliflower gulkelem *m*.
causal *rgd* sedemyar. **~ity** sedemyarî *f*.
cause 1 sedem *f*, seb *f*, sebeb *f*, hinde *f*. **2** doz *f*, armanc *f*. *lg* bûn sedem, sedemê tiştekî bûn. **~less** *rgd* bêsedem, bîsebeb, bîlaheq.
cauterize *lg bjş* şewitandin, dax kirin.
caution baldarî *f*; ewlekarî *f*, tedbîr *f*; qewîtî *f*, bîranî *f*. *lg* anîn bîrê, pê hesandin, qewîtî kirin.
cavalier *n* siwar.
cavalry *n* siwarî.
cave şikeft *f*.
cavern şikeft *f*.
caviar *n* hawyar.
cavity *n* kortal *f*, valahî *f*.
cavort *lng* hol bûn, hilor bûn, hilpekîn.
caw qîjîn *f*. *lng* qîjîn.
cease *lg,lng* sekinandin, rawestandin; sekinîn, rawestin. **~-fire** agirbest *f*, çekdanîn *f*. **~less** *rgd* domdar, bêsekin.
cecum *anat* rûvîyê kor *m*.
cedar dara selwê, wurz *f*.
cede *lg* (maf, erd, hwd) dan, jê re hiştin.
ceiling binban *m*, zikê xênî *m*, asraq *m*, esrex *m*.
celandine marîn *f*.
celebrate *lg* pîroz kirin, cejn kirin. **celebration** pîrozbahî *f*.
celestial *rgd* ezmanî, yê ezmên.
celibacy azibî *f*, nezewicîn *f*.
cell malik *f*, silûk *f*, şane *f*; pîl *f*.
cellar nawîs *f*, serdab *f*, kîler *f*.
cellulose *n* seluloz.
cement *n* **1** çîmento. **2** cis, gêç.
cemetery goristan *f*.
censer bixurdank *f*.
censor *n* sansurvan. **~ship** sansur *f*.
census mirovjimêrî *f*, serjimêrî *f*.
centenarian *rgd,n* sedsalî.
centenary *n,rgd* sedsal *f*; sedsalî.
centennial *rgd,n* sedsalî; salvegera sedan.
centi- *xêş* sed, ji sedî yek.
centipede *n* zov, şehmar.
central *rgd* **1** navendî, navîn. **2** bingehîn, girîngtirîn. ~ **America** Amerîqa Navîn. ~ **Africa** Afrîqa Navîn. ~ **heating** (di

avahîyan de) germkirina navendî.
centralize *lg,lng* dan destkî, hatin/ketin destkî. **centralization** dandestkî *f*, sentralîzasyon *f*.
centre navend *f*, çat *f*, nîvek *f*, gerû *f*, nav *f*, navik *f*, naverast *f*.
century sedsal *f*.
ceramic *rgd* seramîk.
cereal dexil *m*, zad *m*.
cerebellum *anat* mejîkok *m*.
cerebral *rgd anat* yê mejî.
cerebrum *anat* mejî *m*, mêjî *m*.
ceremony dêlindêz *f*, kombûnî *f*, merasîm *f*
certain *rgd* qethî, beryar, bêşik, taybetî. **~ly** *rgp* bê şik, bê guman, helbet, helbetê.
certify *lg,lng* xetme kirin, rastandin, tesdîq kirin.
cervical vertebra *n anat* movikên stû.
Chad Çad *f*.
chaff ka *f*, kapek *f*.
chagrin acizî *f*, xem *f*.
chain col *f*, rist *f*, zincîr *f*. *lg* zincîr kirin.
chair kursî *f*.
chairman *n* serek.
chalk *n* gêç.
chameleon *n* margîse.
chamois *n* pezkovî, evar.
chamomile *bnr* **camomile**.
champ[1] *lg,lng* dev lê kirin, dev avêtin, gez kirin.
champ[2] *n* şampîyon.
champagne şampanya *f*.
champion *n* şampîyon.
chance delîva *f*, fersend *f*, şans *f*, lêhatin *f*, lihevhatin *f*. ~ **on/upon** *lg,lng* lê rast hatin, li hev rast hatin.
change *lg,lng* **1** guherandin, guherîn, guhertin. **2** hûr kirin, xurde kirin. *n* **1** guhertin *f*. **2** xurde *f*, hûrik *f*.
changeable *rgd* guhêrbar.
channel co *f*, cihok *f*, qenal *f*.
chaos tevlihevî *f*, rewşa tevlihev, qaos *f*, bûşî *f*.
chap *lng,lg* terikîn; terikandin. *n* terk *f*.
chaplet tizbî *f*, tiştê wek tizbîyê.
chapter serbeş *m*.
char *lg,lng* (bi şewatê) reş kirin; reş bûn.
character aferînek *f*, xasetî *f*, qerekter *f*.
charcoal *n* zuxal.
charity **1** xêrxwazî *f*. **2** xêrkirin *f*, xêr *f*. **3** komela xêrxwazan/alîkariyê.
charm **1** balkêşî *f*, dilkêşî *f*. **2** nivişt *f*. *lg,lng* bal/dil kişandin.
chase *lng* **1** bera yekî dan, bera pê dan, dan pê. **2** lezandin, lezîn.
chaste *rgd* dawpak, dawênpak; sade, pak.
chastise *lg* bi tundî ceza kirin.
chastity dawpakî *f*, dawênpakî *f*, îffet *f*; paktî *f*, sadetî *f*.
chat galegal *f*, şorgermî *f*. *lng* galegal kirin, şorgermî kirin.
chatter *n* lewlewoktî *f*, quretî *f*, çenebazî *f*. *lng* lewlewoktî kirin, quretî kirin, çenebazî kirin.
chatterbox *n* bêjok, bivêje, çenebaz, lewlewok, tewtewe.
chauvinist *n* neteweperest, şowenîst. **~ic** *rgd* neteweperest, şowenîst. **chauvinism** neteweperestî *f*, şowenîzm *f*.
cheap *rgd* erzan. **~ly** *rgd* erzan. **~ness** erzanî *f*.
cheapen *lg,lng* erzan kirin; erzan bûn.
cheat *lg* xapandin, fen lê kirin, mizawirî kirin. *n* fen *f*, mizawirî *f*; fenok, mizawir.
check *lg,lng* **1** qontrol kirin. **2** (kişik) kiş kirin/gotin.
checkerboard depê dame *m*.
checkers dame *m*
checkmate mat *f*, têkbirin *f*. *lg* mat kirin, têk birin.
cheek *n anat* dêm *f*, dîm *f*, lam *f*, gep *f*. **~bone** hinarik *m*.
cheer *lg,lng* geş kirin, şa kirin; geş bûn, şa bûn. **~ful** *rgd* devliken, geş, kenok, rûken, şên, devken. **C~s!** Noş!
cheese penêr *m*, penîr *m*.
chemical *rgd* kîmyewî.
chemist *n* **1** kîmyager. **2** dermanfiroş.
chemistry kîmya *f*.
cheque çek *f*.
cherry gêlaz *f*, gilyas *f*, qeresî *f*.
chess kişik *m*, setrenc *m*.

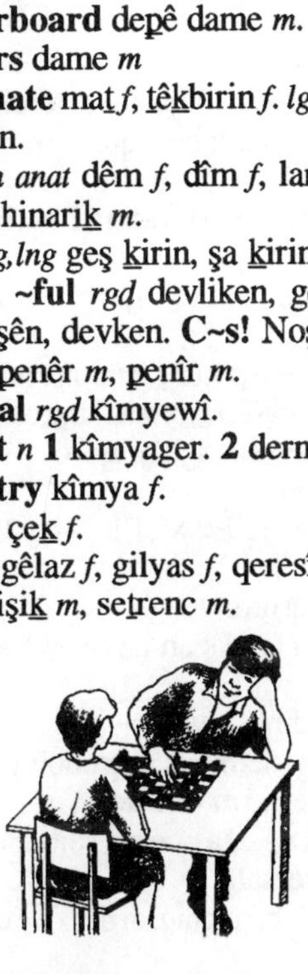

chest[1] *anat* sîng *f*.
chest[2] sindoq *f*.
chestnut 1 şehbelût *f*, kestene *f*. **2** (reng) şê *m*.
chew *lg* cûtin.
chick *n* çîçik, çêlik.
chicken *n* **1** çîçik, çêlik (ên mirîşkê). **2** mirîşk, goştê mirîşkê.
chickpea nok *f*.
chide *lg,lng* **~ sb (for)** pê re xeyidîn, azar dan.
chief *n* ser, serek, sereta.
child *n* zar, zaro, zarok, gede(k), tifal. **~hood** zarotî *f*, zaroktî *f*.
children *n* zarok, gede (pirejimar).
Chile Şîlî *f*.
chile,chilly,chilli,chili îsota sor *f* (a tûj).
chill serma *f*; sermagirtin *f*.
chimney pixêrî *f*, rojin(g) *f*, dûkêş *f*.
chimpanzee *n* şempanze.
chin çene *f*.
chink derz *f*.
chirp wîç *f*, wîçewîç *f*.
chisel miqor *f*, miqar *f*.
chit-chat galegal *f*.
chive sîrik *f*.
chock spêne *f*.
choice bijartek *f*, bijartin *f*, tercîh *f*.
choir *n* destedengbêj, qoro.
choke *lg* **1** fetisandin, xeniqandin, dewixandin, gewixandin. **2** xetimandin.
cholera qolera *f*.
choose *lg* neqandin, bijartin, ecibandin, hilbijartin.
chop *lg,lng* **~ up** hûr kirin, hûrhûrî kirin.
chore *n* **~s** karên rojane, suxre.
chorus *n* destedengbêj, qoro.
Christ Îsa *m*.
Christian *n,rgd* Îsewî, file. **~ity** Îsewîtî *f*, filetî *f*.
chrome *n* qrom.
chronic *rgd* (rewş an nexweşî) ajobêna, qronîk.
chronicle dîroknivîsî *f*.
chronology demrêzî *f*, qronolojî *f*.
chrysanthemum dawûdî *f*.
Christmas *n* **~ Day** cejna rojbûna Îsa. **~-tree** dara sersalê.
chuckle *lng* kirin biqbiq, di ber xwe de kenîn.
chum *n* dost, heval.
church dêr *f*.

churn meşk *f*.
cicada çîrçîrk *f*.
cider sêvav *f*, şeraba sêvan.
cigarette cixare *f*. **~ holder** darik(ê cixaran). **~ paper** bermax *f*, pel (ê cixaran) *m*.
cinder *n* kewaşe.
cinema sînema *f*.
cinnamon darçîn *f*.
cinquefoil gêjlok *f*.
cipher sifir *f*, tune *f*, nîn *f*.
circle xelek *f*, çember; hol *f*, hawir *f*. **vicious ~** hola vala.
circular *rgd* gilover, girover, xelekî.
circumambulate *lg* tewaf kirin. **circumambulation** tewaf *f*.
circumcise *lg* sunet kirin. **circumcision** sunet *f*.
circumference dor *f*.
circumflex bilindek *f*, kulik *f*.
circumstance 1 rewş *f*. **2** bûyer *f*.
circumvent *lg* ber/pêşî lê girtin, rê nedan; di ser re gav kirin.
circus sîrk *f*.
cistern sarinc *f*.
citadel asêgeh *f*, beden *f*, birc *f*.
cite *lg* qal kirin.
citizen *n* rûniştvan, bajarvan, welatî, hemwelatî.
city bajar *m*, şar *m*. **~ hall** şaredarî *f*. **~-planning** bajaravahî *f*.
civil *rgd* neferma, sivîl. **~ian** *rgd* neferma, sivîl. **~ servant** *n* mamûr, karmend.
civilization şaristanîyet *f*, medenîyet *f*.
clack qirçînî *f*, tiqînî *f*, tiqetiq *f*.
claim *lg,lng* doz kirin, xwestin, îddia kirin.
claimant *n* dozdar, gilîvan, dadxwaz.
clamber *lng* hilkişîn, pê ve rapelikîn.
clammy *rgd* sar û şil, bi rewa; sar û mezeloqî.

clamour qîrînî *f*, qîrîn *f*, hawho *f*.
clan êl *f*, qebîle *f*.
clandestine *rgd* dizî, bi dizî, veşartî.
clang *lg,lng* kirin çingînî, şingînî jê hatin.
clank *lg,lng* kirin şingeşing. *n* şingeşing *f*
clap *lg,lng* çepik lê xistin, li çepikan xistin. **2** şîrmaq lê xistin.
clarify *lg,lng* ronak kirin, rewşen kirin, rave kirin; ronak bûn, rewşen bûn, rave bûn.
clarity rewşenî *f*, zelaltî *f*.
clash *lng,lg* **1** lê ketin, li hev ketin, rabezîn. **2** ketin ber hev, hatin hember hev. **3** di demekê de çêbûn. *n* lêketin *f*, lihevketin *f*, lihevnekirin *f*.
class çîn *f*, rêz *f*, sinif *f*. **~room** dersxane *f*, fêrgeh *f*, sinif *f*.
classic *rgd* qlasîk.
classify *lng* senifandin, ji hev anîn, ji hev deranîn, cûrandin.
clatter reqîn *f*, reqreq *f*.
claustrophobia *n* tirsa cihên girtî, ji cihên girtî an teng tirsîn, klastrofobî *f*.
clavicle *anat* pirika mil *f*.
claw lapûşk *m*, lep *m*, pencik *f*, naperûk *m*. *lg* qeramûşk/naperûk lê xistin, xirmiçandin.
clay *n* gil.
clean *rgd* paqij, pak. *lg* paqij kirin, pak kirin, vedan. **~er** *n* paqijker, paqijok, cîl.
clear *rgd* **1** zelal, ronak. **2** paqij, bêtawan. **3** berbiçav, kifş, diyar, eşkere, eyan. *lng,lg* paqij kirin, vedan, tiştên neçê jê avêtin **2** (dijwarî an asteng) derbas kirin. **~ away** çûn, derbas bûn. **~ sth away** rakirin, jê xelas bûn. **~ out** *lng* qeşitîn, terqizîn.
clearly *rgp* eşkere, berbiçav, bê şik.
cleavage qelîştek *f*.
cleave *lg* ji hev qetandin, perçivandin, qelaştin, qelişandin.
cleft qelîştek *f*.
clematis hizargez *f*.
clemency **1** bexşîn *f*, borîn *f*. **2** dilovanî *f*. **3** (hewa) nermî *f*.
clench *lg* şidandin, hişk pê girtin.
clever *rgd* baqil, bihiş, bijîr.
click qirçîn *f*, tiqetiq *f*.
client *n* kiriyar, miştirî.
cliff *n* lat, zinar.
climate hewa, iklîm *f*, avûhewa *f*.
climb *lng,lg* **~ down** (ji çiya, werîs, dar, hwd) daketin. **~ up** banî ketin, hilkişîn, hilketin.
clinch *lng,lg* perçinandin.
cling *lng* **~ to** pê ve zeliqîn, jê neqetîn.
clinic qlînîk *f*.
clink şingeşing *f*. *lng* şingîn.
clip *lg* basko kirin, kurisandin, qusandin.
clitoris *n* beloke, qlîtorîs.
cloak sermil *m*, pelerîn *m*. *lg* veşartin.
clock banseet *f*, seet *f* demjimêr *f*. **round the ~** (xebat) şevûro.
clod kêsek *f*.
clog pêdark *f*, qapqapk *f*.
clog *lng,lg* xetimandin, ritimandan; xetimîn, ritimîn.
clop reqîn *f*, reqreq *f*.
close[1] *rgd* **1** nêzîk. **2** di ber hev de, bê navbeyn, ne firk, hevnêzîk. **3** teng. **4** girtî. **~ly** *rgp* ji nêzîk de/ve
close[2] *lg,lng* **1** girtin; hatin girtin. **2** qedandin; qedîn. **3** nêzîkî hev bûn, hatin nêzîkî hev. **~d** *rgd* girtî.
close[3] dawî *f*, encam *f*.
cloth **1** paç *m*, paçik *m*. **2** qûmaş *m*, caw *m*. **3** rû *m*.
clothes cil *m*, kinc *m*, libas *m*, midas *m*.
cloud ewr *m*. **~less** *rgd* sayî, bêewr.
clout lêdan *f*, kutan *f*, hêza lêdan an derblêxistinê.
clover *n* nefel, once, ket, sêbelg.
clown *n* berdevk, qeşmer.
club[1] gopal *m*.
club[2] komel *f*.
cluck *lng* qilî kirin, kirin qidqid. *n* qidqid *f*, qilîkirin *f*.
clue serrişte *f*, şop *f*.
clump kom *f*, cêz *f*.
clumsy *rgd* destgiran, destpelixî.
cluster **1** gulşî *m*, ûşî *m*. **2** kom *f*. **3** deste *m*. **~ (together) (round)** *lng* kom bûn, civîn.
clutch *lg,lng* **~ at** girtin, hişk pê girtin.
clutter tevlihevî *f*, rewşa tevlihev *f*.
co- *xêş* tevde, tev.
coal komir *f*.
coalition tevkarî *f*, qoalîsyon *f*.
coast derav *f*, perav *f*, rexê avê *m*.
coat sako *m*, palto *m*, qapût *m*, şapik *m*.
cobbler *n* solçêker.

cobweb ᴋon *m* (ê pîrê), ṯevn *f*, ṯevniḵ *f*.

cocaine *n* qoqaîn.

coccyx hesṯîyê boçiḵê *m*, kilêjî *m*.

cochlea *n anat* şeyṯanoḵ.

cock[1] *lg* daçiḵandin, çiḵandin, ṯîḵ kirin; (çeḵ) nig raḵirin, raḵirin ser nig.

cock[2] 1 dîḵ *m*, ḵulebang *f*. 2 çûḵ *m*. 3 nig *m* (ê çeḵ). 4 qurne *f*, sûlav *f*, mûsliẋ.

cock-eyed *rgd* çavşaş.

cockfight şerê dîḵan *m*.

cockhorse hespa darîn *f* (lîsṯoḵa zaroḵan).

cockroach zirxîṯiḵ *f*.

cockscomb *n* 1 şehê dîḵ, pûşî. 2 *bot* gulmexmûr.

cocksure *rgd* ji xwe piṟ ewle, ji xwe pir bawer.

cocky *rgd* xweecibandî.

coconut nargîl *f*.

code qod *f*.

coerce *lg* zor dan, mecbûr ḵirin.

coffee qahwe *f*, qehwe *f*. ~pot cezwe *m*.

coffin çardar *f*, darbesṯ *f*.

cog diran *m* (ê çerxan).

cogitate *lng,lg* kwîr/kûr fiḵirîn, keṯin ṟamanan, ṟaman ḵirin.

cohabit *lng* bi hev ṟe jîyîn.

cohere *lng* pev zeliqîn, ji hev neqeṯîn, pev girêdayî bûn; (nêṟîn, hwd) hevdu girṯin.

coherence,coherency pevzeliqîn *f*, hevgirṯin *f*. coherent *rgd* pevzeliqî, hevgirṯî.

coin *n* diravê madenî, xurde. ~ box qombere *f*.

coincide *lng* lê haṯin, lê ṟasṯ haṯin, li hev haṯin, li hev ḵirin. coincidence lêhaṯin *f*, lêṟasṯhaṯin *f*, ṟasṯhaṯinî *f*.

colander kefgîr *f*.

cold serma *f*, arsim *f*. *rgd* 1 sar, cemidî. 2 ṟûsar. ~-blooded *rgd* xwînsar. catch/have (a) ~ *lng* serma girṯin.

coldness serma *f*.

colic ziḵêş *f*.

collaborate *lng* 1 hevkarî ḵirin, pev xebiṯîn. 2 bi dijmin ṟe xebiṯîn, cahşṯî kirin. collaborator *n* hevkar(ê dijmin), xwefiroş, cahş.

collapse *lg,lng* hilşîn, hilweşîn, ṟûxîn, herbilîn, hedimîn.

collar sṯûkur *f*, bersṯu *f*, yaxe *f*.

colleague *n* hevkar, heval (ê kar).

collect *lg* berhev ḵirin, civandin.

collection berhevoḵ *f*.

collective *rgd* hevtevayî, qolekṯîf.

collector *n* berhevkar, berhevker.

college xwendegeha bilind *f*, qolej.

collide *lng* ~ with li hev keṯin, lê keṯin. The ships collided in the fog. Keşṯî di nav mij de li hev keṯin. 2 dijî hev bûn, haṯin hember hev.

collision lihevkeṯin *f*.

colocynth henzel *f*.

colon[1] niqṯecoṯ *f*.

colon[2] *anat* zeblot *f*. ascending ~ zeblota hilkêşayî. descending ~ zeblota dakêşayî. transverse ~ zeblota berwarḵî.

colonel *n lş* serheng.

colonial *rgd* mêṯingehîn, yê mêṯingehan. ~ist *n* mêṯingehkar. ~ism mêṯingehkarî *f*.

colonize *lg* ḵirin mêṯingeh.

colony mêṯingeh *f*.

colossal *rgd* ṯirtire, pir gir, pir mezin.

colour ṟeng *m*. ~blind *rgd* ṟengkûr. ~ed/ful *rgd* ṟengdar, ṟengîn.

colt *n* canî, canîḵ.

coltsfoot pêcanîḵ *f*.

Columbia Qolombîya *f*.

column 1 sṯûn *f*, hisṯûn *f*. 2 (ṟojname) quncnivîsar *f*, qunc *f*, sṯûn *f*. ~ist *n* quncnivîskar.

coma qoma *f*.

comb şeh *m*, şe *m*. *lg* şeh ḵirin.

combat şeṟ *m*. ~ant *n* şeṟvan, ṯêkoşer, şerkar. ~ative *rgd* şerûṯ.

combine *lg,lng* anîn cem hev; haṯin cem hev.

combustible *rgd* şewiṯoḵî, yê ku agir zû pê dikeve. combustion şewiṯîn *f*, agirpêkeṯin *f*.

come *lng* haṯin. ~ about qewimîn. ~ across sb/sth lê ṟasṯ haṯin. ~ down 1 hilşîn. 2 dahaṯin, dakeṯin. ~ out 1 xuya bûn. 2 (çapgêrî) weşîn. 3 der çûn, derkeṯin.

comedy qomedî *f*.

comely *rgd* xweşiḵ, bedew.

comer *n* kesê ku ṯê yan beşdar dibe.

comestible *rgd* (ṯişṯê ku) ṯê xwarin, xwarbar. *n* xwarin *f*.

comet dûvstêrk *f*.
comfort xweşhalî *f*. **~able** *rgd* xweşhal, halxweş, xweşrewş, rihet.
comic *n,rgd* komîk.
coming hatin *f*. *rgd* tê, bê. **the ~ years** salên tên.
comma bîhnok *f*.
command *lg* ferman dan/kirin, fermandarî kirin. *n* ferman *f*,emir *f*.
commandeer *lg* dest danîn ser.
commander *n* serleşker, fermandar, serdar.
commando *n* qomando.
commemorate *lg* bibîr anîn. **commemoration** bîranîn *f*.
commence *lng,lg* dest pê bûn. **~ment** destpêbûn *f*, destpêk *f*.
commend *lg* **1 ~ sb (on/upon sth)** pesnê yekî dan. **2 ~ sth to** sipartin.
comment rave *f*, tefsîr.
commerce bazirganî *f*.
commercial *rgd* yê bazirganîyê. **~ vehicles** navgînên bazirganîyê.
commiserate *lng* hemderdî kirin.
commission qomîsyon *f*.
commit *lg* **1** kirin. **2 ~ sb/sth to** dan, sipartin, radest kirin. **3 ~ oneself to** li xwe girtin, xwe dan tiştekî.
committee qomîte *f*.
commodious *rgd* fereh, fireh.
commodity mal *m*.
common *rgd* herkesîn, gelemperî, giştî; adetî, adî, frûmaye.
common vetch culbe *f*.
commotion qerepere *f*, hengame *f*.
communal *rgd* gelemper, civakî.
communicate *lg,lng* ragihandin. **communication** ragihandin *f*.
communique belavok *f*, weşanek *f*.
communism qomunîzm *f*.
community civak *f*.
compact girêdan *f*, girêdank *f*.
companion *n* heval.
company **1** pevbûnî *f*, tevbûnî *f*, hevaltî *f*, heval, koma mirovan. **2** şîrket *f*. **3** *lş* givale *f*.
compare *lng* dan berhev, danîn ber hev, hemberîhev kirin. **comparative** *rz* berhevda.
comparison danberhevî *f*, berhevdanî *f*, miqayese *f*.
compassion dilovanî *f*, mihrîbanî *f*, merhamet *m*, piyarî *f*.
compassionate *rgd* dilovan, mihrîban, bi merhamet, piyar.
compatible *rgd* lihevkir.
compatriot *n* hemwelatî, welatî, niştevan.
compeer *n* hevsal, hevdem, hempa.
compel(l) *lng* zor dan, bi zorê (pê) dan kirin, mecbûr kirin.
compensation berdêl *f*, hemberî *f*, berxesar *f*, tezmînat *f*.
compere *n* pêşandar.
compete *lng* ketin lecê, ketin qayîşê, pêşbazî kirin, ketin reqabetê, reqabet kirin.
competition lec *f*, berhevdan *f*, pêşbazî *f*, pozberî *f*, qayîşkêşî *f*, qayîş *f*, reqabet *f*
competitor *n* qayîşkêş, pêşbaz, pozber, berber, reqîb.
complacence xweşhalî *f*.
complacent *rgd* xweşhal.
complain *lng* gazin kirin, lome kirin. **~ant** *n* gilîbêj, dadxwaz, lomebêj. **~t** *n* gazin, gilî, lom(e).
complete[1] *rgd* xelasbûyî, qedandî, kuta.
complete[2] *lg* xelas kirin, birin serî, dawî anîn, qedandin, kuta kirin.
completion xelasî *f*, kutasî *f*, qedandin *f*.
complex *rgd* têkilhev, tevlihev, qomplex. **~ity** têkilhevî *f*, tevlihevî *f*, geremol *f*.
compliance îteat *f*, sernermî *f*.
compliant *rgd* sernerm, îteatkar.
complicate *lg* tevlihev kirin. **complication** tevlihevî *f*, têkilhevî *f*.
compliment xweşgotin *f*, pesn *m*.
comply *lg* **~ with** gora/gorî tiştekî kirin, îteat kirin, bi ya yekî kirin.
compose *lg,lng* **1** dirûvandin, pêk anîn, çêkirin. **be ~d of** jê hevedudanî bûn, jê çê bûn. **Water is ~d of hydrogen and oxygen.** Av ji hîdrojen û oksîjenê hevedudanî ye. **2** *muz* kirin beste, beste çêkirin. **3** rêz kirin. **4** hedinandin. **~d** *rgd* tebitî, aş.
composer *n* bestekar.
composite *rgd* hevedudanî, hevgihayî.
compositor *n* rûpelraxer.
compote xoşav *f*.
compound[1] *rgd* hevgihayî, hevedudanî.

rz hevedudanî, kom(peyvik). ~ **verb** lêkera hevedudanî *f.*

compound[2] *lg,lng* **1** (ji bo bidestxistina tiştekî nû) tevlihev kirin. **2 ~ (with sb) (for sth)** (bi yekî re, li ser tiştekî) li hev kirin. **3** xurttir kirin.

comprehend *lg* **1** têgîhaştin, ber ketin, fahm kirin. **2** îhtîva kirin.

comprehension *n* **1** fêm, têgîhaştin. **2** naverok.

comprehensive *rgd* **1** (naverok) fireh, tije. **2** (mirov) fêmfireh.

compress *lg* **1** guvaştin, dewisandin, tezyîq kirin. **2** (nêrîn) bi kurtî gotin.

comprise *lg* jê hevedudanî bûn.

compromise , lihevkirin *f,* lihevhatin *f.* *lg,lng* **1** li hev kirin, li hev hatin, li hev anîn. **2** avêtin/kirin xeterê.

compulsion zor *f,* zordan *f.* **under ~** bi darê zorê.

compute *lg,lng* hejmartin, hesibandin.

computer qomputer *f.*

comrade *n* hogir, hevrê, heval.

con *rgp* dij, hember.

concave *rgd* kov, kovikî.

conceal *lg* **~ (from)** (jê) veşartin, dapa kirin. **~ment** nehênî *f.* **~ed** *rgd* nehên, nihan, nihên.

concede *lg* erê kirin, pejirandin; dan, radest kirin.

conceit pozbilindî *f,* parsûstûrî *f,* parsûqalindî *f,* fîşal *f.* **~ed** *rgd* parsûstûr, parsûqalind, pozbilind, ji xwe razî.

conceive *lg,lng* **1** têgîhaştin, fikirîn, (di serê xwe de) plan çêkirin. **2** (jin) avis/ducan/hemle bûn.

concentrate *lg,lng* **1** (li derekê/niqtekê) kom kirin, civandin; kom bûn, civîn. **to ~ soldiers in a city** leşker li bajarekî civandin. **2 ~ (on/upon)** bala xwe (li tiştekî) kom kirin, lê hûr bûn.

concentration 1 kombûn *f,* civîn *f,* komkirin *f,* civandin *f.* **2** lêhûrbûn *f,* qonsantrasyon *f.*

concentric *rgd geom* hemtewere, hemgelû.

concert qonsêr *f,*sazdêran *f.*

concerted *rgd* pev, tevde.

conclude *lg,lng* qedandin, anîn encamê, biryar stendin; qedîn, hatin encamê.

conclusion dawî *f,* encam *f,* biryar *f.*

concord lihevkirin *f,* aheng *f.*

concordant *rgd* lihevkir.

concrete *rgd* **1** darîçav, nêrbaran, berçav, kesdar. **2** (ji) beton.

concur *lng* **1 ~ (with sb) (in sth)** (nêrîn, hwd) li hev kirin, hevdu girtin. **2** (bûyer, hwd) bi hev re bûn, di demekê de bûn.

concurrent *rgd* hevdem; lihevkir.

condemn *lg* **~ (for)** lome lê kirin, gazin jê kirin, tawandin, sûcdar kirin, (ceza) lê birîn.

condensation 1 kurte *f,* kurtî *f,* kurtkirin *f.* **2** tîrtî *f,* tîrbûn *f,* siftî *f.*

condense *lg,lng* tîr kirin, sift kirin, kurt kirin; tîr bûn, sift bûn.

condescend *lng* **~ to** *lng* li xwe danîn.

condition *n* hoy, rewş, merc, şerd, şol. *lg* hoyandin, şerd danîn, kirin rewşeke baş.

conditional *rgd rz* hekanî, hekînî.

condolence serxweşî *f,* sersaxî *f,* tazîye *f.*

condone *lg* lê borîn, dan bin lingan.

conduct[1] *lg,lng* **1** rêberî kirin, lê gerandin. **2** bi rê ve birin, gerandin.

conduct[2] şêl *f.*

cone 1 gûzberî *f,* xoz *f.* **2** qûç *f.*

confer *lg,lng* **1** dan, bexşîn. **2** pê şêwirîn.

confess *lng* dervedan, mikur hatin. **~ion** mikurî *f,* mikurhatin *f.*

confide *lng* **1 ~ to** (kul, sir) der bûn, ji yekî re vekirin. **2 ~ in** bawerî pê anîn.

confidence bawerî *f.*

confident *rgd* ewle, ji xwe ewle.

confidential *rgd* nepenî, nehênî, (yê) dizî.

confine *lg* **~ to** dor lê girtin, ber lê girtin, di hundir de hiştin.

confines *pj* tixûb *f,* sînor *f.*

confirm *lg* beliyandin, rast derxistin, rastandin.

confiscate *lg* dest danîn ser.

conflict dubendî *f,* dubarekî *f,* gelşî *f,* nakokî *f.* **be in ~s** rabezîn, li hev nekirin.

conform *lng* lê anîn, lê hatin, guh lê kirin.

confront *lg* anîn rû hev, anîn hember hev, rû bi rû kirin. **~ation** hemberhevî *f.*

confuse *lg* tev li hev kirin, heyirandin, şaş/gêj kirin. **confusion** sergêjî *f,* şaşî *f.*

congenial *rgd* xweş, xweşik, şîrîn.

congested *rgd* tijî, xetimî.

congestion xetimîn *f.*

congratulate *lg* pîroz kirin. **congratulation** pîrozbahî *f*.
congregate *lng,lg* hatin cem hev, kom bûn; anîn cem hev, kom kirin. **congregation** civîn *f*, kombûn *f*, civat *f*.
congress komcivîn *f*, civîna gelemperî *f*.
conjecture texmîn *f*.
conjoin *lg,lng* yek bûn; yek kirin. **~t** *rgd* yekbûyî.
conjugate *lg rz* tewandin, laperîn kirin. **conjugation** *n rz* laperîn, tewandin.
conjunction *rz* gîhanek *f*, pevgirêk *f*, girêk *f*.
connect *lg,lng* girêdan, hatin girêdan, girêdayî bûn. **~tion** girêdanî *f*, pevgirêdan *f*, têkilî *f*, têkildarî *f*.
conquer *lg* bi ser ketin, têk birin; bi dest xistin.
conquest bidestxistin *f*, zeft *f*, fetih *f*.
conscience ûcdan *m*, wîcdan *m*..
conscious *rgd* bihiş, haydar, hişyar. **~ness** hay *f*, bîr *f*, hişyarî *f*, hiş *f*.
consecrate *lg* pîroz kirin.
consecutive *rgd* rêzdar.
consensus hevnêrîn *f*, hevdeng *f*.
consent *lng* **~ to** razî bûn, qebûl kirin. *n* razîbûn *f*, qayîlî *f*.
consequence akam *f*, encam *f*.
conservation parastin *f*.
conserve *lg* parastin.
consider *lng* anîn ber çavê(n) xwe, li ber çavan girtin, anîn bîra xwe, li ser fikirîn, hesibandin, têw kirin. **~ing** *dç* gora, gorî. **~able** *rgd* girîng. **~ation** liberçavgirtin *f*, xatir *m*, hurmet *f*.
consign *lg* **1** şandin. **2** dan dest, radest kirin.
consist *lng* **~ of** jê hevedudanî bûn, jê pêk hatin.
consolation dilxweşî *f*, teselî *f*.
console *lg* dilê yekî xweş kirin, teselî kirin, xem revandin.
consolidate *lg,lng* xurt kirin, hişk kirin, yek kirin; xurt bûn, hişk bûn, yek bûn.
consonance lihevkirin *f*, hevgirtin *f*; aheng *f*.
consonant bêdeng *f*, dengdar *f*.
conspicuous *rgd* berçav, eşkere, balkêş.
constant *rgd* berdewam, neguhêrbar, biryardar.
constellation komstêrk *f*.
constitution qanûna bingehîn *f*, makezagon *f*.
constrain *lg* zor dan, bi zorê dan kirin.
construct *lg* saz kirin, ava kirin. **~ion** avahî *f*. **~or** *n* avakir, lixwegir. **~ive** *rgd* çêker, avakir, erînî.
consul *n* konsul. **~ate** konsulxane *f*.
consult *lg,lng* (pê) şêwirîn. **~ant** *n* şêwirdar. **~ation** şêwir *f*.
consume *lg,lng* **1** ber xwarin. **2** çikandin, qedandin. **~r** *n* berxwar. **consumption** berxwarinî *f*.
contact bêjedarî *f*, danûstendin *f*, têkilî *f*, temas *f*, peywendî *f*.
contagious *rgd* têger, vegir, dirmî.
contain *lg* tê de hebûn, sitendin, guncandin.
contaminate *lg* (gemar, mîqrob, nexweşî) tê dan, gemarî kirin, derbas kirin, têgerandin.
contemplate *lg,lng* **1** mêze kirin, lê nêrîn. **2** ramandin, fikirîn.
contemporary *rgd* hemdem, ayende.
contempt biçûkdîtin *f*, kêmdîtin *f*.
contemptible *rgd* namerd, bêrûmet, rezîl.
contend *lng,lg* **1 ~ with/against/for** ketin qayîşê, lec kirin, têkoşîn. **2** îdia kirin.
content[1] naverok *f*, serecem *f*, têdayî *f*.
content[2] *rgd* razî, têr. *n* besitî *f*, qîm *f*, têrbûn *f*.
contentment besitî *f*, qîm *f*.
contention pevçûn *f*.
contest 1 lec *f*, qayîşkêşî *f*, qayîş *f*, pêşbazî *f*. **2** pevçûn *f*. **~er** *n* pêşbaz, qayîşkêş, lecbaz.
continent *n* bej *m*, reşahî *f*, bejayî *f*, qite *f*.
continual *rgd* domdar, berdewam. **~ly** *rgp* bi domdarî, bi berdewamî, her û her, bê sekin.
continuation domdarî *f*, berdewamî *f*, dûmahîk *f*.
continue *lg,lng* domandin, dom kirin, dewam kirin; domîn, dom bûn, ajotin, dewam bûn. **You must ~ your study of French.** Divê tu xebata xwe ya Fransizî dom bikî/bidomînî.
continuity *n* domdarî, berdewamî.
continuous *rgd* domdar, berdewam. **~ly** *rgp* bi domdarî, her û her, bê sekin.

contort *lg* qurmiçandin, qermiçandin.
contra- *xêş* dij.
contraband qaçax *f.*
contract bendname *f,* girêdan *f.* **~or** *n* lixwegir.
contradiction dijayetî *f,* dijîtî *f,* nakokî *f.*
contrary *rgd* bervajî, dij, dijîhev, wajîgûn. *n* dij, bervajî, wajîgûn. **contrarily** *rgp* ji bervajî ve. **on the ~** *rgp* ji bervajî ve.
contribute *lg,lng* beşdar bûn. **contribution** beşdarî *f,* alîkarî *f.*
contrite *rgd* poşman.
contrition poşmanî *f.*
control qontrol *f.* *lg* qontrol kirin.
controversy pevçûn *f.*
convalesce başbûn *f,* xweşbûn *f.*
convene *lg,lng* civandin, kom kirin; civîn, kom bûn.
converge *lng* ber bi hev çûn, nêzîkî li hev kirin, nêzîkî hev bûn.
conversant *rgd* nasîyar.
converse *lng* qise kirin, axaftin, peyivîn. **conversation** axaftin *f,* cir *f,* galegal *f.*
convert *lg* guherandin. **~er** guhêrker *f.* **~ible** *rgd* guhêrbar, guhêryar.
convey *lg* (bar) kişandin, ragihandin, birin. **~er/or** *n* kêşker.
convict *n* tawanbarkirî, sÎucdar*k*irî, mehkûm.
convince *lg* bawerandin, dan bawer kirin, qane kirin, îkna kirin.
convoy karvan *m.*
convulse *lg* hejandin.
cook *n* xwarinpêj, aşpêj. *lg* patin, pehtin, pijandin, xwarin çêkirin.
cookbook *bnr* **cookery-book**.
cookery xwarinpêjî *f,* aşpêjî *f.* **~-book** pirtûka xwarinpêjîyê *f.*
cool *rgd* hênik, hînik, honik *lg,lng* hênik kirin, sar kirin; hênik bûn, sar bûn.
coop pîn *f,* pînik *f.*
cooperate *lng* pev xebitîn, hevkarî kirin. **cooperation** desthevî *f,* hevkarî *f,* tevkarî *f.* **cooperator** *n* hevkar, tevkar.
coordinate *lg* hemaheng kirin, anîn rêzekê, serast kirin, qoordîne kirin. *n* (matematîk, deryavanî, stêrezanî) qoordînat.
cop *n* polîs.
cope *lng* **~ with** bi ser ketin, çare lê kirin, di heqê tiştekî de hatin, serî pê re derxistin.
copious *rgd* boş, adan. **~ly** *rgp* bi boşahî.
copper[1] sifir *m.*
copper[2] *n* polîs.
copy jêgirt *f,* jêgirtik *f,* jêgirtin *f,* jiberk *f,* qopî *f.* *lg* jê girtin, ji ber girtin, qopî kirin.
coquettish *rgd* nazdar, nazenîn. **~ness** naz *f.*
coral *n* mircan.
core têde *f,* hundir *m,* nav *f,* dendik *f.*
coriander gijnîj *m.*
cork fitrik *f.*
corn[1] **1** dexil *f,* gilgil *f,* lazût *f.* **2** heb.
corn[2] cedew *f,* bizmare *f,* nasir *m.*
cornea gilêne *f,* perda çav *f.*
corner kuj *m,* kunc *f,* qozî *f,* qunc *f,* quncik *f,* goşe *f.*
cornflower kanêje *n* .
corporal *n lş* serdeste.
corpse meyt *m,* term *m,* nerme *m,* kelax *m,* laş *m.*
correct *rgd* rast, dirist. *lg* dirist kirin, serast/rast kirin. **~ion** rastkirin *f.*
correlate *lg,lng* hevtêkil kirin; hevtêkil bûn.
correlation hevtêkilî *f,* têkilhevî *f.*
correlative *n,rgd* hevtêkil, têkilhev.
correspondence namenivîsî *f.*
correspondent *n* nûçegîhan, nûçevan.
corridor nêvko *f,* qorîdor *f.*
corrode *lg,lng* maşandin; maşîn.
cos xas *f,* kahû *f.*
cosmic *rgd* yê gerdûnê.
cosmonaut *bnr* **astronaut**.
cosmos gerdûn *f.*
cost biha *f,* mesref *f,* lêçû *f,* xisar *f.* **~ly** *rgd* biha.
costal cartilage *n anat* kirkirika parsû.
cosy *rgd* germ û xweş.
cottage holik *f,* war *m.*
cotton pembo *m,* pembû *m.*
couch yan *f,* dik *f.*
couch grass firz *f.*
cough kuxik *f,* kuxîn *f.* *lng* kuxîn.
counsel **1** şêwir *f.* **2** temî *f,* şîret *f.* *lg* şîret lê kirin, temî kirin. **~lor** *n* şêwirdar, amojkar.
count hejmartin *f,* jimartin *f.* *lg,lng* hejmartin, jimartin. **~able** *rgd* tê jimartin. **~less** *rgd* bêjimar, bêhejmar.

countenance sikûm *m*, ṟû *m*, dirûv *m*.
counter *rgd* dij, hember. **~-attack** berêrîş *f*.
counteract *lg* ber lê girṯin, bandûr(a tişṯekî) kêm kirin.
counterfeit *rgd* qelp. **~er** *n* qelpezan.
country welaṯ *m*. **~man/woman** *n* hemwelaṯî, welaṯî.
couple 1 coṯ *m*. **2** jin û mêr.
couplet duṟêz *f*, malik *f*.
coupling girêdan *f*.
courage meṯirsî *f*, bêgefî *f*, culhẹṯ *m*, dilawerî *f*, mêranî *f*, mêrxasî *f*.
courageous *rgd* dilawer, egîd, mêr, mêrxas.
courgette dolmik *m*, kulindṯerk *m*.
course 1 îstîkameṯ*f*, dûş*f*, ṟê*f*, ṟêç*f*, ṟêgeh *f*. **2** qurs *f*.
court dadgeh *f*. **~house** dadgeh *f*. **~-martial** dadgeha leşkerî*f*. **~yard** hewş*f*.
courteous *rgd* nazik, xweşgo.
cousin *n* kuṟap, keçap, kuṟê/keça meta meriv, xwarzê, pisxalṯî.
cover berg*f*, dergir*f*, derxwîn*f*, devgirṯek *f*, qab *f*. *lng* nixumandin, dapa kirin, hefîdandin, girṯin. **~-up** veşarṯin*f*, awayê veşarṯinê.
covert *rgd* nehên, veşarṯî. **~ly** *rgp* bi dizî, dizîka.
covet *lng* çav beṟa tişṯekî dan, dexisîn. **~ous** *rgd* çavbirçî.
cow çêlek *f*.
coward *n* bizonek, newêrek, ṯirsonek. **~ly** *rgd* newêrek, sil, ṯirsonek, namerd.
cowardice bizonekî *f*, ṯirsonekî *f*.
cowboy *n* gavan; qowboy.
cower *lng* melisîn.
cowslip gulbihar *f*.
coy *rgd* nazdar, nazenîn. **~ness** naz *f*.
cozy *bnr* **cosy**.
crab *n* kevjal, kevjing.
crack 1 derz*f*, ṯerk*f*. **2** qirçeqirç*f*, qirçîn *f*, qirpîn *f*. *lng,lg* **1** derizîn, ṯerikîn; derizandin. **2** qirçîn, qirpîn, kirin qirçînî/qirpînî.
crackle *lng* qirçîn, kirin qirçînî.
cradle dergûş *f*.
craft desṯkarî*f*, sineṯ*m*. **~sman** *n* desṯkar. **~smanship** desṯkarî *f*.
cram *lg,lng* **1** mişṯije kirin. **2** serî (bi xebaṯa zêde) nepixandin.

crane[1] *n zool* quling.
crane[2] wînç *f*, silîng *f*.
cranium *anat* kilox *m*, tasa serî *f*.
crap gû *m*.
crate sindoq *f*. *lg* kirin sindoqan.
crazy *rgd* dîn, dîhn.
creak *lng* çirkîn, çîzîn, kirin çirkeçirk.
cream to *f*.
crease *lg,lng* qurmiçandin; qurmiçîn. *n* qurmiçok *f*.
create *lg* afirandin, xuluqandin, pêk anîn. **~or** *n* efrandar, xudan.
creation afirandin *f*, xuluqandin *f*.
creative *rgd* efrandêr, afirandiyar.
creche zaṟokgeh *f*, qreş *f*.
credit qredî *f*. **letter of ~** bawername *f*. **~or** *n* deynxwaz, deyndêr.
credulity safdilî *f*. **credulous** *rgd* safdil.
cremate *lg* (mirî, cendek) şewiṯandin.
crescent hîvik *f*, hîlal *f*.
Crete Gîrît *f*.
crevasse qelîşṯek *f*, taq *f*.
crevice derz *f*, qelîşṯek *f*.
cricket *n anat* arkîsk, kirîsk.
crime tawan *m*, sûc *m*. **criminal** *n* tawandar, sûcdar, gunehkar.
crimp *lg* pêlpêlî kirin.
crimson *rgd* sorê ṯarî *m*.
cripple *n* seqeṯ.
crisis krîz *f*.
criterion pîvek *f*, pîvan *f*.
critic *n* ṟexnegir. **~al** *rgd* ṟexnegirîn. **~ism** ṟexne *f*, ṟexnegirî *f*. **~ize** *lg,lng* ṟexne (lê) girṯin, ṟexne kirin.
crocodile *n* neheng, ṯîmseh.
crocus gangilok *f*, pîvok *f*.
crook 1 gopal *m*. **2** fiṯlok*f*, xwarî*f*. **3** diz, sextekar. **~ed** *rgd* çeloxwarî, xiloxwar, xwar, xwaromaro.
crop 1 ber *m*, zad *m*. **2** *anat* gewrî *f*.
cross[1] xaç *m*.
cross[2] *lng* borîn, derbas bûn, tê ṟe derbas bûn, derbas kirin.
cross[3] *rgd* enirî, xeyidî, xulqteng.
crossbreed *n* duṟeh. *lg* duṟeh kirin.
cross-eyed *rgd* çavşaş, şaş.
crossroads xaçerê *f*.
crosswalk peyaṟê *f*.
cross-wise *rgd* çeprasṯ, xaçîn.

crouch *lng* ~ **down** melisîn, xwe melisandin, tot bûn.
crow *lng* (dîk) bang dan, xwendin. *n* **1** qijalk, qijik. **2** (dîk) qebqeb *f*.
crowbar belaze *f*, malêle *f*.
crowd qerebalix *f*, bir *f*, boşahî *f*.
crown evser *f*, tac *f*, zerzeng *f*. **2** *anat* taca diran *f*, tasa serî *f*.
crucial *rgd* pir girîng.
crucifix *n* wêne yan heykelê Îsa yê carmîxkirî.
crucify *lg* çarmîx kirin.
crude *rgd* xav, xavî.
cruel *rgd* dilhişk, xedar, zalim, bêdad, bêeman. **~ty** cewr û cefa *f*, dilhişkî *f*, tade *f*, xedarî *f*, zulm *f*.
crumb hûrik *m*, hûrikê nên.
crumble *lg,lng* hûr kirin, hûrandin, qurmiçandin; hûr bûn, qurmiçîn.
crumple *lg,lng* gelviçandin, qermiçandin, qurmiçandin; qurmiçîn, gelviçîn, qermiçîn
crush *lg,lng* dewisandin, eciqandin, peçiqandin, perçiqandin, pê lê kirin; dewisîn, eciqîn, perçiqîn.
crust qalik *m*.
crutch destek *m*, darê binçengan.

cry *lng,lg* ~ **(out)** **1** girîn, qîrîn. **2** gazî kirin, bang kirin, qîrîn.
cry girî *m*.
cryptic *rgd* veşartî, nehên.
crystal *n* belor, abegîne, qrîstal.
cub *n,rgd* çêl (ê hirç, şêr, hwd).
cuckoo *n* pepûk.
cuckoopint karî *f*.
cucumber arû *m*, cehik *m*, xiyar *m*. **Russian** ~ tirozî *m*.
cud kawêj *f*, kayîn *f*.
cuddle *lg,lng* hembêz kirin.
cudgel gopal *m*, ço *m*.
cuff **1** (kinc) astîn *f*. **2** şîmaq *f*, şeqam *f*.
culprit *n* tawandar.
cultivate *lg* (erd) ajotin, cot kirin. **cultivation** cot *m*. **cultivator** *n* cotkar.
culture çande *f*. **cultural** *rgd* çandî, çandeyî.
cumin *n* semen, kîmyon, zîre.
cumulus koma ewran *f*.
cuneiform *n* bizmarî.
cup fîncan *f*.
cupboard dolav *f*, xizana *f*.
cur *n* kûçik, seg (ê kuçan).
curcuma koka zer *f*, riha zer *f*.
cure *lg,lng* bijûn kirin, derman kirin, rihet kirin, baş kirin, xweş kirin.
curfew *n* qedexeya ji mal derketinê.
curl badok *f*, kurîşk *f*. **~y** badokî, gijgijî, kurîşkî. *lg* çemandin, xwar kirin, badan.
current ceryan *f*, herikîn *f*. *rgd* îro-yîn, rûdemî.
curry *lg* mihes kirin. **currycomb** mihes *f*.
curse *lng,lg* çêr kirin, nifir (lê) kirin, ricimandin. *n* nifir.
cursory *rgd* korfelaqî.
curtain perde *f*.
curve fitil *f*, fitlok *f*, qawîs *f*, zîvirok *f*, çivane *f*, çivgeh *f*. *lng,lg* xwar bûn, fitilîn; xwar kirin, fitilandin.
cushion balîf *f*, balgeh *f*, serîn *f*.
cusp serîyê tûj *m*.
cuss çêr *f*, xeber *f*, dijûn *f*. *lng* çêr kirin, xeber dan.
custom adet *f*, banek *f*, kevneşop *f*, rêzik *f*. **~s** gumrik *f*. **~s house** bacgeh *f*, gumrik *f*.
customer *n* kiriyar, bikirçî, miştirî.
cut *lg,lng* jêkirin, birîn, çinîn, kur kirin, qusandin.
cypher *bnr* **cipher**.
cypress serw *f*.
Cyprus Qibris *f*.
czar *n* qeyser, çar.
Czechoslovakia Çekoslowakya *f*.

D

d *n* tîpa çaran a elfabeya Îngîlîzî.
d *kurteya* ***had*** û ***would***.
dab *lg,lng* (hêdîka, hewûska) pê kirin, dest pê kirin.
dabble *lg,lng* **1** (dest an lingên xwe) di avê dakirin. **2** (huner, hwd) bi heweskarî pê mijûl bûn.
dachshund *n* tewrekî kûçikên Alman ên lingkurt.
dad bav *m*.
daddy (zimanê zarokan) bav *m*, bavo.
daffodil nêrgiz *f*.
dagger xencer *f*.
daily *rgd,rgp* rojanî, rojane, rojê. **Most newspapers appears ~.** Piranîya rojnameyan rojane der tên. **Thousands of people cross this bridge ~.** Rojê bi hezaran mirov di vê pirê re derbas dibin.
dainty *rgd* **1** narîn, nazik, xûxweş, xweş. **2** hulhulî, neşmî.
dairy bane *f*, şîrfiroşxane *f*. **~-farm** bane *f*. **~man** şîrfiroş.
daisy babirc *f*, kulîlka egalan *f*, giyakêçk *f*.
dale newal *f*.
dally *lg,lng* **~ with** pê dem derbas kirin, xwe pê mijûl kirin, wext/dem kuştin.
dam bendav *f*, bend *f*.
damage *rgd* xisar, zirar. *lg* xisar/zerar dan.
Damascus Şam *f*.
damn *lg* ricimandin, nifir kirin, çêr kirin. **Damn! Damn it!** Jahr tê de be!
damp *rgd* hêmî, şil, bi rewa . *n* rewa *f*, piş *f*.
dance *lng,lg* lîstin, reqisîn, baz dan, helperîn. *n* lîstik *f*, lîsk *f*, reqs *f*, bazdan *f*.
dandelion *bot* xizêmok *f*.
dandruff gewrik *f*, kapek *f* (a nav por).
dandy *rgd* bilindpaye, pir baş, pêkhatî.
danger xeter, xetere *f*. **~ous** *rgd* bi xeter, xeternak.
dangle *lg,lng* (pê ve) aliqandin, kil kirin; aliqîn, kil bûn.
daphne *bot* defne *f*.
dappled *rgd* xalxalî.
dapple-grey *rgd,n* boz *m*.
Dardanelles *n* Gewrîya Çanakkale.
dare *lng,lg* wêrîn, çav lê birîn, netirsîn. **daring** *rgd* bêtirs, mêrxas, metirs.
dare-devil *n* mêrxas, çavsor, bêperwa, bêgef.
dark tarî *f*. *rgd* tarî, bor, esmer, qemer. **~ness** tarî *f*, tarîtî *f*.
darken *lg,lng* tarî kirin; tarî bûn.
darling *n* delal, yar, berdil. *rgd* xweşik, şîrîn.
darn *lg,lng* honan, hûnan, rêsandin, veçinîn.
dart tîrik *f*.
dash nîşandeka axaftinê *f* (—).
data dane *f*.
date[1] berwar *f*, salroj *f*; dem *f*.
date[2] xurme *f*. **~-palm** darxurme *f*, qesp *f*.
daughter keç *f*, dot *f*, qîz *f*.
daunt *lg* çav tirsandin, çavtirsandî kirin. **~less** *rgd* bêtirs, bêgef.
dawn berbang *f*, berbeyanî *f*, rojhilat *m*.
day roj *f*, ro *f*.
daze *lg* gêj kirin, sews kirin.
dead *rgd* mirî, mirdar, kuştî. **~ly** *rgd* kujdêr, jahrdar.
dead nettle hingivînok *f*.
deaf *rgd* ker. **~ mute** *n* kerelal.
deafen *lg* ker kirin, guh(ê yekî) birin.
deal[1] *n* **(a good/great) ~ (of sth)** gelek, pir, tibabek. **He has a great ~ of friends.** Gelek hevalên wî hene.
deal[2] *lg,lng* **1** belav kirin, par kirin. **2 ~ in sth** pê mijûl bûn, pê şitexilîn. **3 ~ with** têkilî pê re hebûn, têkil bûn, di derheqê (tiştekî) de bûn.
dear *rgd* delal, hêja, xoşewîst, berdil.
death mirin *f*. **~less** *rgd* nemir, herheye, abadîn. **~like** *rgd* wek mirîyan.
debate gengeşî *f*, guftûgo *f*, gotûbêj *f*.
debility lawazî *f*, qelsî *f*.
debt deyn *m*. **be in/out of ~** deyndar bûn/nebûn. **get into ~** deyndar bûn.
debtor *n* deyndar.
deca- *xêş* deh.
decade dehsal *f*. **the first ~ of the 20th century** dehsala pêşîn a sedsala bîstan.
decadence hilşîn *f*, rûxîn *f*, hedimîn *f*. **decadent** *rgd* hilşîyayî, rûxandî, hedimî.
decanter qerqef *f*, qerqet *f*, surehî *f*.
decapitate *lg* serî jê kirin.
decay *lng* xera bûn, lawaz bûn.
decease mirin *f*. *lng* mirin.
deceit fen *f*, mizaxilî *f*, xapandin *f*. **~ful** *rgd* fenok, mizaxil, xapînok, zexel.

deceive *lg* xapandin, fen lê kirin. **Don't ~ yourself.** Xwe ne xapîne.
deceiver *n* fenok, mizaxil.
decelerate *lg,lng* lez(a tiştekî) kêm kirin, kêm bûn.
December Çileyê Pêşîn *f*, Kanûn *f*.
decent *rgd* nazik, biedeb; baş, paqij, minasib.
deception *n* fen, xapandin. **deceptive** *rgd* fenok, xapînok.
decide *lng,lg* biryar dan/stendin.
decided *rgd* misoger, qetî; biryardar, rikdar. **~ly** *rgp* bi biryardarî, bê şik, bê guman.
decimal *rgd* ji dehan, yê dehan, dehîn.
decimate *lg* piranî(ya hinekan/tiştinan) kuştin.
decision biryar *f*, daraz *f*, qirar *f*. **make a ~** biryar dan/stendin.
deck *lg* **~ (with/out in)** *lg* xemilandin, neqşandin.
declare *lg,lng* dan zanîn, daxuyanî kirin, eşkere kirin. **declaration** daxuyanî *f*, dazane *f*, dazanî *f*.
decline *lng,lg* **1** redandin, red kirin. **2** kêm/nizm/qels bûn. **3** *rz* tewandin. **declension** *rz* tewandin *f*.
declivity kaş *m*, nişêv *m*.
decompose *lg,lng* gemirandin, ji hev xistin; gemirîn, ji hev ketin.
decorate *lg* **~ with** arastin, arayişt kirin, nexş kirin, xemilandin.
decoration arayişt *f*, xeml *f*, deqorasyon *f*.
decorous *rgd* biedeb, gora adetan.
decoy êm *m*, tamik *m* *lg* kirin feqê, xistin dafikê.
decrease *lng,lg* kêm/kurt bûn, daketin; kêm/kurt kirin, daxistin. **Your hunger ~s as you eat.** Her ku tu dixwî, birçîbûna te kêm dibe. *n* kêmbûn *f*, kurtbûn *f*.
decree ferman *f*, biryar *f*, biryarname *f*.
decrepit *rgd* kevn, jikarketî.
deduce *lg* (encam) jê derxistin, gîhan encamê, jê fahm kirin.
deduct *lg* (jê) derxistin.
deed 1 kirin *f*, çalakî *f*. **2** tapû *f*.
deem *lg* bawer kirin; dîtin, hesibandin.
deep *rgd,rgp* kûr, kwîr. **~en** *lg,lng* kûr kirin; kûr bûn. **depth** kûrayî *f*, kûrahî *f*.
deer xezal *f*.
defecate *lng* rîtin.
deface *lg* dirûvê tiştekî xera kirin.
defect qusûr *f*, kêmasî *f*. *lng* terikandin, xwe avêtin dereke. **~ive** *rgd* biqusûr, bikêmasî, kêm. **~iveness** kêmasî *f*, kêmanî *f*.
defence parastin *f*, berbestî *f*.
defend *lg* parastin, pawandin, dest hilanîn. **~er** *n* parêzkar, parêzvan, bergir.
defensive *rgd* yê parastinê, bergir.
defer[1] *lg* pêşde avêtin, şûnde xistin, taloq kirin. **~ment** taloq *f*, paşdexistin *f*, şûndexistin *f*.
defer[2] *lg* **~ to** rê dan, jê re hurmet kirin.
deficiency kêmanî *f*, kêmasî *f*. **deficient** *rgd* kêm. **a mentally deficient person** kesekî kêmheş.
defile *lg* gemarî/qirêjî kirin.
define *lg* rave kirin, îzeh kirin.
definite *rgd* binavkirî, eşkere, bê şik.
deflect *lg,lng* **~ (from)** (ji rê) derxistin, derketin.
deform *lg* gemirandin, dirûv/teşe/şiklê tiştekî xera kirin. **~ity** bêteşeyî *f*, bêdirûvî *f*; seqetî *f*.
defraud *lg* (bi fen û fîtan) maf(ê yekî) xwarin.
defrost *lg* (qeşa/cemeda tiştekî) helandin.
deft *rgd* zîrek, bijîr.
defunct *rgd* (kes) mirî, (zagon, hwd) betal.
defuse *lg* (bombe, hwd) fitîl jê kişandin/derxistin.
defy *lg* li hemberî/dijî tiştekî derketin, ber xwe dan, dest hilanîn, biminet kirin.
degenerate *lng* dejenere bûn.
degrade *lg* bêrûmet kirin, rezîl kirin, hetikandin; paye(ya yekî) daxistin/kêm kirin.
degree 1 hed *m*, paye *f*, rade *f*, derece *f*. **2** dîplome *f*. **by ~s** gav bi gav, hêdî hêdî, derece bi derece.
dehydrate *lg* bêav hiştin, bêav kirin, av jê stendin/girtin.
deign *lng* **~ to do sth** li xwe danîn.
deity xwedê *m*; xwedêtî *f*.
deject *lg* bêkêf kirin, xemgîn kirin. **~ion** bêkêfî *f*, xemgînî *f*.
delay *lg,lng* awiqandin, bi derengî xistin, dereng hiştin, serî lê gerandin; awiqîn, bi derengî ketin, dereng man. *n* derengî *f*,

derengketin *f*, derengman *f*.
delete *lg* ~ **(from)** rakirin, xera kirin, jê derxistin.
deliberate *rgd* bihemd, biqesd. **~ly** *rgp* bi hemd, bi zaneyî, qestane.
delicate *rgd* narîn, zirav, nazik.
delicious *rgd* biçêj, xweş.
delight *lg,lng* şa kirin, kêfxweş kirin; şa bûn, kêfxweş bûn. *n* kêfxweşî *f*, şadî *f*.
deliver *lg* radest kirin, teslîm kirin, dan. **~er** *n* xelaskar. **~y** *n* dandest, teslîm, radestî.
delude *lg* ~ **sb with sth/into doing sth** xapandin, ji rê derxistin.
deluge şikelî *f*, lehî *f*.
delve *lg,lng* kolandin, kolan. ~ **into** xurcilandin, lê kolan.
demand daxwaz *f*, xwastin *f*, xwestek *f*. *lng* xwestin, daxwaz kirin, dawa tiştekî kirin.
demean *lg* (rûmet, hwd) nizm/biçûk kirin. ~ **oneself** xwe danîn, xwe şikandin.
demented *rgd* dîn, beradayî.
demise mirin *f*.
demobilize *lg* ji leşkerîyê derxistin, terxîs kirin.
democracy demoqrasî *f*. **democrat** *n* demoqrasîxwaz, domoqrat. **democratic** *rgd* demoqrasîxwaz, demoqratîk.
demolish *lg* hêrifandin, hilşandin, hilweşandin, rûxandin.
demon *n* cin, ecine.
demonstrate *lg* danîn ber çavan, nimandin, pêş çav kirin, xwe pêş dan. **demonstration** meş *f*, xwepêşdan *f*, xwepêşanîn *f*. **demonstrator** *n* xwepêşde, meşvan; nîşandar.
demonstrative *rgd rz* işarkî. ~ **adjective** rengdêra işarkî *f*. ~ **pronoun** cînavê işarkî *m*.
demoralize *lg* çav şikenandin, tirsandin, (bawerî/moral) şikenandin.
demote *lg* (paye, rutbe) daxistin.
demure *rgd* sernerm, milayîm.
den gûv *f*, qul *f*.
denial înkar *f*, şerîn *f*.
Denmark Danîmarqa *f*.
denote *lg* nîşan kirin, nîşana tiştekî bûn.
denounce *lg* tawandar kirin, gunehbar kirin.
dense *rgd* tîr, tund, sift, himbiz, di ber hev de.
density siftî *f*, tîrtî *f*, tundî *f*.
dental *rgd* yê diranan, dirankî.
dentine aca diran *f*.
dentist *n* diransaz, dirankêş. **~ry** dirankêşî *f*.
deny *lg* **1** înkar kirin, şerîn. **2** teqsîr kirin.
deodorant deodoran *f*, bîhnraker *f*.
depart *lng* ~ **(from)** (jê) çûn/qetîn, terikandin, bi rê ketin.
departure çûyin *f*, çûn *f*, birêketin *f*.
depend *lng* ~ **on/upon** pê girêdayî bûn, hewcedar bûn; (jê) bawer kirin, yeqîn kirin.
dependent *rgd* girêdayî.
deplete *lg* ~ **(of)** qedandin, xelas kirin.
deplore *lg* li ber ketin.
deport *lg* (ji welêt) derxistin, avêtin. **~ation** derxistin *f*, avêtin *f*.
depot **1** barxane *f*, cebilxane *f*, bareg *f*. **2** (DYA) sekingeh *f*, seknok *f*.
deprave *lg* ji rê derxistin, (exlaq, sinc) xirab kirin.
depreciate *lg,lng* (biha, hêjayî) daxistin, kêm kirin, erzan kirin; erzan bûn.
depress *lg* **1** pê lê kirin, dewisandin. **2** bîhn(a yekî) teng kirin, aciz kirin, xulq(ê yekî) teng kirin.
deprive *lg* bêpar hiştin, ji tiştekî kirin. **~d** *rgd* bêpar. **deprivation** bêparî *f*.
depth kûrahî *f*, kûrbûn *f*.
deputy *n* alîkar; nûner, parlamenter.
derail *lg* (trên) ji rê derxistin, ji xetê derxistin.
derelict *rgd* xapûr, bêxwedî.
derive *lg,lng* ~ **from** jê stendin, jê girtin; jê hatin, jê derketin.
dermatology çermnasî *f*.
dervish *n* derwêş.
descend *lng,lg* nizm bûn, daketin.
describe *lg* rave kirin, teswîr kirin. **description** rave *f*, teswîr *f*.
desensitize *lg* tevizandin.
desert[1] çol *f*, çolistan *f*, beyaban *f*, berî *f*.
desert[2] *lg* revîn, terikandin, terk kirin; firar kirin. **~er** *n* firar, revok. **~ion** firarî *f*, rev *f*, terk *f*.
deserve *lng,lg* hêja bûn, layiq bûn, heq kirin, şirjav bûn.
deserving *rgd* hêja, layiq, şirjav, xavên.

desire xwazge *f*, vîn *f*, vên *f*, arzû *f*. *lg* dil(ê yekî) çûn (tiştekî), dil(ê yekî) kişandin, arzû kirin, xwastin.
desk masenûs *f*.
desolate *rgd* beyaban; wêran.
despair bêhêvîtî *f*, neçarî *f*, bêçaretî *f*.
desperate *rgd* bêhêvî, neçar, bêçare.
despise *lg* kêm dîtin, biçûk dîtin.
despite *dç* teva ku, tevî ku.
despondency bêhêvîtî *f*, xemgînî *f*. **despondent** *rgd* bêhêvî.
dessert şêranî *f* (ya piştî xwarinê), piştxwarin *f*.
destination cîherîn *f*.
destiny sernivîs *f*, encam *f*, felek *f*, qeder *f*.
destitute *rgd* reben, şerpeze, stûxwar. **destitution** rebenî *f*, şerpezetî *f*.
destroy *lg* hilşandin, hilweşandin, ji holê rakirin, qelihandin, rûxandin.
detach *lg* jê qetandin.
detachment *lş* gird *f*.
detail kitkit *f*, detay *f*.
detain *lg* awiqandin, serî lê gerandin, varqilandin; girtin.
detect *lg* kifş kirin, pê hesîn, dîtin, derxistin holê.
detente *f* di têkilîyan de nermayî, detant *f*.
detention awiqandin *f*, varqilandin *f*, derenghiştin *f*, sekinandin *f*, tewqîf *f*.
deter *lg* ~ **(from)** çav tirsandin, nehiştin.
deteriorate *lg,lng* xera(b) bûn, neçê bûn.
determination cehd *f*, biryardarî *f*.
determine *lng,lg* biryar dan, peyitandin, pêdandin. **~d** *rgd* biryardar.
detest *lg* jê erjeng bûn, madê meriv jê li hev ketin, pir jê qehirîn.
dethrone *lg* (qiral, hwd) ji text daxistin.
detour *n* rê(ya awarte/miweqet).
detract *lng* ~ **from** jê derxistin.
detriment xesar *f*.
devalue,devaluate *lg* (biha/qîmet) daxistin, kêm kirin.
devastate *lg* kambax kirin, wêran kirin.
develop *lg,lng* pêşde xistin, pêşde birin; pêşde ketin; (jê) derketin, (jê) çê bûn, derketin holê. **development** pêşketin *f*.
deviate *lng* ~ **from** (ji rê) derketin, jê dûr ketin, jê cûda bûn.
device 1 pîlan *f*; fenûfît. **2** pêweng *f*, hewcar *f*, navgîn *f*.
devil *n* şeytan.
devise *lg* plan çêkirin, li ser fikirîn.
devoid *rgd* bê. **~ of shame** bêfedî, bêşerm.
devote *lg* ~ **oneself/sth to** xwe/tiştek dan (tiştekî). **They ~d themselves to the liberation of Kurdistan.** Wan xwe dan rizgarkirina Kurdistanê.
devour *lg* daqurtandin.
devout *n* oldar, dîndar. **~ness** oldarî *f*, dîndarî *f*.
dew avî *f*, xunav *f*, xûnav *f*, jale *f*.
dexterity ostatî *f*, jîrtî *f*, huner *f*.
dexterous *rgd* osta, jîr, jêhatî.
diabolic *rgd* şeytanî.
diagnose *lg* li ser vebûn, teşhîs kirin.
diagnosis liservebûn *f*, teşhîs *f*.
diagonal *rgd* çeprast.
dial[1] gûsk *f*.
dial[2] *lg* (hejmarên telefonê) zîvirandin, pê lê kirin.
dialect zar *f*, zarav *f*.
dialectics dîyalektîk *f*.
diameter eşkêl *f*.
diamond elmas *m*.
diaphragm *anat* perdeya navbirê *f*, dîyafram *f*.
diarrhoea virik *f*, emel *f*, zikçûn *f*,belefire *f*.
diary rojnivîsk *f*.
dice *pj* zar (ên lîstinê).
dictate *lg,lng* **1** dan nivîsandin. **2** (bi darê zorê) dan pejirandin, qebûlkirin. **3** ferman dan/kirin.
dictator *n* dîktator. **~ship** dîktatorî *f*. **~ial** *rgd* yê dîktatoran, wek dîktatoran, dîktator.
diction awayê peyivînê, bikaranîna peyvan.
dictionary ferheng *f*.
die[1] zar *f*.
die[2] *lng* mirin, can dan, mirar/mirdar bun.
diet 1 parêz *f*. **2** xwarina rojane *f*.
differ *lng* ~ **(from)** (jê) cihê/cuda bûn, ne wek (tiştekî) bûn, biferq bûn. **Kurdish ~s from English in having genders.** Kurdî bi hebûna zayendan ji Îngîlîzî cuda ye/ne wek Îngîlîzî ye.
difference cudatî *f*, cihêtî *f*, ferqî *f*, têvelî *f*, gelşî *f*, cawazî *f*.
different *rgd* cihê, cuda, cawaz,

newekhev, têvel.
difficult *rgd* dijwar, tade, zor, giran. **~y** dijwarî *f*, giranî *f*, zorbûn *f*, tade *f*.
diffident *rgd* fedîyok, şermok.
diffuse *lg,lng* belav kirin.
dig *lg,lng* kolan, kolandin. **The soldiers were digging trenches.** Leşkeran kozik dikolan.
digest[1] *lg,lng* mehandin, hezm kirin; mehîn. **Some foods ~/are ~ed more easily.** Hinek xwarin bi hêsanî dimehin/tên mehandin. **~ion** hezm *f*, mehandin *f*, mehîn *f*.
digest[2] kurte *f*, kurtî *f*.
digit *n* **1** yek ji hejmarên navbera 0 û 9. **The number 217 contains three ~s.** Di 217-an de 3 hejmar (digit) hene.
dignify *lg* xawên kirin, serbilind kirin, rûmet dan. **dignified** *rgd* serbilind.
dignity serbilindî *f*, xawên *f*.
digress *lng* ~ **(from)** ji babetê dûr ketin, jê dûr ketin.
dilapidated *rgd* wêran, xapûr.
dilate *lg,lng* fireh kirin; fireh bûn.
dilemma asteng *f*, tengasî *f*.
diligent *rgd* xîretkêş, jîr.
dill şiwît *f*.
dilute *rgd* ron. *lg* ron kirin. **dilution** rontî *f*.
dim *adj* şêlî, nîvtarî, ne zelal, ne ronî.
diminish *lg,lng* kêm kirin, biçûk kirin; kêm bûn, biçûk bûn.
diminutive *n,rgd rz* biçûker *f*, hûredar *f*.
dimple kortik *f*, xemze *f*
din qerepere *f*, teqereq *f*, dengezar *f*.
dine *lg,lng* şîv xwarin, şîv dan. **dining hall** xwarinxane *f*. **dining-room** oda xwarinê *f*.
dinner şîv *f*.
dinosaur *n* dînazor.
dip *lg,lng* **1** dakirin, newq kirin, noqandin. **2** berjêr daketin, daketin.
diphtheria duşaxe *f*.
diphthong pevdeng *f*.
diploma dîplome *f*.
dipper çemçik *f*, çoçik *f*.
dire *rgd* tirsehêz.
direct[1] *lg,lng* **1** berê yekî/tiştekî dan (derekê), rê jê re gotin, rê li ber xistin. **Can you ~ me to the post office?** Tu karî rêya postexanê ji min re bibêjî? **2** ber gerandin, pêşkarî kirin.
direct[2] *rgd* rêrast, serast, yekser. **~ly** *rgp* rasterast, rasterê, serast, yekser.
direction alî *m*, ber *m*, hêl *m*, hindav *f*,tang *f*.
director *n* berger, gerînende, karbidest, serkar.
dirt gemar *f*, qilêr *f*, qirêj *f*, gerş *f*, pîsî *f*.
dirty *rgd* gemarî, qilêrî, qirêjî, çepel, pîs. *lg,lng* gemarî/qirêjî/qilêrî bûn; gemarî/qirçjî/qilêrî kirin.
disability seqetî *f*.
disable *lg* seqet kirin, seqitandin. **~d** *rgd* seqet.
disagree *lng* ~ **with** (bi yekî/tiştekî re) li hev nekirin, cihê/cuda bûn, berizîn.
disagreement lihevnekirin *f*, gelşî *f*, bêtifaqî *f*, cudayetî *f*, dijberî *f*, berizîn *f*.
disappear *lng* ji holê rabûn, wenda/wunda bûn. **~ance** neman *f*, wendabûn *f*.
disappoint *lg* hêvî şikandin. **~ed** *rgd* hêvîşikestî.
disapprove *lg,lng* razî nebûn, qebûl nekirin.
disapproval nerazîbûn *f*.
disarm *lg,lng* bêçek kirin, ji çek kirin; bêçek bûn, ji çek bûn.
disarrange *lg* xera kirin, bêrêz kirin, belav kirin.
disarray bêrêzî *f*, tevlihevî *f*. **in ~** *rgd* bêrêz, belawela, tevlihev, tarûmar.
disaster helaket *f*, bobelat *f*, alfat *f*.
disavow *lg* erê nekirin, ne pejirandin, nas nekirin.
disband *lg,lng* belav kirin; belav bûn.
disbelieve *lg,lng* bawer nekirin. **disbelief** nebawerî *f*.
disburse *lg,lng* (dirav) dan.
disc,disk *n* dîsk.
discard *lg* avêtin, dan alîkî, dev jê berdan.
discharge *lg,lng* vala kirin, vala bûn, bar danîn, (çek) berdan, derxistin, şandin. ~ **a patient from hospital** nexweşek ji nexweşxanê derxistin.
disciple *n* mirîd.
discipline dîsîplîn *f*, rêzkarî *f*, serûberî *f*, bizmit *f*, çistî *f*.
disclaim *lg* înkar kirin, mukir nehatin.
disclose *lg* dan zanîn, li ber çavan raxistin,

diyar ķirin, eşķere ķirin, derxisṯin holê.
discolour *lg,lng* (reng) guheṟandin, xera
ķirin, avêṯin, dan.
discomfort acizî *f,* neṟeheṯî *f.*
disconnect *lg* jê qeṯandin, ji hev qeṯandin,
ṯêķilî biṟîn.
discontent neṟazîbûn *f,* têrnebûn *f.*
discontinue *lg,lng* seķinandin, ṟawesṯandin,
desṯ/dev jê berdan; ṟawesṯan, seķinîn.
discord 1 nakoķî *f,* dijîṯî *f,* cihêṯî *f,* pevçûn
f. **2** bêahengî, hevnegirṯin *f.*
discount daxisṯin *f,* ķêmķirin *f.*
discourage *lng* çavṯiṟsandin, çavṯiṟsîyayî ķirin.
discourse axafṯin *f,* gotar *f.*
discover *lg* kifş ķirin, pê hesîn, diyar
ķirin, der anîn.
discredit 1 heṯiķ *f,* bêṟumeṯî *f.* **2** nebawerî
f, guman *f,* şiķ *f.*
discrepancy cudaṯî *f,* cihêṯî *f,* hevnegirṯin *f.*
discrete *rgd* cuda, cîhê.
discriminate *lg,lng* cihê/cuda ķirin, weķ
hev nedîṯin.
discuss *lng* goṯûbêj ķirin, nigaş ķirin,
gengeşî ķirin, ṟaberizîn, minaqeşe ķirin.
~ion berafî *f,* ṟaberizîn *f,* gufṯûgo *f,* goṯûbêj
f, minaqeşe *f,* nigaş *f.*
disdain *lg* ķêm dîṯin, biçûķ dîṯin. *n*
pozbilindî *f.*
disease nexweşî *f,* neṟeheṯî *f.*
disenchant *lg* çavên yeķî veķirin, haydar ķirin.
disengage *lg,lng* jê qeṯandin, ji hev
qeṯandin, ṯêķilî biṟîn.
disfavour neṟazîbûn *f.*
disfigure *lg* (teşe yan dirûvê ṯişteķî)
xera(b) ķirin.
disgrace xax *f,* eyb *f,* heṯiķ *f,* ṟûṟeşî *f. lg*
heṯiķandin, ṟûṟeş ķirin/derxisṯin, rezîl
ķirin, xax anîn serê yeķî. **~ful** *rgd* ṟûṟeş,
rezîl, riswa.
disgruntled *rgd* aciz, bêķêf.
disguise *lg* veşarṯin, (dirûv) guheṟandin.
disgusting *rgd* erjeng, lewiṯî, ķirêt, pelos.
dish *n* **1** firax, firaq. **2** xwarin. **~washer**
firaxşo *f.* **~water** ava firaxan *f.*

disharmony bêahengî *f,* lihevneķirin *f,*
hevnegirṯin *f.*
dishearten *lg* xweewleṯî yan culheṯê yeķî
şiķandin, çav ṯirsandin.
dishonour bêṟumeṯî *f,* bênamûsî *f,* eyb *f,*
rezaleṯ *f.* **~rable** *rgd* bênamûs, bêṟumeṯ.
disintegrate *lng,lg* ji hev keṯin, herijîn; ji
hev xisṯin, herijandin.
dislike *lg* jê hez neķirin, bîzî ķirin.
disloyal *rgd* bêbexṯ, bêwefa, ziķreş.
dismantle *lg* ji hev danîn, ji hev ķirin, ji
hev xisṯin.
dismiss *lg* **~ from** ji kar derxisṯin/avêṯin,
şandin, hişṯin çûn, desṯûra çûnê dan, ji
heş derxisṯin. **He was ~ed.** Ew ji kar haṯ
avêṯin.
dismount *lg,lng* **1 ~ (from)** (ji hesp/
bîsîkletê) daķeṯin, peya bûn. **2** jê ķirin.
disobedience **~ (to)** serhildan *f,*
lihemberderkeṯin *f,* bêîteaṯî *f,* guhnedan *f,*
serkêşî *f.*
disobey *lg* serî hildan, li hember derkeṯin,
dijberî ķirin, îteat neķirin.
disorder bêṟêzî *f,* bêserûberî *f,* tevlihevî
f. **~ly** *rgd* bêṟêz, bêserûber, tevlihev.
disown *lg* lê xwedî derneķeṯin, nas neķirin.
disparate *rgd* (ji bingehê de) cuda, cihê.
dispassionate *rgd* xwînsar, alînegir.
dispatch *lg* hinarṯin, şandin, bi ṟê ķirin.
dispel *lg* belav ķirin, wenda ķirin. **The
wind ~led the fog.** Bê/Bayî mij belav ķir.
dispense *lg* belav ķirin, dan. **~ with** dev/
desṯ jê berdan.
disperse *lg,lng* belawela ķirin, belav ķirin;
belawela bûn, belav bûn.
displace *lg* ji cih derxisṯin, ķirin cih(ê
yeķî/ṯişteķî), cihê yeķî/ṯişteķî girṯin.
display *lg* pêşçav ķirin. *n* pêşangeh *f,*
ṟaxisṯin *f.*
displease *lg* xeyidandin, qehirandin.
disposition 1 bicîķirin *f,* cîdan *f.* **2** meyl
f, mêl *f,* mêldarî *f.* **3** xû *f.*
dispossess *lg* **~ sb of sth** (mal, mulk) jê
siṯendin, desṯ danîn ser, bêmulk ķirin.
disprove *lg* çewṯ an sexṯe derxisṯin.
dispute berhevdan *f,* dubareṯî *f,* dubendî
f, gengeşî *f,* lihevneķirin *f*
disregard *lg* xisṯin bin lingan, pêpez ķirin,
guh nedan.

disreputable *rgd* bednav, bednam.
disrepute bednavî *f*, bednamî *f*.
disrespect bêhurmetî *f*.
disrespectful *rgd* bêhurmet.
disrobe *lg,lng* (kinc,cil) ji xwe kirin, jê kirin.
dissatisfy *lg* têr nekirin.
dissect *lg* ji hev xistin; lê hûr bûn.
dissension pevçûn *f*.
dissident *rgd* dijraber.
dissimilar *rgd* ne wekhev, cuda, cihê.
dissipate *lg,lng* belav kirin, belav bûn; serf kirin.
dissolve *lg,lng* pişavtin, helandin, helîn. **Water ~s salt.** Av xwê dihelîne. **Salt ~s in water.** Xwê di avê de dihele.
dissuade *lg* paşandin, jê vegerandin, dan dev jê berdan.
distance dûrahî *f*, dûrayî *f*, navbeyn *f*, navber *f*. **The town is a great ~ off.** Bajar pir dûr e.
distant *rgd* dûr.
distaste heznekirin *f*. **~ful** *rgd* bêçêj, ne xweş.
distend *lg,lng* werimandin; werimîn.
distil(l) *lg* dapilandin, dawerivandin, sefandin; dapilîn, dawerivîn, sefîn.
distinct *rgd* **1** diyar, eşkere, xuya. **2** cuda, cihê.
distinguish *lg* **~ one thing from another; ~ between two things; ~ from** çêtir dîtin, neqandin, cudayetî dîtin/fahm kirin/bihîstin, dîtin. **~ed** *rgd* bijarte, navdar.
distort *lg* bervajî kirin, fasid kirin, (dirûv, teşe) guherandin.
distract *lg* (bal) belav kirin, ji ser tiştekî birin.
distress xem *f*, kul *f*. *lg* xem dan, kul dan.
distribute *lg* belav kirin. **distributor** *n* belavker, belavkir.
distribution belavkirin *f*.
district tax *f*, herêm *f*.
distrust pênebawerî *f*, jênebawerî *f*. nebawerî *f*. *lg* jê bawer nekirin, pê bawer ne bûn. **He ~ed his own eyes.** Wî ji çavê xwe bawer nekir.
disturb *lg* xera/aciz/nerihet kirin. **~ance** acizî *f*, nerihetî *f*, tevlihevî *f*.
disunite *lg,lng* ji hev xistin, ji hev kirin, ji hev anîn, ji hev ketin.
ditch kend *f*, xendeq *f*, co *f*.
dither *lng* bê biryar man, dudilî kirin, dudilî bûn.
ditto mark dûnik *f*.
divan dik *f*, yan *f*. **~-bed** dik *f*.
dive *lng* newq bûn, noqîn, xwe dakirin, binav bûn. *n* noq, newq, dakirin.
diverge *lng* jê qetîn, rê berdan, ji rê derketin. **divergent** *rgd* cûre cûre, cûrbecûr.
divert *lg* rê guherandin, berê xwe guherandin, (bal) birin ser tiştekî din.
divest *lg* bê par hiştin, ji tiştekî kirin, jê sitendin.
divide *lg,lng* dabeş kirin, par kirin, parve kirin, beş kirin. **How shall we ~ the work up?** Em (ê) kar çawa parve bikin?
dividers pergel *f*, pergar *f*.
divine *rgd* xwedayî. **divinity 1** xwedêtî *f*. **2** xwedênasî *f*.
division parvekirin *f*. **~-sign** dabeş *f*, parvek *f*. **divisor** parvek *f*.
divorce *lg* berdan, jin berdan.
divulge *lg* kifş/diyar/eşkere kirin, anîn der.
dizzy *rgd* gêj; yê gêj dike.
do *lg,lng* kirin. **~ away with** jê xelas bûn, betal kirin. **~ sb in** kuştin. **~ sth out** paqij kirin, dan hev.
docile *rgd* melayîm, sernerm.
doctor *n* bijîşk, tixtor, doktor.
doctrine doktrîn *f*.
document belge *f*, rêçeşop *f*. **~ary** *rgd* belgewerî, rêçeşop.
doe mak *f* (a xezal an kîrgo).
dog *n* seg, kûçik.
dogged *rgd* riko, rikdar, serhişk.
dogma dogma *f*.
dog rose şîlan *f*.
doll bûk *f* (ya leyîstok). **~ up** *lng,lg* xemilandin, xemilîn.
dollar dolar *m*.
dolly (zimanê zarokan) bûk *f*.
dome qub *f*, qube *f*. **~d** *rgd* qub, girover.
domestic *rgd* **1** hundirîn, yê hundir/malê. **2** kedî. **~ animals** terş.
domesticate *lg* kedî kirin.
dominance desthilatî *f*, serdestî *f*. **dominant** *rgd* desthilat, serdest.
dominate *lg* ram kirin, serdestî kirin.
donation bêş *f*.
donkey *n* ker.

donor *n* dayende.
doomsday roja qiyametê *f.*
door derî *m.* **~-keeper** *n* dergevan.
dormitory xewgeh *f.*
dorsal *rgd anat* yê piştê. **~ vertebra** *anat* movikên piştê *f.*
dot niqte *f.*
dotage xurifîn *f.* **dotard** *n* xurifî.
double *lg,lng* duqas kirin, duqas bûn. **to ~ one's income** hatina xwe duqas kirin. *rgd,rgp,n* duqas, du, ducar, cot. **He has to do ~ work.** (Wî) divê ew duqas kar bike. **~-barrelled** dulûle. **~-edged** *rgd* dudev. **~-faced** durû.
double-cross *lg* xapandin, bêbextî kirin.
doubt dudilî *f,* gûman *f,* şik *f. lg* gûman kirin, şik kirin, bişik bûn, dudil bûn. **~ful** *rgd* dudil, bişik, dilbiguman. **~fully** *rgd* bi şik, bi dudilî.
dough hevîr *m.*
dove *n* kevok.
down *rgp,dç* berjêr, serberjêr, jêr, li jêr, xwar. **Mary isn't ~.** Mary ne li jêr e. **Oxford is farther ~ the river.** Oxford ji çem (hîn) berjêr e/Oxford li jêrî çem e.
downcast *rgd* xemgîn.
downfall ketin *f,* hilşîn *f.*
downgrade *lg* payeya yekî daxistin.
downhearted *rgd* bêkêf, xemgîn.
downhill *rgp* (ji kaş, hwd) berjêr, serberjêr.
downpour barana giran *f.*
downstairs *rgp,rgd* qatê jêrîn, xwar, jêr, jêrîn. **He went ~ to breakfast.** Ew ji bo taştê çû qatê jêrîn.
downtown *rgp* ber bi bajêr, li jêrê bajêr, li navenda bajêr.
downward(s) *rgd,rgp* berjêr, serberjêr, ber bi jêr ve, jêr, xwar.
downy thorn apple gulborî *f.*
dowry *rgd* cihîz *m.*
doze *lng* hênijîn, honijîn, ponijîn. **~ off** *lng* bi xew ve çûn.
dozen dozdane *f,* duzîne *f.*
drag *lg* kişandin, kaş kirin, xij kirin.
dragon *n* ejder.
dragon arum *bot* karî *f.*
drain *lng,lg* av ji derekê kişandin, zuha kirin, zuha bûn. *n* nihûn *f,* lexem *f.*
drape perde *f.*
draw *lng,lg* **1** kişandin. **D~ your chair up to the table.** Kursîya xwe ber bi masê ve bikişîne. **to ~ water from a well.** ji bîrekê av kişandin. **to ~ money from the bank** ji banqê dirav kişandin. **~ so's attention** bala yekî kişandin. **2** hatin. **3** dergûşkî/dîstankî ketin. **4** (wêne/risim/xêzik) çêkirin, çixîz kirin.
drawer[1] dexlik, berkêşk *f,* çavik *f.*
drawer[2] *pj* derpê *m,* derpî *m.*
drawing-room oda mêvanan *f.*
drawstring doxîn *f,* benê devê kîs.
dray parxêl *f.*
dread xof *f,* tirs *f.* **~ful** *rgd* çavşkên, tirsehêz.
dream xewn *f,* xiyal *f. lng,lg* xewn dîtin, di xewna xwe de dîtin, xeyal kirin.
drench *lg* şilûpil kirin, şil kirin.
dress kinc *m,* cil *m,* midas *m. lg,lng* (cil, kinc) lê kirin, li xwe kirin.
dressmaker *n* dirûnker (ji bo jinan).
dribble *lng,lg* **1** niqutîn, dilop kirin; niqutandin. **2** av bi dev ketin.
driblet *n* çenikek; dilop.
drift *lg,lng* **1** ber avê çûn, ber bê çûn. **~ towards** ber pê çûn. **2** kom bûn, kom kirin. **~-wood** darê ku bi avê re diherike.
drill[1] badek *f,* şixab *f,* simok *f,* metqeb *f lg,lng* qul kirin.
drill[2] mîbzer *f,* makîna tovreşanê *f.*
drink[1] *lg,lng* **1** vexwarin. **2** (araq, hwd) vexwarin. **~ up** mêtin.
drink[2] vexwarin *f,* mey *f,* noşîn *f.*
drinkable *rgd* vexwarbar, tê vexwarin, ya vexwarinê.
drinking water ava vexwarinê *f.*
drip *lg,lng* niqutîn, dilop kirin, niqutandin. **The rain was ~ping from the trees.** Baran ji daran diniqutî.
drive *lg,lng* ajotin; qewirandin; birin. **to ~ a taxi/cart** teqsî/erebe ajotin.
driver *n* ajotkar, ajotvan, şifêr.
drizzle *lng* (baran) xunivîn, peçkandin.
droop *lg,lng* xwar bûn, berjêr bûn.
drop[1] *lng,lg* **1** dilop kirin, niqutandin. **2** ketin (xwar), xistin (xwar). **The teapot ~ped out of her hand.** Çaydan ji destê wê ket (xwar). **3** kêm/sist kirin, kêm/sist bûn. **The wind has ~ped.** Ba kêm/sist

on bi ser ve çûn, serî lê xistin. ~ **off 1)** kêm bûn. **2)** ponijîn, bi xew de çûn.
drop[2] dilop *f*, peçk *f*. **He emptied the glass to the last ~.** Dilop di îskanê de nehişt. **in ~s/~ by ~** dilop dilop.
droppings zelq *f*, zibil *m*, zilq *m*, zîç *m*.
drought bêavî *f*, bêbaranî *f*.
drown *lng,lg* (di avê de) fetisandin; fetisîn. **Do cats ~ easily?** Ma pisîk zû zû difetisin?
drowsy *rgd* xewar.
drudge *lng* kareki giran û dirêj kirin. *n* karê giran *m*, suxre *f*, kesê ku wî karî dike.
drudgery suxre *f*.
drug 1 derman *m*. **2** esrar *f*, afyon *f* (hwd). **~gist** *n* dermanfroş. **~-store** dermanxane *f*.
drum derf *f*, dawol *f*, tef *f*, dinbilik *f*. *lng* li derfê xistin.
drunk *rgd* serxweş, sermest, sergerm, **~en** *rgd* serxweş, sergerm, sermest. **~enness** serxweşî *f* sergermî *f*, sermestî *f*.
dry[1] *rgd* ziha, zuha, hişk, miçiqî; tisî. **Is this wood ~?** Ev êzing hişk e? **a ~ well** bîreke zuha/miçiqî. ~ **bread** nanê tisî.
dry[2] *lng,lg* zuha bûn, çikîn, miçiqîn, hişk bûn; çikandin, zuha kirin, miçiqandin, hişk kirin. **~er/drier** *n* zuhaker.
dual *rgd* cot, du, duqat.
Dubai Dûbayî *f*.
dubious *rgd* bişik, biguman, dudil.
duck *n* werdek, ordek.
dug çiçik *m*, memik *m*.
dull *rgd* bêkêf, bêruh, bêçêj, tarî, kêmheş, (kêr) ko.
duly *rgp* di cih de, di gavê de, minasib.
dumb *rgd* lal; bêdeng. **~ness** *n* laltî, bêdengî *f*.
dump sergo *m*, çopgeh *f*, pîsîgeh *f*. *lg* **1** vala kirin, avêtin. **2** erzan firotin, bihayê tiştekî daxistin.
dunce *n* kêmheş.
dung rêx *f*, sergîn *m*, serkil *m*, zibil *m*. **~hill** sergo *m*.
dungeon zîndan *f*.
dunk *lg* tê dakirin.
duodenum *anat* donzdetilk, donzdegirêk.
dupe *lg* fen lê kirin, xapandin.
duplapoda *n* dupê.
duplicate *lg* zêde kirin, ji ber girtin.
durable *rgd* domdar; zexm, xurt.
duration doman *f*, domahî *f*, domdarî *f*, berdewamî *f*.
during *dç* di raderî ... de, di domahîya ... de, di dema ... de.
dusk tarîgewrik *f*, sipêde *f*.
dusky *rgd* tarî, qemerê vekirî.
dust toz *f*. **~pan** bêrik *f*. **~y** *rgd* bitoz, tozdar.
dutiful *rgd* bi berpirsiyarî, bi hurmet, karhez.
duty vatinî *f*, erk *m*, karûbar *m*, peywir *f*, kar *f*.
dwarf *n* bejnbost, kurtole. **~ish** *rgd* hûrik, kurtole.
dwell *lng* ~ **in/at** (lê) rûniştin, jîyîn. ~ **on** li ser sekinîn.
dweller *n* rûniştevan.
dwelling mal *f*, azinc *f*, cîgeh *f*.
dwindle *lng* bere bere kêm bûn.
dye boyax *f*. *lg* boyax kirin.
dynamite deremît *f*. *lg* deremît kirin.
dynasty xanedan *f*.

E e tîpa pêncan a elfabeya Îngîlîzî.
each[1] *rgd* her. **on ~ side of him** li her alîyê wî. **on ~ occasion** her carê.
each[2] *dç* her yek, herkê, herkes, hertişt, giş. **The oranges are 50p ~.** Her porteqalek bi 50p ye. **~ other** hevdu, hev. **We see ~ other every day.** Em hero hevdu dibînin.
eager *rgd* heweskar, dilxwaz, bihewes.
eagle *n* eylo, êlo, hulî.
ear[1] *anat* guh *m*. **external ~** guhê derve *m*. **internal ~** guhê hundir *m*. **middle ~** guhê navîn *m*. **~ lobe** guhik *m*, kevçika guh *f*.
ear[2] simbil *m*, simil *m*, serî *m*. **come into ~s** serî dan, simbil dan.
ear-ache êşa guh *f*.
eardrum *anat* çermikê guhê hundir *m*.
early *rgd,rgp* zû, berî wexta xwe. **It's better to be too ~ than too late.** Pir zûbûn ji pir derengbûnê çêtir e.
earmark *n* nîşana xwedî ya li guhê heywên.
earn *lg* (dirav) ketin dest, bi dest xistin, sitendin. **He ~s £30 a day.** Rojê £30 dikeve destê wî. **to ~ one's living/livelihood/daily bread** abor(a xwe) kirin, xwe xwedî kirin.
earnest *rgd* dilxwaz, ji dil, heweskar, micid, cidî, giran. **~ly** *rgd* bi micidî, bi cidîyet, bi biryardarî, ji dil.
earphone berguhk *f*.
earring guhar *m*.
earshot *n* menzîla guh, dûrahîya qasî ku guh bibihîze.
earth 1 the ~ dinya *f*. **2** ax *f*, xak *f*, erd *m*. **The balloon burst and fell to ~.** Balon teqîya û ket erdê. **~y** *rgd* axîn, biax, yê axê.
earthen *rgd* axîn, yê axê.
earthenware *n* (firax, hwd) ên ji axê.
earthquake erdhêj *f*, hejiyan *f*, zelzele *f*.
earthworm *n* zîro.
ease hêsanî *f*, sivikayî *f*, aramî *f*, rihetî *f*. *lg,lng* hêsan kirin, ji tengasîyê derxistin, rihet kirin, sivik kirin.
easel sêpê, sêpa (ya wêne çêkirinê) *f*.
east rojhilat *m*, rohilat *m*. **~ern** *rgd* yê rojhilat, rojhilatî. **~ward** *rgd* ber bi rojhilat ve. **~wards** *rgp* ber bi rojhilat ve.
easy *rgd* hêsa, hêsan, pêkan, rihet, gengaz. **an ~ book** pirtûkeke hêsan. **easily** *rgp* bi hêsanî, bi rihetî. **easiness** hêsanî *f*, hêsayî *f*, gengazî *f*.
easy-going *rgd* nerm, sernerm, melayim.
eat *lng,lg* xwarin. **We should ~ to live, not live to ~.** (Me) divê em jibo jîyînê bixwin, ne jibo xwarinê bijîn. **~able** *rgd* xwarbar, yê ku tê xwarin.
eaves sîvonek *f*, sivînek *f*.
eavesdrop *lng* (galegalên hinekan) bi dizî guhdarî kirin, ber guh(ê yekî) ketin.
ebb *lng* (ava deryayê) bi şûn ve kişîn, ber bi deryayê ve kişîn; kêm bûn, lawaz/qels bûn. *n* **~(tide)** paşveçûna deryayê *f*, cezîr *f*. **~ and flow** pêşveçûn û paşveçûna deryayê *f*, med û cezîr *f*.
ebony abnûs *f*.
echo olan *f*, alan *f*, dengan *f*, dengvedan *f*, pejn *f*. *lng* olan dan, deng vedan; ducar kirin.
eclipse xirabûna heyvê *f*, xirabûna rojê *f*, girtina heyvê *f*, girtina rojê *f*.
ecology ekolojî *f*.
economic *rgd* yê aborîyê. **~s** zanistîya aborîyê *f*, aborî *f*.
economy aborî *f*.
eczema êzimx *f*.
edge 1 (kêr) dev *m*. **2** qerax *f*, rex *m*, per *m*. **Don't put the glass on the ~ of the table.** Îskanê danîne qeraxa masê. *lg,lng* **1** qerax çêkirin. **2** (kêr, hwd) tûj kirin. **3** hêdî hêdî meşîn/meşandin.
edible *rgd* xwarbar, tê xwarin, bê jahr.
edict ferman *f*; daxuyanî *f*.
edifice avahî *f* (bi taybetî ya mezin).
edit *lg* (nivîsar, qaset, hwd) ji çapê re amade kirin, çap kirin, rast kirin, amadekarî kirin, sernivîskarî kirin.
edition çap *f*, çapderî *f*.
editor sernivîskar *f*. **~ial** sernivîsar *f*.
educate *lg* hevotin. **~d** *rgd* xwenda, xwende. **education** hevotin *f*, hîndekarî *f*. **educator** *n* hînkar.
eel *n* marmasî.
effect bandûr *f*, tesîr *f*. **the ~s of hot weather** bandûrên hewa germ.
effective *rgd* bibandûr, bitesîr; rastekîne,

raṣṯîn.
effeminate *rgd* arîle, jinkanî.
efficient *rgd* bibandûr, biber, berdar, bikêrhaṯî.
effort hewl *f*, cehd *f*, xîreṯ *f*. **make an ~** hewl dan (xwe), xîreṯ kirin.
egg hêk *f*. **The hen laid an ~.** Mirîşkê hêkek kir. **~-shell** qalikê hêkê.
eggplant bacan *m*, balican *m*.
ego ez (f), ego (f).
egoism ezpereṣṯî *f*, eziṯî *f*, xwebînî *f*, egoîzm *f*.
egoist *n* ezpereṣṯ, xwebîn, egoîst.
egoistic(al) *rgd* ezpereṣṯ, xweperesṯ, xwebîn, egoîst.
Egypt Misir *f*.
eight *rgd,n* heṣṯ *m*, heyṣṯ *m*. **eighth** *rgd,n* heṣṯan, heṣṯem, heṣṯemîn. **~een** *rgd,n* hejdeh *m*, hîjde *m*. **~eenth** *rgd,n* hejdehan, hejdehem, hejdehemîn. **~y** *rgd,n* heṣṯê *m*, heyṣṯê *m*.
either *rgd,cn* **1 ~ (of)** yek, her, ji herduyan yek, her yek, herdu. **~ of them** her yek (ji wan). **There was a chair at ~ end of the table.** Li her serîyekî masê kursîyek hebû. **2** jî. **I don't like the red one, and I don't like the blue one, ~.** Ez ji ya sor hez nakim, û ji ya şîn jî hez nakim. **~ or** an ... an (jî), ya(n) ... ya(n) (jî), an jî. **E~ come in or go out.** Ya were hundir ya (jî) biçe derve/An were hundir an (jî) biçe derve/Were hundir an jî biçe derve.
ejaculate *lg* ji nişka ve goṯin/avêṯin; pijiqandin.
eject *lg,lng* ~ **(from)** avêṯin derve, derkirin, derxisṯin, pijiqandin. **2** (çeṯirbaz) xwe ji balafirê avêṯin.
elapse *lng* (dem) derbas bûn, bihurîn.
elastic *rgd* tewbar, çir.
elbow *anat* enîşk *f*, ênîşk *f*.
elder *rgd* (temen) mesṯir, mezinṯir, mezin. **~ly** *rgd* kal, pîr.
eldest *rgd* mezinṯirîn, herî mezin, mezin.
elect *lg* hilbijarṯin, helbijarṯin. **~ion** helbijarṯin *f*, hilbijarṯin *f*. **~ive** *rgd* yê hilbijarṯinê. **~or** *n* hilbijêr.
electorate *pj* hilbijêr, gişa hilbijêran.
electricity elektrîk *f*.
electron elektron *f*.

electronics elektronîk *f*.
elegant *rgd* alûs, şûx, çeleng, nazik, kibar.
elegance alûsî *f*, şûxî *f*, şûxûşengî *f*, çelengî *f*, nazikṯî *f*.
elegy lawik *f*, lawje *f*.
elementary *rgd* desṯpêkîn, yê desṯpêkê, hêsan.
elephant *n* fîl.
elevate *lg* heldan, hildan, rakirin, bilind kirin. **elevator** hilavêj *f*, asansor *f*
eleven *rgd,n* yazdeh *m*, yanzde *m*. **~th** *rgd,n* yazdehan, yazdehem, yazdehemîn.
elf perî *f*.
eligible *rgd* minasib.
eliminate *lg* ~ **(from)** ji holê rakirin, jê derxisṯin, jê xelas bûn.
elm bizî *f*, bizû *f*.
elope *lng* ~ **(with)** (jin, keç) ji malê revîn, bera pê (yekî) dan.
else *rgp* **1** din, yê din. **Did you see anybody ~?** Te kesekî din dît? **anything ~** tişṯekî din. **2 (or) ~** an na, yan na, wer ne. **Run (or) ~ you'll be late.** Bireve an na tu yê dereng bimînî.
elsewhere *rgp* dereke din.
emancipate *lg* azad kirin. **emancipation** azadî *f*, serxwebûn *f*.
embankment sekûya benderê *f*, givande *f*.
embargo embargo *f*.
embark *lg,lng* (li keştiyê) siwar bûn, siwar kirin.
embarrass *lg* fedîkar derxisṯin, fedîkar kirin, bi fedîyê xisṯin, şermezar kirin. **~ment** şerm *f*, fedî *f*.
embassy balyozxane *f*, sefareṯ *f*.
embellish *lg* xemilandin, arayişṯ kirin, bedew kirin.
ember tiraf *m*, bizoṯ *m*.
embezzle *lg* (diravê emaneṯ) desṯ danîn ser, xwarin.
emblem nîşan *f*, amblem *f*.
embody *lg* **1** dirûvandin. **2** ṯê de hebûn, hebûn. **3** basṯûr dan, beden/gewde dan.
emboss *lg* neqşandin.
embrace *lg,lng* bersîng kirin, himbêz kirin, himêz kirin.
embroider *lg,lng* neqşandin, nexşandin, tewizandin. **~y** çîn *m*, neqş *m*, nexş *m*.
emcee *n* pêşandar, pêşkêşvan.

emend *lg* rast kirin.
emerald zimrûd *m.*
emerge *lng* ~ **(from)** jê derketin, derketin holê, xuya bûn. **The moon ~d from behind the clouds.** Hêv ji paş ewran derket.
emery simarte *f.*
emigrate *lng* ~ **(to) (from)** (mal) bar kirin, koç kirin. **emigrant** *n* koçer, penahber. **emigration** koçerî *f,* penahberî *f.*
emigre *n* penahende, pena(h)ber.
eminence gir *m,* bandev *m;* paye an cihê bilind.
emir *n* mîr.
emission (tîn, bêhn, ronahî, hwd) dan, belav kirin.
emit *lg* pijiqandin, derxistin.
emotion hes *f,* seh *f,* his *f,* peroş *f.* **~al** *rgd* hisî.
emperor *n* qeyser, key, împeretor.
emphasis kirp *f;* girîngî *f.*
emphasize *lg* li ser sekinîn, girîngî dan, girîng girtin.
empire keyitî *f,* împeretorî *f.*
employ *lg* xebitandin, şixulandin, zivandin. **~ed** *rgd* bikar. **~ee** *n* karker, karmend, xebatkar. **~er** *n* karda.
empress *n* şahbanû; jina key/qeyser/ împeretor.
empty *rgd* vala. *lng,lg* vala kirin, vala bûn.
enable *lg* rê dan, hiştin, fersend dan.
enact *lg* (zagon) derxistin, deranîn; çêkirin; berpêş kirin.
enamel sedefa diran *f.*
enamour *lg* **be ~ed of** jê hez kirin, dil ketin.
enblock *rgp* giş bi hev re.
encase *lg* nixumandin.
enchain *lg* zincîr kirin, bi zincîrê girêdan.
enchant *lg* heş ji serî birin, xistin bin bandûra xwe; efsûndar kirin.
encircle *lg* dor girtin. **~ment** dorgirtin *f.*
enclose *lg* dor(a tiştekî) girtin, dorbend kirin; kirin cem, pê ve kirin.
enclosure girtin *f,* dorgirtin *f,* bend *f,* (di nameyekê de) pêvek *f.*
encore *bn* Cardin! Dîsa!
encounter *lg* pergihîn, hatin hember, lê rast hatin.
encourage *lg* hewilandin, hewisandin, giyan dan, nav tê dan, han dan, culhet dan. **~ment** navtêdan *f,* hewilandin *f,* hewisandin *f,* handan *f.*
encumber *lg* tije kirin, xistin bin bêr, bar lê kirin.
encyclopedia ansîklopedî *f.*
end dawî *f,* kutasî *f;* kuj *m,* serî *m.* **the house at the ~ of the road.** xanîyê li dawîya/serê rê. *lng,lg* kuta bûn, qedîn, xelas bûn; qedandin, xelas kirin, kuta kirin. **The road ~s here.** Rê li vir diqede. **ending** dawî *f.* **~less** *rgd* bêdawî, bêaxir, bêheta, bêna. **~lessness** bêdawîtî *f.*
endanger *lg* avêtin talûkê, kirin xeterê.
endeavour *lg* xîret kirin, hewl dan. *n* xîret *f,* hewl *f.*
endorse *lg* beliyandin, herê kirin.
end table sêpê *f,* sêpa *f.*
endure *lng,lg* ber xwe dan, deyax kirin, hilgirtin, ragirtin; dom kirin, domîn. **endurance** *n* deyax *f,* hedan *f,* berxwedan *f,* berxwedanî *f;* domdarî *f.* **enduring** *rgd* qewîm, zexm, domdar.
enemy *n* dijmin, neyar.
energy enerjî *f.*
energetic *rgd* xwedîvên, zindî, enerjîk.
enfeeble *lg* ji hal/hêz de xistin, bêhêz kirin.
enfold *lg* pêçan, hembêz kirin.
engagement nîşanî *f;* lixwegirtin *f,* peyman *f;* şer *m.*
engender *lg* (ji bûyina tiştekî re) bûn sedem.
engine makîne *f,* motor *f.*
engineer *n* endazyar, mihendîs.
England Îngîlîstan *f.*
English *n,rgd* Îngîlîz, Îngîlîzî *f.*
engraft *lg* (dar, hwd) lûl kirin, çikandin, çandin.
engulf *lg* daqurtandin.
enhance *lg* (lê) zêde kirin, kirin ser.
enjoin *lg* **~ to** ferman dan, temî kirin.
enjoy *lg* pê şa bûn, kêf/zewq jê stendin, bi dilê meriv bûn. **I've ~ed talking to you.** Ez bi axaftina te şa bûm. **~ os.** kêf/zewq kirin, kêfxweş bûn, şa bûn, dem(a xwe) xweş derbas kirin.
enjoyment zewq *f,* kêf *f,* dilgeşî *f,* şabûn *f.*
enkindle *lg* (agir) pê xistin, vêxistin, şewitandin.
enlarge *lg,lng* mezin kirin, fireh kirin. ~

on/upon bêtir li ser peyivîn/nivîsîn.
enlighten *lg* agah kirin, hîn kirin. **~ed** *rgd* rewşenbîr, ronak, ronakbîr.
enliven *lg* germiyandin, giyan dan.
enmity dijminahî *f*, dijminatî *f*, neyarî *f*.
enormous *rgd* pir, pir gir, mezin, pir zêde.
enough *n,rgd* bes, besî, têra, têrî, qasî ku hewce ye, baş; besitî *f*. **Will 50p be ~ for you?** 50p yê têra te bike/50p yê besî te be? **The meat is not cooked ~.** Goşt baş nekelîyaye. **more than ~** pir zêde, zêde.
enrage *lg* har kirin, hêrs kirin. **~d** *rgd* bi hêrs.
enrol(l) *lg,lng* qeyd kirin, dan nivîsîn; qeyd bûn, hatin nivîsîn. **~ment** qeyd *f*.
enshroud *lg* nixumandin.
enslave *lg* bindest kirin, đîl kirin. **~ment** đîltî *f*, bindestî *f*.
ensnare *lg* kirin/xistin feqê.
ensue *lng* dan pê, bûn encam(a tiştekî).
entangle *lg* lê gerîn, tê de aliqîn, ketin dijwarîyan.
enter *lng,lg* hatin/ketin hundir; beşdar bûn. **The train ~ed a tunnel.** Trên ket (hundirê) tunelekê.
enteric *rgd* yê rêvîyan/rûvîyan.
entertain *lg* dilgerm kirin, kêfxweş kirin, heng kirin, dama kirin; mazûvantî kirin, ezimandin.
enthusiasm xîret *f*, xwastin *f*, hewes *f*, coş *f*, coşbûn *f*
enthusiast *n* heweskar, heyran. **~ic** *rgd* heweskar, bi coş.
entice *lg* xapandin, ji rê derxistin.
entire *rgd* giş(t), giştik, hemû, hemî. **~ly** *rgp* seranser. **~ty** tevahî *f*, yekparetî *f*, giş(t) *f*.
entity hebûn, *f*, hebûna tiştekî.
entrance dev *m*; derî *m*; ketin (hundir) *f*, têketin *f*.
entreat *lng* (li) ber gerîn, lava kirin. **~y** bergerîn *f*, lava *f*.
entrust *lg* sipartin.
entry ketin (hundir) *f*, têketin *f*.
enumerate *lg* jimartin, yeko yeko jimartin/gotin.
envelop *lg* dor girtin, pêçan, nixumandin.
envelope zerf *f*.
envious *rgd* dexes, hesûd, kumreş.
environment cîwar *m*, doralî *m*, hawir *m*, hawirdor *m*.
environs *n pj* dor *f*, dorhêl *f*, doralî *f*.
envoy *n* hinartî, sefîr.
envy *lg* çav berdan, çav dan, xwezandin, berçîn, dexisîn, beicîn.
epilepsy fê *f*. **epiletic** *rgd* fêdar.
epiglottis *anat* zimanê kirkirokê *m*, zimanê zengilorê *f*.
epitome kurte *f*, kurtî *f*; têde *f*, dehker *f*.
epoch dem *f*, dewr *f*.
equal *rgd* wekhev, hevber, wek, yek(s)an, yekta. **~ity** wekhevî *f*, hevberî *f*.
equate *lg* **~ with** wekhev đîtin/kirin, yek(san) kirin/đîtin.
equation wekhevî *f*, wekhevkirin.
Equator Ekwator *f*.
equilateral *rgd* lebzîne.
equinox ekînoks *f*.
equip *lg* rapêçandin.
equivalent beramber *f*. **equivalence** beramberî *f*.
equivocal *rgd* **1** dumane, duwate. **2** şikdar, gumanbar.
era dem *f*, dewr *f*.
eradicate *lg* birandin, kok anîn.
eraser cîl *f*, raker *f*.
erect *lg* çikandin, rep kirin, tîk kirin. *rgd* pîj, tîk, rep. **~ile** *rgd* rep, tîk.
ermine fisos *f*.
erode *lg* xwarin, kotin; maşandin.
err *lng* xeletî kirin, çewtî kirin.
erroneous *rgd* çewt, xelet, çewto mewto.
error xeletî *f*, çewtî *f*.
escalate *lg,lng* zêde kirin, bilind kirin; zêde bûn, bilind bûn.
escape *lng,lg* filitîn, mişext bûn, revîn. **Two of the prisoners have ~d.** Ji girtîyan dudi revîyane. *n* rev *f*.
eschew *lg* jê revîn, jê dûr sekinîn.
Eskimo *n* Eskîmo.
especially *rgp* nemaze, nexasim, bi taybetî, xas(i)ma, ilim ilim, ilim jî.
espionage sîxurtî *f*, casûstî *f*.
essay nivîsar *f*.
essence têde *f*, pûxt *f*, naverok *f*, hindurok *f*.
essential *rgd* bingehîn, girîng, zerûrî. **~ly** *rgp* nexwe, ji xwe, di bingehê de.
establish *lg* **1** ava kirin, damezirandin, saz kirin. **2** bicî kirin.
esteem *lg* giram girtin, hurmet kirin.

estimable *rgd* berêz, xwedîrûmet, payebilind, qedirbilind. **~ness** payebilindî *f*, qedirbilindî *f*.
estimate *lg,lng* texmîn kirin.
et cetera (etc) her wekî din (hwd), û yên mayî (ûym).
eternal abadîn, bêdawî, bêaxir, herheye, ezelî, ebedî. **eternity** bêdawîtî *f*, bêaxirî *f*, hetahetayî *f*. **~ly** *rgp* heta heta, tim û tim, her (û her).
Ethiopia Etîyopya *f*.
ethmoid *anat* hestîyê kortika çav *m*.
ethnology gelzanî *f*, gelzanistî *f*. **ethnologist** *n* gelzan, gelzanistyar.
eulogize *lg* pesin dan. **eulogy** pesin *f*, pesinname *f*.
eunuch *n* xadim.
Europe Ewropa *f*. **European** *n,adj* Ewropayî, yê Ewropa.
evacuate *lg* vala kirin, dest jê kişandin. **~ sb (from) (to)** jê derxistin, ji derekê derxistin, ji derekê birin derekê.
evade *lg* jê revîn, jê dûr sekinîn, filitîn.
evaluate *lg* seza kirin, hêjandin.
Eve Hewa *f*.
even *rgp* jî, heta. **~ if/though** ku/hek ... jî. **She won't leave the TV set, ~ though her supper's on the table.** Hek/Ku şîva wê li ser masê jî be, ew terka telewîzyonê nake. **~ so** cardin jî, dîsa jî.
evening êvar *f*. **~ paper** rojnameya êvarî (ya ku êvarî der tê).
event bûyer *f*; encam *f*.
eventual *rgd* yê dawîyê, dawîn.
ever *rgp* tucarî, hercar, carekê, qe, qet. **Nothing ~ happens in this village.** Li vî gundî tucarî tiştek naqewime. **Have you ~ been to Kurdistan?** Tu qet çûyî Kurdistanê? **It is necessary than ~.** Ji hercar pêwîsttir e.
evergreen *n,rgd* (dar, hwd) a ku pelên wê her dem hêşîn in, her dem hêşîn.
everlasting *rgd* herheye, nemir, bêdawî. **the E~** Xwedê.
evermore *rgp* heta heta, herûher.
every *rgd* **1** giş, giştik, hemû. **I have read ~ book on this table.** Min gişa pirtûkên li ser vê masê xwendine. **2** her. **Such things do not happen ~ day.** Tiştên wanî herroj naqewimin. **~body/one** *cn* herkes. **~day** hero, herroj. **~thing** *cn* hertişt. **~ time** hercar, hertim. **~where** *rgp* herder, li herderê.
evict *lg* **~ (from)** (ji xênî) derxistin, jê avêtin/derxistin.
evidence delîl *f*.
evident *rgd* berçav, kifş, eşkere.
evil *rgd* gunehkar, xerab, nebaş, bedxwaz, yê şeytên, şeytanî. **the ~ eye** *n* çavînok.
evolve *lg,lng* (bi awakî xweristî, hêdî hêdî, gav bi gav) pêşde xistin; pêşde ketin, gihîştin.
ewe mî *f*, mîh *f*.
exaggerate *lg,lng* nepixandin, mezin kirin, pirandin.
exam *bnr* **examination**.
examination azmûn *f*, ceribok *f*, pirsiyarî *f*, îmtîhan *f*; saxtîkirin *f*, pelidandin *f*, sehandin *f*, miayene *f*, teftîş *f*.
examine *lg* çav lê gerandin, pelidandin, ceribandin, pirsiyarî kirin, saxtî kirin, sehandin, miayene/teftîş kirin.
example *n* mînak, wekok, embaz, nimûne. **for ~** mîna ku, bo mînak.
exasperate *lg* behecandin, hêrs kirin, bi hêrsê xistin.
excavate *lg* vekolîn. **excavation** vekolîn *f*. **excavation site** vekolîngeh *f*. **excavator** *n* vekolînvan, vekolînker.
exceed *lg* mezintir bûn, derbas kirin.
excel(l) *lg,lng* derbas kirin, (ji yên din) baştir bûn, (ji yên din) baştir kirin.
excellent *rgd* pêkhatî, sereza, bêkêmasî, mikemel.
except[1] *dç* ji xeynî, ji xêndî, ji bilî. **I have seen everybody ~ him.** Min ji xêndî wî herkes dîtiye.
except[2] *lg* jê qetandin/derxistin, nexistin, nehesibandin, awartin.
exception awarte *f*, guhêrk *f*, îstîsna *f*. **~al** awarte, cihê, îstîsnaî.
excess zêdetî *f*, zêdeyî *f*. *rgd* zêde. **in ~ of** jê zêdetir. **~ive** *rgd* zêde, pirole.
exchange *lg* pê guherandin, pev guherandin. **~ five apples for five eggs** pênc sêv bi pênc hêkan guherandin. **Mary ~d seats with Anne.** Mary û Anne cihên xwe pev guherandin.

excited *rgd* bi heyecan, rageş, peroşî.
excitement heyecan *f*, rageşî *f*, peroş *f*.
exclaim *lng,lg* (ji nişka ve) qîrîn, qîrînî pê ketin.
exclamation baneşan *f*. ~ **mark** niqtebang *f*, baneşan *f*.
exclude *lg* li der ve hiştin, ne hesibandin, nehiştin, nexistin.
excrement rêx *f*, rîx *f*, gû *m*.
excursion ger *f*, guzar *f*.
excuse[1] hêncet *f*, bafik *f*, mane *f*.
excuse[2] *lg* bexşîn, dan ber lingan, lê borîn.
execute *lg* **1** bi rê ve birin, anîn cih. **2** îdam kirin, daliqandin, darve kirin. **execution** îdam *f*, daliqandin *f*, darvekirin *f*.
exempt *rgd* ~ **from** ne tê de, jê azad.
exercise fêrdarî *f*, hîndarî *f*.
exhale *lng,lg* bîhn berdan, hilm dan.
exhibition pêşangeh *f*, raberî *f*, raxistin *f*.
exhibitor *n* pêşker, nîşandar.
exile menfî *f*, nefî *f*, sirgûn *f*, celîkirin *f*, şarederî *f*. *lg* sirgûn kirin, menfî/nefî kirin, celî kirin, şareder kirin.
exist *lng* hebûn. **Does life ~ on Mars?** Li Behramê jîyan heye? **~ence** hebûn *f*.
exit rêder *f*, rêya derketinê *f*, derketin *f*.
exorbitant *rgd* pir biha.
expand *lg,lng* mezintir/firehtir kirin; mezintir/firehtir bûn.
expanse firehî *f*.
expect *lg* pan, çavnêrî kirin, çavrêyê yekî/tiştekî bûn, hêvî kirin. **~ation** çavnêrî *f*, rêpanî *f*, hêvî *f*.
expel(l) *lg* qewirandin, avêtin derve, derxistin (derve).
expend *lg* lê dan, serf/xerc kirin, qedandin.
expenditure lêçû *m*, mesref *m*.
expense biha *m*, lêçû *m*, mesref *m*. **expensive** *rgd* biha. **expensiveness** bihayî *f*.
experience serborî *f*, serpêhatî *f*. *lg* hatin serî, lê qewimîn.
experiment ceribandin *f*, hêçandin *f*.
expert *n* pêzan, pispor, şareza.
expire *lng* (dem, dewr) qedîn.
explain *lg* rave kirin, şîrove kirin, vekitandin, îzeh kirin, raberî yekî kirin, şî kirin, xistin ber/pêş.
explanation şîkirin *f*, danezan *f*, rave *f*, îzeh.
explicit *rgd* eşkere, diyar, zelal.
explode *lng,lg* teqîn, teqandin. **explosion** teqîn *f*.
exploit *lg* şêlandin, zêrandin, ked xwarin, mêtin, çewsandin. **~er** *n* şêlanker, mêjok, mêtinkar, kedxwar, kedmij. **~ation** kedxurî *f*, kedmijî *f*, mêtinkarî *f*, şêlandin *f*.
export derveşandin *f*.
expose *lg* ~ **to 1** dan ber, anîn ber. ~ **to the rain and wind** dan ber ba û baranê. **2** derxistin holê, dan ber çavan, ber çavan raxistin, pêşçav kirin.
expound *lg* ~ **(to)** rave kirin, şîrove kirin, xistin ber/pêş.
express *lg* anîn zimên, xistin ber/pêş, jê re gotin.
expropriate *lg* (mal, milk) dest danîn ser, jê sitendin, gelêrandin.
expulsion *n* ~ **(from)** (jê) avêtin *f*, qewirandin *f*, derxistin *f*.
extend *lg,lng* dirêj kirin, fireh kirin.
exterior *rgd* yê derve.
exterminate *lg* qir kirin, birandin, ji holê rakirin, kok anîn.
external *rgd* yê derve.
extinct *rgd* vemirî, mirî, qedyayî.
extinguish *lg* vemirandin, tefandin.
extirpate *lg* birandin, kok anîn, qelihandin, qir kirin. **extirpation** qir *f*, qirbûn *f*.
extort *lg* bi zorê stendin, derxistin.
extra *rgd* zêde. ~ **pay for ~ work** diravê zêde jibo karê zêde.
extract *lg* ~ **(from)** (jê) derxistin, rakirin. ~ **a tooth** diran rakirin.
extraordinary *rgd* nebûyî, awarte, neadetî, ji adetê der.
extraterrestrial *rgd* nedinyayî.
extremely *rgp* yekcar, pir zêde. **extremity** dawî *f*, kuj *m*, serî *m*.
eye[1] *anat* çav *m*. **He is blind in one eye.** Çavekî wî kwîr/kûr e. **~ball** gûza çav *f*. **~brow** birî *m*, birû *f*. **~-glasses** berçavk *f*. **~-lash** bijank *m*, mijank *m*, mûjank *f*. **~-lid** *anat* palik *f*. **lower ~-lid** palika jêrîn *f*. **upper ~-lid** palika jorîn *f*. **~-sight** dîtin *f*, hêz an başîya dîtinê. **~-strain** betilîn an westiyana çav. **~-witness** *n* şehad.
eye[2] *lg* nêrîn, mêze kirin.

F **f** tîpa şeşan a elfabeya Îngîlîzî.
fa *muz* fa *f*, noteya çaran.
fable çîrok *f* (bi taybetî yên ku heywan tê de şêlên mirovan dikin).
fabric bestir *m*, caw *m*, çitare *m*, çît *m*, qûmaş *m*.
fabricate *lg* çêkirin, pev xistin; ji ber xwe ve derxistin, çêkirin, derew kirin, tiştekî sexte çêkirin.
face[1] rû *m*, serçav *m*, mirûz *m*, wech *m*. **~ down** ser dev, ser rû. **~ to ~** *rgp* rû bi rû, sîng di sîng de.
face[2] *lg, lng* lê nêrîn, berê xwe dan (derekê/tiştekî), li hember bûn/sekinîn, ragirtin. **The window ~s the road.** Pace li hember rê ye/li rê dinêre. **~ the enemy** li hember dijmin sekinîn.
facial *rgd* yê rû.
facilitate *lg* hêsan kirin.
facility hêsanî *f*, hêsankirin *f*. **facilities** *pj* avahî, tişt an navgînên alîkar ên ku kirina tiştekî hêsan dikin: **facilities for travel** trên, otoboz, hwd.
facing rû *m*.
facsimile faksîmîle *f*.
fact **1** rastî *f*. **2** bûyer *f*, rewş *f*, qewimîn *f*. **in ~** *rgp* bi rastî, rastane.
factory kargeh *f*, karxane *f*.
factual *rgd* bi bûyeran ve girêdayî, ji bûyeran derhatî, bêkêmasî.
faculty[1] (zanîngeh) fakulte *f*.
faculty[2] çîk *f*, tepîş *f*, zîrektî *f*, jêhatin *f*.
fad hewes *f*.
fade *lg, lng* çilmisandin, çilmisîn, reng avêtin/dan, vemirîn, ji ber çavan çûn.
faience fayans *f*, ferfûrî *f*.
fail *lng, lg* **~ (in)** tê de man, têk çûn, bi ser neketin. **~ure** têkçûn *f*, serneketin *f*.
faint *lng* dilê yekî borîn, heş/hiş ji serî çûn, xeriqîn, xewirîn.
fair[1] bazar *f*, fûar *f*.
fair[2] *rgd* **1** dadyar, dadmend, adil. **2** baş, qenc, nexerab. **3** têrkir, adan. **4** zer, (reng) vekirî. **~-haired** *rgd* kej, porzer. **5** pak, paqij. **6** xweşik.
fairly *rgp* adilane, bi dadmendî, bi dadyarî, bi diristî; pir, wek/qasî ku hewce ye.
fairy perî *f*.
faith bawerî *f*, yeqînî *f*. **~ful** *rgd* bawermend, bibext, dilsoz.
fake *rgd* sexte. **~r** *n* sextekar. **~ up** *lng* sextekarî kirin, tiştên sexte çêkirin.
falcon *n* başoke, başûke, şahbaz.
fall[1] *lng* **~ (down/over)** ketin (xwar). **The book fell from the table to the floor.** Pirtûk ji masê ket erdê. **~ apart** *lng* ji hev ketin. **~ behind** li dû/dawîyê man. **He always ~s behind.** Ew tim li dû dimîne. **~ due** *lng* dema/wada tiştekî hatin. **~ in love** *lng* dil ketin, dil dan, evîndar bûn. **~ short** negîhaştin. **the ~en** kuştî, yên kuştî, yên ku di şer de hatine kuştin.
fall[2] **1** ketin *f*. **2** payîz *f*. **3** **~s** **şîp**, rêjgeh *f*, rêjav *f*.
fallow şov *f*, şûv *f*.
false *rgd* qelp, deskut, zir, sexte. **falsifier** *n* sextekar. **~ ribs** *anat* zir parsû *m*.
falsification sextekarî *f*.
falsify *lg* xera kirin, sextekarî kirin, derew derxistin.
falter *lg, lng* lerizandin; lerizîn.
fame nav *m*, navûdeng *m*, navdarî *f*, binavûdengî *f*. **famous** *rgd* binavûdeng, navdar, navdayî, namwer.
familiar *rgd* nas, nasîyar. **be ~ with** nas kirin, nasîn. **~ity** nasîn *f*, nasyarî *f*.
familiarize *lg* dan nasîn, dan nas kirin, nasîyar kirin.
family mal *f*, malbat *f*, êl *f*, zurîyet *f*.
famine nêz *f*, birçîn *f*, xela *f*.
famish *lg, lng* ji nêza/birçîna kuştin; ji nêza/birçîna mirin.
fan baweşîn *f*, baweşînk *f*. *lng, lg* baweşîn kirin, (ba) hatin, lê xistin.
fantasy fentezî *f*.
far *rgd, rgp* dûr, dûrdest. **the ~ East** Rojhilata Dûr *f*. **~ sight** dûrdîtin *f*. **~-sighted** *rgd* dûrdît, kûrbîn. **~-seeing** *rgd* dûrdît, kûrbîn.
farewell xatirxwazî *f*, xatirxwastin *f*.
farm çewlik *f*. **~ing** cotkarî *f*, werzkarî *f*.
farrier *n* nalbend. **~y** nalbendî *f*.
fart fis *f*, tir *f*. *lng* fis kirin, tir kirin.
farther *rgd, rgp* (jê) wê de, (jê) dûrtir.
farthest *rgd, rgp* (jê) herî wê de, (jê) herî dûr, dûrtirîn.

fast[1] *rgd,rgp* zû, beza, bi lez. **Don't speak so ~.** Ewqas zû nepeyive.
fast[2] parêz *f*, rojî *f*. *lng* parêz girtin, rojî girtin.
fasten *lg,lng* girêdan, şidandin.
fat[1] dohn *m*, dûv *m*, rûn *m*.
fat[2] *rgd* qelew.
fatal *rgd* kujdêr.
fatalism qederperestî *f*.
fatalist *n* qederperest.
fate felek *f*, qeder *f*, çarenûs *f*.
father bav *m*. **~hood** bavtî *f*. **~-in-law** xezûr *m*. **~less** *rgd* bêbav.
fatherland welat *m*.
fatigue west *f*, westan *f*. *lg* westandin.
fatten *lg,lng* xwedî kirin, dermalî kirin, qelew kirin; qelew bûn.
faucet bilbilok *f*, mûslix *f*.
fault xeletî *f*, sûc *m*, kêmasî *f*, eyb *f*. **Her only ~ is excessive shyness.** Kêmasîya wê tenê zêde fedîkarî ye.
favour çêyî *f*, qencî *f*, xêr *f*. **ask a ~** tika kirin. **do a ~** çêyî/qencî kirin.
favourite *rgd* delalî, perî, ya ku jê pir tê hezkirin, fawori.
fawn *lng* şalûsî kirin.
fear tirs *f*, xof *f*, gef *f*, qaxû *f*, saw *f*, sab *f*. **He was overcome with/by ~.** Tirsê zor tê de bir. *lng,lg* qaxû kirin, tirsîn. **He didn't ~ to die.** Ew ji mirinê netirsîya. **~ful** *rgd* xofdar; bizonek, tirsonek. **~less** *rgd* bêgef, bêperwa, bêtirs, bêxof.
feasible *rgd* (ya ku) dibe, çêdibe, tê kirin.
feast cejn *f*, mihrîcan *f*, şahî *f*.
feat serketin *f*, serfirazî *f*.
feather per *m*, perik *m*, pûrt *f*.
February Sibat *f*.
fecund *rgd* adan, bihatin, berdar. **fecundity** adanî *f*, berdarî *f*.
federal *rgd* federal.
federation federasyon *f*.
fee miz *f*, heq *m*.
feeble *rgd* lawaz, bêhêz, sist.
feed *lg,lng* alifandin, alif dan, êm dan, nan dan, xwedî kirin, xwarin dan, xwarin. **What do you ~ your dog on?** Hun kûçikê xwe bi çi xwedî dikin? **Have you fed the chickens?** Te mirîşk êm dane/ Te êm dayî mirîşkan? *n* êm *m*, alif *m*.
feel *lg,lng* **1** dest lê gerandin, dest dan, mist dan, niwaxtin. **Blind persons can recognize things by ~ing.** Kesên kwîr karin tiştan bi mistdanê nas bikin. **2** his kirin, hesîn, seh kirin, pejnandin.
feeling hest *f*, his *f*, pejn *f*, dilîn *f*, diltepîn *f*.
feet *n pirejimara* ***foot***.
feline *rgd* yê pisîkan, wek pisîkan.
fellow *n* zilam *m*, meriv; heval.
felon *n* tawanbar.
felonious *rgd* tawanbar.
felony tawan *m*.
female *rgd* mê, mak; yê jinan.
feminine *rgd rz* (zayenda) mê. **femininity** mêtî *f*, mêbûn *f*.
feminism jinparêzî *f*. **feminist** *n* jinparêz.
femur *anat* hestîyê hêtê *m*, hestîyê ran *m*, kulîmek *f*.
fence neqeb *f*, ben *f*.
fencer *n* şûrbaz.
fencing *n* şûrbazî.
fennel şiwît *f*.
fenugreek kaxîl *f*.
feral *rgd* hov, kovî.
fern *bot* tilîper *f*.
ferocious *rgd* hov, kovî, wehşî, rawir. **ferocity** hovtî *f*, kovîtî *f*, wehşîtî *f*.
fertile *rgd* adan, bihatin, berdar.
fertilizer zibil *m*, peyn *m*. **chemical ~** zibilê kîmyayî *m*. **mineral ~** zibilê madenî *m*.
festival cejn *f*, mihrîcan *f*, şahî *f*.
festivity cejn *f*, pîrozbahî *f*, şahî *f*.
fetch *lg,lng* stendin, anîn. **Shall I ~ your coat?** Ez sakoyê te bînim?
fetter col *f*, zincîr *f*. *lg* col/zincîr kirin.
feud xwînkarî *f*, dijminatî *f*, berberî *f*.
feudal *rgd* feodal.
fever ta *f*. **have a ~** *lg* ta girtin.
few *rgd,cn* hindik, kêm, ne pir. **We are ~er than at the last meeting** Em ji civîna berê hindiktir in. **a ~** hindikek, çend heb, çend. **We are going to the village for a ~ days.** Em jibo çend rojan diçin gund.
fiancé,fiancée *n* des(t)girtî, dergistî, dergûstî.
fiasco têkçûn *f*, fîyasqo *f*.
fiat biryar *f*, ferman *f*.

fib derew *f. lng* derew kirin. **~ber** *n* derewîn, derew(ç)în. **~bing** derewkirin *f*

fibre lîf *m*, ta *m*, tak *m*, têl *f*.

fibula *anat* lûlaqa zirav *f*.

fickle *rgd* çivok, guhêrbar.

fictitious *rgd* xeyalî, çêkirî, yê ku meriv ji ber xwe derxistiye yan çêkiriye.

fiddle keman *f*. **~r** *n* kemanvan.

fidelity dilsozî *f*, wefa *f*.

fidget *lg,lng* qeliqandin, tev gerandin; qeliqîn, tev gerîn, di cihê xwe de ne sekinîn.

field zevî *f*, mêrg *f*; erd *m*, qad *f*, rastik *f*. **~ glasses** dûrbîn *f*.

fiend *n* şeytan, zebenî.

fierce *rgd* jakaw, hov, har, gur, bi hêrs.

fiery *rgd* agirîn, agirnak, wek êgir.

fifteen *rgd* pazdeh, paznde *m*. **~th** pazdehan, pazdehem, pazdehemîn.

fifth *n,rgd* pêncan, pêncem, pêncemîn; ji pêncan yek.

fifty *n,rgd* pêncî *m*. **fiftieth** pêncîyan, pêncîyem, pêncîyemîn; ji pêncî yek.

fig hejîr *f*, hijîr *f*, hijêr *f*.

fight şer *m*, ceng *f*, lej *f*, têkoşîn *f*. *lng,lg* şer kirin, li hev xistin, têkoşîn, têkoşîn kirin. **~er** *n* şerkar, têkoşer, şervan, cengawer.

figure *n* **1** hejmar. **2** wêne. **3** laş, bejnûbal.

filbert *n* tewrekî bindeqê.

file[1] dosye *f*.

file[2] êge *f*. *lg* êge kirin.

fill *lg,lng* dagirtin, tije kirin, mişt kirin; tije bûn, mişt bûn. **F~ this bucket with water.** Vê satilê tije av bike. **~ed** *rgd* tije, tijî, têr. **~ up** çikandin, qûç kirin, miştijî kirin, têr kirin.

filly mehîn *f*.

film fîlm *m*, filîm *m*.

filter parzûn *f*, avpalêv *f*, fîltre *f*. *lg,lng* danisilandin, parawtin, parzûnandin, parzûn kirin, dapilandin; danisilîn, dapilîn.

filth gemar *f*, qilêr *f*, qirêj *f*, pîsî *f*. **~y** *rgd* gemarî, pîs, qilêrî, qirêjî.

final *n,adj* axirî, birinî, dawî, dawîn, diwayî. **~ly** *rgp* dawîya dawîyê, talîyê.

finalize *lg* dirûvê dawîn dan, kirin rewşa dawîn.

financial *rgd* diravîn, mewdanî. **in ~ difficulties** di tengasîya diravîn de.

finch *n* zerole.

find *lg* dîtin, peyda/pêde kirin, lê rast hatin.

fine *rgd* **1** (hewa) xweş, sayî. **2** xweş, xweşik, zarîf, nazik, narîn. **3** zirav, tenik, tûj. **4** saf. **5** baş.

fine[2] *rgp* baş.

fine[3] bêş *f*, ceza diravîn *f*. *lg* bêş lê birîn, bêş dan, ceza diravîn dan.

finger tilî *f*, pêçî *f* (ya dest). **~-nail** nenûk (a dest) *f*. **~ pad** gûpika tilîyê *f*. **~-tip** gûmik *f*, sertilî *f*.

finish *lg,lng* dawî anîn, kuta kirin, qedandin, xelas kirin; dawîhatin, neman, qedîn, xelas bûn. **~ sb off** kuştin. **~ sth off/up** giş xwarin.

finite *rgd* bi tixûb, bi dawî, tê pîvan, tê hejmartin.

fire agir *m*. **~-bomb** bomba êgir *f*. **~-extinguisher** *n* agirkuj. *lg,lng* **1** agir pê xistin. **2** hêrs bûn. **3** (çek) teqandin, berdan. **4** ji kar derxistin.

fireboat keştîya agirkujîyê *f*.

firefly *n* gûstêrk.

fireman *n* agirkuj.

fire-place kuçik *m*, agirdank *f*.

fire-proof *rgd* agirnegir, yê ku naşewite.

fire tongs maşe *f*.

firewood êzing *m*.

firework agirbazî *f*.

fire worshipper *n* agirperest.

firm[1] *rgd* tund, hişk.

firm[2] fîrma *f*, karderî *f*, şirîkatî *f*.

first[1] *rgd* pêşîn, yekem, yekemîn.

first[2] *rgp* berê, pêşîn. **I must finish this work ~.** Min divê ez berê vî karî biqedînim. **~ of all** berî her tiştî. **in/at ~** berê, pêşîn.

fish masî *f*. *lng,lg* masî girtin. **~bone** dasî *f*. **~hook** çengal(ê masîvanîyê). **~ing** masîgirî *f*. **~ing line** nehk *f*, şewk *m*.

fisher,fisherman *n* masîgir, masîvan.

fissure qelîştek *f*.

fist girmist *f*, gurmik *f*, gurmist *f*, hotik *f*, humuk *f*, kulmik *f*.

fit *lng,lg* gorî/gora tiştekî bûn, lê hatin. **This coat doesn't ~ me.** Ev sako ne gora min e. **The key doesn't ~ it.** Mifte lê nayê.

five *n,rgd* pênc *m.*

fix *lg,lng* **1** kirin cih, pêdandin. **2 ~ (up)** serast kirin, tamîr kirin, çêkirin.

flabby *rgd* sist.

flag al *f*, ala *f*.

flame (agir) gurî *f*, rivînî *f*, pêt *f*. *lng* rivînî pê ketin, gurî pê ketin.

flamingo *n* xuwar.

flammable *rgd* agirgir, pêtdar.

flank kêlek *f*, hêl *f*, tenişt *f*.

flannel fanêle *m.*

flare *lng* gurî yan rivînî pê ketin.

flask metere *m*, maîde *m.*

flat *rgd* dûz, rast, pahn. **The world is not ~.** Dinya ne dûz e. **~-footed** *rgd* lingmelîk, pêpahn.

flatten *lg,lng* rast kirin, pahn kirin dewisandin; rast bûn, pahn bûn, dewisîn.

flatter *lng* şelafî kirin. **~er** *n* şelaf. **~y** şelafî *f*.

flavour *n* çêj *f*, ekil *f*, tam *f*. **~ed** *rgd* biçêj, çêjdar, bi ekil. **~less** *rgd* bêçêj, bêtam.

flaw derz *f*, kêmasî *f*.

flax *n* zererek, kitan, ketan.

flaxseed bizir *m*, kirkirik *m.*

flay *lg* gurandin.

flea *n* kêç.

fleck niqte *f*, deq *f*, leke *f*.

flee *lng,lg* baz dan, revîn, firar kirin, mişext bûn. **He killed his enemy and fled the country.** Wî dijminê xwe kuşt û ji welêt revîya.

fleece cezû *m.*

fleet[1] stol *f*, fîlo.

fleet[2] *rgd* beza, çalak, bilez.

flesh 1 goşt *m.* **2** laş *m*, ten *m.*

flexible *rgd* tewbar, çir, vezin, elastîk.

flight[1] fir *f*, firîn *f*. **~ path** firerêç *f*.

flight[2] rev *f*.

flimsy *rgd* zirav û sivik, qels.

flinch *lng* xwe bi şûn de kişandin, jê revîn.

flint kevirê heste *m.*

flippant *rgd* bêhurmet.

flittermouse *n* paşmêlk, şevrevînk.

float *lg,lng* (li ser avê, li hewa) sekinandin, sekinîn, (bi hewa, ba an avê re) herikandin, herikîn. **Wood ~s on water.** Dar li ser avê disekine (di avê danabe).

flock *n* kerî, ref.

flog *lg* lê dan, kutan (bi ço yan şelaq).

flood lehî *f*.

floor 1 raxer *f*, ramax *f*, erd *m*, zemin *m.* **2** (xanî) qat *m.* **ground ~** qatê erdîn *m.* **fourth ~** qatê çaran.

florid *rgd* **1** bi xeml, xemilî. **2** (rûyê mirov) sor.

florist *n* gulfiroş.

flour ard *m.* **~y** *rgd* ardîn.

flout *lg* li hember derketin, dijî (tişteki) derketin; henekê xwe pê kirin, kêm dîtin.

flow herikîn *f*. *lng* herikîn, rijîn.

flower kulîlk *f*, çîçek *f*. **~ garden** gulîstan *f*, gulgeşt *f*. **~pot** qaf *f*, qafik *f*.

flu arsim *f*, bapêş *f*, sekem *f*.

fluctuate *lng* guherbar bûn, li derekê nesekinîn, dudilî bûn.

flue borî *f* (ya sobê), pixêrî *f*, rojing *f*.

fluid *rgd* herikokî; guhêrbar.

fluke şans *f*, lêhatin *f*.

flunk *lg,lng* **~ (out)** bi ser neketin, têk çûn.

fluster *lg* heş ji serî birin, şaş/gêj kirin.

flutter *lng,lg* perpitîn; perpitandin. **The wounded bird ~ed on the ground.** Çûka birîndar li erdê perpitî.

fly[1] *lng,lg* firandin; firîn.

fly[2] *n* mêş.

flyleaf *n* rûpelê vala.

foal *n* canî, canîk.

foam kef *f*.

focus gerû *f*, mişraq *f*.

fodder alif *m*, êm *m.*

foe *n* dijmin.

fog mij *m.*

folk xelk *m*, gel *m.* **~-dance** lîstika gelêrî *f*.

folklore zargotin *f*, folklor *f*.

follow *lg,lng* dan/ketin pey, dan/ketin pê, bi pê ketin, rêç ajotin, şop ajotin. **You go first and I will ~ you.** Tu berê here ez ê bidim pê te. **~er** *n* şopajo. **~ing** *rgd* dûtir, dûmahîkîn, paşîn, yê tê.

folly kertî *f*, dîntî *f*, bêheşî *f*.

fondle *lg* mist dan, niwaxtin.

food xwarin *f*, zad *m.*

fool *n* aqilsivik, hişsivik, bale.

foolish *rgd* aqilsivik, bale, bêserî, hişsivik.

foot[1] *n* (pj: *feet*) pê, ling, nig. **~-bridge** pêbaz *f*, pira biçûk a ji bo peyan. **~-note** têbinî *f*. **~path** rêç *f*, pêbaz *f*, peyarê *f*. **~print** şop *f*. **~ soldier** *n* peyade, segman.

~**step** gav *f*, dengê gavavêṯinê. ~**wear** sol *f*, pêlav *f*. **on** ~ peya, bi peyaṯî.

foot² (çiya) quntar *f*.

foot³ *n* (pîvan) 30,479 santûm.

for¹ *dç* bo, ji, ji bo, bona, ji bona, bona ku, ji ber ku. **Are all these ~ me?** Vana giş ji bo min in? **the train ~ Glasgow** ṯrêna Glasgow. **He made coffee ~ us.** Wî ji me re qehwe çêkir. **what ... for** ji bo çi, ji çi re. **What is this tool for?** Ev pêweng ji bo çi ye? **I asked him to stay, ~ I had sth to tell him.** Min ji wî re goṯ bimîne, ji ber ku min ê ṯişṯek jê re bigoṯa.

forage êm *m*, alif *m* (ê hesp an dewaran).

forasmuch as *ghn* ji ber ku, ji ber vê yekê.

forbid *lg* qedexe kirin. ~**den** *rgd* qedexe, qedexekirî.

force hêz *f*, zor *f*, qaweṯ *f*. *lg* zor dan. **by ~** *rgp* bi (darê) zorê. ~**fully** *rgp* bi koṯekî, bi darê zorê.

ford *n* di çem de cihê nizm, ê ku meriv kare ṯê re bimeşe.

fore *rgd,n* pêşî *f*, pêşîn.

forearm *anat* bask *m*, bazend *m*, zend *m*.

forebode *lg* nîşana ṯişṯekî bûn, nişiṯê ṯişṯekî bûn, haṯina/bûna ṯişṯekî agah kirin.

forecast texmîn *f*. *lg* texmîn kirin.

forefather kalik *m*.

forefinger *anat* tilîya nîşandanê *f*.

forefoot *n* pê (yê pêşîn yê heywanên çarpê).

forefront pêşî *f*.

forehead *anat* enî *f*, ferşenî *f*, nêṯik *f*.

foreign *rgd* biyanî, ji derve, yê derve. ~**er** *n* biyanî, xerîb.

forelock *n* perçem.

forename navê kesîn/pêşîn.

forenoon *n* berî nîro.

foresight pêşbînî *f*.

forest darisṯan *f*. **~ fly** *n* çîz.

forestall *lg* pêşî girṯin, ber lê girṯin.

foreswear *bnr* **forswear**.

forever *rgp* her û her, her tim, tim û daîm.

forewarn *lg* pê hesandin, (berî bûna ṯişṯekî) agah kirin, berê goṯin.

foreword pêşgoṯin *f*.

forgather *lng* civîn, kom bûn.

forge¹ hedadî *f*, hesinkerî *f*. *lg* hesin drûvandin.

forge² *lg* ṯişṯekî sexṯe çêkirin, sexṯekarî

kirin, texlîṯ kirin. ~**r** *n* sexṯekar. ~**ry** sexṯekarî *f*.

forget *lg,lng* ji bîr kirin, ji dil avêṯin. **I've forgotten her name.** Min navê wê ji bîr kiriye. ~**ful** *rgd* bîrsar, xwejibîr. ~**fulness** bîrsarî *f*, xweji-bîrî *f*.

forgive *lng,lg* bexşîn, li yekî borîn, efû kirin. **F~ me.** (Li min) bibore.

forgo *lg* dev/desṯ jê berdan.

fork 1 çetel *m*, celxe *m*, sêṯêlk *m*. **2** melhêb *f*, melêv *f*.

form dirûv *m*, teşe *m*, êsk *m*, şêwe *m*. *lng,lg* damezirandin, dirûvandin, saz kirin.

formal *rgd* fermî; teşeyî, dirûvîn.

former *rgd* yê berê. **my ~ students** xwendekarên min yên berê. ~**ly** *rgd* berê.

formidable *rgd* xofdar; pir dijwar.

forsake *lg* terikandin, bi tenê hişṯin.

forswear *lg* dev jê berdan, desṯ jê berdan, terikandin. **~ oneself** bi derewan sond xwarin.

forte huner *m*, zîrekṯî *f*.

forthcoming *rgd* yê ku ṯê, amade. *n* haṯin *f*, gîhaşṯin *f*.

forth *rgp* derve, ber bi der ve; pêşve. **and so ~** her wekî din, û yên mayî.

forthwith *rgp* tavilê, di cih de.

fortify *lg* asê kirin, xurṯ kirin. **fortification** asêgeh *f*.

fortnight *n* nîvmeh *f*, pazdeh roj. ~**ly** *rgd,rgp* nîvmehî, nîvmehane, ji pazdeh rojan carekê.

fortress asêgeh *f*, birc *f*, kele *f*.

fortune şans *f*, lêhaṯin *f*. ~**teller** *n* falvan, falavêj. ~**telling** fal *f*.

forty *n,rgd* çel *m*, çil *m*. **fortieth** (a/ê) çelan, çelem, çelemîn.

forward *n* (spor) êrîşvan.

forward(s) *rgd,rgp* pêşpêşkî, ber bi pêş, pêşde, pêşve; yê pêş, pêşîn. **go ~** pêşde çûn.

fossil fosîl *m*.

foster *lg* xwedî kirin, mezin kirin. ~**father** zirbav *m*, bavmarî *m*. ~**mother** dayîn *f*, dêmarî *f*.

found *lg* ava kirin, damezirandin, saz kirin. **~ a new city** bajarekî nû ava kirin.

foundation 1 avabûn *f*, avakirin *f*. **2** bingeh *f*, binanî *f*, binaxe *f*, binçîne *f*, binyad *f*, binaçe *f*, hîm *m*, sazende *f*.

founder *n* damezrêner, sazber.
foundling *n* zarokê bêxwedî, sêwî.
fountain avpij *f*, kanî *f*, karêz *f*. **~-head** cihderk *f*, kanî *f*, serkanî *f*.
four *n,rgd* çar *m*. **~th** çaran, çarem, çaremîn; ji çaran yek.
fourteen *n,rgd* çardeh *m*. **~th** (a/ê) çardehan, çardehem, çardehemîn.
fowl *n* **1** çûk, balînde, teyr. **2** mir, mirîşk, dîk.
fox *n* rovî, rûvî, rêvî.
foxglove mirîsok *f*.
foxhole *lş* kozik *f*.
fraction perçe *m*, bir *m*, lef *m*.
fracture *lg,lng* şikestandin, şikenandin, şikandin; şikestin, şikîn. *n* şikestin *f*, şikenandin *f*, yê şikestî.
fragile *rgd* narîn, nazik, zirav, tenik, zû tê şikestin.
fragment pirtî *m*, perçe *m*.
fragrance bîhnxweş *f*. **fragrant** *rgd* bîhnxweş, bîhndar.
frail *rgd* qels, lawaz, zû xera dibe.
frame çarçîfe *f*, çarçove *f*, çarder *f*, dorbend *f*.
franc frank *m* (diravê Fransa).
France Fransa *f*.
frank *rgd* ji dil, eşkere. **~ly** *rgp* rasterast, eşkere, ji dil (ve).
fraternal *rgd* bira, wek bira, yê bira(tîyê).
fraternity biratî *f*.
fratricide *n* birakuj; birakujî *f*. **fratricidal** *rgd* birakuj, yê birakujîyê.
fraught *rgd* tijî.
fray pevçûn *f*, şer *m*.
freckle şan *f*, şanik *f*.
free *rgd* **1** aza, azad, serbest. **2** badilhewa, belaş. **3** vala. *lg* azad kirin, filitandin, xelas kirin.
freedom azadî *f*.
freeze *lg,lng* cemidandin, qefilandin, qerisandin; cemidîn, qerisîn, qeşa girtin, qerisîn, qefilîn. **I am freezing.** Ez qefilîm. **Two men froze to death.** Du zilam qefilîn.
freezer qeşadank, cemedank *f*.
frequent *rgd* pircar, herçêbû,. **frequency** pircarî *f*, frekans *f*.
fresh *rgd* teze, ter, nû; (hewa) hênik, paqij.
Friday În *f*, Înî *f*.
fridge sarker *f*, sarinc *f*, sarincok *f*.
friend *n* heval, dost, yar. **~ly** *rgd* delal, dostane, xwîngerm, mervan. **~ship** hevaltî *f*, dostanî *f*, yarî *f*.
fright tirs *f*, xof *f*. **~en** *lg* tirsandin. **~ening** *rgd* xoftijî, xofdar, tirsehêz.
frightful *rgd* xoftijî, xofdar, tirsehêz.
frigid *rgd* sar, bêhis.
frog *n* beq.
from *dç* ji, ji ... de/ve. **~ a wall** ji dîwarekî. **Steel is made ~ iron.** Pola ji hesin tê çêkirin/çêdibe. **~ above** ji jor ve. **~ now on** ji niha pê ve. **~ top to bottom/~ head to foot** serapê, serdanpê. **~ end to end** seranser.
front *n* **1 the ~** ber *m*, pêşî *f*. **in ~ of** li ber, li pêş, li pêşîya. **2** *lş* bere *f*, enî *f*, cephe *f*. *lng,lg* li hember(î tiştekî) bûn, lê nêrîn. **The windows are ~ing the road.** Pace li rê dinêrin/li hemberî rê ne.
frontal *rgd* yê pêşîyê. **~ bone** *anat* textikê enîyê *m*. **~ eminence** *anat* beşik *f*, pêşcênîk *f*. **~ sinus** *anat* sînusa cênîkê *f*.
frontier sînor *m*, tixûb *m*, serhed *m*.
frosty *rgd* sar, rûsar, cemedgirtî, qerisî.
frostiness qerîsok *f*, seqem *f*, serma.
froth kef *f*. **~y** *rgd* bikef.
frown awir *m*. *lng* awirên xwe tûj kirin, awir lê dan.
frozen *rgd* qeşagirtî, cemedgirtî.
fruit fêkî *m*, mêwe *m*, ber *m*. **~ful** *rgd* berdar, bergir, biber, bihatin, bixêrûber. **~less** *rgd* bêber, bêkêr, badilhewa, vala.
frustrate *lg* ber/pêşî lê girtin, nehiştin.
fry *lg,lng* biraştin, sor kirin, pijandin; sor bûn, pijîn. **fry-pan,frying-pan** rûnpêj *f*, tawe *f*.
fuchsia guharok *f*.
fuck *lg,lng* nîhandin.
fuel şewit *m*, ardû *m*, zûxal *m*.
fugitive *n* revok, revoke, firar, mişext.
fulfil,fulfill *lg* bi rê ve birin, anîn cih.
full *rgd* tije, tijî, dagirtî, mişt, qûç, têr. **My pockets are ~.** Bêrîkên min tije/tijî ne. **at ~ speed** leztirîn, herî bi lez. **in ~** bê kêmasî. **~-blooded** *rgd* kihêl. **~ moon** heyva çardeh şevî *f*, bedl *f*. **~ stop** niqte *f*, rawest *f*.
fumble *lg,lng* pelandin. **~ in one's pock**

ets bêrîkên xwe pelandin.
fume dûxan *f*, dûkel *f*, dû *f*, dûman *f*.
fun zewq *f*, kêf *f*; henek *f*.
function kar *m*, vatinî *f*, fonqsîyon *f*.
fundamental *rgd* bingehîn
funeral (mirî) veşartin *f*, defin *f*, cenaze *f*.
funk tirs *f*, xof *f*. *rgd* tirsonek, bizonek.
funnel 1 kovik *f*, mastêlk *f*. **2** pixêrî *f*, rojing *f*.
fur kurk *m*, eyar *m*.
furious *rgd* **1** çavsor, hêç, bihêrs. **2** dijwar, xurt.
furnace kûre *f*, agirdank *f*.
furnish *lg* raxistin, mobîlye danîn.
furniture mobîlye *f*.
further *rgd,rgp* wê de, bêtir, zêdetir, (bi) ser de jî. **furthermore** *rgp* ji bilî, (bi) ser de jî.
furthest *bnr* **farthest**.
fury ern *f*, harî *f*, hartî *f*, hêç *f*, hêrs *f*.
fuse *lg,lng* helandin; helîn.
fuss qerepere *f*.
futile *rgd* bêkêr, bêber, badîhewa, vala.
future *n,rgd* pêşedem *f*, dahatû *f*, duwaroj *f*, mandî *f*, pêşî *f*; pêşedemî, yê bê, yê duwarojê.

furniture

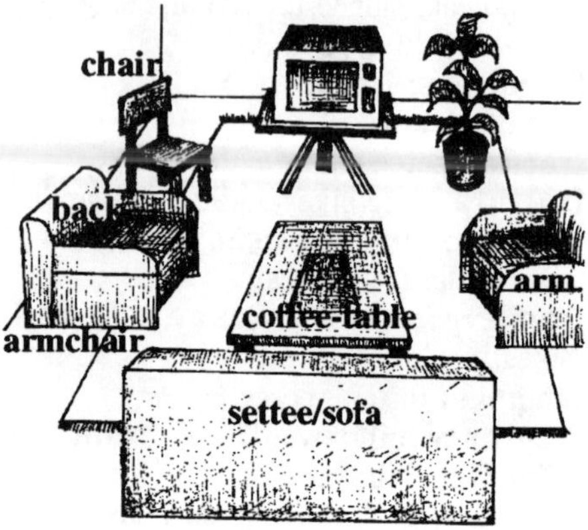

G **g** tîpa heftana elfabeya Îngîlîzî.
gab tewteweţî *f*, peyva vala *f*.
gabble *lg,lng* tewteweţî kirin, zû zû peyivîn. *n* tewteweţî *f*, peyva vala.
gadfly *n* çîz.
gadget pêweng *f* (a biçûk û mekanîk).
gaff *n* metran.
gaiety şahî *f*, kêf *f*, dilgeşî *f*, şênbûnî *f*.
gain *lg,lng* **1** bi dest xistin, pêde/peyda kirin; zêde kirin, dan ser; kar kirin. **2** ~ **weight** qelew bûn. **3** (demjimêr) pêşde bûn. *n* berjewendî *f*, kêr *f*, kar *f*; zêdebûn *f*.
gait meş *f*, meşa hesp, hwd.
gala gala *f*.
galaxy galaksî *f*, koma stêrkan a mezin.
gale bahoz *f*, bayê bihêz *m*.
gall *n* zirav *m*, zaferan. ~ **bladder** kîsikê zirêv *m*, ziravik *m*. ~**stone** kevir (ê di kîsikê zirêv de).
gallant *rgd* **1** metirs, mêrxas, dilawer. **2** xweşik, bedew, balkêş. **3** kibar, nazik.
gall-apple *n* mazî (yê wek sêvan).
gallery galerî *f*, pêşangeh *f*; dalan *f*, dehlîz *f*, tunel *f*.
gallon galon *f*, (Brîtanya) 4,5 lître, (Amerîqa) 3,78 lître.
gallop (hesp, hwd) çarnal, çargav.
gallows sêdar *f*, sêpê *f*.
galore *rgd* pir, boş.
galoshes kaloş *f*, cîzma kurt *f*.
Gambia Gambîya *f*.
gamble *lng,lg* bi qûmarê lîstin. ~**r** *n* qûmarbaz. **gambling** *n* qûmar.
game[1] leyîstik *f*, lîstik *f*.
game[2] *rgd* mêrxas, bêgef, çavsor. ~ **for/to do sth** wêrîn.
gander *n* qaz (ê nêr).
gang çete *f*.
gangling *rgd* bejndirêj; *pxw* wek leglegan.
gangrene *n* kangren.
gangster *n* gangster.
gaol girtîgeh *f*.
gap qelîştek *f*, navbeyn *f*, valahî *f*.
gape *lng* dev ji hev çûn.
garage xerac *f*.
garbage zuhûr *f*, çop *f*.
garden bexçe *m*. ~**er** *n* bexçevan.
garden blossom enzerût *f*.
gargle xerxere *f*. *lg,lng* xerxere kirin.
garlic sîr *f*. **wild** ~ sîrdim *f*.
garment kinc *m*, cil *m*, çek *m*.
garner *lg* kom kirin, civandin.
garnish *lg* ~ **with** (bi taybetî xwarin) pê xemilandin.
garrison garnîzon *f*.
garter bendgore *f*.
gas gaz *f*.
gash birîn (a giran) *f*.
gasify *lg,lng* kirin gaz, gazandin; bûn gaz.
gasoline benzîn *f*.
gastronomy xwarinnasî *f*.
gate dergeh *m*, derwaz *m*.
gather *lng,lg* kom kirin, berhev kirin, civandin; kom bûn, civîn. **Please ~ me some flowers.** Ji kerema xwe ji min re hinek çîçek berhev bike.
gaunt *rgd* zirav, lawaz, qels.
gay[1] *rgd* şa, şên, dilşad, dilgeş.
gay[2] *rgd,n* qûnek, qûnde.
gazelle xezal *f*.
gazette rojname *f*.
geese *pirejimara* ***goose***.
gelatine *n* jelatîn.
geld *lg* xesandin.
gem *n* cewher.
Gemini *strz* Cehzeran *f*.
gendarme *n* cendirme, cindî.
gender *rz* zayend *f*.
gene *n* gen.
general *rgd* gelemper, gişkî, giştî, herkesîn. *n lş* mîrliwa, general. ~**ly** *rgp* bi gelemperî, bi tevayî, bi gişkî. ~ **assembly/meeting** komcivîn *f*.
generate *lg* **1** afirandin. **2** zayîn.
generation **1** zayîn *f*, jidayikbûn *f*, afirîn *f*. **2** nefş *m*, nifş *m*, qirn *m*, bavik *m*, binaçe *m*, dûdeman *m*.
generative *rgd* bergir, biber, berdar.
generous *rgd* camêr, ciwanbext, comerd, çavfireh, destvekirî, nanda. ~**ly** *rgp* comerdane, bi çavfirehî. **generosity** camêrî *f*, ciwanbextî *f*, comerdî *f*, çavfirehî *f*.
genial *rgd* dilgerm, devken, şên, nerm.
genie *n* cin, ecine.
genocide nijadkujî *f*, tevqirkirin *f*, qir *f*, tevkuştin *f*, kokanîn *f*.

gentleman camêr *m*, xweşmêr *m*, beg *m*, efendî *m*. **~ly** *rgd* camêr, efendî.
gently *rgp* bi nermî, hêdîka.
genuflect *lng* çok dan.
genuine *rgd* xwerû, xalis muxlis, rast, rastekîne, ne sexte. **~ly** *rgp* bi rastî.
geo- *xêş* erd, erdîn.
geography erdnigarî *f*. **geographical** *rgd* erdnigar.
geology jeolojî *f*.
geometry geometrî *f*.
geranium derzîlok *f*.
German *n,rgd* Alman, Almanî. **~y** Almanya *f*.
germander marîjok *f*.
get *lg,lng* **1** bi dest xistin, stendin, girtin, wergirtin. **I've got your telegram.** Min têla te stendiye/girtiye. **Where did you ~ this hat?** Te ev şoqa ji ku stend/girt? **2** bûn. **~ wet** şil bûn. **3** dan kirin. **I can't ~ anyone to do this work.** Ez nikarim vî karî bi kesî bidim kirin. **4** têgîhaştin, fahm kirin. **She didn't ~ it.** Ew tênegîhaşt/Wê ew fahm nekir. **5** birin. **I'll ~ you back.** Ez ê te bi şûnde bibim. **I can't ~ in.** Ez nikarim têkevimê. **~ ahead (of sb)** derbas kirin. **~ along with sb** li hev kirin. **~ at sb/sth** gîhaştin. **~ away** revîn. **~ by a)** derbas bûn. **Let me ~ by.** Bihêle ez derbas bibim. **b)** aborîn; jîyîn. **~ sb/sth off** şandin, bi rê kirin. **~ sth off** derxistin. **~ off** peya bûn. **~ on sth** siwar bûn. **~ on with sb** li hev kirin. **~ over sb** ji bîr kirin. **~ up** rabûn (ser xwe).
Ghana Gana *f*.
giant *n* hût, efrîd. **~ess** (jin) hût, hûtejin.
gift **1** diyarî *f*, şabaş *f*, xelat *f*, xilat *f*, bişare *f*. **2** huner *m*, çîk *m*.
gigantic *rgd* hûtasa, wek hûtan, pir mezin, gir.
giggle *lng* kirin tiqetiq, bûn tiqetiqa yekî, bi tiqetiq kenîn. *n* tiqetiq *f*.
gild *lg* avzêr kirin, zêrandin.
gillyflower naznaz *f*, şevbêhn *f*.
gilt avzêr *f*.
gimlet badek *f*.
ginger *n* zencefîl, sîngar.
Gipsy *bnr* **Gypsy**.
girl keç *f*. **girlhood** keçanî *f*. **~ish** *rgd* wek keçan, keçkanî. **~ly** *rgp* wek keçan, keçane.
give *lg,lng* dan. **I gave him a book.** Min pirtûkek da wî. **~ in (to sb)** xwe radest kirin, serî danîn. **~ out** qedîn, neman. **~ over** sekinandin. **~ sth over** dan, radest kirin. **~ up** berdan, dest/dev jê berdan, terikandin. **I wish I could ~ up smoking.** Xwezî min bikarîya cixare biterikanda. **~ up the ghost** mirin.
gizzard *n anat* sîqetore, geprûg.
glad *rgd* dilşa(d), şa, dilgeş, kêfxweş. **~ly** *rgp* bi şadî, bi şahî, bi kêfxweşî. **~ness** şahî *f*, kêfxweşî *f*, dilgeşî *f*.
gladden *lg* şa kirin, kêfxweş kirin, kêfa yekî anîn.
glance awir *f*, nêrîn *f*.
gland *anat* alû *f*, toşpî *f*. **thyroid ~** toşpîya tîroîdê.
glass **1** cam *f*. **2** îskan *f*, piyan *f*, îstekan *f*, piyale *f*, qedeh *f*. **~es** berçavk *f*. **~-cutter** cambir *f*.
glee kêf *f*, kêfxweşî *f*.
glen çem *m*, newal *f* (a teng).
glimmer *lng* çirûskîn, biriqîn.
glimpse *n* **have/catch a ~ of** *lng* çav lê/ pê ketin.
glint biriqîn *f*.
globular *rgd* gilover, girover.
glossary ferhengok *f*.
glove lepik *m*.
glue *lg* pê zeliqandin. *n* zemq *f*, şîrêz *f*.
gluteal fold *n anat* qurmiçika qûnê *f*.
glutton *n* xure. **~ous** *rgd* xure.
glycerin glîserîn *f*.
gnash *lg* (diran) qîç kirin, çirikandin, qiriçandin.
gnat *n* pêşûle.
gnaw *lg,lng* kotin.
go *lng* çûn, herîn. **~ after** bera pê dan, dan pê. **~ ahead** pêşde ketin; dom kirin, domîn. **~ along** dom kirin, domîn. **~ along with sb** pê re çûn, li hev kirin. **~ back** vegerîn. **~ bad/off** qusîn, xerabûn. **~ by** derbas bûn. **~ forward** pêşde çûn/ ketin. **~into** **1** ketin (tiştekî). **2** xurcilandin. **~ out** **1** derketin. **2** vemirîn. **3** kevn bûn. **~ over sth** raçav kirin.
goad mesas *f*, kaleg *f*.

goal armanc *f*, miram *f*; (spor) gol *f*.
goat bizin *f*. **he-~/billy-~** *n* nêrî.
goatsbeard gêzbelok *f*.
goatsucker *n* helo.
go-between *n* navbeynvan.
God Xweda *m*, Xwedê *m*, Yezdan *m*. **~less** *rgd* bêxweda.
Goddess Jinxweda *f*.
god-fearing *rgd* oldar, dîndar.
godly *rgd* oldar, dîndar. **godliness** oldarî *f*, dîndarî *f*.
gold zêr *m*. **~en** *rgd* zêrîn. **~smith** *n* zêrker, zêrfiroş.
golf çopan *f*.
good *rgd* baş, çê, çak, qenc, rind. **G~ day**! Roj baş! **~ for nothing** ji tiştekî re nabe, bêkêr, bêxêr. **G~ for you!** Aferin! Bijî!
goodbye Bi xatirê te, Oxir be.
good-hearted *rgd* xêrxwaz.
goodness başî *f*, çêyî *f*, qencî *f*, xêr *f*.
good news caba xêrê *f*, mizgîn *f*.
good-tempered *rgd* xûxweş.
goodwill xweşxwazî *f*.
good wish xweşxwazî *f*.
goods mal *m*.
goose *n* qaz. **get ~-flesh** *lng* mû(yên yekî) pîj bûn.
Gordian *rgd* **~ knot** girêkor *f*.
gory *rgd* bi xwîn.
gossip paşgotinî *f*, peyvgerî *f*. *lng* paşgotinî kirin, peyv gerandin, peyvgerî kirin.
government hikûmet *f*.
grab *lng,lg* dadan, dest avêtin, bi zorê girtin/stendin. **The dog ~bed the bone.** Kûçik dada hestî.
grace 1 alûs *f*, rewneq *f*, nezaket *f*. **2** başî *f*, qencî *f*, xweşxwazî *f*, dilpakî *f*. **3** kerem *f*, rehmet *f*. **4** dua (berî an piştî xwarinê) *f*.
graceful *rgd* alûs, zarîf, nazik.
graceless *rgd* nexweş, bed, bêar.
gradually *rgp* kêlî (bi) kêlî, bere bere, gav bi gav, her diçe, hêdî hêdî.
graduate *n* yê ku xwendegeh an qursek qedandîye, xwedîdîplome, mezûn. *lg,lng* **1** (xwendegeh) qedandin, (dîplome) dan/stendin. **2** (derece derece) kirin/guhertin.
graft patrome *f*, lûl *f*. *lg,lng* patrome kirin, lûl kirin, tamandin.
grain 1 heb *f*. **2** tov *m*, toxim *m*. **3** zad *m*. **~s of rice** hebên birincê. **~ cellar** embar *f*. **~y** *rgd* hebî.
grammar rêziman *f*.
grammatical *rgd* rêzimanî, yê rêzimanê. **a ~ error** xeletîyeke rêzimanî.
granary embar *f*.
grand[1] *rgd* mezin; serek, sereke; birewş, bedew, nuwaze.
grand-[2] *xêş* **~child** nevî. **~father** bapîr, kalik. **~mother** pîrik, dapîr.
granite *n* granît.
grant *lg* **1** bexşîn, bexşîşandin, dan. **2** beliyandin, erê kirin. *n* bêş *f*, berarî *f*, şabaş *f*.
granular *rgd* hebî.
granulate *lg,lng* hebî kirin, hebî bûn.
granule hebik *f*.
grape tirî *m*. **~ phylloxera** çemçûr *f*. **~-vine** mêw *f*.
grapefruit sindî *f*, zibal *f*.
grapple *lng* (hişk) pê girtin. **~ together** (hişk) bi hev girtin.
grasp *lg,lng* pê girtin, têgihîştin. **~ sb's hand** bi destê yekî girtin.
grass 1 gîha *f*, giya *f*. **2** çêregeh *f*. **~y** *rgd* bi giya, giyadar.
grasshoper *n* kulî.
grate *lg,lng* rewêjek kirin. **~r** rewêjek *f*.
grateful *rgd* sipasdar.
gratify *lg* kêfxweş kirin, xoşnûd kirin, têr kirin.
grating cax *f*, derabe *f*.
gratis *rgd* mift, badilhewa, belaş.
gratitude sipasdarî *f*, şêkir *f*, şêkirî *f*.
gratuity bexşîş *f*, bêş *f*.
grave[1] *rgd* giran, girîng.
grave[2] gor *f*, mezel *m*, tirb *f*. **~-clothes** kefen *f*. **~yard** goristan *f*, mezelgeh *f*.
gravel xîçik *m*, zuxur *m*, xireber *m*.
gravity 1 kêş *f*, erdkêş *f*. **2** giranî *f*. **3** girîngî *f*.
gravy avgoşt *f*.
gray *bnr* **grey**.
graze *lng,lg* çêrîn, çêrandin. **grazing** çêre. **grazing-land** çêregeh *f*. **grazier** *n* şivan, gavan.
grease rûn *m*, dûv *m*. *lg* rûn kirin.
great *rgd* **1** mezin, gir. **2** girîng. **3** pir,

zêde, bilind. **4** jîr, jêhatî.
Great Britain Brîtanya Mezin *f.*
greatcoat qapût *m.*
Greece Yewnanîstan *f*, Yûnanîstan *f.*
greed têrnebûn *f*, çavnebarî *f*, çavbirçîtî *f*, çilektî *f.* **~y** *rgd* çavbirçî, çavnebar, çil, çilek, têrnebok, nefsek.
Greek *n* Grek, Yewnan. *rgd* Yewnanî
green *rgd* **1** hêşîn, kesk, sewz. **2** ter, teze. **3** negîhaştî, naşî, nezan. *n* **1** (reng) kesk *m*, sewz *m*, hêşîn *m*. **2** mêrg *f*, çîmen *f.* **~s** hêşînayî *m*, sewze *m.* **~ness** hêşînayî *f*, keskayî *f.* **~-grocer** *n* sewzefiroş. **~ onion** pîvaza şîn *f.*
greenery hêşînayî *f*, şênayî *f.*
greenish *rgd* keske.
greet *lg* **~ with** silab dan, silab (lê) kirin, silab dan hev. **~ing** silab *f*, silav *f.*
Grenada Grenada *f.*
grenade narincok *f*, qumbele *f.*
grey,gray *rgd,n* boz *m*, cûn *m*, bor *m.*
greybeard rîsipî *m.*
greyhound *n* tajî.
grief ahên *f*, azar *f*, xem *f*, derd *f*, jan *f.*
grieve *lg,lng* xem/jan/kul dan, şîn girtin, reş girêdan.
grill *lg,lng* kizirandin; kizirîn.
grim *rgd* hov, bêdad, zalim, xedar.
grind *lg,lng* **1** hêran, hêrandin, hatin hêrandin. **2** seqandin, sûtin, tûj kirin.
grindstone hesan *m.*
grip *lg,lng* pê girtin, baş/hişk pê girtin.
grippe bapêş *f*, sekem *f*, bahor *f.*
gristle kirtik *f.*
groan *lng,lg* nalîn, kalîn. *n* nalenal *f.*
grocer *n* beqal. **~y** beqalî *f.*
groggy *rgd* **1** teyş, temar. **2** sisto misto, sist.
groin *anat* berran *f.*
groom *n* **1** meyter, kesê ku li hespan dinêre. **2** zava *m.*
groove qelîştek *f*, abor *f.*
gross[1] *n* **1** 144 heb. **2** giş *f*, hemû *f*, kom *f.*
gross[2] *rgd* **1** hov, zirt. **2** brut.
grotto şikeft *f*, kov *f.*
grouch *lng* gazin kirin.
ground erd, ax *f*; qad *f*, kolan *f*, rastik *f*; bingeh *f*, sedem *f.* **gain ~** bi pêş ve ketin, pêşde çûn. **give/lose ~** bi şûn ve ketin, paşde man. **fall to the ~** ketin erdê. **above ~** jîndar, dijî. **below ~** (mirî) veşartî, di bin erdê de. **get off the ~** (balafir) bi hewa ketin. **~ floor** qatê erdîn *m.*
groundless *rgd* bêbingeh, bêsedem.
groundnut zirfisteq *f*, pişte *f.*
groundsel giyazerîle *f*, giyabesk *f.*
groundwork bingeh *f*, binçîne *f*, binaxe *f.*
group kom *f.* *lg,lng* kom çêkirin, kirin koman; kom bûn, civîn.
grove dahl *f*, rêl *f.*
grow *lg,lng* gîhan, gîhaştin, şîn hatin, mezin/dirêj bûn, mezin/dirêj kirin, kemilîn, bûn. **How quickly you are ~ing?** Tu çiqas zû mezin dibî? **She has decided to let her hair ~.** Wê biryar da ku porê xwe dirêj bike (berde). **When the boys ~ up** Gava ku kur gîhan/mezin bûn. **~ older** mezin/kal bûn, **~ smaller** çûk bûn.
growl *lg,lng* kirin xirexir, kirin giregir, kirin birebir.
grown up *rgd* gihîştî, gîhaştî, mezin, kamil.
growth mezinbûn *f*, gihîştin *f*, pêşketin *f*, zêdebûn *f.*
grub *lg,lng* (erd, ax) kolan, vedan, tevdan
grudge gir *m*, kîn *f*, dexes *f.* *lg* gir girtin, bêdil dan, (jê re) zêde dîtin, dexesîn.
grumble *lg,lng* kirin pitpit, gazin kirin. *n* pitpit, gazin. **~r** *n* pitpitok.
grumpy *rgd* bîhnteng, xulqteng.
guarantee garantî *f*, kefîl *f*, kefalet *f.*
guard *n* pasvan, parêzger, nobedar, nahtor. *lg,lng* parastin. **~ against disease** ji nexweşîyê parastin. **~-house** qereqola leşkerî, cihê nobedarîyê. **~-rail** derabe *m*, cax *f.*
Guatemala Gwatemala *f.*
guer(r)illa *n* pêşmerge, gerîla.
guess *lg,lng* **~ at** pê derxistin, texmîn kirin, zen kirin, gotin qey. **You've ~ed right.** Te pê derxist. **You've ~ed wrong.** Te pê dernexist. *n* zen *f*, texmîn *f.*
guest *n* mêvan, nêvan, vexwendî. **~house** mêvanxane *f.* **~room** oda mêvanan (a razanê) *f.*
guffaw *lng* bi pîrqînî kenîn, kirin pîrqepîrq.
guidance rêberî *f.*
guide *n* rêber, rênas. *lg* rêberî kirin, rê nîşan dan, birin derekê.

guile fen *f*, dek *f*, fenûfît.
guileless *rgd* saf
guillotine gîyotîn *f*.
guilt sûc *m*, tawan *m*. **~y** *rgd* tawandar, gunehbar, sûcdar.
Guinea Gîne *f*.
guitar gîtar *f*.
gulf delav *f*, xelîç *f*.
gull *lg* xapandin.
gullet *anat* kirkirok *f*, sorsorik *f*.
gullible *rgd* sexik, xapok, xam. **gullibility** sexiktî *f*.
gulp *lg,lng* ~ **(down)** daqurtandin, dabeliyandin. *n* qurt *f*, daqurtandin *f*.
gum[1] *anat* pidî *m*, pid *m*.
gum[2] şîrêz, zemq. *lg* şîrêz/zemq kirin. **chewing** ~ benîşt *m*. **~my** *rgd* benîştî. ~ **ammoniac** hengvan *f*. ~ **plant** şîrşîrok *f*. ~ **tragacanth** gûnî *f*.
gumbo *n* bamî, bamye.
gun çek *m* (ê ku guleyan diavêje; tiving, şeşar, top, hwd).
gunner *n* topvan, topçî.
gunpowder barûd *f*, têz *f*.
gurgle biqbiq *f* (a avê).
gush *lng* ~ **out** pijiqîn, beliqîn.
gust babîsok *f*, babelîsk *f*.
gut *anat* rêvî *m*, rûvî *m*, hûr *m*.
gutter şurik *f*.
guttural *n,rgd* yê qirikê, yê gewrîyê.
guy zilam *m*.
gymnastics jîmnastîk *f*.
gyp *lg* xapandin, fen lê kirin.
gypsum cils *f*.
Gypsy *n* Mitrib, Poşe, Qereçî, Aşiq.
gyrate *lng* zîvirîn, zîz bûn.

H **h** tîpa heştan a elfabeya Îngîlîzî.
habit *n* **1** adet *f*, banek *f*, hîlet *f*. **2** cir, xû *f*. **~-forming** *rgd* (yê ku) meriv ditamijîne, dibe adet.
habitable *rgd* (xanî, hwd) lê tê rûniştin. **This house is no longer ~.** Li vî xanî êdî nayê rûniştin.
habitat *n* cihê taybetî yê bûn an mezinbûna tiştekî.
habitation mal *f*, xanî *m*, war *m*; rûniştin *f*, jîyîn *f*, nîşîn *f*.
habitual *rgd* adetî, timî, yê hertim.
hack *lg,lng* (goşt) hûrhûrî kirin, qesifandin.
hackneyed *rgd* adî, rojane, adetî.
hadj hec *f*.
haft (kêr) destik *m*, (şûr) qevd *m*.
hag cadûkar *f*.
haggard *rgd* betilî, westiyayî, bêxew, jihalketî.
haggle *lng* **~ (with sb) (about/over sth)** bazar kirin, ketin qirika yekî, pev çûn.
hail[1] zîpik *f*. *lng,lg* **1** zîpik barîn. **It's ~ing.** Zîpik dibare. **2 ~ (sth) down (on sb)** (homik, çêr, hwd) lê barandin. **~stone** zîpik *f*, (heb).
hail[2] silab *f*. *lg,lng* **1** (bi dengê hêla/bilind) bang kirin, silab kirin. **Let's ~ a taxi.** Ka em bangî teqsîyekê bikin. **2 ~ from** jê hatin. **Where does the ship ~ from?** Keştî ji ku tê?.
hair por *m*, mû *m*, pirç *f*, pûrt *f*. **have one's ~ cut** porê xwe jê kirin/kur kirin. **~brush** firça por *f*. **~cut** *n* (por) kurkirin *f*, jêkirin *f*. **~do** *bnr* **haircut**. **~dresser** *n* berber, sertaş. **~pin** *n* berbisk, toqa por. **~-raising** *rgd* yê ku mûyên meriv gij dike, tirsehêz, xofdar. **~less** *rgd* bêpor, gurî. **~y** *rgd* bi mû, bi pirç, bi pûrt.
Haiti Haîtî *f*.
hale *rgd* xurt, li ser xwe, zexm.
half *n,rgd,rgp* nêvî *m*, nîv *m*, felqe *m*. **(The) ~ of six is three.** Nîvê şeş(an) sisê ye. **in ~** *rgp* nêvî nêvî. **~-blood** dureh, melez. **~-breed** dureh, melez. **~-completed** nîvçe, nîvçêkirî. **~-hearted** bêdil. **~ a dozen** şeş. **~ an hour** nîv seet. **~-length** nîvbejn, ji navê berjor. **~-moon** pazne *f*. **~-way** nîvê rê, nîvçe. **~-witted** kêmheş, bale.
hall eywan *f*, hêwan *f*, salon *f*, hol *f*, dîwan *f*.
hallow *lg* pîroz kirin.
Halloween *n* şeva 31-ê Cotmehê ya ku gora hin bawerîyan mirî radibin.
hallucinate *lng* xewn dîtin, xeyal dîtin, hatin pêş çavan.
halo xêlî *f*, zerzenga ronahîyê *f*.
halt[1] *lg,lng* sekinandin, rawestandin; rawestan, sekinîn. *n* rawestan *f*, sekin *f*, sekingeh *f*. **call a ~** sekinandin, rawestandin. **come to a ~** sekinîn, rawestan.
halt[2] *lng* dudil bûn, di erênayê de man.
halter hefsar *m*.
halve *lg* nêvî kirin, felqe kirin, nîvçe kirin. **H~ the apple.** Sêvê nêvî bike.
ham ran *f*, pîl *m*, hêt *f* (a beraz).
hamburger hambûrger *f*.
hamlet *n* gundik, koma xanîyan.
hammer çakûç *m*, kerane *m*, merdan *f*. *lg,lng* çakûç kirin, çakûç lê xistin.
hammock hêlkan *f*, hêlekan *f*.
hamper[1] selik *f*, zembil *f*.
hamper[2] *lg* ber lê girtin, nehiştin, pêşî girtin.
hand[1] *lg* dirêjî yekî kirin, dan destê yekî.
hand[2] dest *m*. **at ~** nêzîk, derdest. **at sb's ~s** ji alî yekî, ji destên yekî. **serve/wait on sb's ~ and foot** berdevkê yekî bûn, gişa daxwazê yekî anîn cih. **by ~** bi dest(an). **pass from ~ to ~** dan destê hev. **fight ~ to ~** ji nêzîk de şer kirin. **H~s off!** Dest pê neke! **H~s up!** Destên xwe rake! **on ~** pêde, peyda, derdest. **shake ~s with sb** dest dan hev. **at first ~** ji destê pêşîn, ji cih. **have a ~ in (sth)** beşdar bûn. **the hour/minute/second ~ of a watch** tîrika seet/deqe/sanîyê. **a good/bad ~** (kaxizên lîskê) destekî baş/xerab.

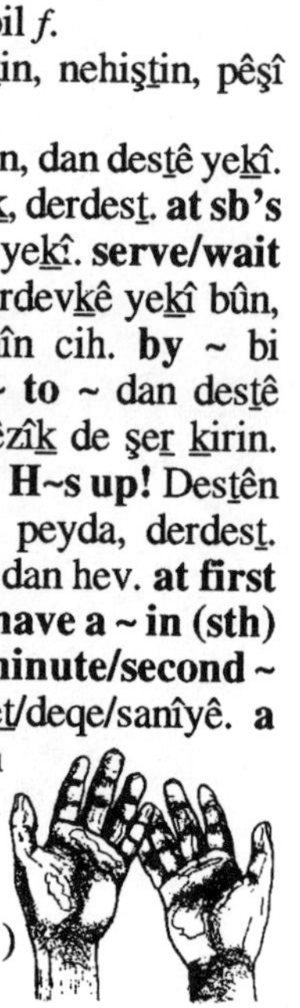

handbag çentedest *m*.
handbook destpirtûk *f*.
handbrake (seyare) destrawestek *f*.
handcart taxurk *f*.
handcuffs kelemçe *f*, kelepçe *f*.
handful mist *f*, kulm *f*.
hand-grenade narincok *f*, qumbele *f*,

bomba destan *f*.
handicap neqeb *f*, asteng *f*. **~ped** *rgd* seqet, elîl, dexel.
handicraft destkar *m*.
handkerchief destmal *f*.
handle[1] destik *m*, çembil *m*, qebd *m*, qevd *m*, qulp *f*.
handle[2] *lg* dest pê kirin, dest dan, pê şitexilîn; kirin destê xwe, (bi dest) xebitandin.
handmade *rgd* bi destan çêbûyî, destçêkir.
handrail cax *f*, derabe *f* (yên kêleka dirêncekan).
handsaw birek *f*.
handsome *rgd* çeleng, bedew, qeşeng, ciwan, şepal.
hand-work karê dest *m*.
handwriting destxet *f*, destnivîs *f*.
handy *rgd* **1** jîr, jêhatî. **2** bikêr, bifêde. **3** derdest, pêde, li nêzîk.
hang *lg,lng* (bi) dar ve kirin, darde kirin, aliqandin, daliqandin.
hanging darvekirin *f*, daliqandin *f*; tiştê daliqî/darvekirî.
hank (ta, rîs) gulok *f*, tunge *f*.
hanker *lng* xwastin, dil bijîn, bêrî kirin.
haphazard *rgd,rgp* (bi) korfelaqî, lêhatî, bi lêhatinî.
happen *lng* ~ **(to)** (bi yekî re) bihurîn, hatin serê yekî, peyda bûn, (lê) qewimîn, bûn. **If anything ~s to him, let me know.** Ku tiştek hat serê wî min agah bike. **What ~ed next?** Dûre çi bû? **What ~ed?** Çi qewimî/Çer bû? ~ **on/ upon** lê rast hatin. **I ~ed on it.** Ez lê rast hatim. **~ing** *n* qewimîn *f*, rûdan *f*, bûyer *f*.
happenstance rasthatinî *f*.
happiness şadî *f*, bextewarî *f*, bextiyarî *f*.
happy *rgd* şa(d), dilşa(d), dilgeş, bextewar, bextiyar. **~-go-lucky** *rgd* dilkoçer, bêxem. **happily** *rgp* bi şadî, bi şahî, bi dilgeşî.
harass *lg* ezibandin, aciz kirin, bêzar kirin.
harbour **1** bender *f*, derbend *f*. **2** stargeh *f*, penah *f*.
hard[1] *rgd* **1** hişk. **2** dijwar, zor, xurt. **3** tahl, no, tûj. **4** xurt, têkûz. **~-hearted** *rgd* dilhişk. ~ **palate** *anat* ezmanê dev *m*, kama dev *m*, panîka dev *f*.
hard[2] *rgp* bi dijwarî, bi zorê, hişk, hişka, pir. **~working** *rgd* xebathez, jîr.
harden *lg,lng* hişk kirin, bihêz kirin, xurt kirin; hişk bûn, bihêz bûn, xurt bûn.
hardihood mêrxasî *f*, dilawerî *f*, metirsî *f*.
hardly *rgp* bi zor(ê), zorbela, bi dijwarî, pir kêm (car/kes).
hardship dijwarî *f*, tengasî *f*, tengayî *f*.
hardware *n* pêweng an çekên madenî.
hardy *rgd* xurt, qewîn; mêrxas, metirs.
hare *n* kerguh, kîroşk.
harebell gezîze *f*, sinbêlok *f*.
hare-brained *rgd* bêheş, kêmaqil, heşsivik.
harlot tog *f*.
harm xisar *f*, zirar *f*, êş *f*. *lg* xisar dan, xerabî (pê) kirin, êşandin.
harmonica devpifik *f*.
harmonious *rgd* ahengdar, lihevkir; dengxweş, sewtxweş. **~ly** *rgp* bi aheng.
harmonize *lg,lng* ahengdar kirin, ahengdar bûn, li hev kirin.
harmony aheng *f*, lihevkirin *f*. **be in ~ (with)** li hev kirin, ahengdar bûn.
harness *n* bûsat. *lg* bûsat kirin
harpoon *n* metran.
harrow mahlû *f*. *lg* mahlû kirin.
harsh *rgd* tund, no, hişk, hov.
harvester **1** berhilanîn *f*, bênder *f*. **2** ber *m*, encam *f*. *lg* ber hilanîn, çinîn. **~er** *n* makîna çinînê *f*, pale, palevan, kêlindîkêş. **combine-~er** makîna çinîn û gêrê *f*.
hash *lg* (goşt) hûr kirin.
hashish beng *f*.
haste lez *f*, ecele *f*. **Make ~!** Bilezîne!
hasten *lg,lng* lezandin, lez kirin, ecele kirin, bilez kirin, zûtir kirin.
hasty *rgd* ecele, zû, zû zû, bilez, bêsebr. **hastily** *rgp* bi lez, zû zû, bi ecele.
hat şoqe *m*.
hatchet bivirê biçûk *m*.
hate *lg* nefirîn, nefret kirin, kerihandin.
hatred kîn *f*, xerez *f*, nefret *f*.
haunch *anat* qorik *f*.
haunt *lg* (cin) pirîcar/tim hatin; tim hatin bîrê. **~ed** *rgd* cindar. **haunting** *rgd* bîrvema, bîrdar, nayê ji bîr kirin.
have *lg,lal; kesê sêyem:* ***has****; dema borî:* ***had*** *(gişa kesan)* **1** hebûn. **He has (got) a pen.** Wî pênûsek heye/Pênûseke wî heye. ~

to/has to (dema borî: ***had to***) divêtin, mecbûr bûn, pêwîst bûn. **I ~ to go to the school.** (Min) divê ez biçim xwendegehê. **He has to work.** (Wî) divê ew bixebite. **He had to work.** (Wî) divîya ew bixebitîya. **2 have sth done** dan kirin. **I had the letter written.** Min name da nivîsîn.

haven bender *f*, penah *f*, sitar *f*, parêzgeh *f*.

havoc xesar (a mezin/giran) *f*.

haw guhîj *f*.

hawfinch *n* keskankiroj.

hawk[1] *n* başûke.

hawk[2] *lg* **~ (about/around)** li kuçan an li malan tişt firotin, delaltî kirin.

hawthorn darguhîj *f*.

hay ka *f*, qirş *m*. **~-bale** rêsî *m*. **~cock** koma kayê *f*. **~fork** melhêb *f*, melêv *f*. **~loft/mow** kadîn *f*.

hazard xetere *f*, talûke *f*. *lg* kirin xeterê; wêrîn.

hazardous *rgd* xeternak.

haze mij *m*.

hazel darbindeq *f*.

hazelnut bindeq *f*.

hazy *rgd* bi mij, bi xumam.

he[1] *cn* wî, ew.

he[2] *xêş* nêr.

head[1] **1** *anat* ser *m*, serî *m*. **They cut his ~ off.** Wan serê wî jê kir. **2** serek, serok, sereta. **~ache** *n* serêş. **~ down** bernexûn, serberjêr, devnexûn.

head[2] *lg,lng* **1** serî kişandin, serektî/seroktî kirin. **2** serî lê xistin (gog, hwd). **3** ber/pêşî lê girtin. **4** ber pê çûn. **~ south** ber bi başûr (ve) çûn.

headed *rgd* bi serî, -serî. **three-~** sêserî.

heading sernivîs *f*.

headland *eng* çivoke *f*, poz *m*.

headless *rgd* bêserî.

headlight (seyare, hwd) lampa pêşîyê *f*.

headline sernivîs *f*, sernûçe *f*.

headlong *rgp,rgd* serserî; (bi) ser serî de, berê serî.

headmost *rgd* di serî de, li pêşîyê, pêşîn.

headphone berguhk *f*.

headquarters meqer *f*, qerargeh *f*.

headship serektî *f*, seroktî *f*.

headstone *n* kêlik.

headstrong *rgd* riko, rikdar, serhişk.

headway pêşketin *f*. **make ~** pêşve ketin.

heal *lg,lng* (birîn, hwd) qenc bûn, baş bûn; baş kirin, derman kirin.

health bijûnî *f*, noş *f*, xweşî *f*, saman *f*, saxî *f*, sihet *f*, tendurustî *f*. **~y** *rgd* bijûn, xweş, baş. **~iness** *n* bijûnî *f*, xweşî *f*, başî *f*.

heap kom *f*, cêz *f*, lod *f*. **~ (up)** *lg* cêz kirin, kom kirin, lod kirin.

hear *lg,lng* **1** bihîstin, deng hatin/çûn (guh), guncandin, (lê) guhdarî kirin. **Deaf people cannot ~.** Mirovên ker nikanin bibihîzin. **Have you heard it?** Deng hat te? Te bihîst? **2** (dadgeh) danêr kirin.

hearer *n* guhdar.

hearing bihîstin *f*. **hard of ~** guhgiran. **~-aid** bihîstok *f*.

hearken *lng* (lê) guhdarî kirin, guh dan.

hearsay gotûgot *f*, gotin *f*.

heart 1 *anat* dil *m*. **When a man's ~ stops beating, he dies.** Gava ku dilê mirovekî disekine, ew dimire. **get/learn/know sth by ~** ji ber kirin, ji ber zanîn. **~ attack** dilwestan *f*. **2** nîvek *f*, navik *f*, hundir *m*.

heartache êşa dil *f*, xem *f*, kul *f*.

heartbeat tepîna dil *f*.

heartbreak *n* kul an êşa giran, êşa dil *f*, dilêş *f*.

heart-disease nexweşîya dil *f*.

hearted *rgd* bi dil, -dil, dil-. **hard-~** dilhişk.

heart-failure dilrawestan *f*.

heartfelt *rgd* ji dil.

hearth agirdank *f*.

heartily *rgp* ji dil; pir.

heartsick *rgd* xemgîn.

hearty *rgd* **1** (his) ji dil. **give one's ~ support** ji dil piştgirî kirin, piştgirîyeke ji dil dan. **2** xurt, bijûn. **3** mezin, gir.

heat *lng,lg* **~ (up)** germ kirin sincirandin; germ bûn, sincirîn. *n* germ *f*, germayî *f*, tîn *f*. **Cold is the absence of ~.** Serma tunebûna ger-mê ye. **~er** germker *f*.

heath beyar *m*; pîjdanok *f*.

heathen *n* pûtperest, kafir, hov.

heather *n* cureyekî pîjdanokê.

heave *lg,lng* **1** bilind kirin, rakirin. **2** avêtin. **3** kişandin. **4** gotin.

heaven 1 bihişt *f*. **go to ~** çûn bihiştê. **2** Xwedê. **~ly** *rgd* wek bihiştê, yê bihiştê; xwedayî, pir xweşik/bedew.

heavy *rgd* giran. **~-handed** *rgd* destgiran. **~-hearted** *rgd* xemgîn. **heaviness** giranî *f.*
Hebrew *n* Îbranî; Cihûd.
hectare hektar *f*, 1000 metreqare.
hecto- *xêş* sed. **~-gram(me)** sed gram.
hedera lavlafk *f.*
hedge ben *f*, neqeb *f.*
hedgehog *n* jîjo, jûjî.
hedonism kêfperestî *f.* **hedonist** *n* kêfperest.
heed *lg* bala xwe dan, guhê xwe dan.
heel *anat* panî *f*, kabik *f* (a solan). **~bone** hestîyê panîyê *m.*
hegemony hegemonya *f.*
Hegira, Hecira Hîcret *f.*
heifer nogin *f.*
height 1 bilindahî *f*, berzî *f*; bejn *f*, bejn û bal *f*, qam *f.* **the ~ of a mountain** bilindahîya çiyayekî. **What is your ~?** Qama/ bejna te çiqas e? **2** bilindecî *m*, kop *m.*
heighten *lg,lng* bilind kirin, zêde kirin; bilind bûn, zêde bûn.
heir *n* pêma, mîratxwer.
heiress *n* (jin) mîratxwer.
helicopter helîqopter *f.*
heliport heliqoptergeh *f.*
helium helyûm *f.*
helix 1 gerînok *f*, pêçoke *f.* **2** *anat* serçimika guh *f.*
hell dojeh *f.* **~cat** zebenî *m.*
hello *bn* Merheba! (telefon) Elo!
helmet kumzirx *m.*
help[1] *lng,lg* alî kirin, alîkarî kirin/dan, dest dan. **He has to ~ his father.** Divê ew alî bavê xwe bike. **Will you ~ me?** Tu yê alîkarîya min bikî? **H~ yourself.** Bi kêfa xwe bistîne/bike. Tu bi kêfa xwe yî.
help[2] alîkarî *f*, arîkarî *f*, yarmetî *f*, hawar *f.* **Thank you for your ~.** Ji bo alîkariya te sipas dikim. **~ful** *rgd* alîkar. **~less** *rgd* bêçare, bêgav, bêhavil, neçar.
helper *n* alîkar, destgir.
helve destik *m.*
hemisphere nîvkad *f.*
hemorrhage xwînbûn *f*, xûnbûn *f.*
hemorrhoids bawesîr *f.*
hemp kindir *f.*
hen mirîşk *f*; teyra mê *f.* **~-pecked** *rgd* serjinik.
hence *rgp* ji vir, ji vira, ji vir de, ji niha pê ve. **~forth/forward** *rgp* ji vir pê ve, êdî, îdî.
henna hine *f.*
heptagon heftqirax *f.*
her wê, ew; a/ê/ên wê. **I can see ~.** Ez karim wê bibînim. **I saw ~.** Min ew dît. **H~ father is a doctor.** Bavê wê bijîşk e.
herb giya *f*, gîha *f.*
herbage hêşînahî *f*, giya *f.*
herbivore *n* giyaxwer. **herbivorous** *rgd* giyaxwer.
herd garan *f*, naxir *f.* **~sman** *n* gavan.
here *rgp* vir, vira, li vir, li vira, li vê derê. **Come ~.** Were vir(a). **I live ~.** Ez li vir(a) dijîm.
hereabouts *rgp* li van deran.
hereafter axret *f.* *rgp* pêşde, dûre.
hereby *rgp* ji ber vê yekê.
herein *rgp* di vê de.
hereof *rgp* di derheqê vê de, yê vê.
heretofore *rgp* heta niha, berê.
here-upon *rgp* li ser vê yekê.
herewith *rgp* bi vêya re, pêre.
heritage pêmahî *f.*
hernia *n* fetiq, gunek.
hero *n* gernas, leheng.
heroic *rgd* gernas, leheng, egîd, cengawer.
heroin eroîn *f.*
heroine *n* (jin) leheng, gernas.
heroism gernasî *f*, lehengî *f*, mêrxasî *f.*
hers a/ê/ên wê. **Is that his or ~?** Ew a wî yan a wê ye?
herself (jibo kesa sêyem a mê) xwe, bi xwe. **She hurt ~.** Wê xwe êşand. **(all) by ~** bixwe, bi tenê. **She ~ told me.** Wê bi xwe ji min re got. **Can she do it by ~?** Ew bi tenê kare bike?
hesitant *rgd* bêbiryar, dudil, di erênayê de. **~ly** bi dudilî, di erênayê de. **hesitance,hesitancy** dudilî *f*, bêbiryarî *f*, erêna *f.*
hesitate *lng* dudil bûn, dudilî kirin, bêbiryar man. **hesitation** dudilî *f.*
hew *lg,lng* jê kirin, birîn, hûr kirin, bi vî awayî dirûv dan tiştekî.
hexagon şeşqirax *f.* **~al** *rgd* yê şeşqirax, şeşqirax.
hibernate *lng* (heywan) ketin xewa zivistanê.
hiccup, hiccough niqrîsk *f*, xîsk *f*, îsk *f.*
hidden *rgd* veşartî, nehênî, nependî, nihan,

nihên.

hide[1] *lg,lng* veşartin, xwe veşartin, binerd kirin, ji holê rakirin. **Quick, ~ yourself!** Zû, xwe veşêre! **~-and-seek** veşartok *f.*

hide[2] **1** eyar *m*, çerm *m*. **2** çermê mirov, çerm *m*.

hierarchy hîyerarşî *f.*

high *rgd* **1** bilind, berz. **How ~ is Mt Everest?** Çiyayê Ewerestê çiqas bilind e? **2** girîng, sereke. **3** (deng) bilind, hêla. **~ time** derengmayî. **It's high time to go.** Em dereng man/Divê em tavilê biçin/ Dema çûyinê ye.

highly *rgp* pir, zêde, gelekî zêde.

high-minded *rgd* raserîn.

high-rise *rgd* (avahî) bilind.

hijack *lg* (balafir, hwd) revandin, tazî kirin, rê birîn.

hike meşa dirêj *f*, ger *f.*

hill gir *m.*

hillock girik *m*, kepez *m.*

hillside *n* quntar *f*, erwaz.

hilltop *n* bandev, sergir.

hilt (kêr) destik *m*, (şûr) qebd *m.*

him wî, ew. **I saw ~ yesterday.** Min duh ew dît. **I will see ~.** Ez ê wî bibînim.

himself (jibo kesê sêyem ê nêr) xwe, bi xwe. **He ~ says so.** Ew bi xwe wanî dibêje. **(all) by ~** bi tenê, bi xwe.

hind *gd* paşîn, yê paşîyê. **the ~ legs of a horse** lingên hespekî yên paşîyê.

hinder *lg* nehiştin, pêşî(ya yekî/tiştekî) birîn, rê ne dan.

hindmost *rgd* herî paşîn, dawîn.

hindsight *n* dûre têgihîştin, dereng fahm kirin.

hinge encame *f*, rizinde *f*, menteşe *f.*

hint tuwanc *f*, çewlik *f.*

hip *anat* qorik *f*, kemax *f*, girde *f*, onc *f.* **~ bone** hestîyê kemaxê *m*, hestîyê qorikê *m.*

hip-pocket bêrîka paşîyê *f.*

hire *lg* kirê kirin. *n* kirê *f.*

his *rgd,cn* a/ê/ên wî. **~ book** pirtûka wî. **The book is ~.** Pirtûk a wî ye.

hiss *lg,lng* fîkîn, fîkandin, wek maran deng derxistin.

history dîrok *f*, mêjû *f*, tarîx *f.* **historical** *rgd* dîrokî. **historian** *n* dîrokzan.

hit[1] *lg,lng* **1** lê ketin, lê xistin, lêdan, kutan, hingaftin, nuhtin. **He ~ his forehead against a stone when he fell.** Gava ku ket (xwar), wî enîya xwe li kevirekî xist. **~ sb on the head** li serê yekî xistin. **~ sb hard** êşandin, xisar dan. **2** gîhan, gihîştin, dîtin. **3 ~ out (against)** êrîş kirin, êrîşeke xurt birin ser.

hit[2] derb *f*, lêxistin *f*, hingavtin *f*; serketin *f*, şans *f.*

hitch *lg,lng* **1 ~ sth up** hildan. **2** girêdan, jidandin, aliqandin.

hither *rgp* vir, ber bi vira ve.

hitherto *rgp* heta bi niha, gavê.

Hittite *n* Hîtît.

hive kewar *f*, kewara mêşan. *lg,lng* (mêş) kirin kewarê, ketin kewarê.

hoar *rgd* sipî, porsipî.

hoarfrost xûsik *f*, xwîsik *f.*

hobble *lng,lg* kulîn; du lingên hesp an keran girêdan, mûçe kirin.

hobby hobî *f*, hewes *f*, meraq *f.*

hobnob *lng* têkilî yan hevaltî hebûn, pir nêzîkî hev bûn.

hobo *n* ebesor, pêxwas.

hocus-pocus *n* hoqispoqis (peyva balkişandinê); xapandin.

hodgepodge *bnr* **hotchpotch**.

hoe tevir *f*, tevrik *f*, binkol *f*, kulbe *f. lng,lg* binkol kirin, tevir kirin.

hoist *lg* hilkişandin, kişandin jor, bilind kirin, rakirin.

hold *lng,lg* pê girtin, girtin, bernedan. **The girl was ~ing her father's hand.** Keçikê bi destê bavê xwe girtibû. **They held hands.** Wan bi destên hev girtin. **~ back** dudilî kirin, bêdil bûn. **Noone held back.** Kesî dudilî nekir. **~ on** rawestan, sekinîn. **H~ on!** Bisekine! Raweste!

hole kun *f*, qul *f*, koncal *f*, taq *f. lg,lng* qul kirin, kun kirin.

holiday betlane *f*, azadanî *f*, etlahî *f*, tatîl *f.*

hollow[1] kort *f*, koncal *f*, çal *f.* **~ of the throat** *anat* çala gerdenê *f.*

hollow[2] *rgd* qul, kort, vala, pûç.

hollyhock *bot* hêro *f.*

holy *rgd* pîroz, evrar. **holiness** pîrozahî *f*, pîrozî *f.*

home[1] mal *f*, war *m*; welat *m*. **at ~** li malê. **Is there anybody at ~?** Kes li malê heye?

home[2] *rgp* ber bi malê ve, li malê. **He went ~.** Ew çû malê.
homeland welat *m.*
homeless *rgd* bêmal.
home-made *rgd* li malê çêbûyî.
homesickness *n* bêrîkirina welêtan malê.
homeward(s) *rgp* ber bi malê ve, ber bi welêt ve.
homework xebata malê *f.*
homicide *n* mirovkuştin *f*; qesas, kujder.
homonym navlihev *f.*
homophone hevdeng *f.*
hone *n* hesan, kevirhesan.
honest *rgd* dirist, xwedîbext, xwedînamûs. **~ly** *rgp* bi rastî, bi diristî. **~y** diristî *f*, bext *m*, namûs *f.*
honey hungiv *m*, hingiv *m*, hungivîn *m.*
honeybee *n* mêşa hungiv.
honeycomb nanik *m.*
honeymoon şîrînmeh *f*, meha hinguvîn *f.*
honour rûmet *f*, namûs *f*, şeref *f*, serbilindî *f.* *lg* ezimandin, giram girtin, şeref dan.
honourable *rgd* berêz, serbilind, xwedîrûmet.
hoodwink *lg* xapandin, fen lê kirin.
hoof çim *m*, sim *m.*
hook çengel *m*, qulf *m.*
hookah nargêle *f.*
hooligan *n* pêxwas.
hoop xelek *f*; qawêr *f*, tar *f.*
hoopoe *n* hudhud, sulêmanê dunukil.
hop *lg,lng* hilor bûn/kirin, çeng bûn, xwe çeng kirin, boçik dan xwe.
hope[1] hêvî *f.* **in the ~ that** bi hêvîya ku. **live in ~(s) (of sth)** bi hêvîya tiştekî jîyîn. **He was the ~ of the school.** Ew hêvîya xwendegehê bû.
hope[2] *lg,lng* hêvî kirin, bi hêvî bûn. **I ~ you haven't hurt yourself.** Ez hêvî dikim ku te xwe neêşandibî.
hopeful *rgd* hêvîdar, bi hêvî, (kes an tiştê) ku hêvîyê dide.
hopeless *rgd* bêhêvî, neçar, bêçare.
horizon aso *f*, asiwa *f*, bergeh *f.* **~tal** *rgd* asoyî.
hormone hormon *f.*
horn[1] qiloç *m.*
horn[2] (seyare, hwd), tûttût *f*, qorne *f.*
hornet *n* moz, moza sor. **stir up a ~'s nest** tilîya xwe kirin qula mozan, li belayê gerîn.
horrible *rgd* tirsehêz, xofdar; erjeng.
horrify *lg* toqandin, xof dan, tirsandin.
horror xof *f*, tirs *f*, dehşet *f.*
horse *n* hesp. **~ bean** şoqil *m*, peqle *m.* **~ cart** firxûn *f.* **~fly** *n* çîz. **~man** *n* siwar. **~manship** siwarî *f.* **~shoe** nal (ê hespê) *m.*
hose[1] xortim *f.* *lg* bi xortimê av dan.
hose[2] gore *f.*
hospitable *rgd* mêvanhez.
hospital nexweşxane *f.* **~-boat** keştîya nexweşan *f.* **~ize** *lg* xistin/stendin nexweşxanê.
hospitality mêvanhezî *f.*
host *n* mazûvan, xwedîyê malê.
hostess *n* mazûvan, xwedîya malê.
hostile *rgd* bedxwaz, dilnexwaz. **hostility** bedxwazî *f*, berberî *f*, dijminatî *f*, dijminayî *f.*
hot *rgd* **1** germ. **This tea is too ~.** Ev çay zêde germ e. **2** tûj, no. **a ~ pepper** îsoteke tûj. **get ~** *lng* qehirîn; germ bûn. **~-tempered** *rgd* hêrsok.
hotchpotch tevlihevî *f.*
hotel otel *f*, ûtêl *f.*
hothead *n* hêrsok.
hound *n* tajî; tûle.
hour seet *f*, saet *f.* **~ly** *rgp,rgd* her seet, ji seeteke careke, serê seetê. **This medicine is to be taken ~ly.** Ev derman ji seeteke careke tê xwarin.
houri hûrî *f.*
house[1] **1** xanî *m*, mal *f*; xane *f.* **I've bought a house.** Min xanîyek kirîye. **2** malbat.
house[2] *lg* vehewandin, jê re cih dîtin, bicî kirin. **We can ~ you and your friends if the hotels are full.** Ku otêl tije bin, em karin te û hevalên te vehewînin. **~ agent** *n* xanîfiroş. **~boat** *n* xanîyê li ser avê, malkeştî. **~breaker** *n* dizê malan. **~fly** *n* mêş. **~hold** zarûzêç *m*, malbat *f.* **~holder** *n* xwedîmal, xwedîyê malê. **~keeper** *n* navmalî. **~maid** navmalî *f.* **~top** serban *m*, ser xênî *m.* **~wife** kevanî *f*, bermalî *f.* **~-work** *n* karê malê.
how *rgp* **1** çawa, çilo, çito. **H~ did you escape?** Tu çawa revîya. **H~ are you?** Tu çawa yî? **2** çiqas, çend. **H~ dirty the house is!** Xanî çiqas gemarî ye!

however *rgp* **1** her çiqas, çiqas jî. **~ fast he drives** çiqas zû bajo jî. **2** bes, lêbelê, digel vê yekê. **Later, ~, he decided to go.** Lê belê, dûre biryar da ku here.
howl *lg,lng* zûrîn, nalîn, kirin uzeuz. **Wolves were ~ing in the forest.** Gur li daristanê dizûriyan.
how many *rgp* çend, çend heb. **H~ are there?** Çend heb li wir in? **H~ books do you want?** Hun çend pirtûkan dixwazin?
how much *rgp* çiqas, çiqasî. **H~ do you want?** Tu çiqasî dixwazî.
how old *rgp* çend salî.
huff hêrs *f*. **~ish,~y** *rgd* hêrsok.
hug *lg* bersîng kirin, hembêz kirin. **A child was ~ging her doll.** Zarokekê bûka xwe hembêz dikir.
huge *rgd* gir, girs, pir mezin
hull qalik *m*.
hum *lg,lng* vîzîn, kirin vizeviz. **The bees were ~ming in the garden.** Mêş di bexçe de divîzîyan.
human *rgd* mirovîn, yê mirovan. **~ being** *n* însan, meriv, mirov. **~ rights** mafên mirovan.
humane *rgd* mirovhez, dilovan, xêrxwaz.
humanism mirovhezî *f*, mirovperwerî *f*.
humanist *n* mirovhez, mirovperwer.
humanitarian *n* xêrxwaz, mirovhez, mirovperwer. **~ism** xêrxwazî *f*, mirovhezî *f*.
humanity mirovahî *f*, mirovatî *f*.
humanize *lg,lng* kirin mirov; bûn mirov.
humankind mirovahî *f*.
humerus *anat* lûla pazû *f*.
humble *rgd* dilnizm, nefsbiçûk.
humid *rgd* şil, bi rewa. **~ity/ness** rewa *f*, şilî *f*.
humiliate *lg* fedîkar kirin, fedîkar derxistin; rûreş kirin. **humiliation** şerm *f*, rûreşî *f*.
humility dilnizmî *f*, dilkoçerî *f*, sernermî *f*.
hummock girik *m*.
humour pêkenî *f*.
hump bûlik *f*. **~back** *n* bûl, qop, xûz. **~backed** *rgd* bûl, qop, xûz.
humus humus *f*.
hunch bûlik *f*. **~backed** *rgd* bûl, piştxûz, qop, xûz.
hundred *n,rgd* sed. **two ~ and five** du sed û pênc. **~s of people** bi sedan mirov.
~fold *rgp* sedqas, sedqasî. **~th** *n,rgd* sedan, sedem, sedemîn; ji sedî yek.
Hungary Macarîstan *f*.
hunger nêz *f*, birçîn *f*, birçîtî *f*. **be/go on (a) ~-strike** ketin grewa birçînê. **die of ~** ji birçîna/nêza mirin. **~ for/to do sth** *lng* birçîyê tiştekî bûn.
hungry *rgd* birçî. **be/go ~** birçî bûn. **I am ~.** Ez birçî me.
hunt nêçir *f*, seyd *f*. *lng,lg* **1** nêçir kirin, seyd kirin, çûn nêçirê. **~ for** lê gerîn. **~ up** lê gerîn. **2** qewirandin.
hunter *n* nêçirvan, seydvan.
hunting nêçirvanî *f*, seydvanî *f*. **~ dog** *n* tûle, kûçik/segê nêçirê.
huntsman *n* nêçirvan, seydvan.
hurl *lg* (bihêz) avêtin.
hurrah,hurray,hooray *bn* Bijî! Her bijî!
hurricane gejgering *f*, *bahoz*
hurry lez *f*, ecele *f*. *lg,lng* lez kirin, lezandin, ecele kirin.
hurt[1] *lg,lng* êşandin, ariyandin; arîn, êşîn; xesirandin. **Did you ~ yourself?** Te xwe êşand/Tu êşîya? **Their criticisms have ~ him.** Rexneyên wan ew êşandiye.
hurt[2] birîn *f*; xesar *f*; êş *f*.
husband mêr *m*.
hush[1] *bn* Huş! Huşi!
hush[2] *lg,lng* aş kirin, dengê yekî birîn; aş bûn, deng jê nehatin. **She ~ed the baby.** Wê pitik aş kir.
husk qalik *m*, qaşik *m*. *lg* qeşartin.
hustle *lg* del dan, dehf dan.
hut holik *f*.
hyacinth helal *f*, sumbul *f*.
hybrid *n,rgd* dureh.
hydroelectric *rgd* hîdroelektrîk. **~ity** *n* hîdroelektrîk, elektrîka ku ji hêza avê çêdibe.
hydrogen hîdrojen *f*.
hydrophobia 1 harî *f*, hartî *f*. **2** tirsa avê *f*.
hyena *n* keftar.
hyphen bendik *f*, xetika di navbeyna du peyvikan de (-).
hypocrisy durûtî *f*.
hypocritical *rgd* durû.
hypocrite *n* durû.
hypodermic *rgd* yê binçerm.
hypothesis hîpotez *f*.

I

i[1] tîpa nehan a elfabeya Îngîlîzî.
I[2] *cn* ez, min. **I went there.** Ez çûm wir. **I saw him yesterday.** Min duh ew dît.
ice qeşa *f*, cemed *f*, bûz *f*. *lg,lng* cemidandin; qeşa/cemed girtin. **~-cold** *rgd* wek cemedê, wek qeşayê.

icebox sarker *f*, cemedank *f*.
icicle bizmilûg *m*.
Iceland Îzlanda *f*.
icy *rgd* cemidî, pir sar, wek qeşayê. **icily** *rgp* bê madê xwe, bi dilsarî.
idea raman *f*, fikir *f*; ray *f*, nêrîn *f*, dîtin *f*.
ideal îdeal *f*, armanc *f*, pêşbînî *f*. **~ism** îdealîsm *f*. **~ist** *n* îdealîst.
identical *rgd* yek, wek, wekhev, eynî. **This pen is ~ to the one he lost yesterday.** Ev pênûs û a ku wî duh wenda kir yek in.
identify *lg,lng* nas kirin; çibûn an kîbûna tiştekî an yekî gotin/dan zanîn. **~ sth with sb** wekhev girtin, wekhev kirin. **~ (oneself) with sb/sth** parastin, pişt girtin, hevaltî kirin, xwe nêzîk/yek dîtin.
identity zanav *m*, kesahî *f*; yekbûn *f*, wekhevî *f*. **~ card** kesname *f*, nasname *f*.
ideology îdeolojî *f*.
idiocy bêhişî *f*, bêheşî *f*.
idiom biwêj *f*. **~atic** *rgd* biwêjî.
idiot *n* bêhiş, bêheş, bale. **~ic** *rgd* bêheş, bale.
idle *rgd* **1** betal, betal etal, bapîva. **2** bêkêr, ji tiştekî re nabe. *lg,lng* betal bûn, betal etal gerîn, bapîvanî kirin. **~r** *n* betal, babidest, bapîva, gevende. **idly** *rgp* betal, betal etal. **~ness** betalî *f*, bapîvanî *f*.
idol *n* peresto, pût. **~ater** *n* pûtperest. **~atress** *n* (jin) pûtperest. **~latry** pûtperestî *f*.
idolize *lg* perestin. **idolization** perestin *f*.
if *ghn* **1** ku, hek, heke, heger. **If you ask him, he will help you.** Ku tu jê bixwazî, ew ê alî te bike. **even if** ku/hek ... jî, herçende, herçiqas. **I'll repair it, even ~ it takes me all the day.** Hek gişa roja min lê biçe jî, ez ê wê çêkim. **~ not** wer ne, (y)an na. **~ only** xwezî. **If only you could have seen it!** Xwezî te karîbûya ew bidîta! **~ so** vêca, vêga, ku weha be, hek wanî be, werê.
ignite *lng,lg* (agir) pêketin, pêxistin. **ignition** pêketin *f*, pêxistin *f*.
ignoble *rgd* bênamûs, bêrûmet.
ignominious *rgd* bêrûmet, bênamûs, bi hetik.
ignominy bêrûmetî *f*, bênamûsî *f*, hetik *f*.
ignoramus *n* nezan, kesê nezan, hiştarî.
ignorance nezanî *f*.
ignorant *rgd* nezan, bêhay, hiştarî.
ignore *lg* guh nedan, girîng negirtin, xwe li nezanî danîn.
ileum *anat* rûvîyê badayî.
ilium *anat* hestîyê kemaxê *m*, hestîyê qorikê *m*.
ilk tewr *m*, hawe *m*, awa *m*, cur *m*.
ill *rgd* **1** nexweş, nesax. **2** xerab, nebaş. **-bred** *rgd* fehş, bêedeb. **~-fated** *rgd* bextreş, bêyom, şansxerab. **~-mannered** *rgd* fehş, bêar, bêşerm. **~-natured** *rgd* eks, serkêş, şemûz, xulqteng. **~-omened** *rgd* çift, bêyom. **~-starred** *rgd* bextreş, şansxerab. **~-timed** ne di cih de, bêwext. **~ will** nêta xerab *f*, gir *m*, kîn *f*. **~-wisher** *n* bedxwaz.
illegal *rgd* dijî zagonan, nezagonbar, neqanûnî, îlegal; bêrê.
illegible *rgd* nayê xwendin.
illegitimate *rgd* nezagonbar, dijî zagonan, neqanûnî; bêrê.
illicit *rgd* qedexe, dijî zagonan, heram.
illiterate *rgd* nexwenda, nexwendewar.
illness nexweşî *f*. **a serious ~** nexweşîyeke giran.
illogical *rgd* bêmantix.
illuminate *lg* **1** ronahî dan, ronî kirin. **2** hişyar kirin, (li) ber xistin.
illumine *lg* ronak kirin, rewşen kirin.
illustrate *lg* **1** bi wêne û mînakan rave kirin; (pirtûk) bi wêneyan xemilandin.
illustrious *rgd* binavûdeng, navdar.
imagine *lg* beranîn, xiyal kirin, anîn pêş çavên xwe, mihayele kirin. **imagination** beranîn *f*, xiyal *f*, mihyele *f*, tescwûr *f*.
imbalance bêmêzînî *f*.
imbecile *rgd* bale, kêmheş, bêhiş.
imitate *lg* bizarî kirin, zalî (yekî) kirin.

immaterial *rgd* **1** negirîng. **2** nedaringî.
immature *rgd* negihîştî.
immeasurable *rgd* bêpîvan, nayê pîvan.
immediately *rgp* aniha, di cih de, tavilê, dest bi dest.
immense *rgd* pir mezin, bêtixûb, fireh.
immerse *lg* ~ **(in)** dakirin, kirin bin avê, binav kirin. **I ~ your head in water.** Serê xwe têxe bin avê/dake. **~d in thought** di ramanan de, daman.
immigrate *lng* ~ **(to/into)** bar kirin, koç kirin, penah kirin. **immigrant** *n* penaber.
immigration penaberî *f*, koçerî *f*, koç *f*.
imminent *rgd* dike bibe/biqewime, li ber bûnê/qewimandinê, nêzîk. **A storm is ~.** Bahozek nêzîk e.
immobile *rgd* bêtevger, neguhêzbar, ji cih ranabe, nalive, sabit. **immobility** bêtevgerî *f*, nelivîn *f*, neguhêzbarî *f*.
immoderate *rgd* zêde, pirole. ~ **eating and drinking** xwarin û vexwarina zêde.
immodest *rgd* bêar, bêfedî.
immoral *rgd* bêrê, bêedeb.
immortal *rgd* abadîn, nemir, bîrjîyan.
immovable *rgd* bêtevger; pêdandî; ji cih naleqe; neguhêzbar.
immune *rgd* ~ **(from/against/to)** (jê) aza, (jê) ewle, (jê) meaf.
immutable *rgd* neguhêrbar, neguhêzbar.
imp *n* zarokê şeytên, şeytanê biçûk.
impact lêketin *f*, lêxistin *f*, derb *f*, bandûr *f*. **the ~ of new ideas** bandûra ramanên nû.
impair *lg* lawaz kirin, kêmhêz kirin; xisar dan.
impale *lg* sing kutan, sing kirin.
impart *lg* ~ **(to)** dan, agah kirin, (jê re) gotin.
impartial *rgd* alînegir, dadyar, biînsaf.
impassable *rgd* nayê derbas kirin, rê nade.
impassive *rgd* bêhest, bêhis, bêruh.
impatient *rgd* bêhedan, bêaram, bêsebr, bêtebat, netebitî
impeccable *rgd* bêguneh, bêkêmasî, paqij, saf.
impede *lg* ber lê girtin, pêşî girtin, nehiştin.
impel *lg* dehf dan, del dan, nav tê dan.
impenetrable *rgd* (yê ku) qul nabe, bandûr lê nabe, tê nayê gihîştin.
impenitent *rgd* nepoşman.
imperative *rz* fermanî, **the ~ mood** raweya fermanî.
imperceptible *rgd* nayê dîtin, nayê seh kirin
imperfect *rgd* neservehatî, nesergihayî, bi kêmasî, kêm. **~ion** *n* kêmasî.
imperialism emperyalîzm *f*. **imperialist** *n* emperyalîst.
imperil *lg* kirin xeterê.
imperishable *rgd* herheye, (yê ku) xera nabe, wenda nabe.
impermanent *rgd* nedomdar.
impermeable *rgd* (yê ku) avê yan hewê derbas nake.
impersonal *rgd* nekesîn, neşexsî.
impersonate *lg* gêrav kirin, zarve kirin, texlît kirin.
impertinent *rgd* bêhurmet, bêar, bêrê, bêrû.
imperturbable *rgd* xwînsar, giran.
impervious *rgd* avparêz, (yê ku) av tê re derbas nabe; (yê ku) bandûr lê nabe.
implement[1] pêweng *m*, hesincaw *m*, hewcar *m*, alet *m*, hacet *m*, amûret *m*.
implement[2] *lg* bi rê ve birin, anîn cih.
implore *lg* ~ **(for)** (li) ber gerîn, tika kirin, lava kirin.
imply *lg* tuwanc kirin; hatin maneya tiştekî. **Silence sometimes implies consent.** Bêdengî carinan tê mana razîbûnê.
impolite *rgd* fahş, bêedeb.
import *lg* ji derve kirîn, ji derve anîn.
important *rgd* girîng, girane. **importance** girîngî *f*.
impossible *rgd* bêgav, bêîmkan.
impostor *n* xapînok, derewzîn.
impotence lawazî *f*; nemêrî *f*, nikanîna têkilîyên cinsî.
impoverish *lg* belengaz kirin, xizan kirin, bêhêz kirin, bêkêr kirin.
impractical *rgd* ne pratîk.
impress *lg* ~ **(on/upon)/(with)** bandûr(î yekî) kirin, tesîr lê kirin, kirin/xistin serî. **The book did not ~ me at all.** Pirtûkê qet bandûrî min nekir.
imprison *lg* avêtin/kirin girtîgehê. **~ed** girtî. **~ment** *n* girtîtî.
impromptu *rgd,rgp* bê amadekarî, bê hazirî.
improper *rgd* ne rewa, ne gora (tiştekî/yekî), neligor.
improve *lg,lng* çak kirin, çêtirandin, baş kirin, pêşde xistin; çak bûn, baş bûn, pêşde

ketin. ~**ment** başbûn *f*, başkirin *f*, pêşketin *f*.
impudent *rgd* bêar, bêrûmet.
impulse dehf *f*, dehfker *f*.
impure *rgd* gemarî, qirêjî, ne pak.
in *rgd,dç* di ... de, li, têde, li hundir, di hundirê de, hundir. **in Africa** li Afrîqa. **in the street** li kuçê. **in school** di xwendegehê de. **in your pockets** di bêrîkên te de. **in any case** bi çi awayî be, çi dibe bila bibe. **in order that** ku, da ku, jibo ku. ~ **front of** li ber, li pêşîya.
inability nikanîn *f*, nikarîn *f*.
inacurate *rgd* nerast, çewt, bi kêmasî.
inaction bêtevgerî *f*.
inactive *rgd* bêtevger. **inactivity** bêtevgerî *f*.
inadequate *rgd* kêm, netêrkir, nebes. **inadequacy** kêmanî *f*, kêmasî *f*.
inadvertent *rgd* bêqest, nebizankî, bêhemd.
inane *rgd* bale, kêmheş, bêheş; vala, bêmane.
inanimate *rgd* nejîndar, bêruh, bêcan.
inasmuchas *rgp* ji ber ku, ku wanî be.
inaudible *rgd* nebihîstyar, nayê bihîstin.
inauspicious *rgd* çift, bêyom.
inborn *rgd* (ji) zikmakî.
incalculable *rgd* bêhejmar, nayê hesibandin/jimartin.
incense[1] *n* bixur.
incense[2] *lg* behecandin, qehirandin.
incentive *rgd* teşwîkkar. *n* teşwîk *f*, saîk *f*, dehfker *f*.
incessant *rgd* domdar.
inch *n* 2,54 santîm.
incident bûyer *f*.
incisive (pêweng) tûj.
incisor befşik *m*, dranê pêşîn *m*.
incite *lg* gij kirin, kişkişandin.
inclination meyl *f*, mêl *f*.
incline kaş *m*, mêl *f*, meyl *f*, xwarbûn *f*.
include *lg* tê de hebûn, tê de bûn, hundirandin..
incombustible *rgd* nayê şewitandin, agirnegir, (yê ku) agir pê nakeve.
income hatin *f*.
incomparable *rgd* bêhempa, bêhevrî; bêqiyas.
incompatible *rgd* hevnake, hevnegirtî, nalebar. **incompatibility** hevnekirin *f*, hevnegirtin *f*, nalebarî *f*.
incomplete *rgd* neqedandî, nîvçe, nîvçêkirî.
incomprehensible *rgd* (yê ku) nayê fahmkirin, tênayêgihîştin, heşê meriv nastîne.
inconguous *rgd* bêaheng, ne hemaheng.
incongruity bêahengî *f*, lihevnekirin *f*.
inconsiderable *rgd* biçûk, hindik, negirîng.
inconsistent *rgd* bêserûpa, bêaheng, hevnegir.
inconstant *rgd* bêserûpa, bêfirşk, çivok, bêwefa, guhêrbar, bêsebat.
inconvenience dijwarî *f*, rewşa xerab *f*, zehmet *f*, acizî *f*.
inconvertable *rgd* neguhêrbar.
incorporate *lg,lng* yek kirin, kirin yek, yek bûn, (tê de) cih dan; têkil bûn, tê de cih stendin.
incorrect *rgd* xelet, çewt, şaş.
increase *lg,lng* zêde kirin, bêtir kirin, pirtir kirin, mezin(tir) kirin; zêde bûn, bêtir bûn, pirtir bûn, mezin(tir) bûn. *n* zêdebûn *f*, zêdekirin *f*, mezinbûn *f*.
increasingly *rgp* her diçe (zêde/pir dibe).
incredible *rgd* (yê ku) meriv ji bûn an çêbûna wî bawer nake, heşê meriv nastîne, ecêb.
incredulous *rgd* bêbawer, nebawer.
increment zêdebûn *f*, bihabûn *f*.
incriminate *lg* tawandin, tawanbar kirin, gunekar kirin, sûcdar kirin.
incur *lg* anîn serê xwe.
incurable *rgd* bêçare, bêderman, bêhavil, neçar.
incursion êrîş *f*.
indebted *rgd* deyndar, minetdar.
indecision bêbiryarî *f*, dudilî *f*, erêna *f*.
indeed *rgp* bira, bi rastî, nexwe.
indefatigable *rgd* westîyannenas.
indefinite *rgd* nebinavkirî, bêwekat, ne eşkere.
indemnity berxesar *f*, temînat *f*.
independence serbixwebûn *f*, serxwebûn *f*.
independent *rgd* azad, serbixwe, bi serê xwe.
index 1 pêrist *f*. **2** nîşan *f*, nişît *f*. ~ **finger** tilîya nîşandanê *f*.
India Hîndîstan *f*.
Indian *rgd,n* Hîndîstanî, Hîndî; Sorîn.
Indian bean maş *m*.
Indian corn garisê Stembolê *m*, genimşamî *m*, genimok *m*, gilgil *m*.

indicate *lg* nîşan kirin, rê dan, nîşana/nişitê tiştekî bûn; bi kurtî rave kirin.
indicative *rz* **the ~ mood** pêşker.
indicator pêşker *f*, nîşandar *f*.
indices *pj'a* ***index***.
indigestible *rgd* derenghel.
indigestion şavêrî *f*, hezmnekirin *f*.
indignant *rgd* bihêrs. **~ly** *rgp* bi hêrs.
indignation hêrs *f*, xezeb *f*.
indignity bêrûmetî *f*, sernizmî *f*.
indigo çiwît *f*.
indirect *rgd* nerêrast, nerasterê, sergirtî.
indispensable *rgd* pêwîst, divêt, elzem, zerûrî, bê wê nabe, dest jê nabe.
indisposed *rgd* nexweş; bêmad, bêdil.
indistinct *rgd* ne eşkere, ne xuya, ne zelal.
individual *n* kes. *rgd* kesîn, kesane. **~ly** *rgd* yeko yeko, cîhê cîhê.
individualism 1 kesparêzî *f*. **2** ezperestî *f*. **individualist** *n* kesparêz. **individualistic** *rgd* yê kesparêzîyê, kesparêzîn.
indivisible *rgd* neparvedar.
indolent *rgd* xewar, xwernedî.
Indonesia Endonezya *f*.
indoor *rgd* yê malê, yê hundirê malê.
indoors *rgp* li malê, li hundir, di hundir de. **stay ~** di hundir de man, derneketin derve.
induce *lg* bûn sedem, bandûr lê kirin, pê dan kirin.
industrial *rgd* yê endustrîyê.
industrious *rgd* jîr, jêhatî, bixîret.
industry endustrî *f*.
inedible *rgd* nayê xwarin, nexwarbar.
ineffective *rgd* bêbandûr, bêber, neberdar.
inefficient *rgd* bêbandûr; kêmber. **inefficiency** kêmberî *f*; bêbandûrî *f*.
inequality newekhevî *f*, cudatî *f*, guhêrbarî *f*.
inequatible *rgd* bêdad, nedadyar, neheq, bêînsaf.
inequity bêdadî *f*, nedadyarî *f*, neheqî *f*, bêînsafî *f*.
inescapable *rgd* çarenîn, misoger.
inestimable *rgd* bêbiha, bêhejmar.
inevitable *rgd* çarenîn, bivê nevê. **inevitibility** misogerî *f*, bivênevêyî *f*, çarenînî *f*.
inexact *rgd* kêm, çewt, bi kêmasî.
inexcusable *rgd* (yê ku) nayê bexşandin, lê nayê borîn.
inexpensive *rgd* erzan, ne biha.
inexperienced *rgd* naşî, nezan, bêtecrube.
infamous *rgd* navno, (bi nebaşîya xwe) navdar; rezîl, eyb.
infantry *n* segman, peyade. **~man** *n* segman, peyade. **light ~** *n* segmanên sivik.
infectious *rgd* têger, vegir, dirmî.
infer *lg* **~ (from sth)** jê derxistin. **What did you ~ from his remarks?** Te ji gotinên wî çi derxist?
inferno dojeh *f*.
infertile *rgd* nebihatin, neadan, bêber, bêdarûber.
infest *lg* (kêç, sipî, hwd) ketin tiştekî.
infidel *n* kafir.
infiltrate *lg,lng* parzûnandin, parawtin, hatin parawtin; bi dizî derbas bûn.
infinite *rgd* bêhed, bêsînor, bêdawî, bêjimar.
infinitive *rz* rader.
infirm *rgd* lawaz, qels, kêmhêz.
inflame *lg,lng* qehirandin, hêrs kirin, agir pê xistin; sor kirin; qehirîn, hêrs bûn; sor bûn; agir pê ketin.
inflammable *rgd* agirgir. **inflammability** agirgirî *f*.
inflammation agirgirtin *f*, şewat *f*; sorbûn *f*, kulbûn *f*.
inflate *lg* nepixandin.
inflation bihayî *f*, zêdebûna diravan *f*, enflasyon *f*, nepixîn *f*.
inflexible *rgd* hişk, netewangbar; rikdar, biryardar.
inflict *lg* (êş, ceza) dan, derb lê xistin.
influence bandûr *f*, tesîr *f*, giranî *f*, xatir *f*. **influential** *rgd* bibandûr, giregir, bixatir.
influenza arsim *f*, sekem *f*.
inform *lng,lg* **~ sb (of sth)/(that)** agah kirin, haydar kirin, pê hesandin, rageyandin, dan zanîn, xeber dan. **Keep me ~ed of fresh developments.** Min bi bûyerên nû bihesîne. **Have you ~ed them of your departure?** Te ew ji çûna xwe agah kirine? **~ against/on sb** lê dan, lê hildan. **~ant** *n* agahker, muxbîr.
information agahdarî *f*, haydarî *f*. **~ bureau** pirsgeh *f*, cihê agahdariyê *f*.
informer *n* lêhildok, muxbîr.
infuriate *lg* bi hêrsê xistin, hêrs kirin, dîhn kirin.
ingenious *rgd* jîr, jêhatî, zîrek.

ingenuity zîrektî *f*, jîrtî *f*.
ingenuous *rgd* hişpak, ji dil, dilpaqij, saf.
ingest *lg* daqurtandin.
ingratitude nankorî *f*.
ingredient têde *f*, madeyê(n) di terkîba tiştekî de.
inhabit *lg* cîwar bûn, lê rûniştin, lê jîyîn. **~ant** *rgd* danişwar, cîwarî, rûniştevan, binecî.
inhale *lg,lng* bîhn stendin, hilm stendin.
inharmonious *rgd* hevnake, hevnegirtî, bêaheng.
inherit *lg,lng* jê re man, jê stendin, jê girtin. **The eldest son will ~ the house.** Xanî yê ji kurê mezin re bimîne. **She ~ed her mother's bad temper.** Xulqtengî ji dêya xwe stendiye/girtiye.
inheritance jêmaye *f*, pêmahî *f*.
inhibit *lg* ber/pêşî lê girtin, rê nedan.
inhospitable *rgd* nemêvanhez.
inhuman *rgd* nemirov. **~ity** *n* nemirovî.
initial *rgd* pêşîn, yekemîn. **the ~ letter** tîpa yekemîn/pêşîn. *n* tîpa pêşîn.
initiate *lg* **1** dest pê kirin, bi rê ve birin, pêşdestî kirin. **2 ~ sb into sth** kirin endam.
initiative *n* pêşdestî, hengav.
inject *lg* derzî lê xistin. **~ion** derzî *f*.
injure *lg* derb lê xistin, êşandin, xesar dan, birîn kirin. **~d** *rgd* birîndar, derbxwarî.
injurious *rgd* ziyandar, xesardar.
injury êşandin *f*, êş *f*, xesar *f*, birîn *f*.
injustice bêdadî *f*, tade *f*, zulm *f*.
ink hibir *f*, mîdad. **~-well** hibirdank *f*.
inland *rgd* hundirîn, yê hundir.
inlet delavok *f*.
inn xan *f*.
inner *rgd* yê hundir, hundirîn. **~most** *rgd* yê herî hundir.
innocent *rgd* bêtawan, bêguneh, bêsûc, masûm, bêziman.
innovate *lng* guhertin çêkirin, tiştên nû derxistin an çêkirin.
innuendo çewlik *f*, tuwanc *f*.
innumerable *rgd* bêjimar, bêhejmar.
inpatient *n* nexweş (ê di nexweşxanê de).
input ketî *f*, têketin *f*.
inquire *lg,lng* pirsîn, pirsandin, lê gerîn, lê kolan.
inquiry pirsîn *f*, pirsandin *f*, pirsiyarî *f*, lêkolîn *f*.
inquisition pirsandin *f*, lêkolîn *f*.
insane *rgd* beradayî, dîhn, dîn. **~ asylum** dîhnxane *f*, dînxane *f*.
insanity dîhntî *f*, dîntî *f*.
insatiable *rgd* nefsek, çavbirçî, têrnebok.
insatiate *rgd* têrnebok. **~ness** têrnebûn *f*.
insect *n* kêzik, mêş.
insectivorous *rgd* mêşxwar, kêzxwar.
insecure *rgd* xeternak, di xeterê de, neewle.
insensible *rgd* bêhes, nehes. **insensibility** *n* bêhesî, nehesî.
insert *lg* **~ (in/into/between)** xistin, kirin (derekê/tiştekî). **I ~ the key in the padlock.** Miftê têxe quflê.
inside[1] hundir *m*. **the ~ of a fridge** hundirê sarkerekê. **~ out** vaca. **He put his socks on ~ out.** Wî gorên xwe vaca kirin pê.
inside[2] *rgd* yê hundir. **the ~ pages** rûpelên hundir.
inside[3] *rgp,dç* di ... de, hundir, li hundir, di hundir de. **Look ~.** Li hundir binêre. **We can't finish this work ~ of a week.** Em nikarin vî karî di hefteke de biqedînin.
insignificant *rgd* negirîng, bêmane, bêqîmet.
insincere *rgd* durû, derewîn.
insipid *rgd* bêçêj, bêtam.
insist *lng* ling/pê dan erdê, dev jê bernedan, li ser sekinîn, israr kirin.
insolent *rgd* bêar, bêfehît. **insolence** bêarî *f*.
insoluble *rgd* derenghel; nayê çareserkirin, bê çare.
insolvent *rgd* topavêtî, di bin deynan de, nikane deynê xwe bide. **insolvency** topavêtin *f*, di bin deynan de man.
insomnia bêxewî *f*.
inspiration peyxam *f*, sirûş *f*, îlham *f*.
install *lg* xistin cih, kirin cih, pev xistin.
insta(l)lment dabêş *f*, dabêşa deynî *f*.
instance mînak *f*, mîsal *f*. **for ~** mîna ku, bo mînak.
instant kêlî *f*, bisk *f*, bist *f*, hengav *f*, pêlek *f*, qas *f*, weş *f*, xêlek *f*. **~ly** *rgp* di cih de, tavilê.
instead *rgp* **~ (of)** ji berdêla, li cihê, cihê ku, ji dêla, ji dêvla. **Shall we have fish ~ of meat today?** Em îro ji dêvla goşt masî bixwin?
instigate *lg* gij kirin, kişkişandin.

instruct *lg* **1** perwerde kirin, hîn kirin. **2** rê li ber xistin, talîmat dan. **~ion** *n* hîndekarî *f*, hînkirin *f*, perwerdekirin *f*, talîmat *f*. **instructor** *n* hîndekar.
instrument alet *m*, pêweng *m*.
insubordinate *rgd* rikdar, asê, îsyankar.
insubstantial *rgd* bêbingeh, xeyalî.
insufferable *rgd* nayê kişandin.
insufficient *rgd* kêm.
insufficiency kêmasî *f*.
insulin însulîn *f*.
insult *lg* heqeret kirin, bi şerefa yekî lîstin.
insurance sîgorte *f*, bîm *f*.
insurrection serhildan *f*.
intact *rgd* wekxwe, bêkêmasî.
integrity diristî *f*, rastî *f*; bêkêmasîtî *f*, yekparetî *f*.
intellect heş *m*, hiş *m*, zeka *f*, aqil *m*, îdraq *f*.
intellectual *n* rewşenbîr, ronakbîr, bîrbir, ramanwer.
intelligence heş *m*, hiş *m*, bijîrî *m*, fêhm *m*; nûçe *f*, agahdarî *f*. **~ bureau** daîra îstîxbaratê. **intelligent** *rgd* bihiş, bijîr, zîrek.
intend *lg* mebest kirin, nêt kirin, qest kirin.
intent mebest *f*, nêt *f*, qest *f*.
intention mebest *f*, alaz *f*, miraz *f*, qesd *f*. **~al(ly)** *rgd,rgp* bi hemd, bizankî, bi qazî, qestane.
interact *lng* bandûrî hev kirin, tesîr li hev kirin.
intercede *lng* navbeynvanî kirin. **intercession** navbeynvanî *f*.
intercept *lg* rê(ya yekî/tiştekî) birîn, pêşî girtin, ber (lê) girtin.
interchange *lg* danû stendin, pev guherîn. *n* pevguherîn *f*. **~able** *rgd* pevguhêrbar.
intercourse têkilî *f*, peywendî *f*, danûstendin *f*.
interdependent *rgd* pevgirêdayî.
interest alaqa *f*, bal *f*, meraq *f*, dilbestî *f*; berjewendî *f*; faîz *f*.
interesting *rgd* balkêş.
interfere *lg* **~ in** têkil bûn, têkilî tiştekî bûn. **Don't ~ in my business.** Têkilî şuxilê min nebe.
interior hundir *m*. *rgd* yê hundir.
interjection baneşan *f*.
interlace *lg,lng* alandin, hûnan; alîn.
intermediary *n* navbeynvan.
intermediate *rgd* navîn, yê navbeynê, navçe. **~-range** navçemenzîl.
interminable *rgd* bêdawî.
intermingle *lg,lng* kirin nav hev, xistin nav hev; ketin nav hev.
intermission navbeyn *f*, rawest *f*.
internal *rgd* yê hundir. **~ trade** bazirganîya/ticareta hundir
international *rgd* navneteweyî. **~ trade** bazirganîya navneteweyî.
interprete *lng,lg* şîrove kirin, wergerandin, rave kirin. **~r** *n* wergervan, paçvan. **interpretation** rave *f*, tefsîr *f*.
interrelate *lg,lng* hevtêkil bûn; hevtêkil kirin.
interrelation hevtêkilî *f*. **interrelationship** girêdanî *f*.
interrogate *lg* pirsîn, pirsîyarî kirin, pirsandin.
interrogative *rz* pirsiyarî, pirsiyarkî, pirsînî. **~ pronoun** cînavê/pronavê pirsiyarî *m*. **interrogation** pirsiyarî *f*.
interrupt *lg,lng* (domdarîya tiştekî) birîn/sekinandin, peyva/xebata yekî birîn.
intersection rêgihan *f*, hevbirîn *f*, niqteya ku du tişt lê hevdu dibirin.
interstate *rgd* yê navbeyna dewletan.
intertribal *rgd* yê navbeyna eşîran, naveşîrî. **~ wars** şerên (navbeyna) eşîran.
intertwine *lg,lng* alîn, alandin.
interval navbeyn *f*, mabeyn *f*, navên *f*, dûring *f*.
intervene *lg,lng* ketin navbeynê, di navbeynê de bûn, navbeynvanî kirin, têkil bûn, midaxele kirin.
intervention navbeynvanî *f*, têkil-bûn *f*, midaxele *f*.
interview hevpeyvîn *f*.
interweave *lg* pev hûnan, pev hûnandin.
intestine *anat* rûvî *m*, rêvî *m*. **small ~** rûvîyê zirav. **large ~** rûvîyê stûr.
intimidate *lg* çav şkenandin, çav tirsandin, gef dan, gefandin. **intimidation** *n* gef *f*, gefandin *f*, çavtirsandin *f*.
into *dç* hundir. **Come ~ the house.** Were hundir xênî.
intolerable *rgd* nayê kişandin, xweş nayê dîtin.
intransitive *rgd rz* negerandî. **~ verb** lêkera negerandî *f*.

intrepid *rgd* bêxof, bêṯirs.
intricate *rgd* tevlihev.
introduce *lg* dan naskirin, pêşkêş ḵirin.
He ~d me to his parents. Wî ez bi dêûbavê xwe dam naskirin. **~ (into)** xisṯin (hundir), ṯêxisṯin.
introduction dannasîn *f*, pêşgoṯin *f*.
introvert *lg* bala xwe dan xwe, li ser xwe fiḵirîn/raman ḵirin.
intrude *lg,lng* bi zorê keṯin an xisṯin ṯişṯekî/ derekê, bi zorê beşdar bûn.
intution *n* seh, sehḵirin.
invade *lg* êrîş ḵirin, desṯ avêṯin, dagir ḵirin.
invalid[1] *rgd* beṯal, neṯê, nemiteber.
invalid[2] *rgd* jikarketî, seqeṯ, nexweş.
invalidate *lg* beṯal ḵirin, raḵirin.
invariable *rgd* neguhêrbar.
invent *lg* **1** nûve danîn, afirandin, dahênandin, îcat ḵirin. **2** ji ber xwe de goṯin/çêḵirin. **~or** *n* dahêner, nûvedan, afrandêr, îcatkar.
inverse *rgd* bernexûn, serobin, berovaca.
invert *lg* berovaca ḵirin, serobin ḵirin, bernexûn ḵirin. **~ed commas** nîşandeḵa duniḵan *f*.
investigate *lg* lê kolan, vekolan, tetkîk/ teftîş ḵirin, hûrandin. **investigation** *n* lêkolîn *f*, vekolîn *f*, şopgerîn *f*, tetkîk *f*, teftîş *f*.
invisible *rgd* nedîṯbar, nexuya, nayê dîṯin.
invisibility nexuyabûn *f*, xuyanebûn *f*, nedîṯbarî *f*.
invite *lg* vexwendin, daweṯ ḵirin, ezimandin. **invitation** vexwendin *f*, daweṯ *f*. **invitation card/letter** vexwendîname *f*, dawetname *f*.
invoice fatore *f*, fatûre *f*.
involuntary *rgd* bêhemd. **involuntarily** *rgp* bê hemdî.
inward *rgd* yê hundir; ber bi hundir ve.
Iran Îran *f*. **~ian** *n,gd* Îranî.
Iraq Îraq *f*.
irate *rgd* behecî, qehirî.
Ireland Îrlanda *f*.
iris[1] *anat* reşiḵa çav *f*, îrîs *f*.
iris[2] *bot* sosin.
iron[1] hesin *m*. **~worker** *n* hedad, hesinker.

iron[2] ûtî *f. lng,lg* ûtî ḵirin.
irregular *rgd* bêrêz, nerêzdar.
irrelevant *rgd* derî babeṯê, derî mijarê, neṯêḵil.
irremediable *rgd* bêderman, bêçare.
irreparable *rgd* bêçare, neçar, nayê çêḵirin, ṯamîr nabe.
irresistable *rgd* pir xurṯ, li ber nayê seḵinîn.
irresolute *rgd* bêbiryar, dudil.
irresponsible *rgd* bê berpirsiyarî, ne- berpirsiyar, bêmesûlîyet.
irreversible *rgd* misoger; bêveger, (jê) nayê vegerîn, bi şûn ve nayê kişandin.
irrigate *lg* av berdan (ser), av dan. **irrigation** avdan *f*. **~ trench** co *f*.
irritate *lg* behecandin, qehirandin; kişkişandin; ḵul ḵirin. **irritation** hêrs *f*.
ischium *anat* hesṯîyê qûnê *m*.
Islam Îslam *f*.
island girav *f*.
islet dûrge(h) *f*, girava biçûk *f*.
isolate *lg* **~ (from)** cihê ḵirin, jê qeṯandin, tenê hişṯin.
Israel Îsraîl *f*. **~i** *n,rgd* Îsraîlî.
issue[1] *lg,lng* **1 ~ (out/forth)** heriḵîn/haṯin/ çûn derve, derkeṯin. **2 ~ (sth to sb)/(sb with sth)** belav ḵirin, dan. **3** weşandin.
issue[2] weşandin *f*, çapkirin *f*, belav ḵirin *f*; babet *f*, pirs *f*; encam *f*; hejmar *f*; derkeṯin *f*, cihê derkeṯinê *f*.
it *cn* (di dewsa kesê sêyemê ku zayenda wî/wê ne eşkere an ṯişṯ û heywanan de ṯê bikaranîn) ew, wê, wî. **It is on your book.** Ew li ser pirtûḵa ṯe ye. **I can't see it.** Ez niḵarim wî/ wê bibînim. **~s** ê/a/ên wî, ê/a/ên wê.
italic *rgd* xwar, îtalîk. *n* ṯîpa xwar, îtalîk.
itch xwir *f*, xur *f. lng* xurîn. **Scratch where it ~es.** Cihê ḵu dixure bixurîne.
item *n* heb *f*, lib *f*.
itemise *lg* hebo hebo dan, hebo hebo nivîsîn, bi kitkitan nivîsîn.
itinerant *rgd* geroḵ.
itinerary *n* plan an kitkitên rêwîṯîyê.
itself (jibo kesê sêyem) xwe, bixwe. **by ~** bixweber, tenê. **The machine works by ~.** Makîne bixweber /xwe bi xwc dixebiṯe.
ivory fîldiran *m*.
ivy dargerînk *f*, lavlaf *k f*.

J   **j** tîpa dehan a elfabeya Îngîlîzî.
jack *n* **1** (seyare, hwd) krîko
   m, hildek̲ *m*. **2** lawik̲ *m* (kaxeza
   lîsk̲ê) .
jackal *n* torî(k̲), wawîk̲, çeqel.
jackass nêrker *m*.
jacket çak̲êt̲ *f*.
jack-knife kêrik̲ *f*.
jagged *rgd* bi niçik̲, bi diran, serît̲ûj.
jail girt̲îgeh *f*.
jam[1] rîçal *m*.
jam[2] *lg,lng* şidandin, dewisandin, guvaş-
   t̲in, xet̲imandin; şid̲în, dewisîn, xet̲imîn.
Jamaica Jamaîka *f*. **Jamaican pepper**
   germok̲ *f*.
janitor *n* dergehvan.
January Çileyê Paşîn *m*.
Japan Japonya *f*. **Japanese** *n,rgd* Japonî,
   yê Japonya.
jar merkane *m*.
jargon *n* zimanê civat̲ek̲ê yê taybet̲î yê
   k̲u ji xênd̲î wan kes jê fah̲m nak̲e, cargon *f*.
jasmine yasemîn *f*, asîmîn *f*.
jaundice *n* zerik̲. *lg* zerik̲î kirin.
jaunt ger *f*.
jaw *anat* , çen *f*, çelefîk̲ *f*. **lower** ~ çena
   jêrîn *f*. **upper** ~ alên *f*, çena jorîn *f*.
jazz *n muz* caz.
jealous *rgd* beh̲ecok̲, çavnebar, dexsek̲,
   dilreş, kumreş, berçîn. ~**y** beh̲ecokt̲î *f*,
   dexsekt̲î *f*, çavnebarî *f*.
jeans *n* pantorê qot̲.
jeep cîp *f*.
jeer *lg,lng* henek̲ê xwe pê k̲irin.
jellyfish *n* pişemasî.
jeopardize *lg* k̲irin/avêt̲in xeterê. **jeop-
ardy** *n* xetere, rewşa nazik̲.
jerk *lg,lng* ji nişk̲a ve kişandin/avêt̲in,
   hejandin, hejîn, çeng k̲irin. ~**y** *rgd* lerzek̲.
Jerusalem artichoke sêvaxîn *f*.
jest h̲enek̲ *f*. *lng* ~ **(with)** h̲enek̲ (pê)
   kirin. **in** ~ bi qazî, bi h̲enek̲an.
Jesus Îsa *m*.
jet *lng,lg* beliqîn, pijiqîn; pijiqandin.
jetton jeton *m*.
Jew *n* Cihû(d), Yahûdî. **Jewess** *n* (jin)
   Cihû, Yahûdî. ~**ish** *rgd* yê Cihûyan.
jewel gewher *m*, micewher *m*. ~**ler** *n*
   zêr̲ker. ~**ry** cewahir *m*, xişir *m*,

micewherat, zêr̲firoşî *f*.
jiggle *lg,lng* lerizandin; lerizîn.
jingle *lg,lng* şingîn, şingînî jê anîn, k̲irin
   şingeşing. *n* şingeşing *f*, şingînî *f*.
job kar *m*, şix̲ul *m*, bilîkarî *f*. ~**less** *rgd* bet̲al.
jockey *n* cokey.
jocular *rgd* bi h̲enek̲, bi h̲enek̲an. ~**ly** *rgp*
   bi h̲enek̲an.
jog *lg,lng* kil k̲irin, deh̲f dan; hêd̲î hêd̲î
   pêşk̲et̲in/pêşde çûn; hêd̲î hêd̲î û bi lezek̲e
   neguhêr̲bar revîn.
joggle *lg,lng* kil k̲irin, lerizandin; kil
   bûn, lerizîn.
join *lg,lng* pêve k̲irin, bi hev vek̲irin,
   gîhandin hev, teva t̲işt̲ek̲î k̲irin; gîhan
   hev, t̲êk̲il bûn, tev(a t̲işt̲ek̲î) bûn, ket̲in
   (t̲işt̲ek̲î), beşdar bûn. **May I ~ in the
   game?** Ez k̲anim t̲êkevim lîst̲ik̲ê/beşdarê
   lîst̲ik̲ê bibim? *n* tevbûn *f*, yek̲bûn *f*.
joint[1] *rgd* bi hev re, pevre, tevde. ~**ly** *rgp*
   bi hevkarî, tevde, bi hev re, pevre.
joint[2] *anat* geh *f*, girêçik̲ *f*, maçlek̲ *f*.
joist beşt̲ *m*.
joke h̲enek̲ *f*. *lng* h̲enek̲ k̲irin. **jokingly**
   rgd bi h̲enek̲an.
joker *n* h̲enek̲çî, h̲enek̲hez.
jolly *rgd* bikêf, şên.
jolt *lg,lng* hejandin; hejîn.
jonquil zêr̲în *f*, nêrgiz *f*.
Jordan Urdin *f*.
jostle *lg,lng* deh̲f dan, del(k) dan.
journal rojname *f*.
journalism rojnamevanî *f*.
journalist *n* rojnamevan. ~**ic** *rgd* yê
   rojnamevanîyê.
journey ger *f*, geşt̲ *f*, rêwît̲î *f*.
joy şabûnî *f*, şahî *f*, kêf *f*. ~**ful** *rgd* şa,
   bikêf. ~**less** *rgd* bêkêf, xemgîn. ~**lessly**
   rgp bê kêf, bi xemgînî. ~**ous** *rgd* geş, şa,
   bikêf.
jubilant *rgd* serfiraz; kêfxweş, dilşad.
jubilation cezma serfirazîyê *f*, şadîya
   serfirazîyê *f*.
judge *n* dadgêr, danêr, h̲akim. *lng,lg*
   danêr k̲irin, h̲akimt̲î/dadgêrî k̲irin.
judicial *rgd* dad̲î, yê dadgehê.
judo jûdo *f*.
jug qerqef *m*, qerqet̲ *m*, sureh̲î *m*.
juggle *lg,lng* hoqebazî k̲irin, xapandin.

juice *n* şîrik, avgoşt, ava fêkî, şîre. **orange ~** ava porteqalan. **juicy** *rgd* biav.
July Tîrmeh *f.*
jumble *lg,lng* ~ **(up)** tevlihev kirin; tevlihev bûn.
jumbo *rgd* zêde mezin, pir gir.
jump *n* baz. *lng,lg* baz dan, hilpişkîn, behîn, (xwe) çeng kirin, çilape kirin, hilpekîn, helfirîn, helfirandin.
junction xaçerê *f*, devê rê *f*, rêgihan *f.*
June Hezîran *f.*
jungle cingal *f.*
junior *rgd* biçûk, biçûktir. *n* yê biçûk.
juniper hevrist *f*, şekok *f.*
junta cûnta *f.*
Jupiter *astr* Bercîs *f*, Hurmiz *f.*
juridical *rgd* dadî.
jurisprudence hiqûq *m.*
juror *n* endamê jurîyê.
jury jurî *f.*
just[1] *rgd* dadyar, dadmend, heqnas, adil.
just[2] *rgp* aniha, hîn nuh; tenê; tam; dike, li ber; bi zorê. **I've come here ~ to see you.** Ez tenê jibo dîtina te hatime vir. **I've ~ had dinner.** Min aniha şîv xwar. **It's ~ five o'clock.** Seet tam pênc e. **We (only) ~ caught the train.** Me bi zorê trên zeft kir.
justice dad *f*, dadmendî *f*, heqî *f*, rastî *f*, edalet *f.*
justify *lg* rastandin, heq dan.
juvenile *n* ciwan. *rgd* ciwan, yê ciwanan.
juxtapose *lg* kirin kêleka hev, li nik hev cih dan.

K **k** tîpa yazdehan a elfabeya Îngîlîzî.

kaleidoscope kaleydoskop *f.*

kangaroo *n* qangirû.

karate qarate *f.*

keen *rgd* **1** (kêr, hwd) tûj. **a knife with a ~ edge** kêreke tûj. **2** (hes, bal, hiş, hwd) kwîr, xurt. **3** heweskar, dilxwaz, pir dixwaze. **He is very ~ that Tom should marry Stella.** Ew pir dixwaze ku Tom bi Stella re bizewice.

keep *lng,lg* hiştin, hilanîn, parastin, qefandin, xwedî kirin. **The cold weather kept us indoors.** Hewa sar em di hundir de hiştin. **K~ your hands in your pockets.** Destên xwe the bêrîkên xwe de bihêle. **K~ these things for me.** Van tiştan ji min re hilîne. **~ sb/sth from doing sth** nehiştin. **We must ~ them from seeing him.** Divê em nehêlin ew wî bibînin. **~ from doing sth** xwe girtin, nekirin. **I couldn't ~ from laughing.** Min kenê xwe negirt. **~ a promise** soza xwe girtin, li ser soza xwe man. **May God ~ you.** Xwedê te biparêze/bihêle. **Does he earn enough to ~ himself and his family?** Qasî ku ew xwe û malbata xwe xwedî bike dirav dikeve destan? **~ (on) doing sth** domandin. **K~ on smiling.** Kenê xwe bidomîne. **~ away (from) sth** jê revîn, jê dûr sekinîn. **~ sb/sth away (from)** jê dûr hiştin, nêzîkî tiştekî nekirin. **~ off sth** jê dûr sekinîn. **~ sb/sth out (of sth)** li derve hiştin. **~ (oneself) to oneself** ji mirovan revîn, ketin qalikê xwe. **~ up (with sb/sth)** gîhaştin. **I can't ~ up with you.** Ez nikanim bigihêjim te.

keepsake diyarî *f.*

keg bermîl *f* (a biçûk).

kennel holika kûçikan *f.*

Kenya Kenya *f.*

kerb *n* kevirê qiraxa peyarêyan.

kerchief hewrî *f*, hirbî *f*, temezî *f.*

kernel heb *f*, dane *f*, qin *f.*

kerosene gaz *f.*

kettle çaydan(k) *f*, beroş *f*, sîtil *f.*

key 1 mifte *f*, nifte *f.* **2** tûş *f.* **~hole** qula miftê *f.* **~note** (muzîk) noteya bingehîn; bingeh, sereta.

khaki *n,rgd* xakî.

kick pehîn *f*, pihîn *f*, (hesp, hwd) zîtok *f.* *lng,lg* pehîn avêtin/kirin/lê xistin, zîtok avêtin. **K~ the ball.** Gogê pehîn bike. **This horse ~s.** Ev hesp pehînan/zîtokan diavêje. **~ sb out** qewirandin.

kid[1] *n* **1** kar. **2** eyarê karan. **3** zaro, (DYA) ciwan, xort.

kid[2] *lg,lng* xapandin, derew lê kirin.

kidnap *lg* revandin.

kidney *anat* gurçik *f.*

kill *lng,lg* kuştin, mirandin. *n* kuştin *f.* **~er** *n* kujdêr, mêrkuj, mirovkuj. **~-joy** *n* kesê ku kêfa meriv xera dike an direvîne.

kiln hêtûn *f*, êtûn *f.*

kilo[1] kîlo *f.*

kilo[2] *xêş* hezar. **~gram** *n* kîlogram, hezar gram. **~litre** *n* hezar lître. **~metre** *n* kîlometre *f*, hezar metre.

kin *n* merv, xizm, eqrebe.

kind[1] babet *f*, cur *m*, tewr *m*, hawe *m.*

kind[2] *rgd* devnerm, dilpak, xûnerm, xûxweş, xweşgo, xêrxwaz, mihrîban. **~-hearted** *rgd* dilpak, xêrxwaz. **~ness** kerem *f*, nermî *f*, xûnermî *f*, devnermî *f.* **~ly** *rgp,rgd* ji dil, bi dilovanî, dostane, wek hevalan.

kindergarten xwendegeha bindestpêkê.

kindle *lg,lng* (agir) pê xistin; pê ketin.

kindred xizmatî *f*, mervantî *f.* *rgd* xizm.

kinetic *rgd* kînetîk. **~s** kînetîk *f.*

king key *f*, qiral *f.* **~dom** *n* (welat) keyîtî, qiralî. **~ship** keyîtî *f*, qiralî *f.*

kink *n* (ben, werîs, hwd) lihevgerîn.

kinship mervantî *f*, xizmatî *f.*

kiosk qesr *f*, koşk *f.*

kiss maç *f*, ramûsan *f.* *lng,lg* maç(î) kirin, ramûsandin. **He ~ed her (on the) cheek.** Wî gepa wê maçî kir.

kitchen metbex *f.*

kite 1 firfirok *f*, balon *f* (a ku zarok bi ta û kaxizê difirînin). **2** *n zool* kulemar, kolare.

kitten *n* çêlika pisîkê.

kleptomania kleptomanî *f.*

knack zîrektî *f*, huner *m.*

knapsack çentepişt *m*, çentê piştê.

knave *n* **1** xapînok; bêrûmet. **2** (kaxezên lîskê) lawik.
knead *lg* **1** hevîr kirin, kirin hevîr, vestirîn. **2** firkandin.
knee *anat* çok *f*, çog *f*, çong *f*. **be on/go (down) on one's knees** çok dan, li ser çongan sekinîn. **~cap** kasika çogê *f*, kodika çogê *f*. **~-deep** *rgd* qasî çongê kûr, heta çongê.
kneel *lng* çok dan, li ser çongan sekinîn.
knell *n* dengê zengil (ji bo şwînê), caba mirinê, caba xerab.
knife kêr *f*. *lg* kêr kirin, bi kêrê jêkirin, kêr lê xistin.

knit *lg,lng* **1** hûnan,honandin, rêsandin. **2** (hestî) cebirîn. **The bone has ~ted.** Hestî cebirîye.
knob gilok *f*, girêk *f*; qulp *f*.
knock derb *f*, dengê lêxistinê, lêxistin *f*, lêdan *f*. *lng,lg* kutan, lê xistin, lê dan. **Someone is ~ing on the door.** Yek li derî dixe.
knoll girik *m*, girê piçûk.
knot girêk *f*. *lg,lng* girêk lê xistin, girêdan. **~ty** *rgd* bi girêk, girêkî. **knot grass** giyagirêk *f*.
know *lg,lng* **1** zanîn. **Do you ~ how to play chess?** Tu dizanî bi kişik bilîzî? **2** nasîn, nas kirin. **Do you ~ Azad?** Tu Azad dinasî/nas dikî? **make oneself ~n to sb** xwe bi yekî dan nasîn/nas kirin. **You must make yourself ~n to the teacher.** Divê tu xwe bi mamoste bidî nasîn. **~ about/of** jê agahdar bûn, hay jê hebûn. **I ~ of him.** Haya min ji wî heye.
knowing *rgd* zane, haydar, agahdar, şût. **~ly** *rgp* bizankî, bi hemd, bi zaneyî.
knowledge zanîn *f*, hay *f*, haydarî *f*, agah *f*. **My ~ of French is poor.** Zanîna min a Fransizî kême. **~able** *rgd* zane, agahdar.
knuckle *anat* girêka dest *f*. **~ bone** kab *f*.
koala *n* tewrekî hirçên piçûk, koala.
kohl kil *f*.
Koran Quran *f*.
Korea Qore *f*.
Kurd *n* Kurd.
Kurdish *n,rgd* Kurd, Kurdî *f*, bi Kurdî, yê Kurdan.
Kurdistan Kurdistan *f*.
Kuwait Kuweyt *f*.

L

l tîpa dozdehan a elfabeya Îngîlîzî.
la *muz* la *f*, noteya şeşan.
label etîket *f*, yafte *f*.
labial *rgd* lêvkî, yê lêvê. **~ commisure** kujê lêvê *m*.
laboratory laboratûwar *f*.
laborious *rgd* bi zehmet, dijwar.
labour (DYA: ***labor***) **1** ked *f*, tab *f*, kar *m*. **manual ~** karê dest. **2** çîna karkeran. **in ~** (jin) li ber zanê, dike bizê. *lg,lng* **1** pir xebitîn, karê dijwar kirin, tab xwarin. **2** bi dijwarî meşîn/bîhn stendin, hulm/bîhn çikîn.
labourer *n* êrxat, pale, palevan, zehmetkêş.
labyrinth labîrent *f*. **~ine** *rgd* wek labîrentan.
lace dantêl *m*; qeytan *f*. *lg,lng* **~ (up)** qeytan(ên solan) girêdan/şidandin.
lacerate *lg* çirandin, birîn kirin, (dil,hes) êşandin, şikandin.
lack kêmanî *f*, tunebûn *f*, pêdenebûn *f*. *lg,lng* **~ (in)** tunebûn, bêyî tiştekî bûn, pêde nekirin. **be ~ing** pêde nebûn, tunebûn. **be ~ing in sth** tunebûn, kêm hebûn. **He is ~ing in money.** Diravê wî tune/kêm e (Ew destteng e). **~ for** hewcedar bûn.
laconic *rgd* kurt û bi mane.
lactary *rgd* yê şîr.
lacteal *rgd* yê şîr, bi şîr, ji şîr.
lad kur *m*, law *m*, xort *m*.
ladder dirêncek *f*, nerdeban *f*, pêlekan *f*, pêpik *f*, sêlim *f*.
ladle çoçik *f*, hesk *f*, çemçik *f*. *lg* bi çoçikan/çemçikan dan.
lady xanim *f*, xatûn *f*. **~-killer** keçxapînok *m*.
ladybird/ladybug *n* sosik, xalxalok.
lag *lng* li dû/dawîyê man, hêdî hêdî meşîn. **The lame child ~ged behind.** Zarokê kût li dû ma.
lager *n* tewrekî bîreyê.
laggard *n* kesê derengmayî, kesê li dû mayî/dimîne.
laic *rgd* laîk.
lair qul *f*, kun *f* (a heywanan; hirç, hwd).
lake gol *f*, bêrm *f*.

lamb *n* berx; goştê berxan.
lame *rgd* kulekî, kût.
lament *lng* **~ (for/over)** şwîn girtin/kirin, axeax kirin, lorandin, lorîn, zarîn. *n* axeax *f*, şwîn *f*, nalîn *f*, zarîn *f*; (muzîk) lorik *f*. **~ation** axîn û nalîn *f*, zarzar *f*, axeax *f*, nalenal *f*.
laminate *lg* pelpelî kirin, pelpelî çêkirin.
lamp lampe *f*, çira *f*, fanos *f*. **~-black** tenîya lampê *f*. **~light** ronîya lampê *f*.
lance rim *m*. **~r** *n* rimbaz.
lancet neşter *f*, niştêr *f*.
land[1] erd *m*, bej *m*, reşahî *f*, xak *f*; zevî *f*. **~ forces** hêzên erdê.
land[2] *lg,lng* dahatin, xwe (li erdê/lê) danîn, anîn/daxistin/kişandin/hatin erdê.
landed *rgd* xwedî erd/zevî.
landlady xwedîya xênî *f*.
landless *rgd* bêerd, bêzevî.
landlord *n* xwedîyê erd, xwedîyê xênî.
landmark nîşan *f*, nîşana tixûb *f*, nîşana erd *f*.
landowner *n* xwedîerd, xwedîyê xênî.
Landrover Landrover *f*.
landslide hezaz *f*.
lane kuçe *f*, rêya teng *f*.
language ziman *m*.
languid *rgd* giran, sist, cangiran.
languish *lng* lawaz bûn, qels bûn, ji hêzê ketin, bêhêz man.
languor lawazî *f*, qelsî *f*, kêmhêzî *f*.
lanky *rgd* dirêj û zirav, wek mircaqan, wek leglegan.
lantern fanos *f*.
Laos Laos *f*.
lap[1] koş *f*, daw *f*.
lap[2] *lg,lng* alastin, bi zimên vexwarin (wek pisîkan av vexwarin).
lap[3] *lg,lng* pêçan, pêçandin.
lapse *n* **1** xeletî *f*, çewtî *f*. **2** ji rastiyê derketin. **3** dem, (dem) derbasbûn, borîn. **4** (maf) qedîn, xelasbûn, neman.
larceny dizî *f*.
lard *n* rûn an dûvê berazan.
larder kîler *f*.
large *rgd* gir, gewre, girs, mezin, fireh. **~ly** *rgp* bêtir, zêdetir, bi pirayî, bi çavferehî, pir.
lark[1] *n zool* tîtî.
lark[2] şabûnî *f*, kêf *f*.
larva *n* kurm, kurmik.

laryngitis n ḵulbûna gewrîyê.
larynx anat qiṟiḵ f, gewrî f.
laser lazer f.
lash n derba qarmîçe/şelaq, serê qarmîçe/ şelaq.
lashing 1 ben m, qenab f. **2** (bi qarmîçe an şelaq) lêxisṯin.
lass ḵeç f; dilgirṯî f, dosṯiḵ f.
lassitude wesṯîyan f, beṯilîn f.
lasso fiṯraḵ f, dam f, kemend f.
last[1] rgd,rgp,n **1** axir, dawîn, paşîn, yê dawîyê/paşîyê, yê mayî, cara dawîyê, dawî. **the ~ month** meha dawîn/dawîyê.
~ year n par. **2** a borî, a çû, a dî. **~ night** şeva çû/dî. **~ summer** havîna çû. **When I ~ saw her.** Cara dawîn ḵu min ew dît. **These are the ~ of our apples.** Ev sêvên me yên mayî ne. **We shall never hear the ~ of this.** Dawîya vêya nayê. **I've said my ~ word.** Min peyva xwe ya dawîyê goṯiye.
last[2] lng **~ (out)** dom ḵirin, domîn, dom bûn, ajoṯin, kişandin. **How long will the fine weather ~?** Hewa xweş ê çiqasî biajo/dom biḵe?
late[1] rgd **1** dereng, (zad) viṟnî. **at a ~ hour** di seeṯeke dereng de. **The crops are ~ this year.** Îsal zad virnî keṯine. **be ~** dereng man. **I am ~?** Ez dereng mam(e). **2** yê dawîn, dawîn. **the ~ rehmeṯî. her ~ husband** rehmeṯî mêrê wê. **at (the) ~est** berî, herî dereng. **Be here on Monday at (the) ~st.** Berî Duşemê li vir be.
late[2] rgp dereng. **get up/go to bed/arrive/marry ~** dereng rabûn/keṯin nav nivînan/gîhaşṯin/zewicîn. **~r on** rgp dûre, paşê, pêşde. **We shall see ~r on.** Em ê dûre bibînin. **early and ~r** her gav, her seeṯ. **sooner or ~r** zû dereng.
lately rgp vî çendî, van rojan, vê dawîyê. **I haven't been home ~.** Ez vî çendî/van rojan neçûme malê.
latent rgd negihîşṯî, negîhaşṯî, nebûyî; nexuya.
lateral rgd yê kêleḵê, ji kêleḵê, li kêleḵê, ber bi kêleḵê ve.
lather kefa sabûnê f.
Latin Laṯînî f.
latrine daşir f, avṟêj f, tûwaleṯ f (ya ḵu li

derên neavaḵirî ji çal, hwd çêdibe).
latter rgd dawîn, yê dawîyê.
lattice deṟabe f (ya li ber derî yan pacan).
laud lg pesn(ê yeḵî) dan. **~able** rgd pesindar, hêja ye pesnan.
laudatory rgd pesindar.
laugh lg,lng kenîn. **The jokes made everyone ~.** Herkes bi heneḵan kenîya. **~ at pê kenîn. Don't ~ at him.** Bi wî nekene. **He ~s best who ~s last.** Yê ḵu dawîyê dikene başṯirîn dikene. n ken m. **She answered with a ~.** Wê bi ken bersîv da. **~able** rgd pêken.
laughing rgd yê ḵu dikene yan dikenîne. n ken m.
laughter pirqînî f, ṯîqeṯîq f, piqpiq f, ken ê bi deng.
launch lg,lng (keşṯîyeke nûçêḵirî) beṟa ser avê dan; desṯ pê ḵirin, wek ṟiman avêṯin, fiṟandin, avêṯin hewa.
launder lg,lng (kinc) şuşṯin û ûṯî ḵirin.
launderette cilşogeh f.
laundress (jin) cilşo f.
laundry cilşogeh f; cilşuşṯin f.
laurel defne f.
lavender lawante f.
law zagon f, qanûn f, hiqûq f. **~ful** rgd dadyar, qanûnî. **~less** rgd dadnenas, dijî zagonan.
lawn axlêv f, çîmen f.
lawyer n parêzer, berveder, ebûqat.
lax rgd sisṯ, qels. **~ation** sisṯî f; valaḵirina ṟûvîyan.
lay lng,lg **1** ṟaxisṯin, veḵeṯandin, danîn, nixumandin. **L~ the floor with carpet.** Xalîçe li erdê ṟaxe. (Erdê bi xalîçe binixumîne). **Who will ~ the carpet?** Kî yê xalîçê ṟaxe? **2** hêḵ ḵirin. **Are your hens ~ing?** Mirîşkên we hêḵan dikin?
layer n **1** qor, tebeqe, qaṯ. **2** mirîşka hêḵa dike. **good/bad ~** mirîşka pir/hindiḵ hêḵan diḵe.
layout (çapgêrî) ṟaxisṯina ṟûpelan f. **lay out** lg ṟûpel ṟaxisṯin.
laze lg,lng **~ (away)** teralî ḵirin, bûn teral.
lazy rgd teral, ṯiral, bapîva, cangiran.
lead[1] zirêç f, ziṟîç f, sirb f. **lead shot** saçme f.
lead[2] lg,lng ṟeberî(ya yeḵî) ḵirin, birin, dan pêşîyê, di pêşîyê de çûn, seroḵṯî

kirin. **Our guide led us through many caves.** Rêberê me em di gelek şikeftan de birin. **Can you ~ us?** Tu kanî bidî pêşîya me/me bibî? **Which horse is ~ing?** Kîjan hespa di pêşîyê de ye? **Who is ~ing the party?** Kî seroktîya partîyê dike?/Serokê partîyê kî ye? **Where does this road ~?** Ev rê diçe ku? **~ the way** rêberî kirin, pêşengî kirin.

lead3 rêberî *f*, pêşevanî *f*.

leader *n* serek, serok, pêşevan, ser, serdar. **~ship** serektî *f*, serokatî *f*.

leading *rgd* sereke, yê herî girîng.

leaf belg *m*, pel *m*. **~less** *rgd* bêpel. **~y** *rgd* bipel, pelpelî.

leaflet 1 belavok *f*. **2** pel an belgê biçûk.

league yekîtî *f*, komel *f*; kom *f*, lîg *f*.

leak *lg,lng* (av, hwd) tê re çûn, jê hatin/derketin/niqutîn.

lean1 *rgd* lawaz, bêber, bêdûv, bêgoşt.

lean2 *lg,lng* **1** xwar bûn/kirin, xwe xwar kirin, pala xwe dan tiştekî, (xwe) sipartin. **L~ the ladder against the wall.** Dirêncekê bisi-pêre dîwêr.

leap *lg,lng* helfirîn, hilperîn, hilpişkîn, xwe (di ser re) çeng kirin, di ser re avêtin.

learn *lg,lng* **1** fêr bûn, hîn bûn, elimîn. **Has he ~t his lessons?** Ew hînî dersên xwe bûye? **~ sth by heart** ji ber kirin. **2** bihîstin, agahdar bûn. **~ed** *rgd* xwenda, xwende, zana, zane.

lease *lng,lg* demam dan/kirin, (bi bendnameyekê) dan kirê, kirê kirin. *n* bendnameya kirê *f*, kirêname *f*, kirêkirin *f*, demam *f*.

leash hefsar *m*.

least *rgd* herî biçûk/hindik/kêm. **at ~** *rgp* ji tune de, tew tune be, qe nebe. **He is at ~ as tall as you.** Ew ji tune de qasî te dirêj e. **~wise/ways** *rgp* ji tune de, tew tune be.

leather eyar *m*, çerm *m*. **~ly** *rgd* çermîn. **Morocco ~** sextiyan.

leave1 *lng,lg* **1** (ji derekê) çûn, derketin. **When did you ~ London?** Tu kengî ji Londonê çû. **~ for** çûn derekê. **We are leaving for Kurdistan.** Em diçin Kurdistanê. **2** berdan, terikandin. **When did you ~ school?** Te kengî xwendegeh terikand? **3** hiştin, ji bîr kirin. **I left my book in the train.** Min pirtûka xwe di trênê de hişt (ji bîr kir). **Who left that window open?** Kê ev pace vekirî hişt. **~ sb/sth alone** dev jê berdan, jê gerîn, jê vehewîn. **L~ the cat alone.** Dev ji pisîkê berde (ji pisîkê vehewe). **~ (sth) off** sekinîn, sekinandin, dev jê berdan.

leave2 1 destûr *f*, îzin *f*. **2** çûn *f*, birêketin *f*. **take (one's) ~ (of sb)** xatir xwastin.

leaven hevîrtirş *m*.

leavings bermaye *f*, bermayî *f*.

Lebanon Lubnan *f*.

lecher *n* doxînsist.

lee *n* cihê ku ba nayê, talde *f*.

leech *n* tizrûg.

leek pirase *f*.

left *rgd,n,rgp* çep, yê çepê, hêl an pîyê çepê. **Can you write with your ~ hand?** Tu kanî bi destê xwe yê çepê binivîsî? **~ hand** pîyê/alîyê çepê. **~ handed** *rgd* çep (yê ku destê çepê ji yê rastê çêtir dixebitîne).

leftover *rgd,n* dûdemayî, bermaye.

leg *anat* ling *f*, şeq *f*, qor *f*.

legacy pêmahî *f*, mîrat *f*.

legal *rgd* qanûnî, zagonî, dadyar.

legend efsane *f*. **~ary** *rgd* efsanewî.

legible *rgd* (nivîs) tê xwendin.

legislate *lng* qanûn/zagon deranîn.

legislation qanûnderanîn *f*, zagonderanîn *f*.

leisure *n* dema vala, dema ku mirov naxebite.

lemon lîmon *f*.

lend *lg* (bi) deyn dan. **I will ~ you £1,000.** Ez ê £1.000-î bi deyn bidim te.

length dirêjî *f*, dirêjahî *f*, dirêjayî *f*. **the ~ of a road** dirêjîya rê.

lengthwise *bnr* **lengthways**.

lengthen *lng,lg* dirêj kirin; dirêj bûn.

lengthy *rgd* pir dirêj, zêde dirêj.

lengthways *rgd,rgp* bi dirêjahî, yê dirêjahîyê, ser dirêjahîyê.

lenient *rgd* nerm, bîhnfireh, xulqfireh.

lentil nîsk *m*.

leonine *rgd* wek şêran, yê şêr.

leopard *n* leopard. **~ess** *n* leoparda mê.

lesbian lezbîyen *f*, panpanok *f*.

lesion kulbûn *f*.

less *rgd,rgp,dç,n* kêm, kêmtir, hindiktir,

yê kêm. **I have ~ money than you.** Diravê min ji yê te kêmtir e/Min ji te hindiktir dirav heye. **Eat ~, drink ~, and sleep more.** Kêm bixwe, kêm vexwe û bêtir rakeve.

lessee *n* kirêdar.

lessen *lg,lng* kêm kirin; kêm bûn.

lesson wane *f*, ders *f*.

let *lng,lg* **1** hiştin, destûr dan, bila (kirin/bûn). **Don't ~ the fire go down.** Nehêle agir vemire. **L~ her run.** Bila/Bihêle ew bireve. **L~ AB be equal to CD.** Bila AB wek/qasî CD be. **~ sb/sth go; ~ go of sb/sth** berdan. **Don't ~ the rope go.** Ben bernede. **L~ me go.** Min berde. **~ sb/sth alone** jê qerîn/vehewîn, dev jê berdan. **2 ~ sth (to)** dan kirê.

lethal *rgd* kujdar, yê mirinê.

letter 1 tîp *f*, herf *f*. **2** name *f*, reşbelek *f*. **~-box** namedank *f*. **~ of credit** bawername *f*.

lettuce xas *f*, xes *f*, kahû *f*.

leukoma ava sipî *f*.

level[1] *rgd* dûz, rast.

level[2] teng *f*, mahor *f*, taxme *f*, sewîye *f*.

level[3] *lg,lng* dûz kirin, rast kirin, anîn taxma/sewîya hev; dûz bûn, rast bûn, hatin taxma/sewîya hev.

lever beraze *f*, malêle *f*.

levy *lg,lng* bi darê zorê/bikotekî kom kirin, civandin.

lewd *rgd* bêedeb.

lexicographer *n* ferhengvan. **lexicography** ferhengvanî *f*.

lexicon ferheng *f*.

liability 1 berpirsiyarî *f*. **2** deyn *m*. **3** asteng *f*.

liable *rgd* **~ for** berpirsiyar.

liar *n* derewîn, derewçîn, virek.

liaison girêdan *f*, têkilî *f*, peywendî *f*.

lib rizgarî *f*, xelasî *f*. **women's ~** (tevgera) rizgarîya jinan.

liberate *lg* **~ (from)** azad kirin, rizgar kirin, (jê) xelas kirin. **liberation** rizgarî *f*, felat *f*, xelasî *f*, rizgarkirin *f*, xelaskirin *f*. **liberator** *n* xelaskar.

Liberia Lîberya *f*.

liberty azadî *f*. **at ~** azad.

library pirtûkxane *f*.

Libya Lîbya *f*.

lice *pirejimara* ***louse***.

licence lîsans *f*. *lg* destûr/îzin dan, ruhsat/buruntî dan.

lick *lng,lg* alastin. **The cat is ~ing its paws.** Pisîk lepên xwe dialêse. *n* alastin *f*.

licorice sûs *f*.

lid dergir *f*, devgir *f*, derxwîn *f*, qapax *f*. **eye~** palik *f*.

lie[1] derew *f*, vir *f*. *lng* derew kirin, vir kirin. **He ~d to me.** Wî derew li min kir.

lie[2] *lng* veketin, razan. **~ on one's back** li ser piştê veketin.

lieutenant *n lş* serpel, efserê duyem. **~ colonel** *n* serheng.

life jiyan *f*, jîn *f*; temen *f*, emir *m*. **How did ~ begin?** Jiyan çawa dest pê bû? **take sb's ~** kuştin. **take one's own ~** xwe kuştin. **~boat** keştîya hawarê *f*. **~less** *rgd* bêruh, bêcan, bêgiyan, mirî. **~long** *rgd* yê ku jiyanekê dom dike. **~saver** *n* xelaskar, yê ku jiyanê xelas dike. **~time** temen *m*, emr *m*.

lift *lng,lg* **1** heldan, hildan, hilkirin, rakirin, bilind kirin; rabûn, bilind bûn. **~ up one's voice** deng derxistin, dengê xwe rakirin. **I can't ~ this table.** Ez nikarim vê masê bilind bikim/rakim. **2** dizîn. *n* **1** rakirin *f*, hilkirin *f*. **2** hilavêj *f*, asansor *f*. **Take the ~ to the tenth floor.** Hilavêjê bibe qatê dehan. **~-man** *n* hilavêjvan, asansorvan.

light[1] *rgd* **1** ronî, ronak. **a ~ room** odeyeke ronî. **2** (reng) vekirî, ne tarî.

light[2] *rgd* sivik, tenik, qels, negirîng. **as ~ as air** qasî hewayê sivik. **~ infantry** segmanên sivik. **~ meal** xwarina sivik. **~ness** sivikahî *f*.

light[3] ronahî *f*, ronayî *f*, ronî *f*, ronkayî *f*, tav *f*, pertew *f*, rewşenî *f*, şewq *f*, zereq *f*. **the ~ of the sun/a lamp/the fire** ronahîan şewqa rojê/lampekê/êgir. **~ bulb** ampûl *f*. **~house** fanosgeh *f*.

light[4] *lng,lg* **1** vêxistin, dadan. **~ a fire** agir dadan/vêxistin. **~ a lamp** lampe vêxistin. **2** ronî kirin, şewq dan. **Our streets are ~ed by electricity.** Kuçên me bi elektrîkê ronî dibin.

light[5] **~ on/upon** lê rast hatin.

lighten[1] *lg,lng* sivik kirin; sivik bûn.
lighten[2] *lg,lng* ronî kirin, şewq dan. **A lamp ~ed the darkness of the room.** Lampeyekê tarîya odê ronî kir.
lighter heste *m*; yê ku vêdixe.
lightning birûsk *f*.
light-hearted *rgd* gêj; dilkoçer, dilşa.
lights pişika heywanan *f*.
likable,likeable *rgd* xweş, agirxweş, xwîngerm, jê tê hezkirin.
like[1] *rgd,rgp,dç* fena, mîna, nola, wek, weke, wekî; wekheh, fenahev. **L~ causes produces ~ results.** Sedemên wekhev encamên wekhev çêdikin. **She can't cook ~ her mother does.** Ew nikare wek dêya xwe xwarinê çêke. **What is he ~?** Ew (yekî) çawa ye (wek kê/çi ye)? **It looks ~ gold.** Wek zêr xuya dibe. *n* nol *f*.
like[2] *lg* ecibandin, (jê) hez kirin, hebandin. **Do you ~ fish?** Tu ji masîyan hez dikî?
likely *rgd,rgp* gengaz, dibe, tê hêvî kirin, dibe ku bibe; dibe ku, dibit. **likelihood** gengazî *f*, dibetî *f*, îhtimal *f*.
liken *lg* şibandin, dirb pê xistin.
likeness şibîn *f*, lêçûn *f*.
likewise *rgd,rgp* fena, wek; jî, bi ser de jî. **Watch him and do ~.** Li wî mêze bike û wek wî bike(wî çi kir tu jî bike.
lilac leylaq *f*; (reng) benerx *m*.
lily berfî *f*, sosinzambaq *f*. **water/pond ~** nîlufer *f*.
limb ling *m*, pî *m*, bask *m*, endam *m*; şax *m*.
limber *rgd* leqokî, yê ku dileqe.
lime[1] kilox *f*, kils *f*. **~kiln** êtûn *f*. **~stone** *n* rûxan. **limy** *rgd* kiloxî, kilsîn.
lime[2] darexlemûr *f*.
limit *n* hed *m*, niqte yan xeta ku nayê derbas kirin, dawî *f*, talî *f*. **~s** tixûb *m*, sînor *m*. **without ~** bêhed. *lg* **~ sb/sth (to sth)** hed/sînor jê re danîn, dor lê girtin. **~ed** *rgd* bihed, bisînor, bitixûb, kêm. **~less** *rgd* bêhed, bêtixûb, bêsînor.
limp[1] *lng* kulîn, hilkulîn, kulekî bûn. **He was ~ing.** Ew dikulîya. *n* kulîn *f*.
limp[2] *rgd* sist, qels, nerm.
limpid *rgd* zelal. **~ity** zelalî *f*.
linden *n bnr* **lime**[2]. **~ tea** exlemûr *f*.
line[1] **1** rê *f*, çixîz *f*, xet *f*. **telephone ~s** xetên telefonê. **2** ta *m*, ben *m*. **3** rêz *f*, rêzik *f*, riste *f*. **4** ref *m*, sef *m*. **5** (rû) qurmiçik *f*, xêzik *f*. **6** neseb *m*, malbat *f*.
line[2] *lg,lng* **1** çixîz/xet kirin; ristandin, reqifandin. **2 ~ up** ketin rêzê, rêz bûn; kirin rêzê, rêz kirin. **The soldiers quickly ~d up.** Leşker tavilê ketin rêzê/rêz bûn.
line[3] *lg* betan kirin, astar kirin.
linen keten *m*.
linger *lng* varqilîn, xwe varqilandin, dereng man, neçûn.
linguist *n* zimanzan. **~ic** *rgd* yê zimanzanîyê. **~ics** zimanzanî *f*.
lining betan *m*, astar, rûpişt *m*, betankirin *f*.
link qulp *f*, qulpik *f*; girêdan *f*.
linseed bizir *m*, kirkirik *m*.
lintel serderî *m*.
lion şêr *m*. **~ess** *n* dêleşêr, şepal. **~-hearted** *rgd* mêrxas, metirs, dilşêr.
lip *anat* lêv *f*. **lower ~** lêva jêrîn *f*. **upper ~** lêva jorîn *f*.
liquefy *lg,lng* helandin, rohn kirin; helîn.
lira lîre *f*.
lisp *lg,lng* çewt bi lêv kirin.
list rêzek, lîste. *lg* rêzek kirin, kirin rêzê, lîste çêkirin.
listen *lng* guh dan, guhdarî kirin. **We ~d but heard nothing.** Me guhdarî kir, bes me tiştek nebihîst. **Did you ~ in to the Prime Minister yesterday evening?** Te duh êvarî li Serekwezîr guhdarî kir? **~er** *n* guhdar.
listless *rgd* betilî, westîyayî (qasî ku nikaribe bala xwe bide tiştekî an tiştekî bike).
literacy xwendewarî *f*, xwendinyarî *f*.
literary *rgd* bêjeyî, vêjeyî, edebî.
literate *n,rgd* xwendewar, xwendinyar, nivîser.
literature bêje *f*, vêje *f*, edebîyat *f*.
Lithuania Lîtwanya *f*.
litigant *n* dozdar.
litigate *lg,lng* doz vekirin, dawe vekirin.
litre,liter lître *f*.
little *rgd,rgp,n* biçûk, çûçik, çûk, hûr; hindik, kêm; kin, kurt; negirîng. **I see him very ~.** Ez wî pir kêm dibînim. **a ~** çenek, çenikek, hindikek. **not a ~** pir. **~ finger** *n* qilîçk, tilîya biçûk. **~ by ~** hêdî hêdî, bere bere, gav bi gav, hindik hindik.

livable,liveable *rgd* ~ **in/with** tê de/pê re tê jîyîn.

live[1] *rgd* jîndar, zindî, az, xurt, li ser xwe, yê jiyanê; (agir) vêketî.

live[2] *lg,lng* **1** jîyîn, jîn. **People cannot ~ without air.** Mirov bê av nikarin bijîn. **2 ~ (in/at)** (lê) rûniştin, jîn. **I ~ in London.** Ez li Londonê rûdinim/dijîm.

livelihood abor *f*, nifqe *m*.

liver *anat* kezeb(a reş) *f*, mêlak *f*, cegera reş *f*.

living[1] abor *f*, debar *f*, nifqe *m*; jiyan *f*. **earn/get/gain/make a ~.** abor/debar(a xwe) kirin, xwe xwedî kirin. **~-room** oda rûniştinê *f*.

living[2] *rgd* jîndar, zindî, ruhber, yê dijî; xurt, zindî, çist. **~-creature/being** *n* zindî.

lizard *n* gimgimok, gumgumok, marmarok.

load bar *m*. *lng,lg* ~ **sth into/on to sth/sb; ~ sth/sb (with sth)** bar lê kirin. ~ **(sth) up** dagirtin, tije kirin.

loaf *lg,lng* betal etal gerîn, dem derbas kirin.

loan deyn *m*. *lg* (bi) deyn dan.

loanword *n* peyvika ku ji zimanekî din hatiye sitendin, peyvika biyanî.

lobe *anat* nermika guh *f*.

local *rgd* cihkî, cîgehî, deverî, herêmî, pêwar. *n* danişwar, binecî, rûniştevan.

locale cîgeh *f*, der *f*.

locality cîgeh *f*, der *f*, cih *f*.

locate *lg* (cihê tiştekî) dîtin, tesbît kirin, li derekê rûniştin/ava kirin.

location *n* dever *m*, cih *m*, cîgeh *f*.

lock kilît *f*. *lg,lng* kilît kirin; kilît bûn. **~smith** *n* kilîtçêker.

lock-out lokawt *f*.

locus cih *m*, cî *m*.

locust *n* kulî.

lode *n* reha maden.

log[1] qurm *m*, qurmik *m*.

log[2] *n* pîvankera hêza keştîyê.

logic *n* mantix *m*, mantiq *m*, bîrsayî *f*.

loin *anat* navpişt *f*.

loiter *lg,lng* (di rê de) xwe varqilandin, virde wêde nêrîn, bi vî awayî dem borandin.

London London *f*.

lone *rgd* tenê, bêkes, bêxwedî; tenha, xalî, xewle.

lonely *rgd* tenê, bêkes; xalî, xewle, tenha.

loneliness tenahî *f*, bêkesî *f*.

lonesome *rgd* ji tenahîyê acizbûyî; xalî, tenha.

long[1] *rgd* dirêj. **Your pen is ~er than mine.** Pênûsa te ji ya min dirêjtir e. **~-haired** pordirêj. **~-sighted** dûrdît. **~-term** *rgd* demdirêj, yê dema dirêj. **for ~** demeke dirêj.

long[2] *n* dema dirêj, navbeyna dirêj. **at (the) longest** (dem) herî dirêj.

long[3] *lng* ~ **for sth** bêrî kirin, dil(ê yekî) çûn, dil(ê yekî) kişandin. **~ing** bêrî *f*, dilkêşî *f*, dilbijokî *f*.

longevity temendirêjî *f*, emirdirêjî *f*.

longhand destnivîs *f*.

look[1] *n* awir *f*, nêrîn *f*; dirûv *m*. **have a ~ at** lê nêrîn.

look[2] *lg,lng* **1 ~ (at)** (lê) nêrîn, nihêrtin, nihêrîn, fekirin, fekrandin, fericîn, meyizandin, mêze kirin. **L~ (down) at the carpet.** Li xalîçê binêre. **What are you ~ing at?** Tu li çi mêze dikî? **~ing-glass** mirêk, neynik. **2** xuya bûn. **How do I ~?** Ez çawa xuya dibim? ~ **about (for sth)** lê gerîn. ~ **after sb/sth** lê miqate bûn, lê nêrîn. **Who will ~ after the children?** Kî yê li zarokan binêre? ~ **down on sb/sth** kêm(î xwe) dîtin, biçûk dîtin. ~ **for sb/sth** lê gerîn. ~ **like** dirb/dirûv pê ketin, lê çûn, şibîn. **It ~s like salt.** Ew dişibe xwê. ~ **over** raçav kirin.

loom dezge(h) *m*, tevn *f*.

loony *rgd* dîhn, dîn, beradayî, perçe perçe.

loop qulp *f*.

loophole berkaz *f*.

loose *rgd* sist, ne jidyayî, belav. *lg* sist kirin, azad kirin, berdan.

loosen *lg,lng* ~ **(up)** sist kirin; sist bûn **L~ the screw.** Burxê sist bike.

loot *n* destketî, talan. *lng,lg* talan kirin.

lop[1] *lg* ~ **away/off** jêkirin.

lop[2] *lng* aliqîn, daliqîn. **~-sided** *rgd* xwar (ber bi hêlekê ve).

loquacious *rgd* pirbêj.

lord *n* **1** lord *m*. **2 the L~** Xwedê *m*, Îsa *m*. **3** xwedî.

lore zanîn *f*.

lorry qamyon *f.*
lose *lg,lng* wunda/wenda kirin, xesirîn, xisar kirin, ji dest çûn, berze kirin. **I've lost my earring.** Min guharê xwe wunda kiriye. **My watch ~s two minutes a day.** Seeta min rojê du deqan bi şûn de dimîne.
loss xisar *f,* wundakirin *f,* jidestçûn *f.*
lost *rgd* wenda, wunda, berze.
lot[1] *n* **1 the ~;the whole ~; all the ~** giş *f,* giştik *f,* hemî *f.* **2 a ~ of; ~s (and lots) (of)** pir, gelek, tibabek.
lot[2] **1** pişk *f.* **draw/cast ~s** pişk avêtin. **2** sernivîs *f,* qeder *f,* qismet *f.*
loud *rgd* (deng) bilind, hêla; bideng.
lounge *lng* xwe dirêj kirin, xwe vezelandin, bi teralî dem derbas kirin, teralî kirin.
louse *n* sipî.
lout *n* (mêr) hov.
lovable *rgd* xûxweş, delal, şîrîn.
love[1] evîn *f,* evîndarî *f,* dildarî *f,* hezkirin *f.* **in ~** *rgd* evîndar, dilgirtî, dildar. **be in ~ (with sb)** (ji yekî/yekê) hez kirin, evandin, dil ketin. **fall in ~ (with sb)** evandin, dil ketin. **He fell in ~ with her.** Dilê wî ket wê. **make ~ (to sb)** nîhandin. **~-letter** evînname *f.*
love[2] *lg* dil dan, dil ketin, evandin, hez kirin.
lover *n* evîndar, dilgirtî, dildar, dostik, yar.
lovely *rgd* xweş, xweşik, şêrîn, balkêş.
low[1] *rgd,rgp* nizm. **a ~ wall** dîwarekî nizm. **~ness** nizmahî *f.*
low[2] mûrîn *f. lng* (dewar) mûrîn.
lower[1] *lng,lg* nizm kirin/bûn, berjêr kirin, daxistin; qels kirin.
lower[2] *rgd,rgp* jêrîn, yê jêrîn, nizm.
lowland deşt *f,* berî *f.*
loyal *rgd* bibext, dilsoz, sadiq.
lubricate *lg* rûn (lê) kirin. **lubrication** rûnkirin *f.*
luck bext *m,* şans *f,* yom *m.* **~less** *rgd* bêyom, bêşans. **~y** *rgd* biyom, bişans.
lug *lg* (bi dijwarî) kişandin, bi xwe re kaş kirin.
luggage hûrmûr *m* (ê rêwîtîyê).
lukewarm *rgd* şîrgermî, xovan.
lull *lg,lng* aş kirin; aş bûn.
lullaby lorik *f,* lorî *f.*
lumber vertebra *n anat* movikên mazmazkê.
luminous *rgd* ronak, ronî.
lunacy dîhntî *f,* dîntî *f.*
lunar *rgd* yê hêvê.
lunatic *rgd* dîhn, dîn. **~ asylum** dînxane *f.*
lunch firavîn *f.*
luncheon firavîn *f.*
lungs *anat* pişik *f,* sîpelk *f.*
Luxembourg Luksembûrg *f.*
lycee lîse *f.*
lying[1] derew *f,* derewkirin *f.*
lying[2] veketin *f.*
lyric *rgd* lîrîk.

M

m tîpa sêzdehan a elfabeya Îngîlîzî.
macabre *rgd* di derbarê mirinê de, mirinê tîne bîra mirov; meşûn.
macaroni maqarna *f*.
mace gurz *m*, waryoz *m*.
machine makîne *f*. ~ **gun** gulepijên *f*, reşaşe *f*.
mackerel *n* zîperdasî.
mad *rgd* dîhn, dîn, har, apter. **be/go ~** dîhn/har bûn. **~ness** dîhntî *f*, dîntî *f*.
Madagascar Madagaskar *f*.
madam madam *f*.
madden *lg* dîhn kirin, har kirin. **~ing** *rgd* (yê ku) meriv dîhn/har dike.
mademoiselle matmazel *f*.
madhouse dînxane *f*.
madman,madwoman *n* dîhn, dîn.
magazine kovar *f*.
maggot kurm *m*, kurmik *m*.
magic efsûn *f*, sêr *f*. **~al** *rgd* efsûndar. **~ian** *n* efsûnkar, sêrbaz.
magistrate *n* dadgêr, hakim (ê dadgeha nizm).
magnate *n* giregir, dewlemend, qodeman.
magnet kişanek *f*.
magnify *lg* (hûrbîn, hwd) mezin kirin, mezin xuya kirin. **magnification** mezinkirin *f*. **magnifier** mezinker *f*. **~ing glass** mercek *f*, mezinker *f*.
magnitude mezinahî *f*, girîngî *f*, ronaktîya stêrkan *f*.
magnolia manolya *f*.
magpie *n* qelabaçke, qelebask.
mahaleb kenêr *f*.
maid keç *f*; navmalî *f*, qerwaş *f*.
maiden keç *f*. *rgd* **1** yê keçanîyê. ~ **name** paşnavê keçanîyê. **2** pêşîn, yekemîn. **3** (jin) nezewicî. **~hood** keçanî *f*.
mail[1] zilx *m*, zirx *m*.
mail[2] poste *f*. *lg* bi postê şandin, dan postê.
maim *lg* seqitandin, seqet kirin.
main[1] *rgd* sereke, yê herî girîng, bingehîn. **~ly** bi piranî, esasen.
main[2] *n* borîya bingehîn (a av an gazê).
maintain *lg* **1** domandin. **We should ~ friendly relations.** Divê em têkilîyên dostane bidomînin. **2** parastin, xwedî kirin, alîkarîya diravîn dan; ragirtin.
maize genimşamî *m*, gilgil *m*.
majestic *rgd* şahane, semyanî.
majesty semyan *f*, mirês *f*.
major[1] *rgd* sereke, bingehîn, giregir, yê girîngtir.
major[2] *n lş* sergerde.
majority piranî *f*.
make *lng,lg* çêkirin, kirin; xwarin; bi dest xistin; dan kirin; bûn; amade kirin; gîhaştin. **She made coffee for all of us.** Wê ji me hemîyan re qehwe çêkir. **Wine is made from grapes.** Şerav ji tirî çêdibe. **We made a good breakfast.** Me taştêyeke baş xwar. **The news made her happy.** Nûçeyê ew şa kir. **You will ~ a good student.** Tu yê bibî xwendekarekî baş. ~ **after sb** dan pê, bera pê dan. ~ **at sb** êrîşî yekî kirin. ~ **away with oneself** xwe kuştin. ~ **for sb/sth** ber pê çûn/revîn. ~ **sth of sb/sth** jê fehm kirin. ~ **fun of** qerfê/henekê xwe pê kirin. ~ **sth up** qedandin, xelas kirin; ji ber xwe ve çêkirin; (rûpel) raxistin; amade kirin. ~ **up one's mind** biryar stendin/dan. ~ **it up to sb** xesar dan.
maker *n* **1 the/our M~** Xwedê. **2** çêker, afrandêr, efrandar.
make-up[1] (çapgêrî) raxistina rûpelan *f*.
make-up[2] maqyaj *f*.
malady nexweşî *f*.
malaria lerzeta *f*, ta *f*.
Malawi Malawî *f*.
Malaysia Malezya *f*.
malcontent *rgd,n* nerazî, nexoşnûd, têrnebûyî.
male *rgd* nêr.
malediction nifir *f*.
malevolent *rgd* kêrnexwaz, pîsîxwaz, xêrnexwaz, dilxerab. **malevolence** xêrnexwazî *f*, dilxerabî *f*.
Mali Malî *f*.
malice bedxwazî *f*, dilxerabî *f*. **malicious** *rgd* kêrnexwaz, bedxwaz, xêrnexwaz, dilxerab, pîsîxwaz.
malign *rgd* bedxwaz, dilxerab. *lg* paşgotinîya yekî kirin, derheqê yekî de neçê peyivîn.
malign *lg* buxtan kirin (hustu), paşgotinî(ya yekî) kirin.

malignant *rgd* bedxwaz, pîsîxwaz. **malignancy** bedxwazî *f*, pîsîxwazî *f*.
maligner *lng* xwe li nexweşîyê danîn, xwe nexweş rêdan.
mallet çakûç *m*.
mallow tolik *f*, nançûçik *f*.
malnutrition kêmxwarin *f*, têrnexwarin *f*, başnexwarin *f*.
Malta Malta *f*.
mam(m)a dê *f*, dayik *f*.
mammal *n* heywanê biguhan.
mammoth *n* mamût.
mammy *n* (zimanê zarokan) yadê, enê, dayik.
man *n* **1** mêr *m*, zilam *m*. **2** meriv, mirov. **3** kes. **~-eater** *n* mirovxwer. **~ful** *rgd* mêrxas, metirs; biryardar. **~fully** *rgp* bi mêrxasî, bi biryardarî. **~hood** mêranî *f*; mirovahî *f*. **~kind 1** merivahî *f*, mirovahî *f*. **2** mêrantî *f*, zilamtî *f*. **~-like** *rgd* mirovîn, yê mirovan. **~nish** *rgd* zilamkî, yê zilaman. **~power** *n* hêza mirovîn, hejmara mirovan. **~slaughter** kuştina mirovan, mirovkujî *f*.
manacle kelepçe *f*.
manage *lng,lg* **1** gerandin, bi rê ve birin, hêvotin. **2** ji dest hatin, ji bin derketin, birin serî; debirandin, abora/debara xwe kirin.
management bergerî *f*, karbidestî *f*, serkarî *f*.
manager *n* berger, dager, gerînende, karbidest, serkar.
mandarin mandalîn *f*.
mandolin mandolîn *f*.
mane bêjik *m*, yal *m*.
manganese *n* manganez.
manger afir *f*.
mangle *lg* perçe kirin, qetandin, jêkirin, hûr kirin.
mania 1 dîhntî *f*, dîntî *f*, hartî *f*. **2** hewesa pir zêde. **~c** *n* dîhn, dîhnê perçe perçe; kesê pir bi hewes. **~cally** *rgp* bi dîhntî, dîhnkî.
manifesto daxuyanî *f*, teblîx *f*, manîfesto *f*.
manifold *rgd* cure cure, çendetexlît.
manikin *n* **1** manken, modela mirov. **2** bejinbost, mirovê hûrik.
manner awa *m*, hawe *m*, tewr *m*, rabestin *f*, reng *m*, texlît *f*.
manoeuvre manewra *f*; çiv *f*.
mantis *n zool* balbalok.
manual *rgd* yê dest.
manufacture *lg* çêkirin, îmal kirin.
manure zibil *m*, peyn *m*.
manuscript destnivîs *f*.
many *rgd,n* gelek, pir, zahf, zehf. **Were there ~ people at the meeting?** Di civînê de gelek mirov hebûn? **a great/good ~** pir, gelek, zehf. **~ a** gelek, pir. **~ a man/men** gelek mirov. **~-sided** piralî.
map nexşe *f*, xerîte *f*.

maple kevot *f*.
mar *lg* birîn kirin, xera kirin, xesar dan.
marathon maraton *f*.
maraud *lng* talan kirin.
marble 1 kevirê helan *m*, mermer *m*. **2** şaqûl *f*.
March Adar *f*.
march 1 meş *f* (wek a leşkeran). **2** *mus* sirûd *f*, xweşxwan *f*. **~er** *n* meşvan.
mare mehîn *f*.
margarine rûn *m* (ê giya), margarîn *m*.
margin qerax *f*, kêlek *f*; qeraxa rûpelan a vala; sînor *m*, tixûb *m*.
marine *rgd* yê deryayê/behrê, deryayî. *n* deryavanî *f*, hêzên deryayê. **~r** deryavan.
marital *rgd* yê zewacê. **~ rights** mafên zewacê.
maritime *rgd* deryayî, yê deryayê.
marjoram merze *f*.
mark[1] dirh *f*, nîşan *f*, dews *f*, şop *f*; leke *f*. *lg* dirh kirin, nîşan kirin, şop hiştin.
mark[2] (dirav) marq *m*.
market bazar *f*. **black ~** bazara reş *f*. **labour ~** bazara kar *f*. **~ garden** bîstan

m, bostan *m*.
marksman *n* sekman, sekmandar, nîşandar. **~ship** sekmandarî *f*, nîşandarî *f*.
marmalade *n* rîçalê porteqalan, marmelat.
maroon[1] *n,rgd* sorê qehweyî, şê.
maroon[2] roket *f*.
marriage zewac *f*.
marriageable *rgd* gîhaştî, di temenê zewacê de, xama.
married *rgd* zewicî; yê zewacê, di derheqê zewacê de.
marrow[1] kulind *m*, kundir *m*.
marrow[2] mejî *m* (yê di hestîyan de).
marry *lng,lg* zewicandin, mahr birîn; zewicîn, mahr kirin, mêr kirin, jin anîn. **John is going to ~ Jane.** John dike bi Jane re bizewice. **Which priest is going to ~ them?** Kîjan keşeya yê wan bizewicîne/mahra wan bibire. **~ off** zewicandin, dan mêr.
Mars Behram *f*, Mars *f*.
marsh çirav *f*, lîtav *f*, pengav *f*. **~y** *rgd* çiravî, pengavî, avgir.
marsh mallow hêro *f*.
marsupial *n,rgd* humbanî.
marten *n* qwîz.
martial *rgd* yê şer. **~ law** gerandina awarte *f*.
martin *n* hechecik, hecîreşk.
martyr *n* cangorî, gorî, şehîd. *lg* şehîd kirin. **~dom** şehîdî *f*.
masculine *rgd* nêr, zayenda nêr. **masculinity** *n* zilamtî *f*, nêrtî *f*.
mash lepe *f*, pelûl *f*.
mask rûberk *f*, maske *f*.
massacre kuştar *f*, qir, qirkirin *f*. *lg* qir kirin, tev kuştin.
mast berû *m*, berûyê malan.
master *n* xwedî, hoste, seyda, amîr, ustad.
masticate *lg* cûtin.
masturbate *lg,lng* li xwe xweş anîn.
match[1] çîk *f*, niftik *f*, pêtik *m*, spîçk *f*, darikê niftikê.
match[2] (spor) maç *f*, lîstik *f*.
match[3] *lg,lng* **1** dan ber, dan ber hev. **2** lê hatin, li hev hatin, gora tiştekî/hevdu bûn. **The chairs should ~ the table.** Divê kursî li masê bên. **3** lê anîn, li hev anîn.
material *n* daring, madde, bûjen, berk, malzeme, materyal; qûmaş. *rgd* daringî; girîng, hewce.
maternal *rgd* maderî, yê dê, zikmakî.
maternity dayiktî *f*, dêtî *f*.
mathematical *rgd* matematîkî, yê matematîkê.
mathematics matematîk *f*.
matriarch maderşah *f*, (jin) serok *f*.
matriarchy maderşahî *f*. **matriarchal** *rgd* yê maderşahîyê.
matrimonial *rgd* yê zewacê.
matrimony zewac *f*.
matter[1] *n* **1** daring, cewher. **2** babet *f*, gelş *f*. **3** nêm *f*.
matter[2] *lng* girîng bûn.
matting hesîr *f*, qesîl *f*.
mattock tevir *f*, binkol *m*.
mattress mitêl *f*, doşek, dewşek *f*, binrex *f*.
maturate *lng* çêbûn, gîhan, kemilîn.
mature *lg,lng* çêbûn, gîhan, gîhaştin, kemilîn; gîhandin, kemilandin. *rgd* gîhaştî, kemilî, rêkûpêk.
maul *lg* kutan, lêdan, lê xistin, êşandin.
Mauritania Moritanya *f*.
maxi *xêş* dirêj; mezin.
maxilla alçen *f*, hestîyê çenê.
maximize *lg* bêtirîn kirin, pirtirîn kirin.
maximum *rgd,n* bêtirîn, herî pir.
May Gulan *f*. **~ Day** Yek Gulan *f*.
may *lal* **1** dibe, dibe ku, dibit. **That ~ not be true.** Dibe ku ew ne rast be. **2** (destûrê nîşan dide) kanîn, destûr hebûn. **M~ I come in?** Ez dikanim werim hundir? (destûr heye?) **3** (xwastin an hêvîyê nîşan dide) xwezî, şalê, ez hêvî dikim ku. **M~ you die.** Şalê tu bimirî.
maybe *rgp* dibe (ku), dibit, heye ku.
mayonnaise mayonez *f*.
mayor *n* şaredar, serokê belediyê. **~alty** şaredarî *f*, seroktîya belediyê.
me *cn* min, ez. **Give ~ one.** Yekê bide min. **He saw ~.** Wî ez dîtim.
mead *bnr* **meadow**.
meadow mêrg *f*, çîmen *f*.
meadow saffron gangilok *f*, pîvok *f*.
meager *bnr* **meagre**.
meagre *rgd* **1** lawaz. **2** kêm, hindik.
meal xwarin *f*, nan *f*.
mealtime dema xwarinê *f*.

mean[1] *rgd* adî; pintî, tima, çavteng; bêqîmet, neçê.
mean[2] *lg* nimandin, hatin maneya tiştekî, xwastin gotin, xwastin, nêt kirin, qest kirin. **The Kurdish word "ez" ~s I.** Peyvika Kurdî "ez" tê maneya "I". **Do you ~ John or Jane?** Tu dixwazî bibêjî John an Jane? **What do you ~?** Tu çi qesd dikî?/Tu dixwazî bibêjî çi?/Qesta te çi ye?
meaning wate *f*, têghî *f*, mane *f*. **~ful** *rgd* manedar, watedar, bi wate/mane. **~fully** *rgp* bi mane, bi wate, bi manedarî. **~less** *rgd* bê mane/wate, vala.
means[1] navgîn *f*, pergal *f*.
means[2] heyî *f*, dewlemendî *f*, dirav *m*.
meantime *bnr* **meanwhile**.
meanwhile *rgp* di navbeynê de, wê gavê, hingê.
measles *n* sorik. **have ~** *lng* sorik derxistin.
measure pîvan *f*, mêzîn *f*, qeys *f*, endaze *f*. *lng,lg* pîvan, pîvandin, qeys girtin. **~less** *rgd* bêpîvan. **~ment** *n* pîvan *f*.
meat[1] goşt *m*. **~less** *rgd* bêgoşt.
Mecca Meke *f*.
mechanic *n* makînevan, hosteyê makînan.
mechanical *rgd* mekanîk, wek makînan, yê makînan.
mechanics mekanîk *f*, makînezanî *f*.
mechanism mekanîzm *f*, bastûr *f*.
medal nîşan *f* (xelat).
meddle *lng* **~ in** têkil bûn.
media *n* navgîn (pj). **the ~** navgînên ragihandina girseyî (radyo, çapgerî, telewîzyon).
medial *rgd* yê navîn, li navberê, nîvçe.
mediate *lg,lng* **~ (between)** navbeynvanî kirin. **mediation** navbeynvanî *f*. **mediator** *n* navbeynvan.
mediaeval *bnr* **medieval**.
medicine bijîşkî *f*, tib *f*; derman *m*. **medical** *rgd* tibbî, yê bijîşkîyê, bijîşkî.
medieval *rgd* yê Dema Navîn (P.Z. 1.100-1.500).
meditate *lg,lng* raman, fikirîn, ketin ramanan, kwîr fikirîn.
meditation raman *f*, fikar *f*, medîtasyon *f*.
Mediterranean *rgd* yê Deryaya Sipî. **~ Sea** Deryaya Sipî *f*.
medium[1] **1** navgîn *f*. **2** navbeyn *f*, navçe *f*. **3** medyûm (yê navbeynvanîya ruh û mirovan dike). **4** hawirdor *f*, derdor *f*, dorhêl *f*.
medium[2] *rgd* navçe, nîvçe. **~ wave** navçepêl *f*.
medley tevhevî *f*.
medusa pişemasî *f*.
meek *rgd* melayîm, sernerm. **~ly** *rgp* bi sernermî.
meet *lg,lng* **1** civîn, kom bûn, gîhaştin hev, dîtin, hevdu dîtin. **We seldom ~.** Em hevdu kêm dibînin. **Their hands met.** Destên wan gîhan hev. **~ with** lê rast hatin, pêrgî yekî bûn/hatin, tûşî yekî/tiştekî bûn. **I met with a friend in the street.** Ez li kuçê li hevalekî rast hatim. **2** (hevdu) nasîn. **3** çûn pêşîyê/pêrgînê, pêşwazî kirin. **Will you ~ me?** Tu karî werî pêşîya min? **4** anîn cih. **Can he ~ her wishes?** Ew kare xwastinên wê bîne cih.
meeting civîn *f*, hevdîtin *f*, pêrgîhevhatin *f*. **~ing room/house/place** civîngeh *f*.
megaphone megafon *f*.
melody melodî *f*.
melon kalik *m*, petêx *m*.
melt *lg,lng* helandin, helîn, pişavtin. **It is easy to ~ butter.** Helandina nîvişk hêsan e. **The snow ~ed away.** Berf helîya. **~ point** niqta helandinê.
member *n* endam. **~ship** endametî *f*.
membrane çermik *m*.
memo *bnr* **memorandum**.
memoir bîranî *f*.
memorable *rgd* bîrawer, bîrdar, bîrjiyan.
memorandum bîranî *f*, not *f*.
memorial bîranî *f*. *rgd* bîrandar.
memorize *lg* ji ber kirin.
memory bîr *f*, bîrok *f*. **to the best of my ~** qasî ku tê bîra min.
menace gef *f*, xetere *f*.
mend *lg,lng* tamîr kirin, çêkirin, serast kirin; baş bûn, çêbûn.
menial *rgd* yê xulaman, yê girtîyan, yê hêsîran.
meningitis menenjît *f*.
menopause menopoz *f*.
mental *rgd* yê êqil an hiş. **~ hospital/home** dînxane *f*.

mention *lg* qal kirin, kat kirin, vegêrîn. **I shall ~ it to him.** Ez ê ji wî re qal bikim. *n* qal *f*, behs *f*. **~ed** *rgd* qalkirî, katkirî. **above/below-~ed** li jor/jêr qalkirî.
menu menu *f*, rêzeka xwarinê *f*.
mercantile *rgd* yê bazirganîyê.
merchant *n* bazirgan, têcir.
merciful *rgd* dilbirehm, dilovan.
merciless *rgd* bêeman, bêrehm.
Mercury *strz* Merkûr *f*.
mercury *n* ciwa, sîmav.
mercy rehm *f*, dilovanî *f*, lêborîn *f*, bexşîn *f*, efû *f*.
merely *rgp* tenê.
merge *lg,lng* tev hev bûn, bûn yek.
mermaid serperî *f*.
merriment cezm *f*, şabûnî *f*.
merry *rgd* şa, dilşa, bikêf, kêfxweş, şeng, şên. **~-go-round** *n* sarsarok.
mesh *n* **1** çavikê torê. **2** tor.
mess tevlihevî *f*, bêrêzî *f*. *lng,lg* **~ up** *lg* tevlihev kirin, serobinî hev kirin, lebikandin. **The late arrival of the train ~ed up all our plans.** Derenghatina trênê gişa pîlanên me tevlihev kirin.
message hinare *f*, peyam *f*, mesaj *f*.
messenger *n* qasid, hinartî, peyk.
metacarpal bones *anat* şeyê dest *m*.
metal metal *m*, lejward *m*.
metallic *rgd* metal, metalîk.
metallurgy metalzanî *f*.
metatarsus *anat* hestîyê seyê pê *m*.
meteor stêrerij *f*, meteor *f*.
meteorology hewanasî *f*. **meteorologist** *n* hewanas.
meter 1 pîvanker *f*. **gas ~** pîvankera gazê *f*. **water ~** pîvankera avê *f*. **2** *bnr* **metre**.
method azîn *f*, şêwe *f*, rêzik *f*, metod *f*. **~ology** azînnasî *f*, metodolojî *f*.
metre,meter 1 metre *f*, pîvana dirêjahîyê. **2** (helbest) wezin *f*.
metro metro *f*, rêhesina binerdê.
metropolis serbajar *m*, bajarê mezin.
mew *lng* (pisîk) newkîn.
Mexico Meksîka *f*.
mi,me *muz* mî *f*, noteya sêyem.
mica *n* mîqa.
mice *pirejimara* ***mouse***.
micro *xêş* biçûk, hûr.
microbe hûrîn *f*, mîqrob *f*.
microphone mîqrofon *f*.
microscope hûrbîn *f*, mîqrosqob *f*.
microwave hûrpêl *f*.
mid *rgd* li navbeynê, navçe, navîn, nîv.
midday *n* nîvroj, nîro.
midden sergo *m*.
middle çat *f*, navçe *f*, navbeyn *f*, navend *f*, navîn *f*, nîv *f*. **in the ~ of the night** nîvê şevê. **~-aged** *rgd* navsere. **the ~ ear** guhê navîn. **~ finger** tilîya dirêj/navîn *f*. **~man** *n* navbeynvan.
middling *rgd* navçe, navîn, nîvçe.
midget *n* bejinbost, hûrik.
midnight *n* nîvê şevê.
midst nav *f*, navend *f*. *dç* li nav, di nav de.
midsummer navhavîn *f*, nîvê havînê *m*.
midway *rgd,rgp* (li) nîvê rê.
midwife dapîrk *f*, pîrik *f*, ebe *f*.
mighty *rgd* xurt, bihêz, hêzdar; mezin.
migrant *n* koçer, penahende.
migrate *lng* koç kirin, bar kirin. **migration** koç *f*, koçerî *f*.
mild *rgd* nerm, sivik, nazik.
mildew kufik *f*, efnik *f*. *lg,lng* kufikî kirin; kufikî bûn. **~y** *rgd* kufikî, efnikî.
mile mîl *f*; 1609,35 metre.
militant *n* têkoşer, milîtan.
military *rgd* leşkerî, yê şer an leşkerîy, ê, eskerî. **the ~** *n* leşker (pj), ordî *f*, hêzên çekdar. **~ service** leşkertî *f*, eskerî *f*.
milk şîr *m*. *lg* doşandin, dotin. **~man** *n* şîrfiroş. **~ thistle** *n* qelexan.
milky *rgd* bişîr, wek şîr. **the M~y Way** *n* Rêya Kadizê.
mill 1 aş *m*. **2** karxane *f*, febrîqe *f*. **~er** *n* qeraş, aşvan. **coffee ~** aşê qehwê *m*. **power ~** aşê agirî *m*. **water ~** aşê avê *m*. **wind ~** aşê bayî *m*.
millet garis *m*, kizin *m*.
milli *xêş* ji hezarî yek.
milliard *rgd* milyar *m*.
million *rgd* milyon *m*.
mimic *lg* bizarî kirin, zarve kirin, zalî (yekî) kirin, gêrav kirin, texlît kirin. *n* zarve, gêrav, texlît (teqlîd) *f*.
mimosa şermînok *f*.
min *kurteya* ***minimum*** *û* ***minute***.

minaret minare *f.*
mind[1] **1** aqil *m*, bal *f*, heş *m*, hiş *m*. **bring/call sth to ~** anîn bîra xwe/yekî. **absence of ~** bêhişî *f*, hiş li serî nebûn. **presence of ~** bihişî *f*, hiş li serî bûn. **2** nêrîn *f*, dîtin *f*, ray *f*. **be of the same ~ 1)** li hev kirin, wek hevdu fikirîn. **2)** li ser dîtina xwe bûn, nêrîna xwe neguherîn. **make up one's ~** biryar dan.
mind[2] *lng,lg* **1** hefizandin, lê miqate bûn, lê nêrîn. **2** guh dan, girîng girtin. **Never ~** Guh nedê, Tişt nabe. **M~ your step.** Li ber xwe binêre/Tu nekevî.
mine[1] *cînava xwedîtî* a/ê/ên min.
mine[2] *n* **1** kan. **2** mayin, tepînk. **~-sweeper** *n* mayinçîn, lexemçîn.
mineral mîneral *f*. **~ water** kanav *f*.
mingle *lg,lng* **~ (with)** tevîhev kirin; tevîhev bûn. **two rivers that join and ~ their waters** du çemên ku digîhîjin hev û avên xwe tevîhev dikin.
mini *xêş* biçûk, kin, hûr, mînî.
miniature *f* mînyatur.
minibus mînîbus *f*.
minimal *rgd* herî kêm, herî hindik.
minimize *lg* herî kêm/biçûk kirin.
minimum *n,rgd* mînîmûm, yê herî kêm/biçûk.
minister *n* wezîr. **foreign ~** *n* wezîrê derve.
ministry wezaret *f*, wezaretxane *f*. **~ of budget** wezareta budçê. **~ of culture** wezareta çandê. **~ of defence** wezareta bergirîyê. **~ of domestic affairs** wezareta karên hundir. **~ of environment** wezareta hawirparêzîyê. **~ of finance** wezareta darayîyê/malîyê. **~ of foreign affairs** wezareta karên derve. **~ of health** wezareta tendurustîyê. **~ of industry** wezareta endustrîyê. **~ of justice** wezareta dadmendîyê. **~ of labour** wezareta kar. **~ of education** wezareta hevotinê. **~ of sciences and technology** wezareta zanistî û teknolojîyê. **~ of social affairs** wezareta karên civakî. **~ of sports** wezareta sporê. **~ of tourism** wezareta tûrîzmê. **~ of transportation** wezareta guhastinê. **~ of war** wezareta şer.
minor *rgd* biçûk, kêm, negirîng.
minority **1** hindikayî *f*, kêmayetî *f*. **2** negîhaştin *f*.
mint pûjan *f*, nane *f*.
minus *rgd* **1 the ~ sign** nîşana jê derxistinê (-). **2** kêm, kêmî sifirê. *dç* kêm, jê kêmtir, ku jê derkeve, ku jê bê derxistin. **7 ~ 2 is 5.** Ji 7-an 2 derkeve, 5 dimîne (7 kêm 2, 5 e).
minuscule (tîp) hûrdek *f*. *rgd* hûr, hûrik.
minute deqe *f*, deqîqe *f*. **~ hand** tîrk *f* (a deqîqan).
miracle behît *f*, mûcîze *f*.
mirage revrevik *f*.
mire erî *f*, herî *f*, pirik *f*. *lg,lng* kirin nav erîyê, erî lê kirin; ketin nav erîyê. **miry** *rgd* bierî, pirikî.
mirror mirêk *f*, neynik *f*, eynik *f*.
misadventure qeza *f*, bela *f*, bobelat *f*, qafilqeda *f*.
misanthropist,misanthrope *n* kesê ku ji mirovan direve, ji mirovan hez nake, mirovnehez.
miscarriage (zaro) jiberketin *f*.
miscarry *lg* **1** têk çûn, nebirin serî. **2** (zaro) ji ber ketin.
miscellaneous *rgd* çendetexlît, tewre tewre, curbecur, pircûre, tevlihev.
mischance şansa xirab *f*.
miscount *lg,lng* neçê/çewt jimartin.
miser *n* çavteng, pintî, tima. **~ly** *rgd* çavteng, pintî, destgirtî, tima. **~liness** çavtengî *f*, pintîtî *f*, timatî *f*.
miserable *rgd* bedbext, bedhal, bervale, derbeder, perîşan, reben, belengaz. **misery** bedbextî *f*, derbederî *f*, perîşanî *f*, rebenî *f*, belengazî *f*.
misfortune bêşansî *f*; qafilqeda *f*, bela *f*.
misguide *lg* kirin/xistin rêya nebaş

mislay *lg* wenda kirin.
mislead *lg* ji rê derxistin, rêya nebaş li ber xistin.
misplace *lg* kirin cihê çewt, wenda kirin.
misprint *lg* çewt çap kirin, di çapê de çewtî hebûn.
mispronounce *lg* çewt bi lêv kirin. **mispronunciation** *n* bilêvkirina çewt.
misread *lg* çewt xwendin, çewt wergerandin.
miss[1] mîs *f*, bano *f*; keç *f*.
miss[2] *lg,lng* **1** lê nexistin, bi ser neketin, bi dest nexistin, jê man, negîhaştin, berbadî çûn. **I ~ed the first part of the speech.** Ez negîhaştim beşê axaftinê yê pêşîn. **2** bêrî kirin.
missile **1** derb *f*, gule *f*. **2** tîr *f*, rim *m*. **3** roket *f*.
missing *rgd* wenda, wunda, kêm.
misspell *lg* çewt an ji bo armanceke xerab bi lêv kirin/bi kar anîn/xebitandin.
mist mij *m*, xumam *f*, helm *f*. **~y** *rgd* bimij.
mistake[1] çewtî *f*, xeletî *f*, şaşitî *f*, şaşî *f*.
mistake[2] *lng,lg* çewt fahm kirin, xeletî kirin; şibandin, dirbê yekî bi yekî xistin.
mister mîrza *m*, beg *m*.
mistletoe dêkane *f*, nanê şivên *m*.
mistranslate *lg* çewt wergerandin.
mistrust *lg* jê bawer nekirin, bawerî/yeqînî pê nehatin. *n* nebawerî *f*.
misunderstand *lg* neçê/çewt/xelet fahm kirin.
mix *lg,lng* **1** tevîhev kirin; tevîhev bûn. **Oil and water don't ~.** Rûn û av tevîhev nabin. **You can't ~ oil and water.** Tu nikarî rûn û avê tevîhev bikî. **2 ~ (with)** li hev kirin. **They do not ~ well.** Ew baş li hev nakin. **3** şaş bûn; şaş kirin. **~ed** *rgd* tevîhev, tevlihev.
mixture tevhevî *f*.
moan *lg,lng* nalîn. *n* nalenal *f*, nalîn *f*.
mobile *rgd* guhêzbar.
mobilize *lg,lng* seferber kirin. **mobilization** seferberî *f*.
mock *lg,lng* henekê xwe pê kirin, qerf/tinaz kirin, biçûk dîtin, zalî/bizarî yekî kirin. **The naughty boys ~ed the blind man.** Kurên bêar henekên xwe bi zilamê kwîr kirin.
mockery qerf *f*, tinaz *f*.
model model *f*, gelale *f*.
modern *rgd* nûjen. **~ity** nûjenî *f*. **~ism** nûjenparêzî *f*. **~ist** *n* nûjenparêz. **~ize** *lg* nûjen kirin.
modest *rgd* dilnizm, nefspiçûk. **~y** dilnizmî *f*, nefspiçûktî *f*.
molar diranê kursî/paşî *m*.
mold *bnr* **mould**.
mole[1] deq *f*, şan *f*, şanik *f*, xal *f*.
mole[2] *n zool* xilt, koremişk.
mole cricket *n zool* cobir.
molecule molekul *f*.
molest *lg* aciz kirin, bela xwe pê dan.
molt *bnr* **moult**.
molten *rgd* helîyayî, ji metalê helîyayî çêbûyî.
moment kêlî *f*, bis *f*, bist *f*, qas *f*, lehze *f*, pêlek *f*.
momentous *rgd* girîng, giran.
Monaco Monaqo *f*.
monarch *n* qral, key.
monarchist *n* keyperest.
monastery dêr *f*.
Monday Duşem *f*.
monetary *rgd* diravîn.
money dirav *m*, pere *m*. **~ box** xiznok *f*, qombere *f*.
Mongolia Moxolîstan *f*.
mongrel *n* dureh.
monk keşe *m*, keşîş *m*.
monkey *n* meymûn.
monocle berçavk *f* (a ji bo çavekî û bê çarçîfe).
monogamy monogamî *f* (tenê bi yekî/yekê re zewicîn).
monolingual *rgd* yekziman, bi zimanekî.
monologue monolog *f*.
monosyllable yekkîte *f*. **monosyllabic** *rgd* yekkîte.
monotheist *n* yekperest. **~ic** *rgd* yekperest. **monotheism** yekperestî *f*.
monotonous *rgd* monoton, yekaheng, yekdîde.
monsoon (ba) mûson *m*.
monster *n* cenawir.
monstera çavreşok *f*.
month meh *f*, heyv *f*. **~ly** kovara mehane *f*, mehanî *f*, mehî *f*, mehname *f*. *rgp* mehane, (ji) mehê carekê.

monument bîrdarî *f*, abîde *f*.

mood[1] *rz* rawe.

mood[2] rewşa giyanî, xulq *m*, bêhn *f*.

moon heyv *f*, hêv *f*. ~light heyvron *f*, hêvron *f*, tava heyvê *f*.

moor beyar *m*, qeraç *m*.

moral *rgd* exlaqî, yê exlêq; ganî, giyanî. ~s exlaq *m*, rewişt *m*.

morale moral *f*.

morality exlaq *f*.

more *rgd,rgp* pirtir, bêtir, zêdetir, hîn, hêj, tir. We want ~. Em bêtir dixwazin. ~ beautiful bedewtir/hîn bedew. You must sleep ~. Divê tu pirtir rakevî. once ~ careke din. any ~ tu carên din, nema, hew. ~ and ~ her diçe pirtir/zêdetir. ~ or less kêmzêde.

moreover *rgp* ji bilî, ji xêndî/xeynî, ji xwe.

morgue morg *f*, mirîxane *f*.

morning sibeh *f*. in/during the ~ sibehînî. this ~ vêsê, vêsibê. the M~ Star Karvankuj *f*.

morning-glory şevgeşk *f*, lawlaw *f*.

Morocco Fas *f*.

moron *n* kêmheş, bale.

morose *rgd* mirûztirş, firşteng, xulqteng.

morphia,morphine morfîn *f*.

morsel gep *f*, parî *f*.

mortal *rgd* kujdêr (yê ku dikuje); fanî.

mortar hawan *f*.

mortgage *n* mişkane.

mortify *lg* rezîl kirin, hetikandin.

mortuary mirîxane *f*.

mosaic *n,rgd* mozaîk.

Moslem *n,rgd bnr* Muslim.

mosque mizgeft *f*, camî *f*.

mosquito *n* pêşî, kelmêş, mixmixk.

moss kevz *f*, kewze *f*.

most *rgd,rgp,n* bêtirîn, zêdetirîn, pirtirîn; tirîn, herî. the ~ beautiful bedewtirîn, herî bedew. ~ly *rgp* bi pirayî, bêtir, pirîcar.

mote zere *f*.

motel motel *f*.

moth *n* perperok.

mother dê *f*, dayik *f*. ~ country welat *m*. ~ly *rgd* dayikî. ~ of pearl lûl *m*, sedef *m*. ~ tongue makeziman *m*, zimanê zikmakî *m*. ~hood dêtî *f*, dayiktî *f*. ~less *rgd* bê dê, sêwî.

motif *n* çîn, motîf.

motion 1 bizav *f*, qelq *f*, tevger *f*, livîn *f*. 2 pêşniyar *f*.

motivate *lg* dehf kirin, tevgerandin, tevger dan, sewk kirin.

motor motor *f*.

motorboat keştîya bimotor *f*.

motorcar seyare *f*, otomobîl *f*.

motorcycle motorsiklêt *f*.

mould[1] kufik *f*, efnik *f*. *lg,lng* kufikî kirin; kufikî bûn. ~y *rgd* kufikî, efnikî.

mould[2] qalib *m*.

moult *lg,lng* (pûrt an perik) weşîn; weşandin.

mound kom *f* (a axê), girik *m*.

mount *lg,lng* 1 (hesp, hwd) siwar bûn/ kirin, (gir, dirênce, hwd) hilkişîn, derketin ser. He ~ed his horse. Ew li hespa xwe siwar bû. 2 ~ (up) pir/zêde bûn. 3 pê ve kirin, kirin cih, pev xistin. ~ guard nobedarî kirin.

mountain çiya *m*. ~eer *n* çiyayî. ~ pass derbend *m*, gelî *m*. ~ pasture zozan.

mountainous *rgd* bi çiya, têrçiya.

mourn *lg,lng* ~ (for/over) şwîn girtin, reş girêdan.

mourning şwîn *f*, binharî *f*. go into/be in ~ reş girêdan, şwîn girtin.

mouse *n* mişk. *lng* mişk girtin.

mousetrap feqa mişkan *f*.

moustache simbêl *m*, simêl *m*.

mouth 1 *anat* dev *m*. ~ful (xwarin) gep, qasî ku dev distîne. 2 (kîs, şûşe, hwd) dev *m*, (çem) rijav *f*.

move *lng,lg* 1 leqandin, livandin, tevdan, tev gerandin, ji derekê anîn derekê; leqîn, livîn, xwe tev dan, tev gerîn, ji derekê çûn derekê. 2 (mala xwe) bar kirin. ~ in ketin (xanîyekî). ~ out (ji xanîyekî) derketin, bar kirin. We ~d out on Monday and the new tenants ~d in on Tuesday. Em Duşemê (ji xênî) derketin û kirêdarên nû Sêşemê ketinê. ~ on! Bimeşe! Pêşde biçe!

movement lebat *f*, liv *f*, leq *f*, qelq *f*, tevger *f*, cih guherîn *f*.

movie the ~s sînema *f*.

mow *lg,lng* çinîn, birîn.

mower *n* kêlindîkêş.

Mozambique Mozambîk f.

Mr Mîrza, Beg (berî (nav û) bernav t̲ê).

Mr (John) Brown Mîrza (John) Brown, John Beg.

Mrs (ji bo jinan) Bano, St̲î, Xanim (berî (nav û) bernav t̲ê). **Mrs (Jane) Brown** Bano/St̲î (Jane) Brown, Jane Xanim.

Ms Xanim, Bano, St̲î (ji bo jin û k̲eçan).

much rgd,rgp,n gelek̲, pir̲, zah̲f, zeh̲f, zor, zêde. **There isn't ~ food in the house.** Li malê gelek̲ xwarin tune. **how ~ çiqas;** (biha) bi çiqasî. **How ~ cheese do you want?** Tu çiqas p̲enêr dixwazî? **How ~ is this?** Ev bi çiqasî ye? **this/that ~** qusa, evqas, ewqas. **He doesn't like fish ~.** Ew ji masî pir̲ hez nak̲e.

muck 1 zibil f, r̲êx f. **2** pîsî f, pir̲ik̲ f, çir̲av f.

mucus lîçik̲ f, belx̲em f.

mud er̲î f, h̲er̲î f, pir̲ik̲ f. **~dy** rgd bier̲î, pir̲ik̲î.

muddle lg tevlihev k̲irin. n tevlihevî f.

muffle lg **1** nixumandin. **2** deng bir̲în. **~r 1** dengbir̲ f. **2** st̲ubend f, keşkol f.

mugwump n (kesê) xwee̲cibandî, p̲ozbilind.

mulatto n kesê/kesa k̲u ji dê û bavê wî/wê yek̲ reş̲ik̲ û yek̲ jî sipî ye.

mulberry dart̲û f, t̲û f.

mule hêst̲ir f, qantir̲ f. **mulish** rgd r̲ik̲dar.

multi-coloured rgd pir̲reng, rengar̲eng.

multilateral rgd pir̲alî.

multilingual rgd pir̲ziman.

multiplication sign carî f.

multiplicity pir̲ayî f, pir̲bûn f.

multitude pir̲ayî f, pir̲ayîya mirovan, boşahî f, jimara mezin f.

mum[1] n (zimanê zar̲okan) enê, yadê.

mum[2] bn Hiş! Huş! rgd bêdeng.

mumble lg,lng di ber xwe de p̲eyivîn, nehwirandin.

municipal rgd yê bajêr̲, di derheqê bajêr̲ de. **~ity** n beledîye f, şaredarî f.

munificent rgd çavfireh, dest̲vek̲irî, comerd.

munitions cebilxane f.

mural rgd yê dîwêr, wek̲ dîwarek̲î.

murder mêr̲kujî f, qetl f. lg kuşt̲in, qetl k̲irin. **~er** n kujdar, mêr̲kuj, qesas.

murk t̲arî f. **~y** rgd t̲arî, ne zelal, şêlî.

muscle anat r̲eh f, girdik̲ n. **~-bound** rgd bi r̲eh.

muscular rgd bi r̲eh, yê r̲ehan.

museum muze f.

mushroom k̲uvark̲ f, fiqer̲ojk̲ f, k̲arî f, k̲ark̲ulîlk̲ f, k̲arok̲ f, kumik̲ f.

music muzîk̲ f. **~al** rgd muzîk̲î, yê muzîk̲ê.

musician n muzîk̲van, sazbend, sit̲ranbêj.

musk misk̲ f

muskmelon qawan m, şimamok̲ m.

Muslim n Musulman, Sulman.

muss tevlihevî f, bêr̲êzî f.

must lal divê. **You ~ not do that.** (T̲e) divê t̲u wêya nek̲î.

mustache bnr moustache.

mustard xerdel f.

muster lg,lng kom k̲irin, civandin; kom bûn, civîn.

musty rgd efnik̲î, kufik̲î, (yê k̲u) bihna kufik̲ê jê t̲ê.

mutable rgd guher̲bar. **mutability** guher̲barî f.

mutation guher̲tin f.

mute rgd lal, bêdeng. n lal, lalê, lalo.

mutilate lg şik̲andin, jêk̲irin, çir̲andin.

mutiny serhildan f. **mutinous** rgd serhilde, yê k̲u serî hildaye, îsyankar. **mutineer** n serhilde, îsyankar.

mutter lg,lng di ber xwe de got̲in, nehwirandin.

mutton goşt̲ê mîhan m.

mutual rgd dualî, beramber.

my rgd-a xwedîtî a/ê/ên min. **This is my coat.** Ev sakoyê min e. **My daughter** Keça min.

myopia kurt̲ebînî f, mîyop f. **myopic** rgd kurt̲ebîn, mîyop.

myriad n pir̲, gelek̲ heb.

myrtle mût̲ik̲ f.

myself cn (ji bo kesê yek̲emîn) xwe, bi xwe. **I hurt ~.** Min xwe êş̲and. **I ~ said so.** Min bi xwe wer got̲. **by ~** (ez) bi tenê, bi tena xwe. **I can do it by ~.** Ez k̲arim bi tena xwe/tenê bik̲im.

mystery nepenî f, nehîn f, nihên f, sir f.

mystify lg şaş̲ k̲irin, ee̲êbmayî hiştin.

mythology çîrokzanî f. **mythological** rgd çîrokzanî, yê çîrokzanîyê. **mythologist** n çîrokzan.

N **n** tîpa çardehan a elfabeya Îngîlîzî.
nacre sedef *m*, lûl *m*.
nab *lg* girtin, zeft kirin.
nag *lg,lng* kirin pitpit, tim kêmasî dîtin. **~ger** *n* pitpitok.
nail 1 bizmar *m*, mîx *m*. *lg* mîx/bizmar lê xistin, mîx/bizmar kirin. **2** nenûk *f*. **~-file** êga nenûkan *f*. **~-scissors** nenûkbir *f*.
naive *rgd* safdil, sexik, saf **~ty/té** safdilî *f*, sexiktî *f*, saftî *f*.
naked *rgd* tazî, rût, şût. **~ness** tazîtî *f*.
name nav *m*. **The teacher knows everybody by ~.** Mamoste navê herkesî dizane. *lg* **1 ~ (after/for)** nav lê kirin/dan. **They ~d the child John.** Navê zarok kirin John. **2** navê(n) tiştekî/tiştinan gotin. **Can you ~ these trees?** Tu dikanî navên van daran bibêjî? **~less** *rgd* bênav, nehêjayî qalkirinê, nayê zimên.
namely *rgp* ango, yanê, yano, yanî
namesake *n* hevnav.
nap *n* bixewveçûn *f*, raketin *f* (bi taybetî biroj û ji bo demeke kurt). *lng* bi xew ve çûn, raketin.
nape *anat* çema stû *f*.
naphthalene naftalîn *f*.
napkin pêşgir *f*, (Brîtanya) paçik *m*, pêçek *f* (a pitikan).
narcissism xweperestî *f*, narsîzm *f*.
narcissus nêrgiz *f*, zêrîn *f*.
narcosis narqoz *f*.
narrate *lg* (çîrok) gotin; serborî/serhatîyên xwe gotin.
narrative çîrok *f*. *rgd* wek çîrokan, di teşeyê çîrokan de.
narrow[1] *rgd* teng. **a ~ bridge** pireke teng. **~-minded** hişteng, perist.
narrow[2] *lng,lg* teng bûn; teng kirin.
nasal *rgd* yê poz. *n* dengê ji poz. **~ cavity** bêvil *f*, difin *m*, kepû *m*, lût *m*, valahîya poz *f*. **~ bones** bêvil *f*, difin *m*, hestîyên poz, kepû *m*, lût *m*. **~ize** *lg* ji poz deng derxistin.
nasolabial fold berûmet *f*.
nasty *rgd* gemarî, qirêjî, erjeng, tehl, nexweş; bêar, fehş; bixeter, gefdar. **a medicine with a ~ smell and a ~ taste** dermanekî bi bîhneke ne xweş û tameke tehl. **~ stories** çîrokên fehş/bêedeb.
nation gel *m*, netewe *m*. **~al** *rgd* gelêr, gelêrî, neteweyî. **~alist** *n* neteweperwer, neteweparêz. **~alism** *n* neteweparêzî *f*, neteweperwerî *f*.
nationalize *lg* **1** gelêrandin, gelêrî kirin, kirin gelêrî, xwedîtîya tiştekî ji kesan derbasî gel kirin. **2** kirin netewe. **nationalization** gelêrandin *f*.
native *n* binecî, *f*, danişwar, dîmatî *f*, yê ku li wê derê hatiye dinyê.
nature 1 xwerist *f*, xweza *f*, jêza *f*. **2** xû *f*, xûy *f*. **natural** *rgd* xwezayî, xweristî; ji zikmakî.
naught *bnr* **nought**.
naughty *rgd* bêar, tamsar.
nausea (made) lihevketin *f*; îkrah *f*, erjengbûn *f*.
nautical *rgd* deryayî, yê deryayê/deryavanîyê/keştîvanîyê.
naval *rgd* yê deryayê, yê cengkeştîyan.
navel *anat* navik *f*, qavik *f*.
navigable *rgd* ji keştîvanîyê re dibe, (keştî) lê tê ajotin, tê ajotin.
navigate *lg,lng* bi keştîyê gerîn, keştî ajotin, rêberîya keştîyê kirin, keştîvanî kirin.
navigation deryavanî *f*, keştîvanî *f*.
navigator *n* keştîvan.
navy *n* hêzên deryayî, stol *f*, gişa cengkeştîyên welatekî.
near[1] *rgd,rgp,dç* nêzîk, nêz, li ba, li hinda, li cem, li nik. **The Post Office is quite ~.** Postexane pir nêzîk e. **Come and sit ~ to me.** Were li nik/cem min rûne. **~-sighted** *rgd* dûrnedît, kurtebîn. **~ at hand** nêzîk, li ber dest. **~ on/upon** nêzîkî, tu nemaye. **~by** *rgd,rgp* nêzîk, nêzîkî, li nik.
near[2] *lg,lng* nêzîk kirin, anîn nêzîk; nêzîk bûn, hatin nêzîk.
nearly *rgp* hema hema, tu nemaye, ji nêzîk de, bi nêzîkayî.
neat *rgd* serast, têkûz, dirist, paqij, saf.
necessary *rgd* pêwîst, hewce, pêdivî, zerûrî, ferz, lazim. **necessarily** *rgp* bivê nevê, çarneçar, teqez.
necessitate *lg* pêwîst kirin, hewce kirin, divêtin. **Your proposal ~s borrowing money.** Pêşniyara te dirav deynkirinê

divê/pêwîst dike.
necessity pêwîstî *f*, bivênevêyî *f*, divêyî *f*, hewce *f*, hewcedarî *f*, hewcebûn *f*, tiştê pêwîst/hewce.
neck *anat* gerden *f*, qirik *f*, stû *m*. **~-tie** qrewat *f*.
necklace rist *f*, gerdenî *f*.
necropolis goristan *f* (bi taybetî yên bajarên kevnare).
nectarine *n* tereqî.
need[1] hewce *f*, hewcedarî *f*, pêwîstî *f*, divêtin *f*. **if ~ be** ku/hek hewce be. **~y** *rgd* belengaz, feqîr, hewcedar.
need[2] *lg* xwastin, hewcedar bûn, divêtin, hewce bûn. **The garden ~s rain.** Bexçe baran divê/Ji bexçe re baran hewce ye. **Does he ~ to know this?** Ma hewce ye ku ew vêya bizanibe?
needle[1] derzî *f*. **knitting ~** şîş *f*, şîşik *f*. **packing ~** şûjin *f*. **~ work** neqş *f*, nexş *f*, karê derzîyê *f*, drûn *f*.
needle[2] *lg* (bi derzîyê) drûtin, qul kirin, kêl lê xistin, derzî lê xistin.
negate *lg* neyinandin, înkar kirin, red kirin. **negation** *n* neyînî *f*, înkar *f*, red *f*.
negative *rgd,n* neyînî. *lg* neyinandin, nebeliyandin, qebûl nekirin.
neglect *lg* guh nedan, xemsarî kirin, îhmal kirin. *n* guhnedan *f*, xemsarî *f*, îhmal *f*. **~ful** *rgd* xemsar, dirêxdar, îhmalkar. **~fulness** guhnedan *f*, xemsarî *f*, îhmalkarî *f*, dirêxdarî *f*.
negligence guhnedan *f*, dirêx *f*, îhmal *f*.
negligent *rgd* xemsar, dirêxdar, îhmalkar.
negotiate *lg,lng* gotûbêj kirin, muzakere kirin. **negotiation** guftûgo *f*, gotûbêj *f*.
Negro *n* Reşik.
neigh hîrehîr *f*. *lng* hîrîn, kirin hîrehîr.
neighbour,neighbor *n* cîran, cînar. **~hood** cîrantî *f*, cîwar *f*, tax *f*. **~ly** *rgd* wek cîranan, bi dostanî, dostane.
neither *rgd,cn* ne, ne jî, tu, tu ji wan, ne ev ne ew. **N~ of them is true.** Tu ji wan ne rast e. **~ nor** *rgp,ghn* ne ... ne (jî), jî, ne jî. **N~ you nor I could do it.** Ne te ne (jî) min dikanî ew bikira. A: **I don't like it.** B: **N~ do I.** A: Ez jê hez nakim. B: Ez jî jê hez nakim (ne jî ez).
Nepal Nepal *f*.
nephew *n* birazê, xwarzê (kur an zilam).
Neptune *strz* Neptûn *f*.
nerve **1** *anat* ra *m*, reh *m*. **2** rik *m*, tûre *m*, eseb *m*.
nervous *rgd* **1** yê rehan, bi reh. **2** firşteng, rageş, xulqteng, esebî, birik, rikdar.
nest hêlîn *f*, hêlûn *f*. *lng* hêlîn çêkirin.
nestling *n* çêlik, çêlikên çûkan ên di hêlînê de.
net tor *f*.
nether *rgd* yê jêr, jêrîn.
Netherlands Holanda *f*.
nettle gezok *f*, gezgezok *f*.
nettle tree *bot* şînok *f*.
neutral *rgd* alînegir, notir. **neutrality** alînegirî *f*, notirbûn *f*. **~ize** *lg* alînegir kirin, notir kirin.
never *rgp* tucar, tucarî, qe, qet. **She ~ goes to cinema.** Ew tucarî/qet naçe sînema. **He has ~ been abroad.** Ew qet neçûye derveyî welêt. **N~ mind!** Xem meke! Guh nedê!
nevermore *rgp* nema, hew, tu carên din.
nevertheless *rgp,ghn* herweha, dîsa jî, cardin jî. **There was no new news; ~, she went on hoping.** Tu nûçeyên nû tunebûn; dîsa jî wê hêvîya xwe domand.
new *rgd,rgp* nuh, nû, teze. **a ~ school** xwendegeheke nû. **~ly** *rgp* vê dawîyê, van rojan, nû, bi awakî nû. **~ness** nuhtî *f*, nûbûn *f*, tezetî *f*. **New Year's Day** Serê Salê, Sersal.
newcomer *n* nûhatî.
news nûçe *f*, xeber *f*, salix *f*, bes *f*. **What is the new ~?** Nûçeyên nû çine/C,i nûçe hene? **~agent** *n* rojnamefiroş. **~boy** *n* rojnamefiroş. **~letter** nûçename *f*. **~worthy** *rgd* hêjayî qalkirinê. **~y** *rgd* tije nûçe.
newspaper rojname *f*. **~man** *n* rojnamevan.
newsreel *n* filîmê nûçeyên nûjen.
New Zealand Zelanda Nû *f*.
next *rgd,n,rgp,dç* **1** **~ (to sth/sb)** di tenişta ... de, li tenişta, li kêleka, li nik, li rex. **Come and sit down ~ to me.** Were li nik/tenişta min rûne. **2** a bê, a tê, dahatû, a herî nêzîk, a din, a dû wê; dûre. **I shall go there ~ week.** Hefta bê ez ê herim wir. **The ~ day we left for Rome.** Roja

din em ketin riya Romayê. **What are you going to do ~?** Tu yê dûre çi bikî.
nibble *lg,lng* kotin, dev lê xistin.
Nicaragua Nîkaragua *f.*
nice *rgd* xweş, xoş xweşik, şîrîn, agirxweş. **a ~ little girl** keçeke biçûk û şîrîn. **a ~ day** rojeke xweş. **~ weather** hewa xweş. **~ly** *rgp* bi xweşî, baş.
nick niçik *f*, kêrt *f*, kertik *f*. **in the ~ of time** tam di wextê de.
nickel nîkel *m*.
nickname *lg* nav lê kirin, nav lê dan. *n* leqeb *f*.
nicotine nîqotîn *f*.
niece *n* (keç) brazî, xwarzî.
Nigeria Nîjerya *f*.
night şev *f*. **in/during the ~** bişev. **on the ~ of Friday** Şeva Înê. **He stayed three ~s with us.** Ew sê şevan bi me re ma. **~ and day** bi şev û roj. **by ~** bişev. **6 o'clock at ~** seet 6-ê şevê. **~ly** *rgd,rgp* yê şevê, şevîn, herşev, bişev.
nightfall êvar *f*.
nightingale *n* bilbil, endelî.
night jar *n* ebabîlk.
nightmare term *f*, kabûs *f*.
nighttime şev *f*, tarî *f*. **in the ~/by ~** bişev, di tarîyê de.
nil tune *f*, nîn *f*, netişt *f*.
nimble *rgd* **1** çalak, lezik. **2** jîrek, zîrek.
nine *rgd* neh *m*. **~teen** *n,rgd* nozdeh. **~teenth** *n,rgd* (a/ê/ên) nozdehan/nozdehem/nozdehemîn, ji nozdehan yek. **ninth** *n,rgd* (a/ê/ên) nehan/nehem/nehemîn, ji nehan yek.
ninefold *rgd,rgp* nehqas, nehqat.
ninety *rgd* nod *m*. **ninetieth** *n,rgd* (a/ê/ên) nodan/nodem/nodemîn, ji nodî yek.
nipple *anat* gûpika memikê *f*, sermemik *m*, memik *m*.
nitrogen nîtrojen *f*.
no *rgd,rgp,n* **1** tu, qet, ne. **She had ~ friends.** Tu hevalên wê tunebûn. **~ end of** pir, zehf. **The task is ~ easy one.** Kar ne (yekî) hêsan e. **~one/~-one** *bnr* **nobody**. **2** na. **Is it Monday today? -No, it isn't.** Îro Duşem e? -Na, ne Duşem e.
noble *rgd,n* zadegan, esilzade, biesil.
nobody *cn* tukes, kesek, kes. **We saw ~.** Me kesek/tukes/kes nedît. **~ else** kesekî din, kesî din, tukesê din.
nocturnal *rgd* yê şevê, şevîn, yê ku bişev dibe, digere an dijî.
nod *lg,lng* **1** (bi qesda erê kirinê) serê xwe kil kirin. **2 ~ (off)** serî ketin ber, bi xew de çûn.
node movik *f*.
Noel Noel *f*.
noise deng *m*, dengzar *f*, dengedeng *m*, hengame *f*, teqreq *f*. **~less** *rgd* bêdeng, kêmdeng, bê teqreq. **~lessness** bêdengî *f*.
nomad *n* koçer. **~ic** *rgd* koçer, yê koçeran. **~ism** *n* koçerî *f*.
nominee *n* berendam, nûner.
non *xêş* bê-, ne-. **~-committal** *rgd* alînegir.
none *cn,rgp* tu, tukes, tutişt, qet. **N~ of them has/have come back.** Tukes ji wan bi şûn de nehatiye/venegerîyaye. **~ the less** *rgp* cardin jî, dîsa jî.
nonetity *n* kes an tiştê ne girîng, kêmqîmet.
nonexistence tunebûn *f*.
noninterference têkilnebûn(î) *f*.
nonresistance berxwenedan *f*.
nonsense herze *f*, yawe *f*; peyv *f*, nêrîn an kirinên bêmane/vala/tewşo mewşo.
nonstop *rgd,rgp* bê sekin, bê rawestan, sererast.
noon *n* nîro, nîvroj. **at ~** nîro, nîrokî.
nor *ghn bnr* **neither**.
norm norm *f*.
normal *rgd* normal, adetî.
normalize *lg* normal kirin.
North Bakur *m*. *rgp* ber bi Bakur ve, Bakur. **~ly** *rgd,rgp* li/ji Bakur, ber bi Bakur ve. **~ern** *rgd* yê Bakur, li Bakur. **N~ Star** Qurx *f*, Stêrka Bakur *f*.
Norway Norweç *f*.
nose poz *m*, bêvil *f*, difin *m*, lût *m*.
nosebag ciher *m*.
nosebleed pozxwîn *f*, xwînbûna poz *f*.
nosed *xaş* poz-. **long-~** pozdirêj.
nostalgia bêrî *f*, bêrîya welêt *f*, bêrîya borîyê *f*.
nostril *anat* firnik *f*.
not *rgd* ne, na, ni. **This is ~ yours.** Ev ne ya te ye. **I cannot come.** Ez nikanim bêm. **I do ~ eat bread.** Ez nên naxwim. **~ at all** Qe ne tiştek e, Spasî xweş.

notable *rgd* sereke, girîng, navdar.
notary *n* noter. ~ **public** noter.
notch kertik *f*, niçik *f*.
note[1] **1** nîşe *f*, serinc *f*, not *f*. **2** kurtename *f*. **3** *muz* note *f*.
note[2] *lg* anîn ber çavan, guh dan, girîng girtin; nivîsîn
notebook lênûsk *f*, defter *f*.
noteworthy *rgd* bîrvema, girîng.
nothing *n,rgp* netiştek, tu tişt, tiştek. (di hevoka neyînî de). **There is ~ interesting in the newspaper.** Di rojnamê de tiştekî balkêş tune. **~ness** *n* tunebûn *f*, negirîngî *f*, bêmanetî *f*.
notice *lng,lg* **1** pê hesîn, dîtin, ber çavan ketin. **I didn't ~ you.** Ez bi te nehesîyam. **2** qal/behs kirin. *n* agahdarî *f*, dannasî *f*, pêhesandin *f*, pêhesîn *f*, baldarî *f*, bal *f*, qal *f*, behs *f*.
notification agah *f*, agahdarî *f*.
notify *lg* agahdar kirin, cab dan, jê re gotin.
notorious *rgd* navdar, (bi nebaşîya xwe) navdayî, bednav. **notoriety** bednavî *m*, (bi nebaşî) navdarî *f*.
notwithstanding *dç,ghn* tevî ku, teva ku, her çiqas. *rgp* dîsa jî, cardin jî.
nought nîn *f*, tune *f*, sifir.
noun *rz* nav *m*, navdêr *m*.
nourish *lg* xwedî kirin, xwarin dan, lê nêrîn, mezin kirin. **~ment** *n* xwarin *f*, zad *f*.
nouveau riche *n* nedîbûdî, nedîtî.
nova *n strz* stêrka ku ji nişka ve dibiriqe.
novel roman *f*.
novelette kurteroman *f*, çîrok *f*.
novelty nuhtî *f*, nûtî *f*, nuhbûn *f*, tiştê nû.
November Çirîya paşîn *f*, Mijdar *f*.
novice *n* şagirt.
now *rgp,ghn* aniha, niha, nuha. **Where are you living ~?** Tu aniha li ku rûdinî/dijî? **(every) ~ and then** carinan, carcarinan.
nowadays *rgp* aniha, vî çendî, van rojan.
nowhere *rgp* tuder, tuderê, li tuderê (di hevoka neyînî de).
nubile *rgd* (keç) gîhaştî, kamil, gewrekeç.
nuclear *rgd* nukleer.
nude *rgd* tazî, rût. *n* wêneyê mirovê tazî.
nudity tazîtî *f*.
nudge *lg* ênîşk lê xistin, dehf dan.
null *rgd* betal, netê.
nullify *lg* betal kirin, ne hesibandin.
numb *rgd* tevizî, bêhes. **make ~** *lg* tevizandin. **get ~** *lng* tevizîn. **~ness** tevz *f*, tevzînok *f*, bêhesî *f*.
number hejmar *f*, jimar *f*. **~less** *rgd* bêjimar.
numerable *rgd* tê jimartin.
numeral *rgd* yê jimaran, yê jimartinê, jimarîn. *n* jimar *f*, hejmar *f*, heb *f*.
numerical *rgd* yê hejmaran, hejmarîn.
numerous *rgd* pir, gelek, pirejimar.
nutcracker bindeqşikên *f*.
nutmeg *n* cozbûyî.
nutriment xwarin *f*.
nuzzle *lg,lng* pozê xwe tê dan an lê xistin.
nylon şemedan *m*, naylon *m*.

O

o *n* tîpa pazdehan a elfabeya Îngîlîzî.

oak berû *m*, darberû *f*.

oak apple *n* mazî.

oar bêrok *f*, bêr *f*.

oasis wahe *f*, di nav çolistanekê de cihê bi darûber.

oat *n* xamkêsan, sêserî.

oath sond *f*. **swear/take an ~** sond xwarin.

obedient *rgd* îtaetkar. **obedience** itaet *f*, çistî *f*.

obey *lg,lng* îtaet kirin, guh lê kirin, bi ya yekî kirin.

object[1] *n* **1** tişt *m*, obje *m*. **2** armanc *f*. **3** *rz* berkirde *f*, bireser *f*.

object[2] *lg,lng* li hemberî/dijî tiştekî derketin, qebûl nekirin, îtiraz kirin.

objection îtîraz *f*, nerazîbûn *f*.

objective[1] *rgd* obcektîv.

objective[2] armanc *f*

obligate *lg* **~ sb to do sth** mecbûrî kirina tiştekî kirin, mecbûr kirin.

obligation mecbûrîyet *f*, divêtî *f*, pêwîstî *f*.

obligatory *rgd* mecbûrî, pêwîst.

oblige *lg* **~ sb to do sth** mecbûr kirin, girêdan; qencî pê kirin, minetdar kirin. **be ~d to do sth** mecbûr bûn/man, divêtin; minetdar bûn. **obliging** *rgd* alîkar, alîkarîxwaz, destgir.

oblique *rgd* **1** xwar, mêldar. **2** neserast, nerasterê; *rz* tewandî. **obliquity** mêl *f*, meyl *f*, xwarî *f*.

obliterate *lg* wenda kirin, xera kirin, ji holê rakirin, paqij kirin.

oblivion jibîrkirin *f*, jibîrbûn *f*, jibîrçûn *f*.

obnoxious *rgd* erjeng, kirêt.

obscene *rgd* erjeng, kirêt, mustehcen.

obscurant *n,rgd* tarîperest, dijî zanistî û pêşketinê. **~ist** *n* tarîperest. **~ism** tarîperestî *f*.

obscure *rgd* tarî, veşartî, neeşkere, şêlîtevlihev, tê nayê gihîştin.

observable *rgd* xuya, zelal, tê dîtin, hêja ye çavdêrîyê.

observation çavdêrî *f*, çavnêrî *f*, raçavkirin *f*.

observatory nêregeh *f*.

observe *lg,lng* çavdêrî kirin, çavnêrî kirin, danêr kirin, raçav kirin. **~r** *n* çavdêr, danêr, dîdevan, nêrevan.

obsess *lg* (heş) mijûl kirin, dagir kirin.

obsolete *rgd* kevn, kevne, demborî.

obstacle asteng *f*, bend *f*, neqeb *f*.

obstinacy eks *f*, rik *f*.

obstinate *rgd* riko, rikdar, bieks; asê, biryardar.

obstruct *lg* ber/pêşî girtin, xetimandin, asteng derxistin, rê ne dan.

obstruction asteng *f*, pêşîgirtin *f*, xetimandin *f*, rênedan *f*.

obtain *lng,lg* bi dest xistin, peyda/pêde kirin, stendin.

obvious *rgd* berbiçav, eşkere, xuya, diyar.

occasion **1** car *f*, fersend *f*, nifş *m*. **on this/that occasion** îcar, vê/wê carê. **2** sedem *f*, hewce *f*.

occasional *rgd* carcarîn, (yê ku) carinan dibe, her tim nabe. **~ly** *rgp* carinan, carcarinan.

Occident *n* **the ~** Rojava, welatên rojavayî, Xerb. **~al** *rgd* rojavayî.

occult *rgd* efsûndar, bisir, dizî, veşartî, nehênî.

occupant *n* dagirker. **occupancy** dagirtin *f*, dagir *f*, dagirkirin *f*.

occupation **1** dagirtin *f*, dagir *f*, dagirkirin *f*. **2** mijûlî *f*, bilîkarî *f*, pîşe *m*, bêşe *m*.

occupier *n* dagirker.

occupy *lg* dagir kirin, dagirtin; mijûl kirin.

occur *lng* **1** bûn, qewimîn. **Don't let this ~ again.** Bila ev car din neqewime. **2 ~ to** hatin bîra yekî.

occurence bûyer *f*, rûdan *f*, qewimîn *f*.

ocean oqyanûs *f*.

o'clock di gotina seetê de tê xebitandin. **He left at five ~.** Ew seet di pêncan de çû.

octagon heştqozî *f*, heştqirax *f*, tiştê bi heşt qozî û heşt qirax. **~al** *rgd* heştqozî, heştqirax.

October Cotmeh *f*, Çiriya pêşîn *f*.

octopus *n* heştpê.

ocular *rgd* yê çav. **~ muscles** *n anat* masûlkeyên çav.

oculist *n* pisporê çav.

odd *rgd* **1** (hejmara ku) bi dudan nayê parve kirin, wek: 1,3,5,7, hwd. **2** fer. **an ~ shoe** ferek (sol) . **3** ji rêzeyekê yek an çend heb. **4** hinekî zêde, kusûr. **five hun-**

dred ~ pênc sed û hinek/çenek. **30 ~ years.** di navbeyna 30 û 40 salî de. **5** yê ku carinan dibe, carcarîn, alosbar. **6** xerîb, biyan, nenas, nejê, behît.

odour,odor bîhn *f*, bêhn *f*, bîhnok *f*. **~less** *rgd* bêbîhn. **~ous** *rgd* bîhndar, bi bîhn.

oesophagus *n anat* sorsorik.

of *dç* **1** a/ê/ên. **the works of Shakespeare** afirandinên Şekspîr. **the fear ~ God** tirsa Xwedê. **the result of the debate** encama gotûbêjan. **2** ji, jê. **die ~ hunger** ji birçîna mirin. **a house of stone** xanîyekî ji kevir (kevirî). **those of the middle classes** yên (ji) çînên navîn.

off *rgd,rgp,dç* ji, jê, dûr, li dûr, qetyayî, qedyayî, destûr, betlane. **The city is five miles ~.** Bajar pênc mîlan dûr e. **The electricity is ~.** Elektrîk qetyayî/negirêdayî/girtî ye. **The manager gave him a day ~.** Serkar rojekê destûr/betlane da wî. **He fell ~ the ladder.** Ew ji dirêncekê ket.

offence,offense êrîş *f*, destavêtin *f*, qusûr *f*, qebehet, tawan *m*, guneh *m*; êşandin *f*, xeyidandin *f*.

offend *lng,lg* **1** xeyidandin, dilê yekî şkenandin, êşandin, aciz kirin. **My remarks ~ed him.** Peyvên min ew êşand. **2 ~ against** dijî/hemberî (zagon an kevneşopan) tiştek kirin.

offender *n* tawanbar, gunekar, sûcdar.

offensive êrîş *f*. **go into/take the ~** êrîş kirin.

offer[1] *lg,lng* **1** pêşniyar kirin, pêşkêş kirin. **They ~ed me a job.** Karek pêşniyarî min kirin. **2** bûn, qewimîn, derketin holê.

offer[2] pêşniyar *f*.

office kargeh *f*, mijûlgeh *f*, nivîsgeh *f*, ofîs *f*; kar *m*.

officer *n* **1** *lş* efser, zabit. **2** karmend, mamûr. **3** polîs.

official[1] *rgd* fermî, resmî.

official[2] *n* karmend, mamûr.

offshoot şax *m*.

offspring *n* dol, zaro.

often *rgp* gelek car(an), pirîcar, tim.

oil 1 rûn *m*. **2** neft *f*, petrol *f*. *lg* rûn (lê) kirin. **~-can** rûndank *f*.

oily *rgd* birûn.

ointment melhem *f*.

okay *rgd,rgp* (kurtebêj: **OK.**) Bila be, belê, baş e, dibe; baş, serast. *n* qayilî *f*, erêkirin *f*. *lg* erê kirin, beliyandin, qayil bûn.

okra bamî *f*, bamye *f*.

old *rgd* kal, pîr, mezin; kevn, demborî; salî. **He is 10 years ~.** Ew deh salî ye. **How ~ are you?** Tu çend salî yî? **grow/get ~** mezin bûn, pîr/kal bûn. **~ houses/clothes** xanîyên/kincên kevn. **~ness** kaltî *f*, pîrtî *f*; kevnayî *f*.

oldster *n* pîrejin, pîremêr.

oleander ziqûm *f*.

oleaster sinc *f*, gûsinc *f*.

olfactory *rgd* yê bîhnê.

olive zeytûn *f*, darzeytûn *f*. **~ oil** zeyt *f*. **wild ~** sinc *f*, qûsinc *f*.

Olympiad Olîmpîyad *f*.

Oman Oman *f*.

omelette,omelet *n* hêkerûn.

ominous *rgd* bêyom, yomxerab.

omit *lg* di ser re gav kirin, (li derve) hiştin, nehesibandin, nekirin.

omnipotence *n* hêza bêtixûb. **omnipotent** *rgd* xwedî hêzeke bêtixûb.

omniscience *n* bi hertiştî zanîn. **omniscient** *rgd* yê ku bi her tiştî zane.

onshore *rgd,rgp* ber bi peravê ve.

onslaught *n* êrîşa xurt *f*.

omnivorous *rgd zool* gişxwer (yê ku him giya him goşt dixwe). **~ reader** kesê ku her cure pirtûk dixwîne.

on *rgp,dç* ser, li ser, li, bi, pê re, derheqê, derbarê; vêketî, vekirî, dişuxile. **the books ~ the table** pirtûkên li ser masê. **the pictures ~ the wall** wêneyên li dîwêr. **He is sitting ~ the grass.** Ew li ser giyayê rûniştiye. **Have you a match ~ you?** Bi te re niftik heye? **~ Sunday**

Roja Yekşemê. ~ **the 1st of May** di yekê Gulanê de. ~ **that day** wê rojê. ~ **time** di wextê de. ~ **international affairs** di derheqê pirsên navneteweyî de. **and so** ~ her wekî din, û yên mayî. **later** ~ dûre.

once *rgp* carekê; demekê, berê. **I have been there** ~. Ez carekê çûme wir. **We go to cinema ~ a week.** Em heftê carekê diçin sînema. ~ **again** careke din, dîsa. ~ **or twice;** ~ **and again;** ~ **in a while** carinan, çend caran, carekê dudan. **He ~ lived in London.** Ew demekê/berê li Londonê rûdiniştr. ~ **upon a time** (çîrok) hebû tunebû. **at** ~ tavilê, di cih de; di carekê de, bi derbekê. **all at** ~ ji nişka ve.

oncoming *rgd* ya tê, ya bê. *n* nêzîkbûn *f.*

one *n,rgd,rgp,cn* yek, kes(ek), mirov(ek). ~ **pen** pênûsek. **O~ is enough.** Yek bes e. ~ **of my friends** hevalekî min/ji hevalên min yek. ~ **another** hevdu, hevûdû. **They don't like ~ another.** Ew ji hevdu hez nakin. ~ **by** ~ hebo hebo, yeko yeko, yek bi yek, lib lib, libo libo. **~-eyed** *rgd* yekçav, bi çavekî.

oneself *cn* xwe, bi xwe. **wash** ~ xwe şuştin.

onion pîvaz *f.*

onlooker *n* mêzevan, temaşevan.

only *rgd,rgp,ghn* tenê, tik û tenê, çiktenê. **Azad is an ~ child.** Azad zarokekî tenê ye. **I ~ saw Mary.** Min tenê Mary dît. **O~ five men were there.** Tenê pênc zilam li wir bûn. **if** ~ xwezî, tenê.

onset 1 êrîş *f.* **2** destpêk *f.*

onto,on to *dç* ser. **He fell ~ the carpet.** Ew ket ser xalîçê.

ontology ontolojî *f.*

onward *rgd* pêşketî, yê ku pêşde dikeve, ber bi pêş. **~s** *rgp* pêşde, pêşve, ber bi pêş ve.

opaque *rgd* yê ku ronahîyê derbas nake.

open[1] *rgd* vekirî. **Leave the door ~.** Derî vekirî bihêle. **~-eyed** çavvekirî, çavhilkirî, baldar. **~-handed** *rgd* destvekirî, çavfireh. **~- hearted** *rgd* ji dil. **~ly** *rgd* eşkere.

open[2] *lg,lng* vebûn; vekirin. **O~ the window.** Pacê veke. **The door ~ed and a man came in.** Derî vebû û zilamek ket hundir.

opening dev *m*, derî *m*; vekirin *f*, vebûn *f*; qul *f*; destpêk *f.*

opera opera *f.*

operate *lg,lng* şixulandin, xebitandin; şixulîn, xebitîn. **The lift is ~d by electricity.** Hilavêj/asansor bi elektrîkê dixebite/dişuxile.

opinion dîtin *f*, nêrîn *f*, ray *f.* **in my** ~ bi nêrîna min, bi raya min.

opinionated *rgd* rikdar, serhişk.

opium afyon *f.* ~ **poppy** xaşxaşk *f.*

opponent *n* dijber, reqîb, dijmin.

opportunism fersendzanî *f*, kêsperestî *f.*

opportunist *n* fersendzan, kêsperest.

opportunity kês *f*, keys *f*, fersend *f*, delîve *f*, gengazî *f*, hincet *f.* **make/find/get an** ~ kês pê anîn/hatin/xistin, fersend dîtin.

oppose *lg* dijî yekî/tiştekî derketin, li hember derketin, dijberî kirin.

opposite *rgd* **1** li hember(î), beramber, rûbar. **the house ~ to mine** xanîyê li hemberî yê min. **2** bervajî, dij, dijber, dijraber, hevrik, muxalif.

opposition beramberî *f*, dijberî *f*, dijraberî *f*, rûbarî *f*, muxalefet *f*

oppress *lg* **1** tade lê kirin, zulm kirin. **2** eciqandin, guvaştin, şidandin, giranî danîn ser. **~ion** nîr *f*, zulm *f.*

opt *lng* ~ **for sth** bijartin, ecibandin.

optative *rgd rz* bilanî.

optic *rgd* yê çav, yê dîtinê. **~al** *rgd* yê çav, yê dîtinê.

optician *n* berçavkvan.

optimism xweşbînî *f*, çakbînî *f*, nikbînî *f.*

optimist *n* xweşbîn, nikbîn, çakbîn. **optimistic** *rgd* çakbîn, nikbîn, xweşbîn.

optimum *rgd* optîmûm, ya herî minasib.

option *n* **1** maf an hêza bijartinê. **I had no ~.** Min nedikarî bibijarta/Ez bêçar bûm. **2** bijartek *f.* **3** (bazirganî) mafê kirîn û firotinê. **~al** *rgd* ne mecbûrî, gor xwestina mirov, xwestinî.

opulence dewlemedî *f*; boşahî *f.* **opulent** *rgd* dewlemend; boş, pir. **opulently** *rgp* bi dewlemendî, bi boşahî.

or *ghn* an, ya, yan. **Is it green ~ blue?** Ew şîn e yan keske? **Are you coming ~ not?** Tu têyî an na? **Either this ~ that.** Ya ev ya ew/Ev an ew. ~ **else** an na, yan na, an jî, yan jî.

oral *rgd* devkî, yê dev. **~ly** *rgp* devkî, bi dev.

orange *n,rgd* pirtûqal *f*, porteqal *f*, (reng) pirtûqalî *m*.
orate *lng* gotar dan. **oration** gotar *f*, axaftin *f*. **orator** *n* gotarbêj.
orbit rêgah *f*, riya hêv an dinyê li dora rojê. *anat* kortika çav *f*.
orchard rez *m*, bexçe *m*, dahl *f*, dehl *f*.
orchestra orkestra *f*.
orchis,orchid *bot* salep *f*.
order[1] *n* rêz, pergal, sazûman, serûberî. **~ly** *rgd* rêk, birêz, biserûber, saz, serast, têkûz, serhev. **in ~** rêk, serhev, saz, serast. **out of ~** xerab, xerabe, naxebite, jihevketî.
order[2] ferman *f*, emir *m*.
order[3] sipariş *f*.
order[4] *lg* **1** ferman dan/kirin, emir dan/kirin. **2** sipariş dan. **3** kirin rêzê, rêz(dar) kirin.
ordinance biryarname *f*.
ordinary *rgd* adetî.
ordure gû *m*, rêx *m*, qilêr *f*.
ore *n* gewher, cewher.
organ **1** endam *m*, organ *m*. **2** *muz* org *f*.
organism organîzma *f*.
organization rêxistin *f*, komel *f*, sazûman *f*.
organize *lg* saz kirin, (bi) rêk xistin, honan, honandin, eywezandin. **~r** *n* amadekar, sazkar.
orient Rojhilat *m*. **~al** *rgd* Rojhilatî, yê rojhilat. **~alist** *n* Rojhilatnas. **~al sore** rîş *f*.
orientate *lg* ber(ê tiştekî) dan Rojhilat.
orifice dev *m*, qul *f*.
origin destpêk *f*, çavkanî *f*, jêza *f*, esil *m*, paşkok *f*, reh *f*. **The ~ of a quarrel** destpêka pevçûnekê. **~al** esil *m*, paşkok *f*, nûser *f*, jêza *f*. *rgd* yê destpêkê, nûser, xwerû, esil.
originate *lg,lng* **1** **~ from/in sth; ~ from/ with sb** jê derketin. **The quarrel ~d in rivalry between two tribes.** Pevçûn ji berberîya navbeyna du eşîran derket. **2** afirandin, îcad kirin.
ornament *lg* xemilandin, arastin. *n* arayişt *f*, rewş *f*, xeml *f*. **~ation** xeml *f*, xemilandin *f*.
orphan *n* sêwî, bêbav, bêdêûbav, bêkes. *lg* sêwî hiştin/kirin. **~age** sêwîxane *f*.
orthography rastnivîsîn *f*, vekît *f*. **orthographic** *rgd* rastnivîsînî, yê rastnivîsînê.
orthop(a)edics hestîzanî *f*. **orthop(a)edist** *n* hestîzan, ortopedîst.
osseous *rgd* ji hestî, yê hestî, biqerûde.
ossify *lg,lng* (wek hestî) hişk bûn, bûn hestî, kirin hestî.
ostensible *rgd* yê xuya, xuya.
ostracize *lg* ji civat an komekê derxistin, qewirandin, avêtin.
ostrich *n* heştirme, çûkdeve.
other *rgd,cn* din, a/ê din, dîtir. **the ~s** ên din. **One of them is mine; the ~ is my sister's.** Yek ji wan a min e, ya din a xweha min e. **The post office is on the ~ side of the street.** Postexane li alîyê cadê yê din e. **an~** yeka din, yekî din. **Will you have an~ cup of tea?** Tu yê çayeke din vexwî? **every ~** herkesê din, hertiştê din. **one after an~** pêhev, li pey hev. **or ~** an na, an jî.
otherwise[1] *ghn* an jî, an na. **O~ you will not see her.** An na tu yê wê nebînî.
otherwise[2] *rgp* bi awayekî din, di rêyeke din de.
Ottoman *n,rgd* Osmanî, Rom, Romî.
ouch *bn* Ax! Ay!
ought divê. **You ~ to start at once.** Divê tu tavilê dest pê bikî. **You ~ to see that new film.** Divê tu wî fîlmê nû bibînî.
our *rgd* a/ê/ên me. **O~ daughter** Keça me. **O~ son** Kurê me.
ours *cn* a/ê/ên me. **This pen is ~.** Ev pênûs a me ye. **Their pen is longer than ~.** Pênûsa wan ji ya me dirêjtir e.
ourselves *cn* (jibo kesê yekemîn ê pirejimar) xwe, bixwe. **We could see ~.** Me dikanî xwe bidîta. **(all) by ~** bi tena xwe, bi tenê, tenê.
oust *lg* qewirandin.
out *dç,rgp,rgd,n* li derve, derve, der, yê/ yên li derve. **go ~** derketin (derve), çûn derve. **take sb/sth ~** derxistin (derve), birin derve. **He is ~.** Ew li derve ye. **The fire/lamp, etc is ~.** Agir, lampe, hwd vemirî ye. **~ of** dûrî, derî, ji, bê. **Fish cannot live ~ of water.** Masî nikane bêav bijî. **He jumped ~ of bed.** Wî xwe ji nivîna çeng kir. **We're ~ of tea.** Em bê çay in. **~ of fashion** *rgd* demborî. **~ of order** *rgd* xerab, xerabe, ji hev ketî.
outcast *n,rgd* pêxwas, yê derî civatê, yê ji

civatê hatiye avêtin.
outclass *lg* derbas kirin, jê çêtir bûn/kirin.
outcome encam *f.*
outcry gazî *f*, bang *f*, qîrîn *f*, qîjeqîj *f.*
outdistance *lg* derbas kirin.
outdo *lg* derbas kirin, (jê) çêtir kirin.
outdoor *rgd* yê derve. ~ **clothes** kincên derve.
outdoors *rgp* li derve, derve. **In hot countries it is possible to sleep ~.** Li welatên germ meriv kane li derve rakeve/razê.
outgoing *rgd* yê ku derdikeve an diçe derve.
outing ger *f*, seyran *f.*
outlast *lg* jê bêtir jîyîn, jê bêtir deyax kirin.
outlaw *lg* qedexe kirin; ji civatê avêtin/derxistin.
outlet rêder *f*, rêya derve.
outlive *lg* jê bêtir jîyîn.
outlook xuyabûn *f*, bergeh *f*, nêrîn *f.*
outlying *rgd* dûrî navînê, yê li qiraxan.
outmoded *rgd* demborî.
outnumber *lg* jê bêtir/pirtir bûn.
out-of-date *rgd* ne nûjen, kevn, demborî.
out-of-door *bnr* **outdoors**.
out-of-the-way *rgd* dûr, rê pê nakeve, nayê zanîn.
output ber *m*, qêsa berkêşanê *f*, berkêşan *f.*
outright *rgd* bêkêmasî, bêxeletî; eşkere, diyar. *rgp* eşkere, rasterê; bi derbekê, di carekê de.
outset destpêk *f.*
outside **1** derve *m.* **2** *rgd* yê derve, ji derve. **3** *rgp,dç* derve, li derve, li dervê, der. **at the ~** pir pir, pir hebe.
outspoken *rgd* rasterast, rastgo, ji dil. **~ly** *rgp* rasterast, ji dil.
outstanding *rgd* berbiçav, bijarte, bîrvema, girîng; (deyn) nedayî, mayî.
outstrip *lg* derbas kirin, (jê) çêtir kirin.
outward *rgd* yê derve. **~(s)** *rgp* ber bi derve ve, derve.
outweigh *lg* jê girantir/girîngtir bûn.
outwit *lg* têk birin.
oval *rgd* hêkanî.
oven firne *f*, tenûr *f.*
over[1] *rgp,dç* li ser, di ser re, ser, ji hêlekê heta hêla din, ji serî heta binî, cardin, dîsa, zêde, (jiber)mayî, qedyayî, xelasbûyî. **Turn him ~ on his face.** Wî biqelibîne ser rû. **The milk boiled ~.** Şîr di ser re çû/Kela şîr çû. **Count them ~.** Wan cardin bijimêre. **(all) ~ again** cardin, dîsa. **~ and ~ again** gelek caran, pirîcar. **~ against** dijî, li hember. **He spread his handkerchief ~ his face.** Wî destmala xwe li ser rûyê xwe raxist. **The sky is ~ our heads.** Ezman li ser serê me ye. **Snow is falling ~ the city.** Berf datê ser bajêr/Li ser bajêr berf dibare. **She spoke to me ~ her shoulders.** Ew di ser milên xwe re bi min re peyivî. **He spoke for ~ an hour.** Ew ji seetekê bêtir peyivî.
over[2] *xêş* zêde, pir, zehf.
overall *rgd* seranser, serûbin.
overcast *rgd* (ezman) bi ewr, bi mij.
overcome *lg* têk birin, bi ser ketin.
overdue *rgd* dereng, demborî.
overeat *lg* zêde xwarin, xurektî kirin.
overflow *lg,lng* bi ser de çûn, di ser re çûn, pir zêde/tije bûn.
overfly *lg* di ser re firîn.
overhead *rgp,rgd* li ser serî, li ezmên, li hewa, li jor.
overhear *lg* ber guhan ketin.
overjoyed *rgd* pir bi kêf, pir şa.
overland *rgp* li erdê, li ser rûyê erdê.
overleaf *rgp* li hêla pel a din.
overload *lg* (bar) zêde lê kirin, bargiran kirin.
overlook *lg* ji jor ve lê nêrîn; nedîtin; girîng nedîtin, kêm dîtin; bexşîn; çavnêrî kirin.
overly *rgp* pir zêde.
overnight *rgp* bişev, di şevekê de. *rgd* yê şevekê, şevekê, jibo şevekê.
overrate *lg* pir girîng dîtin.
overrun *lg* **1** (lê) belav bûn, dagir kirin. **2** (hed) derbas kirin.
oversee *lg* çavnêrî kirin.
oversight **1** nedîtin *f*, pênehesîn *f.* **2** çavdêrî *f*, çavnêrî *f.*
oversleep *lng* zêde raketin.
overstay *lg* zêde man.
overstep *lg* derbas kirin.
overtax *lg* zêde bar lê kirin, zêde kar dan/pê kirin.

overthrow *lg* qelibandin, qulipandin, hedimandin, serobinî hev kirin.
overtop *lg* bi ser ketin, jê bilindtir bûn.
overturn *lg* qelibandin, qulipandin, serobinî hev kirin.
overwork *lg,lng* zêde xebitandin; zêde xebitîn.
ovoid *rgd* hêkanî.
owe *lg,lng* **~ sb sth; ~ sth to sb; ~ for sth** deyndar(ê yekî) bûn.
owing *rgd* deyndar.
owl *n* bûm, kund.
own[1] *rgd,cn* xwe, bixwe. **I saw him with my ~ eyes.** Min bi çavên xwe ew dît. **This is my ~ house.** Ev xanîyê min e (Ez xwedîyê wê me). **be (all) on one's ~** (bi) tena xwe/tenê bûn, bi serê xwe bûn. **She lives on her ~.** Ew bi tena xwe/tenê dijî. **I can cook my ~ meals.** Ez kanim xwarinên xwe çêkim.
own[2] *lg,lng* **1** xwedîyê tiştekî bûn, a/ê/ên yekî bûn. **This house is mine; I ~ it.** Ev xanî yê min e; Ez xwedîyê wê me. **Who ~s this land?** Ev erdê kê ye/Xwedîyê vî erdî kî ye? **2 ~ (to)** beliyandin, erê kirin; nas kirin; mukir hatin.
owner *n* xwedî, xudan. **~less** *rgd* bêxwedî. **~ship** xwedîtî *f*.
ox ga *m*. **~en cart** ereba ga *f*, parxêl *f*.
oxgoad *n* misas.
oxygen oksîjen *f*.
ozone ozon *f*.

P

p tîpa şazdehan a elfabeya Îngîlîzî.
pace gav *f*. *lg,lng* (hesp) rehwan meşîn, hêdî hêdî meşîn; bi gavan pîvan.
pacific *rgd* aş, bêdeng; aşitîxwaz.
pacifism aşitîparêzî *f*, aşitîxwazî.
pacifist *n* aşitîparêz, aşitîxwaz.
pacify *lg* li hev anîn, aş kirin, aşitî anîn.
pack *lng, lg* alandin, pêçan, pêçandin, kirin pakêt. *n* pakêt *f*.
package pakêt *f*, boxçe *f*, boxçik *f*.
packet pakêt *f*, boxçe *f*.
packhorse *n* bargîr, bergîr.
pack-saddle cil *f* (a keran), kurtûn *f*.
pact girêdank *f*, peyman *f*, pakt *f*, ehd *f*..
pad *n* tiştê wek balîfeke piçûk, balîf *f*; lênûsk *f*, bloqnot *f*.
paddle[1] bêr *f*. *lg,lng* (qeyik, hwd) bi bêrê ajotin.
paddle[2] *lng* di ava nizm de meşîn/gerîn (wek ku zaro li rexê deryayê, di nav avê de dilîzin an dimeşin).
paddy çiltûk *f*.
padlock qufil *f*. *lg* qufil kirin, qufil lê xistin.
pagan *n* pûtperest, kafir.
page rûpel *m*. **~-maker** *n* rûpelraxer.
pail avdank *f*, satil *f*.
pain êş *f*, jan *f*, xem *f*. *lg* êşandin. **~ful** *rgd* êşdar, biêş, rencîn. **~-killer** êşbir *f*. **~less** *rgd* bêêş, neêşdar, naêşîne.
paint boyax *f*, gon *f*. *lg,lng* boyax kirin, gonandin; bi boyaxê wêne çêkirin. **~er** *n* wênevan. **~ing** wêne *m* (yê bi boyaxê).
pair cot *m*. **two ~s of socks** du cot gore. **in ~s** *rgp* cotane, cot cot.
pajamas *bnr* **pyjamas**.
Pakistan Pakîstan *f*.
pal *n* heval, hevrê.
palace qesir *f*, seray *f*.
palate *n* ezmanê dev, arik. **palatal** *rgd* devzimankî. **hard ~** panîka dev *f*. **soft ~** nermika ezmanê dev *f*.
pale[1] *rgd* rengavêtî, rengnesax, mat, zer, bêmad. *lng* reng avêtin, zer bûn, çilmisîn, mat bûn.
pale[2] sing *m*.
palm[1] darqesp *f*.
palm[2] *anat* hevês *f*, kefa dest *f*.
palpable *rgd* dest pê dibe, tê his/sehkirin; zelal, berbiçav, eşkere.
palpitate *lng* (dil) tepîn, teptepa dil bûn.
palpitation teptepa dil *f*.
palsy felc *f*.
paltry *rgd* negirîng, nehêja, bêqîmet.
pamper *lg* rû dan, delalî rakirin, hînî halxweşîyê kirin.
pamphlet belavok *f*, roşur *f*, pirtûka biçûk.
pan tawe *f*, rûnpêj.
Panama Panama *f*.
pancreas *n* panqreas, şêlav.
panda *n* panda.
pane cam *f* (a pacê/şibakê ya yek qat).
pang êş *f* (ji nişka ve û bi hêz).
panic panîk *f*, qurf *f*.
panorama bergeh *f*, panorama *f*.
pansy binefşa belekî *f*.
pant *lg,lng* **1** hilm/bîhn çikîn an teng bûn, kirin helpehelp/helkehelk, bi helpehelp/ helkehelk gotin. **2 ~ for** pir bêrî kirin.
panther *n* panter.
panties *n pj* derpê, derpî (yê jinan).
pantry kîler *f*.
pants *n* (Brîtanya) derpî *m*, derpê *m*; (DYA) pantor *m*, pantolon *m*.
panty-hose gora bi derpê *f*.
papa *n* (zimanê zarokan) bav, bavo.
paper kaxet *f*, kaxez *f*. *lg* kaxez kirin, kaxez lê xistin. **~-knife** kêra kaxezan *f*.
paprika îsota sor *f*.
parachute sîwan *f*, çetir *f*, peraşût *f*.
parachutist *n* çetirbaz, sîwanvan, peraşûtvan.
paradise bihişt *f*, cinet *f*.
paradox paradoks *f*.
paraffin parafîn *f*. **~ oil** gaz *f*.
paragraph komek *f*, paragraf *f*.
Paraguay Paraguay *f*.
parallel *rgd,n* paralel, rastênhev, mişlaq.
paralysis felc *f*.
paralytic *rgd* felc, bi felc. **paralyse** *lg* felc kirin, seqet kirin.
parasite *n* parazît, miftxur, mişexur.
parasol bertavik *f*, sîwan/şemsîya tavê.
parcel 1 pakêt *f*, boxçik *f*. **2** bisam *f*, parsêl *f*, lat *n*.
parch *lg* qelandin, şewitandin, hişk kirin.
pardon *lg* bexşîn, efû kirin, lê borîn. *n*

bexşîn *f*, borîn *f*, efû *f*.
pare *lg* qalik an qaşik rakirin, qeşartin; kêm kirin.
parent dê *f*, bav *m*. **~s** dêûbav *m*. **~age** dêtî *f*, dayiktî *f*, bavtî *f*; esil *m*; bûn *f*.
parenthesis kevanek *f*.
parietal bones *anat* tasa serî *f*.
Parisian *n,rgd* Parîsî, yê Parîsê.
parity wekhevî *f*.
park[1] parîz *f*, parq *f*.
park[2] *lg,lng* (seyare) li dereke hiştin, danîn dereke, parq kirin.
parka (kinc) parke *m*.
parley civîn *f*, gotûbêj *f*.
parliament parlamento *f*.
parlo(u)r oda rûniştinê *f*, salon *f*.
parrot *n* papaxan, bîbîmeto, tûtî.
parry *lg* jê xelas bûn, jê revîn.
parse *lg* bi rêzimanî vekitandin, bi rêzimanî ji hev anîn.
parsimony çavtengî *f*, timatî *f*.
parsley bexdenûs *f*, gêjnok *f*, şamik *f*.
part beş *m*, bir *m*; pişk *f*; perçe *m*, kerî. *lng,lg* cihê kirin, cuda kirin, ji hev gerandin, ji hev kirin, jê qetandin, veqetandin; cihê bûn, cuda bûn, ji hev gerîn, ji hev ketin, jê qetîn, veqetîn. **We ~ed the two fighters.** Me herdu şervan ji hev kirin.
partake *lg* beşdar bûn, par (jê) stendin.
partial *rgd* **1** pişkî, qismî, ne gelemperî. **2** alîgir. **3** mêldar, meyldar.
participate *lng* beşdar bûn, pişkdarî kirin. **participant** *n* beşdar, pişkdar. **participation** beşdarî *f*, pişkdarî *f*.
participle *rz* **past ~** raweya çêbiwar. **present ~** raweya parnihayî.
particle bisam *f*, dergel *f*, zere *f*. *rz* xurde, pirtik.
particular *rgd* taybetî, xas. **~ly** *rgp* bi taybetî, xasima, nemaze, nexasim, ilim ilim.
partisan *n* **1** alîgir, piştevan. **2** partîzan, pêşmerge.
partition **1** parvebûn *f*. **2** navbir *f*. **3** bir *m*, beş *m*.
partner *n* beşdar, hevkar, hevpar, pardar, şirîk, tevkar; yek ji jin û mêr an du kesên ku bi hev re dijîn. **~ship** şirîkatî *f*, pardarî *f*, beşdarî *f*, hevparî *f*.
partridge *n* kew.
party **1** partî *f*. **Socialist P~** Partîya Sosyalîst. **2** alî *m*, hêl *f*. **3** kom *f*. **4** bezm *f*. **birthday ~** bezma rojbûnê.
parvenu *n* çinedîtk, dinya nedîtî.
pass berdeborîn *f*, derbasbûn *f*, (fûtbol) pas *f*. *lg,lng* bihurandin, borandin, derbas kirin; borîn, bihurtin, derbas bûn. **We ~ed the Post Office.** Me postexane derbas kir. **Six months ~ed.** Şeş meh derbas bû. **How shall we ~ the night?** Em şev(a xwe) çawa bibihurînin/derbas bikin? **~ away** mirin. **~ out** xewirîn, hiş wunda kirin. **~er-by** *n* rêbiwar. **~word** *n* parole *f*.
passage rêbaz *f*, derbasok *f*, pasaj *f*.
passenger *n* rêwî, rêwîng, rêbar.
passing *rgd* yê ku diçe/derbasdibe. *n* derbasbûn *f*, borîn *f*.
passion flower çerxîfelek *f*.
passive *rgd* pasîf, tebatî. *rz* tebatî.
passport pasaport *f*.
past[1] *rgd* borî, derbasbûyî. **the ~ tense** dema borî *f*. **the ~** borî *f*, raburdû *f*.
past[2] *dç* **1** (seet) û. **at half ~ four** seet di çar û nîvan de. **2** jê wê de, derbaskirî.
paste hevîr *m*, macûn *m*. *lg* pê ve zeliqandin.
pasture *lg,lng* çêrandin; çêrîn. *n* mêrg *f*, çêre *f*, çêregeh *f*. **pasturage** *n* **1** çêregeh *f*. **2** mafê çêrandinê *m*.
pasty *rgd* hevîrî, wek hevîr.
pat[1] *lg,lng* mist dan.
pat[2] *rgp* di cih de, di gavê de.
patch pîne *m*. *lg* pîne kirin.
patella *anat* kasika çogê *f*, kodika çogê *f*, serçok *f*, serjinû *f*.
patent[1] *rgd* berçav, eşkere, diyar, xuya.
patent[2] patent *f*.
paternal *rgd* bavkî, yê bav, wek bav. **~ly** *rgd* bavkî.
paternity bavtî *f*.
path rê *f*, rêç *f*, rêçik *f*. **~way/foot-~** peyarê *f*, rêya peyayan.
pathology nexweşîzanî *f*, patolojî *f*. **pathologist** *n* nexweşîzan, patolog.
patience sebr *f*, aram *f*, tebat *f*.
patient[1] *rgd* bi sebr, bi aram, xwedî sebir, baldirêj, bîhnfireh.

patient² *n* nexweş (ê di bin tedawîyê de).
patriarch ḵal *m*, ḵalik *m*; patrîk *m*. ~ate patrîkxane *f*.
patricide *n* bavḵujî *f*; bavḵuj.
patrimony pêmahî *f*, mîrat *f*.
patriot *n* welaṭparêz, welaṭhez. ~ic *rgd* welaṭparêz, welaṭhez. ~ism welaṭparêzî *f*, welaṭhezî *f*, welaṭevînî *f*.
paucity ḵêmṭî *f*, ḵêmasî *f*.
paunch hûr *m*, ziḵ *m*. ~y *rgd* hûrberda.
pauper *n* xizan, feqîr.
pause ṟawesṭin *f*, seḵin *f*, navbeyn *f*.
pave *lg* (kevir, hwd) ṟaxisṭin. ~ment peyaṟê *f*, neṭiḵ *f*.
paw lapûşḵ *m*, lep *m*. *lg* lep lê dan.
pawn (kişiḵ) peya *m*.
pay *lg,lng* 1 (dirav/deyn) dan. **I paid all my debts.** Min gişa deynên xwe dan. 2 bi kar haṭin, bi ḵêr haṭin. 3 ~ **attention to** guh/bal dan.
payee *n* xwedîyê deyn.
payer *n* deyndar.
payment 1 diravdanî *f*. 2 dabêş *f*.
pea *n* poliḵ.
peace aşiṭî *f*, lihevhaṭin *f*; bêdengî *f*, aramî *f*, sehalî *f*. ~ful *rgd* 1 aşiṭîxwaz, aşiṭîdar. 2 sehal, bêdeng, bêpejn.
peacemaker *n* aşiṭîsaz, yê ḵu kesan li hev ṭîne, yê ḵu aşiṭîyê saz diḵe.
peach xox *f*, şifṭelî *f*.
peacock ṭeyrê tawûs *m*. **peafowl** *n* ṭeyra tawûs *f*.
peak (çiya) kop *m*, lûtke *m*; poz an serê ṭişṭeḵî yê ṭûj; niqta herî girîng.
pear hirmê *f*, hirmî *f*, ḵarçiḵ *f*; darḵarçik *f*, darhirmî *f*.
pearl *n* dur, lal, mirarî.
peasant *n* gundî, ṟêncber.
pebble ṭevş *m*, zuxur *m*.
peck *lng,lg* niḵul dan/ḵirin/lê xisṭin.
peculiar *rgd* taybetî; xweser, xweṟû, xusûsî, mexsûs; xerîb, eceb, ecayîb. ~ity xweserî *f*, xweṟûṭî *f*, taybetî *f*.
pedal pedal *f*.
peddler,pedlar *n* eṭar. *lg,lng* eṭarî ḵirin, weḵ eṭaran geṟîn.
pedestrian *rgd,n* peya; yê meşê.
pediatrician *n* doktorê/bijîşḵê zaṟokan.
pee *lng* mîzṭin.

peel *lng,lg* qeşarṭin, çeliṭandin, qaliḵ/qaşiḵ ṟakirin, qaliḵ/qaşiḵ ṟabûn, haṭin qeşarṭin. *n* qaliḵ *m*, qaşiḵ *m*.
peer *n* hempa, hevdeng, hevṭa.
pelican *n* pelîkan.
pellet *n* 1 gog *f*, guloḵ *f*. 2 saçme *f*, gule *f*. 3 ḥeb *f*.
pellucid *rgd* zelal, piṟ zelal.
pelt¹ eyar *m*.
pelt² *lg,lng* 1 (kevir, ḥerî, hwd) avêṭin, bi ḵeviran êrîş ḵirin. 2 (baran) lê xisṭin, bi ser de barîn.
pelvis *anat* legan *f*, qaçiḵ *f*, kodiḵ *f*.
pen pênûs *f*, qelem *f*. ~-**knife** kêriḵ *f*.

penal *rgd* yê cezayê, cezayî. ~ize *lg* ceza ḵirin. ~ty ceza *f*.
pencil *n* pênûszirêç. ~ **box** pênûsdanḵ *f*.
pendant *n* xişilê daliqî, yê bi guhar ve aliqî.
pendent *rgd* aliqî, daliqî.
pending *rgd* aliqî, daliqî, darve.
penetrate *lg,lng* keṭin hundiṟ, ṭê de çûn, ṭê ṟe çûn, hundiṟê ṭişṭeḵî dîṭin.
penguin *n zool* pengwîn.
penicillin penîsîlîn *f*.
peninsula nîvgirav *f*, girave *f*, nîvdorge *f*.
penis ḵûr *m*, xiṟ *m*.
penitent *rgd* poşman. ~ly *rgp* bi poşmanî, poşmane. **penitence** poşmanî *f*.
penitentiary girṭîgeh *f*.
penniless *rgd* ṟûṭ, bêdirav.
penny penî *f*, ji sedî yekê Sterlîn.
pen-pal *n* hevalê namenivîsînê.
pensive *rgd* di ṟamanan de, di fiḵaran de.
pentagon pêncqiraẋ *f*, pêncqozî *f*. **the P~** qerargeha hêzên çekdar ên D.Y.A.
penthouse banîje *f*.
penury xizanî *f*, feqîrî *f*.
people gel *m*, xelḵ *m*, ehl *m*; mirov (piṟejimar).
pepper îsoṭ *f*, bîber *f*.
peptic *rgd* yê meḥandinê.
per *dç* 1 her yeḵ, serê yeḵî/yekê, ji bo yeḵî/yekê. ~ **annum** hersal, salê. ~ **diem** herṟoj, ṟojê. ~ **man** serê meriv.

perceive *lg* têgihîştin, fahm kirin, dîtin, his/seh kirin.
per cent parvesed, ji sedî, sedî. **6 ~** (ji) sedî 6.
perceptible *rgd* tê fahm kirin, tê dîtin, tê his/seh kirin.
perception îdraq *f*, têgihîştin *f*, hes *f*, seh *f*.
perch *lg,lng* hêwirîn, lîsîn, xwe lê danîn, venistin. *n* lîs, lîsik *f*.
percolate *lg,lng* danisilandin; danisilîn.
percussion lêdan *f*, kutan *f*, lêxistin *f*. **the ~ (section)** pêwengên muzîkê yên lêdanê/lêxistinê.
perennial *rgd* **1** salane, salekê domdar. **2** domdar, yê ku demeke pir dirêj dom dike. **3** (dar, hwd) yê ku ji du salan bêtir dijî/dom dike.
perfect *rgd* bêkêmasî, biservehatî, têkûz, pêkhatî, mikemel.
perfidious *rgd* xayîn. **~ly** *rgp* bi xayîntî, xayînane. **~ness** xayîntî *f*.
perforate *lg* qul kirin, qulqulî kirin. **perforation** qulkirin *f*, qulbûn *f*, qul *pj*.
perforce *rgp* bêje nebêje, bivê nevê, ji mecbûrî, zerûrî.
perform *lng,lg* **1** anîn cih, birin serî, bi rê ve birin, meşandin. **2** raber kirin, pêşkêş kirin, lîstin.
perfume bîhnxweş *f*, parfum *f*.
pergola çardax *f*.
perhaps *rgp* dibit, dibe ku, heye ku, belkî.
peril xetere *f*. *lg* kirin xeterê.
perimeter dor *f*, pîvana dorê *f*.
perineum *anat* navran *f*.
period dewr *f*, perîyod, heyam *f*, pêle *f*.
periodic *rgd* dewrî, perîyodîk.
periodical *n,rgd* kovar *f*, ya ku ji mehê/sê mehan, hwd carekê dertê.
periphery rû *m*, dor *f*. **peripheral** *rgd* yê rû, yê dorê.
perish *lg,lng* helikandin, qelihandin, qir kirin; helikîn, qelihîn, mirin.
periwinkle giyaqepûşk *f*.
perjure *lg* **~ oneself** bi derewan sond xwarin, bi derewan şehadî kirin.
permanent *rgd* domdar, neguhêrbar, daîmî, timî. **permanence** domdarî *f*.
permanency 1 domdarî *f*. **2** tiştê domdar, yê ku di demeke zû de nayê guhertin.
permeate *lg,lng* **~ (through/among)** bandûr/tesîr (lê) kirin, (tê de an di nav de) belav bûn.
permission destûr *f*, îzin *f*. **By whose ~ did you enter this building?** Tu bi destûra kê ketî vê avahîyê?
permissive *rgd* yê ku destûrê dide.
permit *lg,lng* destûr dan, fersend dan, îzin dan, mishade dan. *n* destûr *f*, mishade *f*, îzin *f*.
pernicious *rgd* bi xesar, bi xetere, xeternak, kujdar, bed, xerab.
perpendicular *rgd* tîk.
perpetrate *lg* (tiştekî nebaş) kirin.
perpetual *rgd* domdar, bêsekin, daîmî, herheye, ebedî.
perplex *lg* matmayî/ecêbmayî hiştin, şaş kirin; tevlihev kirin.
persecute *lg* **1** ceza dan, ceza kirin, neheqî (lê) kirin, tade (lê) kirin. **2** aciz kirin, rehet nehiştin. **persecution** zulm *f*, tade *f*, neheqî *f*.
Persian *n,rgd* Faris, Farisî *f*, Îranî, yê Îranê.
persistence rik *f*, sebat *f*, israr *f*, domdarî *f*, heterî *f*. **persistent** *rgd* domdar, birik, rikdar, heter, bi israr.
person *n* kes, şexs. **~al** *rgd* kesane, kesîn, şexsî. **~ality** kesahî *f*, şexsîyet *f*. **~ally** *rgp* bi xwe, şexsen.
personify *lg* kesandin, kes/şexs hesibandin, şexsîyet dan, niwandin.
personnel *n* personel.
perspective perspektîf *f*.
perspire *lng* xwêh dan, xu(h) dan. **perspiration** xuh *f*, xwêhdan *f*, xweydan *f*.
persuade *lg* qanekirin, dan bawer kirin, îkna kirin.
persuasion 1 qanekirin *f*, qanebûn *f*, îkna *f*. **2** yeqînî *f*, bawerî *f*. **3** meseb *m*.
pert *rgd* tamsar, bêar, bêedeb.
perturb *lg* aciz kirin, heş(ê yekî) tevlihev kirin, şaş kirin.
Peru Perû *f*. **Peruvian** *n,tgd* Perûyî, yê Perûyê.
peruse *lg* bi baldarî xwendin.
pervade *lg* belav kirin, li her derê belav kirin.
pervert *lg* ji rê derxistin, kirin rêya nebaş.
pessimist *n* bedbîn, reşbîn. **~ic** *rgd* bedbîn, reşbîn. **pessimism** bedbînî *f*, reşbînî *f*.

pest bela *f*, bela serî *f*.
pester *lg* ~ **sb (with sth/for sth/to do sth)** aciz kirin, merezî kirin, qehirandin, behecandin.
pesticide jahra kêzikan *f*.
pestilence *n* nexweşîya kujdar.
pestle destik(ê hawanê) *m*.
pet *n* **1** heywanên li malê tên xwedîkirin (kûçik, pisîk, hwd). **2** kesê ku pir jê tê hezkirin an ecibandin.
petition dua *f*, tika *f*, rica *f*, daxwaz *f*, daxwazname *f*. *lg,lng* tika kirin, rica kirin, daxwaz kirin, xwestin.
petrify *lg,lng* kirin kevir, bûn kevir; qutifandin, hiş ji serî birin.
petrol benzîn *f*.
petroleum neft *f*, petrol *f*.
petty *rgd* biçûk, negirîng, hûrik.
petulant *rgd* xulqteng, xeydok.
phalanx (pj: phalanxes/phalanges) *anat* hestîyê tilîyê/pêçîyê *m*, movika tilîyê *f*.
Pharaoh *n* Fîrewn.
pharmacy dermanxane *f*, dermanfiroşî *f*, dermanvanî *f*.
pharynx *anat* hefik *f*, gewrî *f*.
phase 1 gehînek *f*, sefhe *f*, merhale *f*, *strz* ji xuyabûnên heyvê yek. **2** *fîz* faz
pheasant *n* çor, semanek.
phenomenon fenomen *f*, bûyer *f*, rûdan *f*, xuyayî *f*.
philanthropy destgirî *f*, xêrxwazî *f*, mirovhezî *f*. **philanthropic** *rgd* destgir, xêrxwaz, mirovhez. **philanthropist** *n* xêrxwaz, destgir, mirovhez.
Philistine *n,rgd* Filîstînî, yê Filîstînê.
philology fîlolojî *f*. **philologist** *n* fîlolog.
philosopher *n* fîlozof. **philosophy** felsefe *f*.
phlegm belxem *f*, kilmûç *f*.
phobia tirs *f*, xof *f*, fobî *f*.
phoenix *n* zimrud(î anqa).
phone[1] telefon *f*. *lg,lng* telefon kirin.
phone[2] *rz* deng *m*.
phonetic *rgd* dengîn, yê deng; (ziman)ê ku her tîpeke wî dengekî derdixe, fonetîk. **~s** dengzanî *f*, fonetîk *f*.
phonology fonolojî *f*.
phosphate fosfat *f*.
phosphorus fosfor *f*.
photo foto *m*, wêne *m*.
photocopy fotoqopî *f*.
photograph wêne *m*, foto *m*. **~er** *n* wênekêş, wênevan, fotokêş.
physical *rgd* maddî, darengî, yê laş, laşîn, xwezayî, xweristî, fîzîkî.
physician *n* doktor *f*, bijîşk.
physicist *n* fîzîkzan.
physics fîzîk *f*.
physiology fîzyolojî *f*.
piano pîyano *f*.
pick *lg,lng* rakirin, rahiştin, jê kirin, berhev kirin, helçinîn; hilbijartin; qul kirin; nikul kirin.
pickaxe tevir *m*.
picket sing *m*. *lg,lng* sing kirin/kutan, li dora tiştekî sing kutan.
pickle 1 tirşî *f*. **2** kesad *f*, ava kesidandinê *f*.
pick-up *oto* pîqab *f*.
picnic seyran *f*, piknîk *f*. *lng* çûn seyranê, seyran/piknîk çêkirin.
pictorial *rgd* bi wêne, wênedar.
picture wêne *m*, risim *m*.
piece pirtî *m*, perçe *m*, heb *f*, lib *f*. **in ~s** pirtî pirtî, qetqetî. **~-work** qubale *f*.
piecemeal *rgp* perçe perçe.
pied *rgd* belek.
pierce *lng,lg* qul kirin, tê de/re çûn. **She had her ears ~d.** Wê guhên xwe dan qul kirin.
piety oldarî *f*, dîndarî *f*.
pig *n zool* beraz, xenzîr. **~-headed** *rgd* rikdar, riko, serhişk.
pigeon kevok *f*.
pigeonhole *n* di masenûsan de çavika kaxezan, kaxezdank.
piggy bank xiznok *f*, qombere *f*.
pigment *n* madeyê reng an boyaxê.
pile cêz *f*, kom *f*, lod *f*, qûç *f*. *lg,lng* cêz kirin, kom kirin; cêz bûn, kom bûn.
piles bawesîr *f*.
pilfer *lg,lng* dizîn. **~er** *n* diz. **~age** dizî.
pilgrim *n* (musulman) hecî; (Îsewî) miqsî.
pill (derman) heb *f*.
pillager *n* talankar.
pillar çikrim *m*, sitûn *m*.
pillow balîf *f*, balgih *f*. **~case** rûbalîf *f*, rûyê balîfê *m*.
pilot *n* **1** balafirvan, pîlot. **2** rêber (ê keştîyan). **~ boat** *n* keştîya rêberîyê.

pimp gewad *m*, qewad *m*, teres *m*, pêzeweng *m*.
pimple pizik *f*, germişk.
pin derzîlo *f*, korderzî *f*.
pincers destdirêjik *f*, gaz *f*, kelbetan *f*.
pinch *lg* pê qurincîn, niquçandin; jidandin.
pincushion derzîdank *f*.
pine[1] çam *f*.
pine[2] *lng* lawaz bûn, qels bûn, jar ketin. **~ for sth; ~ to do sth** bêrî kirin.
pineapple ananas *f*.
ping-pong pînpon *f*.
pink *n,rgd* pembe *m*.
pint *n* pîvaneke qasî 0,57 lître.
pioneer *n* pêşajo, pêşeng.
pious *rgd* oldar, dîndar.
pip dendik *f* (a sêv, porteqal, hwd).
pipe 1 borî *f*. **2** bilûr *f*, pîspîsk *f*. **3** qelûn *f*.
pirate *n* rêbir(ê deryayê).
pistachio darfisteq *f*, fisteq *f*.
pistol şeşar *f*, şeşderb *f*, devançe *f*.
pit[1] bîr *f*, çal *f*, kort *f*. **~-fall** xeter; feq *f*, kemîn *f* (çala sergirtî).
pit[2] dendik *f* (a xox, hwd).
pitch qîr *f*, zift *f*. **~-black/dark** *n,rgd* reştarî.
pitchfork melêv *f*.
pity heyf *f*, liberketin *f*, dilşewat *f*, merhamet *m*. **pitiless** *rgd* bêrehm, dilhişk.
placard *n* afîş, poster.
place cih *m*, cî *m*, cîgeh *f*, der *f*, dever *m*, şûn *f*. **I can't be in two ~s.** Ez nikanim li du deran bim. **I've lost my ~.** Min cihê xwe wunda kiriye. *lg* xistin, xistin/kirin cih, xistin/kirin derekê, xistin/kirin kar.
placid *rgd* nerm, sernerm, xulqfireh.
plain[1] *rgd* sade, bere, berî, zelal.
plain[2] deşt *f*. **~sman** *n* deştî.
plaintiff *n* dozdar, dadxwaz.
plaintive *rgd* bi gazin, xemgîn.
plait gulî *m*. *lg* hûnan, rêsandin.
plan plan *f*.
plane[1] bîkar *f*, rewêjek *f*, rende *f*. *lng,lg* rewêjek kirin, rûbirtin, rende kirin.
plane[2] *bot* çinar *f*.
planet rojgêran *f*.
plant *lg* çandin, çikilandin, şitilandin. *n* rehek *f*, nebat *f*, giya *f*, lem *f*, miştelî *f*.
plaster ces *f*, cils *f*; sewax *f*, seyandin *f*. *lg* sewax kirin, seyandin. **~er** *n* sewaxvan, seyanker.
plastic plastîk *f*.
plate tebaxçe *f*, temsîk *f*, tacik *f*, tebaq *f*.
plateau plato *m*, zozan *m*.
play lîsk *f*, leyîsk *f*, lîstin *f*; pîyes *f*. *lng,lg* **1** leyîstin, lîstin. **The children are ~ing in the park.** Zaro li parîzê dilîzin. **2** *muz* lê xistin. **3** (şano) raber kirin, lîstin. **~er** *n* lîstikvan, leyîstevan, gobaz, goyger; sazbend.
playful *rgd* dilkoçer.
play-ground *n* qad, rastik an cihê lîstinê, lîstikgeh *f*.
playing-card *n* kaxeza lîstinê.
plaything lîstok *f*, leyîstok *f*.
plea 1 (dadgeh) doz *f*, dawe *f*. **2** lava *f*, tika *f*, rica *f*.
plead *lg,lng* **1** (dadgeh) dawe/doz vekirin, tawandin, sûcdar kirin, parastin. **2** li ber gerîn, lava kirin, li raweran gerîn.
pleasant *rgd* xweş, xoş, agirxweş, şêrîn, şîrîn, xwînşêrîn.
pleasantry henek *f*, qerf *f*, henekkirin *f*.
please *lng,lg* dilê yekî xweş kirin, kêfa yekî anîn, şa kirin. **Please!** Fermo! Ji kerema xwe (re)! Bo kerema xwe!
pleasure 1 kêf *f*, geşt *f*, xweşî *f*, zewq *f*, dilxweşî *f*, pêxweşî *f*. **~ boat** keştîya geştê *f*. **2** vîn *f*, viyan *f*.
pledge 1 gerew *f*, giraw *f*. **2** sond *f*, soz *f*, wad *f*. *lg* **1** giraw dan, rehîn dan. **2** sond xwarin, soz dan.
Pleiades *strz* Pêrû *f*.
plenty boşahî *f*, pirayî *f*. **There are ~ of eggs in the house.** Di xênî de tibabek/gelek hêk hene. **plentiful** *rgd* boş, firavan, pir.
pliable *rgd* (yê ku) xwar dibe, tê pêçan, tewangbar, nerm, sernerm.
pliant *bnr* **pliable**.
pliers gaz *f*, kelbetan *f*.
plight rewşa xerab/dijwar *f*.
plod *lg,lng* bê dilê xwe yan hêdî hêdî xebitîn, meşîn, hwd.
plot *n* **1** lat, perçeyek erd, parsêl, bizam. **2** plan *f*, entrîqa *f*, fesad *f*. **plough** *lg,lng* ajotin, cot kirin, kêlan. *n* cot *m*, hewcar *m*.

~**man** *n* cotkar. ~**share** gîsin *m*, gêsîn *m*.
plover *n* tîtirwask.
plow *bnr* **plough.**
pluck *lng,lg* rûçikandin, peritandin, rût kirin, jê kirin.
plug devgir(tek) *f*; fîş *f*, tampon *f*. *lng,lg* xetimandin, bergew kirin, ritimandin, dev girtin. ~ **(sth) in** (fîş) xistin prîzê.
plum hilû *f*, alû *f*, tulûreş *f*, şilor *f*. **black** ~ hilûreşk *f*. **yellow** ~ hilûzerk *f*
plumage *n* perên/perikên çûkan.
plume per *m*, perik *m*.
plunder *lg,lng* talan kirin. ~**er** *n* talankar.
plunge *lg,lng* binav kirin, newq kirin, noqandin, xistin (tiştekî/dereкê); binav bûn, newq bûn, noqîn, ketin (tiştekî/ derekê). **He ~d his hand into water/a hole.** Wî destê xwe xist avê/qulekê.
plural *rgd rz* pirejimar.
plus ~ **(sign)** serve *f*.
pneumonia mêlakreşî *f*, zatûre *f*.
pocket bêrîk *f*. *lg* xistin/kirin bêrîkê. **He ~ed the money.** Wî dirav xist bêrîka xwe. ~**ful** bêrîkek, qasî ku dikeve bêrîkekê.
poem helbest *f*, şiîr *f*. **poet** *n* helbestvan, şair. **poetry** helbestvanî *f*, şiîr (pj).
pogrom qir *f*, tevqirkirin *f*.
point 1 nêk *f*, serî(yê tûj) *m*, poz *m*. **2** niqte *f*. **3** armanc *f*, mebest *f*. ~**ed** *rgd* tûj, bibandûr, bimane. *lg,lng* nîşan dan/kirin, rê dan, berê tiştekî dan derekê; serî tûj kirin.
poison jahr *f*, kerafî *f*, keratî *f*. *lg* jahr dan/ kirin. ~**ous** *rgd* jahrdar, bijahr.
Poland Polonya *f*.
Polaris Qurx *f*, Stêrka Bakur *f*.
pole[1] *n* cemser, qutûb.
pole[2] çikrim *m*.
polemic polemîk *f*.
police *n* polîs. ~**man** *n* (mêr) polîs. ~-**station** polîsxane *f*. ~**woman** *n* (jin) polîs.
polish *lng,lg* biriqandin; biriqîn, sîqal kirin, cîle/cîla kirin.
Polish *n,rgd* Polonî.
polite *rgd* biedeb, efendî, nazik, kibar, berxwesekinî. ~**ness** edeb *f*, naziktî *f*, kibarî *f*.
politics ramyar *f*, peşar *f*, rêzanî *f*, polîtîqa *f*. **political** *rgd* ramyarî, peşarî, polîtîk.
poll[1] deng *f*, ray *f*, dengdan *f*, jimartina dengan *f*, anket *f*.
poll[2] *lg,lng* deng/ray dan, deng/ray stendin.
pollute *lg* gemarî kirin, qirêjî kirin.
polysyllable pirekîte *f*.
polyandry Pirmêrtî *f*, pirmêrkirin *f*.
polygamy pirjintî *f*, pirjinkirin *f*.
polyglot *rgd* pirziman.
polygon pirqirax *f*.
Polynesia Polînezya *f*.
polytheism pirxwedêyî *f*.
pomegranate hinar *m*.
pommel *lg* humik kirin/lê xistin, hotik kirin/lê xistin.
pond lîç *f*, gola biçûk.
pontiff Papa *m*.
pooh-pooh *lg* kêm dîtin, biçûk dîtin.
pool birk *f*, lîç *f*, bêrm *f*.
poor *rgd* xizan; belengaz, reben; kêm; bêhêz, lawaz.
pop[1] teqîn *f*.
pop[2] *rgd* gelêr, gelemper.
pop[3] (zimanê zarokan) bav, bavo.
Pope *n* Papa.
popeyed *rgd* çavbeloqî, çavpeqle.
popgun teqteqok *f*.
poplar sipîndar *f*, hewr *f*.
poppa (zimanê zarokan) bav, bavo.
poppy gulebûk *f*, bûkanî *f*, bûkik *f*, sorsorik *f*, batînok.
populace gel *m*, girse *m*.
popular *rgd* gelêr, gelêrî.
population gelh(e) *f*, nifûs *f*.
porcelain *n* ferfûr, ferfûrî, porselen.
pore[1] çavî *f*.
pore[2] (lng) ~ **over sth** kûr (lê) nêrîn, lê kûr bûn.
pork goştê beraz *m*. ~**er** *n* berazê dermalî.
porringer tas *f*.
port bender *f*, lîman *f*.
portable *rgd* guhêzbar.
porter[1] *n* barger, barkêş, himal.
porter[2] *n* dergehvan.
portion pişk *f*, pehr *f*, par *f*; porsîyon *f*, tebaxçeyek xwarin *f*; qeder *f*, qismet.
portrait wêne *m* (yê mirov an heywên), portre *m*.
Portugal Portekîz *f*.
pose poz *f*. *lg,lng* poz dan.
position cih *m*, cî *m*; kar *m*; rews *f*, pozîsyon *f*.

positive *rgd* **1** misoger, bê şik, bê guman, teqez. **2** erînî, çêker, avakir. **3** (mat) sersifirê. **4** (elektrîk, wêne) pozîtîv. **5** (rêziman) erînî.
possess *lg* hebûn, xwedîyê tiştekî bûn. **be ~ed of** hebûn. **~or** *n* xwedî. **~ion** xwedîtî *f*; milk *m*, mal *m*.
possible *rgd* mimkun, dibe. **possibly** *rgp* heye ku, dibe ku, dibit. **possibility** îmkan *f*, rê *f*, dibetî *f*.
post[1] cih *m*, cihê nobetê, cihê kar; kar *m*. **The sentries are all at their ~s.** Nobedar giş li cihên xwe ne.
post[2] çikrim *m*, sitûn *m*.
post[2] poste *f*. *lg,lng* (name) dan postê.**~ office** postexane *f*.
postage *n* bihayê postê (jibo şandina name, hwd).
posterior *rgd* dawîn, paşîn. *n* qûn *f*.
posthumous *rgd* **1** (zaro) yê ku piştî mirina bavê xwe hatiye dinyê. **2** piştî mirinê.
postpone *lg* paşde xistin, şûnde xistin, taloq kirin. **~ment** paşdexistin *f*, taloq *f*.
postscript (**kurtî: PS**) têbinî *f*, not *f*.
posy *n* desteçîçek.
pot tas *f*, tasik *f*, aman *n*, firaq *m*, firax.
potassium *n* potasyûm.
potato kartol *f*, qompîr *f*, patat *f*.
pot-belly *n* hûr *m*, zik *m*; hûrberda. **pot-bellied** *rgd* hûrberda
potent *rgd* xurt, bibandûr, bihêz.
pouch kîsik *m*.
poultry *n* mamir, mir, kedanî.
pound[1] *n* **1** 454 gram. **2** paûnd *m*, sterlîn *m* (diravê Brîtanya).
pound[2] *lng,lg* kutan, hûrhûrî kirin.
pour *lng,lg* rijandin, rûkirin, (çay) dagirtin; herikîn. **P~ yourself a cup of tea.** Ji xwe re piyaneke çay dagire.
pout *lg,lng* lêva/pozê xwe daliqandin, rûyê xwe tirş kirin.
poverty xizanî *f*, feqîrî *f*, perîşanî *f*, rebenî *f*.
powder toz *f*; podre *f*; barûd *f*.
power hêz *f*, birh *f*, karîn *f*, xurtî *f*; hukim *m*. **~ful** *rgd* hêzdar, bihêz, xurt. **~less** *rgd* bêhêz, qels, aciz, bêşên.
practical *rgd* pratîk.
practise pratîk *f*.
praise *n* pesin. *lg* pesinandin, pesn(ê yekî) dan, payê yekî dan. **He ~d me.** Wî pesnê min da.
pray *lg,lng* dua kirin; li ber gerîn, lava kirin. **~er** dua *f*; lava *f*, tika *f*.
praying mantis *n* balbalok.
pre- *xêş* berî. **~-war** berî şer.
preamble pêşgotin *f*.
precaution bergirî *f*, tedbîr *f*, îhtiyat *f*.
precede *lg,lng* di pêşîyê de bûn/hatin.
precedent *n* hempa, pêşewar, pêşmînak.
precious *rgd* giranbiha, hêja, pir bedew, delal.
preclude *lg* nehiştin, rê nedan, ber lê girtin.
precocious *rgd* zûgîhaştî, zûgihîştî.
preconception berdarazî *f*, pêşinhukim *f*, pêşinqeneet *f*.
predecessor *n* pêşewar.
predestination qeder *f*, qismet *m*.
predicament rewşa xerab *f*, rewşa dijwar *f*, asteng *f*, tengasî *f*.
predict *lg* texmîn kirin. **~ion** tex- mîn *f*.
preface (pirtûk) pêşgotin *f*.
prefer *lg* çêtir dîtin, jê çêtir girtin, bêtir hez kirin, tercîh kirin. **~ence** tercîh *f*.
prefix pêşpirtik *f*, xurdepêş *f*, pêrkit *f*.
pregnant *rgd* avis, ducan, himle. **pregnancy** avisbûn *f*, ducanî *f*, himil *f*, himlebûn *f*.
prehistory *n* dema berî dîrokê. **prehistoric(al)** *rgd* yê berî dîrokê.
prejudice berdarazî *f*, pêşinhukim *f*, pêşinqeneet *f*.
preliminary *rgd* pêşîn, destpêkîn.
premature *rgd* zû, bêwext.
premier *n* serekwezîr. **~ship** serekwezîrtî *f*.
prep *n* amadekar; amadekarî *f*.
prepare *lg,lng* amade kirin, eywezandin, pêk anîn, hazir kirin; amade bûn, hazir bûn. **preparation** amadekarî *f*, hazirî *f*, tedarik *f*.
preposition *rz* daçek *f*.
prerequisite pêşdivêtî *f*, ya ku di pêşîyê de hewce ye.
prescribe *lg,lng* (ji bo başkirina nexweşîyekê) ferman dan, temî kirin, derman dan, derman nivîsîn.
prescription *bjş* dermannivîs *f*, reçete *f*.
presence *n* **1** cem, hind *f*, hizûr *f*. **2** (li derekê) bûn *f*, hebûn *f*. **in the ~ of his friends** li cem/hinda/nik/ba hevalên xwe.
present[1] *rgd* **1** amade, hazir. **be ~** lê bûn.

Were you ~? Tu lê bû? **2** rûdemî, yê niha, yê niha heye, nihayîn.

present[2] *rz* **the ~** dema niha *f.* **at ~** niha, aniha. **for the ~** gavê. **That will be enough for the ~.** Gavê ew ê bes be.

present[3] diyarî *f*, xelat *f*, xilat *f*.

present[4] *lg* **1 ~ sth to sb; ~ sb with sth** berpêş kirin, xistin ber/pêş, pêşkêş kirin, dan, raber kirin. **2 ~ sb to sb** dan nas kirin. **3** xuya kirin, ber(bi)çav kirin. **4 ~ sth at sb** (tiving, şeşar, hwd) nîşan kirin/girtin, lê kişandin. **He ~ed a rifle at them.** Wî tiving li wan kişand.

presently *rgp* aniha, niha; zû, tavilê.

preserve *lg* **~ (from)** parastin; veşartin, hilanîn; rîçal/qonserwe çêkirin.

preside *lng* **~ at** serektî kirin.

president *n* serekkomar, serekdewlet; serek. **presidency** serekkomarî *f*, serekdewletî *f*, serektî *f*. **~ial** *rgd* yê serek, yê serok, yê serektîyê.

press[1] cendere *f*, pres *f*, dewisandek *f*, dewisandin *f*. *lg,lng* dewisandin, pê lê kirin; şidandin, guvaştin, zor dan. **~ (down) the accelerator pedal** (seyare) pê li lezkerê kirin. **~ a suit** bedl ûtî kirin. **~ an orange** porteqal guvaştin. **~ the enemy hard** (bi êrîşan) zor dan dijmin.

press[2] the ~ çapgêrî *f*.

prestige prestîj *f*, nav *m*, îtibar *f*.

presumably *rgp* xuya ye ku, guman e (ku).

pretend *lg,lng* xwe lê danîn, zarve kirin, teqlîd kirin. **~ to be asleep** xwe li xewê danîn. **~ sickness** xwe li nexweşîyê danîn. **~ to** îdia kirin.

pretext hêncet *f*, bafik *f*, bahane *f*, mane *f*. **on/under ~ of** bihênceta ...

pretty *rgd* şîrîn, xoş, bedew, qeşeng, sipehî; baş, rind; pir, zehf.

prevail *lng* **1 ~ (over/against)** bi ser ketin, têk birin. **Truth will ~.** Rastî yê bi ser keve. **2** pir bûn, li her derê bûn/xuya bûn, belav bûn, firawan bûn. **3 ~ on/upon sb to do sth** qane kirin.

prevalent *rgd* gelemper, girseyî, bi bandûr, belav.

prevaricate *lng* derew kirin, ji rastîyê revîn, bi derewan daxuyanî kirin.

prevent *lg* **~ sb (from doing sth; ~ sth from happening)** ber lê girtin, nehiştin, pêşî lê girtin, rê li ber girtin, rê ne dan, sekinandin. **~ a disease from spreading** pêşîya belavbûna nexweşîyekê girtin. **Who can ~ us from getting married?** Kî kane nehêle em bizewicin?

prevention pêşîgirî *f*, nehiştin *f*, rênedan *f*.

previous *rgd* yê berê, kevn. **~ to** berê. **~ly** *rgp* berê.

prey nêçir *f*, seyd *f*. **~ on/upon** *lng* nêçir kirin, seyd kirin.

price biha *f*, buha *f*, heq *f*, fîyet *f*.

prick *lg,lng* qul kirin, (derzî, histirî) tê re çûn, (tiştekî tûj) êşandin. **The thorns on these roses ~ed my fingers.** Stirîyên van gulan di tilîyên min re çûn. **~ up one's ears** guhê xwe bel/miç kirin.

prickle stirî *m*, dirî *m*, tiştê serî tûj.

priest papaz *m*.

primary *rgd* ya destpêkê, destpêkîn, pêşîn; sereke, bingehîn, girîng. **~ school** *n* xwendegeha destpêkê. **~ colours** rengên sereke/bingehîn (sor, şîn û zer).

prime[1] *rgd* serek, sereke, yê herî girîng, bingehîn. **~ minister** *n* serekwezîr.

prime[2] *n* rewşa herî gihîştî, dewra bêkêmasî, perçeyê herî baş, tiştê bijarte, destpêk *f*.

primer *n* pirtûka (xwendegeha) destpêkê.

primitive *rgd* pêşîn, yê destpêkê, kevne, hovebar, hov, îptîdaî, prîmîtîv.

prince prens *m*.

princess prenses *f*.

principle *n* sereta, prensîp *f*, sedema bingehîn *f*.

print çap *f*. *lng,lg* çap kirin. **~ing office** *n* çapxane.

prior *rgd* **~ (to)** yê berê. **~ to** *dç* berî. **~ to his death** berî mirina wî.

prison girtîgeh *f*, heps *f*, zindan *f*. **~er** *n* girtî.

private *rgd* kesîn, şexsî, xwemal, xusûsî, nefermî; nepenî, veşartî.

privation tengasî *f*, kêmasî *f*.

prize xelat *f*. **~man** *n* xelatgir, xelatwergir.

probable *rgd* dibe, mimkun. **probably** *rgp* dibe ku, xuya ye ku, hey(e) tuneye.

probability îhtîmal *f*, dibetî *f*, belko *f*.

problem pirs *f*, pirsgirêk *f*, problem *f*,

alûzî *f*, gelş *f*.
proceeds hatin *f*.
process 1 pêvajo *f*, doman *f*, derbasok *f*. **2** azîn *f*, metod *f*.
proclaim *lg* **1** daxuyanî kirin, dan zanîn. **2** xuya kirin, berçav kirin.
procrastinate *lg* dereng hiştin, varqilandin.
procure *lg* **1** bi dest xistin, pêde kirin. **2** qewadî kirin. **~r** *n* gewad, qewad.
prod *lg,lng* dehf dan, del dan, tehrîq kirin, mesas kirin.
prodigious *rgd* pir mezin, girse.
produce *lg,lng* **1** rê dan, derxistin (holê). **2** hilberandin, ber kişandin, çêkirin, pêk anîn. **3** zan, hêk kirin. **~r** *n* **1** berkêşer, hilbervan. **2** filîmçêker. **3** afrandêr.
product ber *m*, berhem *m*, hilber *m*. **~ion** berkêşan *f*, hilberîn *f*. **~ive** *rgd* bergir, biber, berdar, bihatin, bixêrûber.
prof *bnr* **professor**.
profanity kufir *f*, çêr *f*, xeber *f*.
profession pîşe *m*, mesleg *m* (ê ku dîplome divê).
professor *n* profesor.
proffer *lg* pêşniyar kirin.
proficient *rgd* şareza, pispor.
profile profîl *f*, ji kêlekê ve xuyabûna rû, wêneyê rû; kurtejîyan.
profit kêr *f*, sûd *f*, berjewendî *f*, fêde, kar *f*. **~able** *rgd* berdar, bikêr, bikar.
profound *rgd* kûr, kwîr, pir mezin.
profundity kûrahî *f*, kwîrayî *f*.
profuse *rgd* pir, zehf, boş. **profusion** pirayî *f*, boşahî *f*.
progeny *n* zurîyet, kok.
prognosticate *lg* texmîn kirin.
program,programme bername *f*, rêbaz *f*, program *f*.
progress *lng* pêşde çûn/ketin. *n* pêşketin *f*, pêşveçûn *f*.
progression pêşketin *f*, pêşveçûn *f*, domdarî *f*, pêvajo *f*.
progressive *n* pêşverû. *rgd* yê pêşve diçe, yê zêde dibe, pêşverû.
prohibit *lg* qedexe kirin. **~ed** *rgd* qedexekirî. **~ion** qedexe *f*, qedexekirin *f*.
project proje *f*.
projectile gule *f*, derb *f*, roket *f*.
projector procektor *f*, ronavêj *f*.
proletarian *n,rgd* karker, zehmetkêş, kirêkar, proleter.
proletariat çîna karkeran *f*, proleterya *f*.
proliferate *lg,lng* pir bûn, zêde bûn; pir kirin, zêde kirin.
prolific *rgd* berdar, bergir.
prolong *lg* dirêj kirin, domandin.
prominent *rgd* navdar, girîng; xuya, diyar, berbiçav.
promise soz *f*, wad *f*, ahd *f*. *lng* soz dan, wad dan/kirin. **break a ~** soza xwe xwarin, ji soza xwe vegerîn.
prompt *rgd* zû, bilez, di cih de. **~ly** *rgp* di cih de, tavilê, bê derengî.
prone *rgp* ser dev, ser dev û rû. **~ to** meyldar, mêldar.
pronoun cînav *m*, bernav *m*, pro- nav *m*.
pronounce *lng,lg* bi lêv kirin, şîwet kirin, telafûz kirin; gotin, daxuyanî kirin, dan zanîn, biryara xwe diyar kirin. **pronunciation** *n* bilêvkirin, telafûz *f*, şîwet.
proof delîl *m*, îspat *f*.
proof-read *lg,lng* rast kirin. **~er** *n* rastker. **~-reading** *n* rastkirin.
prop *n* destek.
propaganda propaganda *f*.
propel *lg* dehf dan, del dan, pêşve avêtin.
proper *rgd* minasib, rewa, birê, bisemt, rast. **~ noun/name** serenav *m*, navê bernas *m*, navê taybetî *m*.
property xwedîtî *f*; saman *m*, milk *m*, mal *m*.
prophet *n* resûl, pêxember.
propose *lng,lg* pêşniyar kirin. **proposal** pêşniyar *f*.
proprietor *n* xwedî.
prose dûznivîs(ar) *f*, pexşan *f*, nesîr *f*.
prosecute *lg* **1** domandin, pêşve bir-in, qedandin. **2** (dadgeh) doz gerandin, doz/dawe vekirin. **prosecutor** dozger.
prospect 1 pêşdarî *f*, bergeh *f*, xuyabûn *f*. **2** hêvî *f*, çavnêrî *f*, tiştê ku hêvîyê dide.
prosperity serfirazî *f*, serketinî *f*; refah *f*, halxweşî *f*, rewşa baş *f*.
prosperous *rgd* serfiraz, serketî, halxweş.
prostitute tog *f*, tol *f*.
prostrate *rgd* ser dev, ser dev û rû.
protect *lg* parastin, sitirandin, himandin, lê xwedî derketin, xwedîtî lê kirin. **~ion** parastin *f*, hemet *f*, parêz *f*, xwedîtî *f*, saye

f. **~ion money** xûk *f*, xûkî *f*. **~or** *n* parêzvan, parêzker.
protein *n* proteîn.
protest protesto *f*, îtiraz *f*.
Protestant *n,rgd* Protestan.
protocol pêşewazî *f*, pêşwazî *f*.
prove *lng,lg* îspat kirin, bi pê danîn, peyitandin.
proverb metelok *f*, gotina pêşîyan *f*. **~ial** *rgd* **1** yê metelokan, yê gotinên pêşîyan. **2** navdar, binavûdeng.
provide *lng,lg* rapêçandin, (jê re) pêde kirin, dan, temîn/tedarik kirin. **~d/~ing that** *ghn* hebe ku, ku, hek.
province herêm *f*, wîlayet *f*, eyalet *f*.
provoke *lg* gij kirin, lê sor kirin, nav tê dan, têk dan. **provocation** gijkirin *f*, têkdan *f*, provoqasyon *f*.
proximity nêzîkayî *f*.
proxy pêbawerî *f*.
prune *lg* kesax kirin, pejnandin, dapîtin, çipilandin.
pruritus xwir *f*, xur *f*.
pseudo *rgd* sexte, zir.
pseudonym leqeb *m*.
psoriasis bîrove *f*.
psychiatry psîkîyatrî *f*.
psychoanalysis psîkoanalîz *f*.
psychology psîkolojî *f*.
pubis *anat* hestîyê rûv *m*.
public *rgd* gelemper, giştî, herkesîn. **~ opinion** bîrûraya giştî *f*.
publication çapderî *f*, weşan *f*.
publish *lg* weşandin, çap kirin. **~er** *n* weşandar, weşangêr.
pucker *lg,lng* qermiçandin, qurmiçandin; qurmiçîn, qermiçîn. *n* qermiçok *f*. **~ up one's lips** lêva xwe daliqandin.
pudenda *anat* berzik *m*, rêv *f*, rûv *f*.
pugnacity şerûdî *f*.
pull *lng,lg* kişandin. **The baby was ~ing his beard.** Pitikê rîya wî dikişand. **~ sth apart** çirandin. **~ sth down** hilşandin.
pullover vezele *m*, fanêle *m*, qazax *m*.
pulmonary *rgd* yê pişikê, yê kezeba sipî.
pulse nebz *f*.
pulverize *lg,lng* gelifandin, hêrandin.
puma *n zool* pûma.
pump avkêş *f*, pimpe *f*.
pumpkin kundir *m*.
punch *lg* hotik/humik lê xistin. *n* hotik *f*, humuk *f*, gurmik *f*.
punctuation mark nîşandek *f*.
pungent *rgd* tehl, tahl, tûj.
punish *lg* ceza dan/kirin. **~ment** ceza *f*, cezakirin *f*.
puny *rgd* lawaz û hûrik, hûrik û zirav.
pup *n* cewr, cewrik.
pupil[1] *n* xwendekar.
pupil[2] *anat* bîbik *f*, reşik *f* (a çav).
puppet *n* totik, qûqla.
puppy *n* cewrik.
purchase *lng* kirîn. *n* kirîn *f*, tiştê tê kirîn.
pure *rgd* pak, paqij, xwerû, saf, xalis, xas, cincilî.
purebred *n* xwînpak.
purge *lg* pak kirin, paqij kirin.
purify *lg* cincilandin, saf/pak/paqij kirin.
purple *n,rgd* mohr *m*, mor *m*.
purport mane *f*, wate *f*, mebest *f*.
purpose armanc *f*, mebest *f*, nêt *f*. **on ~** *rgp* bi hemd, bizankî.
purslane pirpar *f*, pimpar *f*, pîrqelaçik *f*.
purse kîsik *m*, kîsikê/çentê dirav *m*.
pursue *lg* dan/ketin pey, dan/ketin pê, rêç ajotin, şop ajotin. **~r** *n* şopajo.
pursuit *n* şopajotin, şopçûyin.
pus nêm *f*.
push dahf *f*, dehf *f*, delk *f*. *lng,lg* dehf dan, dahf dan, del(k) dan.
pusillanimous *rgd* bêzirav, sil.
pussy *n* pişo.
pustule pizik *f*.
put *lng,lg* xistin, kirin, têxistin, danîn. **He ~ the book on the table.** Wî pirtûk danî ser masê. **He ~ his hands in(to) his pockets.** Wî destên xwe xistin/kirin bêrîkên xwe. **P~ some milk into my tea.** Hinek şîr têxe çaya min. **~ on** (kinc) li xwe kirin, (sol, pêlav) kirin pê. **~ (a fire, etc) out** vemirandin.
putrefy *lg,lng* xera kirin, rizandin; xera bûn, bîhn pê ketin, rizîyan, rizîn.
puzzle pirsok *f*, metel *f*, têderxistinok *f*.
pygmy, pigmy *n* bejinbost, hûrik.
pyjamas pêcame *m*, pîcema *m*.
pylorus *anat* bindevka made *f*, aşik *m*.
pyramid pîramîd *m*.

Q

q tîpa hevdehan a elfabeya Îngîlîzî.
quadruped *rgd zool* çarpê.
quail *n* ebdal.
quake *lng* hejîn, hejîyan, lerizîn. **The ground ~d under his feet.** Erd di bin lingên wî de hejîya. **He was quaking with fear.** Ew ji tirsa dilerizî.
qualitative *rgd* yê qalîtê, wesfîn.
quality hêjayî *f*, çawahî *f*, qalîte *f*, wesif *m*.
quantity miqdar *f*, qês *f*, qas *f*, çiqasî *f*. **a small ~** hindikek, kêm. **large quantities** pir, bi qêsên mezin. **What ~ do you want?** Tu çiqasî dixwazî?
quarrel pevçûn *f*, lihevnekirin *f*, şer *m*. *lng* pev çûn, li hev ne kirin, şer kirin. **~some** *rgd* şerûd, şeroyî.
quarry kan *f* (a kevir).
quarter[1] **1** çaryek *f*, çarîk *f*, rib *m*, sê meh. **the first ~ of this century** çaryeka yekemîn a vê sedsalê. **It is a ~ past two.** Seet şeş û çarîkek e. **2** hêl *f*, tax *f*. **~ly** *n, rgp* sêmehî, sêmehane.
quarter[2] *lg* bi çaran par ve kirin, kirin çar paran; (leşker) bi cih kirin.
quartet(te) çarîn *f*, çarkok *f*.
quash *lg* betal kirin, rakirin.
quatrain çarîn *f*, çarkok *f*.
quaver *lg/lng* (deng) lerizîn, ricifîn; bi dengekî lerizokî sitran. **in a ~ing voice** bi dengekî lerizokî.
quay sekûya benderê *f*.
queen 1 keybanû *f*, bano *f*, şahbanû *f*, jinmîr *f*, qiralîçe *f*. **2** (mêşa hinguv) şaheng, şahgêle. **3** (kişik) wezîr *m*. **4** *pxw* qûnde.
quench *lg* **1** (agir, hwd) vemirandin. **2** tîbûna xwe şikenandin. **3** bi avê cemidandin/sar kirin. **4** hêvî şikestin
quern aşê destan *m*.
quest *lng* lê gerîn.
question pirs *f*, pirsiyar *f*. *lg* pirsîn, pirsiyarî kirin. **~ mark** nîşan/nîşandek)a pirsê *f*, pirsnîşan *f*.
queue rêz *f*, rêzbûn *f*. *lg* ketin rêzê, rêz bûn.
quick *rgd* zû, beza, çalak, lezgîn. **~ly** *rgp* bi lez, zû.
quicken *lg, lng* bilez kirin, lezandin; bi lez bûn.
quiet *rgd* aş, bêdeng, bêpejn, hêmin, sehal, tebitî, xamûş, bêtevger.
quill pûrt *f*, mû *m* (yê hişk û dirêj).
quilt lihêf *f*.
quince bih *f*, bî *f*, bihok *f*, bîyok *f*, biyok *f*.
quisling *rgd* xwefiroş, caş, cehş.
quit *lg* **1** dev/dest jê berdan, terikandin, çûn, ji kar derketin. **2** sekinîn, rawestan; rawestandin, sekinandin.
quotation jêderk *f*. **~ marks** nîşandeka dunikan *f*.

R **r** tîpa hejdehan a elfabeya Îngîlîzî.

rabbit *n* kîrgo, kîroşk, kêrgî, kevroşk.
rabid *rgd* har. **rabies** hartî *f*, harbûn *f*.
race[1] lecbezî *f*, pêşbazî *f*. *lng,lg* pêşbazî kirin, ketin pêşbazîyê, bezandin.
race[2] nijad *m*, reh *f*. **racial** *rgd* nijadî, yê rehê. **racist** *n* nijadperest, rehkar. **racism** nijadperestî *f*, rehkarî *f*.
racket[1] qerepere *f*, dengzar *f*, dengedeng *f*.
racket[2]**,racquet** raket *f*.
radar radar *f*.
radiant *rgd* ronak, rewşen, bi tîn, geş.
radiate *lg,lng* tîrêj belav kirin; (bi tîrêjan) belav bûn, derhatin, tîn dan.
radiation belavbûn *f*, tîrêjdan *f*, tîndan *f*, belavkirin *f*, radyasyon *f*.
radiator radyator *f*.
radicle rîşe *f*.
radio radyo *f*, pêlweş *f*. **~ set** bêtêl *f*, bêsim *f*.
radish tivir *f*, tirp *f*.
radium radyûm *f*.
radius 1 nîveşkêl *f*. **2** *anat* lûlezenda zirav *f*.
raft kelek *f*. **~er/sman** *n* kelekvan.
rag paç *m*, paçik *m*; pot *m*, potik *m*, rîtol *m*.
rage ern *f*, hêrs *f*, xezeb *f*, hêç *f*. *lng* hêç bûn, hêrs bûn.
raid êrîş *f*; talan *m*. *lng,lg* êrîş kirin, girtin ser, (diz) ketin derekê. **~er** *n* êrîşger, êrîşvan, yê ku digire ser derekê.
rail ray *f*; cax *f*, derabe *f*. **~way/-road** rêhesin *f*. **~ing** cax *f*, derabe *f*.
rain baran *f*. *lg,lng* (baran) barîn; barandin. **It is ~ing.** Baran dibare. **It never ~s but it pours.** Gava ku tê bi serhev tê. **~coat** baranî *m*, baranparêz *m*. **~drop** dilop *f* (a baranê). **~fall** qêsa baranê *f*; reşêşk *f*. **~proof** *rgd* baranparêz. **~y** *rgd* bibaran, şilî.
rainbow heftreng *f*, keskesor *f*.
raise *lg* berjor kirin, bilind kirin, rakirin, heldan, hildan, hilanîn, hilkirin; mezin kirin, xwedî kirin.
raisin mewîj *f*.
rake şene *m*, mahlû *f*.
rally[1] *lg,lng* **1** kom kirin, civandin; kom bûn, civîn. **The troops rallied round their leader.** Leşker li dora serokê xwe kom bûn. **The leader rallied his men.** Serok zilamên xwe kom kirin. **2** xurt kirin, baş/qenc kirin; baş/qenc bûn. *n* komkirin *f*, kombûn *f*, civîn *f*; başbûn *f*; lecbezî *f*, pêşbezî (ya seyaran), ralî *f*.
rally[2] *lg* henek pê kirin, bi henekan xapandin.
ram beran *m*.

Ramadan Remezan *f*, Meha Rojîyê *f*.
ramble *lng* (virde wêde) gerîn, meşîn, peyivîn.
ramify *lg,lng* şax berdan. **ramification** şaxberdan *f*; şax *m*.
ramp kaş *f*, kaşok *f*.
rampage *lng* hêrs bûn, bi hêrsê ketin, har bûn, êrîşî dora xwe kirin.
rampart 1 beden *m*, sûr *m*. **2** parastin *f*.
ramshackle *rgd* wêran, li ber hilşînê.
rancour,rancor gir *f*, kîn *f*. **~ous** *rgd* dilreş, kîndar, girok, bi gir.
random *rgd,n* lêhatî, rasthatî; lêhatin *f*, rasthatin *f*, korfelaqî *f*. **at ~** bi lêhatinî, bi rasthatinî, bi korfelaqî.
range[1] **1** rêz *f*. **a ~ of mountains** rêzeke çiyan. **2** menzîl, dûranî. **short ~** kurtemenzîl. **3** qada çek teqandinê. **a rifle-~** qadeke tiving berdanê. **4** çêregeh *f*, nêçirgeh *f*.
range[2] *lg,lng* **1** rêz kirin, xistin/kirin rêzê, cûrandin, ji hev deranîn, senifandin. **The general ~d the soldiers along the river bank.** General leşker di rexê çem de rêz kirin. **2** gerîn, çûn, meşîn. **~ over the hills** li ser giran gerîn. **3** di xetekê de çûn/dirêj bûn, belav bûn. **4** di navbeyna du tiştan de hatin guhertin. **Their prices ~ between £700 and £1000.** Bihayên wan di navbeyna £700 û £1000 de tên guhertin.
rank rêz *f*, ref *f*, sef *f*; paye *f*, rutbe *f*. **Take the taxi at the head of the ~.** Teqsîya

serê rêzê bigire. **rise from the ~s** (leşker) rutbe stendin.
ransom sere *f*, fîdye *f*.
rapacious *rgd* çavbirçî.
rape *lg* dest avêtin, tecawiz kirin.
rapid *rgd* pir zû, bilez. **~ly** *rgp* zû zû, bi lez.
rapprochement lihevhatin *f*, lihevkirin *f*.
rare[1] *rgd* kêm, kêmpêde, nadir, nadîde. **~ly** *rgd* pir kêm, hindik caran. **I ~ly eat in restaurants.** Ez pir kêm li xwarinxanan dixwim.
rare[2] *rgd* (goşt) kêmpijîyayî.
rascal *n* **1** (kesê) nedurist, namerd. **2** (zaro, hwd) bêar, tamsar.
rasp *lg,lng* xeritandin, rewêjek kirin.
rat *n* circ.
ratify *lg* erê kirin, beliyandin, tesdîq kirin.
ration devxwarin *f*, xwarindev *f*, tayin *f*; par *f*, parname *f*.
rational *rgd* baqil, aqilane, maqûl.
rattle *lg,lng* reqandin, reqîn, kirin şingeşing. *n* reqîn *f*, teqereq *f*, reqereq *f*, tewteweti *f*, peyva vala *f*, zirezir *f*, çingîn *f*.
ravage *lg,lng* wêran kirin, rûxandin, qelihandin
raven *rgd* qelereşk.
ravenous *rgd* pir birçî.
ravish *lg* **1** dilxweş/kêfxweş kirin, kêfa yekî anîn. **2** revandin. **3** dest avêtin.
raw *rgd* xav, xavî, xam, negihîştî. **~ meat** goştê xavî.
ray tîrêj *f*.
razor gûzan *m*, keybir *m*.
re[1] *muz* noteya duyemîn, re *f*.
re[2] *xêş* dîsa, cardin.
reach *lg,lng* **1** (xwe) dirêjî tiştekî kirin. **He ~ed out his hand for the knife.** Wî destê xwe dirêjî kêrê kir. **2** gîhan, gîhaştin, hatin. **The speaker's voice did not ~ to us.** Dengê axaftevan negîhaşt/nehat me.
reaction **1** reaksîyon *f*, berpêyî *f*, hemberî *f*, miqabele *f*. **2** kevneperestî *f*. **~ary** *rgd* kevneperest. **reactionist** *n* kevneperest.
read *lng,lg* xwendin. **He can neither ~ nor write.** Ew ne kare bixwîne ne jî binivîse. **~er** *n* xwendevan.
reading xwendin *f*. **~-glasses** berçavka xwendinê *f*. **~-lamp** lampa xwendinê *f*. **~-room** oda xwendinê *f*.
ready *rgd* amade, hazir, berdest, eyvez.
real *rgd* rast, rastekîn, rastikên, reel. **~ism** rastîbînî *f*, rastekînî *f*, realîzm *f*. **~ist** *n* rastgo, rastikênwer, rastîbîn, realîst. **~istic** *rgd* rastgo, rastîbîn, rastikênwer. **~ity** rastikênwerî *f*, rastî *f*, realîte *f*. **~ly** *rgp* bi rastî, rastane.
realize *lg* **1** têgihaştin, fahm/fêhm kirin. **2** pêk anîn, bicî anîn, anîn cih.
realm qiralî *f*, welat *m*.
reap *lng,lg* çinîn, paleyî kirin. **~ a field of barley** zevîyeke ceh çinîn. **~er** *n* kêlindîkêş. **~ping machine** makîna çinînê *f*, makîna dirûnê *f*.
rear paş, paşî *f*. **The kitchen is in the ~ of the house.** Metbex li paşîya xênî ye. **~wards** *rgp* şûnde, bi şûn de, paşve, bi paş ve.
reason **1** sedem *f*, seb, sebeb. **2** hiş, heş, fehm, aqil, îdraq, mantix. **~able** *rgd* maqûl, aqilane.
rebel *lng* ser(î)hildan. *n* serhilde, serîhilde, îsyankar. **~ion** serhildan *f*, serîhildan *f*. **~ious** *rgd* asê, serkêş, serîhilde, serhilde, îsyankar.
rebuke *lg* azar dan, pê re xeyidîn, daberizandin.
recall *lg* **1** bi şûn ve kişandin. **2** hatin bîra yekî, bi bîr anîn, anîn bîra xwe. **Can you ~ your childhood?** Tu karî zarotîya xwe bînî bîra xwe? **I don't ~ his name.** Navê wî nayê bîra min.
recede *lng* bi şûn ve çûn/kişîn, vekişîn.
receipt **1** girtin *f*, stendin *f*. **2** girtînek *f*.
receive *lng,lg* girtin, stendin. **Did you ~ the letter?** Te name girt/stend?
recent *rgd* van rojan, nû, nedereng, yê dema nêzîk. **~ly** *rgp* van rojan, vê dawîyê.
reception pêrgîn *f*, resepsîyon *f*, girtin, stendin.
reciprocal *rgd* dualî.
recitation *n* jiberxwendin *f*, jiberkirin *f*.
recite *lg,lng* ji ber xwendin, ji ber gotin.
reckless *rgd* bêperwa.
recline *lg,lng* pal dan, veketin.
recognition naskirin *f*, hatin naskirin.
recognize *lg* nas kirin, nasîn. **Did you ~ him?** Te ew nas kir?
recollect *lg,lng* anîn bîra xwe, bi bîr anîn.

recompense *lg* xelat kirin, ceza kirin, (dirav) dan.
reconcile *lg* li hev anîn, lê anîn. **reconciliation** lihevanîn *f*, lihevhatin *f*.
reconstruct *lg* ji nuh de ava kirin.
record *lg* tê nivîsandin, qeyd kirin, kişandin teybê.
recount[1] *lg* cardin/dîsa jimartin.
recount[2] *lg* gotin, vegêrîn.
recourse *n* **have ~ to** serî lê xistin, jê xwestin.
recover *lg,lng* **1** cardin/dîsa stendin, bi şûn ve stendin. **~ consciousness** heş(ê yekî) hatin serî. **~ one's sight/hearing** (cardin) dîtin, bihîstin, guhên/çavên yekî baş bûn. **2 ~ (from)** baş bûn, çê bûn, bi ser xwe ve hatin, hatin ser xwe.
recruit *n* endam an leşkerê nû, ecemî.
rectify *lg* çêtirandin, rast kirin, serast kirin.
rectitude duristî *f*, rastî *f*.
rector *n* rektor.
rectum *anat* rûvîyê dawîn, tortorîk.
recur *lng* ducar bûn, dubare bûn; (lê) vegerîn; cardin hatin.
red *n,rgd* sor *m*. **~den** *lg,lng* sor kirin; sor bûn. **~ish** *rgd* sore. **~head** *n* porsor.
redstart *n zool* bûknefsok.
reduce *lng,lg* kêm kirin, daxistin. **~ speed** lez kêm kirin. **reduction** kêmbûn *f*, kêmkirin *f*.
redundant *rgd* zêde, nehewce, betal.
reed *n* zil.
reek *lng* bîhn dan, bîhn jê hatin.
re-entry *n* vegerîn *f*, veger *f*, dîsa ketin.
refer *lg,lng* şandin, serî lê xistin; (pê) şêwirîn; nîşan kirin, mebest kirin.
referee *n* hakim, kizîr.
referendum referandûm *f*.
reform reform *f*.
refract *lg* şikandin. **refraction** şikandin *f*, şikestin *f*.
refrain *lng* **~ (from)** jê dûr sekinîn, nekirin. **You must ~ from smoking.** Divê tu ji cixarê dûr bisekinî (nekişînî).
refrigerate *lg* sar kirin, cemidandin.
refrigerator sarker *f*, sarinc *f*, sarincok *f*.
refuge sitar *f*, penah *f*. **~e** *n* penaber, penahende, xwesparte. **~ camps** qampên penaberan.
refuse *lg,lng* cab dan, qayil nebûn, red kirin. **refusal** negayilî *f*, cab *f*, red *f*.
refute *lg* pûç kirin, derew derxistin.
regain *lg* cardin/dîsa bi dest xistin.
regal *rgd* şahane.
regard *lg* **1** ji nêzîk ve lê nêrîn, bala xwe dan. **2** hesibandin, giram girtin, hurmet kirin, qîmet dan.
regime sazûman *f*, rejîm *f*.
regiment *lş* hêz *f*, liwa *f*.
region dever *f*, herêm *f*, navçe *f*. **~al** *rgd* deverî, herêmî, navçeyî.
register *lng,lg* dan nivîsandin, tênivîsandin, qeyd kirin. **registration** *n* dannivîs *f*, qeyd *f*.
regress *lng* paşve çûn. **~ion** paşveçûn *f*. **~ive** *rgd* paşve, şûnve, paşpaşkî.
regret *lng* li ber ketin, mixab bûn, heyifîn, poşman bûn. *n* berketin *f*, mixab *f*, poşmanî *f*, heyifîn *f*. **~ful** *rgd* poşman, mixab.
regular *rgd* rêzdar, birêz, rêk, biservehatî, rêkûpêk.
regulate *lg* kirin/xistin rêzê, rêzdar kirin, serast kirin.
regulations rêzname *f*, nîzam *f*.
rein desgîn *m*, dizgîn *m*.
reinforce *lg* betîn kirin, zeximandin, xurttir kirin, qasidî/asê kirin, teqwîye kirin.
reiterate *lg* ducar kirin, cardin kirin, dîsa gotin.
reject *lg* qebûl nekirin, red kirin, cab dan, nepejirandin.
rejoice *lg,lng* (pê) şa bûn, xoşnûd bûn, kêfa yekî hatin; şa kirin, xoşnûd kirin, kêfa yekî anîn. **rejoicing** şabûnî *f*, kêf *f*, şayî *f*.
rejuvenate *lng,lg* ciwan kirin, ciwan bûn.
relapse *lng* cardin nexweş ketin, (tiştekî nebaş) dîsa kirin.
relation danûstendin *f*, peywendî *f*, têkilî *f*, xizmatî *f*, mervantî *f*.
relative *n* merv, mermal, xizm, eqreba.
relax *lg,lng* sist kirin, nerm kirin, sivik kirin; rawestin, xwe arimandin, bîhna xwe vekirin, hulm stendin.
release *lg* berdan, filitandin, azad/xelas kirin.
relent *lng* nerm bûn.

relevant *rgd* eleqadar.
reliance bawerî *f*.
relic jêmaye *f*, bermaye *f*.
relieve *lg* **1** ji êş an kulan xelas kirin, rehet kirin. **2 ~ sb of sth** jê xelas kirin, jê sitendin; jê dizîn.
religion ol *f*, dîn *m*. **religious** *rgd* olî, oldar, dîndar.
relinquish *lg* dev/dest jê berdan, terikandin.
reluctance dilsarî *f*, bêdilî *f*.
reluctant *rgd* dilsar, bêdil, bê dilê xwe.
rely *lng* bawerî pê anîn, jê bawer kirin, jê hêvî kirin.
remain *lng* man. **How many weeks will you ~ here?** Tu yê çend hefteyan li vir bimînî? **He ~ed silent.** Ew bêdeng ma. **~der** *n* dûdemayî, bermaye. **~s** dûdemayî *f*, bermaye *f*; meyt *m*, term *m*, cendek *m*.
remark *lg,lng* gotin. *n* peyv *f*, gotin *f*.
remedy çare *f*, derman *m*. **remediable** *rgd* bi çare, çaredar, çare jê re heye.
remember *lg,lng* hatin bîra yekî, (bi/li) bîr anîn, anîn bîra xwe, ji bîr nekirin. **I don't ~ her.** Ew nayê bîra min. **R~ me.** Min ji bîr neke/Min bîne bîra xwe.
remembrance bîranîn *f*, bîrhatin *f*; bîr *f*; bîrhatî *f*, bîrmayî *f*.
remind *lg* anîn bîra yekî, (bi) bîr anîn. **He ~s me of my brother.** Ew birayê min tîne bîra min.
reminisce *lng* **~ (about)** derbarê bûyerên kevn de peyivîn an fikirîn.
remit *lg,lng* **1** (Xwedê) bexşîn, lê borîn. **2** şandin, bi rê kirin. **~tance** *n* (bi postê) diravşandin, diravê ku hatiye şandin.
remnant bermaye *f*, bermayî *f*.
remorse poşmanî *f*, nedamet *f*. **~ful** *rgd* poşman. **~fully** *rgp* bi poşmanî. **~less** *rgd* bêûcdan, bêeman.
remote *rgd* dûr.
remove *lng,lg* hilanîn, (ji holê) rakirin, birin (dereke din); bar kirin. **~d from** jê dûr.
rendezvous hevdîtin *f*, cihê hevdîtinê *m*, randewû *f*.
renew *lg* nuh kirin, teze kirin, ji nû de gotin/kirin/dan, ducar kirin, çêkirin.
renounce *lg* dev/dest jê berdan, terikandin, têkilî(yên xwe) jê birîn.
renovate *lg* nuh kirin. **renovation** nuhkirin *f*.
renown nav *m*, navûdeng *m*. **~ed** *rgd* navdar, bi navûdeng.
rent kirê *f*. *lng,lg* dan kirê, kirê kirin.
renunciation devjêberdan *f*, destjêberdan *f*, berdan *f*.
reopen *lg,lng* (ji nû ve) vekirin, dest pê kirin; (ji nû ve) vebûn, dest pê bûn.
repair *lg* çê kirin, tamîr kirin. *n* tamîr *f*, çêkirin *f*, çêbûn *f*.
repay *lg,lng* (bi şûn ve) dan, deyn(ê xwe) dan, berdêl(a tiştekî) dan. **~ment** deyndan *f*.
repeal *lg* (zagon, hwd) rakirin, betal kirin.
repeat *lng,lg* ducar kirin, dubare kirin. **repetition** *n* ducarkirin *f*, dubaretî *f*.
repel *lg* def kirin, bi şûn ve avêtin, dehf dan.
repent *lg,lng* poşman bûn, tobe kirin. **~ance** *n* poşmanî *f*, tobe *f*.
replace *lg,lng* kirin/xistin cih, kirin dewsa yekî/tiştekî, kirin şûnê, ketin dewsa yekî/tiştekî.
reply *lng,lg* bersîv dan, bersîv kirin, bersîvandin, lê vegerandin. *n* bersîv *f*.
report 1 rapor *f*. **2** gotegot *f*, paşgotin-î *f*, galegal *f*. **3** teqîn *f*.
reporter *n* nûçegîhan, nûçevan.
represent *lg* **1** şanî dan/kirin, rê dan. **He ~s himself as an expert.** Ew xwe wek pisporekî rê dide. **2** rave kirin, gotin, anîn zimên, xistin pêş. **3** nimandin, niwandin, temsîl kirin. **~ative** *n* şandî, nûner, niwêner, nimînende. **~ation** nimînendetî *f*, niwênerî *f*, nûnerî *f*, temsîlkirin *f*, temsîl *f*.
reprieve *lg* (ceza) taloq kirin, paşve avêtin.
reprimand *lg* pê re xeyidîn.
reproach 1 gazin *f*, sitem *f*, lome *f*. **2** hetik *f*, rûreşî *f*, şerm *f*. *lg* gazin/stem kirin, lome kirin. **~ful** *rgd* bigazin, stemkar, lomekar.
reproduce *lg,lng* zêde kirin, ji ber girtin; (deng) cardin derxistin, cardin xuya kirin; ji nû ve çêkirin; zan.
reprove *lg* lom(e) lê kirin, azar dan, pê re xeyidîn.
reptile *n zool* xwekaşok (mar, gumgumok, hwd). **reptilian** *rgd* xwekaşok.
reptilia *n* marûmûr.
republic komar *f*, cimhûrîyet *f*. **~an** *n,rgd* komarî, komarxwaz. **~anism**

komarxwazî *f.*
repulse *lg* def ķirin, bi şûn ve avêṯin, qewirandin.
reputation navdarî *f,* navûdeng *m,* nav *m.*
a man of high ~ zilameķî bi navûdeng.
request daxwaz *f,* xwesṯin *f,* pêşniyaz *f,* ṯika *f,* ṟica *f. lg* xwesṯin, ṯika ķirin, lava ķirin, ṟica ķirin. **We came at your ~.** Em bi/li ser xwesṯina we haṯin.
require *lng* ẖewce bûn/ķirin, pêwîsṯ bûn, divêṯin. **~ment** ẖewce *f,* îẖṯîyac *f,* ṯişṯê pêwîsṯ/ẖewce.
requisite *n,rgd* (ṯişṯê) pêwîsṯ, ẖewce.
rescind *lg* (zagon, qanûn, hwd) beṯal ķirin, ṟakirin.
rescue *lg* xelas ķirin. *n* xelasî *f,* xelasķirin *f.*
research lêkolîn *f,* lêgeṟîn *f,* vekolîn *f,* şopgeṟîn *f. lng ~* **(into)** lê kolîn, vekolîn. **~er** *n* lêkolînvan, lêgeṟ, lêgeṟînvan, şopgeṟ.
resemble *lg* lê çûn, şibîn. **She ~s her mother.** Ew li diya xwe çûye/Ew dişibe diya xwe. **resemblance** lêçûn(î) *f,* şibîn *f,* weķhevî *f.*
resent *lg* xeyidîn, pê ṯade haṯin, lê keṯin. **~ful** *rgd* xeyidî, qeẖirî.
reserve *lg* (ji bo ṯişṯeķî/yeķî/demeķê) hilanîn, dan alîķî, veşarṯin.
reside *lng* **~ (in/at)** (lê/ṯê de) ṟûnişṯin, jîyîn.
residence cîgeh *f,* xanî *m,* mal *f;* (li dereķê) ṟûnişṯin *f,* jîyîn *f,* danişṯin *f.*
resident *n,rgd* binecî, danişṯî, ṟûnişṯî.
residue bermaye *f,* bermayî *f.*
resign *lg,lng* **~(from)** (ji kar) derkeṯin, îstifa ķirin. **~ sb/oneself to sb/sth** (xwe/yeķ) siparṯin (yeķî/ṯişṯeķî), ṟadesṯ ķirin. **I ~ myself to your guidance.** Ez xwe disipêrim ṟeberîya ṯe. **~ oneself to sth/be ~d to sth** qayil bûn, ṟazî bûn.
resignation îstifa *f.*
resin darav *f.*
resist *lg,lng* asê bûn, li ber xwe dan, deyax ķirin, ling/pê dan erdê, ṟagirṯin, berî yeķî dan. **He could ~ no longer.** Wî hew diķanî deyax biķira/Deyaxa wî nema/Wî îdî nediķanî ṟagirṯa.
resistance berxwedan *f,* deyax *f,* asêbûn *f.*
resistant *rgd* xurṯ, qewîm, asê, zexm, çîr.
resister *n* berxwedêr.

resole *lg* (sol) binî ķirin, pençe ķirin.
resolute *rgd* biryardar, vîndar, vênmend, xwedîvên. **~ly** *rgp* bi tundî, bi biryardarî.
resolution 1 biryardarî *f,* vîndarî *f.* **2** biryar *f,* qerar *f,* pêşniyar *f.*
resolve *lg,lng* **1** biryar dan, biryar siṯendin, qerar dan; bersîvandin, çareser ķirin. **2** ji hev deranîn, guheṟandin. *n* biryar *f,* nêṯ *f.*
resort *lng* **1 ~ to** xebiṯandin, bi kar anîn. **2** çûn, tim/piṟîcar çûn.
resound *lg,lng* **1** çingîn, çingînî ķirin, deng vedan. **2** belav bûn, deng dan.
resource çavķanî *f,* serķanî *f,* navgîn *f,* pergal *f.*
respect 1 ẖurmeṯ *f,* giram *f,* ṟûmeṯ *f,* qedir *f.* **2** têķilî *f,* babet *f. lg* giram girṯin, qedr girṯin, ẖurmet ķirin. **~able** *rgd* berêz, biṟûmeṯ, hêjayî ẖurmet, biqedir, qedirbilind. **~ful** *rgd* ẖurmetkar, giramgir. **~fulness** giramgirî *f,* ẖurmetkarî *f.*
respective *rgd* a/ê/ên xwe. **We all went to our ~ rooms.** Em giş çûn odên xwe.
respiration *n* (bêhn/hulm) danû siṯendin.
respire *lng* bêhn/hulm dan û siṯendin.
respiratory *rgd* yê hulmê, yê bêhnê, yê bêhndanê.
respond *lng* bersîvandin, bersîv dan.
response bersîv *f,* berpirs *f.* **responsible** *rgd* berpirsiyar, mesûl. **responsibility** berpirsiyarî *f,* erk *f,* mesûlîyet *f.*
rest[1] **1** ṟawesṯ *f,* vehêsîn *f,* vêhisîn *f,* betlane *f,* îstûṟehet *f.* **2** xew *f,* bêdengî *f,* bêpejnî *f.* **at ~** bêdeng, bêpejn; mirî. **be laid at ~** (mirî) haṯin veşarṯin. **3** wesṯ, wesṯan.
rest[2] dûdemayî *f,* dûmaye *f,* yê(n) mayî, dawîya mayî.
rest[3] *lg,lng* **1** ṟawesṯin, vehêsîn, bêhna/hulma xwe vekirin, îstûṟehet ķirin; ṟawesṯandin, vehisandin, (xwe) arimandin. **2 ~ (sth) on/upon/against** siparṯin, danîn ser, pala/pişṯa xwe dan. **He ~ed his elbows on the table.** Wî ênîşķên xwe danîn ser masê. **We ~ed the ladder against the wall.** Me dirêncek siparṯ dîwêr.
restaurant xwarinxane *f,* aşxane *f.*
restore *lg* nuh ķirin, çêkirin, serasṯ ķirin, ji nû ve ava ķirin, bi şûn ve dan, ķirin/anîn

cih (ê berê), wek berê kirin.
restrain *lg* zeft kirin, nehiştin, girtin. ~ **one's laughter** kenê xwe girtin.
restriction sînor *m*, qeyd *f*, qeydûbend *f*.
result encam *f*, netîce *f*, ber *m*, dawî *f*, kutasî *f*, akam *f*. *lng* ~ **(from)** encama tiştekî bûn, ji tiştekî derketin. ~ **in** bûn sedema tiştekî, bi tiştekî qedîn, encam/netîce dan.
résumé kurte *f*, kurtî *f*, jêderk *f*.
resume *lg* **1** dîsa dest pê kirin. **2** dîsa stendin, dîsa girtin.
resurrect *lg,lng* vejandin, ji gorê derxistin. ~**ion** vejîn *f*, vejandin *f*.
retail hebanî *f*, perakende *f*.
retain *lg* girtin, bernedan.
retaliate *lng* (êrîş, xerabî, xisar, hwd) bersîvandin, bersîv dan, lê vegerandin, tol girtin, heyf hilanîn.
retard *lg* şûnve/paşve xistin, bi derengî xistin, dereng hiştin.
reticent *rgd* bêdeng.
retina *anat* tora çav *f*.
retire *lng,lg* (bi şûn ve) kişandin/kişîn, destê xwe jê kişandin, jikarketî bûn/kirin, ji kar ketin, teqawît bûn/kirin, çûn/ketin nav nivînan.
retort[1] dawerivok *f*.
retort[2] *lg,lng* bersîvandin, cab dan, lê vegerandin.
retract *lg,lng* (bi şûn ve) kişandin.
retreat *lng* (bi şûn ve) kişîn, revîn.
retrench *lg,lng* (lêçû, serfîyat, hwd) kêm kirin, daxistin, kêm serf kirin.
retribution ceza *f*, cezakirin *f*.
retrieve *lg,lng* (dîsa) pêde kirin, (dîsa) bi dest xistin; (jê) xelas kirin.
return[1] veger *f*, vegerandin *f*, hatin *f*; kar *f*, faîz *f*, ber *m*. ~ **ticket** bilêta çûnûhatinê *f*.
return[2] *lg,lng* (lê) vegerandin, zîvirandin, bi şûn ve anîn/birin, bersîvandin; vegerîn, zîvirîn, bi şûn ve çûn/hatin. **He didn't ~ home.** Ew venegerîya malê. **When will you ~ the book?** Tu yê pirtûkê kengî vegerînî?
reunion *n* (dîsa) gîhanhev, yekbûn, bûnyek.
revalue *lg* (biha, hêjayî, hwd) ji nû ve danîn.
reveal *lg* diyar kirin, eşkere kirin, xuya kirin, dan der.
revelry seyran *f*, bezm *f*, şabûnî *f*.
revenge tol *f*, ewd *f*, heyf *f*. *lg* heyf (a xwe jê) hilanîn, tol girtin.
revenue hatin *f*, warîdat *f*.
revere *lg* hurmet kirin, pîroz dîtin.
reverie *n* ketin xeyalan, xeyal dîtin.
reverse *rgd* vaca. *n* vajî *f*. *lg,lng* vaca kirin, paşve birin, vaca bûn, paşve çûn/hatin; betal kirin, rakirin.
revert *lng* vegerîn.
revile *lg,lng* çêr kirin, xeber dan, gotinên nexweş kirin.
revise *lg* rast kirin, guhertin, ducar kirin.
revive *lg,lng* vejandin; vejîn.
revoke *lg,lng* (bi şûn ve) sitendin, betal kirin, rakirin.
revolt *lg,lng* serî hildan, li hember derketin, rabûn ser xwe. *n* serîhildan *f*.
revolution **1** şoreş *f*. **2** dewr *f*. ~**ary** *n,rgd* şoreşvan, şoreşger.
revolve *lg,lg* zîz kirin, zîvirandin; zîz bûn, zîvirîn. **2** raman kirin, fikirîn.
revolver şeşar *f*, şeşderb *f*.
reward bexşîş *f*, xelat *f*, xilat *f*, padaş *f*.
reword *lg* bi peyvikên nû an cûda gotin.
rheumatic *rgd* bawî. **rheumatism** ba *m*, reşeba *m*.
rhubarb rûbês *f*.
rhyme beşavend *f*. **rhymed** *rgd* bi beşavend.
rhythm aheng *f*, rîtm *f*. **rhythmical** *rgd* ahengdar, rîtimdar, bi rîtm.
rib *anat* parsû *m*.
ribbon şirît *f*, laçik *f*, qordêle *f*.
rice birinc *f*, riz *f*, çiltûk *f*. ~-**field** medreb *f*.
rich *rgd* dewlemend, dewletî, zengîn. ~**ness** dewlemendî *f*.
rid *lg* ~ **of** jê xelas kirin. **be/get ~ of** jê xelas bûn.
riddle[1] mamik *f*, metel *f*, metelok *f*, pirsok *f*, têderxistinok *f*.
riddle[2] bêjing *f*, girbêj *f*, serad *f*. *lg* bêjing/serad kirin.
ride siwarî *f*, siwarbûn *f*. *lng,lg* (hesp, bîsîklet, hwd) siwar bûn, ajotin. ~**r** *n* siwar, siwarî.
ridicule tinaz *f*, henek *f*. *lg* tinaz kirin, henek(ê xwe pê) kirin.
rifle[1] tiving *f*.

rifle[2] *lg* tazî kirin, talan kirin.
rift qelîştek *f*, derz *f*.
right[1] *rgd* rast, baş; dadyar, adil; tîk. **Are we on the ~ road?** Em di rêya rast de ne? **my ~ hand** destê min ê rastê. **All ~/ Alright!** Baş e! Dibe! Bila be!.
right[2] *rgp* rast, serast, dûz. **~ away/off** *rgp* aniha, dest bi dest, di cih de, di gavê de, tavilê.
right[3] maf *m*; rastî *f*, tiştê rast; dadyarî *f*; hêla/alîyê rastê, rast *m*. **human ~s** mafên mirovan/mirovîn. **women's ~s** mafên jinan.
right[4] *lg* rast kirin, serast kirin.
rigid *rgd* hişk, zîx, ne tewbar, xwar nabe, nayê badan.
rigorous *rgd* hişk, dijwar, xurt, tund.
rim kevî *f*, qerax *f*; (seyare) cant *f*.
rind qaşik *m*, qalik *m*.
ring[1] gustîlk *f*, hingulîsk *f*; xelek *f*. **~-finger** tilîya gustîlkê *f*.
ring[2] *lg,lng* zengilandin, li zengil xistin, li zîlê xistin, telefon kirin; zengilîn, zengil lê ketin, zîl lê ketin, li zîlê ketin, li telefonê ketin, kirin şingînî, şingîn. **How long has that telephone (bell) been ~ing?** Ji kengî ve li (zengilê/zîla) wê telefonê dikeve? **Start work when the bell ~s.** Gava ku li zengil ket, dest bi kar bikin. **R~ the bell.** Li zengil xe. **I'll ~ you (up) this evening.** Ez ê vê êvarê telefonî te bikim. **~ one's ear** guhê yekî birin.
ring[3] şingînî *f*, şingeşing *f*, dengê zengil.
riot serhildan *f*; qerepere *f*, hengame *f*, geremol *f*, dengzar *f*.
rip *lg,lng* çirandin, qetandin, jê kirin, qelaştin; çirîn, qetîn, jê bûn, qelişîn; bilez çûn an revîn. *n* qet *f*, cihê çirîyayî, qelîştek *f*.
ripe *rgd* bûyî, gihîştî, gîhaştî, kamil.
ripen *lg,lng* çê kirin, gîhandin, kamil kirin; çê bûn, gîhan, gîhaştin, kamil bûn.
rise *lng* bilind bûn, hilatin, rabûn, rabûn ser xwe, cardin hatin dinyê, bi ser avê/ tiştekî ketin. **The sun ~s in the East.** Roj li/ji Rojhilat hiltê. **The wounded man couldn't ~.** Zilamê birîndar nedikanî rabûya (ser xwe). **He ~s very early.** Ew zû radibe ser xwe. **His voice rose in anger.** Dengê wî bi hêrs bilind bû/rabû. **~ against** ser hildan, li hember derketin.
rising *rgd* yê bilind dibe/digihîje/ pêşdikeve. *n* serîhildan *f*.
risk rîsk *f*, xeter *f*. *lg* avêtin xeterê/talûkê, wêrîn, dan ber çavan. **~y** *rgd* bixeter, xeternak, bi rîsk.
rite ayîn *f*, kombûniya olî.
rival *n* berber, pozber, reqîb. *lg* berberî/ pozberî kirin, berhev dan, ketin qayîşê. **~ry** berberî *f*, pozberî *f*, qayîş *f*.
river çem *m*, şet *m*. **~-bed** besterobar *m*.
rivet perçîn *f*. *lg* perçîn kirin.
roach *n, zool* zirxîtik.
road papûr *f*, rê *f*, rêga *f*. **take the ~** bi rê ketin. **take to the ~** ji rê derketin, bûn pêxwas.
roam *lg,lng* (bê armanc) gerîn, virde wêde çûn.
roar *lg,lng* kirin gurînî/gurgur/bûrîn, gurînî pê ketin, gurgura/gurîna yekî/ tiştekî bûn, bûrîn. *n* gurîn *f*, gurgur *f*, bûrîn *f*.
roast *lng,lg* biraştin, qelandin, sor kirin; qelîn, sor bûn, hatin biraştin.
rob *lg* şêlandin, tazî kirin, dizîn. **~ber** *n* diz, rêbir, nijdevan.
robin *n zool* gerdensor.
robot *n* robot.
robust *rgd* xurt, bijûn, bihêz.
rock[1] taht *m*, qîş *m*, çêl *m*, lat *m*. **~ dove** *n* tewrekî kevokan.
rock[2] *lg,lng* kil kirin; kil bûn.
rocket roket *f*.
rod onî *f*, şiv *f*.
roe[1] *n* gera, hêka masîyan.
roe[2] *n zool* şûl.
role rol *f*, weyn *f*.
roll *lg,lng* balor kirin, gêr kirin, gindêr kirin, gindirandin, hilçinîn, pêçan, hilkirin, hildan; balor bûn, gêr bûn, gindirîn. *n* gêr *f*, balor *f*, gindirandin *f*, gindirîn *f*. **~er** *n* balor, gindor. **~ing pin** *n* tîr, balor.
Romania Romanya *f*.
romantic *rgd* romantîk.
roof serban *m*, ban *m*, banî *m*.
rook[1] *n zool* qelamizgînî.
rook[2] (kişik/setrenc) kele *f*.
room ode *f*; cih *m*. **~y** *rgd* fireh.
roost lîs *f*, lîsik *f*, lûs *f*. *lng* veniştin, lîsîn.

rooster dîk *m*, kulebang *m*.
root kok *f*, reh *f*, (rêziman) pêrkît *f*, kok *f*; bingeh *f*.
rootlet rîşe *f*.
rope kindir *f*, werîs *f*. ~ **dancer** *n* kindirbaz.
rosary dua *f* (ya bi tizbîyê tê kirin), tizbî *f*; gulîstan *f*, bexçê gulan.
rose gul *f*. ~ **garden** gulîstan *f*.
rosebay ziqûm *f*.
rosemary bîberîye *f*.
rosette rozet *f* (di drûvê gulan de).
rot *lg,lng* rizandin; rizîn.
rotate *lng,lg* zîvirandin, zîz kirin, gerandin; zîvirîn, zîz bûn, gerîn.
rotten *rgd* rizyayî, alos.
rough *rgd* hejgî, girûzin, ne dûz, ne hilû, kaşo maşo, kevirî; fehş, hov, zirt; hişk, dijwar; xav. **~ly** *rgp* kêm zêde.
round *rgd* gilover, girover, gilol, xelekî; tije, tijî, bêkêmasî.
rouse *lng,lg* hişyar kirin; kişkişandin.
rout[1] *lg* tarûmar kirin, bi xurtî têk birin.
route rê *f*, rêgeh *f*, rota *f*.
routine *rgd* rûtîn, adetî.
row[1] rêz *f*, sef *f*, qor *f*.
row[2] *lg,lng* bêr kişandin, bi bêran (keştî) ajotin. **~er** *n* bêrvan. **~ing-boat** keştîya bibêrik *f*.
row[3] pevçûn *f*, qerepere *f*.
royal *rgd* yê qirêl, gora qirêl. **~ist** *n* qiralperwer. **~ism** qiralperwerî *f*.
rub *lng,lg* firkandin, mist dan, tê dan, cir kirin.
rubber *n* qaûçûk, lastîk *f*; raker *f*, cîl *f* (paqijkera qaûçûk a ku nivîsan paqij dike).
rucksack çentepişt *m*.
rude *rgd* fahş, bêedeb, hov; hişk, dijwar; xav, xavî.
rudimentary *rgd* destpêkîn; negîhaştî, kêm.
rue *lg* poşman bûn. **~ful** *rgd* poşman. **~fully** *rgp* bi poşmanî.
rug xalîçe *f*, tej *f*, merş *f*.
ruin *lg* hilweşandin, herimandin, kambax kirin, kavil kirin, rûxandin, wêran kirin, serobinî hev kirin. **~ed** *rgd* xopan, kavil, wêran.
rule hikim *m*, zagon *f*, qanûn *f*, îdare *f*, kirdayetî *f*; rê *f*, rêzik *f*, qaîde *f*, awa *f*, ûsil *f*; adet *f*, banek *f*. *lng,lg* hikim kirin, gerandin, bandûr kirin; xet kişandin. **~r** *n* rastek *f*, xetkêş *f*; hikimdar, karbidest, amîr.
Rumania Romanya *f*.
ruminate *lng* (ga, çêlek, hwd) kayîn, kawêj kirin.
rumour gotegot *f*, galegal *f*, gotin *f*.
run *lg,lng* **1** revîn, baz dan, bezîn, mişext bûn. **2** xebitîn, şixulîn. **3** şixulandin, xebitandin, gerandin. ~ **after sb/sth** bera (pê) dan, dan pê. ~ **into** *lg* lê qelibîn, tûşî yekî/tiştekî bûn, lê ketin, lê rast hatin. **~ner** *n* bezvan, revok.
runny *rgd* ron.
rupture *n bjş* fetiq, gunek.
rush *lng,lg* **1** revîn, lezandin, ecele kirin. **2** (bi hêz û lez) êrîş kirin, xwe xar kirin. *n* rev *f*, lez *f*, ecele *f*; êrîş *f*.
Russia Rûsya *f*, Ûristan. **~n** *n,rgd* Ûris, Rûs, yê Ûris/Rûs; Rûsî *f*.
rust zeng *f*, zingar *f*, jeng *f*. *lg,lng* zingar/zeng girtin, zingarî bûn/kirin. **~y** *rgd* jengdar, zingarî.
rustle *lg,lng* xişîn, xuşîn, kirin xuşînî. *n* xişexiş *f*, xişînî *f*, xuşînî *f*.
ruthless *rgd* dilhişk, bêûcdan.
rye çexdar *m*, şilêl *m*.

S

s *n* tîpa nozdehan a elfabeya Îngîlîzî.
saber *bnr* **sabre.**
sable[1] *n* seyê deryayî, semûr.
sable[2] *rgd* reş.
sabotage sabotaj *f. lg* sabotaj kirin.
sabre şûr *m* (ê siwarîyan).
sac kîsik *m.*
saccharin sakarîn *n* . **~e** *rgd* pir şêrîn, wek şekir.
sack[1] çewal *m*, telîs *m*, tûr *m.*
sack[2] *lg* qewirandin, ji kar derxistin.
sack[3] *lg* talan kirin, tazî kirin.
sacred *rgd* pîroz, olî, xwedayî; berêz, birûmet.
sacrifice gorî *f*, qurban *f*, boraq *f*, fedakarî *f*, canfîdatî *f. lg* bi gorî kirin, qurban kirin, cangorî kirin, feda kirin.
sacrum *anat* hestîyê kortixê *m.*
sad *rgd* xemgîn, keserbar, dilbirîn, dilgîr, dilkul, poxzîn. **~ness** xemgînî *f*, xem *f*, kul *f*, keser *f*, berketin *f.*
sadden *lg,lng* kesirandin, xemgîn kirin; kesirîn, xemgîn bûn, li ber ketin.
saddle *n* zîn, palaz, semer. *lg* zîn kirin, palaz/semer kirin. **~-bag** heqîb *f*, tûrik *f.* **~-bow** qaş *f.* **~r** *n* zînker.
sadism sadîzm *f.* **sadist** *n* sadîst.
safe[1] *rgd* ewle, parastî, bêxeter, amin.
safe[2] qase *f*, têbar *f*, xizana *f.*
safe-keeping parastin *f*, hilanîn *f*, veşartin *f.*
safety ewlekarî *f*, ewletî *f*, parastin *f.* **~-pin** fîlket *f.*
saffron *n* zaferan.
sag *lng* xwar bûn, ketin, daketin, daliqîn, aliqîn.
saga lawik *f*, destan *f* (ên Îskandînawîyan ên kevn).
sagacious *rgd* baqil, bijîr, zîrek.
sagacity bijîrî *f*, baqilî *f*, zîrektî *f.*
sage *n,adj* zana, xwenas.
sail yelken *f*, çar *f*, xêlî *f.* **~or** *n* keştîvan. **~ing boat** keştîya bayî *f.*
saint *n* ewliya, pîr.
sake xatir *f.* **for the ~ of sb/sth; for sb's/sth's ~** ji bo (yekî/tiştekî), ji bo xatir(ê yekî/tiştekî). **for your ~** ji bo xatirê te.
salad selete *f.*
salami salam *m.*
sal ammoniac *n* nişadir.
salary mehî *f*, meaş *f.*
sale firotin *f.* **(up) for/on ~** li ber firotinê, tê firotin, yê firotinê. **His house is for ~.** Xanîyê wî li ber firotinê ye/tê firotin.
sales clerk *n* firoşkar, firoşer.
salesman, saleswoman *n* firoşkar, firoşer.
salesroom firoşgeh *f*, cihê firotinê.
saline *rgd* bixwê, şor. *n* avxwê *f*, şorav *f.*
salinity şorayî *f.*
saliva avdev *f*, girêz *f*, xwezî *f.*
salmon *n* masîxatûnk.
salsify gêzbelok *f.*
salt xwê *f. lg* xwê avêtin, xwê (lê) kirin. **~shaker/cellar** xwêdank *f.* **~y** *rgd* şor, bixwê. **saltiness** şorayî *f.*
salutary *rgd* bikêr, bisûd, bifêde, sihî.
salutation silab *f*, silabkirin *f.*
salute *lg,lng* silab (lê) kirin, silab dan/şandin.
salvation xelasî *f*, xelaskirin *f.*
salve melhem *f.*
same *rgd* yek, yeksan, wekhev, wek, necûda, wekxwe, wekberê, neguhertî, eynî. **He is the ~ age as his wife.** Temenê wî û yê jina wî yek/wekhev in. **all the ~** cardin jî, dîsa jî. **~ness** yekbûn *f*, wekhevbûn *f*, yeksanî *f.*
samovar semawer *f.*
sample nimûne *f*, gelale *f*, model *f.*
sanctify *lg* pîroz kirin. **sanctity** pîrozahî *f.*
samovar semawer *f.*
sample nimûne *f*, gelale *f*, model *f.*
sanatarium *bnr* **sanatorium.**
sanatorium sanatoryûm *f.*
sanctify *lg* pîroz kirin. **sanctification** pîrozkirin *f.*
sanctity pîrozahî *f.*
sanctuary 1 peristgeh *f*, îbadetgeh *f*, cihê pîroz. **2** penah *f*, stargeh *f.*
sand qûm *f*, rîk *f*, seylak *f*, xîz *f.*
sandpaper kaxeza simarte *f. lg* simarte kirin.
sandwich sandwîç *f.*
sane *rgd* baqil, biheş, maqûl. **sanity** baqilî *f*, maqûlî *f.*
sanguine *rgd* hêvîdar, çakbîn, xweşbîn.
sap şîrik (a daran) *f.*
sapling şitil *f.*
sash pişt *f.*

Satan Şeytan*f.* **~ic** *rgd* şeytanî, yê şeytên.
satchel çentedest *m.*
sate *bnr* **satiate.**
satellite peyk *f.*
satiate *lg* têr kirin. **~d** têr. **be ~d** têr bûn.
satiety têrbûn *f*, qîm *f.*
satisfy *lg* têr kirin, tatmîn kirin, xoşnûd kirin. **Nothing satisfies him.** Tiştek wî têr nake. **satisfaction** pêxweşî *f*, qîm *f*, têrbûn *f*, tatmîn *f.* **satisfactory** *rgd* têrkir, qîmkir, tatmînkar. **satisfying** *rgd* têrkir, qîmkir.
saturate *lg* têr kirin, tije kirin, dan xwarin, dan mêtin.
Saturday Şemî *f.*
Saturn *strz* Astan *f*, Keywan *f*, Kêwan *f*, Zuhel *f.*
saucepan qoşxane (ya bi destik) *f.*
sausage sosîs *m*, sicûq *m.*
savage *rgd* hov, har; dilhişk, zalim.
savant *n* seyda, zana, zanyar.
save *lng,lg* **1 ~(from)** hefizandin, parastin, xelas kirin. **2 ~(up) (for sth); ~ sth (up) (for sth)** berhev kirin, dan ser hev, dan hev, hilanîn. **S~ some meat for tomorrow.** Hinek goşt jibo sibê hilîne. **You must ~ your salary.** Divê tu mehîya xwe bidî ser hev.
savio(u)r *n* xelaskar, pîber.
saw[1] *bnr* **see.**
saw[2] *n* birek, hîzar. *lng,lg* birek kirin. **~dust** *n* ardik.
say *lg,lng* gotin. **Did you ~ anything?** Te tiştek got?
saying *n* gotin, biwêj.
scab qalik (ê birînan) *m.*
scabbard kalan *f*, kalên *f.*
scabies xurî *f*, gir *f.*
scald *lg* (bi ava germ) şewitandin, bi ava kelyayî şuştin, (şîr) anîn ber kelê.
scales mêzîn *f*, terazî *f.*
scalp çermê serî *m.*
scamper *lng* baz dan, revîn.
scandal hetik *f*, xax *f*, sqandal *f.* **~ize** *lg* hetikandin, hetik anîn serî, xax anîn serî.
scant *rgd* kêm, hindik.
scapula *anat* bêrik *f*, qolinc *m.*
scar şopa birînê *f.*
scarce *rgd* kesad, kêm, kêmpêde.
scare *lng,lg* tirsandin; tirsîn. **You ~d me.** Te ez tirsandim. **~ sb. out of their wits** bizandin, qutifandin, qidûm(ê yek)î şikenandin. *n* tirs *f*, xof *f*, qutf *f*, qurf *f.*
scarecrow reşe *f*, dêdwan *f.*
scarf çarik *f*, şar *f.*
scarlet *rgd* helesor, sor
scatter *lng,lg* reşandin, belav kirin, belawela kirin, belav bûn, belawela bûn. **~ed** *rgd* belawela, bela bela.
scenario senaryo *f.*
scene bergeh *f*, meder *f*, dîmen *f*, pêşdarî *f*, nêhrek *f*, sahne *f*, cihê ku bûyer lê qewimîye.
scenery bergeh *f*, dîmen *f*, pêşdarî *f*, nêhrek *f.*
scent bêhn *f*, bîhn *f*, bîhna xweş, ember *f.*
sceptic *n* gumanbar, şikdar. **~al** *rgd* gumanbar, bişik, biguman. **~ism** gumanbarî *f*, şikdarî *f.*
schedule bername *f*, rêzname *f.*
schizophrenia şîzofrenî *f.*
school xwendegeh *f*, dibistan *f*, mekteb *f.* **primary ~** xwendegeha destpêkê. **secondary ~** xwendegeha navîn. **~-book** pirtûk(a xwendegehê), derspirtûk. **~fellow, ~mate** *n* hevalê/hevala xwendegehê.
science zanistî *f.* **scientist** *n* zanistyar. **scientific** *rgd* zanyarî, zanistî.
scissors meqes *f*, cawbir *f*, meqes *f.*
scoff[1] *lng* henek(ê xwe) pê kirin.
scoff[2] *lg* bi çavnebarî xwarin.
scold *lng,lg* azar dan, pê re xeyidîn.
scoot *lng* (ji nişka ve) revîn, baz dan.
scorch *lg,lng* şewitandin, qelandin; şewitîn, qelîn.
scorn *lg* piçûk dîtin, kêm(î xwe)   dîtin.
scorpion dûpişk *f.*
scout *n* dîdevan, nêrevan.
scratch *lng,lg* qeramûşk lê xistin, xurandin. **The cat ~ed me.** Pisîkê qeramûşk li min xist. **Stop ~ing yourself.** Bes xwe bixurîne.
scream *lg,lng* qîrîn, qîrînî pê ketin. *n* qîrîn *f*, qîrînî *f*, qîreqîr *f.*
screw cer *f*, burxe *f*, burxî *f.* **~driver** cerbader *f*, tornawîde *f.*
script destnivîs *f.*
scripture pirtûka pîroz *f.*
scruff: the ~ of the neck paşhustu *m.*
scrutinize *lg* çav lê gerandin, raçav kirin.
scurrilous *rgd* bedgo, xeberokî.

scythe kêlindî *f*, qirim *f*. *lg* (bi kêlindî yan qirimê) çinîn.
sea derya *f*, behr *f*. **~coast** perav *f*, rexê deryayê *m*, kevîya deryayê. **~man** *n* deryavan. **~manship** deryavanî *f*. **~port** bender *f*. **~side** perav *f*, kevîya deryayê *f*, rexê deryayê *f*.
seal mohr *f*, nigîn *f*, xetme *f*; dirh *f*.
search *lng,lg* lê gerîn, lê kolan. **He ~ed through all the drawers for the papers.** Ew ji bo kaxizan li gişa berkêşkan gerîya. *n* lêgerîn *f*, lêkolîn *f*. **~light** ronavêj *f*.
season demsal *f*, dem *f*, werz *f*. **~al** *rgd* demî, demsalî.
seat 1 rûniştek *f*, cih *m*, cihê rûniştinê. **2** *anat* qûn *f*. **~ oneself; be ~ed** rûniştin.
seaweed kevz(e) *f*.
secede *lng* (ji hevalbendî yan rêxistinekê) derketin, qetîn, veqetîn, cihê bûn.
secession veqetin *f*, cudabûn *f*, cihêbûn *f*.
second[1] *rgd* didoyan, duyem, duyemîn. **Tom is the ~ son.** Tom kurê duyemîn e.
second[2] **1** (demjimêr) sanîye *f*, çirk *f*. **2** kes an tiştê duyem.
secondary *rgd* duyem, duyemîn
secrecy sir *m*, sirgirtin *f*.
secret dildizî *f*, nehîn *f*, nehênî *f*, nepenî *f*, sir *f*, tiştê dizî/veşartî. **What is the ~ of your success?** Nepenîya/sira serketina te çi ye? *rgd* veşartî, (bi) dizî, nependî. **a ~ marriage** zewaceke dizî. **keep sth ~ from sb** ji yekî veşartin. **~ly** *rgp* bi dizî, dizîka. **~ive** *rgd* devgirtî.
secretary *n* sekreter. **S~ of State** Wezîr.
section parçe *m*, bir *m*, paj *m*.
secure *rgd* ewle, parastî, bêxeter, amin; qasidî, jidyayî. *lg* jidandin, qasidî kirin; ewle kirin, parastin.
security ewlekarî *f*, ewlebûn *f*, parastin *f*, aminî *f*.
seduce *lg* ji rê derxistin, xistin riya nebaş, xapandin; dest avêtin, xera kirin.
see *lg,lng* dîtin; nêrîn; têgihîştin, fahm kirin; hesibandin. **If you shut your eyes you can't ~.** Hek tu çavên xwe bigirî, tu nikanî bibînî. **S~, here he comes!** Binêre, waye ew tê! **~ sb back/home** birin malê, pê re çûn (malê). **~ so off** *lg* bi rê kirin.
seed (çîçek) bizir *m*, (fêkî) dendik *f*, tov *m*, toxim *m*; dol *n*, zurîyet *f*; avik *f*. *lng,lg* çandin, tov çandin/kirin, tov berdan/dan. **~-bed** hewd *f*. **~less** *rgd* bêdendik. **~y** *rgd* bidendik.
seedling *n* şitil.
seek *lg,lng* lê gerîn, lê kolan; hewl/cehd kirin. **Are you ~ing a quarrel?** Ma tu pevçûnê dixwazî? Tu li pevçûnê digerî?
seem *lng* xuya bûn, diyar bûn. **Things far off ~ (to be) small.** Tiştên dûr biçûk xuya dibin.
seesaw zirnazoq *f*, babûtanî *f*.
seethe *lg,lng* **~ (with)** kelîn, (pê) tije bûn. **streets seething with people** kuçên tije mirov.
segment perçe *m*, beş *m*, bir *m*.
segregate *lg* cihê kirin, (jê/ji hev) qetandin.
seismic *rgd* erdhêjîn, yê erdhêjan. **seismology** erdhêjzanî *f*. **seismologist** *n* erdhêjzan.
seize *lng,lg* dest danîn ser, (pê) girtin, zeft kirin. **seizure** destliserdanîn *m*, girtin *m*, zeft *m*; (dil) westan *m*.
seldom *rgp* kêm, hindik caran, ne zêde, nadiren. **She ~ goes out.** Ew kêm ji malê derdikeve.
select *lg* bijartin, neqandin. *rgd* bijar-tî, neqandî, bijarte.
self[1] *n* xwe, kesahî, kes, xû. **She has no thought of ~.** Ew qet xwe nafikire (kesên din difikire). *rgd* kesîn, kesane.
self[2] *xêş* xwe, bi xwe, bi xwe ber, xwe bi xwe. **~-assured** *rgd* xwebawer, ji xwe ewle. **~-centred** *rgd* xweperest, ezperest. **~-confidence** xwebawerî *f*. **~-criticism** xwerexne *f*, xwerexnekirin *f*. **~-defence** xweparastin *f*. **~-denial** fidakarî *f*. **~-denying** *rgd* fidakar. **~-esteem** xwehurmet *f*. **~-evident** *rgd* zelal, eşkere, diyar. **~-help** têraxwekirin *f*, besîxwebûn *f*. **~-preservation** xweparastin *f*. **~-reliant** *rgd* xwebawer, ji xwe ewle. **~-reliance** xwebawerî *f*, xweewletî *f*. **~-respect** xwehurmet *f*. **~-sacrifice** fidakarî *f*. **~-sacrificing** *rgd* fidakar. **~-sufficient** *rgd* xweewle, xwebawer; besî xwe, têra xwe. **~-sufficiency** xweewletî *f*, xwebawerî *f*, besîxwebûn *f*. **~-supporting** *rgd* yê ku xwe xwedî dike.
selfish *rgd* çavteng, destgirtî, ko, tima,

ezperest. **~ness** timatî *f*, ezperestî *f*, çavtengî *f*.

sell *lng,lg* firotin, dan firotin, hatin firotin. **I'll ~ it to you for 50p.** Ez ê wê bi 50p bifiroşim te. **His new book is ~ing well.** Pirtûka wî ya nuh baş tê firotin. **~ sth off** erzan firotin. **~ sth out** giş/hemû firotin. **~er** *n* firoşkar, firoşer.

semantic *rgd* yê manê, yê watê, yê manezanîyê, yê watezanîyê.

semblance şibîn *f*, lêçûn *f*; xuyabûn *f*.

semen avik *f*.

semi *xêş* nîv, nêvî. **~-circle** nîvxelek *f*. **~-conscious** *rgd* nîvhişyar. **~-colon** niqtebîhnok *f*, rawestbîhnok *f*. **~-nomad** *n* nîvekoçer. **~-nomadic** *rgd* nîvekoçer. **~-solid** *rgd* nîvişk.

semolina ardik *m*.

send *lng,lg* bi rê kirin, şandin, hinartin; avêtin. **S~ him a telegram.** Ji wî re têlekê bişîne. **~ sb off** bi rê kirin.

Senegal Senegal *f*.

senile *rgd* xurifî. **senility** xurifîn *f*.

senior *rgd* mezintir, mezin, (rutbe, paye) bilindtir.

sense *n* **1** seh, hes, his. **2** *pj* heş, hiş, hay, bîr; biryar, nêrîn, raman; naverok, mane. **five ~s** pênc seh (dîtin, bihîstin, bîhn kirin, çêj/tam kirin, pelandin/dest pê kirin). **come to one's ~s** heş(ê yekî) hatin serî. **a word with several ~s** peyveke piremane. *lg* seh kirin, bîr birin, hay jê hebûn, ber ketin, fahm kirin, îdraq kirin.

senseless *rgd* bêmane, yawe; bêheş, xewirî.

sensible *rgd* maqûl; tê seh/his kirin; haydar.

sentence 1 *rz* hevok *f*. **2** daraz *f*, hikim *m*, qerar *f*. *lg* daraz dan, ceza lê birîn.

sentry *n* nobedar, pêwan.

separate[1] *lng,lg* cihê kirin, cuda kirin, ji hev kirin, veqetandin; cihê bûn, cuda bûn, ji hev bûn, veqetîn. **separatist** *n* cihêxwaz, cudaxwaz, veqetinxwaz. **separator** *n* parvekar.

separate[2] *rgd* cihê, cûda. **~ly** *rgp* cihê cihê, cûda cûda.

separation cihêtî *f*, cihêbûn *f*, cûdabûn *f*, jihevqetîn *f*, veqetin *f*.

September Îlon *f*.

sequel dom *f*, encam *f*.

sequence pêhevî *f*, pêhevbûnî *f*, dûhevî *f*, rêz *f*, rêze *f*.

sergeant *n* çawîş.

serial *rgd* rêzedar.

series rêze *f*, rêz *f*, zencire *f*.

serious *rgd* girîng, giran, girane, lê, cidî, micid.

serpent *n* mar; xayîn.

serum serûm *f*.

servant *n* bende, xulam, evd, berdest, berdestik, çokar, navmalî. **public ~** karmendê dewletê, mamûr.

serve *lng,lg* **1** xizmet kirin. **~ one's country** ji welatê xwe re xizmet kirin. **2** alî yekî kirin, alîkarî dan. **3** xulamtî kirin.

service xizmet *f*, kar *m*; berjewendî *f*, kêr *f*.

servitude xulamtî *f*, bindestî *f*, koletî *f*.

sesame kuncî *m*.

session dahn *m*, celse, *f*, rûniştin *f*, rûniştdem *f*, civîn *f*.

set taxim *m*, kom *f*; rêze *f*; (sînema, radyo, TV) set *f*; taxme *f*, teng *f*, meyl *f*; sekin *f*; (roj) avabûn *f*; şitil. *lg,lng* **1** çûn ava. **The sun has ~.** Roj çûye ava. **2 ~ sth to sth** ber pê birin, pê kirin. **~ fire to sth,~ sth on fire** agir bi tiştekî xistin. **~ sb/sth on his/her/its feet** rakirin ser lingan. **~ sb free/at liberty** xelas kirin, azad kirin. **~ sth in order** rêz/saz kirin, rêkûpêk kirin. **~ sth right/to rights** serast kirin. **be all ~** amade bûn. **3** dan kirin. **My joke ~ everyone laughing.** Heneka min herkes kenand. **4** danîn, xistin cih. **We ~ food before the travellers.** Me xwarin danî ber rêwîyan. **~ (sb/oneself) to do sth** kar/vatinî dan (xwe/yekî). **5** (hestî) cebirandin, (seet) badan. **6** (hêk) kirin bin mirîşkê, (mirîşk) danîn ser hêkan. **~ sail** bi rê ketin. **~ the table** sifre danîn/raxistin. **~ a trap** kemîn/feq danîn, vekirin. **7** herikîn, ber pê çûn. **8** beste çêkirin. **9** rûniştin. **10** hişk kirin. **~ about sth** dest pê kirin. **~ about sb** êrîş kirin. **~ sth about** (gotin) belav kirin. **~ sth apart/aside** hilanîn, guh nedan. **~ back** bi şûn ve birin, ber lê girtin. **~ sth down** danîn erdê; nivîsandin. **~ forth** bi rê ketin. **~ sth forth** daxuyanî kirin, diyar kirin. **~ off** bi rê ketin. **~ on** pêşve çûn. **~ on/upon sb** êrîş(î yekî)

kirin. ~ **out** bi rê ketin. ~ **out to do sth** nêt kirin, armanc kirin. ~ **to** dest pê kirin. ~ **up** çikandin, daçikandin; saz kirin.
settee qenepe *f.*
settle *lg,lng* **1** bicî kirin, xistin/kirin cih; bicî bûn, ketin cih, lê rûniştin/jîyîn. ~ **in London** li Londonê bicî bûn. **2**~ **(on sth)** xwe lê danîn, lê sekinîn. **The bird ~d on a branch.** Çûkê xwe li ser şaxekî danî. **3** aş kirin/bûn, daniştin, (hewa) vebûn. **4** biryar sitendin, (li ser tiştekî) li hev kirin, çareser kirin, safî kirin, ferisandin, fik kirin. **5** (deyn, dirav) dan. **6** xwe bera binî/jêr dan. ~ **down** rûniştin, daniştin, pal dan, veketin. ~ **(sb) down** aş kirin, aş bûn. **The child has ~d down.** Zaro aş bûye. ~ **for sth** pê hatin ser. ~ **(up) (with sb)** deynê yekî dan/qedandin.
settled *rgd* bicîbûyî, daniştî; çareserbûyî, helbûyî, fik; domdar, pêdandî, neguhêrbar.
settlement ferisandin *f*, çareserkir- in *f*, helkirin *f*; mêtingeha nû *f*, erdê neavakirî *m*; bicîkirin *f*, bicîbûn *f*.
seven *n,rgd* heft *m*. ~**th** *n,rgd* (yê/ya) heftan, heftem, heftemîn. ~**teen** *n,rgd* hevdeh *m*. ~**teenth** *n,rgd* (yê/ya) hevdehan, hevdehem, hevdeh-emîn. ~**ty** *n,rgd* heftê *m*. **seventieth** *n,rgd* (yê/ya) heftêyan, heftêyem, heftêyemîn.
sever *lg,lng* jê kirin; jê bûn. ~**ance** jêkirin *f*, jêbûn *f*.
several *rgd,cn* têvel, hin, çend, çend heb (sê an bêtir heb/car). **I've read this book ~ times.** Min ev pirtûka çend (sê-çar) caran xwendiye. **S~ of us walked home.** Hin(ek) ji me meşîyan malê.
severe *rgd* tund, hişk, tûj, no, dijwar.
sew *lng,lg* dirûn, dirûtin. ~ **on** pê/pev dirûtin. ~**ing** *n* dirûn *f*, tiştên bên/hatine dirûtin. ~**ing machine** *n* makîna dirûnê.

sewage pîsîya lexeman *f*, siyan *f*.
sewer[1] lexem *f*.
sewer[2] *n* dirûnker
sex *n* cins, cinsîyet, seks. ~**ual** *rgd* cinsî, seksî.
shack erzêl *f*, holik *f*.
shade sî *f*, saye *f*, tarî *f*. **shady** *rgd* sîdar.
shadow *n* sî *f*, saye *f*, tarî *f*. ~**y** *rgd* sîdar.
shah şah *m*. ~**dom** şahî *f*.
shake *lng,lg* kil kirin, lerizandin, hejandin; kil bûn, lerizîn, hejîn. **shaky** *rgd* hejok, lerizî, lerzek, ricricî; lawaz, kêmhêz.
shall *lal ji bo dema pêşî* ê, dê. **I ~ do.** Ez ê bikim.
shallot kixs *f*, tewrekî sîr.
shallow *rgd* nizm. *n* di derya an çeman de cihê nizm, ava nizm.
shame ar *f*, şerm *f*, fedî *f*, eyb *f*, fehêt *f*. *lg* bi fedîyê xistin, fedîkar derxistin/kirin, şermezar kirin, hetikandin. ~**less** *rgd* bêar, bêfedî, bêrû, rûşuştî.
shampoo şampûan *f*.
shan't *kurteya* ***shall not*** *bnr* **shall**.
shanty erzêl *f*, holik *f*, qulûbe *f*.
shape dirûv *m*, teşe *m*, esk *m*, êsk *m*, şêwe *m*, şikil *m*. *lg,lng* dirûvandin, dirûv dan; gihîştin.
share par *f*, pehr *f*, pişk *f*, beş *m*, dabêş *f*. *lg,lng* par kirin, parve kirin, beş kirin, dabêş kirin. **They ~d the money among/ between themselves.** Dirav di nav xwe de parve kirin. ~**-holder** *n* xwedîpar, pardar. ~**-cropper** *n* nîvekar, coleg.
shark semasî *f*.
sharp *rgd* tûj; zîrek, wurya, çavvekirî; hişk, dijwar, bihêz. **a ~ knife** kêreke tûj. ~**en** *lng,lg* hêsûn kirin, seqandin, sûtin, tûj kirin; hêsûn bûn, tûj bûn. ~ **shooter** sekman, sekmandar. ~**-witted** *rgd* zîrek, pir zîrek, wek şeytên.
shatter *lg,lng* şikandin, hûrhûrî kirin, perçe perçe kirin.
shave *lng,lg* (rî/rih) kur kirin/jêkirin.
shawl şal *m*.
she *cn* **1** ew, wê. **S~ went home.** Ew çû malê. **S~ phoned.** Wê telefon kir. **2** (kes an heywana) mê.
sheaf melû *f*.
shear *lg* cew kirin, basko kirin, kurisandin, birîn. ~**s** *n* biring, cew, hevring.
sheath kalan *m*, kalên *m*. ~**e** *lg* kirin/

xistin kalên; qalik jê re çêkirin, kirin qalik.
shed *lg* weşandin. ~ **blood** xwîn rijandin. ~ **tears** hêsir barandin.
sheep mî *f*, mîh *f*. ~-**dog** *n* sepandî. ~**skin**

eyarê mîhê *m*.
sheet çarşef *f*; pel *m*, belg *m*.
sheik(h) şêx *m*.
shelf ref *f* (a dolavan an li dîwêr).
shell (hêk, gûz, şeytanok, hwd) qalik *m*, qafik *m*.
shellac *n* lik.
shelter parêzgeh *f*, penah *f*, sitar *f*, şargeh *f*, talde *f*, hêwir *f*. *lng,lg* ~ **(from)** jê sitirandin, parastin; sitirîn, ketin talda tişteki.
shepherd *n* şivan. *lg* şivantî kirin.
sherbet şerbet *f*.
shield mertal *m*, çeper *m*, sîper *m*.
shift[1] **1** guhertin *f*. **2** dahn *m*. **night** ~ dahnê şevê.
shift[2] *lg,lng* **1** ~ **sth (from/to)** cih guherandin, ji dereke birin/çûn dereke din. ~ **a burden from one shoulder to the other** barek ji mileki danîn (ser) ê din. **2** (seyare) fitêz guherandin.
shimmer *lng* (ronahî) lerizîn. *n* ronahîya lerizokî. ~**y** *rgd* lerizokî.
shin *anat* gîtik *m*, hestîyê birçî *m*, lûlaqa stûr *f*.
shine *lg,lng* biriqandin; biriqîn. **shiny** *rgd* geş, ronak, biriqokî.
ship keştî *f*. *lg,lng* **1** bi keştiyê şandin/birin/kişandin, xistin/kirin keştîyê. **2** (bar) kişandin, şandin, birin. ~**ping** barkêşî *f*, barkişandin *f*.
shirk *lg,lng* (kar, kirin) jê revîn, nekirin.
shirt kurtik *m*, qutik *m*, êşlik *m*, gomlek *m*.
shit gû *m*.
shiver ricif *f*, lerz *f*. *lng* lerizîn, ricifîn, ricricîn. **He was ~ing with cold.** Ew ji serma diricifî.
shoal[1] *n* (li qeraxa deryayê) cihê nizm, ava nizm.
shoal[2] *n* kerî (ya masîyan).
shock şoq *f*.
shoe[1] sol *f*, pêlav *f*, qondere *f*. **horse-**~ nal *m*. ~**lace** qeytan *f*. ~-**maker** *n* solçêker.
shoe[2] *lg* nal lê xistin, nal kirin; sol kirin pê.
shoo *bn* Kiş! *lg* ~ **away** kiş kirin, qewirandin.
shoot[1] *n* ajik, zîk, zîkik, çûz.
shoot[2] *lg,lng* avêtin, çeng kirin/bûn, xwe çeng kirin; (aj) derhatin, aj dan; pijiqîn; (çek, derb, gule) berdan, teqandin, lê xistin, birîn kirin, kuştin; (wêne) kişandin.
shop dikan *f*, firoşkerî *f*. ~**keeper** *n* dikandar, firoşker. ~-**lift** *lg,lng* (tiştên dikanan) dizîn, dizîya dikanan kirin. ~-**lifter** *n* dizê dikanan.
shore perav *f*, rexê avê *m*, kevî *f*, derav *f*.
short *rgd* kin, kurt; kêm. **a ~ woman** jineke kin. **a ~ pen** pênûseke kurt. ~-**coming** biserneketin *f*, xemsarî *f*, kêmasî *f*. ~**cut** *n* kurtebir. ~**lived** temenkurt, emirqut. ~-**range** *rgd* kurtemenzîl. ~**sight** *n* dûrnedîtin *f*, kurtebînî *f*. ~-**sighted** *rgd* dûrnedît, kurtebîn. ~-**tempered** *rgd* hêrsok. ~ **wave** (radyo) kurtepêl *f*. ~**ly** *rgp* , bi kurtî, bi kurtebirî; di demeke kin de, tavilê. ~**ness** kurtî *f*, kurtayî *f*, kina-yî *f*, kintî *f*; kêmayî *f*, kêmasî *f*.
shortage kêmasî *f*, kêmayî *f*.
shorten *lng,lg* kurt kirin, kin kirin; kurt bûn, kin bûn.
shorts *n* pantorê kin.
shot derb *f*, gule *f*, teqîn *f*, avêtin *f*; wêne *m*, foto *m*. **lead** ~ saçme *f*.
shoulder[1] mil *m*, sermil *m*, serpî *m*. ~-**blade** bêrok *f*, pî *m*, pîl *m*, qolinc *m*.
shoulder[2] *lg* hilgirtin, li milê xwe kirin, li pişta xwe kirin; mil lê xistin.
shout gazî *f*, bang *f*, hêlan *f*, qîrîn *f*. *lg,lng* gazî kirin, bang kirin, qîrîn.
shove *lng,lg* dehf dan, del dan. *n* dehf *f*, delk *f*.
shovel bêr *f*.
show[1] *lng,lg* rê dan, şanî yekî kirin/dan, xuya kirin/bûn, danîn ber çavan, nîşan dan, pêş çav kirin, raberî yekî kirin. **You**

must ~ him your ticket. Divê tu bilêta xwe rê/şanî wî bidî. **A dark suit will not ~ the dirt.** Bedlekî rengtarî yê gemarê xuya neke. **His fear ~ed in his eyes.** Tirsa wî di çavên wî de xuya bû.

show[2] xuyakirin *f*, xuyabûn *f*, pêşangeh *f*, pêşanî *f*, raxistin *f*, şow *f*.

shower (baran, hwd) reşêşk *f*; dûş *f*.

shrewish *rgd* caris, şerûd, cadûkar.

shriek *lg,lng* qîrîn, qîjîn.

shrimp canberî *f*.

shrink *lg,lng* (kinc, hwd) biçûk kirin, kurt kirin, teng kirin; biçûk bûn, kurt bûn, teng bûn.

shrivel *lg,lng* çilmisandin; çilmisîn.

shroud kefen *m*.

shrub darkolik *f*, devî *f*, deven *f*, stirî *m*.

shudder *lng* (ji tirsa, serma) ricifîn, lerizîn; hejîn.

shun *lg* jê revîn, jê dûr sekinîn.

shunt *lg,lng* rê guherandin.

shush *lg,lng* aş kirin, deng(ê yekî) birîn; aş bûn, deng jê nehatin.

shut *lng,lg* girtin, hatin girtin. **S~ the doors and windows.** Derî û pacan bigire. **The door won't ~.** Derî yê neyê girtin. **~ (sb) up** dengê yekî birîn, dengê xwe birîn, devê yekî girtin, devê xwe girtin.

shuttle makûk *f*, mekok *f*, mekîk *f*.

shy[1] *rgd* fedîkar, fehêtkar, şermende, şermezar; bizonek.

shy[2] *lng* veciniqîn, hilperîn.

shy[3] *lg* avêtin.

sibilant *rgd* bi fîkîn.

sibling bira *m*, xweh *f*.

sick *rgd* nexweş; bêkêf; bihesret; li ber verşînê. **be ~** verşîn. **feel ~** madê yekî li hev ketin. **He's been ~ for six weeks.** Ev şeş hefte ye nexweş e. **fall ~** nexweş ketin. **be ~ for sth** bêrîya tiştekî kirin.

sickle das *f*, qalûç *f*.

sickness nexweşî *f*; bêrîkirin *f*; verşî *f*.

side[1] alî *m*, hêl *f*, kêlek *f*, tenişt *f*, qerax *f*, rex *m*, per *m*. **Write on one ~ of the paper only.** Tenê li hêleke/alîyekî kaxizê binivîse. **Come and sit by/at my ~.** Were li kêleka/tenişta min rûne. **~ by ~** *rgp* rexhev, li nik/tenişta hev. **the left/right ~** alîyê çepê/rastê. **on every ~/all ~s** li her alî. **from all ~s/every ~** ji her alî ve. **take sb on one ~** xewle kirin. **be on sb's ~** alîyê/pişta yekî girtin. **take ~s (with)** piştgirî kirin. **~-walk** netik *f*, peyarê *f*.

side[2] *lng* **~ with** alî yekî kirin, alîyê yekî girtin, pişta yekî girtin, piştgirî kirin.

sideburns cênîk *f*.

sided *xaş* -alî, -kêlek. **five-~** pêncalî.

sidestep *lg,lng* xwe dan alî, (derb, berpirsîyarî, hwd) jê revîn, revîn.

sidewards *bnr* **sideways.**

sideways *rgp* ber bi kêlekê ve, ji kêlekê, li kêlekê, bi kêlekê, rexkî.

siege dorpêç *f*, dorgirtin *f*, dorlêpêçan *f*. **lay ~ to** dorpêç kirin, dor girtin, dor lê pêçan.

siesta xewa nîrokî, betlana nîrokî.

sieve bêjing *f*, moxil *f*; kefgir *f*. *lg* seridandin, tê wer dan.

sift *lng,lg* seridandin, tê wer dan, ji hev qetandin.

sigh axîn *f*, henase *f*. *lng* axîn kişandin, henase kişandin.

sight bînahî *f*, dîtin *f*. *lg* dîtin, çavdêrî kirin.

sign[1] *lg,lng* **1** navandin, îmze kirin. **2 ~ (to/for) sb (to do sth)** işaret kirin, şanî yekî kirin.

sign[2] nîşan *f*, nîşandek *f*, şan *f*, nişit *f*, işaret *f*, şop *f*.

signature navî *f*, îmze *f*.

signet mohr *f*, xetme *f*.

significance girîngî *f*; naverok *f*, mane *f*, wate *f*.

significant *rgd* girîng, manedar.

silence bêdengî *f*. *lg* aş kirin, deng(ê yekî/tiştekî) birîn. **~r** *n* dengbir.

silent *rgd* bêdeng, bêdev, bêziman, lal.

silk *n* herîr, hevrîşim, îbrişim, qez, ermûş.

silly *rgd* bêserî, gêj, bêheş.

silver zîv *m*, sîm *m*. **~y** *rgd* zîvîn.

similar *rgd* **~ (to)** fena, ji rengê, mîna, nola, wek. **~ity** *n* lêçûn *f*, wekhevî *f*, şibîn *f*.

simile şibandin *f*; berhevdan *f*.

similitude şibîn *f*; berhevdan *f*.

simmer *lg,lng* (hêdî hêdî) kelîn, kelandin, li ber kelê girtin.

simple *rgd* hêsan, sade, xwerû, bere, berî.

a ~ life jiyaneke sade. **a ~ task** karekî hêsan.
simplicity hêsanî *f*, sadetî *f*, xwerûtî *f*, beretî *f*.
simplify *lg* hêsan kirin, sade kirin.
simultaneous *rgd* hemdem. **~ness, simultaneity** hemdemî *f*.
sin guneh *m*. *lng* guneh kirin, gunehkar bûn. **~ful** *rgd* gunehbar, gunehkar. **~fulness** gunehkarî *f*. **~less** *rgd* bêguneh. **~ner** *n* gunehkar.
since *rgp, ghn, dç* ji dema ku, jê vir de; ji ber ku. **~ Monday** ji Duşemê vir de.
sincere *rgd* hişpak, dilpak, dilsoz, ji dil. **~ly** *rgp* ji dil, bi dil û can. **sincerity** dilpakî *f*, dilsozî *f*, jidiltî *f*.
sing *lg, lng* sitran, (çûk, çivîk) xwendin, çivînî kirin. **~er** *n* sitranbêj, dengbêj, hozan.
Singapore Sîngapûr *f*.
single *rgd, n* **1** yek, tenê, yek tenê, yekane, fer. **2** azib, nezewicî. **~ sb/sth out** neqandin, ji nav (komê) derxistin/bijartin. **singly** *rgp* yeko yeko, bi xwe.
singular *rgd, n rz* yekejimar, yekhejmar.
sinister *rgd* bêyom; dilreş, fesad, bedxwaz.
sink[1] destşok *f*, lewabo *f*.
sink[2] *lg, lng* binav bûn, newq bûn, noqîn; binav kirin, newqandin, ruxandin.
sinus sînus *f*. **frontal ~** sînusa enîyê *f*.
sip qurt *f*, gulp *f*, fir *f*. *lg, lng* qurt bi qurt vexwarin, gulp lê xistin.
siphon sîfon *f*.
sir *n* beg, efendî.
siren sîren *f*.
sister xweh *f*, xwişk *f*, xong *f*. **~-in-law** diş *f*, gorim *f*.
sit *lg, lng* rûniştin, rûniştandin, dan rûniştin; civîn, kom bûn.
site cih *m*, cî (yê avahî lê ava dibe an li ser ava bûye).
situation 1 cih *m*, cîgeh *f*, der *f*. **2** rewş *f*, hal *m*, zurûf *m*.
six *n, rgd* şeş *m*. **~teen** *n, rgd* şazdeh *m*. **~teenth** *n, rgd* (ya/yê) şazdehan, şazdehem, şazdehemîn. **~th** *n, rgd* (ya/yê) şeşan, şeşem, şeşemîn. **~tieth** *n, rgd* (ya/yê) şêstan, şêstem, şêstemîn. **~ty** *n, rgd* şêst *m*.
size qês *f*, mezinahî *f*, firehî *f*, hejmar *f* (a mezinahîya sol an kincan). **siz(e)able** *rgd* mezin, girs.
sizzle *lng* (tiştê di nav rûn de yan li ser êgir) kizirîn, qijîn.
skeleton *anat* qerqûde *m*.
skewer *n* sîx, sîxik, şîş, xişt.
skill huner *m*. **~ful** *rgd* zîrek, destbikar, hêgin, hosta, jêhatî, jîr.
skimmer kefgir *f*.
skin çerm *m*, eyar *m*, (fêkî) qalik *m*, qaşik *m*; meşk *f*. *lg, lng* (heywan) gurandin, (fêkî) qeşartin, (diz) tazî kirin, (birîn) qalik girtin.
skinhead *n* serçerm.
skinny *rgd* pir lawaz, hestî û çerm.
skirt dawên *f*, daw *f*, koş *f*.
skull *anat* kilox *m*. **~-cap** kum *m*.
sky ezman *m*; hewa *f*. **~-light** rojen *f*.
slack *rgd* sist, giran, hêdî, lawaz.
slacken *lg, lng* sist kirin, (lez) kêm kirin; sist bûn, (lez) kêm bûn.
slam *lg, lng* **1** (derî, hwd) bi hêz girtin; bi hêz hatin girtin. **2** (bi hêz) lê xistin, avêtin (erdê).
slander buxtan *f*. **~er** *n* buxtankar. **~ous** *rgd* buxtankar.
slang zimanê pêxwasan *m*, argo *f*. *lg* bi zimanê pêxwasan peyivîn, gotinên nexweş kirin.
slant[1] *lg, lng* xwar kirin; xwar bûn, mêldar bûn; (rastî) xwar/bervacî kirin.
slant[2] xwarî *f*, mêl *f*, meyl *f*.
slap şeqam *f*, şîmaq *f*, tepik *f*. *lg* şîmaq/tepik lê xistin.
slate *n* erdaz.
slaughter 1 (heywan) serjêkirin *f*. **2** (mirov) qir *f*, qirkirin *f*, kuştar *f*. *lg* ser jê kirin; qir kirin, tev qir kirin. **~house** *n* serjêxane *f*.
Slav *n, rgd* Slaw.
slave *n* dîl, bende, evd, kole, hêsîr, xulam. **~ry** dîltî *f*, bendegerî *f*, koletî *f*, hêsîrî *f*, xulamtî *f*.
slay *lg* kuştin, şûr kirin.
sledge[1] taxok *f*, garte *f*, tawûg *f*.
sledge[2] *n* **~ (hammer)** çakûçê giran/mezin, balyoz.
sleep xew *f*. *lg, lng* raketin, razan, nivîn,

xewîn. **She slept (for) eight hours.** Ew heşt seetan raket/raza. **go to ~** bi xew ve çûn. **put sb to ~** kirin xew. **~less** *rgd* bêxew, raneketî. **~lessness** bêxewî *f*. **~y** *rgd* xewar. **~-walker** *n* şevger.

sleet şilope *f*, xilolîk *f*. *lng* (berf û baran) bi hev re barîn, şilope/xilolîk ketin.

sleeve (kinc) pî *m*, ûçik, hûçik, *m*.

sleigh xizek *f*, qol *f*, taxok *f*, garte *f*.

slender *rgd* **1** bi bejn û bal, bejinzirav, bejinteng, navzirav, narîn. **2** kêm.

slice *n* dîlim, celxe, kerî; par, beş.

slide *lg,lng* şemitandin, şemitîn, fiştixîn. **The children were sliding on the ice.** Zarok li ser qeşayê dişemitîn.

slight *rgd* negirîng, biçûk, cuzî; lawaz, zirav.

slim *rgd* bi bejn û bal, navzirav, bejinzirav, zirav; kêm, hindik. *lng* (ji bo ku lawaz bibe) kêm xwarin, parêz girtin/kirin.

slink *lng* xwe qelizandin, qelizîn, bi dizîka çûn an revîn.

slip *lg,lng* çerixîn, şemitîn, fiştixîn; bi dizîka derbas bûn; şemitandin, berdan, azad kirin. **He ~ped on the icy road.** Ew li ser rêya qeşagirtî çerixî (ket xwar). **~pers** şimik *f*. **~pery** *rgd* şemitokî.

slippy *rgd* şemitokî.

slit qelîştek *f*, derz *f*, fik *f*. *lng,lg* derizandin, çirandin, qelaştin, qelişandin; qelişîn, çirîn, derizîn.

slobber *lng* av/girêz bi devan ketin, av/girêz ji devan hatin.

slog *lg,lng* (bi hêz) lê xistin, lê dan.

slogan dirûşm *f*, slogan *f*.

slope *n* berwar, erwaz, kaş. **sloping** *rgd* xwar, mêldar.

slosh *lg,lng* **1** lê dan, lê xistin. **2** **~ sth about** (av, herî, hwd) reşandin, peçikandin.

slot **1** qul *f*, qelîştek *f*. **2** cih *m*, cî *m*.

slow[1] *rgd* hêdî, giran. *rgp* bi nermî, hêdîka.

slow[2] *lg,lng* **~ (sth) up/down** (lez) kêm kirin/bûn, hêdî çûn/ajotin.

slowly *rgp* hêdîka, hêdî hêdî, giran giran.

slug[1] *n* şeytanok.

slug[2] *bnr* **slog**.

slug[3] jeton *f*.

sluggard *n* cangiran, teral.

sluggish *rgd* giran, hêdî, cangiran, teral, xewar.

slumber *lng* raketin, xewîn.

slump *lng* hilşîn, ketin xwar.

slush herî *f*, çirav *f*; şilope *f*, berfa nîvhelyayî.

smack[1] teptep *f*, tepik *f*, şîrmaq *f*, şîrqînî *f*; (dev, lêv) çelpçelp *f*, mirçmirç *f*. *lg* tepik/şîrmaq lê xistin; çelpandin, mirçandin, kirin mirçmirê/çelpçelp.

smack[2] *n* çêj an bîhna sivik.

small *rgd* biçûk, piçûk, çûçik, çûk; negirîng, zirav, sivik. **a ~ room** odeyeke biçûk. **~ change** (dirav) xurde *m*, perê hûr *m*. **~ letter** hûrdek *f*. **the ~ of the back** *anat* kortika kemaxê/qorikê *f*.

smart[1] *rgd* zexel, çavhilkirî, zîrek, jîr; êşdar, yê diêşe/diêşîne; hişk, tûj, bihêz; xemldar, bixeml, fêris, şûx.

smart[2] *lg* êşîn, êşandin, (êş, kul) kişandin. *n* êş *f*, kul *f*.

smash *lg,lng* şikenandin, eciqandin, lê xistin, hûrhûrî kirin; şikestin, eciqîn, lê ketin, hûrhûrî bûn.

smear *lg,lng* **~ sth on/over/with** miştin, tê dan, pê dan, lê kirin; gemarî/qirêjî kirin, lewitandin, leke kirin. **~ sth with blood** di xwînê dan.

smell bîhn *f*, bêhn *f*, bîhnkirin *f*. *lg,lng* bîhn kirin; bîhn dan, bîhn jê hatin.

smile ken *m*. *lg,lng* **~ (at/on/upon)** (pê) kenîn. **Who are you smiling?** Tu bi kê dikenî? **smilingly** *rgp* bi ken.

smirch *lg* gemarî/qirêjî kirin; hetikandin.

smite *lg,lng* **1** lê xistin, lê dan. **2** têk birin. **3** lê ketin.

smith *n* hedad, hesinker.

smithereens *n* (pirejimar) perçe, hûrik. **smash sth to/into ~** perçe perçe kirin, hûrhûrî kirin, hûrik hûrik kirin.

smock berdilk *f*.

smog mijûdûxan *f*.

smoke[1] dûxan *f*, dû *f*; cixare kişandin *f*. **There is no ~ without fire.** Dûxan bê agir nabe. **~less** *rgd* bêdû(xan). **smoky** *rgd* bidû(xan), tije dû, wek dû.

smoke[2] *lg,lng* dû(xan) kirin/derxistin; cixare kişandin/vexwarin; buxurandin. **~r** *n* cixarekêş.

smooth *rgd* dûz, rast, hilû; bêasteng, hêsan; nerm, xûnerm, xweşgo. *lg,lng* dûz kirin, rast kirin; rê jê re vekirin; hêsan kirin/bûn; haş kirin/bûn; rast/dûz bûn.

smother *lg* **1** hilma/bîhna yekî çikandin, fetisandin. **2** (agir) temirandin; vemirandin. **3 ~ sth/sb with sth** (pê) nixumandin, pêçan, tije kirin.

smug *rgd* xweecibandî, jixweewle, jixwerazî.

smuggle *lg* ji bacgehê revandin, bi dizî birin/kirin welatekî an derekê, qaçaxî kirin. **~r** *n* qaçaxçî.

snack xwarina sivik *f*, tamtîtk *m*.

snail *n* şeytanok.

snake mar *m*. *lng* markî/wek maran çûn, xwaromaro bûn. **snaky** *rgd* markî, wek maran.

snap dragon *bot* devşêr *f*.

snare daf *f*, dafik *f*, qef *f*.

snatch *lng,lg* dadan, girtin. **The dog ~ed the bone.** Kûçik dada hestî.

sneer *lng* lêvên xwe daliqandin, henekên xwe pê kirin, piçûk dîtin.

snore xirxir *f*. *lng* (di xew de) kirin xirxir. **Does my snoring bother you?** Xirxira min te aciz dike? **~r** *n* yê ku di xew de dike xirxir, xirxirok.

snot lîçik *f*, xîçik *f*.

snow berf *f*, befr *f*. *lg,lng* (berf) dahatin, barîn. **~ball** gulofîtk *f*, berfgog *f*. **~drop** (gul)berfînk *f*, bindehlok *f*. **~man** berfmerî *m*. **~-plough/-plow** berfavêj *f*. **~storm** bapêç *f*, pûk *f*, bager *f*. **~-white** *rgd* wek berfê sipî.

snuff birmut *f*, enfîye *f*.

so[1] *rgp* bi vî awayî, ev reng, hingê, wê gavê, înca, wa, wanî, weha, wer, were. **Stand just ~.** Weha/Wanî/bi vî awayî bisekine. **so ... that** wer/weha ... ku. **It ~ happened that**. Wer/Weha bû ku. **"I went to the cinema yesterday.", "So did I."** "Ez duh çûm sînema." "Ez jî çûm." **or ~** li dor. **He is about forty or ~.** Temenê wî li dor çelî ye. **~ far** *rgp* hê, hêj, hîn, hîna, hêşta, heta niha. **~ and ~** filan bêvan, filankes.

so[2] *ghn* **1** ji ber vê yekê/hindê. **... so I didn't buy anything.** Ji ber vê yekê min tiştek nekirî. **2** werê. **So you're not coming.** Werê tu nayê.

soak *lg,lng* şil kirin, şilîpil kirin, di nav avê de hiştin; mêtin, (av an tiştekî avî) kişandin, ketin hundir. **S~ the clothes in water for one hour.** Kincan seetekê di nav avê de bihêle.

soap sabûn *f*. *lg* sabûn kirin. **~suds** kefa sabûnê *f*. **~y** *rgd* wek sabûnê, bisabûn.

sob hinarî *f*, îskeîsk *f*, îskîn *f*, karekar *f*. *lg,lng* îskîn, kirin îskeîsk/karekar.

soccer fûtbol *f*.

social *rgd* civakî, yê civakê. **~ism** sosyalîzm *f*. **~ist** *n* sosyalîst.

society **1** civak *f*. **2** hevaltî *f*. **3** komel *f*. **4** sosyete *f*.

socio *xêş* yê civakê, yê civakzanistiyê, civak.

sociology civakzanî *f*. **sociologist** *n* civakzan.

sock[1] gore (ya kin) *f*.

sock[2] *lg* (hotik, humik) lê xistin, avêtin.

soda soda *f*.

sodden *rgd* **1** şilûpil. **2** (nan, hwd) nepijyayî, hevîrî. **3** sermest.

sodium sodyûm *f*.

sofa qenepe *f*, yan *f*, dik *f*.

soft *rgd* nerm; hêdî; hêsan. **a ~ pillow** balîfeke nerm. **a ~ job** karekî hêsan. **~-boiled** *rgd* (hêk) kêmkelyayî, dilmê. **~-hearted** *rgd* diltenik, dilnerm, dilbirehm. **~-spoken** *rgd* qisexweş, peyvnerm. **~ly** *rgp* bi nermî, hêdîka.

soften *lng,lg* nerm kirin, nermandin, nermijandin, sist kirin, aş kirin; nerm bûn, aş bûn.

soil **1** ax *f*, xak *f*. **2** welat *m*. *lng,lg* gemarî/qirêjî kirin, lewitandin; gemarî/qirêjî bûn. **sandy ~** axa bixîz.

sojourn *lng* (pê re/lê) man.

solar *rgd* rojîn, yê rojê. **~ eclipse** rojgîran, girtina rojê. **~ system** rojbend *f*, sîstema rojê.

soldier esker, leşker,.

sole[1] binî *m*, zicêf *m*, binê pê, binê solê. **~ of the foot** zengiya pê *f*, binpê *m*. *lg* binî kirin, zicêf kirin.

sole[2] *rgd* yek, yekane, yek tenê.

solicit *lg,lng* **1 ~ sb (for sth)** tika kirin, rica kirin. **2** (tol, hwd) têkilîya cinsî pêşniyar kirin.

solid *rgd* hişk, betîn, zexm, jidyayî. **When water freezes, it becomes ~.** Gava ku av qeşa digire hişk dibe. **~ity** *n* hişkayi *f*, zexmî *f*; hêz *f*.

solidarity piştgirî *f*.

solidify *lg,lng* hişk kirin, zexm kirin; hişk bûn, zexm bûn.

soliloquy *lng* xwe xwe peyivîn, di ber xwe de peyivîn.

solitary *rgd* tenê, bi tenê, tenê yek; xalî. **a ~ walk** meşeke bi tenê. **a ~ valley** newaleke xalî.

solitude tenêbûn *f*, tenahî *f*; cihê xalî *f*.

soluble *rgd* dihele, tê helandin; hel dibe, çareser dibe.

solution 1 ra *f*, çare *f*, çarelêkirin *f*, çareserî *f*, helkirin *f*, safîkirin *f*. **2** helîn *f*, helandin *f*.

solve *lg* çare lê kirin, çareser kirin, hel kirin, ferisandin, safî kirin, bersîvandin.

Somalia Somalî *f*.

some[1] *rgd,cn* hin, hinek, çend, çendek. **Give me ~ milk.** Hinek şîr bide min. **There are ~ children outside.** Li derve hinek zarok hene.

some[2] *rgp* nêzîkî, li dor.

somebody,someone *n* kesek, yek, mirovek.

somehow *rgp* bi çi awayî be, her çawa be.

someplace *rgp* li derekê, derek. **I've left my umbrella ~.** Min sîwana xwe li derekê hiştiye. **Let's go ~ else.** Ka em biçin dereke din.

something *cn* tiştek. **There is ~ on your shoulder.** Li ser milê te tiştek heye.

sometime *rgp* demekê, wextekê, berê. *rgd* kevn, yê berê.

sometimes *rgp* carinan, carcaran, dem û dem. **S~ we go to cinema.** Em carinan diçin sînema.

someway *rgp* bi çi awayî be, her çawa be, bi awakî.

somewhat *rgp* hebekî, çenekî, heta bi derekê. **We've arrived ~ late.** Em hebekî/çenekî dereng gîhaştine.

somewhere *rgp* derek, derekê, li derekê. **It must be ~ near here.** Divê ew li dereke nêzîkî vir be (li van deran derekê be).

somnambulism şevgerî *f*. **somnambulist** *n* şevger.

somnolent *rgd* xewar, bi xew, yê ku xewa wî tê.

son kur *m*, law *m*, pis *m*. **I have a ~.** Kurekî min heye. **~-in-law** zava.

song sitran *f*, dûrik *f*, kilam *f*. **~book** pirtûka sitranan. **~ster** *n* (mêr) sitranbêj . **~stress** *n* (jin) sitranbêj.

soon *rgp* zû, di demeke kurt de, aniha, tavilê. **as/so ~ as** çer ku, tavilê, pê re. **~er or later** dûr nêzîk, zû dereng.

soot tenî *f*. **~y** *rgd* bitenî, wek tenîyê.

soothe *lg* aş kirin; (êş, xem, hwd) revandin, sivik kirin, teskîn kirin.

sop *lg* tê dakirin.

soporific *rgd* yê ku xewê tîne.

sorcerer *n* efsûnkar, sêrbaz.

sore[1] *rgd* kul, birîndar; xemgîn; bihêrs, qehirî. **a ~ throat** gewrîyeke kul. **a ~ heart** dilekî kul. **feel ~** qehirîn, xeyidîn.

sore[2] kul *f*, birîn *f*, cihê kul.

sorrow kul *f*, xem *f*, êş *f*, jan *f*, berketin *f*, birîn *f*, derd *m*, keser *f*. **His ~s had turned his hair white.** Kulên wî porê wî sipî kiribû/Ji kulan porê wî sipî bûbû. **~ful** *rgd* xemgîn, xemgîr, keserbar, kuldar, stûxwar.

sorry *rgd* berketî, xemgîn. **be/feel ~ (about/for sth)** li ber ketin; poşman bûn. **I am sorry! (Sorry!)** Bibore!

sort[1] *n* celeb, cur, babet, texlît.

sort[2] *lg,lng* **~ sth (out)** neqandin, ji hev kirin, ji hev anîn, çareser kirin.

SOS SOS *f*, nîşana hawarê.

so-so *rgd,rgp* nexerab.

soul *n* ruh, can, gan, giyan, derûn.

sound[1] deng *m*. **~less** *rgd* bêdeng. **~proof** *rgd* dengparêz, yê ku deng derbas nake/nastîne.

sound[2] *rgd* rêkûpêk, zexm, bêkêmasî; serast, bijûn; (xew) kwîr, kûr.

sound[3] *lg,lng* deng derxistin, deng jê derxistin, deng jê hatin, lê xistin, lê ketin, bi lêv kirin; xuya bûn. **~ a trumpet** li borîyê xistin.

soup gêrmî *f*, şorbe *f*.

sour *rgd* tirş, miz. *lg,lng* tirş bûn, tirş kirin, (şîr, hwd) qusîn.

source çavî *f*, çavkanî *f*, jêza *f*, kanî *f*, cihderk *f*.

south başûr *m*. **~ern** *rgd* başûrî, yê/ya

başûr. **~east** rojhilatê başûr. **~west** rojavayê başûr.
souvenir diyarî *f*, xelat *f*.
soviet sowyet *f*. **the S~ Union** Yekîtîya Sowyetan.
sow *lng,lg* çandin, tov çandin/kirin.
space 1 feza *f*, ezman *m*. **2** navber *f*, navbeyn *f*, navend *f*. **3** erd *m*, cih *m*.
spacious *rgd* berfireh, fireh.
spade bêr *f*, mer *f*, metirke *f*. **~ sth (up)** *lg* mer kirin.
Spain Îspanya *f*.
span hust *f*, bihust *f*.
spare *rgd* **1** cihgir, zêde, yêdek, îhtîyat. **I don't have a ~ pen.** Min Pênûseke zêde tune. **2** lawaz, zirav. **a tall, ~ man** zilamekî dirêj û lawaz. *n* cihgir, yêdek, îhtîyat.
spark çirûsk *f*, pirîsk *f*, çirîsk *f*, çîk *f*. *lg,lng* pirîsk/çirîsk dan/avêtin/pêketin, çirûskîn. **~ sth off** çirîsk pê xistin.
sparrow *n* beytik.
sparse *rgd* firk, hevdûr.
spatter *lg,lng* peçikandin, pekandin; peçikîn, pekîn.
speak *lg,lng* peyivîn, axaftin, qezî kirin, qise kirin, deng kirin. **I spoke to him.** Ez bi wî re peyivîm. **~er** *n* axaftevan, bêjer.
spear rim *f*.
spearmint pûng *f*.
special *rgd* taybetî. **~ly** *rgp* bi taybetî. **~ist** *n* pispor, pêzan.
species *n* cins, celeb, cur, texlît.
specious *rgd* xapînok.
spectrum heftreng *f*.
speck niqte *f*, şanik *f*, leke *f*.
speckle *n* şanik, xal. **~d** *rgd* belek, belekî, xalxalî.
spectacles berçavk *f*.
spectator *n* mêzevan, temaşevan.
speech axaftin *f*, peyv *f*, gotar *f*.
speed lez *f*, lezgînî *f*. **~-boat** keştîya lezê *f*. **~y** *rgd* bi lez, lezgîn, zû. *lng,lg* bi lez kirin, lez dan, lezandin.
speedometer lezjimêr *f*, pîvankera lezê *f*.
spell[1] efsûn *f*.
spell[2] *lg,lng* tîp bi tîp gotin an nivîsîn
spend *lng,lg* serf kirin, xerc kirin. **He spent all his money.** Wî gişa diravê xwe xerc/serf kir.
sperm avik *f*, sperm *f*.
sphere 1 kad *f*. **2** dinya *f*, ezman *m*.
spherical *rgd* gilover, girover, gilol.
spice biharat *f*, çêj *f*.
spider pîrê *f*, pîrhevok *f*, pindepîr *f*. **~ web** kevnî *f*, konê pîrê *f*.
spike simbil *m*, simil *m*, serî *m*.
spill *lng,lg* rijandin, rûkirin; kirin xwar, ji ser xwe avêtin; rijîn; ketin xwar.
spin *lg,lng* teşî rêstin, rêstin, zîz kirin/bûn. **~ning** tarêstevanî *f*.
spinach îspenax *f*, silqok *f*, siyele *f*.
spinal *rgd, anat* yê marîpiştê, yê piştê. **~ column** stûna piştê *f*. **~ cord** mêjîyê piştê *f*.
spindle teşî *f*.
spine 1 *anat* marîpişt *m*. **2** dirî *m*.
spinster *n* keça li malê maye, ya ku piştî temenekî taybetî nezewicîye.
spiral *n,rgd* , spîral *f*, pêçoke *f*, gerînok *f*.
spirit ruh *m*, can *m*, gan *m*, giyan *m*,derûn *m* . **~ual** *rgd* giyanî, ruhanî.
spit xwezî *f*, tûk *f*. *lg,lng* tif kirin, tû kirin. **She spat his face.** Wê tû kir ser çavê wî/ Wê tifî ser çavê wî kir.
spite gir *m*, xerez *f*, kîn *f*. **in ~ of** *dç* tevî, herçende.
spittle xwezî *f*, avdev *f*, girêz *f*.
splash *lg,lng* peçikandin, pekandin, (av) reşandin; peçikîn, pekîn. **~ water on/ over sth** avreşandî kirin, av lê reşandin.
spleen *anat* fatreşk *f*, dêdik *f*, xalxalk *f*, sipil *f*.
splendid *rgd* şahane, bedew, bi rewş, keleş.
splice *lg* pê vekirin, pev vekirin.
split derz *f*, qelîştek *f*; (ji hev) qetîn *f*. *lg,lng* perçivandin, veqelaştin, qelaştin, qelişandin, ji hev qetandin, bişkuvandin; perçivîn, terk lê ketin, derizîn, ji hev qetîn, bişkuvîn.
splodge leke *f*.
splotch *bnr* **splodge**.
spoil *lg,lng* xera kirin, rû dan; xera bûn, rû girtin. **Don't ~ him**. Rû nede wî. **~ed/t** *rgd* bêar, rûgirtî; kurmî, xerabe, alos.
spokesman *n* berpirsiyar, peyivdar.
sponge sunger *f*, avgir *f*. **~r** *n* miftxur.
spongy *rgd* avgir.
spontaneous(ly) *rgd,rgp* xwe xwe, bi xwe ber, ji xwe ber.
spoon kevçî *m*.

sport spor *f.* **~sman** *n* sporvan.
spot 1 niqte *f*, deq *f*, xal *f*, leke *f*. **2** cih *m*, cî *m*, der *f*.
spouse *n* jin an mêr (yê/ya zewicî).
spout *lg,lng* pijiqandin; pijiqîn.
sprawl *lng* veketin, pal dan.
spread *lng,lg* **1** raxistin, lê raxistin, li ser raxistin, ji hev vekirin. **S~ the tablecloth.** Sifrê raxe. **2** lê kirin. **~ butter on bread** nîvişk li nan kirin. **3** belav kirin, belawela kirin, belav bûn. **The water ~ over the table.** Av li ser masê belav bû.
sprig çiqil *m*, hejik *m*, aj *m*; naşî *n*, xort *m*.
spring[1] bihar *f*. **in (the) ~** biharî, di biharê de. **~ onion** pîvazterk, pîvaza şîn.
spring[2] kanî *f*, avzêm *f*. **~-head** serkanî *f*, avzê *f*.
sprinkle *lg* peşkandin, (av) reşandin, avreşandî kirin.
sprout *n* aj. *lg,lng* aj dan, şîn hatin/anîn.
spurious *rgd* sexte, qelp.
spurt *lng* pijiqîn, beliqîn.
spy *n* ajan, casûs, hafîye, sîxur.
squabble circir *f*, xircir *f*, pevçûn *f*.
squalid *rgd* gemarî, qirêjî.
squall 1 bahoz *f*, badev *f*, pûk *f*. **2** qerepere *f*, qîjeqîj *f*.
squalor *n* rewşa qirêjî/gemarî, pîsî- tî *f*, qirêj *f*..
square 1 çargoşe *f*. **2** qad *f*, gasîn *f*, rastik *f* (a nav bajêr). **~ metre** metreqare *f*.
squash[1] *lg,lng* eciqandin, pelixandin, dewisandin; eciqîn, pelixîn, dewisîn.
squash[2] kundir *m*.
squat *lg,lng* **~ down** li ser tutikan rûniştin, rûniştin; bê destûr li derekê xanî ava kirin, ketin xanîyekî.
squawk *lng* qajîn, kirin qajeqaj. *n* qajeqaj *f*.
squeak çîzîn *f*, çîreçîr *f*.
squeeze *lg,lng* guvaştin, şidandin.
squint-eyed *rgd* çavşaş, şaş.
squirrel *n* sihorîk, simolek.
squirt *lg,lng* pijiqandin; pijiqîn.
stab *lng,lg* **~ (at)** kêr kirin, kêr lê xistin
stable[1] *rgd* neguhêrbar, sabît, zexm, pêdandî.
stable[2] axur *m*, lar *f*.
stadium hewşeng *f*, stad(yûm) *f*.
stage 1 şano *f*, nyar *f*, sahne *f*. **2** gehînek *f*, merhale *f*, qonax.
stair hewq *f*, pêpelûk *f*, pêpeling *f*. **~s** derence *f*, dirêncek *f*, nerdeban *f*, pêlekan *f*.
stake sing *m*.
stale *rgd* mijû, kitûk, kitût, beyat, kevn.
stalemate *n* pata, dergûşkî.
stalk boçik *f*, oran *m*.
stamp[1] **1** pûl *f*. **2** dirh *f*, damxe *f*. **3** pêlêkirin *f*, damxe kirin.
stamp[2] *lg,lng* **1** pê lê kirin. **~ sth out** eciqandin, dewisandin. **2** dirh kirin, pûl lê xistin.
stand[1] **1** sekin *f*, rawest *f*. **come/be brought to a ~ (still)** sekinîn, rawestan **2** sekingeh *f*, cihê sekinê. **3** cih an masa firotinê.
stand[2] *lg,lng* **1** ji piyan/şipya sekinîn, li ser lingan sekinîn. **A chair will not ~ on two legs.** Kursîyek li ser du lingan nasekine. **2 ~ (up)** rabûn, rabûn ser pê, rabûn ser xwe. **Everyone stood up when he entered.** Gava ku ew ket hundir herkes rabû ser xwe. **3** man, sekinîn, wek xwe man, nehatin guherandin. **4** sipartin, tîk danîn. **S~ the ladder against the wall.** Dirêncekê bisipêre dîwêr. **5** kişandin, xwe girtin, ragirtin, deyax kirin.
standard 1 al *f*; derefş *f*. **2** standard *f*. **~ weights and measures** giranî û pîvanên standard. **3** men *f*. **4** çikrim, destek *f*.
standard-bearer *n* aldar, algir, alkêş.
star stêr(k) *f*.
stark naked *rgd* şûtîalya, şûtîtazî, rûtîalya, rûtîtazî.
start destpêk *f*, destpêkirin *f*. *lg,lng* **1** dest pê kirin, dest pê bûn, dest avêtin, bi rê ketin, ketin rê, çûn. **We must ~ (out) early.** Divê em zû bi rê kevin. **It ~ed raining.** Baranê dest pê kir. **Have you ~ed on the book?** Te dest bi pirtûkê kiriye? **2 ~ (up)** (ji tirsa an ji ber êşekê) veciniqîn, çeng bûn, hilor bûn. **He ~ed from his seat.** Ew ji cihê xwe hilor bû. **~er** *n* destpêker.
startle *lg* ceniqandin, ciniqandin, hilciniqandin, veciniqandin, quti-fandin.
starve *lg,lng* ji nêza ketin, ji birçîna mirin; ji nêza/birçîna kuştin.
state[1] **1** dewlet *f*. **2** rewş *f*, dirûv *m*, hal

m, merc *m*, zurûf *m*.

state² *lg* diyar ḵirin, anîn zimên, goṯin.

statement dazane *f*, dazanî *f*, danezan *f*.

station 1 (ṯrên, hwd) seḵingeh *f*, îsṯegeh *f*. **2** îstasyon *f*.

stationary *rgd* **1** neguhêṟbar. **2** seḵinî, ṟawesṯiyayî.

stationery qirtasîye *f*, p̱êwengên nivîsînê.

statistics heljimar *f*, hiljimar *f*, îstatîstîk *f*.

statue *n* heykel, ṟewêrde.

stature bejn *f*, qelafeṯ *m*.

staunch *rgd* **1** dilsoz, merd. **2** zexm, xurṯ.

stay *lg, lng* man, lê man. **Why don't you ~ with us?** Tu çima bi me ṟe namînî? **Jenny is ~ing in Dublin.** Jenny li Dûblînê dimîne.

stead dêl *f*, dêvl *f*, cih *m*. **in sb's ~** ji dêvla yeḵî.

steadfast *rgd* neguhêṟbar, domdar.

steady *rgd* zexm, p̱êdandî, neguhêṟbar, domdar.

steal *lng, lg* **1 ~ sth (from sb)** dizîn. **Someone has stolen my watch.** Yeḵî seeṯa min dizîye. **2** bi dizîḵa çûn/haṯin.

stealth *n* **by ~** *rgp* bi dîzîḵa.

steam dûkel *f*. **~er/ship** keşṯîya dûkelî *f*.

steel pola(t) *m*.

stem boçik *f*, oran *m*, (ṟêziman) p̱êrkîṯ *f*, koḵ.

stench bîhna genî *f*.

Sten gun ṟeşaşe *f*, sten *f*.

step¹ gav *f*. **~ by ~** *rgp* gav bi gav, bere bere.

step² *lg, lng* gav avêṯin, gav bi gav meşîn, meşîn; p̱ê lê ḵirin.

step-³ xêş ziṟ-, -marî. **~father** ziṟbav *m*, bavmarî *m*. **~mother** dêmarî *f*, jinbav *f*.

step-ladder dirênceḵ *f*, p̱êpeling *f* (ya guhêzbar).

steppe n bejiḵ, şafir, step.

sterile *rgd* bêber, stewr, sṯawî. **sterilize** *lg* mîqrob kuşṯin, ji ber xisṯin, stewr ḵirin.

sterling sterlîn *m* (dravê Brîtanya Mezin).

stern *rgd* hişḵ, hêzdar, xurṯ, dijwar, zîx, gij.

stick¹ ço *m*, gopal *m*; qirş *m*.

stick² *lg, lng* **1** p̱ê ve zeliqandin; p̱ê ve zeliqîn, pev zeliqîn. **The stamps have stuck (together).** Pûl pev zeliqîne. **2** xisṯin/ḵirin dereḵê. **3** (kêr, derzî, sṯirî) tê ṟe çûn, tê ṟakirin. **~y** *rgd* **1** mezeloqî. **2**

nexweş.

stiff *rgd* **1** hişḵ, ṟep, tîḵ, zîq, xwar nabe, naheṟike. **2** sar. **3** xurṯ, asê, dijwar. **4** buha.

stifle *lg, lng* feṯisandin; feṯisîn.

still¹ *rgd* aş, bêp̱ejn, bêdeng, bêtevgeṟ, sehal. *n* bêdengî *f*, bêp̱ejnî *f*, sehalî *f*.

still² *rgp* **1** hîn, hîna, hêj, hîn jî. **Is your brother ~ here?** Birayê ṯe hîn li vir e? **2** cardin jî, dîsa jî.

still³ dawerivoḵ *f*.

stimulate *lg* nav ṯê dan, hewilandin, tiz ḵirin, teşwîk ḵirin, tahrîk ḵirin.

sting derzî (ya mozan) *f*. *lng, lg* (moz, dûpişḵ, hwd) p̱ê vedan; êşandin, êşîn. **A bee stung me on the hand.** Mozeḵê bi desṯê min veda. **~less** *rgd* bêderzî, bêdiṟî. **~ging nettle** duṟzî-le *f*, gezoḵ *f*.

stingy *rgd* çavṯeng, çiklos, ṯima.

stink¹ *lg, lng* bîhn jê haṯin, bîhn p̱ê keṯin, genî bûn. **~ of sth** bîhna ṯişṯeḵî jê haṯin.

stink² bîhna genî *f*, bîhnagîn *f*.

stir *lg, lng* **1** livandin; livîn. **Not a leaf was ~ring.** Peleḵ jî nedilivîya. **2** (şîr, qehwe, hwd) li hev xisṯin. **3** kişkişandin, nav ṯê dan, geş ḵirin, tahrîk ḵirin.

stirrup 1 *anat* sindan. **2** ṟikêb *f*, zengu *f*.

stitch ḵêl *f*, dirûn *f*. *lng, lg* dirûṯin, ḵêl lê xisṯin.

stoat fisos *f*.

stock¹ 1 stoq *f*. **2 (live-)~** ṯerş. **~-breeder** *n* ṯerşdar. **~-breeding** ṯerşdarî *f*. **3** neseb *m*, dol *n*, zayend *n*. **4** avgoşṯ *f*.

stock² *bot* naznaz *f*, şevbêhn *f*.

stocking (pair of) ~s gore *f*. **in one's ~ feet** bi goran (bê sol).

stoker *n* agirvan.

stomach asiḵ *m*, made *m*, ziḵ *m*, frişḵ *m*. **~ ache** ziḵêş *f*.

stone 1 ḵevir *m*, kuç *m*, seng *m*. **2 (precious) ~** qaş, cewahir. **3** (mişmiş, hwd) dendik *f*. **4** (giranî) 6,356 kg. **stony** *rgd* ḵevirdar, ḵevirî.

stoop *lg, lng* xwe qop ḵirin, xwe xûl ḵirin.

stooped *rgd* qop, xûl.

stop¹ 1 seḵin *f*, ṟawesṯan *f*. **2** seḵnok *f*, pageh *f*, westgeh (a otoboz, hwd) *f*. **3** niqte *f*.

stop² *lg, lng* **1** seḵinandin, ṟawesṯandin; seḵinîn, ṟawesṯan, (baran, hwd) vedan, vekirin. **The earthquake ~ped all the clocks.** Erdhêjê seet giş sekinandin. **The rain has ~ped.** Baran sekinî/Baranê veda/vekir. **2 ~ sb (from) (doing sth)** nehiştin, ber lê girtin. **S~ him from going.** Nehêle biçe. **3 ~ sth (up)** (qul, hwd) xetimandin, tijî kirin.

store dikan *f*, mexeze *f*; stoq *f*; barxane *f*. **~house** barxane *f*.

storey,story qat *m*. **~ed/storied** *rgd* qatî. **a six-~ed building** avahîyeke şeşqatî.

stork *n* legleg.

storm bazor *f*, bager *f*, firtone.

story[1] çîrok *f*, serpêhatî *f*. **~-teller** *n* çîrokbêj.

story[2] *bnr* **storey**.

stout *rgd* xurt, zexm; qelew. **~-hearted** *rgd* dilxurt, dilqewîn, mêrxas.

stove sobe *f*, sowe *f*. **~-pipe** borîya sobê *f*.

straggle *lng* ji rê/xetê/rêzê derketin; ji komê qetîn, li dû man.

straight *rgd,rgp* **1** dûz, rast, serast, rasterast. **Keep ~ on.** Serast here. **Come ~ home.** Serast were malê (neçe dereke din). **a ~ line** xeteke rast/dûz. **2** rêkûpêk, birêz. **3** dirist, dilpak. **~-forward** *rgd* dilpak, dirist, rastgo. **~ away/off** *rgp* tavilê, pê re.

straightedge rastek *f*, xetkêş *f*.

strain *lg* (av, hwd) danisilandin, dapilandin. **~er** mevsik *f*, kefgir *f*.

strait gewrî *f*. **the Magellan S~** Gewrîya Magellan.

strange *rgd* behît, bêgan, biyanî, nejê, xerîb, ecêb, nenas.

stranger *n* biyanî, xerîb, nenas.

strangle *lg* xeniqandin, dewixandin, fetisandin.

strap davek *f*, şirît *f*.

stratagem fen *f*, dek *f*, xapandin *f*.

strategy stratejî *f*.

straw qirş *m*, qirşik *m*.

strawberry tûtfrengî *f*.

stray *lng* ji rê derketin, rê(ya xwe) wenda kirin.

streak xet *f*, xetik *f*, demeke kurt.

stream ava herikok *f*, çem *m*, herikîn *f*. *lg,lng* herikîn.

street kolan *f*, kuçe *f*, cade *f*, şeqam *f*. **~-girl/walker** tog *f*.

strength hêz *f*, qawet *f*, hêl *f*, birh *f*, qidûm *m*, teqet *f*, zexmî *f*, xurtî *f*. **~en** *lng,lg* hêz dan, bihêz kirin, hêzdar kirin, asê kirin, xurt kirin, zexm kirin; bihêz bûn, hêzdar bûn, asê bûn, xurt bûn, zexm bûn.

strenuous *rgd* bixîret, jîr; dijwar, giran.

stretch *lng,lg* dirêj kirin, vezelandin, fireh kirin; dirêj bûn, fireh bûn, vezelîn. **~ (oneself) out** vezelîn, xwe dirêj kirin, xwe vezelandin. **~er** *n* çardar, darbest.

strew *lg* (lê) reşandin.

stride *lg,lng* bi gavên dirêj meşîn.

strife pevçûn *f*, gengeşî *f*; têkoşîn *f*.

strike[1] **1** karberdan *f*, grew *f*. **2** lêxistin *f*, derb *f*. **3** neft dîtin *f*; serketin *f*. **~-breaker** *n* grewşkên.

strike[2] *lg,lng* **1** lê xistin, lêdan. **2** (neft, zêr, hwd) dîtin, deranîn. **3** kar berdan, çûn grewê. **~r** *n* grewvan.

striking *rgd* balkêş.

string ben *m*, benik *m*, (tembûl, hwd) têl *f*.

strip *lng,lg* tazî kirin, qeşartin, (jê) şeqitandin. **~ sb off sth** jê sitendin, tazî kirin. **~ cartoon** wêneçîrok *f*.

stripling *n* ciwan.

stroke **1** lêdan *f*, lêxistin *f*, lêketin *f*, derb *f*. **2** (avjenî) qulaç *f*.

stroll *lng* gerîn. *n* ger *f*.

strong *rgd* hêzdar, xurt, bihêz, qewî, qewîn, betîn, zexm, tundî. **~ box** *n* têbar. **~ly** *rgp* bi tundî, bi hêz, bi xurtî. **~-willed** *rgd* vîndar, xurt.

stronghold asêgeh *f*.

structure **1** *anat* bastûr *f*, binye *f*. **2** avahî *f*, bastûr *f*.

struggle têkoşîn *f*, hewl *f*. *lng* têkoşîn, têkoşîn kirin; cehd kirin, hewl dan.

stub boçik *f*, kok *f*; qurm *m*.

stubble firêze *f*, xozan *f*.

stubborn *rgd* rikdar, riko, birik, serhişk, çîr, herûm. **~ness** rik *f*, eks *f*, serhişkî *f*.

student *n* xwendekar, suxte, şagirt.

studio studyo *f*.

study lêkolîn *f*, xwendin *f*, xebat *f*. *lg,lng* xebitîn, lê kolîn, xwendin.

stuff *lg* tije/tijî kirin, dagirtin, zêde xwarin.

stumble *lng* hilkumîn. **The child ~d and fell.** Zarok hilkumî û ket xwar.

stump qurm *m*, gonc *m*.
stun *lg* gêj kirin, tewişandin, sews kirin.
stupefy *lg* gêj kirin, heş ji serî birin.
stupid *rgd,n* kêmheş, bale, bêheş, bêmejî, bêserî, bom, gêj. **~ity** *n* baletî *f*, gêjtî *f*, bêheşî *f*, kêmheşî *f*.
sturdy *rgd* xurt, zexm, bixîret.
sty bûk *f* (a ku di çavan de tê).
style awa *m*, hawe *m*, stîl *f* .
subhuman *rgd* kêmî mirovan, ne mirov, wek heywanan.
subject *n* **1** nîştewar, teba. **2** bende, qûl. **3** babet *f*, bare *f*, mijad *f*, mijar *f*. **4** *rz* kirde. **5** sedem *f*.
subjective *rgd* xuyî, subcektîv.
subjugate *lg* ram kirin.
subjunctive *rz* gerane.
sublease *lg,lng* (kirêdar) dan kirê, bûn kirêdarê kirêdar.
submarine noqav *f*, noqar *f*.
submerge *lg,lng* binav kirin, newqandin; binav bûn, newqîn.
submission *n* radest, teslîm.
submit *lg,lng* **1 ~ oneself to sb/sth** xwe radest(î tiştekî/yekî) kirin, teslîm bûn. **2** anîn ber, berpêş kirin, xistin ber/pêş. **3** lê qewimandin, anîn serî.
subordinate *n* fermanber.
subnormal *rgd* ji normalê kêmtir, (yê) bin normalê.
subscribe *lg,lng* **1** (kovar, hwd) bûn kiriyar/abone. **2** (daxwazname, hwd) navê xwe lê nivîsîn. **~r** *n* kiriyar, abone. **subscription** kiriyarî *f*, abonetî *f*.
subsequent *rgd* **~ (to)** dûre; piştî. **~ to this event** piştî vê bûyerê.
subsidy berarî *f*.
substandard *rgd* (yê) bin standardê.
substantial *rgd* xurt, zexm; pir, zêde, mezin; dewlemend; girîng, bingehîn; rastekîn.
substitute *n* cihgir, wekîl; berdêl.
subterranean *rgd* binerdîn, yê binerdê.
subtract *lg* jê derxistin.
suburb berbajar *f*.
subway metro *f*, rêhesina binerdê *f*.
succeed *lng,lg* **1 ~ (in)** bi ser ketin, berdar bûn. **2** dan pê, cihê/dewsa yekî girtin. **3 ~ (to)** (piştî mirina yekî) jê re man, jê re mîrat man.
success serfirazî *f*, serketin *f*, serdestî *f*. **~ful** *rgd* serfiraz, serdest, serketî.
succession peyhevî *f* , pêhevî *f*, silsile *f* ; cihgirî *f*.
successive *rgd* peyhev, pêhev. **~ly** *rgp* peyhev, pêhev.
successor *n* paşewar, cihgir.
succinct *rgd* kurt û tijî. **~ly** *rgp* bi kurtî.
succour *lg* alî kirin, alîkarî dan.
succumb *lng* têk çûn, ber xwe nedan, mirin.
such *rgd* ev reng, wanî, weha, wisa, were, wilo; wek, weke; qusa, ewqas. **I have never heard ~ a thing.** Min tiştekî wisa/wanî qet nebihîstiye. **Don't be in ~ a hurry.** Ewqas nelezîne. **~ as to** qasî ku. **~ that; ~ ... that** ewqas ... ku. **~ as** wek, mîna (ku).
suchlike *rgd* wek, her wekî din.
suck *lng,lg* mêtin. **The baby is ~ing its mother's breast.** Pitik pêsîrê dêya xwe dimêje.
suckle *lg* şîr dan. **suckling** *n* şîrmêj.
suction mêtin *f*.
Sudan Sûdan *f*.
sudden nişk *f*. **~ly** *rgp* ji nişka de/ve, ji nedî ve. **all of a sudden** ji nişka ve, ji nedî ve.
suet bez *m*, dohn *m*. **~y** *rgd* bi bez, bi dohn.
suffer *lg,lng* **1** kişandin, êşîn, ezibîn. **2** hatin serî, lê qewimîn/borîn. **3** xweş dîtin, rakirin. **~ing** êş *f*, êşîn *f*, kul *f*.
suffice *lg,lng* bes bûn, têrê kirin. **Your word will ~.** Soza te bes e.
sufficiency besayî *f*.
suffix paşpirtik, xurdepaş *f*, parkît *f*.
suffocate *lg,lng* hulm/bîhn çikîn, hulm/bîhn çikandin, fetisandin, xeniqandin.
suffrage deng *f*, ray *f*, dengdan *f*, mafê dengdanê *m*. **suffragette** *n* jina ku mafê dengdanê ji bo jinan dixwaze.
sugar şekir *m*. **~ basin/bowl** şekirdank *f*. **~ beet** silq *f*. **~ cane** levenê şekir *m*. **~-lump** *n* şekirê kabikî *m*.
suggest *lg* pêşniyar kirin. **~ion** pêşniyar *f*.
suicide xwekuştin *f*. **commit ~** xwe kuştin.
suit[1] **1** bedl *m*, qatê kincan *m*. **2** (dadgeh) doz *f*, dawe *f*.
suit[2] *lg,lng* **1** lê hatin, jê re bûn. **Does the climate ~ you?** Hewa li te tê? **Does**

these shoes ~ **me?** Ev sol li min t̲ên? **2**
~ **sth to** lê anîn.
suitable *rgd* minasib, li gor(a), bisemt̲,
r̲ewa, minasib.
suitcase bahol *m.*
suitor *n* **1** dozdar. **2** (mêr) dilket̲î.
sulfate,sulphate *n* zax.
sulk *lng* lêva/p̲ozê xwe daliqandin, wechê
xwe t̲ir̲ş k̲irin, x̲eyid̲în. ~**y** *rgd* mirûzt̲ir̲ş,
r̲ût̲ir̲ş.
sullen *rgd* bêmad, miruzt̲ir̲ş, r̲ût̲ir̲ş.
sulphur *n* kukurd, kewkurd.
sum kompere *m,* yekûn *f.* **in ~** bi k̲urt̲î, bi
çend p̲eyvan.
sumac(h) darsimaq *f,* simaq *f.*
summary jêderk̲ *f,* k̲urt̲e *f.*
summer havîn *f.*
summit bandev *m,* kop̲ *m,* tepel *m.*
summon *lg* civandin, kom k̲irin.
sun **1** r̲oj *f.* **2** t̲av *f.* **in the ~** li ber t̲avê.
sunbeam *n* t̲îrêja r̲ojê.
sun-burn *n* şewat̲a t̲avê.
sunder *lg* jê k̲irin, qet̲andin, cihê k̲irin.
sundial *n* seet̲a r̲ojê.
sundown hingorî *f,* êvar *f.*
sundry *rgd* cure cure, curbecur, tewre
tewre. **all and ~** herkes, hert̲işt̲.
sunflower berber̲o *f,* gulber̲ojk̲ *f.*
sunken *rgd* dak̲irî, noqbûyî, nizmbûyî,
hilşîyayî.
sunlight t̲av *f.*
sunrise r̲ojhilat̲ *m.*
sunset r̲ojava *m,* hingorî *f,* êvar *f.*
sunshade t̲avbir̲ *f,* çetir *f.*
sunshine t̲av *f.*
sun spurge şîrşîrok̲ *f.*
sunstroke t̲avlêxist̲in *f* (bi taybet̲î li ser̲î).
sup gulp̲ *f,* fir̲ *f,* qurt̲ *f.*
superabundant *rgd* pir̲ boş, pir̲ zêde.
superabundance *n* boşahîya zêde.
superfluous *rgd* zêde, pir̲.
supersede *lg* ket̲in dewsê, xist̲in/k̲irin dewsê.
supervise *lg,lng* çavder̲î k̲irin, çavnêr̲î
k̲irin, guhder̲î k̲irin; ger̲andin, dager̲ k̲irin.
supervisor *n* çavder̲, guhder̲; serkarker.
supervision guhder̲î *f,* serkar̲î *f.*
supine *rgd* cangiran, xewar, xwer̲ned̲î.
supper paşşîv *f.*
supplant *lg* cih(ê yek̲î/t̲işt̲ek̲î) girt̲in, k̲etin

dewsê.
supply *lg* dan, jê r̲e pêde k̲irin, birin.
support *lg* aborandin, alîkar̲î dan/k̲irin,
layê/p̲işt̲a yek̲î girt̲in, li p̲işt̲a yek̲î bûn;
bet̲în k̲irin, dest̲ek k̲irin. *n* p̲işt̲evan̲î *f,*
p̲işt̲gir̲î *f,* alîkar̲î *f,* dest̲ek *f.* ~**er** *n* p̲işt̲evan,
p̲işt̲gir, t̲agir, alîgir, dest̲ek.
suppose *lg* zen k̲irin, ferz k̲irin, texmîn
k̲irin. **supposition** *n* zen *f,* ferz *f,* texmîn *f.*
supposedly *rgp* xwedêgirav̲î, qaşo.
supposition werh̲esibandin *f,* texmîn *f.*
supreme *rgd* bilind̲îne, r̲aser̲în.
sure *rgd* bêguman, bêş̲ik̲, beryar, teqez. ~**ly**
rgp bê ş̲ik̲, bê guman, helbet̲, ş̲ik jê r̲e tune.
surface r̲û *m,* ser *m.* **The submarine**
rose to the ~. Noqav bi ser avê ket̲.
surfeit zêdet̲î *f.*
surgery **1** cerahî *f,* e̲meliyatxane *f.* **2**
miayenexane *f.*
surmise texmîn *f.*
surname paşnav *m,* bernav *m.*
surpass *lg* derbas k̲irin, jê çêt̲ir bûn an k̲irin.
surplus zêdet̲î *f.*
surprise surprîz *f. lg* behit̲andin, şaşmayî
k̲irin, surprîz k̲irin. **be ~d** behit̲în, şaşmayî
bûn.
surrender r̲adest̲ *f,* teslîm *f. lng,lg* r̲adest̲
k̲irin, teslîm bûn, xwe r̲adest̲(î yek̲î) k̲irin,
ser̲î danîn.
surreptitious *rgd* dizî, nehên, veşart̲î.
surround *lg* dor(a yek̲î/t̲işt̲ek̲î) girt̲in,
dor lê girt̲in, dor lê pêçan. ~**ings** dor
f, doral̲î *m,* dorhêl *f,* hawir *f,* hawirdor *f.*
suspect *lg* gûman k̲irin, ş̲ik birin (ser), ş̲ik
k̲irin. *n* tawanbar.
suspend *lg* **1** ~ **sth (from)** (pê ve)
aliqandin, daliqandin. ~**ed** aliq̲î, daliq̲î. **2**
sek̲inandin, r̲awest̲andin.
suspicion gûman *f,* ş̲ik *f.* **suspicious** *rgd*
biguman, biş̲ik̲, gumanbar, ş̲ikdar, dilbiguman.
suspiciously *rgp* bi guman, bi ş̲ik.
swaddle *lg* (p̲it̲ik̲) pêçandin, pêçan. **swad-**
dling clothes pêçek̲ *f.*
swallow[1] *n* dûmeqesk̲, h̲ech̲ecik̲, h̲ecîr̲eşk̲.
swallow[2] *lng,lg* daqur̲tandin, dabeliyandin,
hişavt̲in *n* qurt̲ *f,* daqur̲tandin *f.*
swallowwort *n bot* mar̲în
swamp avevek̲ *f,* avzêl *f,* çir̲av *f.*
swan *zool* qû *m.*

swarthy *rgd* qemer, esmer.
swat *lg* (bi tiştekî pahn) lê xistin, kutan.
sway *lg,lng* **1** kil kirin; kil bûn. **2** bandûr kirin.
swear *lg,lng* **1** sond xwarin. **He swore that he would tell the truth.** Wî sond xwar ku ew ê rastîyê bibêje. ~ **off sth** ji bo terikandina tiştekî sond xwarin. **2~ (at sb)** çêr kirin, xeber dan. **~-word** çêr *f*, dijûn *f*, xeber *f*.
sweat xwêhdan *f*, xweydan *f*, xu(h) *f*. *lg,lng* xwêh dan, xwey dan, xu(h) dan, di nav xwêhdanê de hiştin. **~y** *rgd* xwêhdayî, xuhdayî, di nav xwêhdanê de.
sweater vezele *m*, qazax *m*, fanêle *m*.
Sweden Swêd *f*. **Swedish** *n,rgd* Swêdî.
sweep *n,lng,lg* maltin, maliştin. **He is ~ing the carpet.** Ew xalîçê dimale.
sweet *rgd* **1** şêrîn, şîrîn. **Do you like your tea ~?** Tu çay şêrîn vedixwî? **2** teze, xweş, paqij, bîhndar. **~ness** şêranî *f*. **~-tempered** *rgd* xûxweş.
sweet basil firincemîşk *f*.
sweeten *lg,lng* şêrîn kirin; şêrîn bûn.
sweetheart *n* dildar, dilketî, dilgirtî, evîndar.
swell *lg,lng* werimandin, nepixandin; werimîn, nepixîn. **~ing** *n* werm *f*.
swerve *lg,lng* dagerandin, zîvirandin; dagerîn, zîvirîn.
swift[1] *rgd* lezik, zû.
swift[2] *n* ebabîlk.
swim[1] *lg,lng* avjenî lîstin, ajnaberî/melevanî/sobe kirin, li ser avê sekinîn. *n* avjenî *f*, melevanî *f*. **swimmer** *n* ajnaber, avjen.
swim[2] *lng* gêj bûn.
swindle *lg,lng* mizawirî lê kirin, xapandin. **~r** *n* mizawir.
swine *n* beraz.
swing *lg,lng* kil kirin; kil bûn.
swing colane *f*, hêlkan *f*.
swipe *lg* lê xistin, lê dan; dizîn.
swirl *lg,lng* zîz kirin; zîz bûn.
switch *lg,lng* ~ **off** (elektrîk) vemirandin, (radyo, hwd) girtin. ~ **on** (elektrîk) vêxistin, (radyo, hwd) vekirin. *n* (elektrîk) bişkok *f*.
swollen *rgd* werimî, nepixî.
sword şûr *m*, şwîr *m*. **~sman** *n* şûrkêş.
swordfish serşûr *f*.
syllable kît *f*, kîte *f*.
symbol sembol *f*, nîşan *f*, nima *f*.
symmetry sîmetrî *f*.
sympathy sempatî *f*. **sympathetic** *rgd* sempatîk, bi sempatî.
symposium sempozyûm *m*.
synonym hevmane *f*, hevwate *f*. **synonymous** *rgd* hevmane, hevwate.
syntax hevoksazî *f*, ristesazî *f*.
syphilis agire *f*, frengî *f*.
Syria Sûrî *f*.
syringe şiringe *f*.
system sazûman *f*, sîstem *f*.

T **t** tîpa bîstan a elfabeya Îngîlîzî.

table 1 mase *f*, mêz *f*. **2** sifre *f*. **~-cloth** rûmase *f*, sifre *f*. **3** tablo *f*. **~spoon** kevçîyê xwarinê *m*, kevçîyê xwarin belavkirinê. **~-ware** qapûqincûr *pj*; firax, kevçî, hwd ên xwarinê.

table d'hôte tabildot *f*.
tablet (derman) heb *f*, tablet *f*.
tabloid rojname *f* (ya biçûk û bi wêne).
taboo tabû *f*.
tabulate *lg* rêz kirin , stûn stûn nivîsîn.
tacit *rgd* negotî, bêpeyv, zimnî.
taciturn *rgd* devmirî, bêdeng, yê ku kêm dipeyive.
tackle *lg,lng* girtin, pê girtin, zeft kirin.
tacky *rgd* mezeloqî.
tact nezaket *f*, zerafet *f*, rewneq *f*, ziravî *f*.
tactic taqtîk *f*. **~al** *rgd* taqtîkî.
tail terî *f*, boç *f*, dûv *f*, dêl *f*. **~less** *rgd* bêterî. **~-light** lampa paşîyê *f*.
tailor *n* dirûnker, terzî.
Taiwan Taywan *f*.
take *lng,lg* birin, girtin, sitendin. **~ sb's hand** bi destê yekî girtin. **Who has ~n my hat?** Kê şoqê min biriye? **T~ her some flowers.** Ji wê re hinek çîçek bibe. **~ after sb** li yekî çûn. **~ sth apart** ji hev xistin. **~ sth down 1)** nivîsîn. **2)** daxistin. **~ off** bi hewa ketin, hilor bûn. **~ sth off** (sol) ji pê kirin, (kinc) ji xwe kirin, jê kirin. **~ sth off (sth)** jê rakirin, jê kişandin, jê derxistin. **T~ your hand off my shoulder.** Destê xwe ji milê min rake. **~ sth on** li xwe girtin. **~ sth out** (diran, hwd) rakirin, jê derxistin; bi dest xistin. **~ part** beşdar bûn, têkil bûn. **~ sides (with)** layê yekî girtin, alî yekî kirin. **~ sth up 1)** rakirin. **2)** (trên, teqsî, hwd) (rêwî) sitendin, siwar kirin. **3)** mêtin, helandin. **~ wing** bi hewa ketin, bi firê ketin.
talcum *n* **~ powder** spîyaw *f*.
tale çîrçîrok *f*, çîrok *f*.
talent hêjayî *f*, huner *f*, çîk *f*, tepîş *f*.
talk[1] *lg,lng* peyivîn, galegal kirin, qise kirin, qezî kirin, axaftin, şor kirin, şitexilîn. **We ~ed for two hours.** Em du seetan peyivîn (Me du seetan galegal/ qise/şor kir). **~ about/of sth** qala tiştekî kirin, li ser tiştekî peyivîn. **~ative** *rgd* lewlewok, pirbêj, qure, tewtewe, zimandirêj.
talk[2] peyv *f*, axaftin *f*, galegal *f*, qise *f*, şor *f*.
tall *rgd* dirêj, bejindirêj.
tallow bez *m*.
talon lapûşk *m*, lep *m* (ê teyran).
talus *anat* kab *f*.
tamarisk *bot* gez *f*, gers *f*, kifr *f*.
tambourine def *f*, erbane *f*.
tame *rgd* (heywan) kedî. *lg* kedî kirin; gan, ga dan.
tan[1] *n,rgd* qemer, qemirî, qehweyîyê zerîn.
tan[2] *lg,lng* **1** debax kirin. **2** (li ber tavê) qemirîn.
tandem bîsîklet(a du mirovîn) *f*. **(in) ~** *rgp* li paş hev (siwarbûyî).
tang[1] *n* tam, çêj an bîhna tûj.
tang[2] *n* tewrekî kevzê.
tang[3] çingînî *f*, şingînî *f*. *lng* kirin çingînî/ şingînî.
tangerine mandalîn *f*, lalengî *f*.
tangle tevlihevî *f*. *lg,lng* tevlihev kirin, (por, hwd) li hev gerandin; tevlihev bûn, (por, hwd) li hev gerîn.
tank 1 birk *f*, sarinc *f*, avdank *f*. **2** *lş* tanq *f*, debabe *f*. **~er** keştîya petrolkêş *f*, balafira petrolkêş *f*.
Tanzania Tanzanya *f*.
tap mûslix *f*, qurne *f*; pişk *f*, devgir *f*.
tape band *f*, şirît *f*, laçik *f*, qordele *f*. **~ recorder** teyp *f*.
tar qetran *f*.
tardy *rgd* giran, hêdî; dereng.
target armanc *f*, nîşangeh *f*.
tarragon tarxûn *f*.
tarsus *anat* hestîyê bazinê pê *m*.
tart *rgd* tirş, mêxweş.
tartar (diran) kepîr *f*.
task kar *m*, şixul *m*, vatinî *f*.
tassel poxik *f*, rîşî *f*, gûfik *f*, puskal *f*.
taste çêj *f*, tam *f*, çest *f*. *lg,lng* tam kirin, çêj kirin, çêjandin, çêstin. **~ful** *rgd* çêjdar, tamdar, biekil. **~less** *rgd* bêekil, bêtam.
tasty *rgd* biçêj, çêjdar, tamdar, tamxweş,

biekil.
taut *rgd* jidyayî.
tawny *rgd* qehweyîyê zêrîn, qehweyîyê vekirî.
tax bac *f*, nerx *f*, bêş *f*, wergî *f*. *lg* bac/wergî birîn. **~able** *rgd* bacdar. **~ation** bacbirîn *f*. **~-collector** *n* bacgir, berhevkar, tahsîldar.
taxi teqsî *f*.
tea çay *f*. **~-house** çayxane *f*. **~-kettle** çaydan(k) *m*. **~pot** çaydan(k) *f*. **~spoon** kevçîyê çay.
teach *lng,lg* fêr kirin, hîn kirin, elimandin, perwerde kirin.
teacher *n* mamoste, dersdar, fêrmend.
team taxim *m*.
tear[1] hêsir *m*. **Her eyes filled with ~s.** Çavên wê tijî hêsir bûn. **~-drop** dilopa hêsir, rondik. **~ful** *rgd* bi girî, bi hêsir.
tear[2] *lng,lg* çirandin, hilqetandin, qetandin, jê kirin; çirîn. **He tore the paper.** Wî kaxez çirand. **This paper ~s easily.** Ev kaxez zû diçire.
teat çiçik *m*.
technical *rgd* teknîk(î).
technique teknîk *f*.
technology teknolojî *f*.
teem *lng* pir bûn, boş bûn.
teenage *rgd* (temen) di navbena 13 û 19 salan de.
teens *n* (temen) salên di navbeyna 13 û 19-an de.
teeter-totter zirnazoq *f*, babûtanî *f*.
teeth *n* pirejimara ***tooth***.
teethe *lng* (pitik) diranê pêşîn derxistin.
telecommunications teleqomunîqasyon *f*, tele-ragihandin *f*, dûr-ragihandin *f*.
telegram telgiraf *f*, têl *f*, birûske *f*.
telegraph telgiraf *f*, têl *f*, birûske *f*.
telephone telefon *f*. *lng,lg* telefon kirin.
telescope telesqop *f*.
television telewîzyon *f*, wêneguhêz *f*.
telex teleks *f*.
tell *lg,lng* **~ sth (to sb), ~ sb sth** go-tin. **I told him my name.** Min navê xwe ji wî re got. **~ one's beads** bi tizbîyê dua kirin.
telling *rgd* bi bandûr.
temper xulq *m*, xû *f*, cir. **in a good ~** xulqfireh. **in a bad ~** xulqteng.
temperature germayî *f*, germ *f*. **have/run a ~** ta girtin.
temple[1] *anat* cênîk *f*.
temple[2] peristgeh *f*, îbadetxane *f*, mala xwedê *f*.
tempo tempo *f*.
temporal bone *anat* hestiyê beleguhê *f*.
temporary *rgd* awarte, miweqet, demî, demgirêdayî, ji bo demekê.
ten *n,rgd* deh *f*. **~th** *n,rgd* (yê/ya) dehan, dehem, dehemîn.
tenant *n* kirêdar.
tend *lng* mêl/meyl kirin, mêldar bûn, ber pê çûn.
tendency mêl *f*, meyl *f*, mêldarî *f*.
tender *rgd* narîn, nazik; dilovan, dilnerm; nerm. **~-hearted** *rgd* dilnerm.
tenderize *lg* (goşt) nerm kirin, nermandin.
tennis tenîs *f*.
tense[1] *rz* dem *f*. **past ~** dema borî. **past perfect ~** dema borîya çîrokî. **present perfect ~** dema borîya dûdar. **present ~** dema niha. **future ~** dema pêşî.
tense[2] *rgd* şidyayî, şidandî; esebî.
tension şidandin *f*, şidyayîbûn *f*, vekêşî *f*, rageşî *f*, eseb *m*; voltaj *f*.
tent kon *m*, xîvet *m*, çadir *f*.
tepid *rgd* şîrgermî, xovan.
terebinth kezwan *f*, şengêl *f*.
term **1** dewr *f*, dem *f*, dahn *f*. **The summer ~** dahnê havînî. **2** hoy *m*, merc *m*. **3** *pj* têkilî, peywendî. **4** terîm *m*, navlêk *f*, biwêj *f*.
terminate *lg,lng* dawî anîn, xelas kirin.
termination dawî *f*, dawîanîn *f*; encam *f*.
terrace (avahî) banoke *f*, berbanik *f*, teras, pêşgeh *f*, *geog* seku *f*.
terrestrial *rgd* yê dinyê, erdîn, axîn, bejî.
terrible *rgd* tirsehêz, erjeng, berbat, pir xerab; pir zêde.
terrify *lg* qutifandin, tirsandin.
territory erd *m*, ax *f*, welat *m*.
test *lg* ceribandin, test kirin. *n* ceribok *f*, test *f*.
testament wesîyet *f*, wesîyetname *f*, dawîxwazî *f*.
testicle *anat* gun *m*.
testis *anat* gun *m*.
testimony guvahî *f*, şehadet *f*.
text nivîsar *f*. **~(book)** pirtûk *f*, kitêb *f*, derspirtûk *f*.
textile tekstîl *f*.
Thailand Tayland *f*.

than *ghn* (berhevdanî) ji. **John is taller ~ his brother.** John ji birayê xwe dirêjtir e. **no other ~** bi xwe, jê pê ve ne (kes/tişt). **It was no other ~ John.** John bi xwe bû/Ji John pê ve ne kesek bû.

thank *lg* sipas kirin. **T~ you.** Sipas dikim. *n* sipas *f.* **Thanks.** Sipas. **~ to** bi saya. **T~s to your help we were successful.** Bi saya alîkariya te em bi ser ketin. **~ful** *rgd* sipasdar, şêkirdar. **~fulnes** sipasdarî *f*, şêkir *f*, şêkirî *f.*

that[1] *rgd,cn* ew, wa, waya, wê, wêya, wî, wîya. **What noise was ~?** Ew çi deng bû? **What is ~?** Ew/waya çi ye? **Bring me ~ book.** Ji min re wê pirtûkê bîne. **Take ~ spoon.** Wî kevçî bibe.

that[2] *rgp* qusa, ewqas, ewçend. **It's not ~ cold.** Ewqas ne sar e. **I've done only ~ much.** Min hew qusa çêkiriye.

that[3] *ghn,cn* ku. **The letter ~ came yesterday...** Nameya ku duh hat... **Those dogs ~ attacked your son...** Kûçikên ku êrîşî kurê te kirin... **so ~; in order ~** ji bo ku, da ku.

thaw *lg,lng* helandin; helîn.

the *bi tişt an kesê binavkirî re tê xebitandin* **a fat boy** kurekî qelew. **the fat boy** kurê qelew (berê binav bûye, tê naskirin).

theatre şano *f*, şanogerî *f*, tîyatro *f.*

theft dizî *f.*

their *rgd* -ê/a/ên wan. **~ cat** pisîka wan. **~ son** kurê wan.

theirs *cn* ê/a/ên wan. **That pen is ~.** Ew pênûs a wan e.

them *cn* ew, wan. **I saw ~.** Min ew dîtin. **Bring ~ here.** Wan bîne vir.

theme babet *f*, bare *f*, mijar *f*, tema *f.*

themselves *cn* (ji bo kesê sêyem ê pirejimar) xwe, bi xwe; tenê, bi tena xwe. **They kept some for ~.** Hinek ji xwe re hilanîn. **They hurt ~.** Wan xwe êşandin. **They were by ~.** Bi tena xwe bûn.

then *rgp* **1** hingê, wê çaxê, wê gavê. **I was still unmarried ~.** Wê çaxê ez hîna nezewicî bûm. **from ~ onwards** jê pê ve, jê vir de. **2** diwayî, dûre, paşê. **3** werê, hek wanî be.

thence *rgp* ji wir ve/de, ji ber wê yekê. **~forth/forward** jê pê ve/de.

theology olzanî *f.* **theologian** *n* olzan.

theory teorî *f.*

therapy başkirin *f*, xweşkirin *f*, terapî *f.*

there *rgp* li wir(a), li wê derê, wir, wê derê. **Put it ~.** Wê dîne wir. **Don't stop ~!** Li wira/wê derê nesekine! **~ be** (lê) hebûn, lê bûn. **There is sth behind the door.** Li paş derî tiştek heye.

thereabout(s) *rgp* li wan deran.

thereafter *rgp* dûre, diwayî, paşê.

therefore *rgp* ji bona vê yekê, ji ber vê yekê, ji ber vê hindê, ji ber vî çendî.

thermal *rgd* germîn, germavîn. **~ spring** germav *f.*

thermo *xêş* germ, germî, germayî.

thermometer germjimêr *f*, termometre *f.*

these *rgd,cn* ev, va, van, vana. **~ books** van pirtûkan. **Take ~.** Vana bive. **These are good.** Ev baş in.

thesis tez *f.*

they *cn* ew, wan. **What are ~ doing?** Ew çi dikin? **What have ~ seen?** Wan çi dîtine?

thick *rgd* stûr, qalind, di berhev de, himbiz, tîr, tund. **a ~ line** xetek stûr/qalind. **a ~ soup** şorbeyeke tîr. **~en** *lg,lng* stûr/qalind kirin, tîr kirin; stûr/qalind bûn, tîr bûn.

thief *n* diz.

thigh *anat* hêt *f*, ran *f*, teşk *n.* **~-bone** kulîmek *f.*

thin *rgd* lawaz, zihîf; zirav, tenik; firk; ron. **~ness** lawazî *f*, tenikayî *f*, ziravî *f.*

thing tişt *m*; alav *m*, hûrmûr *m.* **What are those ~s on the table?** Ew tiştên li ser masê çi ne?

think *lg,lng* **1** fikirîn, raman kirin, raman, bişirîn. **He ~s a lot.** Ew pir difikire/raman dike. **2 ~ (that)** zen kirin, gotin qey.

third *rgd,n* (ya/yê) sêyem, sêyemîn, sisêyan.

thirst tîbûn *f*, tîn *f.* **~y** *rgd* tî, bêav.

thirteen *n,rgd* sêzdeh *m.* **thirteenth** *n,rgd* (ya/yê) sêzdehan, sêzdehem, sêzdehemîn.

thirty *n,rgd* sî *m*, sîh *m.* **thirtieth** *n,rgd* (ya/yê/yên) sîyan, sîyem, sîyemîn.

this *rgd,cn* ev, va, vaya, vê, vêya, vî, vîya. **What is ~?** Ev/Vaya çi ye? **Look at ~ pen.** Li vê pênûsê binêre.

thistle kerbeş *f.* **~-down** pilo *f.*

thither *rgp* wê de, ber bi wê hêlê ve, wir,

wir de.
thorax *anat* sîng *f*.
thorn dirî *m*, stirî *m*, kelem *m*. **~y** *rgd* bidirî, bistirî, bikelem.
those *rgd, cn* ew, wan, wana. **~ things** wan tiştan. **Take ~.** Wan(a) bive.
though *ghn* tevî ku, teva ku, herçende.
thought fikir *f*, raman *f*, fikar *f*; nêrîn *f*, dîtin *f*, ray *f*.
thousand *n, rgd* hezar *m*. **~th** *n, rgd* (ya/yê) hezarî, hezaremîn.
thrash *lng, lg* kutan, (bi ço, hwd) lê xistin, lê dan.
thread dezî *m*, ta *m*. *lg* tê rakirin.
threat gef *f*, tehdît *f*, tirsdan *f*, tirsandin *f*; xetere *f*. **~en** *lng, lg* gef kirin, gefandin, hedidandin, tirsandin, tehdît kirin.
three *n, rgd* sê *m*, sisê *m*.
thresh *lng, lg* (genim, hwd) kutan, gêre kirin. **~er** *n* cercere, gam, moşane, patos; gêrevan. **~ing-floor** bênder *f*, gêregeh *f*. **~-machine** patos *f*.
throat *anat* gerden *f*, gewrî *f*, qirik *f*.
throe êş *f* (bi taybetî ya zayînê).
throne text *m*.
through *rgp, dç* tê re, di ... re, di nav ... re; seranser, ji serî heta binî/dawîyê. **The burglar went in ~ the window.** Diz di pacê re ket hundir.
throughout *rgp, dç* serapê, serdanpê, çarmedor, seranser.
throw *lng, lg* avêtin, hilavêtin, çeng kirin. **Don't ~ stones at him.** Keviran navêje wî.
thud gumînî *f*, girmînî *f*.
thug *n* rêbir; mirovkuj.
thumb *anat* beranek *f*, tilîya beranê.
thump *lg, lng* girmandin, kirin girmînî; girmînî jê hatin.
thunder giregir (a ewran) *f*.
thunderbolt birûsk *f*.
thunderclap girmînî *f*, giregir *f*.
Thursday Pêncşem(b) *f*.
thus *rgp* wanî, bi vî awayî, hingê, nexwe.
thwart *lg* rê nedan, pêşî (lê) girtin, nehiştin.
thyme *n* catirî, cehtirî.
thyroid *anat* **~ (gland)** toşpîya tîroîdê.
tibia *anat* gîtik *m*, hestîyê birî *m*, lûlaqa stûr *f*.
tic tîk *f*.
tick *n zool* qijnik.
ticket bilêt *f*.
tickle *lng, lg* diqdiqandin, qilî kirin.
tidings nûçe *f*.
tidy *rgd* rêkûpêk, biserûber, muntezem, serhev.
tie *lng, lg* girêdan. *n* girêdanî *f*, peywendî *f*; qrewat *f*, qilîtk *f*.
tiger *n* piling.
tight *rgd* şidyayî, şidandî, teng, pehêt, dewisandî, miç. **~en** *lg, lng* şidandin; şidîn. **-fisted** *rgd* çavteng, çikûs, tima.
till[1] *lg* (erd, zevî) ajotin
till[2] *ghn, dç* heta, heta ku, ta, ta ku. **I shall wait ~ ten o'clock.** Ez ê heta seet dehan bisekinim.
till[3] berkêşk (a diravan) *f*, qase *f*.
tilt *lng, lg* xwar bûn; xwar kirin.
timber *n* dar, kereste, onî, şaran.
time 1 dem *f*, wext *f*, kat *f*. **2** car *f*, nifş *f*. **What ~ is it?/What is the ~?** Seet/demjimêr çi ye? **~ly** *rgd* bikat, biwext, di wextê de.
timid *rgd* bêzirav, tirsonek, bizonek.
timorous *rgd* newêrek, tirsonek, bizonek.
tin pîl *m*, qelay *m*; teneke *f*.
tiny *rgd* hûrik, çûçik.
tip[1] bexşîş *f*.
tip[2] poz *m*, serî *m* (yê tiştekî tûj/zirav).
tipsy *rgd* sermest.
tire[1] *lg, lng* betilandin, westandin, qerimandin, mandî kirin, teebandin; betilîn, westiyan, qerimîn, mandî bûn, teebîn. **The long walk ~d the child.** Meşa dirêj zarok betiland. **She never ~s of talking.** Ew tucarî ji peyvê nabetile. **~d** *rgd* betilî, westiyayî, qerimî, mandî. **get/be ~d** *lng* betilîn, mandî bûn, westiyan. **~less** *rgd* westiyannenas.
tire[2] *bnr* **tyre**.
to[1] *dç* ber bi ve, ta, heta, bo (di Kurmancîya jorîn de ji bo navên mê piricar tenê "ê" tê dawiya nêv; hek nav nêr û kêmî sê kîtan be, "a"ya dawîn dibe "ê"). **He went ~ the city.** Ew çû bajêr. **He went ~ the school.** Ew çû xwendegehê. **from Saturday ~ Monday** ji Şemîyê ta/heta Duşemê. **Hold it (up) to the light.** Wê ber bi ronîyê ve bigire.
to[2] *demjimêr* kêm. **a quarter ~ six** (seet) şeş kêm çarîkek.
toadstool tewrekî kuvarkên jahrdar.
toast *lng, lg* qemirandin; qemirîn.

tobacco tûtin *f.*

today *n,rgp* îro. **T~ is Sunday.** Îro Yekşem e.

toe pêçî *f*, tilî (ya nig/pê) *f*. **~nail** nenûk (a nig/pê) *f*.

together *rgd,rgp* bi hev re, digel hev, tev, tevde, tevahev. **We are working ~.** Em bi hev re dixebitin. **~ness** tevbûn *f*, tevdebûn *f*, pevrebûn *f*.

toilet daşir *f*, avrêj *f*, avdestxane *f*.

tolerant *rgd* bîhnfireh, xulqfireh. **tolerance** xweşdîtin *f*, tolerans *f*. **tolerate** *lg* xweş dîtin, tolerans kirin.

toll[1] bac *f*. **~ house/bar/gate** bacgeh *f*.

toll[2] tiştê ku hatiye kişandin/wenda kirin/dan. **death ~** hejmara mirîyan. **the ~ of the roads** mirî û birîndarên bûyerên trafîkê.

tomato firingî *f*, bacanê sor *m*.

tomb gor *f*, tirb *f*.

tomcat nêrepisîk *m*.

tomorrow *n,rgp* sibe, sibê.

ton ton *f*.

tongs maşe *f*.

tongue ziman *m*. **~-tied** *rgd* lal, metelmayî.

tonight *n,rgp* îşev.

tonsil *anat* alû *f*, behîvok *f*, beyvok *f*, gelale *f*.

too[1] *rgp* jî. **I, ~, have been to Paris.** Ez jî çûme Parîsê.

too[2] *rgp* pir, zêde. **You are driving ~ fast.** Tu pir/zêde zû diajo.

tool hewcar *m*, pêweng *f*, alet *m*, amûret *m*, hesincaw *m*.

toot tût *f*, tût(e)tût *f*.

tooth diran *m*, didan *m*. **~brush** firça diranan *f*. **~-pick** *n* hilal, kurdan.

top ser *m*, serî *m*, kop *m*, jor *m*, yê herî bilind. **at the ~ of** li jor, li ser. **on ~** li jor, li ser. **on (the) ~ of** li ser; di ser de jî. **Put the red book on (the) ~ of the others.** Pirtûka sor dîne ser ên din. **from ~ to bottom** seranser, serapê. **from ~ to toe** serapê. **~ of the head** *anat* tepika serî *f*.

topic mijar *f*, babet *f*.

topple *lg,lng* qelibandin, wergerandin; qelibîn, wergerîn.

topsy-turvy *rgd* serobin; gêj, tevlihev.

torch 1 pêtal *f*, bizot *m*, pilox *m*, melêde *f*, meşale *f*. **2** kilçan *f*, lampa destan *f*.

torrid (hewa, welatek, hwd) pir germ.

tortoise kîso *m*, kûsî *m*.

torture îşkence *f*, cewr û cefa *f*, ezibandin *f*, tade *f*. *lg* îşkence kirin, tade lê kirin, ezibandin.

toss *lg,lng* **1** avêtin (hewa). **2** kil bûn, hejîn; kil kirin, hejandin.

tot *n* şîrmij, pitik.

total *rgd,n* giş, hemî, yekûn, kompere. **What are your ~ debts?** Gişa/yekûna deynên te çiqas e?

touch *lng,lg* dest pê kirin, dest avêtin, dest dan, pê kirin, pê bûn, hingaftin, gîhaştin, lê ketin. **Do the mountains ~ the clouds?** Çiya digîhîjin ewran/Çiya bi ewran dibin? **Can you ~ his head?** Tu kanî destê xwe bi serê wî bikî/Destê te digîhîje serê wî? **~able** *rgd* dest pê dibe, dest digîhîjê. **~y** *rgd* xeydok.

tough *rgd* hişk, zexm, qert; dijwar; rikdar, biryardar.

tour ger *f*. **~ist** *n* gerok, gervan, tûrîst. **~ism** gervanî *f*, tûrîzm *f*.

tow *lg* (seyare) dan pê xwe, kişandin.

toward(s) *dç* ber bi ve, ber bi hev, ber ve, li hember, nêzîkî. **~ the sea** ber bi deryayê (ve).

towel xewlî *f*, dercaw *f*, pêşkir *f*.

tower qûle *f*, birc *f*, barû *f*.

town bajar *f* (ê biçûk), bajarok *f*. **~sman** *n* bajarvan, bajarî.

toxic *rgd* jahrîn, jahrdar, bijahr.

toy leyîstok *f*, lîstok *f*.

trace rêç *f*, şop *f*, şûn *f*.

trachea *anat* zengilor *f*.

trachoma bîrova çavan *f*.

track rêç *f*, şop *f*, şûn *f*; xeta hesin *f*; rêze *f*.

traction kişandin *f*.

tractor terextor *f*.

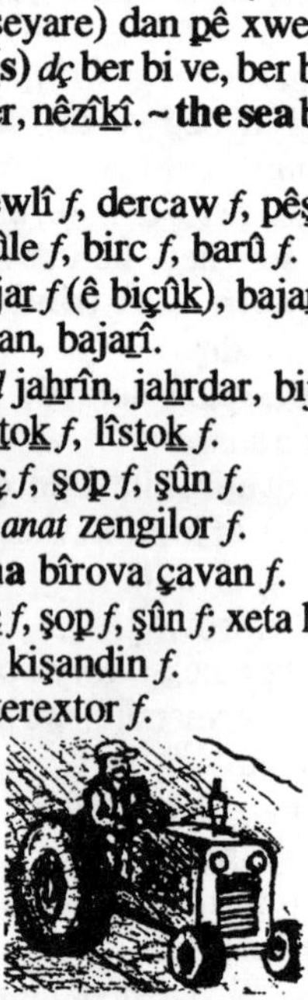

trade bazirganî *f*, ticaret *f*, kirîn û firotin *f*, danûstendin *f*. **~r** *n* bazirgan, têcir. **foreign ~** bazirganîya derve. **~(s)-union** sendîqa *f*.

tradition kevneşop *f*, tradîsyon *f*. **~al** *rgd* kevneşopîn, tradîsyonal.

traffic çûnûhatin *f*, trafîk *f*.
tragacanth cebarî *f*.
tragedy trajedî *f*.
traffictrail şop *f*, rêç *f*. *lng,lg* bi dû xwe ve kişandin, dan pê; şop ajotin.
train trên *f*; rêz *f*, rêze *f*.
train *lng,lg* hîn kirin, elimandin, gîhandin. **~er** *n* hînkar. **~ing** gîhandin *f*, hîndekarî *f*, hînkirin *f*.
trait xeyset *f*, xweserî *f*, xwerûtî *f*, xusûsîyet *f*.
traitor *n* bêbext, xayin, cahş. **~ous** *rgd* bêbext, xayin, xwefiroş, cahş.
tramp *n* pêxwas, sûte.
trample *lng,lg* pê lê kirin, dewisandin, eciqandin, dan bin lingan, xistin bin lingan, pêpez kirin.
transcend *lg* derbas kirin.
transfer *lg,lng* cih guherîn, dan, radest kirin, derbas kirin.
transform *lg* guherandin. **~er** guhêrker *f*.
transfuse *lg* guhastin, ji derekê/tiştekî xistin dereke/tiştekî din.
transitive *rgd rz* gerandî. ~ **verb** lêkera gerandî *f*.
translate *lg* wergerandin. **translation** werger *f*, wergerandin *f*, paçve *f*. **translator** *n* wergêr, wergervan.
transmit *lg* borandin, ragihandin.
transport *lg* bar kişandin, guhastin, ji derekê birin derekê. *n* barkêşî *f*, guhastin *f*. **~ation** guhastin *f*, neqlîyat *f*. **~er** *n* barkêş, guhêzker.
transpose *lg* cih an rêz pev guherîn.
trap daf *f*, dafik *f*, feq *f*, kemîn *f*, qef *f*. **fall into a** ~ *lng* ketin feqê. **set/lay a** ~ dafik/feq vegirtin.
travel rêwîtî *f*, rêwîngî *f*, ger *f*, geşt *f*. *lg,lng* gerîn, rêwîtî kirin, çûn, derbas bûn. **~(l)er** *n* rêwî, rêwîng, gerok.
traverse *lg* tê re derbas bûn an çûn, derbasî hember bûn.
trawler *n* keştîya masîvanîyê *f*, masîvan.
tray sênî *f*, sinî *f*.
treacherous *rgd* bêbext, xayin, cahş.
tread *lg,lng* ~ **on sth** pê lê kirin, dan bin lingan. ~ **(out/down)** dewisandin, eciqandin.
treason xiyanet *f*, caştî *f*.
treasure gencîne *f*, kan *f*, xizne *f*.
treaty peyman *f*, bendname *f*, girêdan *f*.
treble *n,rgd* sêqas, sêqat, sêcar.
tree dar *f*. **~less** *rgd* bêdar, bêdarûber.
trefoil ket *f*, nefel *f*, once *f*, sêbelg *f*.
tremble *lng* hejîn, lerizîn, ricifîn. *n* ricif *f*, lerz *f*. **trembling** *rgd* ricricî, hejok, lerzek, lerizî.
tremor hejan *f*, lerz *f*, ricif *f*.
tremulous *rgd* lerzokî, hejokî, ricifokî; tirsonek.
trend mêl *f*, meyl *f*.
trepidation dudilî *f*, tirs *f*.
trial hêçandin *f*, ceribandin *f*, tecrube *f*, sehêtî *f*; (dadgeh) danêrî *f*, danişîn *f*.
triangle sêkuj *f*, sêqerax *f*.
tribe eşîr *f*, êl *f*. **tribal** *rgd* eşîrî, yê eşîran.
tribute 1 pesin *m*. **2** bac *f*, bêş *f*; xûkî *f*.
trice *n* **in a** ~ ji nişka ve, ji nedî ve.
trick fen *f*, dek *f*, fêl *f*, mizaxilî *f*, zexelî *f*. **~y** *rgd* zexel, fenok, fêlbaz, mizaxil.
trickle *lg,lng* dilop dilop herikandin; dilop kirin, dilop dilop herikîn.
tried *rgd* ceribandî, hêçandî.
trigger nig (ê çekan) *m*.
trilateral *rgd* sêalî.
trillion trilyon *m*.
trim *rgd* rêkûpêk, birêz.
trinity *n* koma ji sê kesan an tiştan, sêyîn *f*.
trip ger *f*, rêwîtî *f*.
tripe hûr *m*.
tripod sêdar *f*, sêpê *f*.
triumph serfirazî *f*, serketin *f*. **~ant** *rgd* serfiraz, serketî.
troop 1 kom *f*, kerî *f*. **2** **~s** *pj* leşker.
trot *lg,lng* (hesp) loqloqî çûn. *n* loq *f*. **at a** ~ loqloqî.
trouble[1] *lg,lng* aciz kirin, êşandin, tade lê kirin.
trouble[2] fikar *f*, acizî *f*, bela *f*, derd *f*, teşqele *f*. **make** ~ teşqele derxistin. **~some** *rgd* belager, bêar, mûsîbet.
trough 1 çironek *f*, şurik *f*. **2** teşt *f*. **3** korta navbeyna du pêlan.
trousers pantor *m*, pantol *m*, pantolon *m*.
trousseau cihîz *m*.
truant *rgd* revoke.
truce agirbest *f*, çekdanîn *f*, şerragirtin *f*.
truck qamyon *f*.
true *rgd* rast.

truffle dumbelan *f*.
truly *rgd* rast, ji dil, dilsoz; bi giştî, temamen.
trumpet borî *f*.
truncate *lg* serî jê kirin, kurt kirin.
truncheon ço *m*, gopal *m*, cop *m*.
trunk 1 qurm *m*. **2** laş (ê mirov bêyî serî, ling û dest), gewde *m*. **3** sindoq *f*.
trust bawerî *f*, yeqînî *f*. *lng,lg* pê bawer bûn, bawerî pê anîn, jê yeqîn kirin. **~worthy** *rgd* dilsoz, merd, şîrhelal, xwedîbext.
truth rastî *f*, rastikênî *f*. **~ful** *rgd* rastgo, rast, ji dil.
try[1] *lng,lg* hewl dan/kirin, cehd kirin; ceribandin, hêçandin; (dadgeh) danêr kirin.
try[2] hewl *f*, cehd *f*; ceribandin *f*, hêçandin *f*.
Tsar Qeyser *m*, Çar *m*.
tub teşt *f*, nîvbermîl *f*.
tube borî *f*, çîpborî *f*, lûle *f*, tup *f*.
tuberculosis êşa zirav *f*, janzirav *f*,werem *f*.
Tuesday Sêşem(b) *f*.
tug *lg* kişandin, bi hêz kişandin.
tulip lale *f*, alal *f*, helale *f*.
tulle tul *f*, birincok *f*.
tumble *lg,lng* gindirandin; gindirîn.
tumour girêk *f*, girêba *f*, gire *f*, gilmi *f*, tumor *f*.
Tunisia Tûnûs *f*.
tunnel tunel *f*, rêya bin erdê.
turban şaşik *f*, turban *f*.
Turk *n* Tirk. **Turkey** Tirkîye *f*. **Turkish** *rgd,n* Tirkî *f*, yê Tirkan.
turkey *n* culix, elok, hilhulî, şamî.
turmoil teşqele *f*, tevlihevî *f*, ajawe *f*.
turn[1] *lg,lng* **1** badan, berê tiştekî dan, dagerandin, fitilandin, zîvirandin, gerandin, vegerandin; berê xwe dan, çerixîn, dagerîn, fitilîn, zîvirîn, rûyê xwe badan, berê xwe guherîn, vegerîn. **The earth ~s.** Dinya dizîvire. **They ~ed away from me.** Wan berê xwe ji min guherîn. **We must ~ back.** Divê em vegerin. **The car ~ed (round) the corner.** Seyare di qozîyê de fitilî. **This tap ~s easily.** Ev mûslix/qurne bi hêsanî dizîvire. **2** guherandin, guhastin. **3** derbas kirin, bi ser ketin. **He has ~ed fifty.** Ew bi ser pêncî ketiye/ Wî pêncî derbas kiriye. **~ (sth) inside out** vaca kirin. **~ sth off** (av, TW, hwd) girtin, (elektrîk) vemirandin. **~ sth on** (av, radyo, hwd) vekirin, (elektrîk) vêxistin. **~ over** wergerandin, wergerîn. **~ round** zîvirandin, zîvirîn.
turn[2] **1** zîvirîn *f*, zîvirok *f*, fitlok *f*. **2** dor *f*. **in ~; by ~s** *rgp* bi dor, dor bi dor. **It is my ~.** Dora min e. **3** çûnûhatin, ger. **4** mêl, meyl.
turning fitlok *f*, zîvirok *f*.
turnip *n* şêlim, silqa sipî.
turpitude bêedebî *f*, bedxwazî *f*.
turret barû *f*, qûle *f* (yên biçûk).
turtle *n* req.
turtle-dove *n* goyîn, tivîrk.
tussle *lng* **~ with** têkoşîn.
tutor *n* mamoste.
tweezers mûçink *f*.
twelfth *n,rgd* (a/ê) dozdehan, dozdehem, dozdehemîn.
twelve *n,rgd* dozdeh *m*, donzde *m*.
twenty *n,rgd* bîst *m*. **twentieth** *n,rgd* (a/ê) bîstan, bîstem, bîstemîn.
twice *rgp* du caran.
twig çiqil *m*, hejik *m*, qijik *m*, qirş *m*.
twilight tarîgewrik *f*, sipêde *f*, nîvtarî *f*, hingor *f*.
twin *n* zo, cêwî.
twine *lg,lng* lê gerandin; lê gerîn.
twinge êş *f* (a ku ji nişka ve tê).
Twins *n* **the ~** Cehzeran *f*.
twirl *lg,lng* zîvirandin, badan; zîvirîn, zîz bûn.
twist *lg* **1** (lê/li hev) badan, lê/li hev gerandin, xwar kirin, çemandin; gevizîn, xwar bûn, çemîn, (lê/li hev) gerîn.
twitter *lng* (çûk, çivîk, hwd) kirin wîçewîç, kirin cîqecîq.
two *n,rgd* du *m*, dido *m*, dudi *m*. **~-faced** *rgd* durû. **~fold** *rgd,rgp* duqas, ducar, duqat.
type[1] cur *m*, cisn *m*, celeb *m*, tîp *f*; numûne *f*.
type[2] *lg,lng* (bi deqtîlo/tîpnivîsê) nivîsîn.
typewriter tîpnivîs *f*, deqtîlo *f*, makîna nivîsînê *f*.
typhoid tîfo *f*.
typography tîprêzî *f*. **typographer** *n* tîprêz.
tyrannical *rgd* zordar.
tyrannize *lng,lg* ezibandin, zordarî kirin.
tyranous *rgd* zordar.
tyrant *n* zordar.
tyre lastîk *f* (a ser teker).

U

u *n* tîpa bîst û yekan a elfabeya Îngîlîzî.
ubiquitous *rgd* (di demekê de li her derê) amade, hazir.
udder guhan *f.*
Uganda Ûganda *f.*
ugly *rgd* ne xweşik, ne xweş, kirêt, çirkîn.
ulcer ulser *f.*
ulna *anat* lûlezenda stûr *f.*
ultimate *rgd* dawîn, herî dûr; bingehîn. **~ly** *rgp* dawîya dawîyê, talîyê.
ultimatum ultîmatom *f.*
ultramarine *n,rgd* lacîwerd, şînê tarî.
umbilical cord navik *f.*
umbrella sîwan *f,* berbaran *f,* şemsîye *f.*

umpire *n* kizîr, hakim.
un *xêş* bê, ne; dij.
unable *rgd* **be ~ to do sth** ji dest nehatin, nikanîn.
unabridged *rgd* kurtnekirî, wekxwe.
unacceptable *rgd* nayê pejirandin/ beliyandin/qebûlkirin.
unaccompanied *rgd* tenê, bêxwedî.
unaccustomed *rgd* nehînbûyî; ji adetê der, xerîb.
unadorned *rgd* bêxeml, nexemilandî, tazî.
unaffected *rgd* ji dil, wekxwe, bandûr lê nebûyî.
unaided *rgd* alîkarî nedîtî, bê alîkarî.
unalterable *rgd* nayê guhertin. **unalterably** *rgp* bi awakî ku neyê guhertin, cihgirtî, sabît.
unanimous *rgd* yekdeng. **unanimity** yekdengî *f.* **~ly** *rgp* bi yekdengî.
unappealing *rgd* ne balkêş, ne dilkêş, ne xweş.
unarmed *rgd* bêçek, neçekdar, destvala.
unassisted *rgd* bê alîkarî.
unassuming *rgd* dilnizm, nefsbiçûk.
unattached *rgd* serbixwe, xweser; azib, nezewicî.
unattainable *rgd* bi dest nakeve, ne derdest, dest nagihîjê.
unattended *rgd* tenê.
unattractive *rgd* ne balkêş, ne dilkêş
unavailable *rgd* tune, pêde nabe, nepêde, neamade.
unavoidable *rgd* çarenîn, jê nayê revîn, misoger.
unaware *rgd* bêhay, nehaydar, bêagah.
unbearable *rgd* nayê ragirtin/kişandin.
unbelief bêbawerî *f.* **unbelieving** *rgd* bêbawer. **unbeliever** *n* zindîq, bêbawer.
unbiassed *rgd* alînegir.
unbind *lg* (ta, ben, hwd) vekirin, sist kirin.
unblemished *rgd* bêkêmasî, têkûz.
unborn *rgd* yê ku hîna nehatiye dinyê, yê pêşedemê/dûwarojê.
unbounded *rgd* bêpîvan, bêsînor.
unbuild *lg* xera kirin, rûxandin.
unburden *lg* (ji bar, kul, hwd) xelas kirin.
unburied *rgd* neveşartî.
unburnt *rgd* neşewitî.
unbutton *lg* (qomçe, bişkok) vekirin.
unceasing *rgd* domdar, bêsekin, bêdawî.
unchangeable *rgd* neguhêrbar.
uncle ap *m,* mam *m.*
unclean *rgd* qirêjî, nepaqij, heram.
unclear *rgd* nezelal, şêlî.
uncomfortable *rgd* nexweş, nerehet, aciz.
unconditional *rgp* bê şerd, bê qeyd û şerd. **~ly** *rgp* bê qeyd û şerd.
unconscious *rgd* bêhay, bêheş, xewirî.
uncover *lg,lng* kişif kirin, diyar kirin, eşkere kirin, derxistin holê.
undated *rgd* bê berwar.
undaunted *rgd* bêtirs, bêperwa.
undeniable *rgd* yê ku nayê înkar kirin, peyv jê re tune.
under *dç,rgp* di bin de, li bin, li binê, di bin re, bin, binî. **The cat was ~ the table.** Pisîk li bin masê bû. **We passed ~ several bridges.** Em di bin çend piran re derbas bûn.
underclothes kincên binî, bincil *m.*
underdeveloped *rgd* negihîştî, şûndemayî.
underestimate *lg* kêm dîtin, kêm hesibandin.
undergo *lg* hatin serî, kişandin, lê qewimîn.
underground rêhesina binerdîn *f,* metro *f.*
underline *lg* binî xet kirin, girîngîya tiştekî gotin, li ser sekinîn.

undermine *lg* bin kolan; lawaz ķirin, qels ķirin.

underneath *rgp,dç* li bin, li jêr.

underpants derpê *m*, derpî *m*.

underside binî *m*.

understand *lng,lg* faḥm ķirin, ţêgihîn, ţêgihaşţin, seh ķirin, keţin serê yeķî. **You don't ~.** Tu ţênagihîjî/faḥm naķî.

undertake *lg* li xwe girţin. **~r** *n* lixwegir.

undervalue *lg* ķêm dîţin.

underwater *rgd* binav, binavîn, yê bin avê.

underwear kincê binî *m*, bincil *m*.

undeserved *rgd* nerewa, heqneķirî.

undesirable *rgd* yê ķu nayê xwesţin.

undignified *rgd* sernebilind, sernizm.

undoubtedly *rgp* bê hedan, bê guman, bê şik.

undress *lng,lg* ţazî ķirin, (kinc, cil) jê ķirin; ji xwe ķirin, ţazî bûn.

undying *rgd* nemir, herheye.

unearth *lg* derxisţin, anîn holê.

uneasy *rgd* netebiţî, aciz, nerehet, bêḥizûr. **uneasiness** acizî *f*, nereheţî *f*, bêḥizûrbûn *f*.

uneducated *rgd* nexwende.

unemployed *rgd* beţal, bêkar, vala. **unemployment** beţalî *f*, bêkarî *f*.

unequal *rgd* neweķhev, nehemhev.

unexpected *rgd* nevexwendî. **~ly** *rgp* ji nişka de/ve.

unfair *rgd* nerewa, neheq. **~ness** neheqî *f*.

unfaithful *rgd* bêbexţ, bêķêr; bêbawer.

unfamiliar *rgd* nenas, biyan, xerîb.

unfasten *lg* veķirin, sisţ ķirin, vebûn, sisţ bûn.

unfeeling *rgd* dilḥişk.

unfeigned *rgd* ji dil, rasţ.

unforgettable *rgd* bîrdar, bîrjiyan, bîrmaye.

unfortunate *rgd* reben, belengaz, bexţreş, mixab. **~ly** *rgp* (pir) mixabin, ne axir.

unfounded *rgd* bêbingeh, vala.

unfrequented *rgd* xalî, xewle.

unfriendly *rgd* rûsar, sar, nexweş.

unfruitful *rgd* bêber, ķêmber, neberdar.

ungrateful *rgd* bêķêr, bê nan û xwê, nanķor; nexweş.

unhappy *rgd* bedbexţ, bexţreş, mixab, sţûxwar.

unhealthy *rgd* nexweş; xerab, nebaş.

unheard *rgd* nebihîsţî.

unidentified *rgd* nenas.

uniform *rgd* yeķ, yeķsan, weķhev, necuda.

n unîform, kincê fermî.

unify *lg* ķirin yeķ, yeķ ķirin. **unification** yeķbûn *f*, yeķķirin *f*.

unilateral *rgd* yeķalî.

unimportant *rgd* negirîng.

uninformed *rgd* neagahķirî, nêagahkar, bêhay.

uninhabited *rgd* vala, xalî, bê danişwar, kes lê najî.

unintentional *rgd* bêḥemd, nebizanķî. **~ly** *rgp* bê ḥemdî, bê ḥemdê xwe, ne bizanķî.

uninterested *rgd* dilsar, nebaldar, sar, guhnedar, bê elaqe.

uninterrupted *rgd* domdar, bê seķin, bê rawesţan.

uninvited *rgd* nevexwendî.

union yeķîţî *f*, yeķbûn *f*.

unique *rgd* bêhempa, bêhevrî, kesnedîţî, bijarţe.

unison yeķdengî *f*, yeķîţî *f*, aheng *f*. **in ~** pevre, bi yeķdengî, yeķdeng.

unit 1 yeķînek *f*, liq *f*. **2** (pîvan) men *f*, yeķe *f*.

unite *lng,lg* dan hev, ķirin yeķ, yeķ bûn, bûn yeķ, yeķ girţin. **~d** *rgd* yeķbûyî, yeķgirţî. **United Nations** Neteweyên Yeķbûyî.

unity yeķîţî *f*, yeķbûn *f*.

universe gerdûn *f*. **~al** *rgd* gerdûnî, cîhanşimûlî, hemgelî, unîversal.

university zanîngeh *f*, unîwersîte *f*.

unjust *rgd* bêdad, neheq, zalim.

unkempt *rgd* belav, belawela, neşehķirî, nerêkûpêk.

unknowable *rgd* nayê zanîn, nenas.

unknown *rgd* bênav, kesnezan, nenas.

unleash *lg* berdan, serbesţ hişţin.

unless *ghn* heţa (ķu), heya (ķu). **You will fail ~ you work hard.** Heţa ķu tu baş nexebiţî, ţu yê bi ser nekevî.

unlike *rgd* neweķ, naşibe, cûda.

unload *lg,lng* (bar) vala ķirin. **~ a ship** keşţî vala ķirin.

unlock *lg,lng* (kilîţ) veķirin; vebûn.

unlucky *rgd* bedbexţ, bexţreş, bêyom, wajîgûn.

unmarried *rgd* nezewicî, azib, bêjin.

unmerciful *rgd* bêûcdan, zalim, dilḥişk.

unmistakable *rgd* berbiçav, diyar, eşkere, çewţ nayê faḥm ķirin.

unnecessary *rgd* nehewce, bêkêr.
unoccupied *rgd* nedagirtî, nedagirkirî, vala.
unofficial *rgd* neresmî, nefermî.
unpack *lg* (bahol, hwd) vekirin, vala kirin.
unpardonable *rgd* nayê bexşandin, lê nayê borîn.
unpatriotic *rgd* welatnehez, ne welatparêz, ne neteweperwer.
unpleasant *rgd* ne xweş, tamsar.
unprepared *rgd* ne amade, ne hazir.
unproductive *rgd* bêber, kêmber.
unpublished *rgd* neçapkirî, neçapbûyî.
unquestionable *rgd* bê şik, bê guman, misoger. **unquestionably** *rgp* bê şik, bê guman, teqez.
unravel *lng,lg* verşandin.
unreal *rgd* rasteder, nerast, qelp, xeyalî.
unreasonable *rgd* aqilsivik, ji aqil der, bêaqil, ne maqûl.
unreliable *rgd* bawerî pê nayê, neewle.
unrestricted *rgd* bê qeydûbend.
unripe *rgd* negihîştî, nebûyî. **~ness** negihîştin *f*.
unruly *rgd* serkêş.
unsafe *rgd* neewle, xeternak.
unsaid *rgd* negotî.
unsatisfactory *rgd* têrnekir.
unsatisfied *rgd* têrnebûyî, qanenebûyî.
unscientific *rgd* ne bi zanistî, dijî zanistîyê.
unscrew *lg* (burxe, hwd) vekirin, derxistin.
unseen *rgd* nependî, nexuya.
unselfish *rgd* çavfireh, comerd.
unsociable dijî civatê, ji civatê der, derî civatê.
unspoiled *rgd* xeranebûyî.
unspoken *rgd* negotî.
unsuccessful *rgd* têkçûyî, serneketî.
unsuitable *rgd* ne gora (yekî/tiştekî), nerewa, nelê.
untangle *lg* vekirin, ji hev vekirin.
untenable *rgd* nayê parastin.
unthankful *rgd* nankor, bênanûxwê.
untidy *rgd* belawela, bê serûber, tevlihev, derbeder.
untie *lg* (tiştekî girêdayî) vekirin.
until *dç,ghn* heta (ku), heya (ku), ta (ku). **~ now** heta niha.
untimely *rgd* bêgav, bêwext, zû.
untiring *rgd* westiyannenas.
unto *dç* heta, heta ku.
untrue *rgd* derewîn, derew, nerast.
untruth derew *f*, nerastî *f*. **~ful** *rgd* derewîn, derewzîn, derew, nerast.
unused *rgd* nexebitandî, neşuxilandî; hînnebûyî.
unusual *rgd* ji adetê der, derî adetê, nebûyî, nedîtî.
unwanted *rgd* nexwestî, yê ku nayê xwestin.
unwavering *rgd* xurt, zexm, neguhêrbar.
unwelcome *rgd* ne xweş, nexwestî, nayê xwestin, jê nayê hez kirin.
unwell *rgd* nexweş, nebaş.
unwholesome *rgd* bixisar, xisardar, bizerar, zerardar.
unwilling *rgd* bêdil, bêhemd. **~ly** *rgp* bê hemdî, bê dil(ê xwe).
unwise *rgd* bêaqil, bêheş, ji aqil der, ne maqûl. **~ly** *rgd* bi/ji bêaqilî, bi/ji bêheşî.
unwritten *rgd* nenivîsî.
unyielding *rgd* rikdar, hişk, xurt.
up[1] *rgp,dç* jor, ra, berjor, li jor. **Lift your head ~.** Serê xwe rake.
up[2] *xêş* berjor, ber bi jor ve.
update *lg* rojane kirin, nûjen kirin.
upheaval tevlihevî *f*, qerepere *f*, serhildan *f*.
uphill *rgp* berjor.
uphold *lg* **1** parastin. **2** beliyandin, erê kirin.
upon *dç* li ser, ser; derheqê, derbarê.
upper *rgd* bilindtir, jorîn. **~ arm** mil *m*. **the ~ lip** lêva jorîn.
uppermost *rgd,rgp* (yê) herî jor, (yê) herî bilind.
upright *rgd* **1** rep, tîk. **2** rastgo, dirist.
uprise *lng* rabûn, bilind bûn, serî hildan. **uprising** serhildan *f*, serîhildan *f*.
uproar birbir *f*, qerepere *f*.
uproot *lg* rakirin, rakişandin.
upset *rgd* qelibî, serobin, şewişî; xemgîn, xulqteng, esebî. *lg,lng* qelibandin, serobin kirin; qehirandin, (made) xera kirin.
upshot encam *f*.
upside jor *m*, hêla jor. **~-down** *rgpd* serberjêr, serobin, bernexûn.
upstairs qatê jor *m*.
upstart *n,rgd* dinyanedîtî, nedîbûdî.
up-to-date *rgd* nûjen.

upwards *rgp* serberjor, berjor.
uranium *n* ûranyûm.
urban *rgd* bajarî, yê bajêr. **~ization** bajaravahî *f*. **~ize** *lg* bajar ava kirin.
urine mîz *f*. **urinate** *lng* mîztin, mîz kirin, av rijandin.
Uruguay Ûrûgûay *f*.
us *cn* me, em. **They saw ~.** Wan em dîtin. **They see ~.** Ew me dibînin.
usage bikaranîn *f*, xebitandin *f*, bikêranîn *f*.
use *lg* bi kar anîn, şixulandin, xebitandin, bi kêr anîn, pê xebitîn. **~ful** *rgd* bikêr, kêrhatî, bisûd, bifêde. **~less** *rgd* bêkêr, vala, bêfêde. **~lessly** *rgp* hewante, bêhûde, bîlaheq.
used *rgd* xebitandî, şixulandî, bikarhatî, pêkarkirî. **~ to 1** hînbûyî, elimî. **2** berê ... kirin/bûn. **I used to live here.** Ez berê li vir dijîyam. **I ~ to smoke**. Min berê cixare dikişand.
usual *rgd* adetî, herrojîn, mûtad. **~ly** *rgp* pirîcar, bi piranî. **as ~** wek her tim.
usurer *n* faîzxur. **usury** faîzxurî *f*.
usurp *lg* stendin, dest danîn ser, zeft kirin.
utensil firax *f*; pêweng *f*, tişt *m*.
utilize *lg* bi kar anîn, bi kêr anîn.
utmost *rgd* herî dûr/mezin/bilind/zêde.

V

v *n* tîpa bîst û dudan a elfabeya Îngîlîzî.
vacancy valahî *f*, valatî *f*, cihê vala.
vacant *rgd* vala.
vacate *lg* vala kirin; jê derketin, terikandin.
vacation **1** terikandin *f*, valakirin *f*. **2** betlane *f*, tatîl *f*, azadanî *f*.
vaccinate *lg* (ji bo bergirîya nexweşîyan) derzî lê xistin.
vaccine parza *f*, perpûn *f*.
vacillate *lng* dudil bûn, dudilî kirin, bê biryar bûn.
vacuum valahî *f*.
vagabond *rgd* beradayî, serserî, sûtal, sûte.
vagrant *n* pêxwas, serserî, sûtal, sûte.
vague *rgd* şêlî, nezelal, neeşkere, nekifş.
vain *rgd* **1** bêkêr, bêber, vala, bêhûde. **in ~** *rgd* badîhewa, bêfêde, bêhûde, hewante. **2** xweecibandî.
vale dolik *f*, dolek *f*, newalok *f*.
valerian giyakitik *f*.
valiant *rgd* mêrxas, dilawer, egîd.
valid *rgd* zagonbar, qanûnî, muteber; rast, xurt, zexm, bibingeh.
validate *lg* zagonbar/qanûnî kirin, muteber kirin; pejirandin, beliyandin.
validity muteberî *f*, zagonbarî *f*; zex-mî *f*, rastî *f*.
valise *n* baholê piçûk, walîz *m*.
valley newal *f*, dal *f*, dol *f*.
valonia oak belût *f*.
valour,valor mêrxasî *f*, dilawerî *f*, egîdî *f*. **valorous** *rgd* mêrxas, dilawer, egîd.
value qîmet *f*, biha *m*, berdêl *f*, hêjayî *f*, nirx *f*. **valuable** *rgd* bilindpaye, giranbi-ha, hêja. **~less** bêqîmet, nehêja.
van qamyonet *f*.
vandalism vandalîzm *f*.
vanguard *n* pêşeng, pêşajo.
vanilla vanîlya *f*.
vanish *lng* wenda bûn.
vanquish *lg* şikandin, têk birin.
vapour dûkel *f*, dûxan *f*.
variable *rgd* guhêrbar.
variance guhertin *f*; cûdatî *f*, dijîtî *f*.
varied *rgd* cûrbecûr, piretexlît, têvel.
variety gûhertin *f*, cûdatî *f*; cûr *m*, texlît *m*, cins *m*.
various *rgd* cûrbecûr, pircûre, çendetexlît, piretexlît, têvel.
vary *lg,lng* guhertin, guherîn, hatin guhertin. **variation** guhertin *f*, guharto *f*, guhêrk *f*.
vase guldank *f*.

vast *rgd* fireh, pir, pir mezin.
vault[1] gumbet *f*, qub *f*, kember *f*.
vault[2] nawîs *f*, karêz *f*, serdab *f*, mahzen *f*.
veal goştê golikan *m*.
veer *lng* zîvirîn.
vegetable hêşînahî *f*, sewze *m*, zerzewat *m*, keskanî *m*.
vegetarian *n,rgd* goştnexwer.
vehement *rgd* xurt, dijwar, bihêz.
vehicle navgîn *f*.
veil berrûk *f*, serrûk *f*, peçe *f*.
vein ra *f*, damar *f*, reh *f*.
velocity lez *f*.
vellum ezmanê dev *m*.
velvet dêmî *m*, mexmûr *m*, qedîfe *m*.
venal *rgd* bertîlxur.
vend *lg* firotin.
vendor *n* firoşker.
venerable *rgd* rûmetbilind; pîroz.
venerate *lg* hurmet kirin. **veneration** hurmet *f*, rûmet *f*.
vengeful *rgd* bi gir, girek, kîndar. **~ly** *rgp* bi gir, bi kîn, bi kîndarî.
vengeance tol *f*, heyf *f*. **take ~ on sb** heyf(a xwe ji yekî) hilanîn/sitendin, tol hilanîn/sitendin.
venial *rgd* tê bexşandin, lê tê borîn.
venom jahr (a mar) *f*. **~ous** *rgd* jahrdar, bi jahr.
ventilate *lg* badar kirin. **~r** bakêş *f*, baweşînk *f*. **ventilation** bakêşî *f*.
venture xeter *f*, rîsk *f*, wêrîn *f*.
Venus Nahid *f*, Nahêd *f*, Venus *f*.
verb lêker *f*.
verbal *rgd* **1** devkî. **2** yê lêkeran, lêkerî. **~ly** *rgp* devkî, bi dev.
verdant *rgd* hêşîn, bi hêşînahî, bidarûber.
verdict daraz *f*.
verge *n* tixûb *m*, sînor *m*, qerax *f*, per *m*.

verify *lg* beliyandin, rastandin, rastî(ya tiştekî) eşkere kirin.
veritable *rgd* rast, rastekîn.
verity rastî *f.*
versus *dç* dijraberî, hemberî, li hember.
vertebra movik *f.* **~l coloumn** stûna piştê *f.*
vertical *rgd* tîk; qinc, emûdî.
very *rgp* pir, zehf. **~ much** pir, zehf.
vessel 1 keştî *f.* **2** tas *f.* **3** ra *f*, damar *f.*
vest çekbend *m*, êleg *m.*
vestige şop *f*, bermayî *f.*
vetch kizin *f.*
veto weto *f.*
vex *lg* behecandin, qehirandin, xeyidandin, enirandin. **~ed** *rgd* behecî, qehirî, xeyidî, enirî.
via *dç* di ... re, di riya ... re. **~ London** di Londonê re.
vial şûşa biçûk.
vibrate *lg,lng* lerizandin, ricifandin; lerizîn, ricifîn.
vibration ricif *f*, lerz *f.*
vice versa *rgp* vajîya wêjî dibe.
vicinity hêl *f*, hind *f*, dorhêl *f.*
vicious circle hola vala *f.*
victim *n* qurban, yê êşîyaye, yê xisar dîtiye.
victor *n* serfiraz, serketî, serdest.
victory serfirazî *f*, serketin *f.* **victorious** *rgd* serfiraz, serketî.
video vîdyo *f.*
Vietnam Vîetnam *f.*
view 1 dîtin *f*, nêrîn *f.* **2** bergeh *f*, dîmen *f.* **3** armanc *f.* **~er** *n* mêzevan, temaşevan.
vigil hişyarî *f*, raneketin *f.*
vigilance hişyarî *f.*
vigilant *rgd* hişyar, şiyar.
vigour,vigor hêz *f*, xurtî *f*, hewl *f.* **vigorous** *rgd* bihêz, xurt, tund, zindî.
villa qesir *f*, vîla *f.*
village gund *m.* **~r** *n* gundî.
vindictive *rgd* dilreş, kîndar, girek.
vine mêw *f.* **~yard** rez *f*, xerzik *f.*
vinegar sêk *f*, sihik *f*, sîrke *f.*
vintage çinîna rezan/xerzikan *f.*
violence alozî *f*, tundî *f*, zor *f*, şidet f.
violet binefş *f.* *rgd* binefşî.
violin keman *f.*
viper margîsk *m*, tîrmar *m.*
virgin *rgd* keç, keçîn. **~ity** keçanî *f*, keçînî *f.*
virile *rgd* mêr, nêr, yê zilaman, wek zilaman. **virility** mêranî *f*, nêrtî *f*, zilamtî *f.*
virtue fazîlet *f*, bîhnpakî *f*, dawpakî *f.* **virtuous** *rgd* bi fazîlet, bîhnpak, dawpak.
virus vîrus *f.*
visa vîze *f.* *lg* vîze kirin.
viscosity zeliqoktî *f*, zeliqîn *f.*
viscous *rgd* zeliqokî, tîr.
visible *rgd* xuya, dîtbar.
vision 1 dîtin *f.* **2** xewn *f*, xeyal *f.*
visit *lng,lg* çûn dîtina yekî/tiştekî, serî lê xistin, çûn serdanê. *n* serdan *f*, mêvantî *f.* **~or** *n* mêvan, nêvan; serdanvan.
visual *rgd* dîtbar, xuya.
visualise *lg* anîn ber çavên xwe.
vital *rgd* pir giring, ferz; jîndar, bijûn. **~ity** jîndarî *f*, jîn *f*, giyan *m*, hêza berxwedanê.
vitamin vîtamîn *f.*
vitiate *lg* xera kirin, betal kirin.
vitreous body *anat* spîka çav *f.*
vocabulary ferhengok *f.*
vocal *rgd* dengîn, bideng, yê dengê mirov.
vogue moda *f.*
voice deng *m* (ê mirov). **He has lost his voice.** Dengê wî ketiye.
void *rgd* vala; betal, ne muteber.
volatile *rgd* firoke.
volcano agirpijên *f*, volqan *f*, tendûrek *f.* **volcanic** *rgd* agirîn, agirpijên.
volleyball voleybol *f.*
volt volt *f.*
voltage voltaj *f.*
voluble *rgd* pirbêj, zimandirêj.
voluntary *rgd* dilxwestî, dilxwazîn, dilxwaz, ji dil. **voluntarily** *rgp* bi dilê xwe, ji dil, bi dil xwestinî, ji dilxwazî.
volunteer *n* dilxwestî, dilxwaz.
vomit verşî *f.* *lng,lg* verşîn. **He was ~ing blood.** Ew xwîn verdişîya.
voracious *rgd* çavbirçî, têrnebok, gurîdiran.
vote deng *f*, ray *f.* *lg,lng* deng dan, ray dan.
vow ahd *f*, sond *f.*
vowel *rz* dengdêr *f*, bideng *f.* **long ~** dengdêra drêj. **short ~** dengdêra kurt.
voyage rêwîtî *f* (ya deryayê), ger *f*, sefer *f.*
vulture keçelok *f*, sîqalk *f*, kergez *f.*

W

w tîpa bîstû sisêyan a elfabeya Îngîlîzî.

wade *lng* (di avê yan herîyê de) meşîn, (avake teng an dereke bi herî) derbas kirin. **~ in** *lg* êrîşeke tund birin ser. **~ into sth** bi tundî êrîş kirin.

wag *lg,lng* kil kirin; kil bûn.

wage[1] (dirav) heftanî *f.*

wage[2] *lg* (şer, têkoşîn, pevçûn, hwd) domandin, dom/dewam kirin.

wager şertanî *f. lg,lng* şert girtin.

waggon,wagon 1 parxêl *f*, ereba ga (ya çar teker) *f.* **2** wagon *f.*

wail *lg,lng* lorîn, axîn, zarîn.

waist nav *f*, navteng *f.* **~coat** çekbend *m*, êleg *m.*

wait sekin *f*, payîn *f. lg,lng* **~ (for)** li benda (yekî/tiştekî) man/sekinîn/bûn, li hêvîya (yekî/tiştekî) man/sekinîn/bûn, pan, payîn, xwe ragirtin. **W~ for me.** Li benda min bisekine. **W~ a minute.** Deqekê bisekine/xwe ragire/bipê.

waiter *n* (mêr) berkar, garson. **waitress** *n* (jin) berkar, garson.

waive *lg* dev/dest ji maf an dozeke xwe berdan.

wake *lg,lng* bi xwe hesandin, hişyar/şiyar kirin, ji xew rakirin; bi xwe hesîn, hişyar/şiyar bûn, ji xew rabûn. **I woke early.** Ez zû hişyar bûm/bi xwe hesîyam/ji xew rabûm. **Don't ~ the baby.** Pitikê hişyar neke. **~ful** *rgd* şiyar, hişyar; bêxew.

waken *lg,lng* hişyar kirin; hişyar bûn.

walk meş *f*, birêveçûn *f. lg,lng* meşîn, bi rê ve çûn; meşandin, bi rê ve birin. **We ~ed five miles.** Em pênc mîlan meşîyan. **Their baby is ~ing.** Pitika wan bi rê ve diçe. **He ~ed his horse for a while.** Wî hespê xwe biskekê meşand. **~er** *n* meşvan.

walkie-talkie bêtêl *f.*

wall dîwar *m*, beden *m*, bend *f.*

wallet peldank *f*, cuzdan(ê dirav) *m.*

wallow *lng* (di nav herî, ava qirêjî de) gevizîn, xwe gevizandin.

wallpaper kaxeza dîwêr *f.*

walnut dargûz *f*; gûz *f*, gwîz *f.*

wand şiv *f*, ço *m.*

wander *lg,lng* (bê armanc) gerîn, rê şaş kirin, virde wêde çûn/gerîn.

wane *lng* kêm bûn, lawaz bûn, hêz wenda kirin, sist bûn.

wangle *lg* (bi fen û fîtan) sitendin, bi dest xistin.

wanna *kurteya want to û want a.* **You wanna something?** Ma tu tiştekî dixwazî?

want[1] kêmasî *f*, kêmpêdebûn *f*, tunebûn *f*; hewcedarî *f*, destxwazî *f.*

want[2] *lng,lg* **1** xwastin, xwestin. **She ~s me to go with her.** Ew dixwaze ez bi wê re biçim. **2** hewcedar bûn, hewce bûn, pêwîst bûn, divêtin. **You ~ to see your teacher.** Divê tu mamosteyê xwe bibînî.

wanting *dç* bê, bêyî, bêyî ku. **W~ mutual trust, friendship is impossible.** Bê hevbawerî hevaltî nabe. *rgd* kêm.

war şer *m*, ceng *f.* **~rior** *n* şerkar, şervan, têkoşer, cengawer. **~-monger** *n* şerxwaz. **~mongering** şerxwazî *f.* **~ship** cengkeştî *f*, keştîya şer *f.* **~time** dema şer *f.*

warble *lng,lg* (çûk, çivîk) xwendin, çivînî kirin, kirin çivînî.

warder *n* qardîyan.

wardrobe cildank *f*, dolaba kincan.

warehouse barxane *f*, embar *f.*

warfare şer *m*, şerkirin *f*, têkoşîn *f.*

warlike *rgd* yê şer, şerxwaz, şervan, leşkerî.

warm *rgd* germ. **Come and get ~ by the fire.** Were xwe li ber êgir germ bike. *lg,lng* germ kirin; germ bûn. **The milk is ~ing (up) on the stove.** Şîr li ser sobê germ dibe. **W~ (up) this milk.** Vî şîrî germ bike. **~-blooded** *rgd* xwîngerm. **~-hearted** *rgd* agirxweş, dilşêrîn, dilovan. **~th** germayî *f*, germî *f.*

warn *lg* (jibo tiştekî bi xeter an nexweş) agahdar kirin, pê hesandin, hişyar kirin. **~ing** agahdarî *f*, agah *f*, hişyarî *f*, îkaz *f.*

warp *lg,lng* xwar kirin, xwar bûn; ji rê derxistin/derketin.

warrior *n* şervan; leşker, esker.

wart balûr *f*, belalûk *f.*

wartime dema şer *f.*

wary *rgd* hişyar, çavdêr, degel.

wash *lg,lng* **1** şuştin, av lê kirin. **~ one's hands/clothes** destên/kincên xwe şuştin.

wash-basin

~ **(oneself)** xwe şuştin. **2** hatin şuştin. **3** (pêlên deryayê) lê xistin, çûn. **~-basin** destşok *f*, lewabo *f*. **~-house** cilşogeh *f*. **~ing-machine** cilşo *f*. **~room** daşir *f*, avrêj *f*. **~tub** legan *f*, teşt *f*.

wasp *n* moz, moza qirtik, mozqirtik.

waste *rgd* **1** (erd) bêweç, beyar. **2** zêde, bermaye, bêkêr, ji tiştekî re nabe, yê avêtinê. *lng,lg* telef bûn, israf bûn, beyar/bêweç bûn; telef kirin, israf kirin, beyar/bêweç kirin.

watch[1] *lg,lng* mêze kirin, lê nêrîn, temaşe kirin, raçav kirin, çav lê bûn. **~ out** lê/li xwe miqate bûn, hemet kirin. *n* nobet *f*, nobedarî *f*, nobetgeh *f*, çavdêrî *f*, notirvanî *f*, dîdevantî *f*, hişyarî *f*. **~ful** *rgd* şiyar, hişyar. **~man** *n* dîdevan, nobedar, pêwan, notirvan, panêr. **~-tower** nêregeh *f*.

watch[2] seet *f*. **What time is it by your ~?** Seeta te çi ye/çend e?

water av *f*. *lg,lng* av dan, av berdan (ser), av lê kirin, şêlî kirin. **~-borne** yê ku di ser avê re tê kişandin an di avê re derbas dibe, yê avê. **~-buffalo** *n* camûs, gamêş. **~fall** rejgeh *f*, rêjav *f*, sûlav *f*. **~ pipe** nargêle *f*, borîya av-ê *f*. **~ power** hêza avê. **~proof** *rgd* avparêz, av tê re derbas nabe. **~side** perav *f*, qeraxa avê. **~-ski** *lng* li ser avê şemitîn. **~-soluble** yê ku di avê de dihele. **~-spout** gergerînik *f*, babelîsk *f*.

watermelon zebeş *m*, şebeş *m*, cebeş *m*.

watery *rgd* avî, biav, ron.

watt wat *f*, mena hêza elektrîkê.

wave *lng,lg* (dest, şax, al, hwd) kil kirin, hejandin; kil bûn, hejîn; pêl dan, pêlpêlî bûn; pêlpêlî kirin. *n* pêl *f*, pêlav *f*; kilkirin *f*. **wavy** *rgd* pêlpêlî, pêldar.

waver *lng* **1** dudilî bûn, dudilî kirin. **2** kil bûn.

wax[1] şima *f*.

wax[2] *lng* mezin bûn, zêde bûn, pîr bûn.

way 1 rê *f*, rêç *f*. **2** hawe *m*, awa *m*. **3** alî *m*. **4** rewş *f*. **~-bill** barname *f*.

waylay *lg* rê birîn, tazî kirin.

wayside qeraxa rê *f*.

WC: water closet daşir *f*, avrêj *f*, tûwalet *f*.

we *cn* me, em.

weak *rgd* kêmhêz, bêhêz, jar, lawaz. **~en** *lng,lg* qels bûn, lawaz bûn,ji hêz de ketin; lawaz kirin, qels kirin,ji hêz de xistin.

weal *lg* (pitik) ji (ber) şîr ve kirin, ji şîr kirin.

wealth saman *f*, hebûn *f*, heyî *f*, dewlemendî *f*, serwet *f*. **~y** *rgd* dewlemend.

weapon çek *m*, sîleh.

wear *lg,lng* **1** (kinc, cil) li xwe kirin, lê bûn. **She never ~s green.** Ew tucarî (kincê) kesk li xwe nake. **2** kevn bûn, kevn kirin, maşandin, maşîn. **3** deyax kirin, ragirtin.

weary *lg,lng* betilandin, westandin; betilîn, westiyan. *rgd* westiyayî, betilî; dijwar, bizehmet. **weariness** westiyan *f*, westan *f*, bêzarî *f*.

weather avûhewa *f*, hewa *f*, rewşa hewê *f*, rêba *f*.

weave *lng,lg* hûnan, hûnandin, honan, honandin; raçandin. **~r** *n* tevnvan.

web tevn *f*, tevnik *f*.

wed *lg,lng* **1** zewicîn. **2** bûn yek, yek bûn.

wedding dawet *f*.

wedge *lg* şidandin.

wedlock zewac *f*.

Wednesday Çarşem(b) *f*.

wee *rgd* hûr, hûrik.

weed eşêf *f*, kax *f*, giyajeng *f*. *lg,lng* eşêf kirin, kax kirin.

week hefte *f*. **~ly** *rgd,rgp,n* heftanî, hefteyî, kovara hefteyî.

weep *lg,lng* girîn.

weeping willow bîşeng *f*, şengebî *f*, şorebî *f*.

weigh *lng,lg* wezinandin, dan ber hev, (giranî) hatin/hebûn/bûn. **It ~ed ten kilos.** Deh kîlo hat/hebû/bû. **He ~ed the stone in his hands.** Wî kevir di destên xwe de wezinand. **~-bridge** qapan *f*.

weight giranî *f*; girîngî *f*.

welcome pêrgîn *f*. *rgd* bixêrhatî, xweşhatî. *bn* Hun bi xêr hatin. **You are ~.** Sipasî xweş (bersîva yekî ku sipas kiriye).

weld *lg,lng* kewandin; hatin kewandin, kewîn. **~er** *n* kewanker.
welfare xweşhalî *f*, refah *f*.
well[1] *rgp,rgd* çê, rind, baş, xweş; pir, zehf. **~-behaved** *rgd* biedeb. **~-being** xweşî *f*, xweşhalî *f*, bextîyarî *f*. **~-known** *rgd* binavûdeng, navdar. **~-oiled** serxweş. **~-timed** *rgd* li cî, bicî, bikat, biwext, di wextê de. **~wisher** *n* dilxwaz, başîxwaz.
well[2] bîr *f*, çal *f*.
welter tevlihevî *f*, qerepere *f*.
West Rojava *m*, Roava *m*. **~ward** *rgd* ber bi rojava ve. **~wards** *rgp* ber bi rojava ve.
westerly *rgd* ber bi rojava ve, (ba) ji rojava ve. *rgp* ber bi rojava ve.
western *rgd* yê rojava, ji rojava, li rojava, rojavayî. **~er** *n* rojavayî, yê li rojava rûdine.
wet *rgd* şil, bibaran. **~ weather** şilî *f*. **the ~** baran *f*; şilî *f*. *lg* şil kirin. **~ness** şilî *f*. **~ nurse** daşîr *f*.
whack *lg* lê xistin, lê dan, kutan.
whale *n* hût, nehing, bal(îna).
what *rgd,cn* (pirsiyarî) çi, çer; kîjan, (tiştê) ku. **W~ happened?** Çer/Çi bû? **W~ is that?** Ew/Waya çi ye? **~ for** ji bo çi. **W~ he says is not important.** Tiştê ku ew dibêje ne girîng e.
whatever *rgd,cn* her çi, heçî, heça, heçê.
wheat genim *m*. **~en** *rgd* genimî. **~en flour** ardê genimî.
wheedle *lg,lng* li ber gerîn, lava kirin.
wheel xirxal *m*, teker *m*, çerx *f*.
when *rgp,ghn* **1** kengî, kînga. **W~ can they come?** Ew kengî karin bên? **2** dema ku, gava ku, wexta ku. **It was raining ~ we arrived.** Dema ku em gîhaştin baran dibariya. **~ever** *rgp,ghn* her cara ku, kengî ku, kengî.
whence *rgp* ji ku ve, ji ku derê ve, ji ku. **Do you know ~ she came?** Tu zanî ew ji ku hat?
where *rgp,ghn* li ku, kude, kuve, ku; ku, cihê ku. **W~ does he live?** Ew li ku rûdine/dijî? **W~ are you going to?** Tu diçî ku? **W~ there is no rain ...** Cihê ku baran lê tune... **~abouts** *rgp* li ku derê.
whet *lg* hesan kirin, tûj kirin. **~stone** *n* hesan, kevirhesan.
whether *rgp* an na, an. **I don't know ~ she will be able to come.** Ez nizanim ew ê bikane bê an na. **~ or not** bibe jî nebe jî.
which *rgd,cn* (pirsiyarî) kîja, kîjan, kîjana; ku. **Which way shall we go?** Em di kîjan rêyê de biçin?. **The river ~ flows through London is called Thames.** Navê çemê ku di nav Londonê re diherike Thames e.
whichever *rgd,cn* kîjan, kîjana, kîjanê, kîjanî. **Take ~ you like.** Tu kîjanê dixwazî bibe.
while[1] dem *f*, qas *f*, gav *f*, kêlî *f*. **once in a ~** carinan.
while[2] *ghn* dema ku, gava ku; herçende, teva ku.
whilst *bnr* **while**[2].
whine zarîn *f*, zarezar *f*. *lg,lng* zarîn.
whinny hîrehîr *f*, hîrhîr *f*. *lng* hîrîn, kirin hîrehîr.
whip qarmîçe *m*, şelaq *m*.
whirl *lg,lng* (wek babîsokê) zîz kirin; zîz bûn.
whirlwind babelîsk *f*, babîsok *f*, gilêle *f*, bahoz *f*, gejgering *f*, gerînok *f*.
whisky,whiskey wîskî *f*.
whisper *lng,lg* pispisîn, kirin pisepis, nehwirandin, nehwirîn; bi dizîka gotin. *n* pispis *f*, pisepis *f*, kurtûpis.
whistle fîkîn *f*; pîspîsk *f*. *lg,lng* fîkandin, li pîspîskê xistin.
white *n,rgd* sipî *m*, spî *m*, gewr *m*. **~ of the eye** *anat* çîk. **~-haired** porsipî.
whiten *lng,lg* sipî bûn, gewirîn; sipî kirin, gewirandin.
whitish *rgd* gewre.
whiz *lng* fîzîn, vingîn. *n* fîzefîz *f*, vingînî *f*.
who *cn* (pirsiyarî; ku ne ''kirde'' be **whom** tê xebitandin) kî, kê; ku. **Who broke the window?** Kê pace şikenand? **Who is he?** Ew kî ye? **He is the man whom I saw in London.** Zilamê ku min li Londonê dît ew e.
whoa *bn* şoş!
whoever *cn* heça, heçê, heçî, kî jî.
whole *rgd* hemî, hemû, giş, tevahî, tevde, bêkêmasî.
wholehearted *rgd* ji dil, dilxwaz.
wholesale *n,rgd,rgp* (firotin) tevde, tevdanî *f*, ne hebo hebo.
wholly *rgp* giş, bi tevayî.

whoop *lng* qîrîn.
whore xwefiroş *f*, ṯol *f*, fahîşe.
whose *cn* (xwedîṯî) a/ê/ên kê, yê ḵu yê wî
W~ **house is that?** Waya xanîyê kê ye?
the man ~ wife died zilamê ḵu jina wî
mir. **the woman ~ husband is a teacher**
jina ḵu mêrê wê mamosṯe ye.
why *rgp* **1** (piṟsiyarî) çima, çi ṟe, ji ber çi,
ji bo çi. W~ **didn't you come?** Tu çima
nehaṯî? **2** (the reason) ~ sedema, sedema
ḵu. **This is (the reason) why I came**
early. Sedema ḵu ez zû haṯim ev e/
Sedema zû haṯina min ev e.
wick fiṯîl *f*, masûl *f*.
wicked *rgd* bedxû, bedxwaz, gunekar.
wide *rgd* fireh, fereh, biber. *rgp* dûr, baş.
~-**awake** *rgd* bîrbir, hişyar, çavhilḵirî.
width firehî *f*.
widen *lng,lg* fireh ḵirin, fireh bûn.
widow bî *f*, jinbî *f*. ~**er** mêrebî *m*.
wield *lg* xebiṯandin, bi kar anîn.
wife jin *f*.
wig poṟik *m*, perûk *f*.
wild *rgd* hov, kovî, kûvî, wehṣî, ṟawir,
jakaw; har, ẖêç; bêar. ~**ly** *rgp* bi hovîṯî. ~
boar *n* bore, ẕenzîr, wehṣ. ~ **apricot**
zerdele *f*, zerdelû *f*. ~ **ox** gakovî *m*.
wiles *pj* fenûfîṯ.
will[1] *lal* ê, yê, dê. **I ~ go.** Ez ê biçim.
will[2] **1** vîn *f*, vên *f*; xwasṯin *f*, xwezî *f*. **2**
dawîxwazî *f*, wesîyeṯname *f*.
willful,wilful *rgd* ṟikdar, biṟik; bizanḵî.
~**ly** *rgp* bi ẖemd, bizanḵî, qesṯena.
willing *rgd* dilxwesṯî, ji dil, dilxwaz,
amade, qayil. ~**ly** *rgp* ji dil, bi kêfxweşî,
bi dilxwazî.
willow bî *f*.
willy-nilly *rgp* bixwaze nexwaze, neçar,
bivê nevê.
wilt *lg,lng* çilmisandin; çilmisîn.
win *lg,lng* bi ser keṯin, serfiraz bûn, bi desṯ
xisṯin. **Which side won?** Kîjan alîya bi
ser keṯ? *n* serkeṯin *f*, serfirazî *f*.
wind[1] ba *m*. **There is no ~ today.** Îro ba
tune. **break ~** *lng* ba ji ber çûn, ṯir ḵirin.
wind[2] *lg,lng* badan, lê geṟandin; lê geṟîn,
xwar bûn.
windbreak babiṟ *f*.
windbag *n* piṟbêj, çenebaz.

wind flower nîsanoḵ *f*.
windpipe *anat* zengilor *f*.
window pace *f*, şibake *f*.
windscreen (seyare) cama pêşîyê *f*.
windward *rgd* ber bi bê ve, li hêla bê.
wine şerab *f*, xemr *f*, bade *f*.
wing basḵ *m*. **on the ~** li hewa. **take ~**
fiṟîn, bi hewa keṯin.
wink *lg,lng* ~ (at) çav ḵirin, çav şikandin,
çavên xwe qurç ḵirin.
winnow *lg* ba ḵirin, dan ber bê.
winter zivisṯan *f*. **in ~** zivisṯanî. ~ **squash**
kundirmêranî *m*.
wire têl *f*. ~**less** *n,rgd* bêtêl *f*.
wise *rgd* aqilmend, bihiş, bîrbir, zana,
zane. ~**ly** *rgp* bi zaneyî.
wish vên *f*, viyan *f*, xwezî *f*, arzû *f*, xwasṯin
f, yane *f*. ~**bone** cinaq *m*. **I ~** Şalê, Xwezî,
Xwezîḵa. ~**ful** *rgd* arzûdar, yane, biviyan.
witch *n* cadûkar, cazû. ~**craft** cadûkarî *f*.
with *dç* **1** bi, bi ... ṟe, digel, ligel, li ba, li
cem, niḵ, li niḵ, tev, tevî, teva. ~ **your**
permission bi desṯûra ṯe. **The hills were**
covered ~ snow. Gir bi berfê haṯibûn
nixumandin. ~ **your help** bi alîkarîya ṯe.
Is there anyone ~ you? Kes li cem/niḵ/
ba ṯe heye? **I am ~ you.** Ez bi ṯe ṟe me.
2 hemberî, dijî. **fight ~ sb** dijî yeḵî şer
ḵirin. **3** ji. **He is shaking ~ cold.** Ew ji
serma diricife.
withdraw *lg,lng* vekişandin, bi şûn ve/de
kişandin; vekişîn, xwe dan alîḵî, desṯ jê
ḵirin, desṯ jê kişandin, (bi) şûn ve çûn/
kişîn, kişîn.
wither *lg,lng* çilmisandin, çilmisîn, hişk
ḵirin, zuha ḵirin. **The hot summer ~ed**
(up) the grass. Havîna germ giya hişk ḵir.
withhold *lg* veşarṯin, nedan, teqsîr ḵirin.
within *dç,rgp* di ... de. ~ **an hour** di
seeṯeḵê de.
without *dç* bê, bêyî ḵu. **You can't buy**
anything ~ money. Tu bê dirav niḵanî
ṯişṯeḵî bikiṟî. **Don't leave ~ me.** Bê min
neçe.
withstand *lg* ṟagirṯin, li ber xwe dan.
witness *n* şehad, şahid, guvah.
wolf *n* gur.
woe ẕem *f*, ḵul *f*, bela *f*.
woman jin *f*, jiniḵ *f*, pîrek *f*. ~**ish** *rgd* jinḵî,

wood 1 êzing *m*, dar *m*. **2** rêl *f*, daristan *f*. **~cutter** *n* darbir. **~en** *rgd* darîn, ji dar çêbûye; serhişk.
woodpecker *n* darkutok, dartikok.
wood pigeon *n* goyîn.
wool hirî *f*, rîs *m*, liva *f*. **~(l)en** *rgd* rîs, rîsîn.
word 1 *rz* peyvik *f*, bêje *f*, gotin *f*. **2** peyv *f*, qezî *f*, şor *f*, qise *f*. **3** nûçe *f*, agahdarî *f*.
work 1 xebat *f*, kar *m*, şixul *m*. **2** berhem *f*, karpêk *f*, aferînek *f*. *lng,lg* şixulîn, xebitîn, şixul/kar/xebat kirin; şixulandin, xebitandin, kar pê kirin. **~shop** kargeh *f*. **~ of art** afirandin *f*, berhem *f*, aferînek *f*.
workbench dezge(h) *f*.
workday roja xebatê *f*.
worker *n* karker, xebatkar.
workingman *n* karker.
workman *n* karker.
world dinya *f*.
worm *n* kurm, zîro. **~y** *rgd* kurmî.
worry fikar *f*, fikare *f*, xem *f*. *lg,lng* **1** aciz kirin, nerehet kirin, tadeyî kirin. **2 ~ (about/over sth)** li ber ketin, xem kirin, ketin xeman, fikar kirin, meraq kirin.
worse *rgd* (berhevda) xerabtir, nexweştir. **Is there anything ~ than war?** Ji şer xerabtir tiştek heye? *n* tiştê(n) xerabtir.
worsen *lg,lng* xerabtir kirin; xerabtir bûn.
worship îbadet *f*, perestin *f*. *lng,lg* perestin, îbadet kirin.
worst *rgd,rgp* herî xerab, xerabtirîn, herî nexweş. *n* yê/ya herî xerab.
worth *rgd* hêja, seza. **That book is ~ reading.** Ew pirtûk hêjayî xwendinê ye. *n* hêjayî *f*, biha *f*, berdêl *f*, qîmet *f*. **~less** *rgd* nehêja, bêqîmet. **~y** *rgd* hêja, layiq, rewa, bejmêr, misteheq.
worthwhile *rgd* hêja, bikêr.
wound birîn *f*. *lg* birîn kirin, birîndar kirin. **~ed** *rgd* birîndar.
wrap *lg,lng* alandin, lê gerandin, pêçan, pêçandin, rapêçan, rapêçandin.
wrath çavsorî *f*, xezeb *f*, ern *f*.
wreath tacegul *f*, çeleng *f*.
wren hewêrde *f*.
wring *lg* badan, çemandin.
wrinkle qermiçok *f*, qurmiçok *f*. *lg,lng* qermiçandin, qurmiçandin; qermiçîn, qurmiçîn.
wrist *anat* bazinê dest *m*, qevdika dest *f*.
write *lg,lng* nivîsandin, nivîsîn, lê kirin. **~r** *n* nivîskar. **writing** nivîs *f*, nivîsar *f*; nivîskarî *f*.
wrong *rgd* çewt, xelet, nelirê, şaş.

X

x tîpa bîst û çaran a elfabeya Îngîlîzî.
xanthium *bot* girnûg *f.*
xantho- *xêş* zer.
xeno- *xêş* biyanî.
xenophobia *n* dijminahî an tirsa biyanîyan.
xero- *xêş* hişk, zuha.
X-ray rontgen *m.*
xylo- *xêş* dep, dar, êzing.
xylophone *muz* ksîlofon *f.*

Y

y tîpa bîst û pêncan a elfabeya Îngîlîzî.
yacht yat *f.*
yank *vt* (ji nişka ve û bi hêz) kişandin.
Yankee *n,rgd* Amerîqayî; yê Amerîqa.
yard[1] rewş *f.*
yard[2] *n* 0,9144 metre.
yarn *n* **1** tayê rîs an pembû. **2** çîrok.
yarrow gulhesîl *f.*
yawn vekêş *f*, bawîşk *f. lng* bawîşk anîn, bawîşkîn, vekêş anîn xwe, bêhnijîn.
year sal *f.* **~-book** salname *f.* **~ly** *rgd,rgp* salane, salê carekê.
yearling *n,rgd* (heywanê) yeksalî.
yearn *lng* **~ (for sth/to do sth)** pir bêrî kirin, bêrî(ya yekî/tiştekî) kirin.
yeast *n* haveyn, hevîrtirş.
yell qîrîn *f*, qîjîn *f*, hêlan *f. lg/lng* qîrîn, qîjîn, gazî kirin.
yellow *n,rgd* zer *m.*
yellow wagtail *n* dûvlerzînk.
Yemen Yemen *f.* **North ~** Yemena Bakur. **South ~** Yemena Başûr.
yen[1] diravê Japonya, yen *m.*
yen[2] *lng* **~ (for)** bêrî kirin.
yes erê, herê, belê.
yesterday *n,rgd* do, duh, duhî.
yet *rgp* hîn, hîna, hêj. *ghn* dîsa jî; bes, lê belê.
Yezidi,Yazidi *n,rgd* Êzîdî.
yield ber *m. lg,lng* ber dan. **~ (up) sth (to sb)** radest kirin.
yip *lng* reyîn, kirin hewthewt. *n* hewthewt *f*, reyîn *f.*
yoga yoga *f.*
yogurt, yoghurt, yoghourt mast *m.*
yoke nîr *f.*
yolk zerik *f*, zerika hêkê.
yonder *rgd,rgp* (ên) ha, (ên) li wir, wana. **~ group** ew koma ha.
you *cn* tu, te; hun, we. **You are my friend.** Tu hevalê min î. **You are my friends.** Hun hevalên min in.
young *rgd* ciwan. *n* çêl, çêlik.
youngster *n* **1** zaro. **2** xort, ciwan.
your *rgd* -a/ê/ên te, -a/ê/ên we. **~ hands** destên te. **~ teacher** mamosteyê we. **~s** *cn* a/ê/ên te, a/ê/ên we. **Is this ~s?** Ev a te ye?
yourself *cn* xwe, bi xwe. **Did you hurt ~?** Te xwe êşand? **You ~ said so.** Te bi xwe wisa got.
youth **1** ciwanî *f.* **2** xort *m.* **3** ciwan (pirejimar). **~ful** *rgd* ciwan.
Yugoslavia Yûgoslawya *f.*

Z

z tîpa bîst û şeşan (dawîn) a elfabeya Îngîlîzî.
zaime garis *m.*
Zaire Zaîre *f.*
Zambia Zambîya *f.*
zeal hewes *f*, xîret *f*, peroş *f.*
zebra *n* zebra.
zero tune *f*, nîn *f*, sifir *f.*
zest **1** hez *f*, zewq *f*, hezkirin *f.* **2** çêj *f*, tam *f.*
zigzag çiv *f. lng* çiv dan xwe.
Zimbabwe Zîmbabwe *f.*
zinc *n* tûtya, çînko.
zinnia gula payîzê *f.*
zip enerjî *f*, xîret *f.*
zodiac zodyak *f.*
zone navçe *f.*
zoo bexçê heywanan *m.*
zoology zoolojî *f.*
zucchini *n* tewrekî kundiran.

IRREGULAR VERBS

Infinitive	Past Tense	Past Participle
arise	arose	arisen
awake	awoke	awoken
be	was,were	been
bear	bore	born
beat	beat	beaten
become	became	become
begin	began	begun
bend	bent	bent
beset	beset	beset
bet	bet,betted	bet,betted
bid	bid,bade	bid,bidden
bind	bound	bound
bite	bit	bitten
bleed	bled	bled
blow	blew	blown
break	broke	broken
breed	bred	bred
bring	brought	brought
broadcast	broadcast	broadcast
build	built	built
burn	burnt,burned	burnt,burned
burst	burst	burst
buy	bought	bought
cast	cast	cast
catch	caught	caught
choose	chose	chosen
cling	clung	clung
come	came	come
cost	cost,costed	cost,costed
creep	crept	crept
cut	cut	cut
deal	dealt	dealt
dig	dug	dug
do	did	done
draw	drew	drawn
dream	dreamt,dreamed	dreamt,dreamed
drink	drank	drunk
drive	drove	driven
dwell	dwelt	dwelt
eat	ate	eaten
fall	fell	fallen
feed	fed	fed
feel	felt	felt
fight	fought	fought
find	found	found

Infinitive	Past Tense	Past Participle
flee	fled	fled
fling	flung	flung
fly	flew	flown
forbid	forbad,forbade	forbidden
forget	forgot	forgotten
forgive	forgave	fogiven
forsake	forsook	forsaken
freeze	froze	frozen
get	got	got
give	gave	given
go	went	gone
grind	ground	ground
grow	grew	grown
hang	hung,hanged	hung,hanged
have	had	had
hear	heard	heard
hide	hid	hidden
hit	hit	hit
hold	held	held
hurt	hurt	hurt
keep	kept	kept
kneel	knelt	knelt
knit	knit,knitted	knit
know	knew	known
lay	laid	laid
lead	led	led
lean	leant,leaned	leant,leaned
leap	leapt,leaped	leapt,leaped
learn	learnt,learned	learnt,learned
leave	left	left
lend	lent	lent
let	let	let
lie	lay	lain
light	lit,lighted	lit,lighted
lose	lost	lost
make	made	made
mean	meant	meant
meet	met	met
mow	mowed	mown,mowed
pay	paid	paid
put	put	put
read	read	read
rid	rid	rid
ride	rode	ridden
ring	rang	rung

Infinitive	Past Tense	Past Participle
rise	rose	risen
run	ran	run
saw	sawed	sawn,sawed
say	said	said
see	saw	seen
seek	sought	sought
sell	sold	sold
send	sent	sent
set	set	set
sew	sewed	sewn
shake	shook	shaken
shear	sheared	shorn,sheared
shed	shed	shed
shine	shone,shined	shone,shined
shit	shat,shitted	shat,shitted
shoe	shod	shod
shoot	shot	shot
show	showed	shown,showed
shrink	shrank,shrunk	shrunk
shut	shut	shut
sing	sang	sung
sink	sank	sunk
sit	sat	sat
slay	slew	slain
sleep	slept	slept
slide	slid	slid
sling	slung	slung
slink	slunk	slunk
slit	slit	slit
smell	smelt	smelt,smelled
sow	sowed	sown,sowed
speak	spoke	spoken
speed	sped,speeded	sped,speeded
spell	spelt,spelled	spelt,spelled
spend	spent	spent
spill	spilt,spilled	spilt,spilled
spin	spun	spun
spit	spat	spat
split	split	split,spilled
spoil	spoilt,spoiled	spoilt,spoiled
spread	spread	spread
spring	sprang	sprung
stand	stood	stood

Infinitive	Past Tense	Past Participle
stave	stove,staved	stove,staved
steal	stole	stolen
stick	stuck	stuck
stink	stank,stunk	stunk
stride	strode	stridden
strike	struck	struck
string	strung	strung
strive	strove	striven
swear	swore	sworn
sweep	swept	swept
swell	swelled	swollen,swelled
swim	swam	swum
swing	swung	swung
take	took	taken
teach	taught	taught
tear	tore	torn
tell	told	told
think	thought	thought
thrive	throve,thrived	thriven,thrived
throw	threw	thrown
thrust	thrust	thrust
tread	trod	trodden
understand	understood	understood
upset	upset	upset
wake	woke	woken
wear	wore	worn
weave	wove	woven
wed	wed,wedded	wed,wedded
weep	wept	wept
win	won	won
wind	wound	wound
withdraw	withdrew	withdrawn
wring	wrung	wrung
write	wrote	written

STATISTICS ON THE KURDISH SOUNDS

This section consists of 1 table and 3 graphics on the Kurdish sounds. The basis for these figures are **10,930** basic Kurdish words (**72,521** letters) chosen from this dictionary. This study aims to determine the frequency of the Kurdish sounds and the ratio of the **accented** sounds, help the discussion on the subject be based on statistical data and with the efforts to establish a Kurdish keyboard, etc.

THE RATIO OF THE ACCENTED SOUNDS

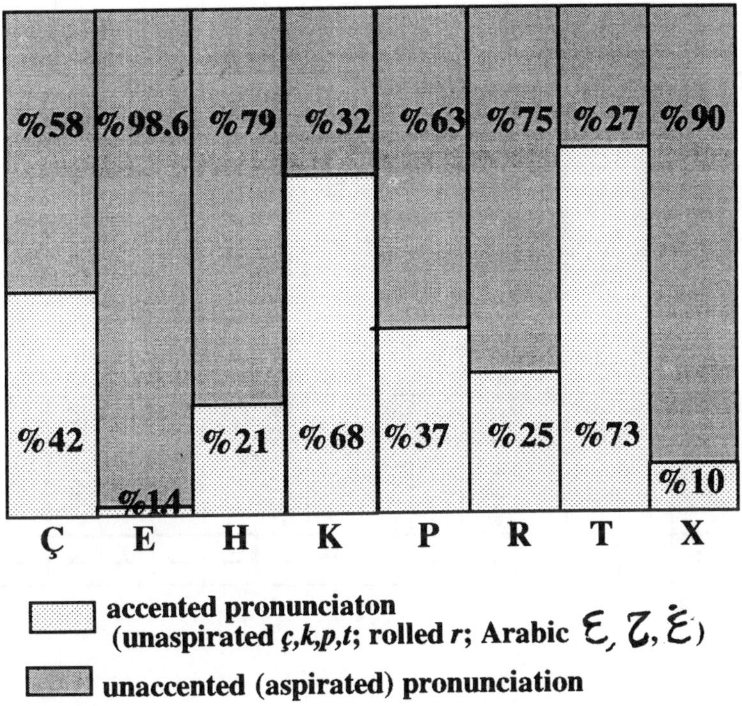

	accented unaspirated	unaccented aspirated	total %
a			5882 8
b			3180 4.4
c			661 0.9
ç	%42 350	%58 475	825 1.3
d			2744 3.8
e	%1.4 116	%98.6 8394	8510 11.8
ê			1577 2.2
f			677 0.95
g			1426 2
h	%21 386	%79 1476	1862 2.5
i			6190 8.5
î			3855 5.3
j			620 0.95
k	%68 1770	%32 820	2590 3.6
l			2237 3.1
m			1888 2.6

	accented unaspirated	unaccented aspirated	total %
n			5806 8
o			1316 1.8
p	%37 417	%63 723	1140 1.6
q			1002 1.4
r	%25 1344	%75 4036	5380 7.3
s			1914 2.6
ş			1443 2
t	% 27 660	%73 1799	2459 3.4
u			797 1.1
û			904 1.3
v			1363 1.9
w			1153 1.6
x	%10 110	%90 996	1106 1.5
y			731 1
z			1283 1.8
	8.7 6,292	%91.3 66229	72,521 100

THE FREQUENCY OF THE KURDISH SOUNDS/LETTERS

The Frequency of the Kurdish Letters

(Figures are expressed as percentages of the total number: 72,521=100%)

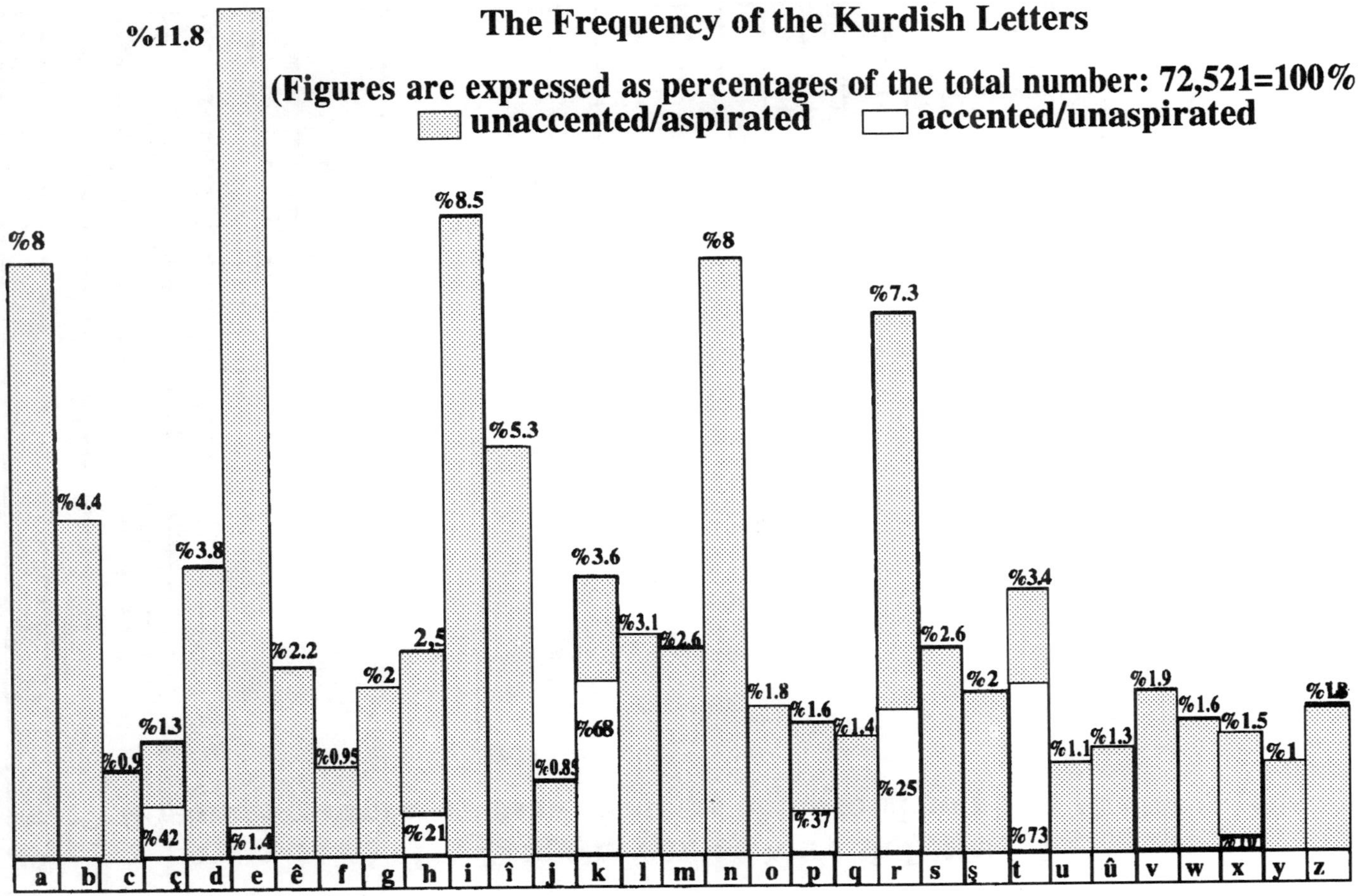

The Frequency of the Kurdish Letters
(Figures are expressed as percentages of the total number: 72,521=%100)

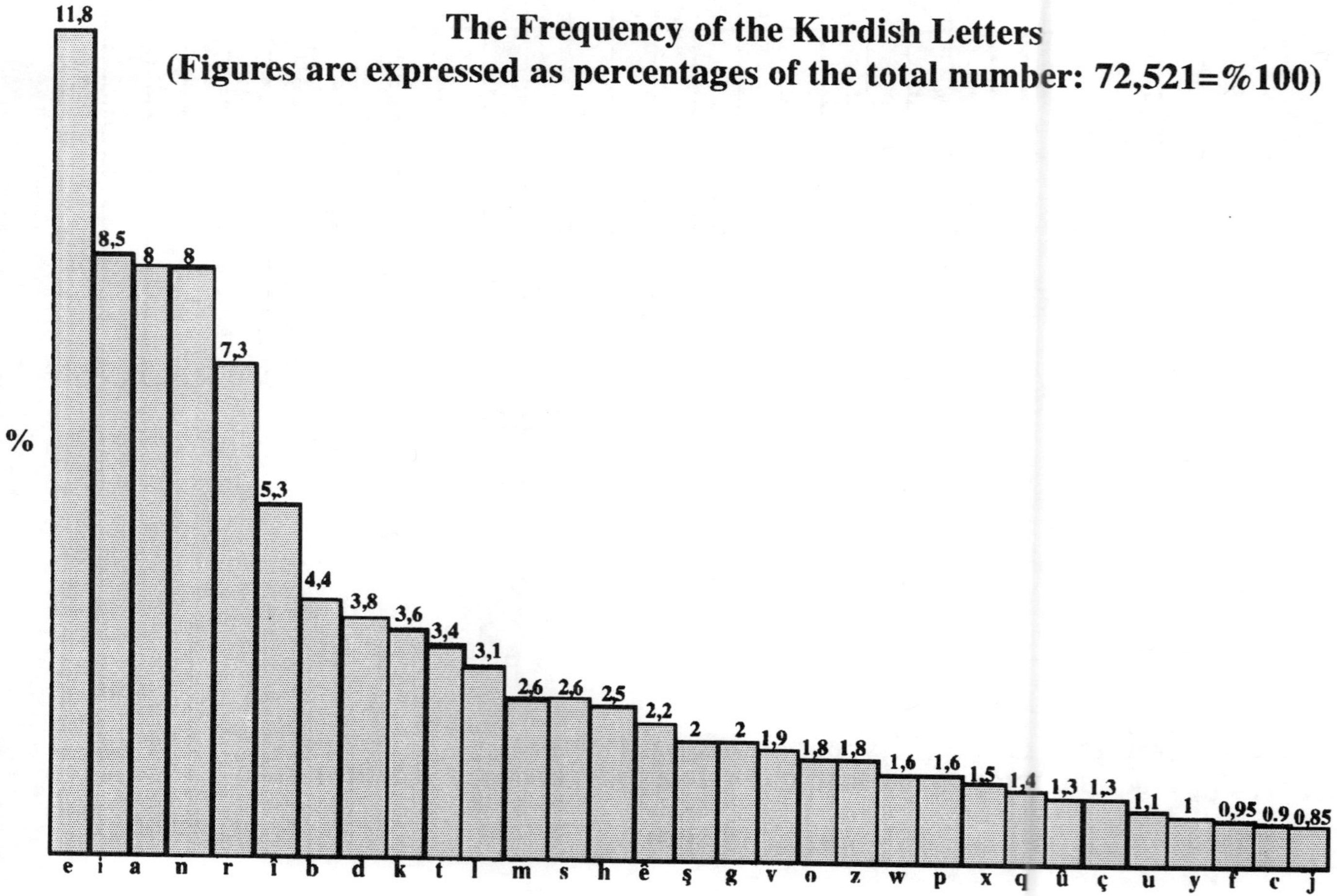

GRAMMAR - RÊZİMAN

PRONOUNS - CÎNAV

Kurmanji has two groups of pronouns:

1. Simple Pronouns	2. Oblique Pronouns	
Ez	Min	I
Tu	Te	You
Ew	Wî	He, it (masc.)
	Wê	She, it (fem.)
Em	Me	We
Hun	We	You
Ew	Wan	They

A) Use of the Simple Pronouns

They are used:

a) as the **subject** of the verb in all the tenses except the past tenses of transitive verbs;

çûn (to go) is an intransitive verb.

Ez diçim xwendegehê.	I am going to the school.
Ez ê biçim xwendegehê.	I will go to the school.
Ez çûm xwendegehê.	I went to the school.
Ez çûme xwendegehê.	I have gone to the school.
Ez diçûm xwendegehê.	I was going to the school.
Ez çûbûm xwendegehê.	I had gone to the school.

b) as the **object** of transitive verbs in the past tenses.

dîtin (to see) is a transitive verb.

Te ez dîtim.	You saw me.
Te ez dîtime.	You have seen me.
Te ez didîtim.	You were seeing/used to see me.
Te ez dîtibûm.	You had seen me.

B) Use of the Oblique Pronouns

They are used:

a) as the **subject** of **transitive verbs** in the past tenses;

xwarin (to eat) is a transitive verb.

Min sêvek xwar.	I ate an apple.
Min sêvek xwariye.	I have eaten an apple.
Min sêvek dixwar.	I was eating an apple.
Min sêvek xwaribû.	I had eaten an apple.

b) as the **object** of transitive verbs in the future and present tenses;

Tu min dibînî	You see me.
Tu yê min bibînî.	You will see me.

c) as the **object** of a **preposition**;

ji: from

ji min/te/wî/wê/me/we/wan	from me/you/him/her/us/you/them

d) in the **possessive case.**

destê min/te/wî/wê/me/we/wan	my/your/his/her/our/your/their hand
ê min/te/wî/wê/me/we/wan	mine,yours,his,hers,ours,yours,theirs

OBJECT PRONOUNS

- When a **simple pronoun** is used as the **subject**, an **oblique pronoun** is used as the **object** and vice versa.

Ez te dibînim.	I am seeing/see you.
Tu min dibînî.	You see me.
Ew wî/wê dibîne.	He/she sees him/her.
Em we dibînin.	We see you.
Hun me dibînin.	You see us.
Ew wan dibînin.	They see them.

Min tu dîtî.	I saw you.
Te ez dîtim.	You saw me.
Wî ew dît.	He saw him/her/it.
Wê ew dît.	She saw him/her/it.
Me hun dîtin.	We saw you.
We em dîtin.	You saw us.
Wan ew dîtin.	They saw them.

REFLEXIVE PRONOUN

- Reflexive Pronoun is the word **xwe** (own/oneself) for all the persons.

Ez xwe dibînim.	I see myself.
Tu xwe dibînî.	You see yourself.
Ew xwe dibîne.	He/she/it sees himself/herself/itself.
Em xwe dibînin.	We see ourselves.
Hun xwe dibînin.	You see yourselves.
Ew xwe dibînin.	They see themselves.

POSSESSIVE ADJECTIVES/PRONOUNS RENGDÊR/CÎNAVÊN XWEDÎTÎ

The oblique pronouns are used as possessive adjectives/pronouns. An ending connects the noun to the pronoun:

Definite Endings

-a	feminine singular nouns
-ê	masculine singular nouns
-ên	plural nouns

- The letter **y** acts as a buffer between the nouns ending in a vowel and the ending.

Indefinite Endings

-e	feminine singular nouns
-î	masculine singular nouns
-e	plural nouns

- The ending of the related noun and the oblique pronoun form the **possessive pronoun.**

Pirtûka min	My book	**a min**	mine (book)
Kevçîyê te	Your spoon	**yê te**	yours (spoon)
Navê wê	Her name	**ê wê**	her (name)
Mala wî	His home	**a wî**	his (home)
Xwendekarên me	Our students	**ên me**	ours (students)
Mamosteyên we	Your teachers	**yên we**	yours (teachers)
Maseya wan	Their table	**ya wan**	theirs (table)

Pirtûka te ji a min baştir e.	Your book is better than mine.
Kevçîyê te ji yê min dirêjtir e.	Your spoon is longer than mine.
Kêrên wan ji ên me girantir in.	Their knives are heavier than ours.

Kêreke min	A knife of mine
Mamosteyekî we	A teacher (man) of yours
Pirtûkine wan	Some of their books
Kêreke min ne tûj e.	A knife of mine is not sharp.
Min mamosteyekî we dît.	I saw a teacher of yours.
Pirtûkine wan baş in.	Some of their books are good.

VERBS - LÊKER

- In this dictionary the imperative **singular** is written in brackets:

- **bi-** is the prefix forming the imperative. In the compound verbs with a non-verbal prefix, the non-verbal part replaces **bi-**.

çûn (biçe), meşîn (bimeşe), dan (bide); rabûn (rabe), veketin (vekeve), hildan (hilde), etc.

- The imperative **plural** gets **-in** instead of **-e**.

Biçe!	Go!	(singular)
Biçin!	Go!	(plural)
Bimeşe!	Walk!	(singular)
Bimeşin!	Walk!	(plural)
Bide!	Give!	(singular)
Bidin!	Give!	(plural)

INFINITIVE

- The **infinitive** consists of **past stem** and **-in** (**-n** when the past stem ends in a vowel).

infinitive	**past stem**	**in/n**	
hatin	hat	in	(to come)
avêtin	avêt	in	(to throw)
kirin	kir	in	(to do)
bûn	bû	n	(to be, to become)
çûn	çû	n	(to go)
dan	da	n	(to give)
nivîsîn	nivîsî	n	(to write)

TENSES - DEM

PRESENT TENSE - DEMA NİHA

- The present stem is the part between the prefix **bi-** and the ending **-e** of the imperative.

infinitive	imperative	present stem
kirin	bike	k
dan	bide	d
nivîsîn	binivîse	nivîs
çirandin	biçirîne	çirîn
peyivîn	bipeyive	peyiv

- The **imperative** of the compound verbs with a non-verbal part acting as prefix includes the non-verbal part instead of the prefix **bi-**. Thus the present stem includes the non-verbal part too.

infinitive	imperative	present stem
rûniştin	rûne	rû-n
vekirin	veke	ve-k
rabûn	rabe	ra-b

The verb **bûn** (to be) is an auxiliary verb which also helps with forming **the present tense.**

The conjugation of **bûn** in the present tense:

	after a consonant	after a vowel	
Ez	im	me	I am
Tu	î	yî	You are
Ew	e	ye	He/she/it is
Em	in	ne	We are
Hun	in	ne	You are
Ew	in	ne	They are

Ez dirêj im. I am tall.
Ez mamoste me. I am a teacher.

Present Tense: di + present stem + bûn.

Kirin (bike): to do

	di +	present stem	+ bûn	
Ez dikim	di +	k	+ im	I do/am doing
Tu dikî	di +	k	+ î	You do
Ew dike	di +	k	+ e	He/she/it does
Em dikin	di +	k	+ in	We do
Hun dikin	di +	k	+ in	You do
Ew dikin	di +	k	+ in	They do

Dan (bide): to give

	di +	present stem	+ bûn	
Ez didim	di +	d	+ im	I give/am giving
Tu didî	di +	d	+ î	You give
Ew dide	di +	d	+ e	He/she/it gives
Em didin	di +	d	+ in	We give
Hun didin	di +	d	+ in	You give
Ew didin	di +	d	+ in	They give

Peyivîn (bipeyive): to speak

	di +	present stem	+ bûn	
Ez dipeyivim	di +	peyiv	+ im	I speak/am speaking
Tu dipeyivî	di +	peyiv	+ î	You speak
Ew dipeyive	di +	peyiv	+ e	He/she speaks
Em dipeyivin	di +	peyiv	+ in	We speak
Hun dipeyivin	di +	peyiv	+ in	You speak
Ew dipeyivin	di +	peyiv	+ in	They speak

- When using a compound verb in the present tense, **di-** is placed in between the non-verbal part and the present stem.

Rûniştin (rûne): to sit

Ez rûdinim	I sit/am sitting
Tu rûdinî	You sit
Ew rûdine	He/she/it sits

Em rû<u>di</u>nin	We sit
Hun rû<u>di</u>nin	You sit
Ew rû<u>di</u>nin	They sit

<u>Ve</u>kirin (<u>ve</u>ke): to open

Ez ve<u>di</u>kim	I open/am opening
Tu ve<u>di</u>kî	You open
Ew ve<u>di</u>ke	He/she/it opens
Em ve<u>di</u>kin	We open
Hun ve<u>di</u>kin	You open
Ew ve<u>di</u>kin	They open

- The case is negated by replacing **di-** with **na-**.

Ez <u>di</u>çim.	I go.
Ez <u>na</u>çim.	I don't go.
Tu <u>rû</u>dinî.	You sit.
Tu rû<u>na</u>nî	You don't sit.

PAST TENSES - DEMÊN BORÎ

SIMPLE PAST TENSE - DEMA BORÎYA TÊDAYÎ

a) Intransitive Verbs: An intransitive verb is a verb which does not take a direct object.

- The verb agrees with the subject of the sentence. Therefore the present conjugation of the auxiliary verb **bûn** (to be) is added to the past stem in agreement with the subject.

- The past stem is obtained by taking out **-in** or **-n** from the **infinitive**.

<u>Subject</u>	+	<u>Past Stem</u>	+	<u>Bûn</u>	
Ez		hat	+	im.	I came.
Tu		hat	+	î*.	You came.
Ew		hat	+	e*.	He/she/it came.
Em		hat	+	in.	We came.
Hun		hat	+	in.	You came.
Ew		hat	+	in.	They came.

*) **-î** and **-e** are usually omitted.

- When the past stem ends in a vowel the first vowel of the auxiliary verb is omitted.

Verb	Past Stem
peyivîn (to speak)	peyivî

Ez peyivîm
Tu peyivî
Ew peyivî
Em peyivîn
Hun peyivîn
Ew peyivîn

b) **Transitive Verbs**: A transitive verb is a verb which takes a direct object, eg.: **kirin** (to do), **nivîsîn** (to write), **dan** (to give).

- The second (oblique) group of the personal pronouns is used as the **subject** of the sentence while the first (simple) group being used as the **object**.
- The verb agrees with the object. Therefore the auxiliary verb **bûn** (to be) is added to the past stem in agreement with the **object**.

Verb	Past Stem
dîtin	dît

Subject	Object	Past Stem	+ Bûn	
Wî	ez	dît	+ im.	He saw me.
Min	tu	dît	+ (î)*.	I saw you.
Me	ew	dît	+ (e)*.	We saw him/her/it.
We	em	dît	+ in.	You saw us.
Wê	hun	dît	+ in.	She saw you.
Wan	ew	dît	+ in.	They saw them.

*) **-î** is frequently omitted; **-e** is almost always omitted.

Verb	Past Stem
avêtin	avêt

Min ew avêt.	I threw it.
Min ew avêtin.	I threw them.

Te kevir avêt	You threw the stone.
Te kevir avêtin.	You threw the stones.
Wî/wê kevirek avêt.	He/she threw a stone.
Wî/wê kevirin avêtin.	He/she threw (some) stones.
Me kevir avêt.	We threw the stone.
Me kevir avêtin.	We threw the stones.
We kevirek avêt.	You threw a stone.
We kevirin avêtin.	You threw (some) stones.
Wan ew avêt.	They threw it.
Wan ew avêtin.	They threw them.

Verb	Past Stem
dan	da

Min ew da Azad.	I gave it to Azad.
Min ew dan Azad.	I gave them to Azad.

Verb	Past Stem
nivîsîn	nivîsî

Me ew nivîsî.	We wrote it.
Me ew nivîsîn.	We wrote them.

- This tense is negated using the prefix **-ne**.

Ez <u>ne</u>hatim.	I did not come.
Ew <u>ne</u>çûn.	They did not go.
Min ew ve<u>ne</u>kir.	I did not open it.
Min ew <u>ne</u>avêt.	I did not throw it.
Wî navê min <u>ne</u>nivîsî.	He did not write my name.

PAST PROGRESSIVE (CONTINUOUS) TENSE
DEMA BORÎYA BERDEST

di- + simple past tense conjugation.

Simple Past		Past Progressive	
Ez	çûm	diçûm.	I went/was going.
Tu	peyivî	dipeyivî.	You spoke/were speaking.
Wî	xwar	dixwar.	He ate/was eating.

Wê	avêt	diavêt.	She threw/was throwing.
Me	kir	dikir.	We did/were doing.
Hun	hatin	dihatin.	You came/were coming.
Ew	raketin	radiketin.	They slept/were sleeping.

- In Kurmancî, the Past Progressive Tense also indicates a constant or frequent practice in the past such as **used to** in English.

berê: formerly

Min berê cixare dikişand.	I used to smoke.
Wî berê pir dixwar.	He used to eat much.

PERFECT TENSES

PRESENT PERFECT TENSE - DEMA BORÎYA DÛDAR

- It is used when the efects of a past action or event are still felt in the present or when there are no clear indications about the time that the action took place.

a) Intransitive Verbs

- The present perfect tense is formed by adding the auxiliary verb **bûn** (the present conjugation used after a vowel) to the past stem.

Past Stem		+ bûn	
Ez	çû	+ me.	I have gone.
Tu	çû	+ yî.	You have gone.
Ew	çû	+ ye.	He/she/it has gone.
Em	çû	+ ne.	We have gone.
Hun	çû	+ ne.	You have gone.
Ew	çû	+ ne.	They have gone.

- When the past stem ends in a consonant **i** is placed in between the **past stem** and **bûn**.

Past Stem		+ bûn	
Ez	hat	+ ime.	I have come.
Tu	hat	+ iyî.	You have come.
Ew	hat	+ iye.	He/she/it has come.

Em	hat	+ ine.	We have come.
Hun	hat	+ ine.	You have come.
Ew	hat	+ ine.	They have come.

b) Transitive Verbs

- The same conjugation of **bûn** is used, but unlike the intransitive verb agreeing with the object.

	Object	Past Stem	+ bûn	
Te	ez	dît	+ ime.	You have seen me.
Min	tu	dît	+ iyî.	I have seen you.
Wî	ew	dît	+ iye.	He has seen him/her/it.
Wê	em	dît	+ ine.	She has seen us.
Me	hun	dît	+ ine.	We have seen you.
We	ew	dît	+ ine.	You have seen them.
Wan	ew	dît	+ iye.	They have seen him/her/it.

- **ne-** is used as the prefix negating the verb.

Ma te Azad dîtiye?	Have you seen Azad?
Na, min ew <u>ne</u>dîtiye.	No, I haven't seen him.
Min pirtûkek daye Azad.	I have given Azad a book.
Wî pirtûk <u>ne</u>dane min.	He has not given the books to me.
Wan pirtûk <u>ne</u>anîne.	They have not brought the books.

PAST PERFECT TENSE - DEMA BORÎYA ÇÎROKÎ

- The past perfect is formed with the past stem and the past simple conjugation of **bûn**.

<u>bûn</u> (simple past)

Ez	bûm
Tu	bû(yî)*
Ew	bû
Em	bûn
Hun	bûn
Ew	bûn

***) -yî** is frequently omitted.

a) Intransitive Verbs

- The verb agrees with the subject, therefore the conjugation of **bûn** is in agreement with the subject.

Verb	Past Stem
Çûn	çû

Subject	Past Stem	+ Bûn	
Ez	çû	+ bûm.	I had gone.
Tu	çû	+ bû(yî).	You had gone.
Ew	çû	+ bû.	He/she/it had gone.
Em	çû	+ bûn.	We had gone.
Hun	çû	+ bûn.	You had gone.
Ew	çû	+ bûn.	They had gone.

- When the past stem ends in a consonant, **i** is placed in between the past stem and **bûn**.

Verb	Past Stem
hatin	hat

Subject	Past Stem	+ i + Bûn	
Ez	hat	+ i + bûm.	I had come.
Tu	hat	+ i + bû(yî).	You had come.
Ew	hat	+ i + bû.	He/she/it had come.
Em	hat	+ i + bûn.	We had come.
Hun	hat	+ i + bûn.	You had come.
Ew	hat	+ i + bûn.	They had come.

Gava ku ew hat, hun çûbûn. When he came, you had gone.
Gava ku hun çûn, ew hatibûn. When you went, they had come.

- **ne-** is used as the prefix negating the verb.

Em nehatibûn. We had not come.
Hun neçûbûn. You had not gone.

b) Transitive Verbs

- The verb agrees with the object, therefore the conjugation of **bûn** is in agreement with the object.

Verb	Past Stem
dîtin	dît

Subject	Object	Past Stem	+ i + Bûn	
Te	ez	dît	+ i + bûm.	You had seen me.
Min	tu	dît	+ i + bû(yî).	I had seen you.
Wî	ew	dît	+ i + bû.	He had seen him/her/it.
We	em	dît	+ i + bûn.	You had seen us.
Me	hun	dît	+ i + bûn.	We had seen you.
Wan	ew	dît	+ i + bûn.	They had seen them.

Gava ku hun hatin, min ew nedîtibû. When you came, I had not seen him.

BİLANÎ (OPTATIVE MOOD)

- **Bilanî** is the verbal form expressing desire: eg. in Greek, not in English. It also forms the basis for the **subjunctive mood** and the **future tense**.

a) Present

- It is formed by replacing **di-** in the present tense with **bi-**.

peyivîn: to speak

Present Tense	Bilanî
Ez dipeyivim.	Ez bipeyivim.
Tu dipeyivî.	Tu bipeyivî.
Ew dipeyive.	Ew bipeyive.
Em dipeyivin.	Em bipeyivin.
Hun dipeyivin.	Hun bipeyivin.
Ew dipeyivin.	Ew bipeyivin.

- **bi-** is not used with the compound verbs with a non-verbal part functioning as prefix.

rabûn: stand up

Present Tense	**Bilanî**
Ez radibim.	Ez rabim.
Tu radibî.	Tu rabî.
Ew radibe.	Ew rabe.
Em radibin.	Em rabin.
Hun radibin.	Hun rabin.
Ew radibin.	Ew rabin.

- **-ne** negates the verb. (Ez nepeyivim, tu ranebî.)

b) Past Simple

bi + simple past tense + a

Simple Past Tense	**Bilanî (Past Simple)**	**Sound Variation**
Ez hatim.	Ez bihatima.	bihatama
Tu hat(î).	Tu bihata.	
Ew hat	Ew bihata.	
Em hatin.	Em bihatina.	bihatana
Hun hatin.	Hun bihatina.	bihatana
Ew hatin.	Ew bihatina.	bihatana

- **a** is replaced with **ya** when folowing a vowel.

peyivîn: to speak

Simple Past Tense	**Bilanî (Past Simple)**
Ez peyivîm.	Ez bipeyivîma.
Tu peyivî.	Tu bipeyivîya.
Ew peyivî.	Ew bipeyivîya.
Em peyivîn.	Em bipeyivîna.
Hun peyivîn.	Hun bipeyivîna.
Ew peyivîn.	Ew bipeyivîna.

kirin: to do

Simple Past Tense	**Bilanî (Past Simple)**
Min kir.	Min bikira.
Te kir.	Te bikira.
Wî kir.	Wî bikira.
Wê kir.	Wê bikira.
Me kir.	Me bikira.
We kir.	We bikira.
Wan kir.	Wan bikira.

c) Past Perfect

- Past Perfect Tense + a (**ya** when folowing a vowel).

Çûn: to go

Past Perfect Tense	**Bilanî (Past Perfect)**	**Sound Variations**	
		1	**2**
Ez çûbûm.	Ez çûbûma.	çûbiwama	çûbama
Tu çûbû(yî).	Tu çûbûya.	çûbiwaya	çûba(ya)
Ew çûbû.	Ew çûbûya.	çûbiwaya	çûba(ya)
Em çûbûn.	Em çûbûna.	çûbiwana	çûbana
Hun çûbûn.	Hun çûbûna.	çûbiwana	çûbana
Ew çûbûn.	Ew çûbûna.	çûbiwana	çûbana

kirîn: to buy

Past Perfect Tense	**Bilanî (Past Perfect)**	**Sound Variations**	
		1	**2**
Min kirîbû.	Min kirîbûya.	kirîbiwa	kirîba
Te kirîbû.	Te kirîbûya.	kirîbiwa	kirîba
Wî kirîbû.	Wî kirîbûya.	kirîbiwa	kirîba
Wê kirîbû.	Wê kirîbûya.	kirîbiwa	kirîba
Me kirîbû.	Me kirîbûya.	kirîbiwa	kirîba
We kirîbû.	We kirîbûya.	kirîbiwa	kirîba
Wan kirîbû.	Wan kirîbûya.	kirîbiwa	kirîba

FUTURE TENSE - DEMA PÊŞÎ

subject + ê + bilanî

xwarin to eat

Bilanî	**Future Tense**	
Ez bixwim.	Ez ê bixwim.	I will eat.
Tu bixwî.	Tu yê* bixwî.	You will eat.
Ew bixwe.	Ew ê bixwe.	He/she/it will eat.
Em bixwin.	Em ê bixwin.	We will eat.
Hun bixwin.	Hun ê bixwin.	You will eat.
Ew bixwin.	Ew ê bixwin.	They will eat.

*) **ê** is replaced with **yê** when following a vowel.

- **'tu ê'** is often contracted as **tê**. (Tu yê bixwî/Tê bixwî).
- **'ew ê'** is often contracted as **wê**.
- If the subject is a noun the future tense indicator **ê** may be replaced with **wê** or **dê**. (Azad ê biçe: Azad wê biçe/Azad wê biçe.)

CONDITIONAL - HEKANÎ

- The conditional is formed by one of the following words (all meaning **if**) and Bilanî.

Hek,heke,ku,ger,eger,heger: if

a) Present:

Bilanî	**Hekanî (Present)**	
Ez biçim.	Hek ez biçim.	If I go.
Tu biçî.	Hek tu biçî.	If you go.
Ew biçe.	Hek ew biçe.	If he/she/it go.
Em biçin.	Hek em biçin.	If we go.
Hun biçin.	Hek hun biçin.	If you go.
Ew biçin.	Hek ew biçin.	If they go.

b) Simple Past:

<u>Bilanî</u>	<u>Conditional Clause</u>	
Ez biçûma.	Hek ez biçûma.	If I went.
Tu biçûya.	Hek tu biçûya.	If you went.
Ew biçûya.	Hek ew biçûya.	If he/she/it went.
Em biçûna.	Hek em biçûna.	If we went.
Hun biçûna.	Hek hun biçûna.	If you went.
Ew biçûna.	Hek ew biçûna.	If they went.

c) Past Perfect:

<u>Bilanî</u>	<u>Hekanî (Past Perfect)</u>	<u>Sound Variations</u> 1	2
Ez çûbûma.	Hek ez çûbûma.	çûbiwama	çûbama
Tu çûbûya.	Hek tu çûbûya.	çûbiwaya	çûba(ya)
Ew çûbûya.	Hek ew çûbûya.	çûbiwaya	çûba(ya)
Em çûbûna.	Hek em çûbûna.	çûbiwana	çûbana
Hun çûbûna.	Hek hun çûbûna.	çûbiwana	çûbana
Ew çûbûna.	Hek ew çûbûna.	çûbiwana	çûbana

Hek ez çûbûma wir, min ê ew kirîbûya.
If I had gone there, I would have bought it.

HEJMARÊN KURDÎ
KURDISH NUMBERS

0	sifir, nîn, tune	**30**	sî, sîh
1	yek	**31**	sî û yek
2	du, dudu, dido	**40**	çel, çil
3	sê, sisê	**50**	pêncî
4	çar	**60**	şêst
5	pênc	**70**	heftê
6	şeş	**80**	heştê, heyştê
7	heft	**90**	nod
8	heşt, heyşt	**100**	sed
9	neh	**101**	sed û yek
10	deh	**112**	sed û dozdeh
11	yazdeh, yanzdeh	**120**	sed û bîst
12	dozdeh, donzdeh	**121**	sed û bîst û yek
13	sêzdeh	**200**	du sed
14	çardeh	**300**	sê sed
15	panzdeh	**1.000**	hezar
16	şazdeh, şanzdeh	**2.543**	du hezar û pênc sed û çel û sisê
17	hevdeh, huvdeh		
18	hejdeh, hîjdeh	**10.000**	lek, deh hezar
19	nozdeh	**500.000**	kirûr,pênc sed hezar
20	bîst	**1.000.000**	milyon
21	bîst û yek	**1.000.000.000**	milyar